KRIEG IN DER GESCHICHTE
(KRiG)

KRIEG IN DER GESCHICHTE
(KRiG)

HERAUSGEGEBEN VON
STIG FÖRSTER • BERNHARD R. KROENER • BERND WEGNER

BAND 22

DAS BELAGERTE LENINGRAD
1941 - 1944

Die Stadt in den Strategien
von Angreifern und Verteidigern

FERDINAND SCHÖNINGH
Paderborn • München • Wien • Zürich

Jörg Ganzenmüller

Das belagerte Leningrad 1941 - 1944

Die Stadt in den Strategien von Angreifern und Verteidigern

Herausgegeben mit Unterstützung des Militärgeschichtlichen Forschungsamtes, Potsdam

FERDINAND SCHÖNINGH
Paderborn ▪ München ▪ Wien ▪ Zürich

Der Autor: Jörg Ganzenmüller, Dr. Phil., geb. 1969, Studium der Neueren Geschichte, Osteuropäischen Geschichte und Wissenschaftlichen Politik an der Albert-Ludwigs-Universität Freiburg i.Br.; Promotion in Osteuropäischer Geschichte auf Grundlage der vorliegenden Arbeit im Jahr 2003 an der Albert-Ludwigs-Universität Freiburg i.Br.; Wissenschaftlicher Mitarbeiter am Historischen Institut der Friedrich-Schiller-Universität Jena.

Titelbilder: Sowjetisches Propagandaplakat Slava Gerojam Leningrada („Ruhm den Helden Leningrads"), Moskau 1969, Staatliches Historisches Museum (aus: Mythen der Nationen. 1945 – Arena der Erinnerungen. Begleitbände zur Ausstellung des Deutschen Historischen Museums Berlin, hg. v. Monika Flacke, Verlag Philipp von Zabern, Mainz 2004, Bd. 2, S. 639). Hintergrund: Deutsche Kradschützen im Sommer 1941 (aus: Janusz Piekalkiewicz, Der Zweite Weltkrieg, ECON Verlag, Düsseldorf, Wien 1985, S. 517).

Reihensignet: Collage unter Verwendung eines Photos von John Heartfield.

Bibliografische Informationen Der Deutschen Bibliothek

Die Deutsche Bibliothek verzeichnet diese Publikation in der Deutschen Nationalbibliografie; detaillierte Daten sind im Internet über http://dnb.ddb.de abrufbar.

Einband: Evelyn Ziegler, München

Gedruckt auf umweltfreundlichem, chlorfrei gebleichtem
und alterungsbeständigem Papier ♾ ISO 9706

(Verlag Ferdinand Schöningh GmbH, Jühenplatz 1, D-33098 Paderborn)

Internet: www.schoeningh.de

Printed in Germany
Satz: Militärgeschichtliches Forschungsamt, Potsdam
Herstellung: Ferdinand Schöningh, Paderborn

ISBN 3-506-72889-X

INHALT

Vorwort zur Reihe IX

Einleitung 1
1. Problem- und Fragestellung 2
2. Einseitigkeiten und Ausblendungen in der Historiographie: Forschungsstand und methodische Überlegungen 4
a) Konzentration auf den Heroismus der Bevölkerung 4
b) Kontinuität oder Bruch? Funktionsmechanismen des Stalinismus im Zweiten Weltkrieg 6
c) Der Alltag – ein ausgeschrittenes Thema? 9
d) Fehlende Einordnung in die Gesamtkriegführung 10
e) Der fehlende Vergleich zwischen deutschem und sowjetischem Vorgehen 11
f) Unausgeschöpfte und bislang unzugängliche Quellen 11

I. Die Belagerung als Vernichtungsstrategie: Motive und Ziele der Wehrmacht vor Leningrad 13
1. „Leningrad soll nicht genommen, sondern nur abgeschlossen werden“: Die Entscheidung zur Belagerung 20
2. „... die Stadt dem Erdboden gleichmachen“: Die Belagerungsstrategie als Vernichtungspolitik 32
3. Leningrad im Konzept der deutschen Hungerpolitik 41
4. Leningrad in den nationalsozialistischen Germanisierungsplänen 53
5. Die Umsetzung der Belagerungsstrategie: Die Wehrmacht vor Leningrad 1941 - 1944 64

II. Von der Verteidigung zur Befreiung: Die militärischen Operationen der Roten Armee vor Leningrad 1941 - 1944 83
1. „Für uns ist die Armee wichtiger“: Stalin und die Frage einer Kapitulation Leningrads 85
2. „Wann kommen die Siege zu uns nach Leningrad?“ Die späte Befreiung von der Belagerung 92
3. Stalin und Ždanov: Machtausübung an der Peripherie 106
4. Die Umsetzung der Strategie in die Praxis: Stalin und die Mobilisierung der Roten Armee 113

III. Rettung der Ressourcen:
Die Evakuierung von Industrie und Bevölkerung 123
1. Die Evakuierung der Leningrader Industrie 127
2. Die Evakuierung der Bevölkerung 132
3. Abschied von der Improvisation: Das Konzept der Frontstadt 136
4. Dezentralisierung und Personalisierung: Herrschaftsstrukturen und Umsetzung der Evakuierungsstrategien 141
5. Der lange Weg in die Freiheit: Die Evakuierungspraxis und der Alltag auf den Strecken 152

IV. „Alles für die Front"? Die Leningrader Rüstungsproduktion im Krieg 165
1. Wirtschaftliche Folgen der Blockade 172
2. Die Stillegung der Fabriken im Winter 1941/42 178
3. Die Wiederaufnahme der Produktion im Frühjahr 1942: Zur wirtschaftlichen Bedeutung des „Frontstadtkonzepts" 183
4. Produktionsanstieg unter verbesserten Bedingungen: Die Leningrader Rüstungsindustrie nach der Öffnung des Belagerungsrings 194
5. Die Produktionsbilanz 199
6. Die Mobilisierung der Leningrader Kriegswirtschaft 204
7. Machtausübung in den Fabriken und die Einstellung der Arbeiter 215
8. Fazit: Vom künstlichen zum realen Kriegszustand 230

V. Lebensmittelversorgung und individuelle Überlebensstrategien 237
1. Die selektive Verteilung der Lebensmittel: Sonderrationen und geschlossene Kantinen 246
2. Individuelle Überlebensstrategien 255

VI. Deportation und Terror: Staatliche Gewalt im belagerten Leningrad 279
1. Die Deportation der deutschen und finnischsprachigen Minderheit 281
2. Der Kampf gegen die „allgegenwärtige Verschwörung" 290

VII. Epilog: Geschichtspolitik und Erinnerungskultur.
Die Blockade Leningrads im sowjetischen Gedächtnis 315
1. Inszenierter Erfolg und literarische Sinnstiftung: Die Blockade im kommunikativen Gedächtnis 320
2. Die ausgelöschte Erinnerung: Die „Leningrader Affäre" und ihre Auswirkungen 336
3. Die Renaissance des Blockademythos: Geschichtspolitik unter Chruščëv und Brežnev 342
4. Der Streit der Erinnerungen: Die Blockade im Vergangenheitsdiskurs einer entstehenden Öffentlichkeit 355
5. Exkurs: Vergessen statt Erinnerung. Die Belagerung Leningrads im Gedächtnis der Deutschen 363

Anhang

Karten ... 369
Quellen und Literatur ... 371
Danksagung ... 407
Personenregister ... 409

VORWORT ZUR REIHE

„Der Krieg ist nichts als die Fortsetzung der politischen Bestrebungen mit veränderten Mitteln. [...] Durch diesen Grundsatz wird die ganze Kriegsgeschichte verständlich, ohne ihn ist alles voll der größten Absurdität." Mit diesen Sätzen umriß *Carl von Clausewitz* im Jahre 1827 sein Verständnis vom Krieg als historisches Phänomen. Er wandte sich damit gegen die zu seiner Zeit und leider auch später weit verbreitete Auffassung, wonach die Geschichte der Kriege in erster Linie aus militärischen Operationen, aus Logistik, Gefechten und Schlachten, aus den Prinzipien von Strategie und Taktik bestünde. Für Clausewitz war Krieg hingegen immer und zu jeder Zeit ein Ausfluß der Politik, die ihn hervorbrachte. Krieg kann demnach nur aus den jeweiligen politischen Verhältnissen heraus verstanden werden, besitzt er doch allenfalls eine eigene Grammatik, niemals jedoch eine eigene Logik.

Dieser Einschätzung des Verhältnisses von Krieg und Politik fühlt sich *Krieg in der Geschichte* grundsätzlich verpflichtet. Die Herausgeber legen also Wert darauf, bei der Untersuchung der Geschichte der Kriege den Blickwinkel nicht durch eine sogenannte militärimmanente Betrachtungsweise verengen zu lassen. Doch hat seit den Zeiten Clausewitz' der Begriff des Politischen eine erhebliche Ausweitung erfahren. Die moderne Historiographie beschäftigt sich nicht mehr nur mit Außen- und mit Innenpolitik, sondern auch mit der Geschichte von Gesellschaft, Wirtschaft und Technik, mit Kultur- und Mentalitätsgeschichte und, nicht zuletzt, mit der Geschichte der Beziehungen zwischen den Geschlechtern. All die diesen unterschiedlichen Gebieten eigenen Aspekte haben die Geschichte der Kriege maßgeblich mitbestimmt. Die moderne historiographische Beschäftigung mit dem Phänomen Krieg kann deshalb nicht umhin, sich die methodologische Vielfalt der gegenwärtigen Geschichtswissenschaft zunutze zu machen. In diesem Sinne ist *Krieg in der Geschichte* offen für die unterschiedlichsten Ansätze in der Auseinandersetzung mit dem historischen Sujet.

Diese methodologische Offenheit bedeutet jedoch auch, daß Krieg im engeren Sinne nicht das alleinige Thema der Reihe sein kann. Die Vorbereitung und nachträgliche „Verarbeitung" von Kriegen gehören genauso dazu wie der gesamte Komplex von Militär und Gesellschaft. Von der Mentalitäts- und Kulturgeschichte militärischer Gewaltanwendung bis hin zur Alltagsgeschichte von Soldaten und Zivilpersonen sollen alle Bereiche einer modernen Militärgeschichte zu Wort kommen. *Krieg in der Geschichte* beinhaltet demnach auch Militär und Gesellschaft im Frieden.

Geschichte in unserem Verständnis umfaßt den gesamten Bereich vergangener Realität, soweit sie sich mit den Mitteln der Geschichtswissenschaft erfassen läßt. In diesem Sinne ist *Krieg in der Geschichte* (abgekürzte Zitierweise: KRiG) grundsätzlich für Studien zu allen historischen Epochen offen, vom Altertum bis unmittelbar an den Rand der Gegenwart. Darüber hinaus ist Geschichte für uns nicht nur die vergangene Realität des sogenannten Abendlandes. *Krieg in der Geschichte* bezieht sich deshalb auf Vorgänge und Zusammenhänge in allen historischen Epochen und auf allen Kontinenten. In dieser methodologischen und thematischen Offenheit hoffen wir den spezifischen Charakter unserer Reihe zu gewinnen.

Stig Förster   Bernhard R. Kroener   Bernd Wegner

EINLEITUNG

Die Belagerung Leningrads gehört zu den größten Katastrophen des Zweiten Weltkriegs. Fast 900 Tage lang, vom 7. September 1941 bis zum 27. Januar 1944, hielten die deutsche Wehrmacht im Süden und die finnische Armee im Norden die Stadt vom sowjetischen Hinterland abgeschnitten. Nur über den Ladogasee konnten Lebensmittel in den Belagerungsring gebracht werden: im Sommer per Schiff und im Winter per Lastwagen über die Eisstraße. Diese „Straße des Lebens" ermöglichte es den Leningradern, die deutsche Belagerung zu überstehen. Die Kapazität dieser Versorgungslinie reichte jedoch nicht aus, um die Bedürfnisse der drei Millionen Einwohner zu befriedigen. Die lokalen Verantwortlichen waren gezwungen, die Lebensmittelrationen immer weiter herabzusetzen. Im Dezember 1941 erreichten sie mit 125 Gramm Brot pro Tag ihren Tiefststand. Dieses „Blockadebrot" bestand in jenem Winter zu 40 % aus Ersatzstoffen: Kleie, Futterkuchen, Hülsen, Reiskörnern und Zellulose. Der Hunger nahm schreckliche Formen an. Menschen brachen mitten auf der Straße tot zusammen. In ihrer Verzweiflung aßen die Leningrader alles: Bald waren Hunde und Katzen aus dem Stadtbild verschwunden, auch sind Fälle von Kannibalismus überliefert. Die Kälte verschärfte die Situation. Der erste Kriegswinter war mit Temperaturen bis zu minus 40°C einer der strengsten im 20. Jahrhundert. So hatte auch der Mangel an Brennmaterialien fatale Auswirkungen. Das gesamte Alltagsleben kam zum Erliegen. Die Wasser- und Energieversorgung brach zusammen, seit November fuhren keine öffentlichen Verkehrsmittel mehr, und Leningrad versank in Dunkelheit. Im Dezember fielen die Heizungen aus, und die Menschen versuchten, ihre Zimmer mit kleinen gußeisernen Öfen selbst zu beheizen. Sie verbrannten ihre Möbel und Bücher, da es schon bald kein Holz mehr in der Stadt gab. Die Bilanz dieser 900 Tage: rund eine Million Tote unter der Leningrader Zivilbevölkerung – das sind rund doppelt so viele Zivilisten wie in Deutschland während des gesamten Kriegs durch die alliierten Luftangriffe umgekommen sind.[1]

---

1 Zur Problematik der Opferzahlen siehe Kap. V. Die Angaben über die deutschen zivilen Opfer während des Kriegs – ausschließlich der Opfer im Zuge von Flucht und Vertreibung – schwanken zwischen 0,3 und 0,5 Millionen. Vgl. hierzu die problemorientierte Übersicht zu den nach wie vor uneinheitlichen Angaben von Rüdiger Overmans: Die Toten des Zweiten Weltkriegs in Deutschland. Bilanz der Forschung unter besonderer Berücksichtigung der Wehrmacht- und Vertreibungsverluste, in: Wolfgang Michalka (Hg.): Der Zweite Weltkrieg. Analysen, Grundzüge, Forschungsbilanz, München, Zürich [2]1990, S. 858–873.

1. Problem- und Fragestellung

Mit ihren drei Millionen Einwohnern stellte die zweitgrößte Stadt der Sowjetunion sowohl die Angreifer als auch die Angegriffenen vor einzigartige Herausforderungen, die Leningrad als einen Sonderfall des Zweiten Weltkriegs erscheinen lassen. Diese Arbeit handelt von den Strategien der deutschen und der sowjetischen Seite in bezug auf Leningrad. Unter Strategie werden dabei nicht nur militärische Operationsfragen verstanden. Der Begriff umfaßt vielmehr ganz allgemein Lösungsansätze, mit denen die beiden Kriegsgegner auf die jeweiligen Probleme reagierten, die sich ihnen vor oder in Leningrad stellten. Die Sowjetmacht stand beispielsweise nicht nur vor der Aufgabe, die Stadt militärisch zu halten, sondern mußte die grundsätzliche Entscheidung treffen, auf welche Weise sie das in Leningrad vorhandene Potential weiter für sich nutzen wollte. Man hatte die Wahl, entweder die Produktionsstätten sowie die Arbeiterschaft dieses Industriezentrums an Ort und Stelle zu verwenden oder abzuziehen und an einem anderen Ort zum Einsatz zu bringen. Gleichzeitig war zu entscheiden, wie die in der Stadt Verbliebenen versorgt und beschäftigt werden sollten. Ein solcher, breit verstandener Begriff von Strategie läßt sich auf die drei wichtigsten Faktoren in Leningrad anwenden: das Militär, die Bevölkerung und die Industrie.

Der Begriff Strategie umfaßt allerdings nicht nur Lösungswege, welche die Akteure zur Bewältigung konkreter Problemstellungen beschritten. So gilt es einerseits herauszuarbeiten, welche Entscheidungen sich aus der jeweiligen Lage ergaben und welche nichts zur Lösung der anstehenden Probleme beitrugen. Es wird ebenfalls zu prüfen sein, welche Alternativen es zum eingeschlagenen Weg gab und warum diese letztlich verworfen wurden. Andererseits müssen aber auch die weitergesteckten Ziele, die mit der gewählten Strategie verfolgt wurden, festgemacht sowie die dahinterliegenden Motive und Denkmuster offengelegt werden. Das heißt: Inwieweit wurden die gewählten Strategien durch das jeweilige System geprägt?

Des weiteren wird nach der Veränderung der einzelnen Strategien zu fragen sein. Die deutsche Strategie durchlief zum Beispiel drei Phasen: vom ursprünglichen Ziel der Eroberung über den Entschluß zur Belagerung bis hin zu einer Politik, die den Hungertod aller Einwohner anstrebte und eine Einnahme der Stadt selbst dann nicht vorsah, wenn der Gegner die Kapitulation angeboten hätte. Hier fand also eine Entwicklung von einem konventionellen Kriegsziel zu einer Strategie statt, die in der Weltgeschichte einmalig ist: die Belagerung einer Stadt oder Festung, die nicht auf eine Eroberung aus war. Selbst für den Zweiten Weltkrieg mit seiner beispiellosen Grausamkeit stellte dieses Vorgehen eine Besonderheit dar, da es die brutalste Form der nationalsozialistischen Vernichtungspolitik gegen die nichtjüdische sowjetische Bevölkerung darstellte, was schließlich zum Genozid führte.[2]

Während auf deutscher Seite ein Wechsel der Strategie aus einer veränderten Zielsetzung resultierte, war auf sowjetischer Seite eine strategische Neuausrichtung das Resultat von sich wandelnden Verhältnissen. Der größte Umschwung erfolgte Anfang 1943. Nachdem die Rote Armee eine Bresche in den deutschen Belagerungsring geschlagen hatte, änderte sich die Situation in der Stadt grundlegend: Nun konnten ausreichend Lebensmittel und Energieträger nach Leningrad gebracht werden. Um solche Strategiewechsel herausarbeiten und erklären zu können, ist eine Periodisierung der Blockade notwendig. Das Bild von einer neunhunderttägigen Blockade suggeriert eine Einheitlichkeit der Bedingungen, die es so nicht gab. Hier werden zumeist die Verhältnisse aus dem Hungerwinter 1941/42 auf die gesamte Dauer der Blockade projiziert.[3]

In einem nächsten Arbeitsschritt ist zu untersuchen, auf welche Weise und mit welchen Mitteln man die einzelnen Strategien in die Praxis umsetzte. Dieser problemorientierte Zugang erlaubt schließlich auch allgemeine Rückschlüsse auf die jeweiligen politischen Systeme. So soll auf der einen Seite das Verhältnis von Politik und Militär beleuchtet und der Ort des Genozids an den Leningradern im nationalsozialistischen Vernichtungskrieg bestimmt werden. Für die andere Seite verspricht eine Untersuchung der politischen Praxis in den Bereichen der Evakuierung, Industrieproduktion und der Lebensmittelverteilung Aufschlüsse über die Funktionsmechanismen des Stalinismus im Krieg. Dabei erscheint der Zweite Weltkrieg nicht länger als eine isolierte Periode in der sowjetischen Geschichte. Nur in einem Vergleich mit den dreißiger Jahren lassen sich Kontinuitäten und Brüche aufzeigen und damit die Spezifika der Kriegszeit verdeutlichen.

Schließlich stellt sich die Frage, zu welchen Ergebnissen die Strategien führten. Bei der Beurteilung der Erfolge muß man sich in die Perspektive der Leningrader versetzen und untersuchen, welche Auswirkungen die Politik der Bolschewiki auf das Leben der Einwohner hatte und wie letztere darauf reagierten. Das heißt: Inwieweit richteten sie sich in die Verhältnisse ein und lernten es, die Gegebenheiten zu ihren Gunsten zu benutzen?

---

2 Vergleichbar ist der Fall Leningrad allerdings mit der Hungerpolitik, welche die Wehrmacht gegenüber den sowjetischen Kriegsgefangenen praktizierte. In den ersten sechs Monaten des deutsch-sowjetischen Krieges starben knapp zwei Millionen Menschen, weil die Wehrmacht sie nicht mit Lebensmitteln und Unterkünften versorgte. Vgl. hierzu die grundlegende Studie von Christian Streit: Keine Kameraden. Die Wehrmacht und die sowjetischen Kriegsgefangenen 1941-1945, Neuausg., Bonn 1997.

3 Siehe dazu auch: Jörg Ganzenmüller: Das belagerte Leningrad 1941-1944. Zeitabschnitte im Planen und Handeln der sowjetischen Verteidiger, in: Informationen zur modernen Stadtgeschichte 2004, Nr. 2, S. 39-44.

2. Einseitigkeiten und Ausblendungen in der Historiographie: Forschungsstand und methodische Überlegungen

a) Konzentration auf den Heroismus der Bevölkerung

Die Geschichtsschreibung hat bislang die Leningrader Bevölkerung ins Zentrum des Erkenntnisinteresses gestellt und nach den Gründen für ihren Widerstandswillen und ihre Opferbereitschaft gefragt. In der sowjetischen Sichtweise wurde die Blockade zu einem Beispiel für den Heroismus der Soldaten und Zivilisten im Zweiten Weltkrieg. Diese Deutung zeigt, daß sich die sowjetischen Historiker in der Bewertung und Analyse des Ereignisses nie von der Kriegspropaganda zu lösen vermochten. Zu den zum Teil bis heute reproduzierten Mythen gehört beispielsweise die Behauptung, eine Eroberung Leningrads sei nur durch die kämpferische Selbstlosigkeit und den Opfermut von Roter Armee und Volkswehr verhindert worden. Indem die sowjetische Historiographie nicht wahrhaben wollte, daß es dem Angreifer schon bald nicht mehr um eine Eroberung oder Kapitulation, sondern um die Ausrottung der Millionenbevölkerung ging, verschonte sie den Gegner von dem berechtigten Vorwurf des Völkermords, um die Schlacht vor Leningrad weiterhin als heldenhaften Abwehrkampf zu zeichnen. Zur Mythologisierung der Blockade gehört auch die Heroisierung des Alltags, etwa in der Behauptung, die Arbeiter hätten selbst unter den schwersten Bedingungen eine Massenproduktion von Rüstungsgütern bewerkstelligt. Inwieweit man eine nach rationalen Gesichtspunkten völlig unsinnige Strategie, Leningrad trotz der Belagerung als Zentrum der Kriegsindustrie weiterzunutzen, tatsächlich verfolgte, wurde hier nie hinterfragt.

Die Langlebigkeit dieser weltanschaulich geprägten Lesart erklärt sich aus der allgemeinen Tendenz der sowjetischen Historiographie, das stalinistische Geschichtsbild allenfalls dort zu revidieren, wo es unhaltbar geworden war. Nur notgedrungen räumte man also alte Positionen. Aus diesem Grund erweiterte die sowjetische Geschichtswissenschaft zwar kontinuierlich unser Faktenwissen, doch blieb stets der Heroismus ihr wichtigster Bezugspunkt, von dem jede Beschäftigung mit der Blockade auszugehen hatte.[4] Das einzige, was sich im Zuge

[4] Eine zuverlässige Übersicht bieten u.a.: Aleksandr V. Karasev: Leningradcy v gody blokady 1941 - 1943, Moskau 1959; Očerki istorii Leningrada, Bd. 5: Period Velikoj Otečestvennoj vojny Sovetskogo Sojuza 1941 - 1945, hg. v. Valentin M. Koval'čuk u.a., Leningrad 1967; Andrej R. Dzeniskevič/Valentin M. Koval'čuk/Gennadij L. Sobolev (Hg.): Nepokorennyj Leningrad. Kratkij očerk istorii goroda v period Velikoj Otečestvennoj vojny, Leningrad ²1974; Andrej R.

der jeweiligen „politischen Konjunktur“[5] änderte, waren die Helden. Zunächst wurde die erfolgreiche Verteidigung Leningrads Stalin oder der lokalen Parteiorganisation als Verdienst gutgeschrieben, später der Roten Armee oder der Leningrader Bevölkerung insgesamt.

Der heroisierenden Geschichtsschreibung gelang es nicht, die Besonderheiten der Blockade herauszuarbeiten. Vielmehr wurde Leningrad in den allgemeinen „heldenhaften Abwehrkampf gegen die faschistischen Eindringlinge“ eingeordnet. Dabei ist kein grundsätzlicher Unterschied zur Verherrlichung anderer Heldenstädte wie Stalingrad zu erkennen. Leningrad ist insofern nur ein Beispiel von vielen.

Die westliche Forschung ist stärker, als sie selbst wahrnimmt, von der sowjetischen Sichtweise geprägt. Auch hier stand die Blockade stets stellvertretend für die Ausdauer und die Opferbereitschaft der Menschen im Krieg. Diese Interpretation widersprach jedoch offenkundig dem allgemeinen Verständnis, das man von der Sowjetunion hatte: eine Diktatur, welche die eigene Bevölkerung terrorisiert. Die aus diesem Widerspruch entstandene Fragestellung führte die Forschung in eine Sackgasse. Man suchte nach einer Erklärung dafür, daß Menschen ein Regime verteidigten, das ihnen materielle Entbehrungen auferlegte und jede Form von Freiheit verwehrte. Ausgehend vom Totalitarismuskonzept glaubte die frühe Stalinismusforschung, im Zwangscharakter des Regimes eine Antwort gefunden zu haben. In dieser Tradition steht die bislang einzige westliche Gesamtdarstellung zur Blockade, die wissenschaftlichen Ansprüchen gerecht wird. Leon Goure beschäftigte sich eingehend mit der Frage, wie es der Leningrader Partei gelang, die hungernde Bevölkerung von Massenprotesten abzuhalten. Hierbei veranschlagte er die Rolle von Zwang und Unterdrückung hoch, ja offensichtlich zu hoch. Auch beim Thema Mobilisierung trennte Goure scharf zwischen einer eher passiven Bevölkerung und dem Regime, das durch rücksichtslose Kampagnen die Menschen in die Verteidigung der Stadt eingebunden habe.[6]

Die Vertreter der historischen Sozialwissenschaft betonten demgegenüber zu Recht, daß der Sieg ohne ein freiwilliges Engagement der Menschen nicht möglich gewesen wäre.[7] Aus diesem Ansatz heraus verlegten sie ihr Erkenntnisinter-

---

Dzeniskevič u.a. (Hg.): Leningrad v bor'be mesjac za mesjacem 1941–1944, St. Petersburg 1994.

5 Vgl. Andrej R. Dzeniskevič: Blokada i politika. Oborona Leningrada v političeskoj konjunkture, St. Petersburg 1998.

6 Leon Goure: The Siege of Leningrad, Stanford, London 1962. Obwohl andere Gesamtdarstellungen zur Blockade an das wissenschaftliche Niveau der Arbeit von Goure nicht herankamen, erreichte sie nie einen vergleichbaren Bekanntheitsgrad wie beispielsweise das in viele Sprachen, inzwischen auch ins Russische übersetzte Werk von Harrison E. Salisbury: 900 Tage. Die Belagerung von Leningrad, Frankfurt a.M. 1989 (engl. Org. 1969).

7 Richard Bidlack spricht von einem „informellen Sozialvertrag“ zwischen Regime und Bevölkerung im Krieg, vgl. Richard Bidlack: Workers at War. Factory Workers and Labor Policy in the Siege of Leningrad, Ann Arbor 1987, S. 94 f. Die Untersuchungen der mittlerweile zugänglichen

esse auf die Motive, welche der Unterstützung des Regimes zugrundegelegen haben könnten. Man stieß schnell auf den Patriotismus, der auf indifferente und sogar dem System feindlich gesinnte Menschen als Integrationsideologie wirkte.[8] Die Vaterlandsliebe speiste sich aus mehreren Quellen. Neben dem natürlichen Zusammenhalt jeder angegriffenen Gruppe, der eine anthropologische Konstante bildet, trugen das Aufgreifen nationaler Themen in der Propaganda und die Brutalität der deutschen Besatzungsherrschaft zur Motivation der Menschen bei. Der Schriftsteller und Weltkriegsveteran Vjačeslav D. Kondrat'ev drückte die Haltung der Bevölkerung folgendermaßen aus: „Während der Kriegszeit fühlten wir uns als vollwertige Bürger, in deren Händen das Schicksal des Landes lag."[9] Damit dürfte dieser Aspekt schlüssig und ausreichend geklärt sein. Die Suche nach weiteren Motiven oder der Versuch, den relativen Wirkungsgrad einzelner Motive zu bestimmen, kann zu keinen neuen Erkenntnissen führen. Vielmehr läuft die Forschung Gefahr, die übergeordnete Frage nach den Wurzeln des Sieges allein in der Motivation der Bevölkerung zu sehen. Eine solche Psychologisierung des Kriegs vereinfacht das Problem zu stark. Für den Kriegsausgang haben die Ausdauer der Sowjetunion sowie strategische Vorteile durch die Überdimensionierung der Front und des Besatzungsgebiets eine ebenso große Rolle gespielt.

b) KONTINUITÄT ODER BRUCH? FUNKTIONSMECHANISMEN DES STALINISMUS IM ZWEITEN WELTKRIEG

Mit ihrer Leistungsfähigkeit und Ausdauer im Zweiten Weltkrieg hat die Sowjetunion schon die Zeitgenossen überrascht. Ähnlich wie Hitler rechnete auch der amerikanische Kriegsminister Henry Stimson mit einem schnellen Zusammenbruch der UdSSR. Sie werde „ein Minimum von einem Monat und ein mögliches

---

Stimmungsberichte des NKVD haben dieses Bild bestätigt, vgl. John Barber: War, Public Opinion and the Struggle for Survival 1941-1945. The Case of Leningrad, in: Silvio Pons/Andrea Romano (Hg.): Russia in the Age of War 1941-1945, Mailand 2000, S. 265-276; Richard Bidlack: The Political Mood in Leningrad During the First Year of the Soviet-German War, in: Russian Review, 59 (2000), S. 96-113; Andrei R. Dzeniskevich: The Social and Political Situation in Leningrad in the First Months of the German Invasion. The Social Psychology of the Workers, in: Robert W. Thurston/Bernd Bonwetsch (Hg.): The People's War. Responses to World War II in the Soviet Union, Urbana, Chicago 2000, S. 71-83.

8 Im Fall der Blockade Leningrads spielte neben dem nationalen auch der lokale Patriotismus eine ganz entscheidende Rolle, vgl. Aileen Rambow: Überleben mit Worten. Literatur und Ideologie während der Blockade von Leningrad 1941-1944, Berlin 1995, S. 108-242.

9 Zit. in: Sabine Rosemarie Arnold: „Mit Lügen kann man niemanden erziehen." Gespräch mit dem russischen Schriftsteller V.D. Kondrat'ev, in: Deutsche Studien, 29 (1991), S. 128-144, hier 128.

Maximum von drei Monaten" widerstehen.[10] Sowohl die Vereinigten Staaten als auch Großbritannien zögerten zunächst, der Sowjetunion materielle Hilfe zukommen zu lassen, da man in Washington und London davon ausging, daß diese über kurz oder lang doch nur in deutsche Hände fallen würde.[11]

Nach dem Kriegsende drängte sich die Frage auf, wie die von den stalinistischen Terrorwellen erschütterte Sowjetunion einen Krieg gegen die damals modernste Streitmacht Europas gewinnen konnte.[12] Die sowjetische Erklärung fiel denkbar einfach aus. Der Zweite Weltkrieg war „eine Art Examen für unsere Sowjetordnung, unseren Staat, unsere Regierung, unsere Kommunistische Partei". Folgerichtig bedeutete der Sieg, „daß unsere sowjetische Gesellschaftsordnung gesiegt hat, daß die sowjetische Gesellschaftsordnung die Feuerprobe des Krieges mit Erfolg bestanden und ihre volle Lebensfähigkeit bewiesen hat".[13] Stalins Lesart des Krieges wurde von der sowjetischen Historiographie übernommen und gepflegt. Sie gehörte bis zum Zusammenbruch des sozialistischen Staates zum Kanon der sowjetischen Geschichtsauffassung.[14]

Gänzlich anders verstand der Westen den sowjetischen Sieg. Die Forschung suchte hier vor allem nach Einschnitten und Veränderungen im stalinistischen System, hinter denen sie die Grundlagen des unerwarteten Sieges vermutete. An zwei Stellen, so die herrschende Meinung, habe Stalin die Parameter des Regimes verändert. Zum einen habe er schnell erkannt, daß die Menschen nicht bereit waren, für den Sozialismus zu kämpfen. Deshalb verschob er den Akzent der Propaganda, griff auf nationalrussische Traditionen zurück und belebte dadurch einen kaum verhüllten großrussischen Nationalismus wieder.[15] Mit dem Rückgriff auf nationale Vorbilder sei die im Krieg wachsende Kluft zwischen gestiegener

---

10 Zit. in: William Averell Harriman/Elie Abel: In geheimer Mission. Als Sonderbeauftragter Roosevelts bei Churchill und Stalin 1941-1946, Stuttgart 1979, S. 63.

11 Vgl. Richard Overy: Die Wurzeln des Sieges. Warum die Alliierten den Zweiten Weltkrieg gewannen, Stuttgart, München 2000, S. 322 f.

12 Der Ausgang des Zweiten Weltkriegs war allerdings keinesfalls vorprogrammiert, vgl. ebd., S. 11-40.

13 Stalins Rede in der Wählerversammlung des Stalin-Wahlbezirks der Stadt Moskau am 9. Februar 1946, in: Josef W. Stalin: Werke, 15 Bde., Dortmund 1976, Bd. 15, S. 37-53, hier 39 f.

14 Auch der letzte Generalsekretär der KPdSU, Michail Gorbačëv, vertrat exakt die gleiche Auffassung, indem er den Krieg als eine „schonungslose Bewährungsprobe für die Lebensfähigkeit der sozialistischen Ordnung" bezeichnete, vgl. seine Rede „Der Oktober und die Umgestaltung: Die Revolution wird fortgesetzt", gehalten am 2.11.1987 auf der Gemeinsamen Festsitzung des ZK, des Obersten Sowjets der UdSSR und der RSFSR anläßlich des 70. Jahrestages der Oktoberrevolution, in: Michail Gorbatschow: Ausgewählte Reden und Aufsätze, 5 Bde., Berlin (Ost) 1990, Bd. 5, S. 354-409, hier 375.

15 Vgl. Bernd Bonwetsch: Der „Große Vaterländische Krieg": Vom deutschen Einfall bis zum sowjetischen Sieg (1941-1945), in: Handbuch der Geschichte Rußlands, Bd. 3: Von den autokratischen Reformen zum Sowjetstaat (1856-1945), hrsg. v. Gottfried Schramm, Stuttgart 1983-1992, S. 909-1008, hier 913. Etwas anders akzentuiert Aleksandr Nekrič den gesteigerten Patriotismus. Nach ihm habe sich die Partei nur an die Spitze eines vom Volk ausgehenden patriotischen Aufschwungs gestellt, vgl. Michail Heller/Alexander Nekritsch: Geschichte der Sowjetunion, 2 Bde., Königstein/Ts. 1982, Bd. 2, S. 133.

Leistungsanforderung und gesunkener Befriedigung von Bedürfnissen mit ideologisch-geistigen Antrieben ausgefüllt worden.[16]

Als zweite Wende wird die innenpolitische Liberalisierung während des Krieges angeführt. Da die Bevölkerung nach den Erfahrungen von Zwangskollektivierung und Terror zunächst kaum Bereitschaft gezeigt habe, sich bei der Verteidigung des Sowjetstaates zu engagieren, sei es zu „einer Art Kompromiß zwischen der bis dahin drangsalierten Gesellschaft und den Machthabern" gekommen, der zu einer „Lockerung des Regimes" geführt habe.[17] So habe die Rücknahme des Drucks den Arbeitern die Möglichkeit gegeben, „Loyalität durch Leistung glaubhaft zu zeigen, sich indifferent zu verhalten oder Entfremdung durch Verweigerung zu demonstrieren", so daß von einem „authentischen Engagement" der Bevölkerung gesprochen werden könne.[18] Bis heute wird die Kriegszeit als eine Ausnahmesituation der Stalinschen Herrschaft, ja sogar als eigenständige Epoche in der Geschichte der Sowjetunion verstanden, da das Regime durch den Überlebenskampf in seiner Machtausübung stark eingeschränkt war und seine Stabilität mehr denn je auf Konsens und freiwilliger Kooperation beruhte.[19] Klaus Segbers sprach sogar von einer „ersten – wenn auch unfreiwilligen – Entstalinisierung".[20]

Beide Interpretationen gehen von einem fundamentalen Wandel des stalinistischen Systems aus. In einem Fall setzte Stalin auf neue ideologisch-geistige Antriebe, im anderen auf eine reformierte Herrschaftsverfassung.[21] Bislang gibt es

16 Manfred Hildermeier: Geschichte der Sowjetunion 1917-1991. Entstehung und Niedergang des ersten sozialistischen Staates, München 1998, S. 658.

17 Leonid Luks: Geschichte Russlands und der Sowjetunion. Von Lenin bis Jelzin, Regensburg 2000, S. 372 f. Siehe u.a. auch Bonwetsch: Der „Große Vaterländische Krieg", S. 913; ders.: War as a „Breathing Space". Soviet Intellectuals and the „Great Patriotic War", in: Robert W. Thurston/Bernd Bonwetsch (Hg.): The People's War. Responses to World War II in the Soviet Union, Urbana, Chicago 2000, S. 137-153. Gemäß dieser Interpretation sind die Hoffnungen auf eine Fortsetzung des Liberalisierungskurses in der Nachkriegszeit allerdings enttäuscht worden. Spätestens mit der Ždanovščina habe das Regime die Zügel wieder fester angezogen.

18 Klaus Segbers: Die Sowjetunion im Zweiten Weltkrieg. Die Mobilisierung von Verwaltung, Wirtschaft und Gesellschaft im „Großen Vaterländischen Krieg" 1941-1943, München 1987, S. 296.

19 Vgl. Dietmar Neutatz: Der Stalinismus in der Neuen Kulturgeschichte, in: NPL, 48 (2003), S. 96-127, hier 111. Dietrich Geyer: Rußland in den Epochen des zwanzigsten Jahrhunderts. Eine zeitgeschichtliche Problemskizze, in: GG, 23 (1997), S. 258-294.

20 Segbers: Sowjetunion im Zweiten Weltkrieg, S. 117. Segbers sieht die sowjetische Machtelite durch die Existenzbedrohung von außen dazu gezwungen, die Toleranzgrenzen des autoritären Systems auszudehnen. Die Kriegsjahre seien deshalb „als Entspannungsphase in den sowjetischen Binnenverhältnissen" zu bezeichnen, vgl. ebd., S. 296.

21 Auch das Wirtschaftssystem sei im Krieg grundlegend umgebaut worden, vgl. John Barber/Mark Harrison: The Soviet Home Front 1941-1945. A Social and Economic History of the USSR in World War II, London, New York 1991, S. 196-205. Die Kontinuitäten in den Funktionsmechanismen des stalinistischen Systems betont hingegen Sheila Fitzpatrick: War and Society in Soviet Context. Soviet Labor before, during and after World War II, in: International

aber noch keine Fallstudien, die diese Analyse, die noch aus der Zeit der geschlossenen sowjetischen Archive stammt, auf den Prüfstand legen. Deshalb werden hier am Beispiel des belagerten Leningrads Ziele, Strategien und Ergebnisse des sowjetischen Krisenmanagements und damit die Funktionsmechanismen des stalinistischen Systems im Krieg untersucht.

c) DER ALLTAG – EIN AUSGESCHRITTENES THEMA?

Die Blockade steht in Ost und West gleichermaßen als Synonym für die Leiden der Zivilbevölkerung im Zweiten Weltkrieg. Aus diesem Grunde rücken die meisten Alltagsbeschreibungen den Winter 1941/42 in den Mittelpunkt. Die Verhältnisse der Monate November 1941 bis März 1942 werden dabei allzu oft auf die gesamte Dauer der Blockade übertragen. Die postkommunistische Geschichtsschreibung hat sich in den letzten Jahren vor allem darauf konzentriert, bislang tabuisierte Seiten des Blockadealltags wie Lebensmittelkriminalität oder Kannibalismus zu beleuchten.[22] Diese Darstellungen sind ergreifend und haben auch ihre Berechtigung. Aber auf diesem Wege wird sich in Zukunft nur noch feiner auszeichnen lassen, was in seinen wesentlichen Umrissen ohnehin bereits an den Tag gekommen ist. Das inzwischen ungeschminkte Bild vom Blockadealltag zeigt, daß sich die Leningrader im Winter 1941/42 nicht anders verhielten, als sich der Mensch unter den Bedingungen extremen Hungers schon immer verhalten hat.

Dennoch wird der Blockadealltag in dieser Arbeit zu thematisieren sein. Er wird allerdings nicht als ein eigenständiger Komplex behandelt, um eine Anein-

---

Labor and Working Class History, 35 (1989), S. 37 - 52; Hildermeier: Geschichte der Sowjetunion, S. 668 f.

22 In ihrer Eindrücklichkeit nach wie vor unübertroffen ist die dokumentarische Erzählung von Ales Adamowitsch/Daniil Granin: Das Blockadebuch, 2 Bde., Berlin (Ost) 1984 und 1987. Neben einer ausführlichen Schilderung der militärischen Operationen ist der Blockadealltag das zweite zentrale Thema der beiden bekanntesten Gesamtdarstellungen. Sie stammen aus der Feder amerikanischer Journalisten, die Leningrad während bzw. unmittelbar nach dem Krieg besucht haben. Ihre persönlichen Erlebnisse haben sie durch die Lektüre sowjetischer Memoiren ergänzt und in eindrucksvollen Schilderungen verarbeitet, Alexander Werth: Leningrad, London 1944. Eine gekürzte Fassung erschien auch in: ders.: Rußland im Krieg 1941 - 1945, München, Zürich 1965 (engl. Org. 1964), S. 221 - 263; Salisbury: 900 Tage; jüngere Untersuchungen zum Alltag finden sich bei: Antje Leetz (Hg.): Blockade. Leningrad 1941 - 1944. Dokumente und Essays von Russen und Deutschen, Reinbek bei Hamburg 1992; Richard Bidlack: Survival Strategies in Leningrad during the First Year of the Soviet-German War, in: Robert W. Thurston/Bernd Bonwetsch (Hg.): The People's War. Responses to World War II in the Soviet Union, Urbana, Chicago 2000, S. 84 - 107; B.P. Belozerov: Protivopravnye dejstvija i prestupnost' v uslovijach goloda, in: John Barber/Andrej R. Dzeniskevič (Hg.): Žizn' i smert' v blokirovannom Leningrade. Istoriko-medicinskij aspekt, St. Petersburg 2001, S. 245 - 264; Gerhart Hass: Leben, Sterben und Überleben im belagerten Leningrad (1941 - 1944), in: ZfG, 50 (2002), S. 1080 - 1098.

anderreihung von Einzelfällen und Momentaufnahmen zu vermeiden. Statt dessen wird er jeweils dann eingeblendet, wenn die Auswirkungen der Politik auf die Menschen beschrieben werden. Aus dem Verständnis des Stalinismus als einer sozialen Praxis entwickelt sich die Frage, wie die Menschen ihren Alltag organisierten und wie sie innerhalb des stalinistischen Systems unter den Bedingungen der Belagerung agierten.[23] Die Arbeit fühlt sich also einer Alltagsgeschichte verpflichtet, die nicht das Repetitive, das „Ewig-Gleiche" zum Bezugspunkt hat. Vielmehr werden die Beteiligten als Objekte und zugleich Subjekte verstanden. Im Mittelpunkt des Erkenntnisinteresses stehen deshalb die Formen, in denen sich Menschen ihre Welt angeeignet haben.[24]

d) FEHLENDE EINORDNUNG IN DIE GESAMTKRIEGFÜHRUNG

In den bisherigen Untersuchungen wurde oft ausgeblendet, daß die militärischen Entscheidungen vor Leningrad durch politische Faktoren mit bedingt waren. Ebenso hat man bislang die Rückwirkung der militärischen Situation auf die Politik übersehen.[25] Dies hat dazu geführt, daß der Schauplatz Leningrad zumeist isoliert vom gesamten deutsch-sowjetischen Krieg gesehen wurde. Deshalb nimmt diese Arbeit nicht nur die Akteure unmittelbar vor Ort ins Blickfeld, sondern bettet Leningrad in das allgemeine Kriegsgeschehen ein. Aus diesem Grund hat eine Analyse der Entscheidungsprozesse auch von den jeweiligen Hauptquartieren auszugehen. In Leningrad führte man schließlich das andernorts entwickelte strategische Konzept nur aus.

---

23 Vgl. dazu Stefan Plaggenborg: Stalinismusforschung: Wie weiter?, in: ders. (Hg.): Stalinismus. Neue Forschungen und Konzepte, Berlin 1998, S. 443-452, hier 446 f. Die Bevölkerung wird also nicht nur als passives Opfer des Staates, sondern als Akteur innerhalb des stalinistischen Systems verstanden, vgl. Stephen Kotkin: Magnetic Mountain. Stalinism as a Civilization, Berkeley u.a. 1995, S. 151-155.

24 Alf Lüdtke: Was ist und wer treibt Alltagsgeschichte?, in: ders. (Hg.): Alltagsgeschichte. Zur Rekonstruktion historischer Erfahrungen und Lebensweisen, Frankfurt a.M., New York 1989, S. 9-47, hier 11 f.

25 Das jüngste Beispiel einer reinen Operationsgeschichte bietet David M. Glantz: The Battle for Leningrad 1941-1944, Lawrence (Kansas) 2002. Die deutsche Strategie rekonstruiert weitgehend aus dem Blickwinkel der Wehrmacht Johannes Hürter: Die Wehrmacht vor Leningrad. Krieg und Besatzungspolitik der 18. Armee im Herbst und Winter 1941/42, in: VfZ, 49 (2001), S. 377-440.

e) DER FEHLENDE VERGLEICH ZWISCHEN DEUTSCHEM UND SOWJETISCHEM VORGEHEN

Die deutsche Militärgeschichtsschreibung hat bislang nur die eigene Geschichte des deutsch-sowjetischen Kriegs untersucht. Die gegnerische Seite kommt entweder überhaupt nicht vor oder ist fehlerhaft dargestellt und maßlos überzeichnet, da sie auf der Basis zeitgenössischer Analysen und Nachkriegserinnerungen der Generäle rekonstruiert wurde. Die sowjetische Bevölkerung wird stets nur mittels Quellen deutscher Provenienz – und damit durch die Brille der Täter – geschildert. Sie tritt uns lediglich als Objekt deutscher Politik und nicht als Menschen mit eigenständigen Interessen gegenüber, so daß ihr Handeln anhand bisheriger Darstellungen letztlich unverständlich bleiben muß.[26]

Obwohl im Fall der Belagerung Leningrads ein enges Wechselverhältnis zwischen der deutschen und der sowjetischen Strategie bestand, wurden die Beschlüsse der Gegner bislang nicht miteinander in Beziehung gesetzt. Damit fehlte der Analyse der wichtige Gesichtspunkt, inwieweit eine Entscheidung die Reaktion auf eine vom Feind mitgeprägte Situation war. An einem Beispiel sei dies erklärt. Beide Seiten kamen auf jeweils eigenen Wegen zu dem gleichlautenden Ergebnis, daß der Norden nur ein Nebenschauplatz in einem Krieg war, dessen Entscheidung vor Moskau, am Don und in Stalingrad fiel. So gesehen haben der deutsche Entschluß, Leningrad nicht einzunehmen, und die auf den ersten Blick unerwartet späte Befreiung durch die Rote Armee denselben Grund.

f) UNAUSGESCHÖPFTE UND BISLANG UNZUGÄNGLICHE QUELLEN

Schon als die Archive weit weniger zugänglich waren als heute, hätte sich über die Strategien mehr sagen lassen, wenn man die vorhandenen Quellen danach gefragt hätte. Gerade für die deutsche Perspektive sind die wichtigsten Dokumente publiziert. Diese mußten lediglich um die Akten der Heeresgruppe Nord sowie der 16. und 18. Armee aus dem Bundesarchiv-Militärarchiv ergänzt werden. Zur Untersuchung der sowjetischen Perspektive kann sich die Arbeit eine verbesserte Quellenbasis zunutze machen.[27] Die Öffnung der sowjetischen Ar-

---

26 Zu den wenigen Ausnahmen gehören: Bernhard Chiari: Alltag hinter der Front. Besatzung, Kollaboration und Widerstand in Weißrußland 1941-1944, Düsseldorf 1998; Frank Golczewski: Die Kollaboration in der Ukraine, in: Christoph Dieckmann/Babette Quinkert/Tatjana Tönsmeyer (Hg.): Kooperation und Verbrechen. Formen der „Kollaboration" im östlichen Europa 1939-1945, Göttingen 2003 (= Beiträge zur Geschichte des Nationalsozialismus 19), S. 151-182; Tanja Penter: Die lokale Gesellschaft im Donbaß unter deutscher Okkupation 1941-1943, in: ebd., S. 183-223.

27 Allein in den vergangenen zehn Jahren sind drei Dokumentenbände mit bislang unveröffentlichtem Material erschienen: Leningrad v osade. Sbornik dokumentov o geroičeskoj oborone

chive hat es erlaubt, die Akten der Leningrader Partei, des Stadtsowjets, des örtlichen Komsomol und des Evakuierungsrats auszuwerten. Die Perspektive der Zentrale in Moskau wurde über die kürzlich publizierten Akten der Stavka und die Bestände des Zentralen Parteiarchivs in Moskau (RGASPI) sowie des Staatsarchivs der Russischen Föderation (GARF) eingefangen. Für die Untersuchung der Umsetzung der Beschlüsse in die Praxis wurden Rechenschaftsberichte der ausführenden und kontrollierenden Organe der Sicht „von unten" gegenübergestellt, wie sie in Tagebüchern, Memoiren und Stimmungsberichten des NKVD zu finden ist.

Leningrada v gody Velikoj Otečestvennoj vojny 1941 - 1944, St. Petersburg 1995; V tiskach goloda. Blokada Leningrada v dokumentach germanskich specslužb i NKVD, St. Petersburg 2001; Nikita Lomagin: Neizvestnaja blokada, 2 Bde., St. Petersburg, Moskau 2002, Bd. 2: Dokumenty, priloženija.

I. DIE BELAGERUNG ALS VERNICHTUNGSSTRATEGIE: MOTIVE UND ZIELE DER WEHRMACHT VOR LENINGRAD

Hitler und die Wehrmachtführung planten, die Sowjetunion durch drei massierte Angriffe im Norden, in der Mitte und im Süden innerhalb von acht bis zwölf Wochen in die Knie zu zwingen. Anschließend sollten die deutschen Truppen in einem „Eisenbahnvormarsch" bis zu einer Linie vorrücken, die von Archangel'sk bis zur Wolga verlief.[1] Die Heeresgruppe Nord hatte dabei die Aufgabe, zunächst das Baltikum zu erobern, die Ostseehäfen zu besetzen und mit der Einnahme von Kronstadt und Leningrad der sowjetischen Rotbannerflotte ihre Basen zu entziehen.

In Hitlers Operationsplänen hatte Leningrad von Beginn an eine wichtige Rolle gespielt. Als er in der Weisung Nr. 21 vom 18. Dezember 1940 das erste Mal den „Fall Barbarossa" skizzierte, maß er der Newametropole sogar eine größere Bedeutung als Moskau bei. Die Heeresgruppe Mitte sollte die feindlichen Kräfte in Weißrußland schlagen, dann nach Norden einschwenken, um gemeinsam mit der aus Ostpreußen vorrückenden Heeresgruppe Nord das Baltikum zu erobern. Erst nach der Besetzung von Leningrad und Kronstadt wollte die Wehrmachtführung den Angriff auf das wichtige Verkehrs- und Rüstungszentrum Moskau fortführen. Nur im Falle eines völligen Zusammenbruchs der sowjetischen Widerstandskraft hielt es Hitler für möglich, beide Ziele gleichzeitig anzustreben.[2]

Die strategische Bedeutung Leningrads machte die vor Kronstadt liegende Rotbannerflotte aus. Mit ihrer Ausschaltung sollte der Ostseeraum unter deutsche Kontrolle gebracht werden. Außerdem bot sich von Leningrad aus die

---

1 Zu den Planungen des „Unternehmens Barbarossa" vgl. Ernst Klink/Horst Boog: Die militärische Konzeption des Krieges gegen die Sowjetunion, in: Das Deutsche Reich und der Zweite Weltkrieg, hg. v. Militärgeschichtlichen Forschungsamt, Bd. 4: Der Angriff auf die Sowjetunion, Stuttgart 1983, S. 190-326. Christian Gerlach betont, daß sich die Wehrmachtführung bewußt war, das riesige Gebiet der Sowjetunion nicht erobern zu können, und statt dessen auf deren raschen Zusammenbruch spekulierte, vgl. Christian Gerlach: Operative Planungen der Wehrmacht für den Krieg gegen die Sowjetunion und die deutsche Vernichtungspolitik, in: Babette Quinkert (Hg.): „Wir sind die Herren dieses Landes". Ursachen, Verlauf und Folgen des deutschen Überfalls auf die Sowjetunion, Hamburg 2002, S. 55-63, hier 55.

2 Weisung Nr. 21, „Fall Barbarossa", vom 18.12.1940, in: Hitlers Weisungen für die Kriegführung 1939-1945. Dokumente des Oberkommandos der Wehrmacht, hg. v. Walther Hubatsch, Koblenz [2]1983, S. 84-88, hier 86.

Möglichkeit, nach Norden in Richtung Murmansk und nach Nordosten in Richtung Archangel'sk vorzustoßen oder den sowjetischen Truppen bei Moskau in den Rücken zu fallen. Zudem war Leningrad als Industrie- und Rüstungszentrum von großem kriegswirtschaftlichem Wert. Demgegenüber stand die symbolische Bedeutung der alten zarischen Hauptstadt als „Wiege der Revolution", Zentrum des russischen Geisteslebens und Ausdruck des russischen Herrschaftsanspruchs im Ostseeraum bei den strategischen Planungen Hitlers und des Oberkommandos der Wehrmacht (OKW) weniger im Vordergrund.[3]

Der Heeresgruppe Nord standen für das Erreichen ihres operativen Ziels die Panzergruppe 4 sowie die 16. und 18. Armee zur Verfügung. Insgesamt waren dies 20 Infanteriedivisionen, drei Panzerdivisionen und drei motorisierte Infanteriedivisionen.[4] Zu Beginn des Feldzuges konnte die Heeresgruppe schnelle Erfolge erzielen. Bereits am 1. Juli 1941 fiel Riga, und nur vier Tage später stand die Wehrmacht mit der Einnahme Ostrovs südlich von Pskov.[5] Zu diesem Zeitpunkt glaubten sowohl der Generalstabschef des Heeres, Franz Halder, als auch Hitler, daß der Krieg bereits gewonnen sei. Hitler rechnete damit, in 14 Tagen oder höchstens vier Wochen Leningrad und Moskau erobert zu haben.[6]

Schon Ende Juli stellte sich die Lage jedoch anders dar. Die Rote Armee hatte zwar große Gebiete aufgeben müssen, war aber bei weitem noch nicht besiegt. Die deutschen Truppen waren erschöpft, so daß die Wehrmacht für deren Auffrischung eine längere Pause einlegen mußte. Bereits zu diesem Zeitpunkt fehlten die Reserven und das technische Material, um den Vormarsch an allen drei Frontabschnitten mit gleicher Kraft fortzusetzen. Man sah sich also zu einer Reduktion der Ziele gezwungen.[7]

Innerhalb der deutschen Führung kam es zu unterschiedlichen Auffassungen, welcher der drei Vorstöße hintangestellt werden sollte. Das Oberkommando des Heeres (OKH), namentlich sein Chef Franz Halder, wollte den operativen

---

[3] Vgl. Ernst Klink: Heer und Kriegsmarine, in: Das Deutsche Reich und der Zweite Weltkrieg, hg. v. Militärgeschichtlichen Forschungsamt, Bd. 4: Der Angriff auf die Sowjetunion, Stuttgart 1983, S. 451-652, hier 469; Gerd R. Ueberschär: Der Angriff auf Leningrad und die Blockade der Stadt durch die deutsche Wehrmacht. Leningrad als Operationsziel beim „Unternehmen Barbarossa", in: Antje Leetz (Hg.): Blockade. Leningrad 1941-1944. Dokumente und Essays von Russen und Deutschen, Reinbek bei Hamburg 1992, S. 94-105, hier 95; Andrej R. Dzeniskevič: Smysl i cena strategičeskoj oborony, in: Iskusstvo Leningrada 1990, Nr. 5, S. 6-12, hier 8; Geschichte des Großen Vaterländischen Krieges der Sowjetunion, hg. v. Institut für Marxismus-Leninismus beim Zentralkomitee der Kommunistischen Partei der Sowjetunion, 6 Bde., Berlin (Ost) 1962-1967, Bd. 2, S. 93.

[4] Vgl. Walter Chales de Beaulieu: Der Vorstoß der Panzergruppe 4 auf Leningrad 1941, Neckargemünd 1961, S. 13 f.

[5] Zum deutschen Vormarsch siehe Klink: Heer und Kriegsmarine, S. 463-469. Eine traditionelle Operationsgeschichte der Heeresgruppe unter Verarbeitung der zahlreichen Divisionsgeschichten findet sich bei: Werner Haupt: Heeresgruppe Nord 1941-1945, Bad Nauheim 1966.

[6] Vgl. Gerhard L. Weinberg: Eine Welt in Waffen. Die globale Geschichte des Zweiten Weltkriegs, Stuttgart 1995, S. 297 f. Zu Leningrad siehe Ueberschär: Angriff auf Leningrad, S. 96.

[7] Vgl. Weinberg: Welt in Waffen, S. 297-301; Gerlach: Operative Planungen, S. 62.

Schwerpunkt auf Moskau legen. Halder setzte voraus, daß die Sowjetmacht nach dem Verlust der Hauptstadt zusammenbrechen würde. Hitler stellte dieser Strategie kriegswirtschaftliche Überlegungen entgegen. Er setzte sich zunächst mit seiner Auffassung durch, daß die Schwerpunkte im Norden und im Süden liegen sollten, der Angriff sich also einerseits gegen das Industriezentrum Leningrad, andererseits gegen die „Kornkammer" Ukraine, das Industriegebiet im Donezbecken sowie die kaukasischen Ölfelder zu richten habe.[8] Hitler ging davon aus, daß die Heeresgruppe Nord bis zum 20. August 1941 Estland und die Ostseeinseln besetzt und Leningrad abgeriegelt haben würde. Danach sollten die Verbände der Luftwaffe und große Kräfte der Heeresgruppe Nord der Heeresgruppe Mitte zur Verfügung gestellt werden.[9]

Doch der weitere deutsche Vormarsch ging langsamer voran als geplant, da sich der Widerstand der Roten Armee verhärtete. Am 20. August 1941 lag man nicht vor Leningrad, sondern hatte gerade einmal die Bahnlinie Moskau–Leningrad bei Čudovo unterbrochen. Erst neun Tage später fiel Reval. Am 7. September 1941 begann die Offensive gegen die Verteidigungsstellungen vor Leningrad. Bereits am Tag darauf konnte Schlüsselburg erobert und damit der Ring um die Stadt geschlossen werden. Mitte September erreichten deutsche Truppen die ersten Vororte Leningrads. Doch am 16. September 1941 erhielt das motorisierte XXXI. Armeekorps von General Reinhardt, das sich gerade dem südlichen Stadtrand näherte, einen Haltebefehl und wurde einige Tage später nach Moskau verlegt. Ende September zog die Führung auch die noch verbliebenen Reste der Panzergruppe 4 (Erich Hoepner) ab. Der nördliche Kriegsschauplatz war damit zum Nebenkriegsschauplatz geworden. Für größere Offensiven fehlte der Heeresgruppe die nötige Kampfkraft.[10]

Damit hatte sich am Ende also doch Halder durchgesetzt. Die erste Reduktion der Ziele fand im Norden statt, weil dieses Gebiet keine entscheidende Bedeutung für das Niederringen des Gegners hatte.[11] Diese operative Grund-

8 Vgl. Ueberschär: Angriff auf Leningrad, S. 97 f.; siehe auch den Eintrag Halders in sein Kriegstagebuch vom 6.8.1941: „Auf meinen Wunsch hin wurden vom Oberbefehlshaber der H.Gr. Süd auch die Fragen der großen Kriegführung angeschnitten und die Bedeutung von Moskau hervorgehoben. Der Führer hat diese Gedankengänge wieder eindeutig abgelehnt. Er bleibt immer wieder bei seiner Melodie: 1. Leningrad, wozu Hoth eingesetzt werden soll. 2. Ostukraine. Dazu Heranziehen Guderian und Bereinigung Gomel und Korosten. 3. Erst in letzter Linie Moskau", aus: Franz Halder: Kriegstagebuch. Tägliche Aufzeichnungen des Chefs des Generalstabs des Heeres 1939-1942, hg. v. Arbeitskreis für Wehrforschung Stuttgart, 3 Bde., Stuttgart 1962-1964 (im Folgenden KTB Halder), S. 157 f. Zur Rolle Halders in dieser Phase des Unternehmens „Barbarossa" grundlegend: Christian Hartmann: Halder. Generalstabschef Hitlers 1938-1942, Paderborn u.a. 1991, S. 271-296.

9 Eine ausführliche Darstellung dieser Diskussion bei Klink: Heer und Kriegsmarine, S. 486-507; Hartmann: Halder, S. 276-288.

10 Vgl. Ueberschär: Angriff auf Leningrad, S. 98 f.

11 Die zweite Reduktion betraf den Feldzug 1942, als die Kräfte der Wehrmacht nur noch für einen Schlag im Süden reichten.

satzentscheidung war der Ursprung einer Strategie, die im Genozid an der Leningrader Zivilbevölkerung mündete. Eine solche Vorgehensweise stellt einen Sonderfall im deutsch-sowjetischen Krieg dar. Zwar gab es im August 1941 Pläne, Kiew zu umgehen, die Stadt einzuschließen und aus der Luft mit Brandbomben vollständig zu zerstören. Da die Rote Armee die Stadt bereits beim Anrücken der deutschen Truppen verlassen hatte, befahl Generalfeldmarschall Walter von Reichenau seiner 6. Armee am 19. September dennoch, in Kiew einzumarschieren.[12] Auch im Donezgebiet wurde eine „hermetische Absperrung der dicht besiedelten Industriezentren" erwogen, schließlich aber verworfen, da eine solche Maßnahme die Unterbringung der eigenen Truppen erschwert hätte.[13]

Das Vorgehen der Wehrmacht in Charkow kommt der Hungerpolitik gegen Leningrad noch am nächsten. Die ukrainische Metropole wurde nach ihrer Besetzung abgeriegelt, um ein Zurückströmen der Bevölkerung in die Stadt zu verhindern. Einige Bezirke hatte die Wehrmacht allerdings nie betreten, sondern nur abgesperrt, so daß hier Hungerghettos, vergleichbar mit dem belagerten Leningrad, entstanden. Fluchtversuche aus der Stadt in östliche Richtung sollten allerdings nicht unterbunden, sondern sogar gefördert werden.[14] Wohlgemerkt: Sowohl in Kiew und Charkow als auch in Minsk und anderen deutsch okkupierten Städten der Sowjetunion kümmerte sich das Besatzungsregime nur um eine notdürftige Versorgung derjenigen Menschen, die für die Wehrmacht arbeiteten.[15] In allen genannten Fällen blieb der Bevölkerung jedoch immerhin die Möglichkeit, sich durch Versorgungsfahrten auf das Land oder über den Schwarzmarkt selbst zu helfen.[16]

---

12 Vgl. Klaus Jochen Arnold: Die Eroberung und Behandlung der Stadt Kiew durch die Wehrmacht im September 1941. Zur Radikalisierung der Besatzungspolitik, in: MGM, 58 (1999), S. 23-63, hier 28-31 und 35-41.

13 Vorschlag des OKW-Verbindungsoffiziers beim Armeeoberkommando 17 zur Einrichtung von Konzentrationslagern für die Bewohner sowjetischer Industriestädte vom 2.11.1941, abgedr. in: Rolf-Dieter Müller: Hitlers Ostkrieg und die deutsche Siedlungspolitik. Die Zusammenarbeit von Wehrmacht, Wirtschaft und SS, Frankfurt a.M. 1991, S. 169 f.

14 Vgl. Verbrechen der Wehrmacht. Dimensionen des Vernichtungskrieges 1941-1944. Ausstellungskatalog, hg. v. Hamburger Institut für Sozialforschung, Hamburg 2002, S. 328-346.

15 In Kiew betrug die tägliche Brotration für Nichtarbeitende 200 Gramm, vgl. N.I. Sinicyna/V.R. Tomin: Proval agrarnoj politiki gitlerovcev na okkupirovannoj territorii SSSR, 1941-1944 gg., in: Voprosy istorii 1965, Nr. 6, S. 32-44, hier 40. Zu Weißrußland vgl. Christian Gerlach: Kalkulierte Morde. Die deutsche Wirtschafts- und Vernichtungspolitik in Weißrußland 1941-1944, Hamburg 1999, S. 265-292.

16 Zur Ukraine vgl. Rolf-Dieter Müller: Das Scheitern der wirtschaftlichen „Blitzkriegstrategie", in: Das Deutsche Reich und der Zweite Weltkrieg, hg. v. Militärgeschichtlichen Forschungsamt, Bd. 4: Der Angriff auf die Sowjetunion, Stuttgart 1983, S. 936-1029, hier 1002-1015, speziell zu Kiew S. 1010 f. Zu Weißrußland vgl. Gerlach: Kalkulierte Morde, S. 289-292. Der Bevölkerung von Charkow bot das Hinterland nur wenig Versorgungsmöglichkeiten, da es von der 6. Armee zur „Kahlfraßzone" deklariert und damit für die Winterbevorratung der Wehrmacht rücksichtslos ausgeplündert wurde, vgl. Verbrechen der Wehrmacht, S. 336-346.

In Leningrad sollte hingegen jegliche Form der Selbsthilfe unterbunden und die Stadt vollständig ausgehungert werden. Damit ist die deutsche Belagerung Leningrads jener Strategie des Hungers und des Durstes zuzurechnen, die nach Trutz von Trotha einer genozidalen Logik folgt und in der das Opfer zu einer Sache gemacht wird:

> „Gezieltes Verhungern- oder Verdursten-Lassen sind langsames und distanziertes Töten. Die verächtliche Gleichgültigkeit für das Opfer ist in den Akt des Tötens selbst hineingenommen. Aus dem ‚Hinschlachten', in dem sich das Massaker vollzieht, wird das ‚Krepieren'-Lassen von Menschen. Die Verachtung und Gleichgültigkeit des Mörders gelten nicht nur dem, was das Opfer ist und darstellt, sondern dem Sterben des Opfers selbst. Das Töten des Opfers ist nicht mehr der Rausch des Mörders. Der Mörder geht auf Distanz zum Opfer: seine Gleichgültigkeit für das Opfer gewinnt eine räumliche Struktur. Er läßt das Opfer in den Tod ziehen. Das Töten ist auf der Seite des Mörders weder ein körperliches Antun noch ein Erlebnis. Sofern das Sterben des Opfers dem Mörder überhaupt eines Blickes wert ist, dann ist es der prüfende und versachlichte Blick auf ‚Gestalten', die noch lebend davon zeugen, daß sie schon zu den Toten gehören."[17]

Warum führte aber die Belagerungsstrategie gerade in Leningrad zum Genozid? Die Forschung hat sich dieser Frage bislang nicht angenommen. Dies liegt daran, daß die Blockade lange Zeit nicht in einem Zusammenhang mit der nationalsozialistischen Vernichtungspolitik gesehen wurde. Noch in den achtziger Jahren urteilte Joachim Hoffmann in dem vom Militärgeschichtlichen Forschungsamt herausgegebenen Grundlagenwerk „Das Deutsche Reich und der Zweite Weltkrieg":

> „So tragisch diese Vorgänge auch sind, moralische Vorwürfe gegen die deutschen Truppen entbehren jeder Grundlage, denn immer noch gehörte die Belagerung und Beschießung einer verteidigten Stadt und Festung zu den gebräuchlichen und unbestrittenen Methoden der Kriegführung."[18]

Häufig findet sich in der Literatur die Auffassung, die Furcht vor einem blutigen Häuserkampf sei für den Entschluß zur Belagerung Leningrads ausschlaggebend gewesen. Diese Sorge schien durchaus berechtigt, denn der Oberbefehlshaber der Leningrader Front, Kliment E. Vorošilov, hatte die Leningrader für den Fall, daß die Wehrmacht einen Fuß in die Stadt setzen sollte, zu einem Volksaufstand aufgerufen. Auch Alfred Jodl, Chef des Wehrmachtführungsstabs, rechtfertigte

---

[17] Trutz von Trotha: Formen des Krieges. Zur Typologie kriegerischer Aktionsmacht, in: Sighard Neckel/Michael Schwab-Trapp (Hg.): Ordnungen der Gewalt. Beiträge zu einer politischen Soziologie der Gewalt und des Krieges, Opladen 1999, S. 71 - 95, hier 85.

[18] Vgl. Joachim Hoffmann: Die Kriegführung aus der Sicht der Sowjetunion, in: Das Deutsche Reich und der Zweite Weltkrieg, hg. v. Militärgeschichtlichen Forschungsamt, Bd. 4: Der Angriff auf die Sowjetunion, Stuttgart 1983, S. 713 - 809, hier 741. In seinem letzten Werk spitzt Hoffmann diese Wertung noch zu, indem er sowjetische Klagen über die hohe Zahl der Blokkadeopfer als „heuchlerisch" abqualifiziert, vgl. ders.: Stalins Vernichtungskrieg 1941 - 1945, München [3]1996, S. 173.

die Blockadestrategie gegenüber dem Oberbefehlshaber des Heeres, Walther von Brauchitsch, mit genau diesem Argument:

> „Die moralische Berechtigung zu dieser Maßnahme liegt vor aller Welt klar. Ebenso wie in Kiew durch Sprengungen mit Zeitzündern die schwersten Gefahren für die Truppen entstanden sind, muß damit in Moskau und Leningrad in noch stärkerem Maße gerechnet werden. Daß Leningrad unterminiert sei und bis zum letzten Mann verteidigt würde, hat der sowjetrussische Rundfunk selbst bekannt gegeben."[19]

Diese Begründung mag angesichts des verheerenden Brandes in Kiew, der durch ferngezündete Sprengköpfe ausgelöst wurde, auf den ersten Blick überzeugen.[20] Der Entschluß zum Aushungern Leningrads war zum Zeitpunkt des Brandes allerdings schon längst gefallen. Damit hatte diese Argumentation vor allem als eine Art Absolution für diejenigen Wehrmachtsangehörigen Bestand, welche die Hungerblockade in die Tat umsetzen mußten. Außerdem diente sie – wie Jodl selbst bestätigt hat – der Rechtfertigung „vor aller Welt". Damit ging eine Verschleierung der wahren Absichten einher, denn Hitler hatte es zur Grundlage der künftigen Besatzungspolitik gemacht, seine „Zielsetzung nicht vor der ganzen Welt" bekanntzugeben. Öffentliche Erklärungen hätten sich nur „nach taktischen Gesichtspunkten" zu richten, da man ohnehin alles tun könne, wozu man die Macht habe.[21] Das Argument vom Häuserkampf hat Joseph Goebbels in seinen Tagebüchern eindeutig diesem Bereich der taktischen Rechtfertigung zugeordnet. Den Aufruf Vorošilovs kommentierte er wie folgt: „Wir haben ein Interesse daran, Woroschilows Aufruf möglichst weit zu verbreiten, da wir damit ein Alibi bekommen für das furchtbare Schicksal, das dieser Stadt droht."[22]

Und einige Tage später notierte er:

> „Es macht uns einige Sorge, wie dies Stadtdrama vor der Weltöffentlichkeit gerechtfertigt werden soll. Aber die Bolschewisten sind uns ja weitgehend entgegengekommen. Sie selbst haben es in die Welt hinausposaunt, daß sie die Absicht haben, diese Stadt bis zum letzten Mann zu verteidigen. Sie haben sich also auch die Folgen zuzuschreiben."[23]

---

19 Schreiben Jodls an von Brauchitsch vom 7.10.1941, in: Der Prozeß gegen die Hauptkriegsverbrecher vor dem Internationalen Militärgerichtshof in Nürnberg 14.11.45 - 1.10.46, 42 Bde., Nürnberg 1947 (im Folgenden IMG), Bd. XXXIV, Dok. 123-C, S. 425 - 427, hier 426.

20 Zu Kiew vgl. Arnold: Eroberung und Behandlung der Stadt Kiew, S. 23 - 63.

21 Aktenvermerk vom 16.7.1941 über eine Besprechung Hitlers mit Rosenberg, Lammers, Keitel und Göring, aufgezeichnet von einem unbekannten Teilnehmer, in: IMG, Bd. XXXVIII, Dok. 221-L, S. 86 - 94, hier 87.

22 Die Tagebücher von Joseph Goebbels. Sämtliche Fragmente, hg. v. Elke Fröhlich, Teil II: Diktate 1941 - 1945, 16 Bde., München u.a. 1993 - 1996, Bd. 1, S. 294 (23.8.1941). Am 19.9.1941 titelte der *Völkische Beobachter:* „Bolschewistischer Aufruf zum Selbstmord: Millionenstadt Leningrad soll vernichtet werden" und behauptete, es sei Kern der sowjetischen Verteidigungsstrategie, den Deutschen „lediglich eine brennende Ruine" zurückzulassen, *Völkischer Beobachter* vom 19.9.1941.

23 Ebd., S. 359 (5.9.1941).

Ein vertieftes Quellenstudium hat in den letzten Jahren dazu geführt, daß die Blockade zunehmend mit den Zerstörungsabsichten, die Hitler gegenüber Leningrad und Moskau hegte, in Verbindung gebracht wird.[24] Diese Sichtweise leitet die Blockadestrategie unmittelbar aus einer persönlichen Abneigung Hitlers gegen die „Wiege der Revolution" und das Zentrum des russischen Geisteslebens ab.[25] Betrachtet man Hitlers Aussagen näher, so läßt sich beim deutschen Diktator allerdings keine Aversion gegenüber der Newametropole erkennen, die tiefer gegangen wäre als in bezug auf andere russische Städte.[26] Es erscheint zudem problematisch, die Motive zur Belagerung Leningrads auf eine persönliche Antipathie Hitlers zu reduzieren, ohne dabei die Haltung anderer Entscheidungsträger des „Dritten Reichs" zu berücksichtigen. Die Belagerungsstrategie ist zwar letztlich auf einen Befehl Hitlers zurückzuführen, doch basierte dieser nicht allein auf seinem Willen. In dieser Frage herrschte sowohl in der Reichs- als auch in der Wehrmachtführung ein weitgehender Konsens. Bei der Rekonstruktion des Entscheidungsprozesses, der schließlich zur Blockade geführt hat, muß deshalb die Perspektive auf die Parteispitze sowie die zivilen und militärischen Facheliten des „Dritten Reichs" erweitert werden.[27]

Wegweisend für diese Forschungsrichtung war die Arbeit von Götz Aly und Susanne Heim. Sie ordneten die Blockadestrategie in den allgemeinen Rahmen der nationalsozialistischen Vernichtungspolitik ein. Der Hungertod der Leningrader sei keine Begleiterscheinung des Krieges gewesen, sondern eine bevölkerungspolitische Maßnahme, die als Ergänzung zu anderen Vernichtungsmethoden des Nationalsozialismus gesehen werden müsse.[28] Diesem intentionalistischen Ansatz steht die Interpretation Johannes Hürters gegenüber, der die Entschei-

---

24 Wegweisend ist hier: Ueberschär: Angriff auf Leningrad, S. 99-102.

25 Ueberschär spricht von einer „besonderen Faszination", welche die „Geburtsstätte des Bolschewismus" und das alte Symbol des „russischen Großmacht- und Herrschaftsanspruchs im Ostseeraum" auf Hitler ausgeübt hätten, vgl. ebd., S. 94.

26 Hitler äußerte sich nur selten und äußerst knapp zu Leningrad. Eine negative Sonderstellung der nördlichen Metropole etwa im Vergleich zu Moskau ist dabei nicht zu erkennen. Einmal hatte Hitler sogar positiv über Leningrad gesprochen. Es sei „unvergleichlich schöner" als Moskau, welches das „Zentrum der bolschewistischen Lehre" sei, vgl. Alexander Dallin: Deutsche Herrschaft in Rußland 1941-1945. Eine Studie über Besatzungspolitik, Düsseldorf 1958, S. 88.

27 Die Forschungen der letzten Jahre haben gezeigt, in welchem Maß die in der Öffentlichkeit weniger bekannte Fachelite des „Dritten Reichs" an Entscheidungsprozessen beteiligt war oder diese sogar steuerte, siehe dazu vor allem Götz Aly/Susanne Heim: Vordenker der Vernichtung. Auschwitz und die deutschen Pläne für eine neue europäische Ordnung, Frankfurt a.M. 1993; Michael Wildt: Generation des Unbedingten. Das Führungskorps des Reichssicherheitshauptamtes, Hamburg 2002; und exemplarisch am Beispiel Werner Bests, des Stellvertreters von Reinhard Heydrich im Reichssicherheitshauptamt: Ulrich Herbert: Best. Biographische Studien über Radikalismus, Weltanschauung und Vernunft 1903-1989, Bonn [3]1996.

28 Aly/Heim: Vordenker der Vernichtung, S. 381-385. Zum engen Zusammenhang von Belagerungsstrategie und den deutschen Vernichtungsabsichten gegenüber der sowjetischen Zivilbevölkerung vgl. Jörg Ganzenmüller: „...die Stadt dem Erdboden gleichmachen". Zielsetzung und Motive der deutschen Blockade Leningrads, in: Stefan Creuzberger u.a. (Hg.): St. Petersburg – Leningrad – St. Petersburg. Eine Stadt im Spiegel der Zeit, Stuttgart 2000, S. 179-195.

dung zur Belagerung als einen spontanen, situationsbedingten Entschluß Hitlers und der Wehrmachtführung darstellt. Eine Absicht erkennt er allein bei Hitler, der „sein ideologisches Haßobjekt Leningrad" dem Erdboden habe gleichmachen wollen.[29]

Die Forschungen der letzten Jahre haben gezeigt, daß die nationalsozialistische Vernichtungspolitik nicht vom Krieg der Wehrmacht zu trennen ist. Ebensowenig kann die Belagerung Leningrads losgelöst von den allgemeinen deutschen Kriegszielen untersucht und ausschließlich in die strategische Konzeption des Rußlandfeldzuges eingebettet werden. Um die Logik der Blockade zu verstehen, darf man den Schauplatz Leningrad nicht länger isoliert betrachten. Die Entscheidung zur Belagerung stand in einem engen Zusammenhang mit den politischen und wirtschaftlichen Zielsetzungen des Krieges gegen die Sowjetunion. Im folgenden Kapitel soll gezeigt werden, daß die Entschlußbildung zur Belagerung zwar unmittelbar aus militärstrategischen Überlegungen des Herbstes 1941 hervorging, diese jedoch nur deshalb in einen Genozid münden konnten, weil das Denken der Entscheidungsträger auf dem Fundament einer rassistisch motivierten Hungerpolitik basierte.

1. „Leningrad soll nicht genommen, sondern nur abgeschlossen werden": Die Entscheidung zur Belagerung

Der Entscheidungsprozeß, der im September 1941 dazu führte, daß die Wehrmacht auf die Einnahme Leningrads verzichtete, begann bereits im Sommer 1941. Mitte Juli veränderte die Wehrmachtführung den Auftrag der Heeresgruppe Nord. Noch am 7. Juli 1941 hatte der Oberbefehlshaber des Heeres, Walther von Brauchitsch, vom Oberbefehlshaber der Heeresgruppe Nord, Wilhelm Ritter von Leeb,[30] gefordert: „H.Gr. Nord soll Petersburg wegnehmen."[31] Innerhalb der nächsten acht Tage ist man von diesem Ziel jedoch abgekommen, denn am 15. Juli 1941 vermerkte Halder in seinem Kriegstagebuch: „Die H.Gr. hat nicht

---

29 Vgl. Hürter: Die Wehrmacht vor Leningrad, S. 402 f.

30 Eine Kurzbiographie des 1876 geborenen von Leeb bei: Gene Mueller: Generalfeldmarschall Wilhelm Ritter von Leeb, in: Gerd R. Ueberschär (Hg.): Hitlers militärische Elite, 2 Bde., Darmstadt 1998, Bd. 1: Von den Anfängen des Regimes bis Kriegsbeginn, S. 146–153.

31 Tagebucheintrag von Leebs vom 7.7.1941, in: Generalfeldmarschall Wilhelm Ritter von Leeb: Tagebuchaufzeichnungen und Lagebeurteilungen aus zwei Weltkriegen. Aus dem Nachlaß herausgegeben und mit einem Lebensabriß versehen von Georg Meyer, Stuttgart 1976, S. 287.

den Auftrag, Leningrad wegzunehmen, sondern zunächst es nur abzuschließen."[32] Einige Tage später teilte er dies auch von Leeb mit. Dieser notierte nach einer Besprechung beim OKH: „Leningrad soll nicht genommen, sondern nur abgeschlossen werden."[33] In den folgenden Wochen bürgerte sich dieser Sprachgebrauch ein. Weder das Kriegstagebuch des OKW noch die Weisungen Hitlers sprachen mehr von einer Eroberung oder Einnahme Leningrads.[34]

Der Entschluß zur Belagerung war also keine Reaktion auf den Widerstand der Roten Armee, denn Ende Juli konnte die Wehrmachtführung noch nicht wissen, wie stark dieser vor Leningrad tatsächlich ausfallen würde. Wilhelm Ritter von Leeb schwankte bei seinen Prognosen in diesem Punkt sehr stark. Während er es am 9. Juli 1941 noch für möglich hielt, daß die Rote Armee überhaupt nicht um Leningrad kämpfen, sondern nach Osten ausweichen würde,[35] kam er zehn Tage später in einer Lagebeurteilung zu dem Schluß, der Gegner wolle „Leningrad offensichtlich verteidigen" und habe „nicht die Absicht, es zu räumen".[36] Am 26. August 1941 äußerte von Leeb wiederum die Meinung, die Sowjets glaubten selbst nicht an die Möglichkeit, Leningrad lange zu halten.[37] Grundsätzlich war man im deutschen Generalstab aber noch im September 1941 überzeugt, die Stadt mit einem massierten Angriff einnehmen zu können.[38] Und Hitler zeigte sich sogar noch im November 1941 siegessicher:

> „Wenn heute jemand da wäre, um Leningrad zu entsetzen, dann würde ich den Befehl geben, es zu stürmen, und wir würden es erstürmen. Denn wer von der ostpreußischen Grenze bis 10 km vor Leningrad gestürmt ist, der kann auch noch die zehn Kilometer vor Leningrad bis in die Stadt hineinmarschieren! Aber das ist nicht notwendig. Die Stadt ist umklammert."[39]

---

32 KTB Halder, Bd. 3, S. 80 (15.7.1941).

33 Leeb: Tagebuchaufzeichnungen, S. 308 (26.7.1941).

34 Das Kriegstagebuch des OKW hielt fest: „Für Heeresgruppe Nord bleibt es bei bisheriger Absicht, die im Raume südlich und südwestlich Leningrad stehenden Feindkräfte am Entweichen nach Südosten oder Osten zu verhindern und zu vernichten, Leningrad von der Landseite abzuschließen und mit den auf Lodenoje [sic!] Pole vorgehenden, sowie den später über die Karelische Landenge auf Leningrad vorstoßenden finnischen Kräften die Verbindung herzustellen.", vgl. Kriegstagebuch des Oberkommandos der Wehrmacht (Wehrmachtführungsstab) 1940-1945, hg. v. Percy Ernst Schramm, 4 Bde., Frankfurt a.M. 1961-1965 (im Folgenden KTB OKW), S. 1040 (28.7.1941). In Hitlers Weisung Nr. 34 vom 30. Juli 1941 heißt es: „Im Nordteil der Ostfront ist der Angriff mit Schwerpunkt zwischen Ilmensee und Narva in Richtung Leningrad fortzusetzen mit dem Ziel, Leningrad einzuschließen und die Verbindung mit der finnischen Armee herzustellen.", Weisung Nr. 34 vom 30.7.1941, abgedr. in: Hitlers Weisungen, S. 145-147, hier 145.

35 Vgl. Leeb: Tagebuchaufzeichnungen, S. 290 (9.7.1941).

36 Ebd., S. 301 (19.7.1941).

37 Ebd., S. 344 (26.8.1941).

38 Hoffmann: Kriegführung, S. 740.

39 Rede Hitlers am 8.11.1941 im Löwenbräukeller in München, in: Hitler. Reden und Proklamationen 1932-1945. Kommentiert von einem deutschen Zeitgenossen, hg. v. Max Domarus, 2 Bde., Wiesbaden 1973, Bd. II/2, S. 1775.

Mit dem Beschluß aus dem Juli 1941, Leningrad nur abzuschließen, war natürlich noch keine unumstößliche Entscheidung gefallen. Den entscheidenden Einfluß auf die endgültige Strategie hatte der weitere Kriegsverlauf. Widersprüchliche Aussagen aus dem Spätsommer 1941 zeugen davon, wie wenig sich die Wehrmachtführung in dieser Frage festgelegt hatte.[40] Doch ab Juli 1941 gab es eine Drift hin zu einem vorläufigen Verzicht auf die Eroberung der Newametropole. Mit der Geburt dieser Idee brachten politische und militärische Entscheidungsträger in der Folgezeit die „Abriegelung Leningrads" immer wieder als Lösung für ganz unterschiedliche Probleme ins Spiel. Die wenigen Gegenstimmen, die sich erhoben, blieben schwach und ohne Einfluß. So verfestigte sich die Tendenz im Laufe des Septembers zu einer Festlegung auf die Blockadestrategie.

Als Katalysator wirkte in diesem Prozeß die Entscheidung, die ursprünglichen, hochambitionierten Ziele des gesamten Feldzuges zu reduzieren und die Kräfte für die Schlacht um Moskau zu bündeln.[41] Wenige Tage vor dem Angriff auf Leningrad hatte das Oberkommando des Heeres die Heeresgruppe Nord deutlich darauf hingewiesen, daß die Newametropole „durch einen möglichst nahe an die Stadt heranzuschiebenden und dadurch Kräfte sparenden Ring einzuschließen" sei. „Eine Kapitulation ist nicht zu fordern"[42] – hieß es weiter. Nach der vollzogenen Abschnürung der Newametropole sollte die Heeresgruppe Nord ihre Panzerkräfte und das VIII. Fliegerkorps an die Heeresgruppe Mitte abgeben. Der Wehrmachtführung konnten diese Kräfte gar nicht schnell genug freiwerden. Bereits einige Tage vor der tatsächlichen Schließung des Belagerungsringes meinte Hitler, den „Zweck erreicht" zu haben, und erklärte Leningrad zum „Nebenkriegsschauplatz". Wichtig war ihm nur noch die Einnahme des am Austritt der Newa aus dem Ladogasee gelegenen Schlüsselburg und damit die „Einschließung an der äußeren Einschließungslinie". Die Vereinigung mit den Finnen östlich der Stadt schien hingegen nur noch eine Nebensächlichkeit zu sein.[43] Am 6. September 1941 teilte Halder der Heeresgruppe Nord die Entscheidung Hitlers mit, die Panzergruppe 4 abzuziehen und den „weiteren Angriff auf Leningrad aufzugeben". Strategisches Ziel sei es nun, den äußeren Ring um Leningrad zu schließen.[44]

---

[40] So sprach Hitler am 21. Juli und nochmals am 22. August 1941 von einer Inbesitznahme der Stadt, und Halder sah noch am 31. August 1941 die Frage eines Angriffs auf Leningrad offen, vgl. KTB OKW, Bd. 1, S. 1029 f. (21.7.1941) und S. 1061 f. (21.8.1941); KTB Halder, Bd. 3, S. 209 (31.8.1941).

[41] Siehe Hitlers Weisung Nr. 35 vom 6.9.1941, in: Hitlers Weisungen, S. 150–153.

[42] Befehl des Oberkommandos des Heeres an die Heeresgruppe Nord vom 28.8.1941, abgedr. in: Verbrechen der Wehrmacht, S. 310.

[43] KTB Halder, S. 215 (6.9.1941); ähnlich bereits einen Tag vorher, vgl. KTB Halder, Bd. 3, S. 215 (Eintrag vom 5.9.1941).

[44] Leeb: Tagebuchaufzeichnungen, S. 351 (6.9.1941). Siehe auch Kriegstagebuch der Heeresgruppe Nord Abt. Ia, Bundesarchiv-Militärarchiv (im Folgenden BA-MA), RH 19 III/167, Eintrag vom 6.9.1941.

Wilhelm Ritter von Leeb war mit dem neuen Operationsplan nicht einverstanden.[45] Er war überzeugt, mindestens bis zur engen Einschließungslinie vorrücken zu können, auch wenn er inzwischen mit hartnäckigem Widerstand rechnete.[46] Entschieden wandte er sich gegen den geplanten Halt an der äußeren Einschließungslinie und den Abzug seiner schnellen Verbände:

> „Die Heeresgruppe bittet daher dringend, den Angriff noch bis zu der angegebenen Einschließungslinie durchführen zu dürfen. Dann entsteht eine Lage, die jede ernsthafte Krise für den ganzen Winter ausschließt und die ermöglicht, namhafte Kräfte freizumachen. Hält man jetzt aber das Vorgehen an, so bleibt man auf halbem Wege stehen. Der Gegner ist jetzt halb zerschlagen. Man läßt ihn nun los, in dem Augenblick, wo er ganz zerschlagen werden soll."[47]

Daraufhin entschied Hitler, daß der Ring nun doch enger gezogen werden sollte. Am 7. September 1941 erhielt die Heeresgruppe Nord den Befehl, gegen den äußeren Befestigungsgürtel Leningrads vorzugehen und die Stadt an der inneren Befestigungslinie einzuschließen.[48]

Dieses Hin und Her in der Befehlsgebung im Herbst 1941 zeigt, daß zu diesem Zeitpunkt zwar die strategische Grundentscheidung zur Belagerung gefallen war, die Vorstellungen zu deren Umsetzung jedoch noch vage blieben. Hitler und die Wehrmachtführung waren für eine Argumentation im Sinne der militärischen Operationsplanung, wie sie von Wilhelm Ritter von Leeb vorgebracht wurde, durchaus zugänglich. Mit zunehmender Dauer des Feldzuges und dem offensichtlich werdenden Scheitern der Blitzkriegstrategie wich die militärische Ratio jedoch immer mehr einer voluntaristischen Improvisation, die auf einem „rücksichtslosen Vorgehen" gegen den Feind basierte.

Am 8. September 1941 nahmen Verbände der 18. Armee Schlüsselburg ein. Damit war Leningrad zwar vom Hinterland abgeschnitten, doch hatte die Wehrmacht im Süden und Westen den weiten Einschließungsring noch nicht erreicht. Dieser sollte sich von Schlüsselburg, die Newa entlang bis Ivanovskoe, dann über Kolpino, der Linie Ižora–Krasnogvardejsk–Pudost'–Prokovšina–Ropša folgend, bis nach Peterhof erstrecken. Von dieser Abschlußlinie war der Angriff zur engeren Einschließung vorgesehen: wiederum entlang der Newa von Schlüsselburg bis Ivanovskoe und von dort über Ižora, Detskoe Selo (Puškin), Pulkovo bis

---

45 Die Gründe für die Einschränkung der Ziele waren von Leeb „im Einzelnen nicht bekannt". Er vermutete, es hinge vielleicht mit der Lage bei der Heeresgruppe Mitte zusammen, vgl. Leeb: Tagebuchaufzeichnungen, S. 351 (6.9.1941).

46 Vgl. KTB Heeresgruppe Nord, Eintrag vom 6.9.1941, BA-MA, RH 19 III/167. Bei der Darstellung von Leebs muß man Folgendes berücksichtigen: Er sträubte sich gegen den Abzug von Kräften zur Heeresgruppe Mitte und schilderte deshalb die augenblickliche Lage als unvorteilhaft oder gar gefährlich, stellte aber gleichzeitig ein baldiges Erreichen seiner Ziele in Aussicht.

47 Vgl. ebd.

48 Vgl. ebd., Eintrag vom 7.9.1941. Diese innere Befestigungslinie entsprach ursprünglich der mittleren Einschließungslinie und sollte vorerst von Detskoe Selo über Pulkovo bis Urick verlaufen, vgl. ebd., Eintrag vom 6.9.1941. Zu den Kämpfen im Herbst vgl. Klink: Krieg gegen die Sowjetunion. Operationsführung, S. 546–559; Haupt: Heeresgruppe Nord, S. 81–100.

Urick. Die endgültige Einschließungslinie sollte im Osten und Süden an den Stadtkern heranreichen: im Süden von Aleksandrovskoe über Kupčino bis Urick.[49]

Wenige Tage nach der Einnahme Schlüsselburgs hielt die Wehrmachtführung das Ziel bereits für greifbar nahe. Die Panzergruppe 4 sollte bis zum 14. September 1941 die Linie Puškin–Peterhof erreichen, so daß man einen Tag später mit ihrem Herausziehen hätte beginnen können.[50] Nun setzte ein mehrwöchiges Tauziehen um die Panzerkräfte der Heeresgruppe Nord ein. Das OKH trat für eine sofortige Verlegung zur Heeresgruppe Mitte ein und hielt eine weiträumige Abschließung Leningrads für ausreichend. Wilhelm Ritter von Leeb dagegen hoffte nach wie vor, die Stadt einnehmen und als Eroberer Leningrads in die Geschichte eingehen zu können. Dies sprach er jedoch nicht offen aus, sondern argumentierte, daß man dem Gegner „die Möglichkeit der Versorgung aus dem weiten ihm verbleibenden Raum um Leningrad und über den Ladogasee“ gewähre, wenn man „die Heeresgruppe in einem weiten Abschließungsraum stehenbleiben“ lasse.[51] Dieser Argumentation konnte sich das OKH kaum verschließen.[52] Selbst Halder gestand nun ein, daß vor dem Herauslösen der Panzergruppe „eine tragfähige Linie für die Einschließung von Leningrad erreicht werden müßte“.[53]

Auch wenn die Verlegung der Panzergruppe 4 zur Heeresgruppe Mitte grundsätzlich feststand, so versuchte von Leeb, deren Abzug so lange wie möglich hinauszuzögern. Seine Lagebeurteilungen fielen wohl nicht zuletzt deshalb in diesen Septembertagen äußerst optimistisch aus.[54] Als wenig später die 36. motorisierte Infanteriedivision beim Erreichen der Straße von Puškin nach Peterhof angehalten wurde, schätzte von Leeb dies als Fehler ein. Das XXXXI. Armeekorps berichtete über Auflösungserscheinungen des Gegners und machte in der ansässigen Bevölkerung eine Unlust gegen weitere Kämpfe aus. Auch die angehaltene Division rechnete mit keinem starken Widerstand mehr.[55] Aus diesem

---

49 Vgl. Chales de Beaulieu: Vorstoß der Panzergruppe 4, S. 109 f.

50 Vgl. KTB des Oberkommandos der Panzergruppe 4, Einträge vom 10.9.1941, 11.9.1941 und 12.9.1941, BA-MA, RH 21 - 4/14.

51 Lagebeurteilung des Oberbefehlshaber der Heeresgruppe Nord vom 6.9.1941, BA-MA, RH 19 III/766, Bl. 51 - 56, hier 54.

52 Vgl. Aktennotiz von Leebs zu einem Anruf Generalmajor Friedrich Paulus' am 9.9.1941, BA-MA, RH 19 III/766, Bl. 59 f.

53 Aktennotiz über ein Ferngespräch zwischen Halder und dem Chef des Generalstabs der Heeresgruppe Nord, Generalleutnant Brennecke, vom 12.9.1941, BA-MA, RH 19 III/766, Bl. 64 f.

54 Siehe z.B. die Lagebeurteilung des Oberbefehlshabers der Heeresgruppe Nord vom 6.9.1941, BA-MA, RH 19 III/766, Bl. 51 - 56, hier 56; Fernschreiben von Leebs an von Brauchitsch vom 6.9.1941, ebd., Bl. 57 f.

55 Anlage zu einer Aktennotiz von Leebs zur Frage des Anhaltens des XXXXI. A.K. am 12.9.1941, BA-MA, RH 19 III/771, Bl. 14 - 17, hier 14 f. Hier konnte sich von Leeb auf die Meldung der Division berufen, daß die 36. motorisierte Infanteriedivision „trotz ihres großen Erfolges und der Tatsache, daß vor ihr bis Leningrad ein Loch klafft, angehalten werden müs-

Grunde stieß der Haltebefehl bei den kämpfenden Einheiten auf Unverständnis. General Reinhardt meldete die Niedergeschlagenheit, die das Anhalten seines Korps bei den Soldaten auslöste, denn „vor ihnen liege die Stadt, und niemand hindere sie, hineinzugehen".[56] Auch der Oberbefehlshaber der 18. Armee, General Georg von Küchler,[57] solidarisierte sich mit seinen Soldaten und wies „auf das bittere Gefühl" hin, „das ein Führer haben muß, der seiner Truppe, die das Letzte hergegeben hat und nun das lang erstrebte Ziel vor Augen sieht, sagen muß – jetzt dürft ihr nicht weiter".[58] An der Volchov-Front kam es in diesen Tagen zu vergleichbaren Beschwerden. Der Oberbefehlshaber der 16. Armee glaubte, mühelos bis zur Valdaj-Seenkette vorstoßen zu können, hatte aber einen Befehl zum Anhalten bekommen.[59]

Die verbreitete Siegeseuphorie rührte jedoch von einer allzu optimistischen Lagebeurteilung her. Obwohl zum Beispiel die Panzergruppe 4 als unmittelbaren Fronteindruck meldete, daß sich der Gegner „vereinzelt sehr zäh" halte, interpretierte die Führung des XXXXI. Armeekorps die steigenden Gefangenenzahlen und die reiche Beute an Waffen als „begründete Auflösungserscheinungen" und hielt „das Rückgrat der Verteidigung" bereits für „gebrochen". Da „der Gegner den Willen zu einem planmäßigen Großkampf aufgegeben" habe, liege es „durchaus in dem Bereich des Möglichen, die Stadt Leningrad durch schnelles Zupacken (Einbruch mit vorgeworfenen Panzerkräften auf möglichst vielen Straßen) überraschend in Besitz zu nehmen".[60] Da diese Absicht offenkundig der Belagerungsstrategie widersprach, schließt der Bericht mit folgenden Worten:

> „Dadurch [durch die Inbesitznahme Leningrads, J.G.] würde am ehesten eine planmäßige Zerstörung der Industrie und Wirtschaft, ebenso eine Zerstörung der Stadt erreicht und dem Gegner die Gelegenheit genommen, sich erneut zu einer, wenn auch auf die Dauer aussichtslosen Verteidigung, einzurichten."[61]

---

se", KTB des Oberkommandos der Panzergruppe 4, Eintrag vom 12.9.1941, BA-MA, RH 21-4/14.

56 KTB Heeresgruppe Nord, Eintrag vom 13.9.1941, BA-MA, RH 19 III/167. Siehe auch den Eintrag vom 17.9.1941: „General Reinhardt wäre zur Zeit am liebsten nach Leningrad hineingefahren, aber er sei angehalten worden."

57 Eine Kurzbiographie des 1881 geborenen und im Juni 1942 zum Feldmarschall ernannten von Küchler bei: John McCannon: Generalfeldmarschall Georg von Küchler, in: Gerd R. Ueberschär (Hg.): Hitlers militärische Elite, 2 Bde., Darmstadt 1998, Bd. 1: Von den Anfängen des Regimes bis Kriegsbeginn, S. 138-145.

58 KTB Heeresgruppe Nord, Eintrag vom 12.9.1941, BA-MA, RH 19 III/167.

59 Vgl. ebd., Eintrag vom 19.9.1941. Weitere Reaktionen von Wehrmachtbefehlshabern bei Georg Meyer: Generalfeldmarschall Wilhelm Ritter von Leeb. Ein Lebensabriß, in: Generalfeldmarschall Wilhelm Ritter von Leeb: Tagebuchaufzeichnungen und Lagebeurteilungen aus zwei Weltkriegen. Aus dem Nachlaß herausgegeben und mit einem Lebensabriß versehen von Georg Meyer, Stuttgart 1976, S. 15-90, hier 66 Anm. 152.

60 Vgl. Meldung des XXXXI. Armeekorps an die Panzergruppe 4 vom 12.9.1941, BA-MA, RH 21-4/22, Bl. 50.

61 Meldung des XXXXI. Armeekorps an die Panzergruppe 4 vom 12.9.1941, BA-MA, RH 21-4/22, Bl. 50.

Die Befürworter einer Einnahme Leningrads brachten also kaum noch operative Argumente vor, sondern begründeten ihre Strategie mit einer möglichst effektiven Zerstörung der Stadt. Indem sie das brutale Vorgehen gegen die Newametropole in einen Begründungszusammenhang mit der militärischen Strategie stellten, akzeptierten sie allerdings auch die Notwendigkeit der Vernichtung Leningrads. Für den im Gang befindlichen Radikalisierungsprozeß war dabei weniger wichtig, inwieweit man tatsächlich inhaltlich hinter dieser Absicht stand oder sich dieser Argumentation lediglich bediente, um sich besser durchzusetzen.

Tatsächlich sprachen auch operative Gründe für das Anhalten vor Leningrad. Die 36. motorisierte Infanteriedivision war weit in die Verteidigungslinien des Gegners vorgedrungen, und der Befehlshaber der Panzergruppe 4, Generaloberst Erich Hoepner,[62] wollte zunächst seine anderen Divisionen nachrücken lassen, „da die 36. I. D. (mot.) allein zu schwach war, um allein in den inneren Verteidigungsring durchzustoßen".[63] Doch aufgrund der optimistischen Einschätzung von Leebs befand Friedrich Paulus, damals noch Generalmajor und – als Oberquartiermeister des Generalstabs des Heeres – Halders Stellvertreter, daß nichts dagegen einzuwenden sei, wenn die derzeitigen Erfolge durch weitere Angriffe nach Norden ausgenutzt würden.[64]

Wilhelm Ritter von Leeb wollte nicht an der weiten Einschließungslinie haltmachen, sondern versuchte in der verbleibenden Zeit, in der ihm noch die schnellen Panzerkräfte zur Verfügung standen, wenigstens „die enge Einschließung Leningrads durchzuführen", und gab als neues Ziel der Panzergruppe die Einnahme von Sluck und Puškin aus.[65] Dabei spielten er und sein Generalstabschef Hasse offenbar mit dem Gedanken, durch das weitere Vorrücken ein „fait accompli" zu schaffen. Ein Stehenbleiben an einer engeren Einschließungslinie hielten beide nicht für möglich, „da sie geländemäßig ungünstig ist und man schon zu nahe in den Vorstädten drin sitzt".[66] Bei der Panzergruppe wiederum wunderte man sich: „Ein Hin und Her in der Befehlsgebung muß hier festgestellt werden."[67]

Bereits am 14. September 1941 stellte sich die Lagebeurteilung der Heeresgruppe Nord als zu optimistisch heraus. Der Generalstabschef der Panzergruppe 4 meldete, daß – entgegen der bisherigen Auffassung, zwischen dem XXXXI. Armeekorps und Leningrad befinde sich kaum noch ein Feind – Pulkovo

---

[62] Eine Kurzbiographie des 1886 geborenen Hoepners bei: Samuel W. Mitcham, Jr./Gene Mueller: Generaloberst Hoepner, in: Gerd R. Ueberschär (Hg.): Hitlers militärische Elite, 2 Bde., Darmstadt 1998, Bd. 2: Vom Kriegsbeginn bis zum Weltkriegsende, S. 93-99.

[63] KTB des Oberkommandos der Panzergruppe 4, Eintrag vom 13.9.1941, BA-MA, RH 21-4/14.

[64] Vgl. Anlage zu einer Aktennotiz von Leebs zur Frage des Anhaltens des XXXXI. A. K. am 12.9.1941, BA-MA, RH 19 III/771, Bl. 14-17, hier 15.

[65] Vgl. KTB des Oberkommandos der Panzergruppe 4, Eintrag vom 15.9.1941, BA-MA, RH 21-4/14.

[66] Ferngespräch zwischen von Küchler und Hasse vom 18.9.1941, zit. in: Hürter: Die Wehrmacht vor Leningrad, S. 398.

[67] KTB des Oberkommandos der Panzergruppe 4, Eintrag vom 13.9.1941, BA-MA, RH 21-4/14.

festungsartig ausgebaut und stark besetzt sei. Ein weiterer Vorstoß würde zahlreiche Opfer fordern. Um das XXXXI. Armeekorps noch intakt abgeben zu können, müsse es vorerst bei einer weiten Einschließungslinie stehen bleiben.[68] Wilhelm Ritter von Leeb befahl zwar tags darauf dem XXXXI. Armeekorps erneut, unter Einsatz aller verfügbaren Kräfte den Angriff bis zur engen Einschließungslinie fortzusetzen,[69] doch aufgrund des Einsatzes zahlreicher schwerer Panzer durch die Rote Armee war die Offensive bis zum Abend ins Stocken geraten.[70] Damit war mit einem schnellen und verlustarmen Vorstoß nicht mehr zu rechnen. Am nächsten Tag wurde mit dem Herauslösen der schnellen Verbände der Panzergruppe 4 begonnen, am 19. September 1941 war dieser Prozeß abgeschlossen.[71] Trotz dieser Schwächung plante von Leeb, den Angriff zur Erreichung der engeren Einschließungslinie am 24. September 1941 zu beginnen. Innerhalb von sechs bis sieben Tagen sollte diese Operation abgeschlossen sein.[72]

In der deutschen Belagerungsstrategie spielten die finnischen Truppen eine entscheidende Rolle. Sie sollten, vom Norden kommend, das östliche Ufer des Ladogasees besetzen und sich südlich des Sees mit den deutschen Truppen vereinigen.[73] Doch die Finnen erfüllten die ihnen zugedachte Aufgabe nicht. Trotz mehrfachen deutschen Drängens blieben sie kurz hinter der finnisch-sowjetischen Grenze von 1939 stehen. Dies rechtfertigte man gegenüber dem deutschen Partner damit, daß die Truppen vom Winterkrieg und den bisherigen Operationen ausgezehrt seien und sich angesichts der hohen Verluste im Lande zudem eine Kriegsmüdigkeit breit mache, auf die man Rücksicht nehmen müsse.[74] Tatsächlich wollten die Finnen ihre Beziehungen zu den Westalliierten nicht weiter belasten, die auf diplomatischem Wege bereits starken Druck auf Helsinki ausübten.[75] Die finnische Regierung wollte es unter allen Umständen vermeiden,

---

68 Vgl. Anlage zu einer Aktennotiz von Leebs zur Frage des Anhaltens des XXXXI. A.K. am 12.9.1941, BA-MA, RH 19 III/771, Bl. 14-17, hier 16.

69 Vgl. KTB des Oberkommandos der Panzergruppe 4, Eintrag vom 15.9.1941, BA-MA, RH 21-4/14.

70 Vgl. ebd.

71 Vgl. ebd., Eintrag vom 16.9. bis 19.9.1941, BA-MA, RH 21-4/14. Das gesamte XXXXI. Armeekorps wurde Anfang Oktober an die Heeresgruppe Mitte abgegeben, vgl. Fernmündliche Mitteilung des Oberbefehlshabers der Heeresgruppe Nord an den Oberbefehlshaber des Heeres vom 26.9.1941, BA-MA, RH 19 III/771, Bl. 45 f.

72 Vgl. KTB Heeresgruppe Nord, Eintrag vom 19.9.1941, BA-MA, RH 19 III/167.

73 Vgl. ebd., Eintrag vom 28.9.1941.

74 Bericht über einen Flug zum Verbindungsstab Nord beim finnischen Hauptquartier vom 2.10.1941, BA-MA, RH 19 III/771, Bl. 66-72. Dieser Argumentation folgte noch nach dem Krieg der damalige deutsche Verbindungsoffizier beim finnischen Generalstab, Waldemar Erfurth: Der Finnische Krieg 1941-1944, Wiesbaden 1950, S. 67 f.

75 Vgl. hierzu u.a. C. Leonard Lundin: Finland in the Second World War, Bloomington 1957; Dieter Aspelmeier: Deutschland und Finnland während der beiden Weltkriege, Hamburg 1967, S. 120 f.; Michael Salewski: Staatsräson und Waffenbrüderschaft. Probleme der deutsch-finnischen Politik 1941-1944, in: VfZ, 27 (1979), S. 370-391; Gerd R. Ueberschär: Koalitionskriegführung im Zweiten Weltkrieg. Probleme der deutsch-finnischen Waffenbrüderschaft im

in einen Krieg mit den Westalliierten verwickelt zu werden.[76] Aus diesem Grund hatte Finnland der Sowjetunion auch erst am 25. Juni 1941, nachdem die Luftstreitkräfte der Roten Armee wiederholt finnische Ziele angegriffen hatten, den Krieg erklärt.[77] Zudem war die finnische Seite sehr darauf bedacht, die militärische Konfrontation mit der Sowjetunion nicht als Teil des Zweiten Weltkrieges, sondern als einen „Sonderkrieg" darzustellen, der lediglich „operativ", aber nicht „genetisch" mit dem deutsch-russischen Krieg zusammenhänge.[78]

Den Westmächten war allerdings ebensowenig an einer vollen Einbeziehung Finnlands in den Krieg gelegen. Als die finnischen Truppen die Staatsgrenze von 1939 erreicht und diese an manchen Stellen bereits überschritten hatten, drohten Großbritannien und die Vereinigten Staaten Sanktionen an. So stellte der britische Außenminister Anthony Eden gegenüber seinem finnischen Kollegen fest,

> „daß Finnland aggressiven Krieg gegen Englands Alliierten Rußland führe. Da es unmöglich sei, die verschiedenen Kriege voneinander zu isolieren, so betrachte England jetzt Finnland als Partner der Achse. Wenn Finnland fortfahre, in rein russisches Territorium einzufallen, so könne England gezwungen sein, Finnland als offenen Feind zu behandeln, sowohl während der Kriegsdauer wie bei den Friedensverhandlungen. [...] Trotzdem würde England zufrieden sein, wenn Finnland schnell wieder guter Freund würde. Wesentlich hierfür sei, daß Finnland bei alter Grenze stehen bliebe und Krieg beende."[79]

Ähnlich gingen auch die Amerikaner vor. US-Außenminister Hull instruierte in einem Telegramm vom 25. Oktober 1941 den amerikanischen Botschafter in Finnland:

Kampf gegen die Sowjetunion, in: Militärgeschichte. Probleme – Thesen – Wege, hg. v. Militärgeschichtlichen Forschungsamt, Stuttgart 1982, S. 363-371; ders.: Kriegführung und Politik in Nordeuropa, in: Das Deutsche Reich und der Zweite Weltkrieg, hg. v. Militärgeschichtlichen Forschungsamt, Bd. 4: Der Angriff auf die Sowjetunion, Stuttgart 1983, S. 810-882; Manfred Menger: Deutschland und Finnland im Zweiten Weltkrieg. Genesis und Scheitern einer Militärallianz, Berlin (Ost) 1988; N.I. Baryšnikov: Blokada Leningrada i Finljandija 1941-1944, St. Petersburg, Helsinki 2002, S. 111-128.

76 Großbritannien erklärte im Dezember 1941 Finnland zwar offiziell den Krieg, doch kam es zwischen den beiden Staaten zu keinen militärischen Auseinandersetzungen.

77 Obwohl Hitler in seiner Proklamation an das deutsche Volk und im Tagesbefehl vom 22.6.1941 die Finnen als deutsche Bündnispartner bezeichnete, erklärte Finnland zunächst seine Neutralität, vgl. Salewski: Staatsräson und Waffenbrüderschaft, S. 383; Gerd R. Ueberschär: Die Einbeziehung Skandinaviens in die Planung „Barbarossa", in: Das Deutsche Reich und der Zweite Weltkrieg, hg. v. Militärgeschichtlichen Forschungsamt, Bd. 4: Der Angriff auf die Sowjetunion, Stuttgart 1983, S. 365-412, hier 378-403.

78 Vgl. Telegramm des deutschen Gesandten in Helsinki an das Auswärtige Amt vom 1.9.1941, in: ADAP, Serie D, Bd. XIII, 1, Dok. 262, S. 342. Aus diesem Grund lehnte Finnland im November 1941 auch einen Beitritt zum Antikominternpakt ab, obwohl Hitler dem „Waffenbruder" gegenüber versichert hatte, seine Grenzen nach dem Krieg selbst bestimmen zu können, vgl. Aspelmeier: Deutschland und Finnland, S. 105.

79 Telegramm des deutschen Gesandten in Helsinki an das Auswärtige Amt vom 24.9.1941, in: ADAP, Serie D, Bd. XIII, 2, Dok. 353, S. 456.

„Specifically, you are requested to inform at the earliest opportunity such members of the Finnish Government as you deem appropriate that if Finland desires to maintain our friendship now and later, satisfactory evidence must be given that it is the intention of the Finnish Government to discontinue immediately all offensive operations against Soviet territory and that to that end Finnish troops in principle will promptly be withdrawn.“[80]

Die Alliierten arbeiteten also mit Zuckerbrot und Peitsche. Sollten die Finnen weiter auf sowjetisches Territorium vorrücken, drohten die USA und Großbritannien mit Krieg. Äußerst wirksam dürfte der Hinweis auf spätere Friedensverhandlungen gewesen sein, da Finnland bei einer Niederlage nicht nur Gebietsverluste, sondern den Verlust seiner Unabhängigkeit befürchten mußte. Unter diesem Gesichtspunkt ist auch das besonders vorsichtige Taktieren der Finnen im Fall Leningrad zu sehen. Ein finnischer Angriff auf die Newametropole hätte bei späteren Friedensverhandlungen der Sowjetunion das schlagende Argument in die Hände gespielt, daß ein unabhängiges Finnland eine permanente Gefahr für die zweitgrößte Stadt der Sowjetunion darstelle.

Der Druck der Alliierten hatte Erfolg. Die finnischen Truppen rückten nicht weiter entlang des Westufers des Ladogasees in Richtung Leningrad vor, sondern gingen dort zur Verteidigung über. Allein durch ihre Präsenz banden sie zwar weiterhin starke Kräfte der Roten Armee im Norden, doch kam man dem wiederholten Drängen von deutscher Seite nach weiteren Offensiven nicht nach. Carl Mannerheim, Bürgerkriegsheld und Oberbefehlshaber der finnischen Truppen, zog sich jedesmal geschickt aus der Affäre, indem er für einen Angriff finnischer Truppen Vorleistungen der Deutschen forderte, die diese nicht erfüllen konnten.[81] Die deutsche Seite ließ wiederum den nördlichen Partner über die nachrangige strategische Bedeutung der Newametropole in der eigenen Kriegsplanung im Unklaren. Aus der strategischen Interessengemeinschaft war eine „Zwangsehe“ geworden, die durch das politische Übergewicht des einen Partners und kriegswirtschaftliche Interessen zusammengehalten wurde.[82]

Mit dem Zögern Finnlands fehlte der Heeresgruppe Nord eine wichtige Voraussetzung für die enge Einschließung Leningrads.[83] Für die sowjetische Seite war die Passivität der Finnen hingegen von Vorteil, denn solange das westliche Ufer des Ladogasees nicht besetzt war, blieb eine Verbindung zur Außenwelt

---

80 Telegramm Hulls an den US-Botschafter in Finnland, Schoenfeld, in: Foreign Relations of the United States. Diplomatic Papers 1941, Bd. 1, S. 81 f., hier 81.

81 So machte die finnische Seite zum Beispiel Mitte September ein Übersetzen der Wehrmacht über die Newa zur Vorbedingung für ein weiteres finnisches Vorrücken, vgl. KTB Heeresgruppe Nord, Eintrag vom 18.9.1941, BA-MA, RH 19 III/167. Siehe zu diesem Gesamtkomplex auch den Briefwechsel zwischen Mannerheim und Keitel, BA-MA, RW 4/v. 639.

82 Bernd Wegner: Die Leningradfrage als Kernstück der deutsch-finnischen Beziehungen im Zweiten Weltkrieg, in: Finnland-Studien, 2 (1993), S. 136–151, hier 137.

83 Von Leeb klagte immer wieder über den Halt der finnischen Truppen, so z.B. am 3.9.1941 gegenüber Generalfeldmarschall Keitel, vgl. Leeb: Tagebuchaufzeichnungen, S. 348.

gewahrt. Außerdem war während des ganzen Krieges eine Weisung Mannerheims in Kraft, die der finnischen Luftwaffe verbot, Leningrad zu überfliegen.[84]

Mit dem finnischen Beitrag fehlte ein wichtiges Element in der deutschen Blockadestrategie. Bei der Heeresgruppe Nord war man sich durchaus bewußt, daß mit einer weiträumigen Einschließung die Aussichten schwanden, Leningrad langsam zu zermürben:

> „Es läßt sich gegenwärtig noch nicht übersehen, wann Leningrad seinen Widerstand aufgeben wird. Da seinerzeit das weitere Vortragen des Angriffs auf Leningrad in eine enge Einschließungslinie wegen Abgabe von Kräften aufgegeben werden mußte, kann jetzt die Stadt nur mit wenigen weittragenden Geschützen gefaßt werden, für die noch dazu nur äußerst geringe Munition zur Verfügung steht. Eine entscheidende Wirkung durch Artl.-Beschuß ist also nicht zu erwarten. Ob dies durch die Luftwaffe möglich sein wird, erscheint fraglich. Das Beispiel der Millionenstadt London spricht dagegen. Ferner ist eine Aushungerung in Frage gestellt, solange Verpflegung über den Ladoga-See herangebracht werden kann."[85]

Aus diesem Grunde blieb die Wehrmacht auch nach der Schließung des Ringes und dem Abzug der schnellen Panzerkräfte in der Offensive.[86] Doch die fehlende Angriffskraft der erschöpften und unterbesetzten Einheiten sowie der starke Widerstand der Roten Armee ermöglichten nur noch ein schrittweises Vorrükken. Ende September hatte sich der Angriff auf Leningrad endgültig festgefahren.[87]

In dieser Phase regte Hitler eine Operation gegen Tichvin, ein kleine Ortschaft südöstlich des Ladogasees, an. Der Gegner sollte in einem Dreieck Tich-

---

84 Aspelmeier: Deutschland und Finnland, S. 121.

85 KTB Heeresgruppe Nord 24.10.1941, BA-MA, RH 19 III/168. Ähnlich auch der Eintrag vom 27.9.1941: „Es war ja beabsichtigt, in die sog. enge Einschließungslinie hineinzugehen, um die gesamte Artillerie aufzufahren, und durch Beschießung durch die Masse der Artillerie, durch zusammengefaßte Bombardierung und starke Flugblattbearbeitung die Stadt mürbe zu machen. Dadurch, daß man zunächst nicht in die enge Einschließungslinie hineingehen kann und auch gar nicht abzusehen ist, ob und wann dies noch möglich sein wird, muß zunächst versucht werden, die Zermürbung wenigstens anzubahnen", in: ebd., Eintrag vom 27.9.1941, BA-MA, RH 19 III/167.

86 So befahl die Heeresgruppe am 15.9.1941: „[...] 4. Die weite Einschließungslinie ist so dicht zu besetzen, daß aus dem umschlossenen Raum keinerlei Verkehr nach außen, auch bei Nacht, mehr stattfinden kann. Das weitere Vorgehen in die enge Einschließungslinie ist vorzubereiten.", in: ebd., Eintrag vom 15.9.1941. Siehe auch den Heeresgruppenbefehl Nr. 3 vom selben Tage, in: ebd., Eintrag vom 15.9.1941 und Heeresgruppenbefehl Nr. 1 vom 28.9.1941, in: ebd., Eintrag vom 28.9.1941, 22.30; Leeb: Tagebuchaufzeichnungen, S. 360 (20.9.1941); zum Stocken des weiteren Vorrückens vgl. ebd., S. 365 (27.9.1941).

87 Letztlich erreichte man eine Einschließungslinie von Schlüsselburg die Newa entlang bis Kolpino über den nördlichen Stadtrand von Puškin nach Pulkovo bis Urick, vgl. Operationsatlas der Heeresgruppe Nord 1941, Lagekarte vom 9.11.1941 (abends), BA-MA, RH 19 III/661. So konnte z.B. das XXXXI. Armeekorps Pulkovo nicht nehmen und mußte vor dieser strategisch wichtigen Anhöhe verharren, da man zu hohe Verluste fürchtete und in diesem Fall das XXXXI. Armeekorps nicht mehr intakt an die Heeresgruppe Mitte hätte abgegeben werden können, vgl. KTB Heeresgruppe Nord, Eintrag vom 14.9.1941, BA-MA, RH 19 III/167.

vin–Volchovstroj–Ladogasee eingekesselt und vernichtet werden.[88] Anschließend wollte man sich mit den finnischen Truppen östlich des Ladogasees vereinigen.[89] Damit wäre der Ladogasee Teil des Belagerungsringes geworden und als Versorgungsroute für Leningrad ausgeschieden. Tichvin kam in dieser Strategie als Verkehrsknotenpunkt eine Schlüsselrolle zu. Als die Wehrmacht am 9. November 1941 die Ortschaft einnahm, war die Bahnlinie aus dem Inneren Rußlands zum Ladogasee unterbrochen.[90] Damit war der Belagerungsring de facto komplett geschlossen:

> „Durch die Wegnahme von Tichvin ist nun auch der Seeweg über den Ladogasee für Leningrad abgeschnitten. Der Gegner hat jetzt die Möglichkeit der Verbindung mit der Außenwelt nurmehr auf dem Luft- und auf dem Funkwege. Jedenfalls ist eine weitere Heranführung von Versorgungsgütern in größerem Umfange nicht mehr möglich [...].“[91]

Tatsächlich brach die Versorgung Leningrads über den Ladogasee in diesen Wochen weitgehend zusammen. Die Lebensmittelrationen mußten immer weiter gesenkt werden. Dies führte bei der Heeresgruppe Nord zu der Einschätzung, daß es für Leningrad bereits „5 Minuten vor 12 Uhr“ sei.[92]

Hitler drängte jedoch weiter auf eine Vereinigung mit den finnischen Truppen, da er erst dann die völlige Abschließung Leningrads für verwirklicht hielt.[93] Dazu kam es jedoch nicht. Der Roten Armee gelang in einer Gegenoffensive am 7. Dezember 1941 die Rückeroberung Tichvins.[94] Neun Tage später mußte sich die 16. Armee hinter den Volchov zurückziehen. Hitler zufolge war die Belagerung Leningrads bereits zu diesem Zeitpunkt aufgehoben, da nun die Stadt wieder über den Ladogasee versorgt werden konnte.[95]

Zusammenfassend bleibt festzuhalten, daß die Grundsatzentscheidung zur Belagerung Leningrads schon im Juli 1941 getroffen wurde: Sie fiel Wochen vor dem Beginn des Angriffs auf Leningrad und war damit keine Reaktion auf die militärische Situation vor Ort. Vielmehr stand sie in einem engen Zusammenhang mit dem Scheitern des Blitzkriegkonzepts. Bereits in der zweiten Julihälfte fürchtete Halder, daß der Feldzug „im Stellungskrieg enden“ würde.[96] Eine Re-

---

88 Vgl. Fernschreiben des Oberkommandos der Heeresgruppe Nord an das Oberkommando der 16. Armee vom 2.10.1941, BA-MA, RH 19 III/766, Bl. 119 f. Das A.O.K. beurteilte diesen Vorschlag als erfolgversprechend, sofern ausreichend Kräfte zur Verfügung stehen und die Witterung trocken sei, vgl. Fernschreiben des Oberkommandos der 16. Armee an das Heeresgruppenkommando Nord vom 2.10.1941, ebd., Bl. 122-128.

89 Vgl. Aktennotiz über einen Anruf des Chefs des Generalstabs des Heeres an den Chef des Generalstabs der Heeresgruppe Nord vom 7.12.1941, BA-MA, RH 19 III/771, Bl. 226 f.

90 Zur Operationsgeschichte vgl. Glantz: Battle for Leningrad, S. 94-103.

91 KTB Heeresgruppe Nord, Eintrag vom 9.11.1941, BA-MA, RH 19 III/768.

92 Ebd., Eintrag vom 30.11.1941, BA-MA, RH 19 III/768.

93 Ebd., Eintrag vom 7.12.1941, BA-MA, RH 19 III/769.

94 Vgl. Glantz: Battle for Leningrad, S. 103-116.

95 Vgl. KTB Heeresgruppe Nord, Eintrag vom 15.12.1941, BA-MA, RH 19 III/769.

96 KTB Halder, Bd. 3, S. 121 (Eintrag vom 26.7.1941).

duktion der Ziele führte zum Entschluß, Leningrad nicht einzunehmen, sondern nur abzuschließen.[97] Als die 18. Armee im September 1941 Leningrad erreichte, hatten sich die Aussichten auf einen schnellen Sieg weiter verschlechtert. Insofern erstaunt es kaum, daß man schon beim Erreichen der weiten Einschließungslinie die schnellen Panzerverbände anhielt und für den Kampf um Moskau abzog. Erklärungsbedürftig bleibt jedoch, aus welchem Grunde bereits im August 1941 festgelegt wurde, auf eine Kapitulationsforderung zu verzichten.

2. „... DIE STADT DEM ERDBODEN GLEICHMACHEN“: DIE BELAGERUNGSSTRATEGIE ALS VERNICHTUNGSPOLITIK

Jener Zeit, als der deutschen Führung das Scheitern des Blitzkrieges immer stärker ins Bewußtsein rückte, gingen Wochen ungebremster Siegeseuphorie voraus.[98] Halder hielt es für „nicht zuviel gesagt, [...] daß der Feldzug gegen Rußland innerhalb [von] 14 Tagen gewonnen wurde.“[99] Und Hitler hegte sogar noch am 21. Juli 1941 die Hoffnung, „daß bis Ende August Rußland militärisch zusammenbricht“.[100] Diese Prognosen entsprangen zwar einer maßlosen Selbstüberschätzung, wurden allerdings auch von den meisten Beobachtern in Washington, London und anderen Hauptstädten geteilt.

In jenen Tagen des vermeintlichen Triumphes plante die deutsche Führung bereits für die Zeit nach dem Rußlandfeldzug. So erteilte Hitler die Weisung, den Schwerpunkt der Rüstung vom Heer auf die Luftwaffe und die Marine zu verlegen, um damit die Wehrmacht für den „Endkampf“ gegen Großbritannien vor-

97 In dieselbe Zeit fällt auch die Ausweitung des Judenmords auf Frauen und Kinder, vgl. Christoph Dieckmann: Der Krieg und die Ermordung der litauischen Juden, in: Ulrich Herbert (Hg.): Nationalsozialistische Vernichtungspolitik 1939-1945. Neue Forschungen und Kontroversen, Frankfurt a.M. 1998, S. 292-329, hier 307 ff.

98 Hitler beurteilte am 4. Juli 1941 die Lage folgendermaßen: „Ich versuche mich dauernd in die Lage des Feindes zu versetzen. Praktisch hat er den Krieg schon verloren. Es ist gut, daß wir die russische Panzer- und Luftwaffe gleich zu Anfang zerschlagen haben. Die Russen können sie nicht mehr ersetzen.“, KTB OKW, S. 1020 (4.7.1941).

99 KTB Halder, Bd. 3, S. 38 (3.7.1941).

100 Leeb: Tagebuchaufzeichnungen, S. 302 (21.7.1941).

zubereiten.[101] Die Grundlage der Besatzungspolitik hatte Hitler bereits sechs Tage vor dem Überfall auf die Sowjetunion entworfen: „den riesenhaften Kuchen handgerecht zu zerlegen, damit wir ihn erstens beherrschen, zweitens verwalten und drittens ausbeuten können."[102] Die deutschen Planungsbehörden und Parteidienststellen begannen schon im Vorfeld des Rußlandfeldzuges mit der Ausarbeitung großangelegter „Nachkriegspläne". Dabei wurden sie von der Euphorie des schnellen Sieges über den „Erzfeind" Frankreich getragen. Die Anfangserfolge gegen die Sowjetunion verstärkten dieses Hochgefühl noch. Alles schien nun möglich, und die Planer ließen sich in ihren Projekten weder von europäischen Grenzen noch von den Aussichten auf Umsetzbarkeit in die Schranken weisen.[103]

Aus dieser Zeit der Siegeseuphorie stammt die erste Äußerung Hitlers über das künftige Schicksal Leningrads,[104] die Halder am 8. Juli 1941 in seinem Kriegstagebuch notierte:

> „Feststehender Entschluß des Führers ist es, Moskau und Leningrad dem Erdboden gleich zu machen, um zu verhindern, daß Menschen darin bleiben, die wir dann im Winter ernähren müßten. Die Städte sollen durch die Luftwaffe vernichtet werden, Panzer dürfen dafür nicht eingesetzt werden."[105]

Damit hatte Hitler Anfang Juli die Marschrichtung vorgegeben: Leningrad sollte zerstört werden, ohne dazu Panzer oder Bodentruppen einzusetzen. Die militärische Operation durfte davon nicht beeinträchtigt werden. Die Zerstörung sollte gleichsam „von außen" erfolgen, etwa durch die Luftwaffe, der allerdings für eine solche Aufgabe zu wenige Kräfte zur Verfügung standen. Bereits zu diesem frühen Zeitpunkt war die Belagerungsstrategie also in groben Umrissen vorgezeichnet. Bemerkenswert ist die Begründung Hitlers für dieses Vorgehen. Nicht die Vernichtung des Industriepotentials oder die Zerstörung eines Symbols führte er als ausschlaggebend an, sondern die Vertreibung der Menschen, für deren Ernährung man nicht die Verantwortung übernehmen wolle. Was genau mit den Le-

---

[101] Bernd Wegner: Grundzüge der deutschen Kriegführung gegen die Sowjetunion 1941 - 1945, in: Hans-Adolf Jacobsen u.a. (Hg.): Deutsch-russische Zeitenwende. Krieg und Frieden 1941 - 1995, Baden-Baden 1995, S. 153 - 174, hier 158 f.; Weinberg: Welt in Waffen, S. 297 f.

[102] Aktenvermerk vom 16.7.1941 über eine Besprechung Hitlers mit Rosenberg, Lammers, Keitel und Göring, in: IMG, Bd. XXXVIII, Dok. 221-L, S. 86 - 94, hier 88.

[103] Vgl. Ulrich Herbert: Der Zweite Weltkrieg, in: Hans-Ulrich Wehler (Hg.): Scheidewege der deutschen Geschichte. Von der Reformation bis zur Wende, 1517 - 1989, München 1995, S. 198 - 210, hier 201.

[104] Die deutsche Vorkriegsplanung hatte sich nicht sonderlich intensiv mit dem Schicksal Leningrads beschäftigt. Hitler wollte ursprünglich die Stadt im Gegensatz zu Moskau erhalten, da Leningrad „unvergleichlich schöner" als Moskau, „das Zentrum der bolschewistischen Lehre", sei, zit. in: Dallin: Deutsche Herrschaft, S. 88.

[105] KTB Halder, Bd. 3, S. 53 (8.7.1941). Ähnlich die Eintragung im Kriegstagebuch des OKW: „Führer betont grundsätzlich, daß er Moskau und Leningrad dem Erdboden gleich machen wolle. Dies könne aber mit der Luftwaffe eingeleitet werden und brauche nicht die Erdoperationen zu beeinflussen.", KTB OKW, S. 1021 (8.7.1941). Vgl. auch Goebbels: Tagebücher, Teil II, Bd. 1, S. 33 (9.7.1941).

ningradern geschehen sollte, darüber machte sich vorerst noch niemand ernsthaft Gedanken. Hitler schwebte wohl eine Massenflucht aus den Ruinen Leningrads in Richtung Osten vor. Ein Völkermord war zu diesem Zeitpunkt noch nicht geplant, aber erste Vernichtungsphantasien nahmen hier bereits ihren Ausgang. So orakelte Goebbels bedeutungsvoll über das düstere Schicksal Moskaus und Leningrads in seinem Tagebuch:

> „Man kann auch gar nicht sagen, was aus diesen riesigen Millionenansammlungen in der nächsten Zukunft werden wird. Ich sehe eine Katastrophe herannahen, deren Ausmaße noch gänzlich unübersehbar sind."[106]

Der Wehrmachtführungsstab im OKW verarbeitete diese diffusen Absichten zu einem konkreten militärischen Konzept. In der „Vortragsnotiz Leningrad" vom 21. September spielte der Chef der Abteilung Landesverteidigung im OKW, Generalmajor Walter Warlimont,[107] die verschiedenen Möglichkeiten zur Behandlung der bereits eingeschlossenen Stadt durch und empfahl schließlich folgende Vorgehensweise:

> „a) Wir stellen vor der Welt fest, daß Stalin Leningrad als Festung verteidigt. Wir sind also gezwungen, die Stadt mit ihrer Gesamtbevölkerung als militärisches Objekt zu behandeln. Trotzdem tun wir ein Übriges. Wir gestatten dem Menschenfreund Roosevelt, nach einer Kapitulation Leningrads die nicht in Kriegsgefangenschaft gehenden Bewohner unter Aufsicht des Roten Kreuzes auf neutralen Schiffen mit Lebensmitteln zu versorgen oder in seinen Erdteil abzubefördern und sagen für diese Schiffsbewegung freies Geleit zu (Angebot kann selbstverständlich nicht angenommen werden, nur propagandistisch zu werten).
>
> b) Wir schließen Leningrad zunächst hermetisch ab und schlagen die Stadt, soweit mit Artillerie und Fliegern möglich, zusammen (vorerst nur schwache Fliegerkräfte verfügbar!)."[108]

Dieser Vorschlag fand wenige Tage später seine Umsetzung in einem Befehl Hitlers. Unter Berufung auf den „Führer" teilte die Seekriegsleitung der Heeresgruppe Nord mit, daß Leningrad „eng einzuschließen und durch Beschuß mit Artillerie aller Kaliber und laufendem Lufteinsatz dem Erdboden gleichzumachen" sei.[109] Hitler gebrauchte wiederholt die Formel „dem Erdboden gleichmachen", die nicht nur als substanzlose Drohung zu verstehen ist, sondern durchaus wörtlich genommen werden muß. In den deutschen Nachkriegsplanungen exi-

---

106 Goebbels: Tagebücher, Teil II, Bd. 1, S. 54 (12.7.1941).

107 Eine Kurzbiographie des 1894 geborenen Warlimonts bei: Horst Mühleisen: General der Artillerie Walter Warlimont, in: Gerd R. Ueberschär (Hg.): Hitlers militärische Elite, 2 Bde., Darmstadt 1998, Bd. 2: Vom Kriegsbeginn bis zum Weltkriegsende, S. 270–275.

108 OKW/Wehrmachtführungsstab, Abteilung Landesverteidigung: „Vortragsnotiz Leningrad" vom 21.9.1941, abgedr. in: Ueberschär: Angriff auf Leningrad, S. 99 f. sowie in: Verbrechen der Wehrmacht, S. 312 ff.

109 Schreiben der Seekriegsleitung an die Gruppe Nord und den Marineverbindungsoffizier bei der Heeresgruppe Nord vom 29.9.1941, BA-MA, RM 7/989.

stierte Leningrad in der Tat nicht mehr, denn als künftige Grenze zu Finnland war die Newa vorgesehen.[110]

In der Wehrmacht gab es Kreise, die sich gegen eine Zerstörung der Stadt wandten. Vor allem die Marine spekulierte auf die Hafenanlagen Leningrads.[111] Doch solche Forderungen konnten sich nicht gegen die von Hitler vorgegebene Linie durchsetzen:

> „Der Führer ist entschlossen, die Stadt Petersburg vom Erdboden verschwinden zu lassen. Es besteht nach der Niederwerfung Sowjetrußlands keinerlei Interesse an dem Fortbestand dieser Großsiedlung. [...] Die ursprünglichen Forderungen der Marine auf Schonung der Werft-, Hafen- und sonstigen marinewichtigen Anlagen sind dem OKW bekannt, ihre Erfüllung jedoch angesichts der Grundlinie des Vorgehens gegen Petersburg nicht möglich."[112]

Der Verzicht auf den Leningrader Hafen fiel Hitler nicht schwer. Im April 1942 erläuterte er bei einem seiner Tischgespräche:

> „Auch die Leningrader Häfen und Werftanlagen möchten verfallen. Denn einer könne nur Herr in der Ostsee als dem deutschen Binnenmeer sein. Und deshalb müsse ein für allemal dafür gesorgt werden, daß kein größerer Hafen an der Peripherie unseres Reiches existent bleibe. Ganz abgesehen davon würde unseren maritimen Bedürfnissen durch einen Ausbau unserer eigenen Häfen und der Häfen im Baltikum vollauf genügt werden, so daß wir den für die Hälfte des Jahres zugefrorenen Leningrader Hafen in keiner Weise benötigten."[113]

Mit der Zerstörung der Stadt hatte Hitler zunächst ja das Ziel verfolgt, deren Einwohner zu vertreiben. Die Luftflotte 1 war allerdings viel zu schwach, um die Vernichtung schon im Vorfeld eines Angriffs der Bodentruppen auf Leningrad auch nur ansatzweise ins Werk zu setzen. Statt die Bevölkerung durch Bombenterror zu vertreiben, hatte man sie in einem Belagerungsring eingeschlossen. Für den weiteren Umgang mit den Leningradern eröffneten sich nun im Grunde zwei Perspektiven, die innerhalb der Wehrmacht auch intensiv diskutiert wurden: Vertreibung oder Vernichtung. Der Auftrag, den die Heeresgruppe Nord im Vorfeld ihres Angriffs auf Leningrad bekam, nennt den Genozid an den Leningradern zwar noch nicht beim Namen, weist aber bereits stark in diese Richtung. Die Stadt sei „infanteristisch nicht anzugreifen", sondern „durch Zerstörung der

---

110 Vgl. Lammers Gesprächsnotiz einer Unterredung Hitlers mit Rosenberg und Bormann am 1.10.1941 in: Akten der Partei-Kanzlei der NSDAP. Rekonstruktion eines verlorengegangenen Bestandes, hg. v. Institut für Zeitgeschichte, bearb. v. Helmut Heiber, München 1983, Reg.Nr. 25828, Fundort 133 00002-04. Siehe auch Henry Picker: Hitlers Tischgespräche im Führerhauptquartier 1941-1942, hg. v. Percy Ernst Schramm, Stuttgart 1963, S. 251 (5.4.1942). Im Juli 1941 gestand Hitler den Finnen nach der Zerstörung der Stadt sogar das ganze Gebiet um Leningrad zu, vgl. Aktenvermerk vom 16.7.1941 über eine Besprechung Hitlers mit Rosenberg, Lammers, Keitel und Göring, in: IMG, Bd. XXXVIII, Dok. 221-L, S. 86-94, hier 90.

111 Siehe z.B. die Bitte der Seekriegsleitung an das OKW um Schonung der Werftanlagen und der dazugehörenden Versorgungsbetriebe und Unterkünfte vom 3.9.1941, BA MA, RM 7/159.

112 Schreiben der Seekriegsleitung an die Gruppe Nord vom 29.9.1941, BA-MA, RM 7/989.

113 Picker: Hitlers Tischgespräche, S. 251 f. (5.4.1942).

Wasserwerke, Lagerhäuser, Licht- und Kraftquellen ihrer Lebens- und Verteidigungsfähigkeit zu berauben". Sollte nach den ursprünglichen Plänen die „Beraubung der Lebensfähigkeit" eine Massenflucht provozieren, so stellte sich nun das Problem, daß man die Flüchtlinge im rückwärtigen Armee- und Heeresgebiet aufnehmen müßte. Dies sollte von vornherein ausgeschlossen werden: „Jedes Ausweichen der Zivilbevölkerung gegen die Einschließungstruppen ist – wenn notwendig unter Waffeneinsatz – zu verhindern."[114]

Doch damit war der Vertreibungsgedanke noch nicht endgültig vom Tisch. Auch nach der Schließung des Belagerungsringes wurden Mittel und Wege sondiert, wie man die Einwohner Leningrads „loswerden" könne. So beschäftigte sich Walter Warlimont in seiner „Vortragsnotiz Leningrad" vorwiegend mit der „schwierigen Frage", was mit den Leningradern zu geschehen habe. Eine Besetzung der Stadt verwarf er gleich zu Beginn, „weil uns dann die Verantwortung für die Ernährung zufiele".[115] Als zweite Möglichkeit könne man die „Stadt eng abschließen, möglichst mit einem elektrisch geladenen Zaun umgeben, der mit M.Gs. bewacht wird". Diese Vorgehensweise habe aber einen „Nachteil":

> „Von etwa 2 Millionen Menschen werden die Schwachen in absehbarer Zeit verhungern, die Starken sich dagegen alle Lebensmittel sichern und leben bleiben. Gefahr von Epidemien, die auf unsere Front übergreifen. Außerdem fraglich, ob man unseren Soldaten zumuten kann, auf ausbrechende Frauen und Kinder zu schießen."

Als nächstes brachte Warlimont folgende Variante ins Spiel: „Frauen und Kinder, alte Leute durch Pforten des Einschließungsringes abziehen, Rest verhungern lassen." Dies sei zwar eine „theoretisch gute Lösung, praktisch aber kaum durchführbar", denn:

> „Wer soll Hunderttausende zusammenhalten und vorwärtstreiben? Wo ist dann die russische Front? Verzichtet man auf den Abmarsch hinter die russische Front, verteilen sich die Herausgelassenen über das Land. Auf alle Fälle bleibt Nachteil bestehen, daß die verhungernde Restbevölkerung Leningrads einen Herd für Epidemien bildet und daß die Stärksten noch lange in der Stadt weiterleben."

Als letzte Möglichkeit bliebe noch, das ganze Problem den Finnen zu überlassen, da diese sowieso das Gebiet nördlich der Newa bekommen sollten. Darin, daß „Leningrad weg müsse", stimme man mit den Finnen auch überein, die „Frage der Bevölkerung Leningrads" sei aber letztlich „nicht durch Finnen zu lösen. Das müssen wir tun".

Schließlich zog Warlimont das Fazit: „Befriedigende Lösung gibt es nicht. H.Gr. Nord muß aber, wenn es soweit ist, einen Befehl bekommen, der wirklich

---

114 Befehl des Oberkommandos des Heeres an die Heeresgruppe Nord vom 28.8.1941, abgedr. in: Verbrechen der Wehrmacht, S. 310.

115 Dieses und die folgenden Zitate aus: OKW/Wehrmachtführungsstab, Abteilung Landesverteidigung: „Vortragsnotiz Leningrad" vom 21.9.1941, BA-MA, RW 4/v. 578, Bl. 144 ff., abgedr. in: Gerd Ueberschär/Wolfram Wette (Hg.): Der deutsche Überfall auf die Sowjetunion. „Unternehmen Barbarossa" 1941, überarb. Neuausg., Frankfurt a.M. 1991, S. 279 f.

durchführbar ist." Er schlug eine hermetische Abschließung der Stadt und ihre Zerstörung mit Artillerie und Luftwaffe vor:

„c) Ist die Stadt dann durch Terror und beginnenden Hunger reif, werden einzelne Pforten geöffnet und Wehrlose herausgelassen. Soweit möglich, Abschub ins innere Rußland, Rest wird sich zwangsläufig über das Land verteilen.

d) Rest der ‚Festungsbesatzung' wird den Winter über sich selbst überlassen. Im Frühjahr dringen wir dann in die Stadt ein (wenn die Finnen es vorher tun, ist nichts einzuwenden), führen das, was noch lebt, nach Innerrußland bezw. in die Gefangenschaft, machen Leningrad durch Sprengungen dem Erdboden gleich und übergeben den Raum nördlich der Newa den Finnen."

Die Konsequenz einer solchen Strategie war der massenhafte Hungertod der Leningrader Zivilbevölkerung. Nach den Aufzeichnungen Pickers rühmte sich Hitler sogar dieser Vorgehensweise:

„Leningrad müsse verfallen. Wie einer der drei mit dem Eichenlaub zum Ritterkreuz ausgezeichneten heutigen Gäste berichtet habe, sei die Einwohnerzahl Leningrads aufgrund der Hungersnot bereits auf 2 Millionen herabgesunken. Wenn man bedenke, daß es nach dem Bericht des türkischen Gesandten in Rußland selbst in der Diplomatenstadt nichts Gescheites mehr zu essen gäbe, und wenn man weiter bedenke, daß die Russen noch und noch von dem Fleisch krepierter Pferde lebten, so könne man sich ausmalen, wie die Bevölkerung Leningrads weiter schrumpfen würde."[116]

Auch das Oberkommando der 18. Armee fertigte eine Studie an, in der die Möglichkeiten einer „Entsorgung" der Leningrader Bevölkerung durchgespielt wurden.[117] Da das rückwärtige Heeresgebiet sie nicht aufnehmen wollte, sei es besser, „die Stadt bleibt abgeschlossen und alles verhungert". Dies hätte jedoch propagandistisch negative Auswirkungen, belastete die eigene Truppe, und wertvolles Material bliebe in der Stadt. Deshalb schien der Verfasser die Abschiebung „durch einen Korridor hinter die russische Front" vorzuziehen, selbst wenn dies die Bereitschaft der Russen voraussetzte, die Bevölkerung aufzunehmen. Auch dabei, so gestand er ein, würden „auf dem Marsch [...] sehr viele Leute umkommen, die Feindpresse wird den ‚Hungermarsch' propagandistisch ausschlachten", und „für die spalierbildende Truppe wird dieser Hungermarsch eine starke seelische Belastung sein". Der Realitätsgehalt eines solchen Vorschlags war gleich Null, so daß im Grunde keine „Lösungsmöglichkeit" angeboten wurde.

Allen zeitgenössischen Überlegungen ist gemeinsam, daß die Zivilbevölkerung Leningrads in erster Linie als ein Ernährungsproblem wahrgenommen wurde, das es zu lösen galt. Mit der Hungerpolitik fand sich stets eine Option, die letztendlich am einfachsten in die Praxis umzusetzen war. Eine koordinierte

---

116 Picker: Hitlers Tischgespräche, S. 251 (5.4.1942). Mit „Diplomatenstadt" ist Kujbyšev (Samara) an der Wolga gemeint, wohin die sowjetische Regierung und das diplomatische Korps infolge des deutschen Angriffs auf Moskau im Oktober 1941 umgezogen waren.

117 Studie aus dem Oberkommando der 18. Armee über die Möglichkeiten zur Behandlung der Bevölkerung Leningrads vom 4.11.1941, abgedr. in: Deutsche Besatzungspolitik in der UdSSR 1941-1944. Dokumente, hg. v. Norbert Müller, Köln 1980, Dok. 19, S. 75-77.

Umsiedlung der Leningrader Bevölkerung hätte einen enormen organisatorischen Aufwand bedeutet, den man auf deutscher Seite nicht zu leisten gewillt war. Eine „Abschiebung" der Menschen in westliche Richtung hätte das „Problem" zudem nicht gelöst, sondern nur „verschoben". Einen geordneten Abtransport nach Osten hätte die sowjetische Führung nicht akzeptiert, da eine bewohnte Stadt im Rücken der Roten Armee nicht zuletzt einen gewaltigen Motivationsschub für die Verteidiger bedeutete. Eine „wilde Vertreibung" von drei Millionen Menschen schien der deutschen Führung ebensowenig durchführbar, zumal man sich in der Wehrmacht um die „seelische Belastung" der eigenen Truppe sorgte. So war es die bequemste Lösung, die Stadt einzuschließen und die Bevölkerung den Winter über „sich selbst zu überlassen". Damit, so hofften die Verantwortlichen, würde sich das „Problem" von selbst lösen. Inwieweit im Belagerungsring „kleine, nicht gesperrte Lücken, die ein Herausströmen der Bevölkerung nach Innerrußland ermöglichten",[118] tatsächlich zugelassen werden sollten, oder ob dieser Vorschlag nur zur Gewissensberuhigung diente, läßt sich nicht mit völliger Klarheit entscheiden. Ein „freiwilliges Verschwinden" der Leningrader Bevölkerung in Räume, an denen kein deutsches Interesse bestand, wäre in den Augen der Strategen sicherlich eine „elegante Lösung" gewesen. Das „Abziehen" der Menschen dagegen in die von der Wehrmacht besetzten Gebiete wollte man unter allen Umständen verhindern. Sollte jemand die Stadt gegen die deutschen Linien verlassen, sei dieser „durch Feuer zurückzuweisen".[119]

Mit einer Belagerung Leningrads konnten die deutschen Angreifer also zwei Fliegen mit einer Klappe schlagen. Durch die Isolierung der Stadt vom Hinterland hatte man, erstens, Leningrad als Rüstungszentrum ausgeschaltet. Dank des Verzichts auf eine Einnahme sparte man, zweitens, Zeit und Kraft und konnte den Norden zum Nebenkriegsschauplatz erklären. Zusätzlich bot die Belagerung eine willkommene Gelegenheit, sich einem längerfristigen Ziel zu nähern: der kompletten Vernichtung Leningrads und seiner Einwohner. Goebbels erläuterte diese Strategie Hitlers wie folgt:

> „Ist Petersburg einmal eingeschlossen, so geht sein Plan dahin, die Versorgung dieser Stadt durch die Luftwaffe und die Artillerie zerschlagen zu lassen. Von dieser Stadt wird wahrscheinlich nicht viel übrigbleiben."[120]

Auch die deutsche Öffentlichkeit wurde mit der Schließung des Belagerungsrings auf das „Verschwinden" Leningrads vorbereitet. Unter der Schlagzeile „Leningrad soll vernichtet werden" deckte der *Völkische Beobachter* vom 16. September 1941 einen angeblichen Plan der sowjetischen Führung zur Zerstörung der Newametropole auf.[121] Und am 8. November 1941 prahlte Hitler in einer Rede zum Jahrestag des Hitlerputsches 1923 in München:

---

118 Schreiben Jodls an von Brauchitsch vom 7.10.1941, in: IMG, Bd. XXXIV, Dok. 123-C, S. 425-427, hier 426.

119 KTB Heeresgruppe Nord, Eintrag vom 20.9.1941, BA-MA, RH 19 III/167.

120 Goebbels: Tagebücher, Teil II, Bd. 1, S. 261 (19.8.1941).

121 Zit. in: Dallin: Deutsche Herrschaft, S. 89.

„Wenn daher heute einer sagt: ‚Sie sind bei Leningrad ja in der Defensive', dann komme ich und antworte: Wir waren vor Leningrad genau solange offensiv, als dies notwendig war, um Leningrad einzuschließen. Jetzt sind wir defensiv, und der andere muß jetzt auszubrechen versuchen, aber er wird in Leningrad verhungern!"[122]

Militärische Zielsetzung und die Vernichtungspläne führten im Sommer 1941 zu jener Belagerungsstrategie, die mit dem Anhalten der deutschen Truppe auch in die Tat umgesetzt wurde. Mitte September gewann das politische Konzept die Oberhand und mündete in einen Genozid an den Leningradern. Auslöser dieser neuerlichen Veränderung der deutschen Strategie war die von Wilhelm Ritter von Leeb angestoßene Diskussion darüber, wie auf ein eventuelles Kapitulationsangebot der sowjetischen Seite zu reagieren sei. Unmittelbar vor der Schließung des Belagerungsringes hatte der Oberbefehlshaber des Heeres, Walther von Brauchitsch, darauf hingewiesen, daß „Leningrad nicht weggenommen, sondern nur eingeschlossen werden soll". Selbst wenn sich die Stadt „vom Hunger getrieben übergeben sollte", habe man sie nicht zu besetzen, sondern nur dafür zu sorgen, daß sie „sich wenigstens nicht erneut wehren kann, d.h. es müssen alle Soldaten und Wehrpflichtigen in die Kriegsgefangenschaft abgeführt und alle Waffen abgeliefert werden. Dann braucht man nur wenige Kräfte vor Leningrad stehen zu lassen; die übrigen werden frei."[123]

Wilhelm Ritter von Leeb war mit dieser Lösung nicht einverstanden. Er selbst zog eine Besetzung der Stadt vor, da diese die „klarsten Verhältnisse" schaffen würde.[124] Am 15. September 1941 fragte der Oberbefehlshaber der Heeresgruppe Nord beim OKH nach, was denn konkret im Falle eines Übergabeangebots zu geschehen habe:

„Ich halte es nicht für ausgeschlossen, daß wir nun nach der Ablösung, wenn die Front neu aufgebaut ist, rasch in Richtung Leningrad vordringen. Wie die Stadt selbst zu behandeln sein wird, ob eine etwaige Übergabe anzunehmen ist, ob sie zusammenzuschießen ist, oder ob sie auszuhungern ist, darüber liegt leider bisher eine Entscheidung des Führers nicht vor."[125]

An diesem Punkt gerieten die bislang parallel verfolgten Zielsetzungen in Widerspruch zueinander. Wilhelm Ritter von Leeb vertrat als alter Wehrmachtgeneral einen rein militärischen Standpunkt. So war der Entschluß vom Juli, Leningrad nur einzuschließen, in von Leebs Augen lediglich eine Einschränkung seines Auftrags aus strategischen Gründen, nämlich der Präferenz eines Angriffs auf Moskau.[126] Er mußte diese Entscheidung nicht gutheißen, aber er konnte sie verstehen. Sollte es von Leeb jedoch mit geringerer Truppenstärke gelingen, Leningrad doch zur Aufgabe zu zwingen, dann wäre darin seiner Auffassung

---

122 Rede Hitlers am 8.11.1941 im Löwenbräukeller in München, in: Hitler: Reden und Proklamationen, Bd. II/2, S. 1775.

123 Leeb: Tagebuchaufzeichnungen, S. 349 (5.9.1941).

124 KTB Heeresgruppe Nord, Eintrag vom 15.9.1941, BA-MA, RH 19 III/167.

125 Ebd., Eintrag vom 17.9.1941.

126 Vgl. Leeb: Tagebuchaufzeichnungen, S. 351 (6.9.1941).

zufolge ein militärischer Erfolg zu sehen. In diesem Fall machte eine Fortsetzung der Belagerung für ihn keinen Sinn.[127]

In Hitlers Denken hingegen spielte die nationalsozialistische Weltanschauung den ausschlaggebenden Faktor. In seinen Augen war die Belagerungsstrategie nicht nur ein militärisches Mittel zur kräftesparenden Einnahme der Stadt. Die von ihm im Juli 1941 getroffene Entscheidung war aufs engste mit Überlegungen zum künftigen Schicksal Leningrads verknüpft gewesen. In der Frage einer möglichen Kapitulation gewannen diese längerfristigen Ziele die Oberhand über alle militärischen Strategien:

> „Bezüglich der Stadt Leningrad bleibt dieser Grundsatz, daß wir die Stadt nicht betreten und daß wir die Stadt nicht ernähren können, bestehen."[128]

Alfred Jodl, Chef des Wehrmachtführungsstabs im OKW, übermittelte am 7. Oktober 1941 an von Brauchitsch den unmißverständlichen Befehl Hitlers:

> „Der Führer hat erneut entschieden, daß eine Kapitulation von Leningrad oder später von Moskau nicht anzunehmen ist, auch wenn sie von der Gegenseite angeboten würde. [...] Kein deutscher Soldat hat daher diese Städte zu betreten."[129]

Gerechtfertigt wurde dieser Entschluß damit, daß die Russen die Stadt bis zum letzten Mann verteidigen würden, ganz Leningrad angeblich vermint sei und außerdem Seuchengefahr bestehe.[130] Diese Weisung stieß bei der Heeresgruppe erwartungsgemäß auf Unverständnis:

> „Es ist heute die Entscheidung des OKW bezüglich der Stadt Leningrad gekommen: danach darf eine Kapitulation nicht angenommen werden. In einem Schreiben der H.Gr. an das OKH wurde daraufhin angefragt, ob denn nicht in diesem Falle die russ. Truppen in die Kriegsgefangenschaft abgeführt werden können. Soll das nicht geschehen, so führt der Russe einen Verzweiflungskampf weiter, der unsererseits Opfer und wahrscheinlich schwere fordern wird."[131]

---

127 Insofern beruht die Interpretation Hürters, die Unsicherheit der Heeresgruppe Nord und der 18. Armee resultiere aus der Offenheit des Entscheidungsprozesses im September 1941, auf der Annahme, Hitler und die Wehrmachtführung hätten die untergeordneten Instanzen über ihre Absichten voll ins Bild gesetzt. Die verklausulierte Sprachregelung deutet aber vielmehr darauf hin, daß von Leeb und von Küchler so lange wie möglich im Unklaren gelassen wurden. Erst als sich das Vordringen einzelner Einheiten in den Stadtkern abzeichnete und die Besatzungsvorbereitung des Armeeoberkommandos mit Forderungen an die Zentrale nach der Einnahme Leningrads einherging, schenkte man den lokalen Befehlshabern reinen Wein ein und gab ihnen unmißverständlich zu verstehen, daß eine Besetzung Leningrads in keinem Fall erwünscht sei, vgl. Hürter: Die Wehrmacht vor Leningrad, S. 394-399.

128 KTB Heeresgruppe Nord, Eintrag vom 20.9.1941, BA-MA, RH 19 III/167.

129 Schreiben Jodls an von Brauchitsch vom 7.10.1941, in: IMG, Bd. XXXIV, Dok. 123-C, S. 425-427, hier 426. Am 12. Oktober 1941 wurde dieser Befehl an die Heeresgruppe Nord weitergeleitet, vgl. KTB Heeresgruppe Nord, Eintrag vom 12.10.1941, BA-MA, RH 19 III/168; Leeb: Tagebuchaufzeichnungen, S. 373 (12.10.1941).

130 Schreiben Jodls an von Brauchitsch vom 7.10.1941, in: IMG, Bd. XXXIV, Dok. 123-C, S. 425-427, hier 426.

131 KTB Heeresgruppe Nord, Eintrag vom 12.10.1941, BA-MA, RH 19 III/168.

Im Rahmen der Diskussion um eine mögliche Kapitulation mündete die deutsche Strategie der Belagerung in einen Genozid. Indem die Einnahme der Stadt explizit ausgeschlossen wurde, war die Blockade Leningrads keine „gebräuchliche und unbestrittene Methode der Kriegführung" und hob sich deutlich von den Ereignissen in Königsberg, Breslau und Berlin am Kriegsende ab.[132] Die Belagerung Leningrads war ein Sonderfall der Weltgeschichte, und die Nationalsozialisten waren sich der Außergewöhnlichkeit ihrer Politik durchaus bewußt. So notierte Goebbels in sein Tagebuch:

> „Es spielt sich augenblicklich in Petersburg ein Stadtdrama ab, wie es die Geschichte noch nicht gekannt hat. Die Auswirkungen der Belagerung werden sich erst dann für die Weltöffentlichkeit zeigen, wenn Leningrad gefallen ist."[133]

3. Leningrad im Konzept der deutschen Hungerpolitik

Der Befehl Hitlers, Leningrad dem Erdboden gleichzumachen, war entscheidend für den Entschluß zur Belagerung. Doch ging es dem deutschen Diktator dabei nicht nur um die Auslöschung einer Stadt von hohem symbolischem Gehalt. Die systematische Zerstörung der prachtvollen Newametropole hätte man schließlich auch nach einer Besetzung oder nach einem Sieg über die Sowjetunion verwirklichen können. Statt dessen erlangte Hitlers Vernichtungswillen eine Dominanz über die militärischen Ziele. Dies hängt mit der Begründung zusammen, die Hitler für die Zerstörung Leningrads anführte: „um zu verhindern, daß Menschen darin bleiben, die wir dann im Winter ernähren müßten."[134] Damit war ein Axiom aufgestellt, das den Entscheidungsprozeß über die Behandlung Leningrads im Herbst 1941 von Beginn an in jene Richtung lenkte, die schließlich zu einem Genozid führte.

Hitlers Grundsatzentscheidung vom 8. Juli hatte zwar die Weichen auf Genozid gestellt, doch war der Fortgang der Ereignisse damit nicht determiniert. Indem man den Vernichtungswillen Hitlers als allein ausschlaggebend für die Belagerungsstrategie ansieht, unterschätzt man sowohl die Komplexität der Entscheidungsabläufe als auch die große weltanschauliche Schnittmenge von Nationalsozialismus und der Wehrmachtführung.[135] Schon Manfred Messerschmidt hat

---

132 Diese Wertung trifft Hoffmann: Kriegführung, S. 741.

133 Goebbels: Tagebücher, Teil II, Bd. 1, S. 451 (19.9.1941).

134 KTB Halder, Bd. 3, S. 53 (8.7.1941).

135 Den Entschluß zur Blockade führt beispielsweise Hürter sehr stark auf die Person Hitlers zurück, vgl. Hürter: Die Wehrmacht vor Leningrad, S. 402.

gezeigt, daß die Teilidentität der Zielvorstellungen von Nationalsozialisten und Wehrmacht zu einer Gemeinsamkeit des Handelns geführt habe.[136] Die Anpassung an die nationalsozialistische Weltanschauung war 1941 bereits so weit fortgeschritten, daß jede klare Abstufung in Hitler als ideologiegetriebenen Täter, die Wehrmachtführung als „willige Helfer", die Armeeführung als „Vollstrecker" und die Frontsoldaten als diejenigen, denen bei alledem der „geringste Vorwurf zu machen" sei, konstruiert ist.[137]

Es war nicht nur Hitler, der keine Kapitulation Leningrads annehmen wollte. Mit Ausnahme Wilhelm Ritter von Leebs teilten die Entscheidungsträger vor Ort diese Auffassung. Dies hing eng mit dem „Ernährungsproblem" zusammen, das man im Falle einer Besetzung der Drei-Millionen-Stadt auf sich zukommen sah. Da man die Lebensmittellage in Leningrad bereits im September 1941 als „katastrophal" einschätzte, gingen zum Beispiel der Oberbefehlshaber der 18. Armee, General Georg von Küchler, und sein Stabschef Oberst i.G. (im Generalstab), Wilhelm Hasse, davon aus, daß die Versorgung der Bevölkerung der Besatzungsmacht als Aufgabe zufallen würde. Dagegen machte jedoch der Oberquartiermeister der 18. Armee, Oberst i.G. Wolfgang Bucher, Einwände geltend: Wenn pro Person nur 100 Gramm Mehl für eine tägliche Mehlsuppe zur Verfügung gestellt würden, müßte die 18. Armee täglich 500 Tonnen Mehl entbehren. Dies sei nur zu leisten, wenn das Armeeoberkommando „10 V-Züge mit minderwertiger Verpflegung" organisiere und außerdem der Hilfszug „Bayern" zum Einsatz komme.[138] Diese Forderung setzte die Armeeführung und die Heeresgruppenleitung unter Druck. Dort sah man sich nicht in der Lage, Lebensmittel in diesem Umfang für Leningrad bereitzustellen.[139] Die Abwälzung des Problems nach oben zeigte Wirkung. Am 18. September 1941 teilte die Heeresgruppe Nord

---

136 Vgl. Manfred Messerschmidt: Die Wehrmacht im NS-Staat. Zeit der Indoktrination, Hamburg 1969, S. 488.

137 Hürter: Die Wehrmacht vor Leningrad, S. 402 f. und 440. Dieser Hierarchisierung der Schuld zustimmend: Christian Hartmann: Verbrecherischer Krieg – verbrecherische Wehrmacht? Überlegungen zur Struktur des deutschen Ostheeres 1941-1944, in: VfZ, 52 (2004), S. 1-75, hier 58. Dagegen kritisch: Gerhart Hass: Deutsche Besatzungspolitik im Leningrader Gebiet 1941-1944, in: Babette Quinkert (Hg.): „Wir sind die Herren dieses Landes". Ursachen, Verlauf und Folgen des deutschen Überfalls auf die Sowjetunion, Hamburg 2002, S. 64-81, hier 70, Anm. 10. Hürter geht zudem in einer kontrafaktischen Überlegung davon aus, daß ein deutsch besetztes Leningrad „zu einem Ort des Schreckens" geworden wäre und somit die Belagerung „für die Einwohner Leningrads trotz der schrecklich hohen Opferzahlen das kleinere Übel" gewesen sei, vgl. ebd., S. 404. Einem Vergleich mit den Opferzahlen jener tatsächlich von der Wehrmacht besetzten sowjetischen Großstädte hält diese Behauptung nicht stand.

138 KTB der Oberquartiermeisterabteilung der 18. Armee, Eintrag vom 11.9.1941, BA-MA, RH 20-18/1203. Der Hilfszug „Bayern" war ein bekannter Verpflegungszug, der die Teilnehmer der Nürnberger Parteitage versorgte. Der Generalquartiermeister des Heeres wies dieses Ansinnen zwei Tage später zurück, vgl. KTB OKH/Generalquartiermeister, Eintrag vom 13.9.1941, BA-MA, RH 19 III/776.

139 Ebd., Eintrag vom 14.9.1941.

der 18. Armee mit, daß sie keine Vorbereitungen zur Versorgung der Bevölkerung Leningrads zu treffen habe.[140]

Die angeordnete Zurückweisung etwaiger Kapitulationsangebote stand in engem Zusammenhang mit dieser „Ernährungsfrage“:

> „Sich aus der Lage in der Stadt ergebende Bitten um Übergabe werden abgeschlagen werden, da das Problem des Verbleibens und der Ernährung der Bevölkerung von uns nicht gelöst werden kann und soll. Ein Interesse an der Erhaltung auch nur eines Teiles dieser großstädtischen Bevölkerung besteht in diesem Existenzkrieg unsererseits nicht. Notfalls soll gewaltsame Abschiebung in den östlichen russischen Raum erfolgen.“[141]

Folgt man den Begründungen der Befehlshaber vor Ort, so hat sich der Genozid an den Leningradern gleichsam aus der Unmöglichkeit ergeben, die Bevölkerung dieser Großstadt zu ernähren. Strategien des Hungers und Durstes ist es aber grundsätzlich eigen, daß der Tod der Opfer den Tätern als zwangsläufige Folge einer Vernichtungsrationalität, die ins Naturgesetzliche gewendet ist, erscheint: „Dem Massaker kommt Zweckrationalität *innerhalb der Prozesse der Eroberung* zu. Die Strategien des Hungers und Durstes *sind* rationalistisches Töten.“[142]

Außerdem war der vermeintliche Sachzwang hausgemacht. Die Versorgung der einheimischen Bevölkerung ist eine Aufgabe, die auf jede Besatzungsmacht zukommt, also konnte sie auch die Wehrmacht kaum überraschen. Doch die deutschen Truppen kamen nicht als Befreier vom Bolschewismus ins Land,[143] wie nicht wenige sowjetische Staatsangehörige gehofft hatten. Sie führten vielmehr einen Raub- und Eroberungsfeldzug. Erst diese Anlage des „Unternehmens Barbarossa“ machte die Ernährung der Bevölkerung zum „Problem“. Deshalb muß hier die Perspektive erweitert und die allgemeinen Ziele des deutschen Überfalls auf die Sowjetunion in die Analyse des Entscheidungsprozesses zur Blockade Leningrads miteinbezogen werden.

Hitlers Expansionsstreben sah nicht die Einverleibung fremder Völker, sondern die Ausweitung des deutschen „Lebensraums“ vor. Hinter diesem Begriff verbargen sich nicht zuletzt eine Vergrößerung der Rohstoffbasis und die „Siche-

---

140 Ebd., Eintrag vom 18.9.1941. Auch der Generalquartiermeister hatte „für Petersburg alle vorbereitenden Maßnahmen zur Versorgung der Zivilbevölkerung abgelehnt. Jeder Verpflegungszug aus der Heimat verknappt dort die Lebensmittel. Besser ist, unsere Angehörigen haben etwas zu essen und die Russen hungern.“, siehe ebd., Eintrag vom 3.10.1941.

141 Schreiben der Seekriegsleitung an die Gruppe Nord und den Marineverbindungsoffizier bei der Heeresgruppe Nord vom 29.9.1941, BA-MA, RM 7/989, siehe auch OKW/Wehrmachtführungsstab, Abteilung Landesverteidigung: „Vortragsnotiz Leningrad“ vom 21.9.1941, BA-MA, RW 4/v. 578, und Ueberschär/Wette: Überfall auf die Sowjetunion, S. 279 f.

142 Von Trotha: Formen des Krieges, S. 85 (Hervorh. im Orig.).

143 So betonte etwa der Reichsleiter Alfred Rosenberg, daß man keinen „‚Kreuzzug‘ gegen den Bolschewismus“ führe, „um ‚die armen Russen‘ [...] zu erretten“, vgl. seine Rede vor den engsten Beteiligten am Ostproblem am 20.6.1941, in: IMG, Bd. XXVI, Dok. 1058-PS, S. 610–627, hier 614.

rung" der Ernährung des deutschen Volkes.[144] Die in „Mein Kampf" noch etwas diffuse Idee betteten Wirtschaftswissenschaftler in den dreißiger Jahren in ein Autarkieprogramm ein, auf dessen Grundlage das Konzept einer „europäischen Großraumwirtschaft" erarbeitet wurde.[145] Mit Kriegsbeginn wurde die Autarkie zum zentralen Bestandteil der deutschen Wehrwirtschaft. Wilhelm Ziegelmayer, Oberregierungsrat im Oberkommando des Heeres, vertrat in seinem ernährungswissenschaftlichen Standardwerk die Auffassung, daß dieser Krieg ein „Ernährungskrieg" sei, „aus dem derjenige als Sieger hervorgeht, der den längsten Arm hat".[146] Und in einem von der Ernährungswirtschaftlichen Forschungsstelle erarbeiteten Grundlagenwerk wurde sogar prophezeit, daß alle militärischen Operationen dem Ernährungskrieg untergeordnet würden.[147] Diese ökonomischen Interessen muß man im Auge behalten, um die Ausbeutungspläne gegenüber der Sowjetunion richtig einordnen zu können.[148]

---

144 Adolf Hitler: Mein Kampf. Erster und Zweiter Band, München [78–84]1933, v.a. S. 738-743.

145 Vgl. Hans-Erich Volkmann: Die NS-Wirtschaft in Vorbereitung des Krieges, in: Das Deutsche Reich und der Zweite Weltkrieg, hg. v. Militärgeschichtlichen Forschungsamt, Bd. 1: Ursachen und Voraussetzungen der deutschen Kriegspolitik, Stuttgart 1979, S. 175-368; Susanne Heim/Götz Aly: Sozialplanung und Völkermord. Thesen zur Herrschaftsrationalität der nationalsozialistischen Vernichtungspolitik, in: Wolfgang Schneider (Hg.): „Vernichtungspolitik". Eine Debatte über den Zusammenhang von Sozialpolitik und Genozid im nationalsozialistischen Deutschland, Hamburg 1991, S. 11-23, hier 18 f.; Rolf-Dieter Müller: Von der Wirtschaftsallianz zum kolonialen Ausbeutungskrieg, in: Das Deutsche Reich und der Zweite Weltkrieg, hg. v. Militärgeschichtlichen Forschungsamt, Bd. 4: Der Angriff auf die Sowjetunion, Stuttgart 1983, S. 98-189, hier 106 ff.

146 Wilhelm Ziegelmayer: Rohstoff-Fragen der deutschen Volksernährung. Eine Darstellung der ernährungswirtschaftlichen Aufgaben unserer Zeit mit einem Ausblick auf die Großraumwirtschaft, Dresden, Leipzig [4]1941, S. 1-8, Zitat S. 2.

147 „Der Ernährungskrieg umfaßt die Verteidigung des eigenen Ernährungssystems und den Angriff auf das feindliche Ernährungssystem. Die Verteidigung wird nur in der Mangellage zum ernsten Sachproblem. Entschließt sich eine in ihrem Ernährungssystem angegriffene Partei etwa zu einem Gegenangriff gegen das feindliche Ernährungssystem als letztes Mittel, um den Willen des Gegners zu brechen, so werden alle Kampfhandlungen des Angreifers diesem Ziel untergeordnet." Walter Hahn: Der Ernährungskrieg. Grundsätzliches und Geschichtliches. Gemeinschaftsarbeit der Ernährungswirtschaftlichen Forschungsstelle Berlin, Hamburg 1939, S. 7.

148 Dazu grundlegend Rolf-Dieter Müller: Das „Unternehmen Barbarossa" als wirtschaftlicher Raubkrieg, in: Gerd R. Ueberschär/Wolfram Wette (Hg.): Der deutsche Überfall auf die Sowjetunion. „Unternehmen Barbarossa" 1941, Frankfurt a.M. 1991, S. 125-157; ders.: Wirtschaftsallianz, S. 106-119 und 143-157; Gerlach: Kalkulierte Morde, S. 44-76; Dietrich Eichholtz: Kriegsziele in der UdSSR, in: Babette Quinkert (Hg.): „Wir sind die Herren dieses Landes". Ursachen, Verlauf und Folgen des deutschen Überfalls auf die Sowjetunion, Hamburg 2002, S. 19-43. Die sowjetische Forschung hat schon sehr früh den Zusammenhang zwischen der deutschen Hungerpolitik und kriegswirtschaftlichen Motiven erkannt. In ihrer Beurteilung der langfristigen Zielsetzung verharrte sie aber in dem ideologischen Axiom, daß der Faschismus nur eine Form des Kapitalismus sei und der Überfall auf die Sowjetunion somit letztlich das Ziel verfolgt habe, das sowjetische Wirtschaftssystem zu zerstören und durch ein kapitalistisches zu ersetzen, vgl. Sinicyna/Tomin: Proval agrarnoj politiki, S. 32-44.

Bereits im Vorfeld des „Unternehmens Barbarossa“ kamen die Erwartungen an den ökonomischen Nutzen der zu erobernden Gebiete zum Tragen. Die Wirtschaftsplaner des „Dritten Reichs“ standen vor der Aufgabe, die deutsche Zivilbevölkerung ein weiteres Kriegsjahr auf möglichst hohem Niveau zu versorgen. Die Ernährungsbilanz in Deutschland entwickelte sich jedoch negativ. Noch mußte im Reich niemand Hunger leiden, aber die Getreidevorräte schmolzen im Ernährungsjahr 1940/41 empfindlich zusammen. Diese Entwicklung wurde von der Reichsregierung sehr ernst genommen, denn in nationalistischen und konservativen Kreisen war es geradezu zum Dogma geworden, daß der Erste Weltkrieg durch den Zusammenbruch der „Heimatfront“ infolge der schlechten Versorgung verloren worden sei. Eine schnelle Lösung des Problems war jedoch nicht in Sicht. Durch die Seeblockade war Deutschland von Überseetransporten weitgehend abgeschnitten, und die südosteuropäischen Länder waren an die Grenzen ihrer Liefermöglichkeiten gelangt. Dort herrschte zum Teil bereits Hunger. Diese Entwicklung kam allerdings nicht überraschend. Bereits im August 1939 hatte die Vierjahresplanbehörde in einer Expertise dargelegt, daß Kontinentaleuropa im Kriegsfall ohne den „wirtschaftlichen Anschluß Rußlands“ nicht blockadefest sei.[149]

Am 30. Januar 1941 äußerte der Staatssekretär im Reichsernährungsministerium, Herbert Backe, gegenüber Hitler zum erstenmal die Idee, sich die fehlenden Nahrungsmittel aus dem „Überschußgebiet“ der Ukraine zu „beschaffen“. Damit war der Grundstein für einen wirtschaftlichen Raubkrieg gegen die Sowjetunion gelegt.[150] Als die Planung zum „Rußlandfeldzug“ begann, stellte sich ein weiteres „Problem“: Wie sollten die Wehrmachtsoldaten in der Sowjetunion versorgt werden? Der gesamte Feldzug war überdimensioniert, so daß mit Nachschubproblemen zu rechnen war. Man entschloß sich deshalb, die drei Millionen Soldaten aus dem Land zu ernähren.[151] Am 2. Mai 1941 fand jene Besprechung der Staatssekretäre aller wirtschaftlichen Schlüsselministerien statt, in der die Grundlagen für die spätere Hungerpolitik gelegt wurden.[152] Hier stellte man klar, daß

---

149 Götz Aly/Susanne Heim: Deutsche Herrschaft „im Osten“. Bevölkerungspolitik und Völkermord, in: Peter Jahn/Reinhard Rürup (Hg.): Erobern und Vernichten. Der Krieg gegen die Sowjetunion 1941-1945. Essays, Berlin 1991, S. 84-105, hier 92.

150 Vgl. Christian Gerlach: Deutsche Wirtschaftsinteressen, Besatzungspolitik und der Mord an den Juden in Weißrußland 1941-1943, in: Ulrich Herbert (Hg.): Nationalsozialistische Vernichtungspolitik 1939-1945. Neue Forschungen und Kontroversen, Frankfurt a.M. 1998, S. 263-291, hier 266.

151 Vgl. ebd., S. 268 f.; Christian Gerlach: Militärische „Versorgungszwänge“, Besatzungspolitik und Massenverbrechen: Die Rolle des Generalquartiermeisters des Heeres und seiner Dienststellen im Krieg gegen die Sowjetunion, in: Norbert Frei/Sybille Steinbacher/Bernd C. Wagner (Hg.): Ausbeutung, Vernichtung, Öffentlichkeit. Neue Studien zur nationalsozialistischen Lagerpolitik, München 2000, S. 175-208, hier 182-185.

152 Zur Hungerpolitik grundlegend: Aly/Heim: Vordenker der Vernichtung, S. 331-393; Christian Gerlach: Die Bedeutung der deutschen Ernährungspolitik für die Beschleunigung des Mordes an den Juden 1942, in: ders.: Krieg, Ernährung, Völkermord. Forschungen zur deutschen Ver-

der Krieg gegen England nur weitergeführt werden könne, „wenn die gesamte Wehrmacht im 3. Kriegsjahr aus Rußland ernährt wird". Die Kosten dieser Ausbeutung hatte die sowjetische Bevölkerung zu tragen, von der „zweifellos zig Millionen Menschen verhungern, wenn von uns das für uns Notwendige aus dem Lande herausgeholt wird".[153] Der Wirtschaftsführungsstab Ost, eine Hermann Göring unterstellte Behörde, arbeitete diese Richtungsentscheidung in konkrete Befehle für die Wehrmacht um. Als vordringliche Aufgabe in den besetzten Gebieten galt dabei die „höchstmögliche Ausnutzung" der Landwirtschaft sowohl für die Wehrmacht als auch für die heimische Wirtschaft. Diese „Grüne Mappe", benannt nach ihrem Umschlag, ging in einer Auflage von 1000 Exemplaren an alle führenden Militärstellen.[154]

Entlang dieser Grundsatzentscheidung erstellten Herbert Backe und sein engster Mitarbeiter, Hans-Joachim Riecke, Leiter der Gruppe Landwirtschaft im Wirtschaftsstab Ost, eine umfassende Studie, wie eine solche „Hungerpolitik" auf dem Boden der Sowjetunion organisiert werden könne.[155] Ihren Berechnungen legten sie das europäische Rußland bis zur Linie Archangel'sk – Astrachan' als Endziel des Ostfeldzugs zugrunde. Ausgangspunkt der Überlegungen war, daß der russische Export von Agrarprodukten im Vergleich zu den Jahren vor dem Ersten Weltkrieg stark zurückgegangen sei, obwohl die Anbauflächen in Rußland erheblich gestiegen und die Durchschnittserträge etwa gleich geblieben seien. Den Grund sahen Backe und Riecke in einem erhöhten Eigenbedarf, der aus dem Anwachsen der Gesamtbevölkerung Rußlands, insbesondere der Stadtbevölkerung resultierte. Daraus zogen sie den Schluß, daß die Überschüsse Ruß-

---

nichtungspolitik im Zweiten Weltkrieg, Hamburg 1998, S. 167–257; ders.: Kalkulierte Morde, S. 44–80 und 265–319.

[153] Aktennotiz über Ergebnis der heutigen Besprechung der Staatssekretäre über Barbarossa, in: IMG, Bd. XXI, Dok. 2718-PS, S. 84. Zu den Teilnehmern dieser Veranstaltung siehe Dietrich Eichholtz: Geschichte der deutschen Kriegswirtschaft 1939–1945, Bd. 1: 1939–1941, Berlin (Ost) 1969, S. 240.

[154] Richtlinien für die Führung der Wirtschaft in den neubesetzten Ostgebieten, BA-MA, RW 31/128. Die erste Auflage wurde im Juni 1941 herausgegeben. Spätere Auflagen enthielten noch einige Ergänzungen, ohne an den Grundaussagen etwas zu ändern. Der Verteilerschlüssel in: ebd., S. 27. Die „Grüne Mappe" findet sich abgedr. in: Anatomie des Krieges. Neue Dokumente über die Rolle des deutschen Monopolkapitals bei der Vorbereitung und Durchführung des zweiten Weltkrieges, hg. v. Dietrich Eichholtz und Wolfgang Schumann, Berlin (Ost) 1965, S. 333–336.

[155] „Wirtschaftspolitische Richtlinien für die Wirtschaftsorganisation Ost, Gruppe Landwirtschaft" vom 23.5.1941, abgedr. in: IMG, Bd. XXXVI, Dok. 126-EC, S. 135–157. Die Grundlagen ihres Denkens legten Backe und Riecke auch in der Öffentlichkeit dar, vgl. Herbert Backe: Um die Nahrungsfreiheit Europas. Weltwirtschaft oder Großraum, Leipzig ²1943; Hans-Joachim Riekke: Aufgaben der Landwirtschaft im Osten, in: Probleme des Ostraumes. Sonderveröffentlichung der Bücherei des Ostraumes, Berlin 1942, S. 31–41. Zu Herbert Backe siehe auch: Joachim Lehmann: Faschistische Agrarpolitik im zweiten Weltkrieg. Zur Konzeption von Herbert Backe, in: ZfG, 28 (1980), S. 948–956; ders.: Herbert Backe – Technokrat und Agrarideologe, in: Ronald Smelser/Enrico Syring/Rainer Zitelmann (Hg.): Die braune Elite II. 21 weitere biographische Skizzen, Darmstadt 1993, S. 1–12.

lands an Getreide nicht durch die Höhe der Ernte, sondern „durch die Höhe des Selbstverbrauchs“ bestimmt würden.[156] Die Konsequenz aus dieser Analyse war einfach: „Da Deutschland bezw. Europa unter allen Umständen Überschüsse braucht, muß also der Konsum entsprechend herabgedrückt werden.“[157]

Die Bedingungen für eine Herabsetzung des Konsums seien in Rußland besonders gut, „weil das Hauptüberschußgebiet vom Hauptzuschußgebiet räumlich scharf getrennt ist“.[158] Als „Überschußgebiet“ sahen die deutschen Agrarexperten das Schwarzerdegebiet im Süden und Südosten der Sowjetunion an, die „Waldzone“ des Nordens mit ihren Podsolböden sei dagegen „Zuschußgebiet“. Da die im Schwarzerdegebiet erwirtschafteten Überschüsse von den nördlichen Gebieten absorbiert würden, sollte das Schwarzerdegebiet abgeriegelt und die Überschüsse für den deutschen Bedarf abgeschöpft werden: „Die Konsequenz ist die Nichtbelieferung der gesamten Waldzone einschließlich der westlichen Industriezentren Moskau und Petersburg.“[159]

Dies war die radikalste Variante der organisierten Hungerpolitik. War in den bisherigen Planungen nur von einer Senkung des Konsums die Rede, so sollte nun ganz Nord- und Zentralrußland von jeglicher Nahrungsmittelzufuhr ausgeschlossen und sich selbst überlassen werden. Daß die Folge einer solchen Politik eine „zweifellos eintretende Hungersnot“[160] sein würde, kalkulierten die Planer des Wirtschaftsstabes Ost ein: „Viele 10 Millionen von Menschen werden in diesem Gebiet überflüssig und werden sterben oder nach Sibirien auswandern müssen.“[161]

Hier wird die eigentliche Lösung des „Problems“ deutlich. Um die russischen Agrarüberschüsse aus der Zeit vor dem Ersten Weltkrieg erreichen zu können, sollten sich auch die damaligen Bevölkerungsverhältnisse dem Vorkriegsstand anpassen. Vor allem sollte die Stadtbevölkerung um 30 Millionen verringert werden. Den Bauern im Süden dagegen billigten die NS-Agrarexperten menschenwürdigere Lebensbedingungen zu, da diese die Überschüsse, die man abschöpfen wollte, produzieren mußten. Doch auch dort sollten alle „überflüssigen Esser“ einer „praktischen Arbeit“ zugeführt oder in die „Waldzone“ vertrieben werden.[162] Backe und Riecke rechtfertigten diese Hungerpolitik mit dem Hinweis, daß alle Versuche, die sowjetische Bevölkerung zu ernähren, auf Kosten des deutschen Volkes gingen und damit dessen Durchhaltewillen schwächten.[163]

---

156 „Wirtschaftspolitische Richtlinien für die Wirtschaftsorganisation Ost, Gruppe Landwirtschaft“ vom 23.5.1941, abgedr. in: IMG, Bd. XXXVI, Dok. 126-EC, S. 135–157, hier 138.
157 Ebd.
158 Ebd.
159 Ebd.
160 Ebd., S. 144.
161 Ebd., S. 145.
162 Ebd., S. 146 f.
163 Ebd., S. 156.

Diese „Richtlinien“ verfehlten ihre Wirkung nicht. Laut einem Brief von Friedrich Richter, Görings Referent für Ostfragen in der Vierjahresplanbehörde, hätten die „Backeschen Thesen“ bei „vielen einflußreichen Geistern“ eine „wirtschaftliche Bejahung des Feldzuges bewirkt“.[164] Backe hatte errechnet, daß in der Sowjetunion etwa 30 Millionen Menschen der Hungerpolitik zum Opfer fallen müßten. Mit dieser Zahl operierten fortan auch die politischen Entscheidungsträger des „Dritten Reichs“. Bei einem SS-Gruppenführertreffen auf der Wewelsburg stellte Heinrich Himmler fest, daß der „Zweck des Rußlandfeldzuges die Dezimierung der slawischen Bevölkerung um 30 Millionen“[165] sei, und Göring verkündete dem italienischen Außenminister Graf Ciano: „In diesem Jahr werden 20 bis 30 Millionen Menschen in Rußland verhungern. Vielleicht ist das gut so, da bestimmte Völker dezimiert werden müssen.“[166]

Hermann Göring als Chef der Vierjahresplanbehörde stand voll hinter der Hungerpolitik. Auf einer Besprechung mit den Reichskommissaren der besetzten Ostgebiete und den Militärbefehlshabern beschwerte sich der Reichsmarschall, daß das deutsche Volk zuwenig zu essen habe, obwohl man in ganz Europa die fruchtbarsten Gebiete erobert hätte. Als Gründe nannte er den hohen Eigenkonsum der einheimischen Bevölkerung dieser Länder:

> „In jedem der besetzten Gebiete sehe ich die Leute vollgefressen, und im eigenen Volk herrscht der Hunger. Sie sind weiß Gott nicht hingeschickt, um für das Wohl und Wehe der Ihnen anvertrauten Völker zu arbeiten, sondern um das Äußerste herauszuholen, damit das deutsche Volk leben kann. Das erwarte ich von Ihren Energien. Die ewige Sorge für die Fremden muß jetzt endlich einmal aufhören. Ich habe hier Berichte liegen, darüber, was Sie zu liefern gedenken. Das ist gar nichts, wenn ich Ihre Länder betrachte. Es ist mir dabei gleichgültig, ob Sie sagen, daß Ihre Leute wegen Hungers umfallen. Mögen sie das tun, solange nur ein Deutscher nicht wegen Hungers umfällt. [...] Mich interessieren in den besetzten Gebieten überhaupt nur die Menschen, die für die Rüstung und die Ernährung arbeiten. Sie müssen soviel kriegen, daß sie gerade noch ihre Arbeit tun können.“[167]

Die „ausführenden Organe“ der nationalsozialistischen Vernichtungspolitik waren über die Mittel der Ausbeutung ebenso informiert. Der Chef des Vorkommandos Moskau der Einsatzgruppe B, Franz Six, sprach von 30 Millionen Menschen, die in einem „Brandstreifen“ um Moskau verhungern sollten.[168] Und auch die Wehrmacht wurde in die Hungerpolitik eingebunden. Die „Grüne Mappe“ forderte, zur Sicherung von Ölfrüchten und Getreide deren „Abfluß in die land-

---

164 Zit. in: Aly/Heim: Deutsche Herrschaft, S. 94.

165 Siehe die Aussage von Erich von dem Bach-Zelewski in Nürnberg, in: IMG, Bd. IV, S. 535 f.

166 Zit. in: Aly/Heim: Vordenker der Vernichtung, S. 365.

167 Stenographischer Bericht über die Besprechung des Reichsmarschalls Göring mit den Reichskommissaren für die besetzten Gebiete und den Militärbefehlshabern über die Ernährungslage am 6.8.1942, in: IMG, Bd. XXXIX, Dok. 170-USSR, S. 384–425, hier 386 f.

168 Vgl. Gerlach: Deutsche Wirtschaftsinteressen, S. 270 f.

wirtschaftlichen Zuschußgebiete Mittel- und Nordrußlands [...] rücksichtslos zu unterbinden".[169]

Die Entscheidung zum Genozid an den Leningradern stand in einem engen Zusammenhang mit der hier skizzierten Hungerpolitik. Da die deutschen Bevölkerungsplaner für die „Zuschußzone" der Sowjetunion eine „städtische Überbevölkerung" ausgemacht hatten, galten gerade die Millionenstädte Moskau und Leningrad als Ballungszentren „überflüssiger Esser". Das Reichsernährungsministerium stellte noch vor dem deutschen Überfall auf die Sowjetunion, im April 1941, fest, „daß das Problem der Versorgung von Leningrad ernährungsmäßig überhaupt nicht zu lösen ist, wenn es uns einmal in die Hände fallen sollte".[170] Und General von Leeb, damals Chef des Heereswaffenamtes, erklärte Vertretern der deutschen Industrie bereits eine Woche nach Kriegsbeginn, daß bald eine Militärverwaltung mit den drei Gebieten Leningrad, Moskau und Kiew eingerichtet würde. Deren Hauptaufgabe sei es, die Ernährung und die Rohstoffbasis sicherzustellen. Nach Standpunkt des Heeres bestehe in der Dringlichkeit die Reihenfolge Ukraine, Moskau, Leningrad, da in der Ukraine Lebensmittel und Rohstoffe vorhanden, insbesondere in Leningrad hingegen Ernährungsschwierigkeiten zu erwarten seien. So rechnete man in diesem Kreis auch nicht damit, „daß die Werke in Leningrad in Betrieb genommen werden können".[171]

Nur wenige Wochen nach Beginn des Rußlandfeldzuges spitzte sich das Versorgungsproblem zu. Entgegen den deutschen Erwartungen war es der Sowjetunion gelungen, Lokomotiven und Waggons systematisch zurückzuführen und vor dem Gegner in Sicherheit zu bringen. So konnte der Nachschub nicht im geplanten Ausmaß über die Schiene an die Front herangeführt werden. Erschwerend kam hinzu, daß nach wenigen Wochen auch viele Lkw angesichts der hohen Belastung ausfielen. Bei der Heeresgruppe Mitte brach im Oktober 1941, also während der Schlacht um Moskau, eine Transportkrise aus.[172] Bei der Heeresgruppe Nord reichten die Transportkapazitäten zwar aus, um den laufenden Versorgungsbedarf zu decken. Die notwendige Bevorratung für den anstehenden Winter war allerdings nicht zu leisten.[173] Die Truppe lebte, so der Chef der Abteilung Heeresversorgung beim Generalquartiermeister, Oberst i.G. Baentsch, praktisch „von der Hand in den Mund".[174] Als die Lokomotiven im Winter auch noch starke Frostschäden erlitten, spitzte sich die Krise weiter zu. Statt der zuge-

---

169 Richtlinien für die Führung der Wirtschaft in den neubesetzten Ostgebieten, BA-MA, RW 31/128, S. 4.

170 Zit. in: Aly/Heim: Deutsche Herrschaft, S. 95.

171 Protokoll von August Kotthaus, Geschäftsleiter von Carl Zeiss Jena, über die Besprechung bei General Emil Leeb, Chef des Heereswaffenamtes, am 30.6.1941 über die Wirtschaftspolitik in den okkupierten Gebieten der UdSSR, in: Anatomie des Krieges, S. 340–341.

172 Vgl. Klaus A. Friedrich Schüler: Logistik im Rußlandfeldzug. Die Rolle der Eisenbahn bei Planung, Vorbereitung und Durchführung des deutschen Angriffs auf die Sowjetunion bis zur Krise vor Moskau im Winter 1941/42, Frankfurt a.M. u.a. 1987, S. 412–432.

173 Vgl. ebd., S. 432 ff. und 491–494.

174 KTB Halder, Bd. 3, S. 280 (Eintrag vom 5.11.1941).

sagten 17 Nachschubzüge erreichten die Heeresgruppe nur noch zwei Züge pro Tag.[175]

Auch das alternative Ausbeutungskonzept, den fehlenden Nachschub aus dem okkupierten Land zu besorgen, funktionierte in der Praxis nicht. Auf einer Besprechung von Vertretern der Vierjahresplanbehörde, des Wirtschaftsstabs Ost, des Wehrwirtschafts- und Rüstungsamts und des OKH am 16. September 1941 beklagte sich Göring über die mangelnden Lebensmittellieferungen aus den besetzten Gebieten. Er unterbreitete einige Vorschläge, wie die Lieferungen erhöht werden könnten. Diese „praktischen Maßnahmen" sollten vorwiegend die Erfassung und Sicherstellung der vorgefundenen Lebensmittel verbessern und gingen auf Kosten der sowjetischen Bevölkerung. Unter Punkt acht schlug er vor: „Aus wirtschaftlichen Überlegungen ist die Eroberung großer Städte nicht erwünscht, ihre Einschließung ist vorteilhafter."[176]

Dieser „Lösungsvorschlag" Görings war ein untrennbarer Teil der Hungerpolitik. An der „unproduktiven" Stadtbevölkerung hatte er kein Interesse. Um sich der Verantwortung für ihre Versorgung zu entziehen, empfahl er als „eleganteste" Lösung, die Städte einfach nicht zu erobern. In der Praxis bedeutete dies, daß inmitten des deutsch besetzten Territoriums Inseln entstehen würden, deren Bevölkerung von der Außenwelt abgeschnitten und ihrem Schicksal überlassen wäre.

Auch andere Führungspersönlichkeiten des „Dritten Reichs" argumentierten hinsichtlich des Vorgehens gegen Leningrad auf der Grundlage der Hungerpolitik. Als die Wehrmacht vor Leningrad stand, äußerte Goebbels am 10. Oktober 1941 die Sorge, die Stadt könnte in deutsche Hände fallen, denn „nach Lage der Dinge [ist es] gänzlich unmöglich, daß wir die dort zusammengepferchten 5-6 Millionen Menschen überhaupt ernähren".[177] Drei Tage später weitete er diese Analyse auf alle sowjetischen Großstädte aus:

> „Wir sind ja auch gar nicht in der Lage, für Städte wie Leningrad oder Moskau, wenn sie in unsere Hand fallen, die nötigen Lebensmittel heranzuschaffen. Es wird dort, wenn einmal der Winter tatsächlich einbricht, ein Chaos entstehen, das vorläufig noch gänzlich unvorstellbar ist."[178]

Und nach einem ausführlichen Vortrag Backes vermerkte er: „Es wäre deshalb auch im Augenblick durchaus unerwünscht, wenn wir Leningrad schon einnähmen."[179]

Der für Versorgungsfragen zuständige Generalquartiermeister des Heeres, General Eduard Wagner, schrieb am 9. September an seine Frau:

---

175 Vgl. Schüler: Logistik im Rußlandfeldzug, S. 518-528 und 541 ff.

176 Bericht des Verbindungsstabs des Wehrwirtschafts- und Rüstungsamts für die Zeit vom 15.8. bis 16.9.1941 und anschließende Besprechung Görings mit Vertretern der Wehrmacht und der Vierjahresplanbehörde, in: IMG, Bd. XXXVI, Dok. 003-EC, S. 105-109, hier 109.

177 Goebbels: Tagebuch, Teil II, Bd. 2, S. 85 (10.10.1941).

178 Ebd., S. 106 (13.10.1941).

179 Ebd., S. 161 (23.10.1941).

„Der Nordkriegsschauplatz ist so gut wie bereinigt, auch wenn man nichts davon hört. Zunächst muß man sie in Petersburg schmoren lassen, was sollten wir mit einer 3,2 Mill. Stadt, die sich nur auf unser Verpflegungsportemonnaie legt. Sentimentalitäten gibts dabei nicht."[180]

Die Wehrmacht setzte also die bereits vor dem Krieg theoretisch entworfene Hungerpolitik vor Leningrad in die Tat um. Allerdings resultierte aus den Plänen Backes nicht zwangsläufig der Genozid an der sowjetischen Großstadtbevölkerung. Im militärischen Diskurs zum „Unternehmen Barbarossa" hatte sich bereits vor Kriegsbeginn die Auffassung zur Doktrin verfestigt, daß dieser Krieg nur mit äußerster Rücksichtslosigkeit gewonnen werden könne und diese somit auch legitim sei. Deshalb reagierte man auf alle Probleme, die sich im Krieg stellten, mit einer Radikalisierung der Mittel. Andere Lösungsvorschläge galten als defätistisch und waren vom Diskurs ausgeschlossen. So wurde zum Beispiel der Beschluß, für die Ernährung der sowjetischen Zivilbevölkerung in diesem Krieg nicht aufzukommen, zu einem Dogma. Ernsthafte Vorschläge, von diesem Axiom abzuweichen, konnten nur noch gemacht werden, indem man auf die Einhaltung anderer Doktrinen hinwies, etwa den Arbeitseinsatz für die Wehrmacht.[181]

Die Diskussion um die Vorgehensweise vor Leningrad innerhalb der Wehrmacht zeigt, daß diejenigen, die gegen eine Belagerungsstrategie eintraten, der hungerpolitischen Argumentation nichts entgegenzusetzen hatten. Indem beispielsweise der Oberquartiermeister auf Versorgungsengpässe bei der Truppe oder im Reich hinwies, errang er die Deutungshoheit und konnte sich sogar gegen den Oberbefehlshaber der Heeresgruppe durchsetzen. Es war also nicht die konkrete Situation des Herbsts 1941, die zur Hungerstrategie führte, sondern die zur Doktrin verfestigte Intention, für die Ernährung der sowjetischen Bevölkerung nicht aufkommen zu wollen. Nicht, weil es keine Alternativen gab, sondern weil die innere Logik des Raub- und Vernichtungskrieges keine anderen Lösungen zuließ, entstanden die Sachzwänge, die zu den bekannten Radikalisierungsschüben führten. Der Radikalisierungsprozeß war also von einem Diskurs der Radikalität vorgeprägt, doch verlief dieser damit nicht selbständig oder gar zwangsläufig. Vielmehr wurde er immer wieder aufs Neue forciert, akzeptiert oder zumindest in Kauf genommen.

Die Behandlung anderer sowjetischer Großstädte zeigt, daß die Hungerblockade keinem problembedingten Automatismus unterlag. Dabei mangelte es

---

180 Brief Wagners an seine Frau vom 9.9.1941, abgedr. in: Verbrechen der Wehrmacht, S. 311. Eine Kurzbiographie des 1894 geborenen Wagner, der später zum engeren Kreis der Verschwörer des 20. Juli 1944 gehören sollte, bei: Roland Peter: General der Artillerie Eduard Wagner, in: Gerd R. Ueberschär (Hg.): Hitlers militärische Elite, 2 Bde., Darmstadt 1998, Bd. 2: Vom Kriegsbeginn bis zum Weltkriegsende, S. 263–269.

181 Zur ausschließenden Funktion von Doktrinen in Diskursen siehe Michel Foucault: Die Ordnung des Diskurses, Frankfurt a.M. 1991, S. 28 ff.

nicht an entsprechenden Ankündigungen. So hatte Göring in einer Besprechung über die Grundsätze bei der Ausbeutung der besetzten Gebiete klargestellt:

> „Die städtische Bevölkerung kann nur ganz geringfügig Lebensmittelmengen erhalten. Für die Großstädte (Moskau, Leningrad, Kiew) kann einstweilen überhaupt nichts getan werden. Die sich hieraus ergebenden Folgen sind hart, aber unvermeidlich."[182]

In einem ähnlichen Geist ist das Schreiben der Seekriegsleitung an die Heeresgruppe Nord verfaßt:

> „Auch für alle übrigen Städte gilt, daß sie vor der Einnahme durch Artilleriefeuer und Luftangriffe zu zermürben sind und ihre Bevölkerung zur Flucht zu veranlassen ist. Das Leben deutscher Soldaten für die Errettung russischer Städte vor einer Feuersgefahr einzusetzen oder deren Bevölkerung auf Kosten der deutschen Heimat zu ernähren, ist nicht zu verantworten."[183]

Die Pläne für Moskau entsprachen genau jener Belagerungsstrategie, welche die Wehrmacht Anfang September vor Leningrad verfolgt hatte. Ziel der Operation „Taifun" war nicht die Eroberung der Hauptstadt, sondern – laut Weisung des Generalstabs vom 12. Oktober 1941 – „die beschleunigte Abschließung der Stadt von ihren Verbindungen nach außen".[184] Danach sollte der Ring um die Hauptstadt immer enger zusammengezogen werden. Über das Schicksal der Einwohner herrschte bei den Verantwortlichen der Heeresgruppe Mitte noch keine Klarheit. Man spielte mit dem Gedanken, Frauen, Kinder und Alte nach Osten abzuschieben und die wehrfähige Bevölkerung als Kriegsgefangene zu internieren.[185] Es läßt sich hier schon vorausahnen, daß solche Lösungsvorschläge an ihrer Undurchführbarkeit gescheitert wären und man sich am Ende wohl „gezwungen" gesehen hätte, auch Moskau auszuhungern. Schließlich machte Jodl bereits in seinem Schreiben vom 7. Oktober 1941 an von Brauchitsch klar, auf Befehl Hitlers sei weder eine Kapitulation des belagerten Leningrads noch später eine Kapitulation Moskaus anzunehmen.[186] Daneben existierten noch ganz andere Zerstörungsszenarien. So hatte Hitler die Idee entwickelt, die sowjetische Hauptstadt durch die Öffnung der Schleusen des Stausees des Moskau–Wolga-Kanals zu „ersäufen". Der SS-Sturmbannführer Otto Skorzeny hatte bereits den Sonderauftrag erhalten, mit seinen Einheiten die Schleusen des Stausees zu besetzen.[187]

---

182 Niederschrift einer unter dem Vorsitz Görings durchgeführten Beratung über die Grundsätze der Ausbeutung der okkupierten sowjetischen Gebiete vom 8.11.1941, abgedr. in: Deutsche Besatzungspolitik, Dok. 82, S. 195-203, hier 199.

183 Schreiben der Seekriegsleitung an die Gruppe Nord, BA-MA, RM 7/989.

184 Vgl. Lew Besymenski: Sonderakte „Barbarossa". Dokumente, Darstellung, Deutung, Stuttgart 1968, S. 230. Siehe dazu auch KTB Heeresgruppe Nord, Eintrag vom 14.10.1941: „Aufgabe der H.Gr. Mitte ist es hierbei, das Gebiet um Moskau unter enger Einschließung der Stadt fest in die Hand zu nehmen", BA-MA, RH 19 III/168.

185 Vgl. Besymenski: Sonderakte, S. 231.

186 Schreiben Jodls an von Brauchitsch vom 7.10.1941, in: IMG, Bd. XXXIV, Dok. 123-C, S. 425-427, hier 426.

187 Vgl. Besymenski: Sonderakte, S. 236.

In der Diskussion um das Schicksal Moskaus hatte sich also ein wesentliches Merkmal jenes Radikalisierungsprozesses offenbart, der im Herbst 1941 zur Vernichtungspolitik gegen die Leningrader Bevölkerung geführt hatte. Ein Zurückfallen hinter das Radikalisierungsniveau vorangegangener Maßnahmen war den Teilnehmern dieses Prozesses nicht möglich.

4. Leningrad in den nationalsozialistischen Germanisierungsplänen

Die zweite weltanschauliche Prämisse, die der Blockade Leningrads vorausging, waren die nationalsozialistischen Germanisierungspläne im Osten. Diese Politik hatte Hitler mit seiner Forderung nach neuem Lebensraum ebenfalls bereits in „Mein Kampf" vorgedacht. Im Verlauf des Krieges entwickelte sich Heinrich Himmler, Reichsführer SS, Chef der Deutschen Polizei und seit 1939 auch Reichskommissar zur Festigung des Deutschen Volkstums, zum Hauptprotagonisten der Germanisierungspolitik. Nach dem erfolgreichen Feldzug gegen Polen hatte er klargestellt: „Ein gewonnener Krieg besteht nicht im Menschengewinn anderen Volkstums, sondern im gewonnenen Acker."[188]

Die Eroberung von Raum, nicht der darin lebenden Menschen, war also Ziel der nationalsozialistischen Expansion. Die militärischen Erfolge der Wehrmacht versetzten die Verfechter der Germanisierungspolitik in die Lage, diese „in großem Stile" umzusetzen. Am 6. Oktober 1939 hatte Hitler für die Nachkriegszeit „eine neue Ordnung der ethnographischen Verhältnisse" in Europa angekündigt.[189] Er beließ es nicht bei Ankündigungen. Bereits während des Krieges wurden 80 000 Südtiroler zumeist nach Österreich umgesiedelt. Sie sollten einmal auf der Krim seßhaft werden.[190] Die polnischen Gebiete, die das Deutsche Reich sich nach dem Feldzug 1939 einverleibt hatte, waren als erste von der Germanisierungspolitik betroffen. Im „Warthegau" und in Westpreußen sollten Deutsche aus Ostpolen, den baltischen Staaten, Bessarabien und der Bukowina angesiedelt

---

188 Rede Heinrich Himmlers vor der Landesgruppe der NSDAP in Madrid am 22.10.1940, abgedr. in: Müller: Hitlers Ostkrieg, S. 139.

189 Hitler vor dem Reichstag am 6.10.1939, zit. in: Hitler. Reden und Proklamationen Bd. 2, S. 1377–1393, hier 1383.

190 Vgl. Jost Dülffer: Deutsche Geschichte 1933–1945. Führerglaube und Vernichtungskrieg, Stuttgart, Berlin, Köln 1992, S. 166.

werden. Als „Ausgleich" wollte man das Zwei- bis Fünffache der ansässigen polnischen Bevölkerung ausweisen.[191]

Mit dem Feldzug gegen die Sowjetunion begann die Eroberung des Raumes, der für künftige Generationen vorgesehen war. Die deutsche Besatzungspolitik sollte hierzu erste Schritte einleiten. Gegenüber Fritz Todt, Reichsminister für Bewaffnung und Munition, und Fritz Sauckel, Generalbevollmächtigter für den Arbeitseinsatz, entwarf Hitler am 17. Oktober 1941 ein Zukunftsbild dieser Gebiete:

> „[Es] kommt uns der Ostraum heute wüst und leer vor. [...] Die Menschen? Die werden wir hineinbringen [...] Die zwei, drei Millionen Menschen, die wir dazu brauchen, haben wir schneller, als wir denken; wir nehmen sie aus Deutschland, den skandinavischen Ländern, den Westländern und Amerika. Ich werde es ja wohl nicht mehr erleben, aber in zwanzig Jahren wird das Gebiet schon zwanzig Millionen Menschen umfassen. [...] In die russischen Städte gehen wir nicht hinein, sie müssen vollständig ersterben [sic!]. Wir brauchen uns da gar keine Gewissensbisse zu machen. Wir leben uns nicht in die Rolle des Kindermädchens hinein, wir haben überhaupt keine Verpflichtung den Leuten gegenüber. Das Wohnhaus reformieren, die Läuse fangen, deutsche Lehrer, Zeitungen? Nein! Lieber richten wir einen Rundfunk ein, der von uns abhängig ist, und im übrigen sollen sie nur die Verkehrszeichen kennen, damit sie uns nicht in den Wagen laufen! Unter Freiheit verstehen diese Leute, daß sie sich nur alle Festtage zu waschen brauchen. [...] Es gibt nur eine Aufgabe: Eine Germanisierung durch Hereinnahme der Deutschen vorzunehmen und die Ureinwohner als Indianer zu betrachten. [...] Ich gehe an diese Sache eiskalt heran."[192]

Die russischen Großstädte sollten also vernichtet und deshalb gar nicht erst betreten werden. Die Germanisierung als eigentliche Zielsetzung der deutschen Besatzungspolitik galt es jedoch vor der Weltöffentlichkeit zu verschleiern:

> „Wir werden also wieder betonen, daß wir gezwungen waren, ein Gebiet zu besetzen, zu ordnen und zu sichern; im Interesse der Landeseinwohner müßten wir für Ruhe, Ernährung, Verkehr usw. usw. sorgen; deshalb unsere Regelung. Es soll also nicht erkennbar sein, daß sich damit eine endgültige Regelung anbahnt! Alle notwendigen Maßnahmen – Erschießen, Aussiedeln etc. – tun wir trotzdem und können wir trotzdem tun. Wir wollen uns aber nicht irgendwelche Leute vorzeitig und unnötig zu Feinden machen. Wir tun also lediglich so, als ob wir ein Mandat ausüben wollten.

---

[191] Vgl. ebd.; Götz Aly: „Endlösung". Völkerverschiebung und der Mord an den europäischen Juden, Frankfurt a.M. 1995. Aly zeigt in diesem Werk, daß bei der deutschen „Umsiedlungspolitik" in Polen in der Regel die Juden die ersten Opfer waren und damit ein enger Zusammenhang zwischen Siedlungspolitik und Judenvernichtung besteht. Eine Zusammenfassung der Ergebnisse Alys in: ders.: „Judenumsiedlung". Überlegungen zur politischen Vorgeschichte des Holocaust, in: Ulrich Herbert (Hg.): Nationalsozialistische Vernichtungspolitik 1939-1945. Neue Forschungen und Kontroversen, Frankfurt a.M. 1998, S. 67-97.

[192] Hitler: Monologe, S. 90 (17.10.1941).

U n s muß aber dabei klar sein, daß wir aus diesen Gebieten nie wieder herauskommen."[193]

Eine wirklich durchdachte Konzeption zur Beherrschung und Kolonisierung des sowjetischen Raumes fehlte jedoch sowohl der politischen als auch der militärischen Führung. Fest stand nur, daß der neue „Lebensraum" dauerhaft deutscher Herrschaft unterstellt und germanisiert werden sollte.

Mit dem „Generalplan Ost" schuf das Reichskommissariat für die Festigung deutschen Volkstums (RKF) einen Rahmenplan, der die „rassische" und territoriale Reichweite der nationalsozialistischen Ziele verdeutlicht.[194] Genaugenommen gab es zwei „Generalpläne Ost". Der eine wurde vom Amt III (SD-Inland) des Reichssicherheitshauptamts (RSHA) Ende 1941 ausgearbeitet. Er ist uns nicht überliefert, sein Inhalt ist aber mit Hilfe des Gedächtnisprotokolls einer Sitzung von Vertretern des Ostministeriums, RSHA und RKF sowie der gründlichen schriftlichen Bewertung durch den rassepolitischen Dezernenten des Ostministeriums, Dr. Erhard Wetzel, rekonstruierbar.[195] Der andere „Generalplan Ost" stammte aus dem RKF, wo Konrad Meyer federführend mit dem deutschen Siedlungswesen im Osten betraut war.[196] Seine ersten Vorschläge übermittelte er dem Reichskommissar für die Festigung deutschen Volkstums, Heinrich Himmler, im Februar 1940. Diese Planungen umfaßten die dem Deutschen Reich einverleibten polnischen Gebiete.[197]

Im Juli 1941 legte Meyer seine Vorarbeiten zum „Generalplan Ost" vor, die Götz Aly und Susanne Heim als ersten „Generalplan Ost" bezeichnen. Darin wurden bereits die sowjetischen Gebiete mit einbezogen. Im Mai 1942 hatte Meyer die Denkschrift „Generalplan Ost: Rechtliche, wirtschaftliche und räumliche Grundlagen des Ostaufbaus" fertiggestellt.[198] Da sich die Pläne des RSHA und des RKF inhaltlich nur geringfügig unterscheiden, wird oft von *dem* „Generalplan Ost" gesprochen. Dies hat insofern seine Berechtigung, da die beiden verantwortlichen Organisationen, RSHA und RKF, Himmler unterstellt und von

---

193 Aktenvermerk vom 16.7.1941 über eine Besprechung Hitlers mit Rosenberg, Lammers, Keitel und Göring, aufgezeichnet von einem unbekannten Teilnehmer, in: IMG, Bd. XXXVIII, Dok. 221-L, S. 86-94, hier 87 f. (Sperrung im Orig.).

194 Zum „Generalplan Ost" siehe: Helmut Heiber: Der Generalplan Ost, in: VfZ, 6 (1958), S. 281-325; Czesław Madajczyk: Generalplan Ost, in: Polish Western Affairs, 3 (1962), S. 391-443; Mechthild Rössler/Sabine Schleiermacher (Hg.): Der „Generalplan Ost". Hauptlinien der nationalsozialistischen Planungs- und Vernichtungspolitik, Berlin 1993; Aly/Heim: Vordenker der Vernichtung, S. 394-440; Dietrich Eichholtz: Der „Generalplan Ost". Über eine Ausgeburt imperialistischer Denkart und Politik (mit Dokumenten), in: Jahrbuch für Geschichte, 26 (1982), S. 217-274.

195 Diese beiden Dokumente abgedr. in: Heiber: Generalplan Ost, S. 293-296 und 297-324.

196 Zum Folgenden vgl. Czesław Madajczyk: Vom „Generalplan Ost" zum „Generalsiedlungsplan", in: Rössler/Schleiermacher (Hg.): „Generalplan Ost", S. 12-19; Aly/Heim: Vordenker, S. 391-401.

197 Abgedr. in: Müller: Hitlers Ostkrieg, Dok. 7, S. 130-138.

198 Abgedr. in: Madajczyk: Generalplan Ost, S. 401-442.

der SS dominiert waren. Die Pläne stammten also von politisch und weltanschaulich Gleichgesinnten. Seine Fortsetzung fand der „Generalplan Ost" im „Generalsiedlungsplan", der die Germanisierung der polnischen und sowjetischen Gebiete mit den schon älteren Kolonisierungsplänen für Böhmen und Mähren, das Elsaß, Lothringen, die Untersteiermark und Oberkrain zu einem Ganzen verband und vereinheitlichte.[199]

Der „Generalplan Ost" war ein Rahmenkonzept für die Germanisierung der bereits eroberten und noch zu erobernden Ostgebiete. Er steckte die zu germanisierenden Gebiete ab, setzte einen Zeitrahmen, errechnete die Kosten und konzipierte die Art und Weise, wie die Germanisierung durchzuführen sei. Ziel war es, die „umstrittenen Ostgebiete [...] innerhalb kürzester Frist zu vollwertigen Reichsgauen auszubauen".[200] Während der Entwurf aus dem RSHA auf 30 Jahre angelegt war, rechnete Meyer mit einem Zeitraum von 20 Jahren, was wohl auf Himmler zurückzuführen ist, der auf eine zügige Germanisierung drängte.[201] Territorial umfaßte der „Generalplan Ost" nicht nur die ehemals polnischen Gebiete, sondern zog die Grenze des deutschen Siedlungsgebiets im Norden bis Leningrad, im Süden bis zur Krim. Eine Weisung Himmlers legte dabei folgende Prioritäten fest:

„1. Ingermanland (Petersburger Gebiet)

2. Gotengau (Krim und Chersongebiet, früher Taurien)

3. Memel-Narewgebiet (Bezirk Bialystok und Westlitauen)".[202]

Zur Besiedlung seien diese Gebiete „aus ihrem bisherigen staatsrechtlichen Territorialverband auszugliedern und für die Dauer des Aufbaus der Hoheitsgewalt des Reichsführers SS zu unterstellen".[203] Das Reich, in Person des Reichskommissars für die Festigung Deutschen Volkstums, sollte dann das Land an deut-

---

199 Parallel zu den Planungen des RSHA und des RKF entwarfen auch andere Stellen Konzepte für die deutsche Besiedlung des Ostens. So befaßte sich das Arbeitswissenschaftliche Institut der Deutschen Arbeitsfront mit einem Ausbeutungs- und Siedlungsprogramm, dessen erster Entwurf im Dezember 1941 fertiggestellt wurde, abgedr. in: Michael Hepp: „Die Durchdringung des Ostens in Rohstoff- und Landwirtschaft". Vorschläge des Arbeitswissenschaftlichen Instituts der Deutschen Arbeitsfront zur Ausbeutung der UdSSR aus dem Jahre 1941, in: 1999. Zeitschrift für Sozialgeschichte des 20. und 21. Jahrhunderts, 2 (1987) Nr. 4, S. 96-134. Vgl. dazu auch Karl Heinz Roth: Das Arbeitswissenschaftliche Institut der Deutschen Arbeitsfront und die Ostplanung, in: Rössler/Schleiermacher (Hg.): „Generalplan Ost", S. 215-225. Konnte dieser Entwurf die bis dato geleistete Materialsammlung des RKF in den Schatten stellen, so unterschied sich das detaillierte Gesamtprogramm vom Dezember 1942 nur noch in technischen Details vom mittlerweile ausgearbeiteten „Generalplan Ost", vgl. Müller: Hitlers Ostkrieg, S. 101 und 109.

200 Zit. in: ebd., S. 402.

201 Selbst der von Meyer angefertigte Plan war ihm noch zu langsam, siehe die Reaktion Himmlers vom 12.6.1942, abgedr. in: Heiber: Generalplan Ost, S. 325.

202 Zit. in: Madajczyk: Generalplan Ost, S. 435.

203 Zit. in: ebd., S. 402.

sche Siedler verteilen, zunächst in Form eines Zeitlehens, das später in ein Erblehen und schließlich in Eigentum besonderen Rechts übergehen würde.[204]

Auf diese Weise sollten zuerst „Siedlungsmarken" als östliche Stützpunkte an der Grenze des Siedlungsgebietes entstehen. Diese „Marken" waren besonders zügig einzudeutschen. Die Städte sollten in fünf Jahren zu 20 % und in fünfzehn Jahren zu 50 % germanisiert, das Umland bereits in fünf Jahren zur Hälfte von Deutschen bewohnt sein. Es wurde geplant, das Gebiet zwischen dem „Altreich" und diesen „Marken" entlang der Haupteisenbahn- und Autobahnlinien mit „Siedlungsstützpunkten" im Abstand von ca. 100 Kilometern zu durchziehen. Hier gab Meyer ein etwas langsameres Tempo für die Germanisierung vor. Auf dem Land sollten die Deutschen in zehn Jahren 10 % der Bevölkerung ausmachen. In 25 Jahren sollte ihr Anteil auf 20 % gestiegen sein. In Kleinstädten war ein etwas zügigeres Tempo vorgesehen: in zehn Jahren 10 % und in 20 Jahren 30 %. In Groß- und Mittelstädten strebte man in zehn Jahren 15 % und in 20 Jahren 25 % deutsche Einwohner an.[205]

Für diese Siedlungspolitik errechnete Meyer einen Gesamtbedarf von 4,845 Millionen Menschen. Probleme, diese exorbitante Zahl zu rekrutieren, sah Meyer nicht. Nach seinen Berechnungen standen 4,9 Millionen deutsche Siedler aus dem Reich und das sogenannte „Streudeutschtum" aus der ganzen Welt zur Verfügung, einschließlich 150 000 „germanische Siedler aus Nord- und Westeuropa". Dabei dachte man überwiegend an Niederländer, Norweger und Schweden. Dazu kämen noch 750 000 Baltendeutsche, so daß Meyer mit 5,65 Millionen Menschen den „Siedlerbedarf" gedeckt sah.[206]

Weitaus größer war die Zahl der „abzusiedelnden" Menschen, da gleichzeitig mit der Germanisierung die für diese Gebiete errechnete Überbevölkerung reduziert werden sollte. Der Entwurf des RSHA veranschlagte 31 Millionen, wobei Wetzel in seiner Stellungnahme diese Zahl als zu niedrig einstufte und 46 bis 51 Millionen ansetzte.[207] Das RKF trat für eine Evakuierung dieser Menschen „nach dem Osten" beziehungsweise „nach Westsibirien" ein.[208] Meyers Entwurf

---

204 Vgl. ebd., S. 403-407.

205 Vgl. ebd., S. 435 f.

206 Vgl. ebd., S. 437-440. Das RSHA rechnete mit einer Ansiedlung von 4,5 Millionen Deutschen aus dem Reich, aus Übersee und den Rußlanddeutschen, vgl. Heiber: Generalplan Ost, S. 298 f.

207 Vgl. Heiber: Generalplan Ost, S. 300 f. Wetzel plädierte aber nicht für die Evakuierung der russischen Bevölkerung, sondern für die „Eindeutschung" einer „wertvollen Minderheit". Die „primitive Masse" könne problemlos beherrscht werden. Man müsse nur dafür sorgen, daß sie sich nicht zu stark vermehre, vgl. ebd., S. 316 ff.

208 Vgl. ebd., S. 295. Wetzel kritisierte dieses Vorgehen, da man mit der „zwangsweisen Abschiebung der rassisch Unerwünschten" auch die „rassisch Erwünschten" gegen sich aufbringe und somit deren „Eindeutschung" erschwere. Statt dessen plädierte er für eine „Verschrottung" der „rassisch unerwünschten Teile der Bevölkerung", namentlich im Baltikum. Darunter verstand er ein Absenken der Geburtenziffer, was er durch eine Industrialisierung und die „Hebung des kulturellen Zustandes" zu erreichen glaubte, vgl. ebd.

blieb in diesem Punkt uneindeutig. Eine Evakuierung der indigenen Bevölkerung hielt er für keine gute Lösung und plädierte statt dessen für eine

> „Umsetzung der bisherigen Bewohner auf anderem Kolchose- und Sowchoseland mit gleichzeitiger Verleihung von Bodenbesitzrecht. Diese Umsetzung muß gebunden sein an eine sinnvolle Auslese nach dem Leistungsprinzip und mit einem sozialen Aufstieg der positiven Kräfte des fremden Volkstums Hand in Hand gehen."[209]

Offen bleibt sowohl die Frage, ob damit der „Bedarf" an Land für deutsche Siedler gedeckt gewesen wäre, als auch, was mit den „Ausgelesenen" geschehen sollte. Da der „Generalplan Ost" ein Plan für die Nachkriegszeit war, ging Meyer möglicherweise davon aus, diese Gebiete würden bereits im Krieg „entvölkert".[210]

Allen Plänen und Stellungnahmen in bezug auf Leningrad ist gemein, daß sie keine konkreten Vorschläge enthielten, wie eine „Umsiedlungspolitik" von solch gigantischem Ausmaß organisiert werden sollte. Dabei war schon die „Umsiedlungspolitik" der Jahre 1939 bis 1941 in Polen gescheitert und hatte dort nur zu chaotischen Zuständen geführt.[211] Hier keimten also bereits wieder jene „Probleme" und „unhaltbaren Zustände", die in Polen zu radikalen „Lösungen" und schließlich zum Völkermord an den Juden geführt hatten.

Dem Gebiet um Leningrad, das die Nationalsozialisten mit dem alten schwedischen Namen „Ingermanland" aus der Zeit vor seiner Eroberung durch Peter den Großen bezeichneten, sprach der „Generalplan Ost" eine „überragende Aufgabe" zu. Es gehörte zusammen mit dem „Gotengau" zu denjenigen Gebieten, die „an der vordersten Front des deutschen Volkstums gegenüber dem Russen- und Asiatentum" lagen und deshalb „eine besondere Reichsaufgabe" zu erfüllen hatten. Dort hielt man eine Ansiedlung „deutscher Menschen als bodenständige Bevölkerung" für dringend geboten: „Hier soll in vollkommen fremder Umwelt deutsches Volkstum mit dem Boden verwurzelt und in seinem biologischen Bestand für die Dauer gesichert werden."[212]

Wie bereits erläutert, sollten die Städte in den Siedlungsmarken bereits in 15 Jahren zu 50 % germanisiert sein. Im Anschluß an diese Zielvorgabe steht im „Generalplan Ost" die für Leningrad entscheidende Aussage: „Im Ingermanland wurde die künftige Stadtbevölkerung mit 200 000 (1939: 3 200 000) angenommen."[213] Zu der Zeit, als diese nüchterne Angabe gemacht wurde, hatte Leningrad rund drei Millionen Einwohner.[214] Das „Verschwinden" von drei Millionen

---

209 Zit. in: Madajczyk: Generalplan Ost, S. 440.

210 Ein Hinweis darauf sind Meyers Berechnungen zur Bevölkerung Leningrads, auf die unten noch eingegangen wird.

211 Vgl. Aly: Endlösung, S. 163–177.

212 Zit. in: Madajczyk: Generalplan Ost, S. 409.

213 Zit. in: ebd., S. 436.

214 Das RSHA hatte unmittelbar vor dem deutschen Überfall auf die Sowjetunion mit genau derselben Zahl von 3,2 Millionen Einwohner im Jahr 1939 operiert, vgl. Sonderfahndungsliste UdSSR des Chefs der Sicherheitspolizei und des SD. Das Fahndungsbuch der deutschen Ein-

Stadtbewohnern im „Ingermanland“ war folglich gleichbedeutend mit dem Verschwinden Leningrads von der Landkarte. Betrachtet man diese Planungen genauer, so stellt man fest, daß im Ingermanland überhaupt keine russische Stadtbevölkerung mehr existieren sollte, denn der „Rest“ von 200 000 Personen entspricht genau der Anzahl der in den Städten anzusiedelnden Deutschen.[215] Wohin die russische Stadtbevölkerung zu verschwinden hatte, geht aus dem „Generalplan Ost“ nicht hervor. Eine „Ansiedlung“ auf dem Lande kann man aber ausschließen, weil im „Ingermanland“, das zu 50 % aus Waldgebiet bestand, nur 30 % des Bodens landwirtschaftlich genutzt wurden, so daß die Fläche für bäuerliche Siedlungen begrenzt war. Da hier außerdem in kürzester Zeit – der „Generalplan Ost“ spricht von fünf Jahren – die Hälfte der Einwohner Deutsche sein sollten, ging man auch hier von einem „Rückgang“ der indigenen Bevölkerung aus. In den Germanisierungsplänen des RKF war demzufolge die Vernichtung Leningrads fest einkalkuliert.[216]

Wohlgemerkt: Diese Entwürfe waren nicht ausschlaggebend für die Belagerung, schließlich stammen sie erst aus dem Jahr 1942, als die Stadt längst eingeschlossen war. Doch sie zeigen, daß der Genozid an den Leningradern im Denken der nationalsozialistischen Planungsstellen fest verankert war. Der „Generalplan Ost“ mutet zwar phantastisch an, hätte aber „im Falle positiver Erledigung der kriegerischen Auseinandersetzung zweifellos Machtmittel hinter sich und Zukunft vor sich gehabt“.[217] Mit der Blockade Leningrads sollten die Voraussetzungen dieser breit angelegten Germanisierungspolitik bereits im Krieg geschaffen werden, denn Leningrad war in diesem großgermanischen Kolonialraum nicht mehr vorgesehen.[218]

Die Blockade Leningrads war also keine militärstrategisch motivierte Belagerungstaktik, sondern Bestandteil eines Genozids. Die Beweggründe für diesen Völkermord speisten sich aus einer Verschränkung von kurzfristigen, kriegswirtschaftlich bedingten und langfristigen, weltanschaulichen Motiven. Folgt man Görings Grundsätzen für die Ausbeutung der Sowjetunion, lag die Priorität bei den Bedürfnissen der Kriegswirtschaft: „Für die Dauer des Krieges sind die Er-

---

satzgruppen in Rußland 1941. Faksimile des Originals, hrsg. v. Werner Röder, Erlangen 1975 und 1977, S. 270.

215 Siehe die Tabelle „Siedlerbedarf und Aufbaukosten in den Siedlungsgebieten und Stützpunkten im Ostraum“, abgedr. in: Madajczyk: Generalplan Ost, S. 438 f.

216 Konrad Meyer erhielt erst am 27. Januar 1942 von Himmler den Auftrag, die Gegend um Leningrad und die Krim in seine Planungen mit einzubeziehen, zu einer Zeit also, als Leningrad die schwerste Phase der Blockade durchlebte und die deutsche Seite noch mit einem „erfolgreichen“ Ausgang ihrer Vernichtungsstrategie rechnen konnte, vgl. ebd., S. 394.

217 So die Wertung von Heiber: Generalplan Ost, S. 284 und 292.

218 Auch in anderen Gebieten wurde mit der Umsetzung des „Generalplans Ost“ bereits begonnen, so in der ostpolnischen Stadt Zamość, die als Modell für die späteren Umsiedlungen dienen sollte. Vgl. dazu Bruno Wasser: Himmlers Raumplanung im Osten. Der Generalplan Ost in Polen 1940-1944, Basel, Berlin, Boston 1993.

fordernisse der Kriegswirtschaft das oberste Gesetz jedes wirtschaftlichen Handelns in den neubesetzten Ostgebieten."[219]

Wenn dabei zugleich die längerfristigen Ziele vorbereitet wurden, dann waren solche Maßnahmen natürlich besonders zu begrüßen. Die Befürworter der europäischen Großraumpolitik erkannten, daß kriegswirtschaftliche Maßnahmen eine katalysatorische Wirkung auf ihre Umbaupläne der europäischen Wirtschaft haben könnten. So schrieb Herbert Backe im Vorwort zur Neuauflage seines Buches „Um die Nahrungsfreiheit Europas":

> „Die zweite Auflage dieses Buches erscheint zu einem Zeitpunkt, da Europa ernährungswirtschaftlich auf sich selbst gestellt ist. Der europäische Kontinent, der sich vor Ausbruch des Zweiten Weltkrieges im Durchschnitt zu 91 % mit Nahrungsmitteln versorgte, muß die fehlenden überseeischen Einfuhren aus dem eigenen Raum dekken. Dieses zwingende Muß wird zum Impuls für eine Gemeinschaftsleistung, die in der europäischen Großraumwirtschaft ihre höchste Vollendung finden wird."[220]

Im Gegensatz zu Göring stand für Großraumplaner wie Backe die Neuordnung Europas im Vordergrund. Sie verstanden den Krieg als „Impuls" zur Verwirklichung ihrer Ziele. Er bot einerseits eine Argumentationshilfe, da sich unter den Bedingungen der Kriegswirtschaft die „Abhängigkeit" des Deutschen Reichs besonders negativ auswirkte; andererseits waren im Krieg Möglichkeiten und Mittel gegeben, eine radikale Bevölkerungspolitik auf den Weg zu bringen. Als drittes Motiv kam die Germanisierungspolitik hinzu, die vor allem von Himmler vorangetrieben wurde. Sein Einfluß auf Hitler wird allein dadurch deutlich, daß er im Zeitraum vom Juli 1941 bis zum Januar 1942 der häufigste Besucher im Führerhauptquartier gewesen ist. Während zu dieser Zeit, abgesehen vom ständig anwesenden Bormann, keine Parteigröße mehr als dreimal zu Gast war, taucht Himmler neunzehn Mal auf der Gästeliste auf, oft als einziger, „besonderer Gast".[221] Hitler hatte im August 1942 den Stellenwert der Germanisierungspolitik in diesem Krieg hervorgehoben:

> „Ich sähe es als Verbrechen an, hätte ich das Blut geopfert [...] einer Viertelmillion Toter und 100 000 Verkrüppelter [...] lediglich um der Möglichkeit willen, Naturschätze kapitalistisch auswerten zu können. [...] Das Ziel [der] Ostpolitik [ist] – auf lange Sicht gesehen – etwa 100 Millionen germanischen Menschen in diesem Raum ein Siedlungsgebiet zu erschließen."[222]

Inwieweit entsprang die deutsche Belagerungsstrategie vor Leningrad einer Intention, und inwieweit führte erst die konkrete Situation zur Hungerpolitik gegen die Drei-Millionen-Stadt? Trotz der Hungerpläne im Rahmen der deutschen Bevölkerungspolitik gibt es keine Anzeichen dafür, daß ein Genozid an den Lenin-

219 Niederschrift einer unter dem Vorsitz Görings durchgeführten Beratung über die Grundsätze der Ausbeutung der okkupierten sowjetischen Gebiete vom 8.11.1941, abgedr. in: Deutsche Besatzungspolitik, Dok. 82, S. 195–203, hier 195.

220 Backe: Um die Nahrungsfreiheit Europas, S. 12.

221 Vgl. Alan Bullock: Hitler und Stalin. Parallele Leben, Berlin 1991, S. 946.

222 Picker: Hitlers Tischgespräche, S. 73 f.

gradern bereits im Vorfeld des „Unternehmens Barbarossa“ feststand. Vielmehr fielen die Entscheidungen, die schließlich in der Vernichtungspolitik mündeten, jeweils in Situationen, in denen sich die Wehrmacht in der Defensive sah. Hitlers Zerstörungsbefehl und Vertreibungskalkül hing eng mit dem Scheitern des Blitzkrieges und der zwangsweisen Reduktion der operativen Ziele zusammen. Die Entscheidung, eine Kapitulation nicht anzunehmen und somit die Leningrader Bevölkerung verhungern zu lassen, stand im Zusammenhang mit den sich abzeichnenden Versorgungsschwierigkeiten der Heeresgruppe Nord im Herbst 1941.

Doch operative Rückschläge und Versorgungsengpässe treten fast in jedem Krieg auf, ohne daß dies automatisch zu einem Völkermord führt. Auch im Falle Leningrads hätte es Alternativen zur Hungerpolitik gegeben. So hätte die Wehrmacht Leningrad einnehmen und ähnlich wie die Großstädte Kiew oder Charkow behandeln können. Zwar weigerte man sich auch dort, für die Ernährung der Menschen aufzukommen, doch nahm man ihnen wenigstens nicht jede Möglichkeit, sich im Umland notdürftig zu versorgen. Die deutsche Belagerungsstrategie läßt sich also nicht schlüssig aus der damaligen Situation allein erklären. Unabdingbare Voraussetzung für den Genozid an den Leningradern war, daß die Wehrmacht keinen konventionellen Krieg gegen die Sowjetunion führte, sondern den Rußlandfeldzug von Beginn an als einen Raub- und Vernichtungskrieg angelegt hatte. Von diesem Konzept rückte man während des gesamten Krieges auch nicht mehr ab.

Wie verhielten sich nun die langfristigen Ziele und die kurzfristigen „Notwendigkeiten“ der Kriegswirtschaft zueinander, und wie wirkte sich ihr Wechselspiel auf die Strategie vor Leningrad aus? Es erscheint hilfreich, zunächst zwischen weltanschaulichen und utilitaristischen Beweggründen zu unterscheiden.[223] Die Germanisierungspolitik ist dabei der ideologischen Motivation zuzuordnen. Sie basierte auf der Idee vom „Lebensraum im Osten“, die wiederum in der rassistischen Weltanschauung des Nationalsozialismus ihre Wurzeln hatte: Den Deutschen, als der „höherwertigen Rasse“, stehe ein natürliches Recht zu, „minderwertige Rassen“ zu verdrängen und zu vertreiben. Die Bevölkerungsökonomen und Germanisierungsstrategen der SS verfochten im Raum Leningrad eine Politik der tabula rasa. Hinzu traten nutzbringende Motive, welche die Eroberungspolitik mit einer scheinbar sachlichen „Notwendigkeit“ begründen ließen. Eine unabhängige Versorgung Europas mit Lebensmitteln sei nur unter Einbeziehung des russischen Raumes möglich. Erst diese Nützlichkeitserwägung führte zu dem Entschluß, große Teile der sowjetischen Bevölkerung verhungern zu lassen.

Jene allgemeine Willensbekundung setzte man allerdings erst in die Tat um, als eine konkrete Situation entstand, die einen direkten, sachbezogenen Begrün-

223 Hierin folgend Ulrich Herbert: Vernichtungspolitik. Neue Antworten und Fragen zur Geschichte des „Holocaust“, in: ders. (Hg.): Nationalsozialistische Vernichtungspolitik 1939–1945. Neue Forschungen und Kontroversen, Frankfurt a.M. 1998, S. 9–66, hier 52 ff. Herbert trifft diese Unterscheidung in bezug auf die Ingangsetzung der Judenvernichtung.

dungszusammenhang lieferte. Als die Wehrmacht vor Leningrad stand, wurde eine Reihe von Argumenten ins Feld geführt, die scheinbar objektiv gegen eine Einnahme der Stadt und für ihre Aushungerung sprachen: Lebensmittelknappheit, drohender Häuserkampf, Seuchengefahr etc. Die Hungerpolitik bedurfte offenbar einer konkreten, aktuellen Problemlage, um als eine für Deutschland existentielle Maßnahme initiiert zu werden. Erst unter Berufung auf einen höheren Sinn, in diesem Fall die Versorgung der Heimat und damit den Sieg, konnten die Täter – sowohl die Militärs vor Ort als auch die Planungselite an ihren Schreibtischen – ihr amoralisches Handeln vor sich und anderen legitimieren. Auch die Akteure selbst trafen – bewußt oder unbewußt – diese Unterscheidung zwischen langfristigen Absichten und kurzfristigen „Notwendigkeiten". In dem Schreiben, mit dem die Seekriegsleitung die Heeresgruppe Nord anwies, eine Kapitulation Leningrads nicht anzunehmen, wurde diese Vorgehensweise damit gerechtfertigt, daß das Problem der Ernährung der Leningrader Bevölkerung nicht gelöst werden „*kann* und *soll*".[224]

Es gab also ein Zusammenspiel von allgemeiner Intention und konkreter Situation. Die Intention war die Voraussetzung dafür, daß in der jeweiligen Situation genau so und nicht anders entschieden wurde. Ja, aus Sicht der Protagonisten konnte es gar keine andere Entscheidung geben. Die Praxis des Vernichtungskrieges ging in ihrer konkreten Ausgestaltung jedoch über die nur allgemein formulierte Intention hinaus. Hierzu bedurfte es bestimmter Situationen, in denen sich die Entscheidungsträger in einer Notlage oder zumindest in der Defensive wähnten und diese mit noch radikaleren und brutaleren Mitteln als bisher schon zu beherrschen versuchten. Daß man neuen Herausforderungen stets mit einer gesteigerten Radikalität begegnete, ist allerdings ohne das Selbstverständnis der Akteure als unerbittliche Weltanschauungstäter nicht nachzuvollziehen.

In der Holocaustforschung gab es Ende der achtziger Jahre eine Diskussion, ob hinter der Judenvernichtung nicht ein wirtschaftliches Interesse und damit ein rein rationales Kalkül gestanden habe, welches als Motivation höher einzuschätzen sei als die rassistische Weltanschauung der Nationalsozialisten.[225] Götz Aly und Susanne Heim betonten das ökonomische Interesse und den planenden, praxisorientierten Rationalismus der nationalsozialistischen Vernichtungspolitik. Sie wandten sich gegen das Postulat der Unerklärbarkeit des Holocausts, das Fragen nach den Motiven hinter Formeln wie „irrationalster Rassenhaß" oder „Wahn der Vernichtung" verschwinden ließ.[226] Dieser Interpretation widerspra-

224 Schreiben der Seekriegsleitung an die Gruppe Nord und den Marineverbindungsoffizier bei der Heeresgruppe Nord vom 29.9.1941, BA-MA, RM 7/989 (Hervorh. J.G.).

225 Diese These vertreten Susanne Heim und Götz Aly: Die Ökonomie der „Endlösung". Menschenvernichtung und wirtschaftliche Neuordnung, in: Sozialpolitik und Judenvernichtung. Gibt es eine Ökonomie der Endlösung?, Berlin 1987, S. 11-90; dies.: Sozialplanung und Völkermord, S. 11-23.

226 Vgl. Aly/Heim: Vordenker der Vernichtung, S. 9-19.

chen unter anderem Ulrich Herbert und Christopher Browning.[227] Herbert machte deutlich, daß ein Widerspruch zwischen Rationalität und nationalsozialistischer Weltanschauung konstruiert sei. Ja, es sei geradezu ein Wesenszug des radikalen Rassismus der SS und der intellektuellen Elite des „Dritten Reichs" gewesen, ein geschlossenes Weltbild zu präsentieren sowie mit dem Anspruch aufzutreten, alle Entwicklungen, Widersprüche und Probleme der Welt schlüssig zu erklären, und dies auf der Grundlage von naturwissenschaftlichen Erkenntnissen. Gerade durch seine „Sachlichkeit" grenze er sich vom „Radauantisemitismus der Straße" ab, der auf Haß basiere und in Pogromen seine eruptive Entladung finde.[228]

Das Bild, das Götz Aly und Susanne Heim von der Planungselite des „Dritten Reichs" zeichneten, entsprach weitgehend dem Selbstverständnis der Täter. Sie hielten sich nicht von irrationalen Haßgefühlen geleitet, sondern glaubten, aus „objektiv notwendigen Gründen" zu handeln, ohne Haß gegen die Opfer, ohne jede persönliche Anteilnahme. Problematisch an der Analyse von Aly und Heim ist die fast vollständige Übernahme dieser Selbststilisierung in ihre Interpretation. Der Massenmord wurde zwar utilitaristisch begründet – im Falle der Blockade Leningrads damit, daß nur mittels der Hungerpolitik die Versorgung der Wehrmacht und der „Heimatfront" gewährleistet sei –, doch steckte hinter dieser „Logik" ein rassistisches Weltbild, das eine „Bevorzugung" der Deutschen per se legitimierte. Göring brachte dies auf die Formel: „Wenn gehungert wird, dann hungert nicht der Deutsche."[229]

Eine solche Form von Rassismus war die mentale Voraussetzung jener „Großraumplaner", die auf dem Reißbrett ohne Emotionen ganze Völker hin- und herschoben, dabei ein bevölkerungspolitisch maßgeschneidertes Europa schufen und schließlich im Krieg eine Bevölkerungspolitik in „großem Stile" als Lösung der kriegswirtschaftlichen Probleme Deutschlands sahen. Auch Hitler glaubte sich in seinem Befehl, Leningrad zu zerstören, von „eiskalter Vernunft" geleitet:

> „Ich kann mir denken, daß mancher sich heute an den Kopf greift: Wie kann der Führer nur eine Stadt wie Petersburg vernichten! Gewiß, von Haus bin ich vielleicht ganz anderer Art. Ich möchte niemand leiden sehen und keinem weh tun; aber wenn ich erkenne, daß die Art in Gefahr ist, dann tritt an die Stelle des Gefühls eiskalte

---

227 Ulrich Herbert: Rassismus und rationales Kalkül. Zum Stellenwert utilitaristisch verbrämter Legitimationsstrategien in der nationalsozialistischen „Weltanschauung", in: Wolfgang Schneider (Hg.): „Vernichtungspolitik". Eine Debatte über den Zusammenhang von Sozialpolitik und Genozid im nationalsozialistischen Deutschland, Hamburg 1991, S. 25-35; Christopher R. Browning: Vernichtung durch Arbeit. Zur Fraktionierung der planenden deutschen Intelligenz im besetzten Polen, in: ebd., S. 37-51.

228 Herbert: Rassismus und rationales Kalkül, S. 28 ff.

229 Stenographischer Bericht über die Besprechung des Reichsmarschalls Göring mit den Reichskommissaren für die besetzten Gebiete und den Militärbefehlshabern über die Ernährungslage am 6.8.1942, in: IMG, Bd. XXXIX, Dok. 170-USSR, S. 384-425, hier 385.

Vernunft: Ich sehe nur noch die Opfer, welche die Zukunft fordert, wenn heute ein Opfer nicht gebracht wird.“[230]

Drei Wochen später betonte er nochmals: „Ich empfinde nichts, wenn ich Kiew, Moskau und Petersburg dem Erdboden gleichmache.“[231] Goebbels erschien diese Hungerstrategie sogar als eine „fast wissenschaftlich anmutende Methode“.[232] Man sollte jedoch nicht so weit gehen, die „Sachargumente“ als vorgeschoben zu begreifen, hinter denen sich angeblich die eigentlichen, weltanschaulich motivierten Absichten versteckten.[233] Die innere Logik von Weltanschauungen kann jedes Phänomen systemimmanent erklären, so daß ihre Anhänger die Realität stets selektiv wahrnehmen und ihr Welterklärungsmodell nur noch bestätigt, ja sogar tagtäglich empirisch „bewiesen“ wird.

5. Die Umsetzung der Belagerungsstrategie: Die Wehrmacht vor Leningrad 1941 - 1944

Die Entscheidung zur Vernichtung Leningrads durch das Aushungern seiner Einwohner hatten relativ wenige Personen getroffen, an ihrer Ausführung mußten sich aber viele Wehrmachtsoldaten beteiligen.[234] Dabei konnte sich die Belagerungspraxis durchaus anders gestalten, als dies Hitler und die Wehrmachtführung vorgesehen hatten. Anhand dreier Untersuchungsfelder soll deshalb die Umsetzung der Belagerungsstrategie in den Blick genommen werden: der Artilleriebeschuß auf die belagerte Stadt, die Behandlung von Hungerflüchtlingen und die Besatzungspolitik im okkupierten Umland. Schließlich wird noch zu fragen sein, inwieweit das Scheitern der Hungerblockade, das spätestens im Frühjahr 1942 offensichtlich war, eine Korrektur in der deutschen Strategie nach sich zog.

---

230 Adolf Hitler: Monologe im Führerhauptquartier 1941 - 1944. Die Aufzeichnungen Heinrich Heims, hg. v. Werner Jochmann, Hamburg 1980, S. 71 (25./26.9.1941).

231 Ebd., S. 93 (17./18.10.1941).

232 Goebbels: Tagebücher, Teil II, Bd. 1, S. 389 (10.9.1941).

233 So sieht etwa Heinrich Schwendemann in den wirtschaftlichen Argumenten nur eine Hilfe, um eine Position zu stützen, die im Grunde rassenideologisch bestimmt war, vgl. Heinrich Schwendemann: Die wirtschaftliche Zusammenarbeit zwischen dem Deutschen Reich und der Sowjetunion von 1939 bis 1941. Alternative zu Hitlers Ostprogramm?, Berlin 1993, S. 281.

234 Christian Hartmann hingegen betont, daß die „organisierte Ausbeutung“ nur von „wenigen initiiert“ und auch nur von „Teilen der Versorgungstruppen umgesetzt wurde“, vgl. Hartmann: Verbrecherischer Krieg, S. 40.

Noch vor der Schließung des Belagerungsringes hatte Generalfeldmarschall Wilhelm Keitel die Heeresgruppe Nord ausdrücklich darauf hingewiesen, daß beim Artilleriebeschuß und bei der Bombardierung Leningrads von seiten des „Führers" und des OKW „keinerlei Hemmungen" bestehen.[235] Goebbels wurde in seinen Tagebuchaufzeichnungen noch deutlicher:

„Es liegt also durchaus in unserem Sinne, wenn Leningrad noch einige Zeit Widerstand leistet. Wir können dann diese Millionenstadt Straße um Straße und Viertel um Viertel zerstören, und besetzen wir sie dann, so werden notwendig werdende Sprengungen die noch übrigbleibenden Mauerreste dem Erdboden gleichmachen. Es entwickelt sich hier das schaurigste Stadtdrama, das die Geschichte jemals gesehen hat."[236]

Am 4. September 1941 begann die Wehrmacht den Artilleriebeschuß aus dem Vorstadtbezirk Tosno. In der Folgezeit richtete die Wehrmacht in Strel'na, Urick, in den Vororten Volodarskij, Puškin und auf den Duderhofer Höhen Stellungen ein. An manchen Tagen schoß die Artillerie mehr als 18 Stunden lang auf die Stadt.[237] Der örtliche Luftschutz zählte im Zeitraum vom 4. September 1941 bis zum 28. Februar 1942 insgesamt 16 158 Artillerieeinschläge.[238] Im Herbst des Jahres 1941 forderte der Beschuß Leningrads 681 Todesopfer und 2269 Verletzte.[239]

Diese Zahlen zeigen, daß die Wehrmacht weit von der Möglichkeit entfernt war, die Stadt „dem Erdboden gleichzumachen". Auch wenn die goldene Kuppel der St.-Isaaks-Kathedrale und die schlanke Spitze der Admiralität in Sichtweite lagen,[240] so war die Distanz für einen intensiven, gezielten Artilleriebeschuß doch zu groß. Von der erreichten äußeren Einschließungslinie aus konnten nur die Batterien der schweren Fernkampfartillerie ihre zerstörerische Wirkung entfalten. In den letzten Monaten der Belagerung erschwerte der Munitionsmangel zusätzlich den Beschuß der Newametropole. Der Generalquartiermeister setzte im Mai 1943 die Lieferung von Artilleriegeschossen an die 18. Armee auf weniger als die

---

235 KTB Heeresgruppe Nord, Eintrag vom 3.9.1941, BA-MA, RH 19 III/167.

236 Goebbels: Tagebücher, Teil II, Bd. 1, S. 481 f. (24.9.1941).

237 Vgl. Karasev: Leningradcy v gody blokady, S. 146.

238 Bericht des Leningrader Luftschutzstabes über die Auswirkungen der Luftangriffe und des Artilleriebeschusses vom 4. September 1941 bis zum 1. März 1942, in: Leningrad v osade, S. 372-381, hier 373. Die statistischen Angaben in der sowjetischen Sekundärliteratur weichen zum Teil stark voneinander ab. An dieser Stelle nur ein Beispiel: Im Gegensatz zu diesem Bericht, der für den September 1941 2214 Artilleriegeschosse anführt, spricht Dzeniskevič für denselben Monat von 5364 großkalibrigen Geschossen, vgl. Dzeniskevič u.a.: Leningrad v bor'be, S. 42.

239 Vgl. Karasev: Leningradcy v gody blokady, S. 146.

240 Vgl. Kurt von Zydowitz: Die Geschichte der 58. Infanterie-Division 1939-1945, Kiel 1952, S. 39.

Hälfte herab,[241] so daß monatlich nur noch zwei bis drei „erfolgversprechende Bekämpfungen von kriegswichtigen Anlagen in Leningrad durchgeführt werden" konnten.[242] Bei einer Überarbeitung der Zielkartei legten die Belagerer nun besonderen Wert auf die Lage der Leningrader Rüstungsbetriebe.[243] Eine wirkungsvolle Störung der städtischen Waffenproduktion scheiterte aber nicht zuletzt daran, daß die industriellen Anlagen in den Norden und Osten der Stadt verlegt wurden und damit für die deutsche Artillerie nur noch schwer erreichbar waren.[244]

Außerdem war die Luftflotte 1 für systematische Angriffe auf die zahlreichen Ziele der Stadt zu schwach. Zu Beginn der Blockade standen der Heeresgruppe Nord 886 Flugzeuge zur Verfügung, nach dem Abzug des 8. Luftkorps Ende September 1941 waren es nicht einmal mehr 300.[245] Bis zum Ende des Jahres 1941 warf die deutsche Luftwaffe 66 200 Brand- und 3493 Sprengbomben über Leningrad ab, während der gesamten Dauer der Blockade waren es 102 520 Brandbomben und 4653 Sprengbomben.[246] Insgesamt kamen 16 747 Menschen bei Luftangriffen ums Leben, 33 782 wurden verwundet.[247]

Angesichts der begrenzten Möglichkeiten konzentrierte sich die deutsche Artillerie auf Ziele mit kriegswirtschaftlicher Bedeutung. So lag im Herbst 1941 der Schwerpunkt des deutschen Artilleriebeschusses eindeutig auf Leningrader Fabrikanlagen und Werften. In den wenigen Fällen, in denen die städtische Infrastruktur zum Zielobjekt wurde, handelte es sich stets um kriegswichtige Einrichtungen wie Elektrizitätswerke, Gleisanlagen und Treibstofflager. Paläste und Kirchen wurden hingegen nur vereinzelt beschossen.[248] Dennoch weist die Schadensbilanz, welche die „Außerordentliche Staatskommission zur Feststellung und Untersuchung der Verbrechen der deutsch-faschistischen Eindringlinge und ihrer

---

241 Schreiben des Generalstabs der Heeresgruppe Nord an den Chef des Generalstabs des Heeres vom 19.5.1943, BA-MA, RH 3/267, Bl. 47. Die Munitionsmenge wurde von 46 985 auf 21 955 Schuß herabgesetzt.

242 Schreiben des Oberkommandos der 18. Armee an das Oberkommando der Heeresgruppe Nord vom 20.5.1943, BA-MA, RH 3/267, Bl. 48-50.

243 Vgl. Schreiben des Wirtschaftsinspekteurs Nord an das Oberkommando der Heeresgruppe Nord vom 13.5.1941, BA-MA, RH 19 III/448, Bl. 35.

244 Vgl. Schreiben des Oberkommandos der 18. Armee an das Oberkommando der Heeresgruppe Nord vom 20.5.1943, BA-MA, RH 3/267, Bl. 48-50.

245 Vgl. Goure: Siege of Leningrad, S. 99 f.

246 Für den Zeitraum September bis Dezember 1941 vgl. Bericht des Leningrader Luftschutzstabes vom 4.9.1941, in: Leningrad v osade, S. 373. Die Gesamtzahlen nach Dzeniskevič u.a.: Nepokorennyj Leningrad, S. 155. Zum Vergleich: Während des Luftangriffs auf Freiburg am 27.11.1944 wurden 3800 Spreng- und knapp 5000 Brandbomben von der Royal Air Force auf die Stadt abgeworfen, vgl. Gerd R. Ueberschär: Freiburg im Luftkrieg 1939-1945, Freiburg, Würzburg 1990, S. 212.

247 Vgl. Dzeniskevič u.a.: Nepokorennyj Leningrad, S. 155.

248 Vgl. die Übersichten des Höheren Artilleriekommandeurs für das A.O.K. 18 vom 1.10. bis zum 30.12.1941, BA-MA, RH 20-18/1561, Bl. 16-28, 46-51, 54-55, 63-66, 71 f., 78-87, 90 f., 135-141, 160-162, 182-185.

Komplizen" nach dem Krieg erstellt hat, erhebliche Schäden der historischen Architektur und der zivilen Infrastruktur Leningrads auf.[249] Da häufig schlechte Sichtverhältnisse herrschten – die schon allein eine Überprüfung, inwieweit die anvisierten Ziele tatsächlich getroffen wurden, verhinderten –, ist davon auszugehen, daß die Treffgenauigkeit insgesamt eher gering war. Im November 1941 riet denn auch der Höhere Artilleriekommandeur den ihm unterstehenden Kommandos, das „Planschießen" auf Leningrad „aus psychologischen Gründen" unbedingt fortzusetzen, obwohl „damit nicht immer die Sicherheit besteht, das betreffende Ziel voll zu fassen".[250]

Das offensichtliche Scheitern der Zerstörungsabsichten löste bei führenden Nationalsozialisten Unzufriedenheit aus. So empörte sich Reinhard Heydrich gegenüber Heinrich Himmler:

> „Reichsführer!
>
> Ich bitte gehorsamst darauf hinweisen zu dürfen, daß die ergangenen strikten Weisungen hinsichtlich der Städte Petersburg und Moskau dann wieder nicht in die Tat umgesetzt werden können, wenn nicht von vornherein brutal durchgegriffen wird.
>
> Der Chef der Einsatzgruppe A, SS-Brigadeführer Dr. Stahlecker, berichtet mir z.B., daß eingesetzte Vertrauensleute, die über die Linie wechseln, von Petersburg zurückgekehrt erzählen, daß die Zerstörungen in der Stadt noch durchaus unbedeutend sind. [...] Meines Erachtens muß in solchen Fällen massenhaft mit Brand- und Sprengbomben gearbeitet werden.
>
> Ich bitte daher gehorsamst, anregen zu dürfen, den Führer nochmals darauf hinzuweisen, daß – wenn nicht absolut eindeutige und strikte Befehle an die Wehrmacht gegeben werden, die beiden genannten Städte kaum ausgelöscht werden können."[251]

Im Dezember 1941 ging man deshalb dazu über, statt einzelner Objekte größere Flächen von einem halben bis zu einem Quadratkilometer „mit Feuerüberfällen" zu belegen, „um die materielle Zerstörung und die moralische Zermürbung im ganzen Stadtgebiet zu vergrößern".[252] Doch nicht zuletzt der Munitionsmangel behinderte die Umsetzung der Vorgaben der politischen Führung. Die vor Le-

---

249 Zu den Schäden in der Stadt vgl. Akt Leningradskoj gorodskoj komissii, S. 7 und 23. Besonders schwer getroffene Kunstschätze waren der Winterpalast, die Admiralität, das Ingenieurschloß, der Michaelspalast und das Kirov-Theater (heute wieder Mariinskij-Theater), vgl. ebd., S. 14–19. Zu den zerstörten Schulen vgl. ebd., S. 23 f., zu den zerstörten Krankenhäusern ebd., S. 25 f.

250 Schreiben des Höheren Artilleriekommandeurs 303 an seine Artilleriekommandos 24, 135 und 113 vom 26.11.1941, BA-MA, RH 20-18/1561, Bl. 88.

251 Schreiben Reinhard Heydrichs, Chef des Reichssicherheitshauptamtes, an Heinrich Himmler, Reichsführer SS, vom 20.10.1941, abgedr. in: Reichsführer! ... Briefe an und von Himmler, hg. v. Helmut Heiber, Stuttgart 1968, S. 98.

252 So der Höhere Artilleriekommandeur 303 am 19.12.1941 in einer „Zusammenfassenden Beurteilung der gegnerischen Artillerie" an die Heeresgruppe Nord, BA-MA, RH 20-18/1561, Bl. 165–168, hier 168.

ningrad stationierte SS-Polizei-Division sah in einer Zwischenbilanz aus dem Januar 1942 die eigentliche Aufgabe des Beschusses nicht erfüllt:

> „Wenn auch in Leningrad teilweise erhebliche Zerstörungen durch Artillerie-Beschuß und Luftangriffe erfolgt sind, so sind die Veränderungen im Stadtbild Leningrads nicht so weit auffallend, daß man von einer allmählichen Zerstörung sprechen kann. Die Beseitigung entstandener Schäden wird überall sofort in Angriff genommen. [...] An den ständigen Artillerie-Beschuß hat sich die Bevölkerung Leningrads mittlerweile gewöhnt, da kaum jemand die Schutzräume aufsucht und der Verkehr auf der Straße seinen Fortgang nimmt, obgleich die Einwohner der unter Beschuß liegenden Stadtgebiete jeweils durch öffentliche Lautsprecher gewarnt werden. Die Verluste unter der Zivilbevölkerung sind demgemäß auch stark angestiegen. Trotzdem sollen die Verluste durch Artillerie- und Bombeneinwirkung nach übereinstimmenden Schätzungen im ganzen gesehen gering sein.“[253]

Die Aussagen deutscher Kriegsgefangener in sowjetischem Gewahrsam, daß die Artillerie bewußt zu den Zeiten geschossen habe, in denen auf den Straßen viel Verkehr war, und daß in der Nacht bewußt Wohnhäuser als Ziele ausgewählt worden seien, um so die Anzahl der zivilen Opfer zu erhöhen, lassen sich bislang aus den Wehrmachtsakten nicht bestätigen.[254] Hingegen steht fest, daß die Belagerer mit Hilfe der Artillerie den massenhaften Hungertod in Leningrad beschleunigen wollten. Entgegen der Behauptung von Leebs vor dem Internationalen Gerichtshof in Nürnberg, er habe die Versorgungslinien nicht stören lassen, damit die Leningrader Zivilbevölkerung ernährt werden könne,[255] versuchte die Wehrmacht, die Versorgung der Stadt zu unterbinden. Ab Ende Oktober 1941 schoß die Artillerie auch gezielt auf zentrale Einrichtungen der Lebensmittelversorgung wie Getreidespeicher, Brotfabriken, Schlachthöfe, Kühlhäuser oder Großküchen. Ab Mitte Dezember wurde zudem der Zugangsverkehr unter Beschuß genommen, um die Versorgung der Stadt zu behindern.[256]

Auch die Luftflotte 1 beteiligte sich an der Störung der Versorgungswege. Am 29. September 1941 erging von der Heeresgruppe Nord die Bitte an die Luft-

---

[253] Ic-Bericht vom 10.1.1942, Anlagen zum KTB Nr. 9 der SS-Polizei-Division Abt. Ia, vom 16.10.1941 - 19.2.1942, BA-MA, RS 3-4/9.

[254] Vgl. die Aussagen von R. Lowien, abgedr. in: Leningrad v osade, S. 402-405, hier 404, und von F. Kepke [wahrscheinlich Köpke, J.G.] in: ebd., S. 399-402, hier 400.

[255] Aussagen von Leebs zit. in: Leeb: Tagebuchaufzeichnungen, S. 358, Anm. 419 und 420, siehe dazu auch Jörg Friedrich: Das Gesetz des Krieges. Das deutsche Heer in Rußland 1941-1945. Der Prozeß gegen das Oberkommando der Wehrmacht, Neuausg. München 1995, S. 389 f.; ders.: Militärische Notwendigkeit und Totaler Krieg. Deutsche Generäle in Nürnberg. Erstes Beispiel: Ritter von Leeb und die Belagerung Leningrads, in: Die Neue Gesellschaft, 37 (1990), S. 133-139.

[256] Vgl. die Übersichten des Höheren Artilleriekommandeurs für das A.O.K. 18 vom 1.10. bis zum 30.12.1941, BA-MA, RH 20-18/1561, Bl. 16-28, 46-51, 54 f., 63-66, 71 f., 78-87, 90 f., 135-141, 160-162, 182-185. Auch der Verkehr zwischen Leningrad und Kronstadt über den Finnischen Meerbusen wurde von der deutschen Artillerie bekämpft, vgl. KTB XXVI. Armeekorps, Einträge vom 26.3 bis 28.3.1942, BA-MA, RH 24-26/67.

flotte 1, den lebhaften Schiffsverkehr auf dem Ladogasee bevorzugt zu bekämpfen, „damit nicht die Möglichkeit der Aushungerung von Leningrad in Frage gestellt wird".[257] Hitler betonte gegenüber von Leeb, daß die Bekämpfung des Verkehrs über den Ladogasee ebenso wie der Eisenbahnlinien zwischen dem Landesinneren und dem Ladogasee von entscheidender Bedeutung sei.[258] So flog die Luftflotte 1 auch Angriffe gegen die Lkws der Versorgungsroute über den zugefrorenen Ladogasee, wobei es ihr an Flugzeugen mangelte, um den Betrieb ernsthaft zu gefährden.[259]

Wie weit sich die Wehrmacht vor Leningrad mit der nationalsozialistischen Hungerpolitik identifizierte, zeigt die Diskussion um ausbrechende Flüchtlinge im Herbst 1941. Gut eine Woche nach der Schließung des Belagerungsringes wurden bei der 269. Division Befürchtungen laut, die Verteidiger könnten die „nicht brauchbaren Teile der Zivilbevölkerung" aus der Stadt abschieben, „um dadurch die Last der Ernährung dieser Zivilbevölkerung der deutschen Seite aufzubürden und für sich selbst die Ernährung der für die Verteidigung der Stadt benötigten Kräfte auf lange Zeit hinaus sicherzustellen".[260] Tatsächlich hatte die 18. Armee nur wenige Tage zuvor Flüchtlinge gemeldet, die sich von Leningrad aus den deutschen Linien genähert hatten. Man wies die Soldaten an, „die Flüchtlinge notfalls mit Waffengewalt in das Stadtgebiet zurückzuweisen", um diesen „unerwünschten Zustrom" zu stoppen.[261] Innerhalb der Wehrmacht sah man in der Vertreibung der Bevölkerung zu diesem Zeitpunkt immer noch eine Alternative zum massenhaften Hungertod, wie aus einem Schreiben Jodls an von Brauchitsch hervorgeht:

> „Wer die Stadt gegen unsere Linien verlassen will, ist durch Feuer zurückzuweisen. Kleinere, nicht gesperrte Lücken, die ein Herausströmen der Bevölkerung nach Innerrußland ermöglichen, sind daher zu begrüßen."[262]

Zwar herrschte in dem Punkt Übereinstimmung, daß Flüchtlinge aus der hungernden Stadt nicht im deutschen Machtbereich aufzunehmen seien, doch rief

257 KTB Heeresgruppe Nord, Eintrag vom 29.9.1941, BA-MA, RH 19 III/167. Der Luftflotte 1 mangelte es vor allem an Flugzeugen, vgl. ebd.

258 Besprechung zwischen dem Führer sowie dem Oberbefehlshaber der Heeresgruppe Nord, dem Chef des Generalstabs der Artillierie u.a. vom 16.12.1941, BA-MA, RH 19 III/771, Bl. 280-284, hier 282.

259 Vgl. KTB der 1. Inf. Div., Einträge u.a. vom 23.12., 24.12., 29.12.1941 und vom 11.1.1942, BA-MA, RH 26-1/14. Zum Artilleriebeschuß der Eisstraße durch die 1. Infanteriedivision siehe ebd., Einträge u.a. vom 3.12.1941 und 16.1.1942.

260 Bericht des Ic der 269. Division vom 19.9.1941, Anlagen zum Tätigkeitsbericht der 269. Inf. Div. Abt. Ic vom 29.3.1941-9.5.1942, BA-MA, RH 26-269/45.

261 KTB der Oberquartiermeisterabteilung der 18. Armee, Eintrag vom 13.9.1941, BA-MA, RH 20-18/1203. Der Befehl, auf ausbrechende Zivilisten zu schießen, ist auch auf Korpsebene angekommen, vgl. Korpsbefehl des XXXVIII. A. K. vom 13.9.1941, BA-MA, RH 26-58/34; siehe auch den Korpsbefehl vom 18.9.1941, ebd.

262 Schreiben Jodls an von Brauchitsch, vom 7.10.1941, abgedr. in: IMG, Bd. XXXIV, Dok. 123-C, S. 425-427, hier 426.

der Befehl, auf ausbrechende Flüchtlinge zu schießen, schwere Bedenken bei den örtlichen Kommandeuren hervor. Der Erste Generalstabsoffizier der Heeresgruppe Nord berichtete über eine Fahrt im Einsatzbereich der 18. Armee:

> „Bei allen aufgesuchten Stellen wurde die Frage aufgeworfen, wie man sich zu verhalten hat, wenn die Stadt Leningrad ihre Übergabe anbietet und wie man sich gegenüber der aus der Stadt herausströmenden Bevölkerung verhalten soll. Es entstand der Eindruck, daß die Truppe vor diesem Augenblick große Sorge hat. Der Kommandierende der 58. Infanteriedivision betonte, daß er in seiner Division den Befehl gegeben hat, den er auch von höherer Stelle erhielt und der den gegebenen Weisungen entspricht, daß auf derartige Ausbrüche zu schießen ist, um sie gleich im Keime zu ersticken. Er war der Ansicht, daß die Truppe diesen Befehl auch ausführen wird. Ob sie aber die Nerven behält, bei wiederholten Ausbrüchen immer wieder auf Frauen und Kinder und wehrlose alte Männer zu schießen, bezweifelte er. Bemerkenswert ist seine Äußerung, daß er vor der militärischen Gesamtlage, die gerade bei seinem Flügel bei Uritzk immer gespannt sei, keine Angst habe, daß aber die Lage gegenüber der Zivilbevölkerung immer Angst verursache. Dies sei nicht nur bei ihm, sondern bis zur Truppe herunter der Fall. In der Truppe bestehe volles Verständnis dafür, daß die Millionen Menschen, die in Leningrad eingeschlossen seien, von uns nicht ernährt werden können, ohne daß sich dies auf die Ernährung im eigenen Land nachteilig auswirkt. Aus diesem Grunde würde der deutsche Soldat auch mit Anwendung der Waffe derartige Ausbrüche verhindern. Nur zu leicht könne das aber dazu führen, daß der deutsche Soldat dadurch seine innere Haltung verliert, d. h. daß er auch nach dem Kriege vor derartigen Gewalttätigkeiten nicht mehr zurückschrecke. Führung und Truppe bemühen sich eifrig, eine andere Lösung dieser Frage zu finden, haben aber bisher noch keinen brauchbaren Weg gefunden."[263]

Als von Leeb ähnliche Bedenken dem Oberkommando des Heeres vortrug, gab Halder ihm zwar recht, wies ihn aber zugleich darauf hin, daß

> „der Führer auf dem Standpunkt stehe, daß gegen diese Bevölkerung im Interesse des deutschen Volkes schonungslos vorgegangen werden muß. Ob. d. H. [Oberbefehlshaber des Heeres, J.G.] wies darauf hin, daß mit allen Mitteln versucht werden müsse, den deutschen Soldaten zu ersparen, auf Frauen und Kinder schießen zu müssen. Wenn eine Vertreibung der Flüchtlinge mit Artillerie-Feuer nicht gelingt, so müsse zumindest verhindert werden, daß dann mit Gewehren und MG geschossen wird. Aus diesem Grunde soll man vor die eigenen Linien ein breites Hindernis an Minen legen, an denen ein Ausbruch der Zivilbevölkerung scheitern würde."[264]

In der Folgezeit drehten sich die Überlegungen bei der Heeresgruppe Nord vorwiegend darum, einen für die Wehrmachtsoldaten „angenehmeren" Weg zur Abweisung der Flüchtlinge zu finden. Die Zivilisten sollten gar nicht erst in die Nähe der deutschen Linien kommen. Beim 269. Artillerieregiment wies der

263 KTB Heeresgruppe Nord, Eintrag vom 24.10.1941, BA-MA, RH 19 III/168.

264 Aktennotiz von Leebs über seinen Flug zum OKH am 26.10.1941, BA-MA, RH 19 III/771, Bl. 142-145, hier 143.

kommandierende General des L. Armeekorps die Truppe an, schon von weitem das Feuer zu eröffnen:

> „Der Kommandierende General besichtigte die Einrichtungen für den Winter und den Stellungsbau und besprach dann mit den Kommandeuren und Batteriechefs den Einsatz der Artillerie für den Fall, daß die russische Zivilbevölkerung Ausbruchsversuche aus Leningrad machen sollte. Ein solches Herausdrängen ist laut Armeebefehl vom 18.9.1941 Nr. 2737/41 notfalls mit Waffengewalt zu verhindern. Es ist Aufgabe der Artillerie, durch frühzeitige Feuereröffnung jedes derartige Unternehmen möglichst weit vor der eigenen Linie abzuweisen, damit es der Infanterie möglichst erspart wird, auf Zivilisten zu schießen. In gleicher Weise waren bei den Truppenbesuchen in den letzten Tagen die Artillerie-Regimenter der SS-Polizei-Division und 58. Infanteriedivision angewiesen worden."[265]

Generalfeldmarschall von Brauchitsch schlug vor, „vorwärts der eigenen Linien Minenfelder auszulegen, um der Truppe den unmittelbaren Kampf gegen die Zivilbevölkerung zu ersparen". Sollte die Rote Armee die Verteidigung Leningrads aufgeben, dann könne die Truppe „in die Unterkunftsräume verlegt werden. Auch dann wird ein großer Teil der Bevölkerung zu Grunde gehen, aber doch wenigstens nicht unmittelbar vor unseren Augen."[266]

Mitunter förderte diese Diskussion auch recht abstruse Lösungsvorschläge zu Tage. Wiederholt wurde etwa die Vorstellung geäußert, die Stadt mit Stacheldraht oder einem elektrischen Zaun abzusperren.[267] In diesem Zusammenhang erwog man sogar einen Giftgasangriff gegen die Bevölkerung Leningrads. So hatte im Dezember 1941 die Abteilung Heeresversorgung beim Generalquartiermeister des Heeres, wohl im Auftrag Halders, die Menge an Kampfstoffen berechnet, die für einen großangelegten Einsatz gegen Leningrad notwendig gewesen wäre. Dabei ging man nicht nur von einem Gaseinsatz an der Front aus, sondern bezog die Vergiftung des gesamten Stadtkerns in die Berechnungen mit ein.[268] Mit einem Großangriff wäre man auf einen Schlag alle „überflüssigen Esser" losgeworden, ohne dabei die Truppe „seelisch zu belasten". Ein Giftgasangriff blieb Leningrad aber aus zwei Gründen erspart: Zum einen standen für einen Großangriff auf eine Drei-Millionen-Stadt zuwenig Munition und Artillerie zur Verfügung, zum anderen scheute die deutsche Seite generell einen Gaskrieg, weil

---

265 Vgl. KTB Nr. 3 Gen. Kdo. L. A.K., Abt. Ia, Eintrag vom 24.10.1941, BA-MA, RH 24-50/15.

266 KTB Heeresgruppe Nord, Eintrag vom 27.10.1941, BA-MA, RH 19 III/168.

267 Die 212. Division forderte vom Oberquartiermeister der 18. Armee: „Stacheldraht dringend notwendig, da Finnen-Busen zugefroren und hier eine Front entsteht, über die vor allem Zivilisten herüber kommen", zit. in: KTB Quartiermeisterabteilung der 18. Armee 14.11.1941, BA-MA, RH 20-18/1204. Siehe auch: OKW/Wehrmachtführungsstab, Abteilung Landesverteidigung: „Vortragsnotiz Leningrad" vom 21.9.1941, BA-MA, RW 4/v. 578, abgedr. in: Ueberschär/Wette: Überfall auf die Sowjetunion, S. 279 f.

268 Vgl. Günther W. Gellermann: Der Krieg, der nicht stattfand. Möglichkeiten, Überlegungen und Entscheidungen der deutschen Obersten Führung zur Verwendung chemischer Kampfstoffe im Zweiten Weltkrieg, Koblenz 1986, S. 146-149.

sie die Vergeltung des Gegners – vor allem der in dieser Technologie überlegenen Briten – fürchtete.[269]

An der Diskussion über den Umgang mit Flüchtlingen fällt auf, daß die Wehrmacht die utilitaristisch verbrämte Begründung der nationalsozialistischen Hungerpolitik voll und ganz teilte. So berichtete Oberst Wolfgang Bucher, der Oberquartiermeister der 18. Armee, nach einer Inspektion bei der 212. Division:

> „Abwehr der Flüchtlinge aus Oranienbaum und Petersburg durch Feuer notwendig (auf weite Entfernung), da Ernährung nicht in Frage kommt. In Frage steht nur wo, nicht ob Zivilisten verhungern."[270]

Innerhalb der Wehrmacht akzeptierte man ganz offensichtlich den Begründungszusammenhang von Ernährung der eigenen Soldaten bzw. des deutschen Volkes und einer Hungerpolitik gegenüber der Leningrader Zivilbevölkerung. Damit stand man mit beiden Beinen auf dem Boden einer rassistischen Weltanschauung, welche die Welt in höher- und minderwertiges Leben einteilte.

Inwieweit die Soldaten an der Front tatsächlich auf Flüchtlinge aus Leningrad schießen mußten, ist kaum festzustellen. Aus den uns zur Verfügung stehenden Akten lassen sich zwar Einzelfälle rekonstruieren, bei denen es zu einer Umsetzung eines solchen Schießbefehls kam. Die 269. Infanteriedivision meldete zum Beispiel am 15. November 1941, daß vier Zivilisten, die sich den deutschen Linien näherten, erschossen wurden.[271] Es läßt sich allerdings nicht ermitteln, inwieweit solche Vorfälle in den Kriegstagebüchern überhaupt ihren Niederschlag fanden. Andererseits gibt es keinerlei Anhaltspunkte für die Annahme, die Leningrader wären in nennenswertem Umfang gegen die deutsche Front geströmt. Es ist also davon auszugehen, daß es sich bei solchen Vorkommnissen um Einzelfälle handelte. Möglicherweise wurden Flüchtlinge von deutscher Seite als Spione angesehen und entsprechend behandelt. In einem Tätigkeitsbericht des XXVI. Armeekorps verbergen sich hinter festgenommenen Spionen immerhin „Soldaten, Frauen, Mädchen und halbwüchsige Buben". Die Wehrmacht ging gegen vermeintliche Agenten offenbar gnadenlos vor. Die Festgenommenen wurden „nach Eingeständnis ihrer Spionagetätigkeit [...] anfangs zumeist erschossen, obwohl sie zu dieser Tätigkeit gezwungen waren, um nicht zu verhungern. Später fanden die Intelligentesten von ihnen Verwendung im Rahmen von Ic", das heißt, als deutsche Spione.[272] Da sich die Einsatzgruppe A schon bald für die

---

269 Vgl. ebd., S. 208-212.

270 KTB der Oberquartiermeisterabteilung der 18. Armee, Eintrag vom 14.11.1941, BA-MA, RH 20-18/1204.

271 KTB Nr. 5 der 269. Inf. Div., Abt. Ia, Eintrag vom 15.11.1941, BA-MA, RH 26-269/13.

272 Vgl. den Bericht „Das XXVI. Armeekorps im Rußlandfeldzug am linken Flügel der Heeresgruppe Nord vom 28.8.1941 bis 6.5.1952", o.D. [vermutlich Sommer 1942], BA-MA, RH 24-26/77, S. 23.

Agententätigkeit zuständig erklärte,[273] ist zu vermuten, daß auch die Mehrheit der Flüchtlinge aus Leningrad durch deren Hände ging.

Die deutsche Hungerpolitik war nicht nur ausschlaggebend für die Belagerungsstrategie vor Leningrad, sie prägte auch die Besatzungspolitik der Wehrmacht im Leningrader Gebiet.[274] Der Oberquartiermeister der 18. Armee, Bucher, weigerte sich, für die Verpflegung der hungernden Zivilbevölkerung im besetzten Gebiet aufzukommen, und konnte sich mit dieser Haltung durchsetzen. Da man allerdings der Truppe den Anblick von verhungernden Menschen nicht zumuten wollte, entschloß sich die Armeeführung Anfang Oktober 1941, die Bevölkerung aus dem Gefechtsgebiet in ein Hungerreservat abzuschieben.[275]

In der Praxis erwies sich diese Vorstellung jedoch als nicht durchführbar. Als der Quartiermeister des L. Armeekorps die Versorgung der Einwohner Puškins kategorisch ausschloß, obwohl dort 20 000 Zivilisten keine Verpflegung hatten und von deutscher Seite eine Hungersnot erwartetet wurde, schlug er als „Vorbeugungsmaßnahme" den Abtransport der männlichen Bevölkerung in ein Kriegsgefangenenlager vor.[276] Da in den folgenden Tagen nichts geschah, wurde das L. Armeekorps erneut beim Oberquartiermeister der 18. Armee vorstellig und zeichnete ein dramatisches Bild: „20 000 hungernde Frauen und Kinder" würden „in der Kampffront in Kellern usw. hausen" und könnten nicht ernährt werden. Dieser Zustand sei für die Truppe untragbar, zumal von den Hungernden Seuchengefahr ausgehe.[277] Noch am Abend desselben Tages fand in dieser Angelegenheit eine Besprechung des Oberquartiermeisters der 18. Armee mit Vertretern der Heeresgruppe Nord statt:

„a) Evakuierung der hungernden Frauen und Kinder aus dem Gefechtsgebiet. Zustand für Truppe untragbar, Ernährung nicht möglich, ebenso Abschub nach

---

273 Vgl. Hans-Heinrich Wilhelm: Die Einsatzgruppe A der Sicherheitspolizei und des SD 1941/42, Frankfurt a.M. 1996, S. 282.

274 Die deutsche Besatzungspolitik im Leningrader Gebiet ist bis heute nicht näher untersucht worden. Eine frühe, undistanzierte Darstellung findet sich bei M.N. Nikitin/P.I. Vagin: The Crimes of the German Fascists in the Leningrad Region. Materials and Documents, London u.a. o.J. [1943]. Timothy P. Mulligan widmet den Gebieten unter deutscher Militärverwaltung insgesamt nur wenig Raum, den Norden Rußlands streift er nur kursorisch, Timothy P. Mulligan: The Politics of Illusion and Empire. German Occupation Policy in the Soviet Union, 1942-1943, New York, Westport, London 1988, S. 125. Die Untersuchung zur deutschen Besatzungspolitik in der Sowjetunion von Theo J. Schulte basiert auf zwei Fallbeispielen der Heeresgruppe Mitte, Theo J. Schulte: The German Army and Nazi Policies in Occupied Russia, Oxford, New York, München 1989. Einzig der Aufsatz von Johannes Hürter stützt sich auf Archivmaterial deutscher Provenienz, vgl. Hürter: Die Wehrmacht vor Leningrad, S. 404-424. Allgemein ist die Arbeit Bernhard Chiaris zu Weißrußland wegweisend für eine Geschichte des Alltags unter deutscher Besatzung, da sie sich sowohl den sowjetischen Heldenmythen wie einfachen Täter- oder Opferzuschreibungen entzieht, vgl. Chiari: Alltag hinter der Front.

275 Zum Entscheidungsprozeß siehe Hürter: Die Wehrmacht vor Leningrad, S. 409 f.

276 KTB der Oberquartiermeisterabteilung der 18. Armee, Eintrag vom 5.10.1941, BA-MA, RH 20-18/1204.

277 Ebd., Eintrag vom 8.10.1941.

Petersburg. Also fort. Im Konzentrationslager muß Verpflegung übernommen werden. Ansiedlung in dem Gebiet zwischen beiden Bahnlinien von Krasnogwardeisk nach Pleskau. Vergrößerung der Partisanengefahr in diesem Gebiet möglich.

b) Oberstleutnant Becker wendet ein, daß Evakuierte Saatgetreide und letztes Vieh aufessen und das Gebiet dann für die Landwirtschaft ausfällt.

c) Vertreter H.Gr. Nord: Etwas muß geschehen. Eine grundlegende Weisung durch H.Gr. Nord ist notwendig.

d) Oberquartiermeister: Zunächst wird Puschkin geräumt. Ansiedlung beschränkt sich nur auf rückwärtiges Armeegebiet"[278]

Auf Befehl von Küchlers sollte also die Zivilbevölkerung Puškins in das rückwärtige Armeegebiet abgeschoben werden. Dieses Verfahren diente als Modell für weitere Ausweisungen.[279] Am 26. Oktober 1941 meldete das L. Armeekorps, daß es jetzt nicht nur Puškin zu räumen beabsichtige, sondern „das ganze Gebiet von Puschkin (einschl.)–Krasnoje Selo–Dreiecksdorf (einschl.)", wodurch „nochmal 10 000 mehr von der Räumung erfaßt" würden.[280] Bei Kriegsende waren in Puškin rund 9500 Menschen der deutschen Hungerpolitik zum Opfer gefallen.[281]

Vergleichbares spielte sich auch in anderen Vororten Leningrads ab. Den Anstoß für Abschiebungen lieferten nicht zuletzt die Anfragen lokaler Befehlshaber, wie mit der hungernden Zivilbevölkerung zu verfahren sei.[282] Die Versorgung mit Lebensmitteln wurde dabei stets kategorisch ausgeschlossen. Ortskommandanten, die sich dennoch um die Ernährung der Bevölkerung kümmerten, wies der Oberquartiermeister der 18. Armee zurecht:

„a) Ortskommandanten sind für Truppe da und sind nicht Vertreter der Bevölkerung gegenüber der Truppe.

b) Ernährung für Bevölkerung reicht nicht aus. Es kommt darauf an, Truppe von hungernder Bevölkerung zu trennen.

---

278 Besprechung des Oberquartiermeisters mit Ib/H.Gr. Nord, Hauptmann von Bonin, Qu. 2, Major i.G. Pitschmann, Oberstleutnant Becker, Wi.Kdo. Leningrad, IV Wi, Hauptmann Angermann, in: ebd., Eintrag vom 8.10.1941.

279 Ebd.

280 Ebd., Eintrag vom 26.10.1941.

281 Insgesamt starben infolge der deutschen Besatzungspolitik in Puškin 18 368 Menschen, 9514 davon an Hunger, 6257 wurden erschossen, 1214 zu Tode gefoltert, 1105 erhängt und 268 wurden Opfer von Luftangriffen und Artilleriebeschuß. Vgl. Gennadij L. Sobolev: Blokadnyj martirolog. Budet li on zakončen?, in: Vestnik Sankt-Peterburgskogo universiteta, Serija 2: Istorija, jazykoznanie, literaturovedenie, 1994, Nr. 3, S. 3-9, hier 6.

282 So erbat zum Beispiel die 96. Infanteriedivision die Evakuierung oder Verpflegung der 3000 Einwohner von Otradnoe. Lebensmittel sollte zumindest die für die Wehrmacht arbeitende Bevölkerung bekommen, da die Ernährungslage sehr schlecht sei, KTB Nr. 5 der 96. Inf. Div., Abt. Ia, Eintrag vom 29.10.1941, BA-MA, RH 26-96/15.

c) Ortskommandanturen haben sich nicht um Ernährung der Bevölkerung zu kümmern. Das ist Sache der Ortsältesten mit Wirtschafts-Dienststellen. Finger weg davon!“[283]

Wie schon bei der Entscheidung zur Belagerung Leningrads war die Hungerpolitik auch in diesem Fall eine Doktrin. Sie gab selbst militärisch Untergebenen ein Argument in die Hand, mit dem sie sich gegen ihre Vorgesetzten durchsetzen konnten. Als zum Beispiel der Oberbefehlshaber der 18. Armee, von Küchler, zögerte, 4000 Zivilisten aus dem Kampfgebiet um Sluck abzuschieben, da „die Ernährung doch keine Rolle spielen könne, wenn andere Armeen 300 000 Gefangene machten“, wurde er von seinem Oberquartiermeister darauf hingewiesen, „daß die Verpflegung aus der Heimat beschafft werden muß und dieser verloren geht“.[284]

In der Praxis hatten etliche deutsche Soldaten jedoch Erbarmen mit der notleidenden Bevölkerung. Immer wieder fanden sie Mittel und Wege, den Hungernden etwas Eßbares zuzustecken. Nur so erklärt sich die strikte Anordnung des Kommandanten der 122. Infanteriedivision:

> „Verpflegung von russischen Arbeitern und Arbeiterinnen mit Heeresbeständen darf nur erfolgen, wenn diese für die Truppe arbeiten. Eine Verpflegung oder etwa Massenspeisung von Zivilbevölkerung, die nicht arbeitet, aus Wohltätigkeit oder sonstigen Gründen, kommt überhaupt nicht in Frage. Es ist auch nicht tragbar, Zivilbevölkerung nur mit Arbeit zu beschäftigen, um Verpflegung zu rechtfertigen. Die Zivilbevölkerung ist nur zu wirklich unbedingt notwendigen Arbeiten heranzuziehen. Die Verpflegung nichtarbeitender und somit hungernder Zivilbevölkerung ist nicht Sache der Truppe. Bis andere Befehle kommen, ist gegen die Bevölkerung, wenn sie aus Hunger widerspenstig wird, rücksichtslos durchzugreifen.“[285]

Da dieser Befehl offenbar nicht die gewünschte Wirkung zeigte, versuchte man nun mit allen Mitteln, die Zivilbevölkerung räumlich von der Truppe zu trennen. In Krasnyj Bor wurde zu diesem Zweck sogar ein großer Stacheldrahtzaun gezogen.[286] Die Quartiermeisterabteilung der 18. Armee ging sogar so weit, daß sie die Selbstversorgung mit Pferdekadavern, derer sich die Zivilbevölkerung „als eines Leckerbissens“ bemächtige, unterbunden sehen wollte, da diese noch als „Kost“ für die arbeitenden Kriegsgefangenen verwendet werden könnten.[287]

Schließlich verfiel man der Idee, das „Ernährungsproblem“ durch „Evakuierung“ der Zivilbevölkerung zu lösen. Allerdings war nicht klar, wohin man die Menschen abschieben sollte. Da eine Umsiedlung „in den Osten“ am Frontver-

---

283 KTB der Oberquartiermeisterabteilung der 18. Armee, Eintrag vom 19.11.1941, BA-MA, RH 20-18/1204.

284 Ebd., Eintrag vom 24.9.1941, BA-MA, RH 20-18/1203.

285 Anordnung des Kommandos der 122. Inf. Div. vom 23.10.1941, BA-MA, RH 26-122/45, Bl. 8.

286 Vgl. Hürter: Die Wehrmacht vor Leningrad, S. 416.

287 KTB der Oberquartiermeisterabteilung der 18. Armee, Eintrag vom 31.10.1941, BA-MA, RH 20-18/1204.

lauf scheiterte, versuchte die Führung des XXVIII. Armeekorps, die Zivilisten dem rückwärtigen Heeresgebiet aufzubürden, indem sie jene als Kriegsgefangene deklarierte. Doch auch dort war man über die zusätzlichen Esser nicht erfreut und schickte sie wieder zurück.[288] Die Führung des XXVIII. Armeekorps fand sich zwar damit ab, die Bevölkerung zunächst im rückwärtigen Armeegebiet zu belassen, beschloß jedoch, sie in Landstriche abzuschieben, in denen keine deutschen Soldaten einquartiert waren. Dort sollte sie sich selbst überlassen werden.

Dieser Lösungsansatz stellte die Wehrmacht vor neue Probleme. Wie sollte die Abschiebung erfolgen, wenn dabei der logistische und materielle Aufwand so gering wie möglich zu sein hatte? Da Transportraum knapp war, kam es immer wieder zu Verzögerungen. So hatte die Heeresgruppenführung den „Abschub" von 35 000 Zivilisten aus der Gegend von Schlüsselburg genehmigt, doch sperrte sich der Oberquartiermeister der 18. Armee wegen der „schlechten Transportlage" gegen die Umsetzung dieser Maßnahme.[289] Damit provozierte er eine Notlage, welche die lokalen Befehlshaber dazu veranlaßte, sich über die „unhaltbaren Zustände" zu beschweren und auf eine „Lösung" des „Problems" zu drängen. Der Quartiermeister des L. Armeekorps meldete, „daß die Hungersnot in den Vorstädten bereits ausgebrochen sei und daß die Truppe darunter zu leiden beginne". Außerdem seien die Flüchtlingslager in Krasnoe Selo und Krasnogvardejsk bereits „übervoll".[290] Zum Teil begannen untere Dienststellen nun, in Eigeninitiative einzelne Gebietsabschnitte zu räumen. Der Kommandant des rückwärtigen Armeegebiets meldete, das XXXVIII. und das L. Armeekorps gingen daran, die gesamte Bevölkerung aus der Gegend von Urick zu evakuieren. Georg von Küchler sah sich genötigt, darauf hinzuweisen, „daß nur die wehrfähigen Männer festzunehmen sind, Frauen und Kinder in den Ortschaften zu verbleiben haben".[291]

Die „Lösung" dieser „Probleme" führte letztendlich zu dem immer gleichen Ergebnis. Die Zivilbevölkerung gelangte aus dem rückwärtigen Armeegebiet in das rückwärtige Heeresgebiet, wurde also nach Westen verschoben. Dies geschah teils durch einen koordinierten Abtransport, teils durch Flucht der Bevölkerung. Insgesamt wurden von Oktober 1941 bis Mai 1942 über 75 000 Zivilisten aus dem Raum Leningrad in karge Wald- und Sumpfgegenden deportiert und ihrem Schicksal überlassen. So entstanden im Grunde die von Bucher im September 1941 geforderten ghettoähnlichen Flüchtlingsreservate.[292]

Diese Abschiebepraxis löste das „Problem" allerdings nur vorübergehend, denn eine „Westverschiebung" der Bevölkerung sollte ja gerade vermieden werden. Da die Flüchtlinge nun in den Zuständigkeitsbereich der Heeresgruppe fielen, wuchs dort die Unzufriedenheit über dieses Verfahren:

---

288 Ebd., Eintrag vom 23.9.1941 und Eintrag vom 26.9.1941, BA-MA, RH 20-18/1203.

289 Ebd., Eintrag vom 11.12.1941, BA-MA, RH 20-18/1205.

290 Ebd., Eintrag vom 29.11.1941, BA-MA, RH 20-18/1204.

291 Ebd., Eintrag vom 1.10.1941.

292 Vgl. Hürter: Die Wehrmacht vor Leningrad, S. 413.

> „Das Kampfgebiet, sowohl am Einschließungsring von Leningrad, wie auch im Küstengebiet südl. Kronstadt wird z.Zt. von der dort noch wohnenden Zivilbevölkerung evakuiert. Dies ist notwendig, da diese Zivilbevölkerung dort nicht mehr ernährt werden kann. Der Abschub erfolgt korpsweise so, daß die Zivilbevölkerung in das rückwärtige Heeresgebiet gebracht wird und dort auf die Bauerndörfer verteilt wird. Unbeschadet dessen hat sich ein größerer Teil der Zivilbevölkerung selbständig auf den Weg nach Süden gemacht, um sich neue Unterkunft und Lebensmöglichkeiten zu suchen. Entlang der großen Straße Krasnogwardeisk, Pleskau läuft z. Zt. eine Flüchtlingsbewegung von mehreren Tausend Menschen, in der Hauptsache nur Frauen, Kinder und ältere Männer. Wo diese hinziehen, wie sie sich ernähren, ist nicht festzustellen. Es besteht der Eindruck, daß diese Menschen über kurz oder lang dem Hungertode verfallen müssen. Auch dieses Bild wirkt sich auf den deutschen Soldaten, der an dieser Straße zu Bauarbeiten eingesetzt ist, nachteilig aus."[293]

Offenbar war die Sorge um das Seelenwohl der eigenen Soldaten das einzige Argument, das einen Anlaß zur Kritik an diesen unmenschlichen Zuständen bot. Den Vorschlag, die hungernden Menschen wenigstens notdürftig zu ernähren, wurde von keiner deutschen Stelle gemacht.

Der hier beschriebene Radikalisierungsprozeß, der von einem diagnostizierten „Problemstau" ausgelöst wurde, weist etliche Parallelen mit jener Entwicklung auf, die in Ostpolen seinerzeit zur Judenvernichtung geführt hatte.[294] Die Vermutung liegt nahe, daß die Vernichtungsdynamik des nationalsozialistischen Herrschaftssystems sich nach der Ermordung der Juden vollends gegen die „überflüssige" indigene slawische Bevölkerung gerichtet hätte.[295] Die Behandlung der sowjetischen Kriegsgefangenen und die Blockade Leningrads waren erste Schritte in diese Richtung. Ein weiterer Schritt war die Ermordung von Behinderten. Bezeichnenderweise wurden auch solche Aktionen mit Versorgungsproblemen begründet:

> „Ortskommandantur Krasnogwardeisk (Land) meldet, daß die Verpflegung der Irrenanstalt nicht mehr möglich ist, und bittet um Beseitigung der Irren durch S.D., der hierfür bereit sein soll. Der Antrag wird vom Oberquartiermeister abgelehnt, da der Oberbefehlshaber bereits darüber entschieden hat. Die Verpflegung der Anstalt ist der Gemeinde Krasnogwardeisk zur Last zu legen."[296]

Zunächst war damit eine „Entsorgung" der Insassen der Anstalt in dem Ort Nikol'skoe abgewendet. Doch bereits am 30. Oktober 1941 drängte der Ober-

---

293 KTB Heeresgruppe Nord, Eintrag vom 24.10.1941, BA-MA, RH 19 III/168.

294 Vgl. Dieter Pohl: Nationalsozialistische Judenverfolgung in Ostgalizien 1941 - 1944. Organisation und Durchführung eines staatlichen Massenverbrechens, München 1996; Thomas Sandkühler: „Endlösung" in Galizien. Der Judenmord in Ostpolen und die Rettungsinitiativen von Berthold Beitz 1941 - 1944, Bonn 1996.

295 So auch: Ludolf Herbst: Das nationalsozialistische Deutschland 1933 - 1945. Die Entfesselung der Gewalt: Rassismus und Krieg, Frankfurt a.M. 1996, S. 398 f.

296 KTB der Oberquartiermeisterabteilung der 18. Armee, Eintrag vom 11.10.1941, BA-MA, RH 20 - 18/1204.

quartiermeister der 18. Armee erneut auf den Abtransport der etwa 1000 Geisteskranken aus der Anstalt Nikol'skoe ins rückwärtige Heeresgebiet. Wieder berief er sich auf die Versorgungsschwierigkeiten und führte als weitere Begründung an, daß die Räume für ein Lazarett benötigt würden.[297] Am 15. November 1941 war dem Oberquartiermeister der 18. Armee schließlich ein Erfolg beschieden. Als er erneut auf die Übergabe der jetzt schon „1200 Irren" an den SD drängte, erteilte Generaloberst von Küchler die Genehmigung.[298] Nur wenige Tage später hatte die Einsatzgruppe A ihr Mordwerk vollbracht.[299] Auch die 230 bis 240 geisteskranken Frauen der Heilanstalt von Makar'evo wurden vom SD ermordet, nachdem von Küchler einem Antrag des XXVIII. Armeekorps zugestimmt hatte.[300]

Die deutsche Politik in den besetzten Vororten Leningrads endete schließlich in einem Desaster. Es fehlten die Kapazitäten, um die Menschen zu evakuieren. Da aber niemand die Verantwortung für diese „zusätzlichen Esser" tragen wollte, blieb eine große Anzahl von Zivilisten im unmittelbaren Frontgebiet zurück. Sie gerieten im Winter 1941/42 in eine schreckliche Notlage. Der Hunger forderte unzählige Opfer unter ihnen. In größeren Ortschaften türmten sich Leichen, bis man sie bei einsetzendem Tauwetter endlich beerdigen konnte.[301] Trotz deutscher Verbote und schärfster Strafandrohung machten sich die Menschen im Frontgebiet auf die Suche nach Eßbarem. Die Sicherheitspolizei wunderte sich, daß angesichts dieser katastrophalen Bedingungen „die Sterblichkeit infolge des Hungers nicht noch größer" war.[302]

Die deutsche Hungerpolitik richtete sich also nicht allein gegen Leningrad, sondern bezog auch die umliegenden Ortschaften mit ein. Die Argumentation der nationalsozialistischen Wirtschafts- und Agrarspezialisten, man könne die russische Zivilbevölkerung nicht ernähren, wurde vor Ort übernommen. Fanden die Menschen jedoch Mittel und Wege, sich selbst zu versorgen, betrachtete man das Problem nicht etwa als von selbst gelöst, sondern versuchte mitunter sogar,

---

[297] Ebd., Eintrag vom 30.10.1941.

[298] Ebd., Eintrag vom 15.11.1941.

[299] Siehe zu diesem Vorgang auch: Angelika Ebbinghaus/Gerd Preissler: Die Ermordung psychisch kranker Menschen in der Sowjetunion. Dokumentation, in: Aussonderung und Tod. Die klinische Hinrichtung der Unbrauchbaren, Berlin 1985, S. 75-107, hier 80; Hürter: Die Wehrmacht vor Leningrad, S. 436 ff. Zur aktiven Rolle des Generalquartiermeisters Wagner bei diesen Vorgängen siehe Gerlach: Militärische „Versorgungszwänge", S. 194.

[300] Antrag des XXVIII. Armeekorps auf Ermordung der Geisteskranken der Heilanstalt Makarjewo unter Einsatz eines SD-Kommandos vom 20.12.1941, in: Deutsche Besatzungspolitik, S. 79 f.; Zustimmung des Oberbefehlshabers der 18. Armee zu den vom XXVIII. Armeekorps beantragten Liquidierungsmaßnahmen, in: ebd., S. 80. Siehe zu diesem Vorgang auch Gerlach: Militärische „Versorgungszwänge", S. 194. Im OKW-Prozeß wurde dieser Vorgang von Küchler ebenfalls zur Last gelegt, vgl. Friedrich: Gesetz des Krieges, S. 447-451.

[301] Eine Untersuchung der Feldpostbriefe aus dem Raum Leningrad könnte Aufschluß darüber geben, wie der gemeine Soldat die Hungerpolitik wahrgenommen hat, die sich in den Vororten unmittelbar vor seinen Augen abspielte.

[302] Vgl. Müller: Scheitern der Blitzkriegstrategie, S. 1014.

dies zu unterbinden. Somit ist evident, daß die Versorgungsprobleme auch hier nur als utilitaristische Begründung einer Hungerpolitik dienten, die darauf abzielte, große Teile einer unliebsamen Bevölkerung zu vernichten.[303]

Gemäß den deutschen Planungen hätte Leningrad den ersten Winter der Belagerung nicht überlebt. Die Wehrmacht hätte dann im Frühjahr 1942 in die Stadt einrücken und ihr Zerstörungswerk vollenden können. Doch Leningrad hielt den Hungerwinter 1941/42 durch. Im zweiten Kriegsjahr hatte sich die strategische Weltlage mit dem Kriegseintritt der Vereinigten Staaten grundlegend verändert. Nachdem der Blitzkrieg gegen die Sowjetunion gescheitert war, zielte die deutsche Führung nicht länger auf einen völligen Zusammenbruch ihres Hauptgegners im Osten ab, sondern wollte ihn lediglich als militärischen Faktor ausschalten. Man gedachte, seine Verteidigungsfähigkeit zu brechen, indem man ihm seine kriegswirtschaftlichen Kraftquellen so weit wie möglich entzog. Dazu war beabsichtigt, im Süden das Kaukasusgebiet mit seinen Ölfeldern zu erobern und die Sowjetunion von ihren Versorgungswegen über den Iran abzuschneiden. Im Norden war ein Vorstoß zur Murman-Bahn und zum Weißen Meer geplant, um auch den nördlichen Nachschubweg zu unterbrechen. 1941 wurden über Murmansk 42,7 % aller Schiffsgüter für die Sowjetunion umgesetzt, 1942 waren es 38,7 %. Mit der Unterbrechung der südlichen und nördlichen Versorgungsrouten hätten die Deutschen zwei Drittel der alliierten Lieferungen unterbunden.[304]

Ursprünglich sollten diese beiden Ziele nacheinander realisiert werden. In der Euphorie der Anfangserfolge glaubte Hitler im Juli 1942, alles auf einmal erreichen zu können. So wollte er, daß der Vorstoß zur Wolga bei Stalingrad und der Vormarsch in den Kaukasus gleichzeitig erfolgen. Und obwohl noch im Sommer zwei kleinere Operationen am nördlichen Kriegsschauplatz wegen Kräftemangels verschoben worden waren,[305] plante er für den September 1942 unter dem Decknamen „Nordlicht" die „Wegnahme" Leningrads.[306] Anschließend sollte

---

303 Zur „nützlichkeitsbezogenen" Begründung der nationalsozialistischen Vernichtungspolitik vgl. Herbert: Vernichtungspolitik, S. 59 ff.

304 Vgl. Andreas Hillgruber: „Nordlicht" – Die deutschen Pläne zur Eroberung Leningrads im Jahre 1942, in: ders. (Hg.): Deutsche Großmacht- und Weltpolitik im 19. und 20. Jahrhundert, Düsseldorf 1977, S. 295-316, hier 297 f.

305 Dies waren zum einen das Unternehmen „Moorbrand", das eine Begradigung der Volchov-Front durch die Bereinigung des Pogost'e-Kessels vorsah, und zum anderen das Unternehmen „Bettelstab", das eine Beseitigung des Oranienbaumer Kessels und einen verstärkten Artilleriebeschuß Kronstadts beinhaltete. Zu „Moorbrand" siehe das Schreiben des Generalkommandos des XXVIII. Armeekorps an das Oberkommando der 18. Armee vom 10.10.1942, BA-MA, RH 19 III/696, Bl. 6-15. Zu „Bettelstab" siehe das Schreiben des Heeresgruppenkommandos Nord an das Oberkommando der 18. Armee vom 28.5.1942, BA-MA, RH 19 III/702, Bl. 8 und das Schreiben des Höheren Artillerie-Kommandos 303 an das Oberkommando der 18. Armee vom 7.6.1942, ebd., Bl. 11-16.

306 So Hitler gegenüber von Küchler, vgl. Bericht von Küchlers vom 25.8.1942 über den Lagevortrag im Führerhauptquartier am 23.8.1942, BA-MA, RH 19 III/698, Bl. 136 141, hier 138. Vgl. auch Hillgruber: „Nordlicht", S. 302 ff. Der Führerbefehl, die Wegnahme Leningrads unter dem Decknamen „Feuerzauber" vorzubereiten, übermittelte das OKH der Heeresgruppe Nord in

gemeinsam mit den freigewordenen finnischen Kräften im Unternehmen „Lachsfang" eine Offensive gegen die Murman-Bahn beginnen.

Diese Revision der Belagerungsstrategie änderte allerdings nichts an Hitlers Vernichtungsplänen. In seinen Monologen im Führerhauptquartier räsonierte er: „Hier muß man zu antiken Prinzipien übergehen, die Stadt muß total dem Erdboden gleichgemacht werden."[307] Bei den operativen Planungen sah man sich jedoch bald wieder vor all jenen Problemen, die im Herbst 1941 den Ausschlag für die Hungerstrategie gegeben hatten. Wiederum stand die Zivilbevölkerung im Mittelpunkt der Überlegungen. Diesmal fürchtete die deutsche Führung allerdings keine Massenflucht gegen die deutsche Front. Vielmehr wollte man vermeiden, daß der deutsche Angriff „die Zivilbevölkerung aus der Stadt heraus in die Stellungen treibe",[308] zumal sich noch „Hunderttausende von Arbeitern" in Leningrad befänden, die sofort „zu ihren Waffen greifen" würden.[309] Wie im Sommer 1941 kam man auch ein Jahr später wieder zu der Lösung, „die Vernichtung der Stadt" mit dem Angriff auf Leningrad „in Einklang" zu bringen und „möglichst schon in die Vorbereitung" des Angriffs zu legen.[310] Und wieder glaubte Hitler, die „restlose Zerstörung" der Newametropole könne gleichsam von außen erfolgen. Sie müsse mit der „blöden Masse von Material" vollzogen werden, und dabei komme es „auf ein stures Zusammenschlagen mit Artillerie und Luftwaffe an". Als von Küchler dieser Vorstellung entgegenhielt, daß er für die Operation auch ausreichend Infanteriedivisionen brauche, da einer „letzten Endes den Gegner und die Stadt vereinnahmen" müsse, wies Hitler dieses Ansinnen mit dem knappen Hinweis zurück, er habe keine weiteren Divisionen.[311] Auch wenn der deutsche Diktator zu diesem Zeitpunkt von dem Ziel, die Stadt schließlich einzunehmen, noch nicht abgerückt war, so erwog er bereits andere Optionen:

> „Er [Hitler, J.G.] weist auch auf die Lösung des O.K.H., Angriff beiderseits des Newa-Knies, hin. Wenn der Angriff, den ungünstigsten Fall zu Grunde gelegt, stecken blie-

---

einem Schreiben vom 24.7.1942, BA-MA, RH 19 III/698, Bl. 14. Den Decknamen „Nordlicht" erhielt das Unternehmen erst im August, innerhalb der Heeresgruppe trug es auch die Bezeichnung „Georg", vgl. Fernschreiben der Heeresgruppe Nord an das Oberkommando der 18. Armee vom 3.8.1942, BA-MA, RH 19 III/697, Bl. 57 und vom 28.7.1942, ebd., Bl. 65.

307 Hitler: Monologe, S. 334 (8.8.1942).

308 Hitler bei einer Besprechung mit der Wehrmachtführung und dem Oberbefehlshaber der Heeresgruppe Nord, vgl. Bericht von Küchlers vom 25.8.1942 über den Lagevortrag im Führerhauptquartier am 23.8.1942, BA-MA, RH 19 III/698, Bl. 136-141, hier 140 f.

309 So von Küchler zu Hitler, ebd., Bl. 139.

310 Hitler bei einer Besprechung mit der Wehrmachtführung und dem Oberbefehlshaber der Heeresgruppe Nord, vgl. Bericht von Küchlers vom 25.8.1942 über den Lagevortrag im Führerhauptquartier am 23.8.1942, BA-MA, RH 19 III/698, Bl. 136-141, hier 141.

311 Alle Zitate aus der Notiz des Oberstleutnant i.G. v. Gersdorff über die Reise des Oberbefehlshabers [der Heeresgruppe Nord, J.G.] ins Führerhauptquartier vom 11.8.1942, BA-MA, RH 19 III/697, Bl. 25-34.

be, so habe diese Lösung immer noch den größeren Vorteil, weil man dann wenigstens dichter an die Stadt herankomme. Die Stadt müsse restlos zerstört werden."[312]
Erneut war die deutsche Führung also zu einem Verzicht auf die Einnahme Leningrads und damit zu einer Reduktion der ursprünglichen militärischen Ziele an der Nordfront bereit. Doch wollte man in diesem Fall wenigstens die Versäumnisse des vergangenen Herbstes nachholen: Der Belagerungsring mußte enger gezogen und die letzten Zugangswege geschlossen werden. Es galt, die Blockade effektiver zu gestalten. Ganz offen argumentierte in diese Richtung Feldmarschall Erich von Manstein, der die Operation mit seiner 11. Armee durchzuführen hatte. Er beurteilte die Erfolgsaussichten von „Nordlicht" eher skeptisch und plädierte dafür, die Hungerpolitik fortzusetzen. Nach ihm sollte das Ziel der Offensive von vornherein darin bestehen, lediglich den Einschließungsring um Leningrad enger zu ziehen, um so die Versorgung über den Ladogasee zu unterbinden.[313]

Doch auch dieses begrenzte militärische Ziel konnte nicht erreicht werden. Das Unternehmen „Nordlicht" scheiterte, bevor es überhaupt begonnen hatte. Am 27. August 1942 startete die Rote Armee einen Großangriff südlich des Ladogasees. Die für „Nordlicht" herangeführten Kräfte zog man zur Abwehr dieser Offensive heran. Dabei wurden sie in einem Maße verbraucht, daß danach an einen eigenen Angriff nicht mehr zu denken war.[314] Damit war die deutsche Hungerstrategie gescheitert. Leningrad konnte auch im zweiten Kriegswinter über den Ladogasee mit Lebensmitteln und Brennstoff beliefert werden, auch wenn die Wehrmacht erneut versuchte, mit Luftangriffen die Organisation dieser Versorgungsroute zu verhindern und ihren Betrieb zu stören.[315]

Im Januar 1943 gelang es der Roten Armee schließlich, bei Schlüsselburg einen kleinen Korridor durch den Belagerungsring zu erkämpfen. Über diesen Zugang konnten Lebensmittel und Rüstungsgüter in die Stadt gelangen. Die deutsche Seite plante, diese Lücke im Belagerungsring zu schließen.[316] Unter dem Decknamen „Parkplatz" war für den Spätsommer eine Großoffensive der Heeresgruppe Nord geplant. Diese Operation verfolgte zwei Ziele. Zum einen sollte eine Bereinigung des Pogost'e-Kessels die Volchov-Front begradigen, wie dies schon das Unternehmen „Moorbrand" vorgesehen hatte. Zum anderen sollte „die Abschnürung Leningrads [...] durch Unterbrechung der Landverbindung

---

312 Ebd., Bl. 32. Hierauf wandte sich General Jodl an von Gersdorff und wies „ebenfalls ganz besonders auf die unbedingte Notwendigkeit der restlosen Zerstörung der Stadt hin", ebd.

313 Vgl. Hillgruber: „Nordlicht", S. 309 f.

314 Vgl. ebd., S. 310-315. Zu den Entsetzungsversuchen der Roten Armee siehe Kap. II.2. Die Mitteilung, daß das Unternehmen „Nordlicht" vorerst nicht stattfinden werde, erreichte die Heeresgruppe am 20. Oktober 1942, vgl. Fernschreiben des OKH an die Heeresgruppe Mitte vom 20.10.1942, BA-MA, RH 19 III/698, Bl. 14.

315 Vgl. Kyrill A. Merezkow: Im Dienste des Volkes, Berlin (Ost) 1972, S. 279.

316 Hitler hatte bereits in seinem Operationsbefehl Nr. 5 vom 13.3.1943 „eine Operation gegen Leningrad [...] unter schärfster Zusammenfassung aller verfügbaren Artillerie und unter Einsatz modernster Angriffswaffen" angekündigt, KTB OKW, Bd. 3, S. 1421.

südlich des Ladogasees wenigstens teilweise erreicht werden".[317] Doch all diese Planungen, bei denen sich von Küchler sogar der Illusion von der „endgültigen Wegnahme Leningrads" hingab, scheiterten am Mangel an Truppen und Waffen.[318] Tatsächlich befand sich die Wehrmacht vor Leningrad längst in der Defensive und konnte nur noch versuchen, ihre Stellung so lang wie möglich zu halten.

Bereits unter dem nächsten Großangriff der Roten Armee brach die deutsche Front im Januar 1944 innerhalb weniger Tage zusammen. Von zwei Seiten, aus dem Oranienbaumer Kessel und aus dem Leningrader Belagerungsring, gingen die sowjetischen Truppen in die Offensive. Die materielle Überlegenheit der Roten Armee traf die Heeresgruppe Nord mit einer bis dahin nicht gekannten Wucht und prägte die Kriegserinnerung der Wehrmachtsoldaten. Ewald Goldmann, der zu den wenigen Überlebenden der Kämpfe bei Ropša gehörte, beschrieb das Inferno mit folgenden Worten:

> „Die Artillerie steht südöstlich von Petrowskoje. Am Waldrand. Wenn das Mündungsfeuer blitzt, ist noch Zeit. Zeit zum Leben. Viele lange Sekunden. Schönes Leben. ... zählen ... zählen 15 16 17 18 erbärmliche Angst. Aus ... daneben. Stunde um Stunde. Den ganzen Tag Granaten."[319]

Am 27. Januar 1944 feierte Leningrad seine vollständige Befreiung von der deutschen Belagerung.

---

317 Vortragsnotizen betr. „Parkplatz I" des Oberkommandos der 18. Armee vom 27.5.1943, BA-MA, RH 19 III/226, Bl. 35-40.

318 Bericht über den Lagevortrag im Führerhauptquartier am 18.5.1943 durch den Oberst i.G. Hermann, BA-MA, RH 19 III/226, Bl. 58-64, Zitat Bl. 60.

319 Erinnerungen von Ewald Goldmann. Aus seinem Fotoalbum Nr. 2 seiner Reisen nach St. Petersburg. Ich danke Herrn Franz-Josef Libera (Taunusstein), daß er mir diese Alben zur Verfügung gestellt hat.

II. VON DER VERTEIDIGUNG ZUR BEFREIUNG: DIE MILITÄRISCHEN OPERATIONEN DER ROTEN ARMEE VOR LENINGRAD 1941-1944

Im Juli 1941 konnten zahlreiche Lebensmitteltransporte, die auf dem Weg nach Westen waren, ihre Bestimmungsorte nicht mehr erreichen, weil diese bereits von der Wehrmacht besetzt waren. Anastas I. Mikojan, Politbüromitglied und im Krieg unter anderem Vorsitzender des Komitees für die Verpflegung der Roten Armee, unterbreitete deshalb Stalin folgenden Vorschlag: Die Waren sollten einfach nach Leningrad umgeleitet werden, denn die Millionenstadt, so Mikojan, würde immer Lebensmittel brauchen. Diese Idee wurde zunächst auch umgesetzt, bis der Erste Leningrader Parteisekretär, Andrej A. Ždanov, bei Stalin dagegen intervenierte: Die Lieferungen seien aufgrund „überfüllter" Leningrader Speicher einzustellen. Mikojans Einwand, die Leningrader könnten die Nahrungsmittel ja auch in Turnhallen, Museen oder in den Palastanlagen der alten Hauptstadt lagern, war vergeblich. Stalin ordnete an, daß ohne sein oder Ždanovs Einverständnis keine zusätzlichen Lieferungen nach Leningrad erfolgen sollten.[1] Ein ähnlicher Zwischenfall ereignete sich wenige Wochen später, als der Blockadering um die Stadt bereits geschlossen war. Mikojan benutzte für die Versorgung Leningrads mit Lebensmitteln etwa 50 Douglas-Bomber und handelte sich damit den Vorwurf Stalins ein, die Kampfflugzeuge sachfremd einzusetzen. Die Bomber wurden abgezogen und für andere Aufgaben verwandt.[2]

Gewiß läßt sich nicht ausschließen, daß Mikojan sich in seinem 25 Jahre später verfaßten Bericht als Wohltäter Leningrads profilieren wollte. Der Wert seiner Erinnerungen besteht jedoch darin, eines der wenigen Zeugnisse aus dem engsten Führungskreis der Bolschewiki zu sein, welche die Rolle Stalins bei der Blockade Leningrads thematisieren. Dabei wird Stalin als unberechenbarer Diktator dargestellt, der offenbar keine Sympathien für die ehemalige Hauptstadt hegte und durch unvernünftige Entscheidungen der Stadt großen Schaden zufügte. Andrej Ždanov wiederum, der in den meisten Memoiren als engagierter Vertreter Leningrader Interessen auftritt, erscheint als ein ergebener Parteigänger Stalins.

---

1 Anastas I. Mikojan: Tak bylo. Razmyšlenija o minuvšem, Moskau 1999, S. 426 f. Diesen Vorgang schilderte Mikojan erstmals in: ders.: V dni blokady, in: Voenno-istoričeskij žurnal 1977, Nr. 2, S. 45 f.

2 Mikojan: Tak bylo, S. 427.

Die sowjetische Historiographie zum Zweiten Weltkrieg hat sich des Verhältnisses zwischen Stalin und Leningrad bislang nicht angenommen. In der Nachkriegszeit sonnte sich der sowjetische Diktator in seinem Ruhm als weiser Führer und Stratege, ehe er im Zuge der Entstalinisierung aus der Geschichte der Belagerungszeit gestrichen wurde. Fortan wurde der Schauplatz Leningrad vollkommen losgelöst vom Machtzentrum im Kreml beschrieben. Für eine Analyse der sowjetischen Militärstrategie sind die Entscheidungen des Hauptquartiers allerdings von zentraler Bedeutung. Schließlich wurden die Operationen der Leningrader Front in Moskau entworfen und beschlossen. Der westlichen Geschichtswissenschaft fehlte wiederum der Zugang zu den entsprechenden Archiven, um diesen Aspekt zu untersuchen. So konnte man nur mehr oder weniger plausibel darüber spekulieren, inwieweit sich Stalin in seinen Entscheidungen von einer persönlichen Abneigung gegen die Newametropole leiten ließ.

Im Herbst 1941 agierte die Rote Armee rein defensiv. Sie versuchte mit aller Macht, die auf eine engere Einschließungslinie drängenden Wehrmachtverbände aufzuhalten. Heute werfen russische Historiker Stalin vor, er habe sich in dieser Phase nur halbherzig für die Verteidigung Leningrads eingesetzt, ja sogar schon die Übergabe der Stadt an die Deutschen vorbereitet.[3] Noch schwerer wiegen die Vorwürfe, die man dem obersten Befehlshaber hinsichtlich der späten Befreiung Leningrads macht. Nachdem sich im Winter 1941/42 die Lage an der Front stabilisiert hatte, stand die sowjetische Seite vor der Aufgabe, die Stadt möglichst bald aus der deutschen Umklammerung zu befreien. Dies gelang allerdings erst im Januar 1944, was zu der Vermutung geführt hat, Stalin habe Leningrad wohl nicht früher entsetzen wollen.[4]

Im Folgenden soll die operative Strategie der Roten Armee vor Leningrad herausgearbeitet werden. Inwieweit ergab sie sich folgerichtig aus der militärischen Lage? Von welchen Überlegungen ließ sich Stalin bei seinen Entschlüssen leiten? Neben der Beantwortung dieser Fragen sollen außerdem die Handlungsspielräume der Führung vor Ort ausgelotet werden. Dabei ist zu berücksichtigen,

---

[3] Vgl. den Diskussionsbeitrag des Petersburger Historikers Valentin M. Koval'čuk in: Viktor Demidov (Hg.): Blokada rassekrečennaja, St. Petersburg 1995, S. 133 f. Dieser Vorwurf findet sich auch in der älteren westlichen Literatur, so bei Salisbury: 900 Tage, S. 274-277. Leon Goure konnte dagegen keine ernsthaften Überlegungen in diese Richtung erkennen, vgl. Goure: Siege of Leningrad, S. 94. Einen Überblick über die Diskussion dieses Aspektes findet sich bei: Wolfgang Thormeyer: Die Blockade Leningrads – 50 Jahre danach, in: Internationale Wissenschaftliche Korrespondenz der deutschen Arbeiterbewegung, 30 (1994), S. 290-293.

[4] Vgl. Richard Bidlack: Workers at War. Factory Workers and Labor Policy in the Siege of Leningrad (= Carl Beck Papers in Russian and East European Studies 902), Pittsburgh 1991, S. 32. In der von Jan Plamper erweiterten deutschen Übersetzung von Irina Reznikovas Aufsatz zur Repression während der Blockade wird ganz allgemein von „Stalins ‚Mitschuld' am Massensterben wegen strategischer Fehler" sowie von seinem „Haß auf Leningrad und Leningrads Parteiführer" gesprochen, vgl. Irina Reznikova: Repressionen während der Leningrader Blockade, in: 1999. Zeitschrift für Sozialgeschichte des 20. und 21. Jahrhunderts, 15 (2000), S. 117-141, hier 120.

daß die Arbeit der höchsten Kriegsorgane – des Staatlichen Verteidigungskomitees[5] und der Stavka[6] ebenso wie des Politbüros – informell ablief.[7] Es wurden weder Protokolle über den Gang der Diskussion angefertigt, sofern eine solche überhaupt stattfand, noch sind Notizen aus der Umgebung Stalins überliefert. Ohnehin existierte die Stavka als Organ nur auf dem Papier, denn sie ist während des gesamten Krieges formell kein einziges Mal zusammengetreten. Sie war im Grunde jeweils dort, wo Stalin sich gerade aufhielt:

> „War er in seinem Arbeitszimmer im Kreml, befand sie sich dort, bewegte er sich fort, folgte sie ihm: auf die Datsche, in die zum Luftschutzkeller für Stalin und den Generalstab umfunktionierte Kirov-Station der Metro, in den Generalstab."[8]

Schließlich wird noch zu untersuchen sein, mit welchen Mitteln Stalin seine Strategie in die Praxis umzusetzen versuchte.

1. „Für uns ist die Armee wichtiger": Stalin und die Frage einer Kapitulation Leningrads

Am 12. September 1941 ordnete Stalin an, alle Vorbereitungen für die Sprengung der Ostseeflotte zu treffen. Kein einziges Kriegsschiff sollte in die Hände des Gegners fallen. Wer sich dem Zerstörungsbefehl widersetze, habe mit strenger Bestrafung zu rechnen.[9] Am nächsten Tag übermittelte die Stavka dem Befehls-

---

5 Das *Gosudarstvennyj komitet oborony* (GKO) wurde am 30.6.1941 als höchstes staatliches Organ für die Zeit des Krieges gegründet. Neben Stalin, der den Vorsitz führte, gehörten dem GKO noch Vjačeslav M. Molotov, Kliment E. Vorošilov, Georgij M. Malenkov und Lavrentij P. Berija an. Später wurden auch Anastas I. Mikojan, Nikolaj A. Voznesenskij, Lazar' M. Kaganovič und Nikolaj A. Bulganin als Mitglieder aufgenommen. Am 5.5.1945 wurde das GKO wieder aufgelöst.

6 Die Stavka wurde am 22.6.1941 gegründet und war das Oberkommando der Streitkräfte. Sie bestand aus dem Volkskommissar für Verteidigung, Semën K. Timošenko, der formal den Vorsitz führte, Stalin, Molotov, Georgij K. Žukov, den Marschällen Semën M. Budënnyj und Vorošilov sowie dem Volkskommissar der Kriegsflotte, Nikolaj G. Kuznecov.

7 Vgl. Andrej V. Chrulev: Stanovlenie strategičeskogo tyla v Velikoj Otečestvennoj vojne, in: Voenno-istoričeskij žurnal 1961, Nr. 6, S. 64-86; Bernd Bonwetsch: Der „Große Vaterländische Krieg" und seine Geschichte, in: Dietrich Geyer (Hg.): Die Umwertung der sowjetischen Geschichte, Göttingen 1991, S. 167-187, hier 176 (mit weiterer Lit.).

8 Ebd.; zum Arbeitsstil Stalins siehe Jurij A. Gor'kov: Kreml. Stavka. Genštab, Tver' 1995, S. 88-107.

9 Vgl. N.G. Kusnezow: Gefechtsalarm in den Flotten, Berlin (Ost) 1974, S. 92 f. Möglicherweise irrt sich hier Kuznecov im Datum, und der Befehl erfolgte erst einen Tag später, vgl. Dzeniskevič: Blokada i politika, S. 98.

haber der Leningrader Front einen Plan, der bereits zuvor vom Stabschef der Flotte und Koordinator der Leningrader See- und Landstreitkräfte, Ivan S. Isakov, ausgearbeitet worden war. Er sah im Falle eines Abzugs der Roten Armee die Zerstörung aller Schiffe vor, die im Finnischen Meerbusen und auf der Newa vor Anker lagen.[10] Die britische Regierung wurde über diesen Plan informiert und bot daraufhin an, sich an den Folgekosten dieser Selbstversenkung zu beteiligen.[11] Außer der Flotte war auch die Vernichtung der bedeutendsten Militär- und Industrieobjekte beabsichtigt.[12] Der Kreml hatte eigens den ersten stellvertretenden Volkskommissar des Inneren, Vsevolod N. Merkulov, nach Leningrad abkommandiert, um alle nötigen Maßnahmen für den Fall Leningrads vorzubereiten.[13] Einige Betriebe trafen bereits erste Vorbereitungen zur Zerstörung der Fabrikeinrichtung.[14]

Die ersten Dokumente, in denen derartige Zerstörungsmaßnahmen angeordnet wurden, waren zu Zeiten Gorbačëvs an die Öffentlichkeit geraten. Sie setzten eine Diskussion in Gang, ob Stalin die Newametropole bereits frühzeitig aufgegeben hatte.[15] Inwieweit hat aber eine Kapitulation Leningrads im Herbst 1941

---

10 Vgl. die Direktive der Stavka vom 13.9.1941 an den Kriegsrat der Leningrader Front, in: Velikaja Otečestvennaja, hg. v. V.A. Zolotarev, 14 Bde., Moskau 1993-2002, Bd. 5/1: Stavka VGK: Dokumenty i materialy (1941-1945), S. 181. Der Ausführungsplan des stellvertretenden Volkskommissars der Kriegsflotte in: ebd., S. 378 f., hier allerdings ohne das Verzeichnis der zu sprengenden Schiffe. Das vollständige Dokument wurde veröffentlicht in: Skrytaja pravda vojny: 1941 god. Neizvestnye dokumenty, hg. v. P.N. Knyševskij u.a., Moskau 1992, S. 140-147.

11 Stalin lehnte dieses Angebot allerdings mit dem Hinweis ab, daß die anfallenden Kosten von Deutschland nach dem Krieg wieder gutgemacht werden sollten, vgl. Persönliche Botschaft von Stalin an Churchill vom 13.9.1941, in: Briefwechsel Stalins mit Churchill, Attlee, Roosevelt und Truman 1941-1945, Berlin (Ost) 1961, S. 31.

12 Georgi K. Shukow: Erinnerungen und Gedanken, 2 Bde., Berlin (Ost) [7]1983, Bd. 1, S. 407; Očerki istorii Leningrada Bd. 5, S. 155. Dabei gehen die Meinungen in der Literatur über die Durchführbarkeit eines solchen Unternehmens auseinander. Während Viktor Demidov die Ansicht vertritt, es habe zuwenig Sprengstoff zur Verfügung gestanden, um – wie geplant – etwa 140 Fabriken zu zerstören, geht Andrej Dzeniskevič von größeren Sprengstoffvorräten aus und weist darauf hin, daß die Betriebe ja nicht komplett in die Luft gesprengt werden mußten, um sie für den Feind unbrauchbar zu machen. Einig sind sich die meisten Historiker darin, daß Stalin zu keinem Zeitpunkt die Absicht hatte, Leningrad vollständig zu vernichten, vgl. Demidov (Hg.): Blokada rassekrečennaja, S. 146 ff.; Dzeniskevič: Blokada i politika, S. 100-107.

13 Vgl. Lomagin: Neizvestnaja blokada Bd. 1, S. 68.

14 Siehe z.B. die Memoiren von Georgij Kulagin: Dnevnik i pamjat'. O perežitom v gody blokady, Leningrad 1978, S. 43; oder den Auszug aus dem Tagebuch eines Arbeiters der Ižora-Werke, in: Leningrad v osade, S. 61.

15 Vgl. u.a.: Gennadij Sobolev: Sobiralsja li Stalin sdavat' Leningrad?, in: Leningradskaja panorama 1991, Nr. 6, S. 24-26; Dzeniskevič: Blokada i politika, S. 94-110. Laut John Erickson wußte Stalin angeblich über Spione der Roten Kapelle von Hitlers Verzicht auf eine Einnahme Leningrads, vgl. John Erickson: The Road to Stalingrad. Stalin's War with Germany, Bd. 1, London 1975, S. 194. Sollte dies zutreffen, so zeigen die angeordneten Vorkehrungen, daß er diesen Geheimdienstinformationen offenbar ähnlich wenig Glauben schenkte wie jenen, die im Frühjahr 1941 den deutschen Überfall vorausgesagt hatten. Auch 1942 vertraute er seiner Intuition, die Wehrmacht werde in ihrer Sommeroffensive gegen Moskau vorgehen, und blies Warnungen des

tatsächlich eine Rolle in Stalins Kalkül gespielt? Zunächst bleibt festzuhalten, daß Befehle der „verbrannten Erde", wie die oben zitierten, in den ersten Kriegswochen nichts Außergewöhnliches waren. Bereits am 28. Juni 1941 hatte der Kriegsrat der Nordfront angeordnet, im Falle eines Rückzugs alles zu zerstören, was zurückgelassen werden müsse und dem Feind in irgendeiner Weise nützen könne.[16] Auch Stalin hatte in seiner ersten öffentlichen Rede nach Kriegsbeginn betont, daß alles wertvolle Gut, das bei der Räumung von Territorium nicht abtransportiert werden könne, unbedingt zu vernichten sei.[17] Die Stavka ordnete am 12. September 1941 sogar an, den Svir'-Staudamm zu sprengen, falls die Lage es erfordere.[18] Auch von anderen Fronten sind Weisungen dieser Art bekannt. Als deutsche Truppen im Oktober 1941 vor Moskau standen und Vorkehrungen für den Fall eines Rückzugs aus der Hauptstadt getroffen werden mußten, berief Stalin eine Kommission unter dem Vorsitz des stellvertretenden Volkskommissars für Inneres, General Serov, ein und erteilte ihr den Auftrag, die Zerstörung der Moskauer Industrieanlagen vorzubereiten. Bereits einen Tag später lag ihm eine Liste mit 1119 Unternehmen vor, die zur Sprengung vorgesehen waren, darunter 412 Rüstungsbetriebe. Am 15. Oktober befahl Stalin, alle Fabriken und Kraftwerke zu zerstören, falls es der Wehrmacht gelänge, in die Stadt einzudringen.[19] Selbst kulturelle Einrichtungen wie das Bol'šoj-Theater wären dabei nicht verschont geblieben.[20] Derartige Szenarien standen nicht nur auf dem Papier, sondern wurden andernorts auch in die Tat umgesetzt: In Kiew sah sich die Wehrmacht etwa nach der Eroberung der Stadt einer ganzen Reihe von Sprengungen gegenüber.[21]

Es besteht kein Grund zu der Annahme, Stalin hätte die Newametropole im Falle einer deutschen Besatzung geschont. Doch daraus folgt umgekehrt nicht, daß der sowjetische Diktator die Absicht hatte, „die Geburtsstadt der Revolution zu zerstören und die Überlebenden in die letzte Entscheidungsschlacht gegen die

britischen wie des eigenen Geheimdienstes vor einem Angriff im Süden in den Wind, vgl. dazu Richard Overy: Russlands Krieg 1941-1945, Reinbek bei Hamburg 2003, S. 117-122 und 246 ff.

16 Anordnung des Kriegsrats der Nordfront vom 28.6.1941, Central'nyj gosudarstvennyj archiv Sankt-Peterburga (im Folgenden CGA SPb) fond 7384, opis' 36, delo 62, list 15 f. Wenige Tage später legte der Kriegsrat der Leningrader Front noch einmal fest: Für den Fall, daß Fabrikinventar nicht mehr rechtzeitig evakuiert werden könne, sei dieses zu zerstören, vgl. Anordnung des Kriegsrats der Leningrader Front vom 4.7.1941, CGA SPb f. 7384, o. 36, d. 62, l. 92-94.

17 Vgl. Stalins Rundfunkrede vom 3.7.1941, in: Stalin: Werke, Bd. 14, S. 236-242, hier 241.

18 Vgl. Direktive der Stavka vom 12.9.1941 an den Befehlshaber der Karelischen Front, in: Velikaja Otečestvennaja Bd. 5/1, S. 179.

19 Vgl. Heinz-Dietrich Löwe: Stalin. Der entfesselte Revolutionär, 2 Bde., Göttingen, Zürich 2002, Bd. 2, S. 320. Derartige Zerstörungsbefehle gab es in allen großen Städten, die von der Einnahme durch die Wehrmacht bedroht waren, vgl. Lomagin: Neizvestnaja blokada Bd. 1, S. 68.

20 Vgl. Timothy J. Colton: Moscow. Governing the Socialist Metropolis, Cambridge, London 1995, S. 250.

21 Vgl. Arnold: Die Eroberung und Behandlung der Stadt Kiew, S. 52.

Deutschen marschieren zu lassen".[22] Stalins Pläne waren vielmehr Ausdruck seiner allgemeinen Lageeinschätzung an der Leningrader Front. Žukov berichtete in diesem Zusammenhang von einer Besprechung im September 1941:

„[Stalin] kam dann auf Leningrad und die Leningrader Front zu sprechen. Die Lage bei Leningrad schätzte er als katastrophal ein. Ich erinnere mich, daß er sogar das Wort ‚hoffnungslos' gebrauchte. Er sagte, offensichtlich müsse Leningrad in ein paar Tagen als verloren angesehen werden. Falle aber Leningrad, so vereinigten sich die Deutschen mit den Finnen, und es entstünde dort eine äußerst gefährliche Gruppierung, die vom Norden her auch Moskau bedrohe."[23]

Stalin war sich der strategischen Bedeutung Leningrads also durchaus bewußt, und nichts lag ihm ferner, als die Stadt leichtfertig preiszugeben. Hinzu kamen kriegswirtschaftliche Interessen, die ein Halten der ehemaligen Hauptstadt nahe legten. Da die Evakuierung der Industriebetriebe erst Ende August 1941 begonnen hatte, waren nur wenige Maschinen aus der großen Wirtschaftsmetropole in Sicherheit gebracht worden. So war es kein Zufall, daß Stalin mit Žukov einen seiner fähigsten Militärs mit der Verteidigung Leningrads beauftragte. Nicht mangelndes Engagement oder gar ein irrationaler Vernichtungswille ließ die sowjetische Führung die Sprengung von kriegswichtigen Einrichtungen in Leningrad vorbereiten, sondern eine militärstrategische Planung, die auf alle Eventualitäten eingestellt sein wollte.

Ein vergleichbarer Vorfall, der bislang kaum beachtet wurde, ereignete sich im Oktober 1941.[24] Als die deutschen Truppen Mitte des Monats kurz vor einem Durchbruch an der Volchov-Front standen, ließ Stalin per Funk folgende Anordnung nach Leningrad übermitteln:

„An Fedjuninskij, Ždanov und Kuznecov.

Aus Ihrem zögerlichen Vorgehen kann man den Eindruck gewinnen, daß Sie sich der kritischen Lage, in der sich die Truppen der Leningrader Front befinden, noch immer nicht bewußt sind. Wenn Sie nicht innerhalb der nächsten Tage die Front durchbrechen und keine stabilen Verbindungen zur 54. Armee und damit zum Hinterland herstellen, werden alle Ihre Truppen in Gefangenschaft geraten. Diese Verbindung ist nicht nur unabdingbar, um die Truppen der Leningrader Front zu versorgen, sondern vor allem deshalb notwendig, um ihnen eine Rückzugsmöglichkeit nach Osten zu eröffnen und dadurch deren Gefangennahme zu vermeiden, falls Leningrad aufgegeben werden muß. Bedenken Sie, daß sich Moskau selbst in einer kritischen Situation befindet und außerstande ist, Ihnen mit neuen Kräften unter die Arme zu greifen. Entweder Sie durchbrechen in den nächsten zwei bis drei Tagen die Front und schaffen die Voraussetzung dafür, Ihre Truppen nach Osten abzuziehen, falls es

22 Salisbury: 900 Tage, S. 342.

23 Konstantin Simonow: Aus der Sicht meiner Generation, Berlin 1990, S. 364 f.

24 Dokumentiert wurde er bereits in Volkogonovs Stalin-Biographie, doch verzichtete der Autor auf eine Interpretation des Vorganges, vgl. Dmitri Wolkogonow: Triumph und Tragödie. Politisches Portrait des J.W. Stalin, 2 Bde., Berlin (Ost) 1990, Bd. 2/1, S. 205 f.

sich als unmöglich erweist, Leningrad zu halten, oder Sie werden in Gefangenschaft geraten.

Wir fordern Sie zu entschlossenem und schnellem Handeln auf. Ziehen Sie acht oder zehn Divisionen zusammen und brechen Sie nach Osten aus. Das ist in jedem Fall notwendig, ob Leningrad gehalten werden kann oder nicht. Für uns ist die Armee wichtiger. Wir fordern von Ihnen entschlossenes Handeln."[25]

In diesem Befehl kommen die Prioritäten Stalins deutlich zum Ausdruck: Die Soldaten waren ihm wichtiger als der Schutz oder die Rettung der Einwohner Leningrads, die notfalls geopfert werden sollten. Dem Ausbruch der Armee galt deshalb in diesen Tagen Stalins größte Sorge, und ihr wurden sämtliche Aktionen der Front untergeordnet. Der 54. Armee, die sich östlich der Einschließungslinie befand, wurde befohlen, den Ausbruchsversuch der Leningrader Truppen durch Angriffe von außerhalb des Belagerungsringes zu unterstützen. Auch hier ließ der Chef des Generalstabes, Aleksandr M. Vasilevskij, keinen Zweifel daran, daß es sich bei dieser Operation „weniger um die Rettung Leningrads, als vielmehr um die Rettung und den Abzug einer Armee der Leningrader Front" handelte.[26] Der Befehlshaber der 54. Armee, Michail S. Chozin, sah sich jedoch ohne die Zufuhr von neuen Kräften außerstande, in die Offensive zu gehen, zumal er der 4. Armee zwei Divisionen für die Verteidigung von Tichvin zur Verfügung stellen sollte.[27]

Als die Lage an der Front unverändert blieb, insistierte Vasilevskij auf der Ausführung von Stalins Befehlen:

„Genosse Stalin hat mir erneut befohlen, dem Kriegsrat der [Leningrader, J.G.] Front seine kategorische Forderung zu übermitteln, den Angriff und Durchbruch nach Osten zu beschleunigen. Allein darin sieht er die einzige Rettung Leningrads und vor allem der Armee der Leningrader Front. Er fordert kategorisch, die im Osten für einen Durchbruch vorgesehenen Truppen maximal zu verstärken und dort nicht weniger als 10 oder 12 Schützendivisionen zu Lasten anderer Frontabschnitte, vor allem der 8. Armee, zu konzentrieren. [...] Diese Anordnungen müssen unverzüglich umgesetzt werden, da die Zeit nicht stehen bleibt. In wenigen Tagen kann sich ein Durchbruch als undurchführbar erweisen."[28]

In Anbetracht solcher Anweisungen drängt sich die Vermutung auf, daß Vasilevskijs wiederholtes Drängen, die im Süden Leningrads stationierten Panzer über die Newa überzusetzen und an den östlichen Stadtrand zu verlegen, vor allem

---

25 Diese Instruktion Stalins übermittelte Vasilevskij der Leningrader Front in einem Telefonat mit Fedjuninskij am 23.10.1941, in: Velikaja Otečestvennaja Bd. 5/1, S. 259.

26 Telefonat des Chefs des Generalstabes Vasilevskij mit dem Befehlshaber der 54. Armee, Chozin, vom 23.10.1941, in: Velikaja Otečestvennaja Bd. 5/1, S. 260 f., hier 261.

27 Ebd.

28 Telefonat Vasilevskijs mit Fedjuninskij und Kuznecov vom 25.10.1941, in: Velikaja Otečestvennaja Bd. 5/1, S. 262 f., hier 263.

einem Ziel galt: an dieser Stelle einen Ausbruch nach Osten zu wagen und die modernen KV-Panzer in Sicherheit zu bringen.[29]

Auch dies erweckt den Eindruck, Stalin habe die Newametropole längst preisgegeben und nur noch versucht, die Truppen zu retten. Bezieht man allerdings die militärische Lage am nördlichen Kriegsschauplatz in die Analyse dieser Befehle ein, erscheinen Stalins Anordnungen durchaus nachvollziehbar. Nachdem die Wehrmacht im September 1941 am südlichen Stadtrand Leningrads stehengeblieben war und ihre Panzerkräfte nach Moskau verlegt hatte, stagnierte ihre Offensive. Die deutschen Truppen konnten nicht wie geplant am Westufer des Ladogasees nach Norden vorstoßen, um sich dort mit den Finnen zu vereinigen und den Belagerungsring zu schließen. Also rückten sie entlang des südlichen Seeufers in Richtung Osten bis Tichvin vor. Im November 1941 gelang es der Wehrmacht sogar, diesen wichtigen Eisenbahnknoten, der Leningrad mit Zentralrußland verband, zu erobern und für einige Wochen zu halten. Damit hatte auch der Zugang ins Innere des Belagerungsringes über den Ladogasee seinen Sinn verloren, da dessen Verkehrsanbindung ans Hinterland abgerissen war. Unter diesen Umständen hätte Leningrad wohl nicht länger versorgt werden können und die deutsche Hungerstrategie wäre aufgegangen.

Stalins Truppenverlegungen im Oktober 1941 sollten also in erster Linie helfen, Tichvin zu verteidigen. Nachdem von der 8. Armee bereits drei Schützendivisionen abgezogen worden waren, wurden zwischen dem 24. und 26. Oktober 1941 die 191. Schützendivision mit insgesamt 10 000 Mann aus Leningrad ausgeflogen und zwei Regimenter aus Osinovec nach Novaja Ladoga verschifft.[30] Am 25. Oktober 1941 forderte Stalin, eine weitere Division aus Leningrad über den Wasser- oder den Luftweg in den Raum Tichvin zu verlegen.[31] Im November 1941 wurden daraufhin vor allem KV-Panzer und andere schwere Waffen über die Eisstraße aus dem Belagerungsring herausgeholt und der 54. Armee zur Verfügung gestellt.[32] Dadurch verschlechterte sich die materielle Ausrüstung der Leningrader Front, deren Soldaten seit dem Beginn der Blockade darüber klagten, daß sie moderne Rüstungsgüter abgeben müßten und diese gar nicht oder nur durch schrottreifes Gerät ersetzt würden.[33]

Die Möglichkeit, Soldaten und schwere Waffen aus dem Belagerungsring herauszuholen, stellte für Stalin einen willkommenen Nebeneffekt der Truppenbewegungen dar, die primär operative Ursachen hatten. Denn die Überlebenschancen der Stadt hielt er weiterhin für gering. Als Mikojan die Anordnung zur

29 Ebd.

30 Ebd. Übrig blieben östlich der Newa die 115., 86. und 265. Schützendivision und am westlichen Ufer die 177. Schützen- und die 20. NKVD-Division. Am östlichen Frontabschnitt, wo der Durchbruch erfolgen sollte, konzentrierten sich die 80., 10., 168., 44. und 281. Schützendivision sowie die 6. Marineinfanteriebrigade mit 4000 Mann.

31 Ebd.

32 Ivan I. Fedjuninskij: Podnjatye po trevoge, Moskau 1961, S. 83 f.

33 Vgl. Bericht des Leningrader NKVD vom 5.9.1941, in: V tiskach goloda, S. 142–145, hier 143.

Errichtung einer Autostraße über den zugefrorenen Ladogasee unterschrieb, gab Stalin ihm mit auf den Weg: „Ich warne Sie, daß all diese Dinge unzuverlässig sind und keine ernsthafte Bedeutung für die Leningrader Front haben können.“[34]

Stalins Sorgen um Gerät und Truppen rührten dabei von den schweren Anfangsniederlagen der Roten Armee her, als in mehreren großen Kesselschlachten – etwa bei Białystok, Minsk, Smolensk oder Kiew – hunderttausende Rotarmisten in deutsche Kriegsgefangenschaft geraten waren. Gerade im Kampf um die ukrainische Metropole, der erst wenige Wochen zurücklag, hatten Stalins unnachgiebige Haltebefehle immense Verluste provoziert. Der sowjetische Diktator hatte einen strategischen Rückzug, wie Žukov ihn vorgeschlagen hatte, kategorisch abgelehnt. Daraufhin wurden die Verteidiger Kiews von der Wehrmacht eingeschlossen. Zählt man Gefallene und Gefangene zusammen, dann verlor die Rote Armee in diesem Kessel über eine halbe Million Soldaten.[35]

Stalin hatte offenbar seine erste Lektion in diesem Krieg gelernt und versuchte nun zu verhindern, daß einmal mehr eine ganze Armee durch eine Einkesselung verloren ging. Er verstand es inzwischen, den Raum als Waffe zu nutzen, wie es ihm Peter I. im Kampf gegen die Schweden und Michail I. Kutuzov gegen Napoleon vorgemacht hatten. Und Stalin hatte, wie vor ihm schon die deutsche Führung, erkannt, daß der Krieg nicht im Norden des Landes entschieden würde. So wurde Leningrad auch in der sowjetischen Strategie zu einem Nebenkriegsschauplatz. Der sowjetische Diktator nahm aber fälschlicherweise an, die Wehrmacht wolle die Newametropole mit aller Macht einnehmen, und war deshalb im Oktober 1941 sogar zu einer Kapitulation bereit. Daß die Leningrader Zivilbevölkerung in seinen strategischen Überlegungen offenbar keine Rolle spielte, muß nicht speziell und schon gar nicht ausschließlich auf Stalins Antipathie gegen die Newametropole zurückgeführt werden. Vielmehr lag es generell in der Tradition stalinistischer Politik, den einzelnen für das große Ganze bedenkenlos zu opfern.

34 Mikojan: Tak bylo, S. 432.
35 Vgl. Overy: Russlands Krieg, S. 150.

2. „Wann kommen die Siege zu uns nach Leningrad?" Die späte Befreiung von der Belagerung

Es ist ein fester Bestandteil des sowjetischen Heldenepos über den „Großen Vaterländischen Krieg", daß Leningrad 900 Tage lang der deutschen Belagerung trotzte. Dieser Mythos verkennt die militärische Lage, in der sich die Newametropole tatsächlich befand. Denn der Wehrmacht fehlten nach dem Truppenabzug im Herbst 1941 die militärischen Mittel, einen aussichtsreichen Versuch zur Einnahme der Stadt zu unternehmen. Nur mit der Operation „Nordlicht" starteten die Deutschen im Sommer 1942 eine groß angelegte Offensive. Leningrad mußte von der Roten Armee also weniger verteidigt, als vielmehr befreit werden. Dies empfanden auch die in der Stadt ausharrenden Menschen so. Seit Februar 1942 gab es Stimmen, die von der sowjetischen Führung forderten, den Blockadering entweder zu sprengen oder – wenn man dazu nicht in der Lage sei – die Stadt den Deutschen zu übergeben.[36] Doch erst am 27. Januar 1944 wurde Leningrad endlich entsetzt.[37] Dabei war die Hoffnung der Eingeschlossenen auf die Befreiung schon im Winter 1941/42 groß. So notierte Pëtr Samarin, stellvertretender Werkabteilungsleiter im Leningrader Rechenzentrum, am 30. Dezember 1941 in sein Tagebuch:

> „Heute spricht man über den herrlichen Frontbericht. Wir haben große Beute gemacht und viele Städte im Süden und im Westen zurückerobert. Wie schön! Wann kommen die Siege zu uns nach Leningrad, wann hören wir auf, so zu krepieren ..."[38]

Warum wurde Leningrad erst so spät befreit? Die westliche Forschung hat zuweilen gemutmaßt, daß man den Blockadering schon früher hätte sprengen können. Immerhin hatte die Rote Armee im Januar 1944 am südlichen Frontabschnitt, wo die Wehrmacht am weitesten ins Landesinnere vorgestoßen war, die einst besetzten Gebiete wieder zurückerobert und bereits die sowjetisch-polnische Grenze von 1939 überquert. Am nördlichen Frontabschnitt waren

---

[36] Vgl. Bericht des Leningrader NKVD aus dem März 1942, in: V tiskach goloda, S. 206 - 210, hier 207; Bericht des Leningrader NKVD vom 23. April 1942, in: ebd., S. 224 - 227, hier 226.

[37] Insgesamt forderte die Verteidigung und Befreiung Leningrads 980 000 Tote und 1,95 Millionen Verwundete und Kranke, vgl. Bernd Bonwetsch: Das belagerte Leningrad 1941 - 1944, in: Helmut Hubel/Joachim von Puttkamer/Ulrich Steltner (Hg.): Ein europäisches Rußland oder Rußland in Europa? – 300 Jahre St. Petersburg, Baden-Baden 2004, S. 141 - 162, hier 149.

[38] Tagebucheintrag Pëtr Samarins vom 30.12.1941, in: Walter Kempowski: Das Echolot. Barbarossa '41. Ein kollektives Tagebuch, München 2002, S. 680 f.

dagegen seit Herbst 1941 keine größeren Veränderungen zu verzeichnen. Fehlte also im Kreml der politische Wille, die Blockade schnellstmöglich zu beenden?[39]

Betrachtet man das militärische Geschehen an der Leningrader Front näher, dann muß man diesen Vorwurf als zu pauschal zurückweisen. Die Rote Armee verweilte nicht zweieinhalb Jahre untätig in ihren Schützengräben, sondern unternahm zwischen September 1941 und Januar 1943 immerhin fünf Versuche, den Belagerungsring zu durchzubrechen. Der erste Entsatzungsversuch fand bereits unmittelbar nach dem Beginn der Blockade statt. Als die Front sich nach dem Abzug des Panzerkorps „Reinhardt" stabilisiert hatte, wollte Žukov sofort zum Gegenangriff übergehen.[40] Die 54. Armee, die sich als einzige Armee der Leningrader Front außerhalb des Belagerungsringes befand, sollte zunächst die Bahnstation Mga zurückerobern und anschließend einen Weg zu Žukovs Truppen in Leningrad schlagen. Damit wäre eine Eisenbahnverbindung mit dem Hinterland hergestellt worden. Stalin maß dieser Operation eine große Bedeutung bei und drängte regelrecht zum Losschlagen, da er die Gefahr als akut ansah, Leningrad könnte in die Hände des Gegners fallen. Offenbar hielt er sogar jede Stunde für ausschlaggebend, denn er beharrte zuletzt darauf, den Angriffstermin um acht Stunden vorzuverlegen.[41]

Der Mangel an frischen Reserven brachte jedoch diesen ersten Befreiungsversuch zum Erliegen. Dabei hatte sich die deutsche Führung der Heeresgruppe Nord zu Beginn der sowjetischen Offensive noch Sorgen gemacht, ob ihre Stellungen zu halten seien.[42] Die Rotarmisten waren jedoch vom Abwehrkampf der letzten Wochen erschöpft und erhielten kaum Verstärkung. Die 42. Armee mußte sich zum Beispiel für diese Operation mit einer NKVD-Schützenbrigade, einer Volkswehrdivision und zwei Schützenbrigaden, die aus Seeleuten und Personal der Luftverteidigung zusammengewürfelt worden waren, zufrieden geben.[43] Am Ende stand ein Geländegewinn von lediglich sechs bis zehn Kilometern.[44]

---

39 So Bidlack: Workers at War (1991), S. 32. Der damalige stellvertretende Befehlshaber der Volchov- und der Karelischen Front machte dagegen eine Reihe von strategischen Fehlentscheidungen sowohl von Stalin als auch von den Verantwortlichen der Leningrader Front, Ždanov und Chozin, für den späten Entsatz verantwortlich, vgl. D.K. Žerebov: Pjat' popytok proryva blokady, in: Leningradskaja panorama 1988, Nr. 1, S. 18 f.; ders.: Leningradskaja bitva, in: A.P. Krjukovskich (Hg.): Leningradskaja bitva 1941-1944. Sbornik statej, St. Petersburg 1995, S. 20-27. Kritik an Žerebovs Position übte: N. Sorokin: Upuščennaja vozmožnost', in: ebd., S. 86-93.

40 Vgl. Salisbury: 900 Tage, S. 352 ff.

41 Vgl. das Telefonat Stalins mit Kulik vom 20.9.1941, in: Velikaja Otečestvennaja Bd. 5/1, S. 193 f., hier 194.

42 Vgl. Klink: Heer und Kriegsmarine, S. 550.

43 Zu den Kämpfen unmittelbar nach der Schließung des Belagerungsringes vgl. A.P. Krjukovskich: Oborona Leningrada: Sentjabr' sorok pervogo, in: Novyj časovoj, 6/7 (1998), S. 147-163. Aus deutscher Perspektive siehe: Hartwig Pohlmann: Geschichte der 96. Infanterie Division 1939-1945, Bad Nauheim 1959, S. 81-93.

44 Zur Operationsgeschichte vgl. Glantz: Battle for Leningrad, S. 78-84; S.P. Platonov (Hg.): Bitva za Leningrad 1941-1944, Moskau 1964, S. 66-76.

Žukov gab dem Befehlshaber der 54. Armee, Grigorij I. Kulik, die Schuld am Scheitern der Offensive. Kurz darauf wurde Kulik durch Michail S. Chozin, einen Günstling Žukovs, ersetzt.[45]

Der zweite Befreiungsversuch, die 1. Operation „Sinjavino", folgte unmittelbar auf den ersten. Als die sowjetische Feindaufklärung meldete, die Wehrmacht ziehe ihre motorisierten Verbände ab und die verbleibenden Truppen richten sich für den Winter ein, war klar, daß von deutscher Seite vorerst keine weiteren Angriffe auf Leningrad zu erwarten waren. Žukov sah nun die Zeit für den entscheidenden Gegenschlag gekommen.[46] Der Angriff sollte diesmal gleichzeitig von den eingeschlossenen Truppen sowie von der – östlich des Belagerungsringes stehenden – 54. Armee geführt werden. Ziel war auch diesmal die Rückeroberung der Bahnstation Mga.[47] Zusätzliche Soldaten oder Waffen konnte die Stavka jedoch nicht zur Verfügung stellen, so daß der Angriff unter Einsatz aller verfügbaren Reserven erfolgen mußte.[48]

Am 16. Oktober 1941 ging allerdings die Wehrmacht südlich des Ladogasees in die Offensive. Sie hatte die Leningrader Front mit der 227. und 212. Infanteriedivision aus Frankreich, der 250. Infanteriedivision, die aus spanischen Freiwilligen bestand (Blaue Division), und einigen Fallschirmjägerregimentern verstärkt.[49] Am 8. November 1941 gelang es den deutschen Truppen, die Ortschaft Tichvin einzunehmen.[50] Damit war die letzte Eisenbahnlinie, die von Osten her nach Leningrad führte, unterbrochen. Jetzt mußten Lebensmittel und Munition auf einem 360 Kilometer langen Umweg auf schwer passierbaren Waldwegen an die Häfen des Ladogasees gebracht werden. Da die Stavka keine Reserven zur Verfügung stellen konnte, mußten Einheiten, die für die 1. Operation „Sinjavino"

---

45 Vgl. Direktive der Stavka vom 24.9.1941 an den Befehlshaber der Leningrader Front, in: Velikaja Otečestvennaja Bd. 5/1, S. 200.

46 Vgl. Shukow: Erinnerungen und Gedanken Bd. 1, S. 424 und Bd. 2, S. 5 f.

47 Direktive der Stavka vom 12.10.1941 an den Kriegsrat der Leningrader Front, in: Velikaja Otečestvennaja Bd. 5/1, S. 240 f.

48 Vgl. Direktive der Stavka vom 14.10.1941 an die Befehlshaber der Leningrader Front und der 54. Armee, in: Velikaja Otečestvennaja Bd. 5/1, S. 243 f.; Salisbury: 900 Tage, S. 390. Die Rote Armee hatte für die 1. Operation „Sinjavino" insgesamt 63 000 Soldaten, 475 Geschütze und 97 Panzer zur Verfügung. Diesen standen auf deutscher Seite 54 000 Soldaten und 450 Geschütze gegenüber, vgl. Fedjuninskij: Podnjatye po trevoge, S. 62.

49 Vgl. Klink: Heer und Kriegsmarine, S. 554. Zur Blauen Division siehe Gerald R. Kleinfeld/ Lewis A. Tambs: Hitler's Spanish Legion. The Blue Division in Russia, Carbondale, Edwardsville 1979; Raymond L. Proctor: La division azul, in: Guerres mondiales et conflits contemporains. Revue d'histoire, 41 (1991), S. 55-76; Denis Smyth: The Dispatch of the Spanish Blue Division to the Russian Front. Reasons and Repercussions, in: European History Quarterly, 24 (1994), S. 537-553; Christian Leitz: Nazi Germany and Francoist Spain 1936-1945, in: Sebastian Balfour/Paul Preston (Hg.): Spain and the Great Powers in the Twentieth Century, London, New York 1999, S. 127-150, hier 142 f.; Klaus-Jörg Ruhl: Spanien im Zweiten Weltkrieg. Franco, die Falange und das „Dritte Reich", Hamburg 1975, S. 110-114.

50 Eine detaillierte Schilderung der militärischen Operation bei Tichvin findet sich bei: Glantz: Battle of Leningrad, S. 94-116; Platonov (Hg.): Bitva za Leningrad, S. 110-114.

vorgesehen waren, nun in dem Frontabschnitt bei Tichvin eingesetzt werden.[51] Die sowjetische Führung entschloß sich trotz dieser ungewollten Truppenverlegung, die geplante Offensive durchzuführen, weil sich die Lebensmittellage in Leningrad dramatisch verschlechterte. Sobald der Belagerungsring durchbrochen sei – so die optimistische Strategie –, sollten alle vorhandenen Kräfte den deutschen Angriff auf Tichvin stoppen.

Das Kalkül ging jedoch nicht auf, denn der Roten Armee gelang der Durchbruch des Belagerungsringes nicht. In Moskau wurde man deswegen nervös; mehrmals beklagte sich die Stavka über das „langsame Vorgehen" der Leningrader Front.[52] Nicht zu unrecht wurde die sowjetische Führung von der Befürchtung umgetrieben, daß nach dem Fall von Tichvin die Versorgung der eingeschlossenen Truppen abreißen würde und diese damit über kurz oder lang kapitulieren müßten. Stalin überhäufte die Verantwortlichen vor Ort mit Vorwürfen:[53]

> „Man muß zwischen der Gefangenschaft auf der einen und dem Opfern von ein paar Divisionen auf der anderen Seite wählen. Ich wiederhole: opfern und sich einen Weg nach Osten durchschlagen, um Ihre Front und Leningrad zu retten. Sobald Sie einen Weg geschlagen haben, wird es auch eine Eisenbahnverbindung geben."[54]

Stalin blieb also keineswegs passiv und nahm die Blockade auch nicht als vorerst unabänderlich hin. Nur waren ihm seine Truppen wichtiger als die Leningrader Zivilbevölkerung.

Doch alle Appelle nützten nichts. Es fehlte die Unterstützung durch die Truppen außerhalb des Ringes, da General Kirill A. Mereckov, der von der Stavka die Verfügungsgewalt über alle Verbände zwischen der Front am Svir' und Tichvin erhalten hatte, alle seine Kräfte in den Kampf um Tichvin werfen mußte. Dabei gelang es ihm immerhin, diese wichtige Eisenbahnverbindung zurückzuerobern. Am 8. Dezember 1941 erlaubten Hitler und das OKH, die kleine Ortschaft zu räumen.[55] Somit war zwar eine notdürftige Versorgung der eingeschlossenen Stadt wieder möglich, doch zugleich war auch der zweite Befreiungsversuch gescheitert. Immerhin konnte die sowjetische Führung noch als

---

51 Telefonat Vasilevskijs mit Fedjuninskij vom 23.10.1941, in: Velikaja Otečestvennaja Bd. 5/1, S. 257 f.; Direktive der Stavka vom 23.10.1941, in: ebd., S. 260.

52 Telefonat Vasilevskijs mit Fedjuninskij vom 23.10.1941, in: Velikaja Otečestvennaja Bd. 5/1, S. 259; Telefonat Stalins mit Ždanov und Chozin vom 8.11.1941, in: ebd., S. 277–279.

53 Telefonat Vasilevskijs mit Fedjuninskij und Kuznecov vom 25.10.1941, in: Velikaja Otečestvennaja Bd. 5/1, S. 262 f.; Telefonat Stalins mit Ždanov und Chozin vom 8.11.1941, in: ebd., S. 277–279.

54 Telefonat Stalins mit Žukov und Chozin vom 8.11.1941, in: Velikaja Otečestvennaja Bd. 5/1, S. 277–279, hier 278.

55 Vgl. Klink: Heer und Kriegsmarine, S. 557 ff. Während der Befreiung Tichvins fielen knapp 18 000 Rotarmisten, vgl. G.F. Krivošeev (Hg.): Grif sekretnosti snjat. Poteri vooružennych sil SSSR v vojnach, boevych dejstvijach i voennych konfliktach. Statističeskoe issledovanie, Moskau 1993, S. 172.

Erfolg verbuchen, daß deutsche Kräfte vor Leningrad gebunden waren, als der Kampf um Moskau seinen Höhepunkt erreichte.[56]

Nach der Befreiung Tichvins beorderte Stalin Ždanov und Chozin nach Moskau. Am 17. Dezember 1941 trafen die beiden Militärs zu einer Unterredung im Kreml ein, und man beschloß, einen dritten Befreiungsversuch zu unternehmen.[57] Dazu wurden zunächst die sowjetischen Verbände, die zwischen dem Ladoga- und dem Ilmensee lagen, zur Volchov-Front zusammengeschlossen.[58] Deren neu ernannter Oberbefehlshaber, General Kirill A. Mereckov, bekam die Aufgabe, mit seinen Truppen die Tichviner Gruppierung der Deutschen zu schlagen und den Volchov in nordöstlicher Richtung zu überschreiten. Anschließend sollte er im Zusammenwirken mit den von General Chozin befehligten Truppen der Leningrader Front (42., 55., 8. und 54. Armee) die deutschen Belagerungstruppen einkreisen und vernichten.[59]

Stalin setzte als Angriffstermin dieser Operation „Ljuban'" den 6. Januar 1942 fest, obwohl zu diesem Zeitpunkt noch nicht alle Truppen einsatzfähig waren.[60] Mereckovs Gesuche, die Offensive zu verschieben, wies die Stavka zurück. Erneut drängte also Moskau auf eine möglichst schnelle Befreiung der alten Hauptstadt, in der das Massensterben inzwischen seinen Höhepunkt erreicht hatte.[61] Doch auch dieser dritte Befreiungsversuch scheiterte.[62] Die Gründe dafür lagen einmal mehr in der schlechten Ausstattung und der notorischen Unterversorgung

---

56 Die *Leningradskaja pravda* stellte dies auch öffentlich als Leningrader Beitrag zur Verteidigung der Hauptstadt dar, vgl. *Leningradskaja pravda* vom 6.11.1941.

57 Vgl. Telefonat Malenkovs mit Ždanov und Chozin vom 14.12.1941, in: Velikaja Otečestvennaja Bd. 5/1, S. 335; Posetiteli kremlevskogo kabineta I.V. Stalina. Žurnaly (tetradi) zapisi lic, prinjatych pervym gensekom 1924 - 1953 gg. Alfavitnyj ukazatel', in: Istoričeskij archiv 1998, Nr. 4, S. 16 - 203, hier 71; Direktiven der Stavka vom 17.12.1941, in: Velikaja Otečestvennaja Bd. 5/1, S. 338 und 339.

58 Die Volchov-Front, benannt nach einem Zufluß des Ladogasees, bestand aus der 4., 52., 59. und 26. Armee (umgeformt in die 2. Stoßarmee). Die benachbarte 54. Armee wurde zunächst der Leningrader Front zugeschlagen, obwohl sie außerhalb des Blockaderinges lag, ehe sie Mitte 1942 der Volchov-Front unterstellt wurde, ebenso wie die im Januar 1942 neu gebildete 8. Armee. Oberbefehlshaber der Volchov-Front war General Kirill A. Mereckov, als sein Stabschef fungierte General G.D. Stel'mach. Vgl. Direktive der Stavka vom 11.12.1941, in: Velikaja Otečestvennaja Bd. 5/1, S. 329 f. Siehe auch E. Klimčuk: Vtoraja udarnaja i Vlasov, ili počemu odin general predal, a v predateli popala vsja armija, in: A.P. Krjukovskich (Hg.): Leningradskaja bitva 1941 - 1944. Sbornik statej, St. Petersburg 1995, S. 102 - 125, hier 103 f.

59 Vgl. die Direktiven der Stavka vom 26.2., 28.2. und 1.3.1942, in: Velikaja Otečestvennaja Bd. 5/2, S. 110 - 112. Zur operativen Planung siehe auch Glantz: Battle for Leningrad, S. 149 ff. und 153 - 156.

60 Vgl. Glantz: Battle for Leningrad, S. 156.

61 Vgl. Kyrill A. Merezkow: Im Dienste des Volkes, Berlin (Ost) 1972, S. 224 ff.; Telefonat Stalins mit Mereckov vom 10.1.1942, in: Velikaja Otečestvennaja Bd. 5/2, S. 36 f. Vgl. hierzu Kap. V.

62 Vgl. die Berichte des Kommandos der Volchov-Front an die Stavka vom 7.1., 18.1. und 22.1.1942, in: Velikaja Otečestvennaja Bd. 5/2, S. 482 - 487. Zur Gesamtoperation, die sich bis Februar hinzog, vgl. Glantz: Battle for Leningrad, S. 156 - 169; Platonov (Hg.): Bitva za Leningrad, S. 136 - 145.

der sowjetischen Truppen. Es fehlte an Panzern, an Artillerie und vor allem an Munition. Zudem waren die frisch ausgehobenen und unmittelbar an die Front geworfenen Truppen unzureichend ausgebildet.[63] Hinzu kamen strategische Fehler der militärischen Führung. Die Rote Armee spielte ihre zahlenmäßige Überlegenheit nicht aus: Sie versäumte es, ihre Kräfte an den entscheidenden Frontabschnitten zu konzentrieren. Zudem war die Kommunikation zwischen den einzelnen Fronten äußerst mangelhaft.[64] Die Rote Armee kostete dieser Fehlschlag 95 000 Gefallene, Vermißte und Gefangene.[65] Außer einem minimalen Bodengewinn konnte als einzig greifbarer Erfolg verbucht werden, daß weiterhin deutsche Truppen an diesen Nebenkriegsschauplatz gebunden blieben. Die Wehrmacht hatte immerhin sechs Divisionen aus Frankreich, Dänemark, Jugoslawien und dem Reich an die Front verlegen müssen, um diese Offensive abzuwehren.[66] Außerdem war Ritter von Leeb nach einer Auseinandersetzung mit Hitler zurückgetreten und durch General von Küchler ersetzt worden.[67]

Im Frühjahr 1942 kam es in der sowjetischen Führung erstmals zu einem Konflikt über die Befreiung Leningrads. Allerdings verliefen die Fronten nicht zwischen Leningradern auf der einen und Moskauern auf der anderen Seite, sondern zwischen der Leningrader Parteiführung und dem Befehlshaber der Leningrader Front, also zwischen Politik und Militär. Ždanov und Kuznecov plädierten dafür, den nächsten Befreiungsversuch noch vor Beginn des Tauwetters zu unternehmen. Sie befürchteten, die Stadt werde weitere anderthalb bis zwei Monate unter der Blockade aushalten müssen, wenn erst einmal die Schlammperiode eingesetzt habe. Aufgrund der kärglichen Lebensmittel- und Heizstoffversorgung stieg zudem die Gefahr, daß in der Stadt Epidemien ausbrechen würden.[68] General Chozin hielt jedoch seine Truppen, vor allem die 54. Armee, für kräftemäßig nicht in der Lage, innerhalb so kurzer Zeit den nächsten Angriff zu unternehmen. Er plädierte deshalb dafür, zunächst die gegnerischen Kräfte bei Ljuban'

---

63 Vgl. Merezkow: Im Dienste des Volkes, S. 228-232. Die Stavka mußte die Unterbewaffnung eingestehen und stellte der Volchov-Front zusätzlich 3000 Maschinenpistolen und 300 Panzerabwehrkanonen zur Verfügung, vgl. Direktive der Stavka vom 19.1.1942, in: Velikaja Otečestvennaja Bd. 5/2, S. 52 f.

64 Vgl. Glantz: Battle for Leningrad, S. 187.

65 Vgl. Krivošeev (Hg.): Grif sekretnosti snjat, S. 224. Ohne Nachweis ist die Angabe von Valentin Koval'čuk, es seien bei dieser Operation 60 000 Soldaten gefallen, vermißt oder gefangengenommen worden, vgl. Walentin Kowaltschuk: Die Verteidigung Leningrads durch die Rote Armee, in: Antje Leetz (Hg.): Blockade. Leningrad 1941-1944. Dokumente und Essays von Russen und Deutschen, Reinbek bei Hamburg 1992, S. 112-123, hier 119.

66 Vgl. Merezkow: Im Dienste des Volkes, S. 239; Alexei Bassow: Das Aufbrechen der Blockade Leningrads und die Veränderung der Lage in der strategischen Nordwestrichtung, in: Militärgeschichte, 26 (1987), S. 32-40, hier 35.

67 Vgl. Meyer: Generalfeldmarschall Wilhelm Ritter von Leeb, S. 69-72.

68 Schreiben Ždanovs und Kuznecovs an Chozin vom 13.3.1942, Central'nyj gosudarstvennyj archiv istoriko-političeskich dokumentov Sankt-Peterburga (im Folgenden CGAIPD SPb) f. 24, o. 151, d. 4, l. 82-84.

und Čudovo zu vernichten.[69] Chozin setzte sich mit seinem Vorschlag durch, so daß man es im Frühjahr 1942 bei einer Offensive an der Volchov-Front südlich von Leningrad beließ. Diese war durchaus erfolgreich. Trotz einer deutschen Gegenoffensive konnte südlich von Ljuban' ein Brückenkopf gebildet werden.[70]

Der vierte Befreiungsversuch, die 2. Operation „Sinjavino", erfolgte im Spätsommer 1942. Dieses Mal wurden die beteiligten Truppen besser ausgerüstet als bei den vorangegangenen Offensiven. Von manchen Waffengattungen konnte Moskau sogar mehr Gerät zur Verfügung stellen, als die Leningrader Frontkommandeure angefordert hatten. Abermals kann also von einem Desinteresse Stalins an einem militärischen Erfolg auf dem nördlichen Kriegsschauplatz nicht die Rede sein. Allerdings gelang es der Rüstungsindustrie nicht, den Munitionsmangel zu beseitigen. Er stellte eine schwere Hypothek dar, welche die Durchschlagskraft des Angriffs erheblich hemmen sollte.[71]

Am 19. August 1942 startete die Leningrader Front ihre Offensive, eine Woche später ging auch die Volchov-Front zum Angriff über.[72] Nach anfänglichen Erfolgen, die in Hitlers Führerhauptquartier noch für „größte Aufregung" gesorgt hatten,[73] wurde die sowjetische Offensive recht schnell zum Stehen gebracht. Die Rote Armee traf auf unerwarteten Widerstand, denn die Wehrmachtführung hatte parallel zu den sowjetischen Angriffsvorbereitungen die 11. Armee unter Generalfeldmarschall Erich von Manstein, die gerade die Belagerung von Sevastopol' erfolgreich beendet hatte, nach Leningrad verlegt. Die deutsche Seite verfolgte dabei das Ziel, mit der Operation „Nordlicht" die Lücke im Leningra-

---

69 Schreiben Chozins an Ždanov und Kuznecov vom 13.3.1942, CGAIPD SPb f. 24, o. 151, d. 4, l. 85-88.

70 Siehe dazu Glantz: Battle for Leningrad, S. 171-183; aus deutscher Perspektive: Werner Conze: Die Geschichte der 291. Infanterie-Division 1940-1945, Bad Nauheim 1953, S. 35-42; von Zydowitz: Geschichte der 58. Infanterie-Division, S. 44-60. Im Juni 1942 wurde jedoch dieser von der 2. Stoßarmee gebildete Brückenkopf von deutschen Verbänden eingeschlossen und aufgerieben. Dabei wurde auch deren Befehlshaber, General Vlasov, gefangengenommen und anschließend von deutscher Seite an die Spitze einer russischen Freiwilligenarmee gestellt. Nach dem Krieg gab der damalige Befehlshaber der Leningrader Front, General Chozin, der Stavka und insbesondere Stalin die Schuld an der Niederlage der 2. Stoßarmee, vgl. Michail S. Chozin: Ob odnoj maloissledovannoj operacii, in: Voenno-istoričeskij žurnal 1966, Nr. 2, S. 35-46. Zu dieser Operation vgl. außerdem Glantz: Battle for Leningrad, S. 191-212; Klimčuk: Vtoraja udarnaja i Vlasov, S. 102-125; Matthias Schröder: Deutschbaltische SS-Führer und Andrej Vlasov 1942-1945. „Rußland kann nur von Russen besiegt werden". Erhard Kroeger, Friedrich Buchardt und die „Russische Befreiungsarmee", Paderborn 2001, S. 130-138; Catherine Andreyev: Vlasov and the Russian Liberation Movement. Soviet Reality and Émigré Theories, Cambridge 1987, S. 24-29; zu Vlasov siehe außerdem: Hans-Erich Volkmann: Das Vlasov Unternehmen zwischen Ideologie und Pragmatismus, in: MGM, 12 (1972), S. 117-155.

71 Vgl. Merezkow: Im Dienste des Volkes, S. 266 und 271.

72 Vgl. Bassow: Aufbrechen der Blockade, S. 36 f. Eine detaillierte Operationsgeschichte bei Glantz: Battle for Leningrad, S. 212-232.

73 KTB Heeresgruppe Nord, Eintrag vom 28.8.1942, BA-MA, RH 19 III/185.

der Belagerungsring, die der Ladogasee bildete, zu schließen.[74] So gelang es der Wehrmacht, in einer Gegenoffensive sechs Divisionen und sechs Brigaden der Roten Armee vom Hinterland abzuschneiden.[75] Die sowjetischen Verluste beliefen sich auf über 113 000 Mann, davon 40 000 Tote, Gefangene und Vermißte.[76] Die Verluste der Wehrmacht fielen mit 26 000 Toten und Verwundeten deutlich geringer aus.[77] So war auch der vierte Versuch, Leningrad zu entsetzen, gescheitert, und einmal mehr konnte die Rote Armee nur einen indirekten Teilsieg verbuchen. Denn nachdem sich die deutschen Truppen in den Abwehrkämpfen stark verausgabt hatten, fehlte ihnen die Kraft, die Operation „Nordlicht" durchzuführen. So blieb der sowjetischen Seite immerhin der Erfolg, die wichtige Versorgungslinie über den Ladogasee verteidigt zu haben.

Trotz der schwierigen militärischen Gesamtlage war die Rote Armee weiterhin vor Leningrad aktiv. Als die Schlacht um Stalingrad ihren Höhepunkt erreichte, gingen die Truppen an der nördlichen Front erneut in die Offensive. In diesem fünften Anlauf gelang im Januar 1943 endlich der Durchbruch des deutschen Belagerungsringes. Nachdem die Heeresgruppe Nord im Winter 1942/43 sieben Divisionen an andere Brennpunkte hatte abgeben müssen, beschloß das sowjetische Oberkommando, einen erneuten Befreiungsversuch zu wagen. Die Initiative für die Operation „Iskra" ging dieses Mal allerdings nicht von Stalin aus. Der neue Befehlshaber der Leningrader Front, Generalmajor Leonid A. Govorov, hatte einen Operationsplan ausgearbeitet, dem zufolge die Truppen der Leningrader und der Volchov-Front die deutschen Gruppierungen durch Begegnungsstöße entlang der Linie Mga-Sinjavino zerschlagen und dadurch die Blokkade durchbrechen sollten.[78] Stalin billigte zwar Govorovs Strategie, zeigte sich über die Erfolgsaussichten des Unternehmens aber eher skeptisch.[79] Dennoch nahm der sowjetische Oberbefehlshaber die Angelegenheit sehr ernst und schickte mit Žukov ein zweites Mal seinen „besten Mann" als Koordinator der

---

74 Vgl. Kowaltschuk: Verteidigung Leningrads, S. 119 f. Zur Operation „Nordlicht" siehe Kap. I.2.

75 Vgl. Bernd Wegner: Der Krieg gegen die Sowjetunion 1942/43, in: Das Deutsche Reich und der Zweite Weltkrieg, hg. v. Militärgeschichtlichen Forschungsamt, Bd. 6: Der Globale Krieg. Die Ausweitung zum Weltkrieg und der Wechsel der Initiative 1941-1943, Stuttgart 1990, S. 761-1102, hier 903 ff.

76 Vgl. Krivošeev (Hg.): Grif sekretnosti snjat, S. 225.

77 Wegner: Krieg gegen die Sowjetunion, S. 906. Bassow beziffert die Verluste der Deutschen auf 60 000 Mann, 260 Flugzeuge, 200 Panzer sowie 600 Geschütze und Granatwerfer, vgl. Bassow: Aufbrechen der Blockade, S. 37.

78 Vortrag des Befehlshabers der Volchov-Front vom 21.9.1942, in: Velikaja Otečestvennaja Bd. 5/2, S. 546 f.; Direktive der Stavka vom 24.9.1942, in: ebd., S. 397; Direktive der Stavka vom 24.9.1942, in: ebd., S. 401.

79 Bericht des Befehlshabers der Leningrader Front an die Stavka über die Pläne der Operationen „Schlüsselburg" und „Urick" vom 18.11.1942, in: Velikaja Otečestvennaja Bd. 5/2, S. 560-563; Bericht des Befehlshabers der Leningrader Front an die Stavka über die für den Winter 1943 geplanten Kampfhandlungen vom 20.11.1942, in: ebd., S. 563-565. Vgl. auch Shukow: Erinnerungen und Gedanken Bd. 1, S. 429.

Leningrader und der Volchov-Front an den nördlichen Kriegsschauplatz.[80] Außerdem wurde der Personalbestand der Volchov-Front durch die Zuführung von Ersatz und Reserven um fast ein Viertel erhöht, trotz des gleichzeitig stattfindenden Kampfes um Stalingrad.[81]

Govorovs Plan sah vor, den Belagerungsring bei Schlüsselburg zu durchbrechen und anschließend bis Mga vorzustoßen.[82] Zur Erreichung dieses Ziels wurden allein im Dezember 1942 eine Schützendivision und fünf Schützenbrigaden über den Ladogasee nach Leningrad verlegt.[83] Auch wenn sich Žukov unmittelbar vor der Operation über Munitionsmangel beklagte, so konnte die sowjetische Führung die angreifenden Truppen doch spürbar besser ausrüsten als bei den vorangegangenen Befreiungsversuchen.[84]

Am 12. Januar 1943 begann nach vorbereitenden Bombenangriffen durch die sowjetische Luftwaffe die Offensive.[85] Weitaus koordinierter als noch im Sommer 1942 traten die Volchov-Front mit der 2. Stoßarmee sowie der 8. Armee und die Leningrader Front mit der 67. Armee von Nordwesten über die vereiste Newa zum Angriff gegen die fünf Divisionen des XXVI. Armeekorps der Wehrmacht an. Innerhalb weniger Tage war es ihnen geglückt, die erschöpften deutschen Truppen am Ladogasee einzuschließen. Am 18. Januar 1943 gelang den eingekesselten Einheiten zwar der Ausbruch, doch mußte die Heeresgruppe Nord die Front zurücknehmen. Noch am selben Tag wurde Schlüsselburg von der Roten Armee befreit.[86]

---

80 Vgl. ebd., S. 430.

81 Vgl. Bassow: Aufbrechen der Blockade, S. 38.

82 Bericht des Befehlshabers der Leningrader Front an die Stavka über die Pläne der Schlüsselburger und Uricker Operation vom 18.11.1942, in: Velikaja Otečestvennaja Bd. 5/2, S. 560-563; Bericht des Befehlshabers der Leningrader Front an die Stavka über die für den Winter 1943 geplanten Kampfhandlungen vom 20.11.1942, in: ebd., S. 563-565; Direktive der Stavka vom 2.12.1942, in: ebd., S. 458; Direktive der Stavka vom 8.12.1942, in: ebd., S. 464.

83 Von Mai bis November 1942 waren der Leningrader Front 290 000 Soldaten über den Ladogasee zugeführt worden, vgl. Valentin M. Koval'čuk: Iz istorii oborony Leningrada. Navigacija 1942 g. na Ladožskom ozere, in: Istoričeskie zapiski, 93 (1974), S. 7-69, hier 58 f.

84 Meldung Žukovs an die Stavka vom 11.1.1943, abgedruckt in: Shukow: Erinnerungen und Gedanken Bd. 1, S. 433 f. So erhielt die Leningrader Front zwischen Mai und November 1942 89 000 Tonnen Munition und 8000 Tonnen Waffen von außerhalb des Belagerungsringes. Darunter befanden sich 202 Panzer und 631 Geschütze, vgl. Koval'čuk: Iz istorii oborony Leningrada, S. 58 f. Insgesamt hatten die Stoßgruppierungen bei Leningrad über 5200 Geschütze und Granatwerfer zur Verfügung. Von Januar bis März 1943 verbrauchten die Truppen der Leningrader Front rund 3000 Eisenbahnwagen Munition, die laut Žukov ausschließlich in Leningrad produziert worden sei, vgl. Shukow: Erinnerungen und Gedanken Bd. 1, S. 437. Siehe hierzu auch Kap. IV.4.

85 Zum Verlauf der Operation vgl. Glantz: Battle for Leningrad, S. 273-287; A.P. Krjukovskich: Kak razvivalas' operacija „Iskra", in: ders. (Hg.): Leningradskaja bitva 1941-1944. Sbornik statej, St. Petersburg 1995, S. 141-154; Wegner: Krieg gegen die Sowjetunion, S. 1090 f.; Platonov (Hg.): Bitva za Leningrad, S. 251-271.

86 Die Befreiung des gesamten Leningrader Gebiets und das Zurückwerfen der Wehrmacht hinter die Linie Narva–Pskov–Cholm, wie es in der Folgeoperation „Polarstern" vorgesehen war,

Diese Lücke im Belagerungsring brachte für die Bevölkerung Leningrads schnell eine spürbare Erleichterung. Der Roten Armee war es zwar nicht gelungen, die über Mga führende Eisenbahnverbindung zurückzuerobern,[87] doch wurde in nur zwei Wochen eine Bahnlinie durch den acht bis elf Kilometer breiten Korridor entlang des südlichen Seeufers verlegt. Über diese Strecke konnte die noch immer belagerte Newametropole fortan besser als bislang aus dem Hinterland beliefert werden. Die neue Versorgungsroute erforderte allerdings auch ihre Opfer, da die enge Schneise ins Hinterland in Reichweite der deutschen Artillerie lag.

Der Januar 1943 brachte nicht nur eine Wende an der Leningrader Front, sondern auf dem gesamten sowjetischen Kriegsschauplatz. Durch den Sieg bei Stalingrad hatte die Sowjetunion die strategische Initiative an sich gerissen. Auch vor Leningrad lag nun das Heft des Handelns eindeutig in den Händen der Roten Armee – eine Einschätzung, die auch Stalin teilte:

> „Vor drei Monaten haben die Truppen der Roten Armee die Offensive im Vorgelände von Stalingrad begonnen. Seither liegt die Initiative der Kriegshandlungen in unseren Händen, während das Tempo und die Stoßkraft der Angriffsoperationen der Roten Armee nicht nachlassen. Heute greift die Rote Armee unter den schweren Verhältnissen des Winters an einer Front von 1500 Kilometern an und erzielt fast überall Erfolge. Im Norden, bei Leningrad, an der Mittelfront, im Vorgelände von Charkow, im Donezbecken, bei Rostow, an der Küste des Asowschen und des Schwarzen Meers versetzt die Rote Armee den Hitlertruppen einen Schlag nach dem anderen."[88]

Doch wer nun glaubte, die Rote Armee würde die zweitgrößte Stadt des Landes bald vollständig entsetzen, der sah sich getäuscht. Ein Jahr lang tat sich an der Leningrader Front praktisch nichts. Während die sowjetischen Truppen in Zentral- und Südrußland weite Gebiete befreiten, blieben sie auf dem nördlichen Kriegsschauplatz weitgehend passiv.[89] Waren die sowjetischen Offensiven bis dahin im kontinuierlichen Abstand von Wochen oder wenigen Monaten erfolgt, so brachte man nun die Zeit damit zu, den freigekämpften Korridor zu befesti-

---

scheiterte jedoch, vgl. Glantz: Battle for Leningrad, S. 287-304. Erneut waren die Verluste der Roten Armee sehr hoch: über 115 000 Soldaten, davon knapp 34 000 Gefallene, Gefangene und Vermißte, vgl. Krivošeev (Hg.): Grif sekretnosti snjat, S. 185.

87 Siehe dazu Viktor I. Demidov: Neudača posle pobedy. Krasnoborskaja operacija, in: Sankt-Peterburgskaja panorama 1993, Nr. 4, S. 22 f.

88 J.W. Stalin: Befehl des Obersten Befehlshabers Nr. 95 vom 23.2.1943, in: Stalin: Werke Bd. 14, S. 302-308, hier 303 f. Folgt man Marschall Kirill A. Mereckov, dann ging die strategische Initiative an der Leningrader Front bereits mit der Rückeroberung Tichvins im Dezember 1941 an die Rote Armee über, vgl. Merezkow: Im Dienste des Volkes, S. 202 und 220.

89 Zwei kleinere Offensiven im Juli/August und September 1943 waren lokal begrenzt und nicht besonders erfolgreich. Zwar konnten die deutschen Truppen so weit in die Defensive gedrängt werden, daß die Gefahr eines erneuten Abschließens Leningrads gebannt war. Doch der Korridor entlang des Ladogasees konnte auch nicht verbreitert werden. Vgl. hierzu Glantz: Battle for Leningrad, S. 305-323.

gen und die Lage zu stabilisieren.[90] Die einzige Operation, welche die Rote Armee am nördlichen Frontabschnitt im Sommer 1943 unternahm, galt nicht der Befreiung Leningrads, sondern der Rückeroberung der Gebiete um den Ilmensee mit den Städten Novgorod und Luga.[91] Danach wurden die erschöpften Truppen der Volchov-Front auch nicht aufgefüllt, denn ihre Aufgabe bestand laut Stalin nicht in weiterem Raumgewinn, sondern in der Bindung deutscher Divisionen. Dabei verfügte die Wehrmacht Ende August 1943 praktisch über keinerlei Reserven mehr.[92] Es dauerte noch bis zum Januar 1944, ehe die Rote Armee ihren sechsten Befreiungsversuch unternahm, der die deutschen Stellungen tatsächlich innerhalb weniger Tage zum Zusammenbruch brachte.[93] Folgt man der Version Ždanovs, dann gelang die Befreiung sogar vollkommen ohne militärische Unterstützung von außen.[94]

Warum hatte also das sowjetische Oberkommando, das doch alle Trümpfe in der Hand hielt, ein ganzes Jahr gewartet, bis es eine endgültige Befreiung Leningrads anordnete? Dafür lassen sich eine Reihe handfester Gründe benennen. Zunächst einmal kann die Versorgungslage Leningrads im Jahre 1943 nicht mit den Verhältnissen des Winters 1941/42 gleichgesetzt werden. Bereits im Sommer 1942 war die Bevölkerungszahl auf 807 300 Menschen gesunken,[95] im Januar 1944 waren es nur noch 630 000.[96] Die Stadt wirkte so leer und ausgestorben, daß den amerikanischen Journalisten W.L. White, der im Jahre 1944 Leningrad besuchte, das Gefühl beschlich, er durchstreife Pompeji.[97] Bald nach der Rückeroberung Schlüsselburgs konnte die Versorgung der Überlebenden durch den Korridor entlang des südlichen Seeufers gewährleistet werden. Schon am 22. Februar 1943 wurden die Brotrationen auf das Niveau von Moskau angeho-

---

90 Vgl. Merezkow: Im Dienste des Volkes, S. 283 f.

91 Vgl. Rolf-Dieter Müller/Gerd R. Ueberschär: Hitlers Krieg im Osten 1941-1945. Ein Forschungsbericht, Darmstadt 2000, S. 127.

92 Vgl. Merezkow: Im Dienste des Volkes, S. 296-301.

93 Vgl. Kowaltschuk: Verteidigung Leningrads, S. 121 f.; Glantz: Battle for Leningrad, S. 338-366; Platonov (Hg.): Bitva za Leningrad, S. 331-350. Das Kräfteverhältnis an der Frontlinie Leningrad–Novgorod zeigt die materielle Überlegenheit der sowjetischen Truppen: 1 241 000 Rotarmisten standen 741 000 Wehrmachtssoldaten gegenüber, dazu 21 600 zu 10 700 Geschütze und Granatwerfer, 1475 zu 385 Panzer und 1500 zu 300 Flugzeuge. Vgl. Gor'kov: Kreml', S. 124.

94 Rede Ždanovs vor dem Leningrader Gebietsparteikomitee am 11.4.1944, Rossijskij gosudarstvennyj archiv social'no-političeskoj istorii (im Folgenden RGASPI) f. 77, o. 1, d. 968, l. 134 (siehe dazu unten).

95 So der Stand vom 1. August 1942, vgl. N. Ju. Čerepenina: Golod i smert' v blokirovannom Leningrade, in: John Barber/Andrej R. Dzeniskevič (Hg.): Žizn' i smert' v blokirovannom Leningrade. Istoriko-medicinskij aspekt, St. Petersburg 2001, S. 35-80, hier 78. Diese Zahl findet sich auch in den Berichten des Geheimdienstes, vgl. Bericht des Leningrader NKVD vom 5.8.1942, in: V tiskach goloda, S. 241-244, hier 241.

96 Vgl. Valentin M. Koval'čuk/Gennadij L. Sobolev: Leningradskij „rekviem". O žertvach naselenija v Leningrade v gody vojny i blokady, in: Voprosy istorii 1965, Nr. 12, S. 191-194, hier 191.

97 W.L. White: Report on the Russians, New York 1945, S. 90.

ben.[98] Ein Leningrader, der die gesamte Blockadezeit in der Stadt verbracht hat, notierte am 11. September 1943 in sein Tagebuch: „Das Leben in der Stadt hat sich vollkommen normalisiert."[99]

Somit laufen Darstellungen, welche die Befreiung Leningrads mit einer Erlösung von der Hungerkatastrophe gleichsetzen, in die Irre.[100] Eine Befreiung hätte die Versorgungslage Leningrads nicht verbessert. Daneben fielen auch keine kriegswirtschaftlichen Gründe in die Waagschale, denn die wichtigsten Leningrader Industriebetriebe waren evakuiert, und die verbliebenen Fabriken versorgten die Leningrader Front mit Schußwaffen und Munition.[101]

Militärstrategisch hatte der Nordabschnitt der Front ebenfalls keine entscheidende Bedeutung. Leningrad war seit dem Herbst 1941 zum Nebenkriegsschauplatz geworden und blieb es während des restlichen Krieges. Weder konzentrierten sich hier bedeutende Kräfte der Wehrmacht, noch bedrohten die Deutschen wichtige Industrie- und Rohstoffbasen. So wie Hitler im zweiten Kriegsjahr den Schwerpunkt seines Feldzugs auf den kriegswirtschaftlich wichtigeren Süden der Sowjetunion legte, genauso hatte für Stalin die Befreiung dieser Gebiete sowie Zentralrußlands Vorrang vor der Rückeroberung des Baltikums. Aus militärstrategischer Sicht war die Situation vor Leningrad für die sowjetische Seite also eher vorteilhaft: Vom Gegner ging keine Gefahr mehr aus, vielmehr wurden seine Truppen an diesen Nebenkriegsschauplatz gebunden.

Auch ein symbolischer Erfolg, die zweite Hauptstadt des Landes zu befreien, konnte Stalin nicht dazu bewegen, der Blockade möglichst früh ein Ende zu setzen. Größeren Nutzen versprach er sich hingegen von einer propagandistischen Instrumentalisierung des belagerten Leningrads. Der Durchhaltewillen der Leningrader wurde als ein leuchtendes Beispiel für die Ausdauer und den Mut des gesamten sowjetischen Volkes ebenso wie für die Weisheit Stalins hingestellt. Die Propaganda betonte, daß es die Weisungen des sowjetischen Diktators wären, die von Ždanov kraftvoll in die Tat umgesetzt würden, wofür der letztere von den Leningrader Werktätigen auch die „Seele der Verteidigung Leningrads" genannt würde.[102] Dabei hatte man das Ausmaß der humanitären Katastrophe, die sich in der belagerten Stadt ereignete, der sowjetischen Bevölkerung lange Zeit verschwiegen.[103] Die Blockade wurde vielmehr als heroische Verteidigung

---

98 Rechenschaftsbericht der Städtischen Abteilung für Handelswesen vom 12.10.1943, in: Leningrad v osade, S. 259 - 270, hier 262 f.

99 Vgl. Nikolaj P. Gorškov: Siloju sveta v polsveči. Blokadnyj dnevnik, najdennyj čerez 50 let v sekretnych archivach KGB, St. Petersburg 1993, S. 163.

100 Diesen Eindruck erweckt z.B. auch das Standardwerk von Richard Overy: Russlands Krieg, S. 361.

101 Siehe dazu Kap. IV.

102 Vgl. Leningradskaja ėpopeja, in: *Pravda* vom 20.2.1943.

103 Dies gestand Molotov auch gegenüber einem amerikanischen Korrespondenten ein, vgl. Aufzeichnung eines Gesprächs zwischen Molotov und Kerr vom 24.11.1942, in: SSSR i germanskij vopros. 1941 - 1949: Dokumenty iz Archiva vnešnej politiki Rossijskoj Federacii, hg. v. G.P.

inszeniert und Leningrad in eine Reihe mit anderen „Heldenstädten" gestellt, etwa Odessa, Sevastopol' und – allen voran – Stalingrad.[104] 1942 ließ die sowjetische Propaganda den Film „Leningrad im Kampf" drehen, der den „heldenhaften Kampf der Beschützer der Stadt Lenins" zeigte und sich in erster Linie an die Frontsoldaten richtete. Im Rahmen seiner Vorführung wurden Vorträge gehalten und Aufrufe gestartet, sich ein Beispiel an der Standhaftigkeit, dem Mut und der Tapferkeit der Leningrader zu nehmen.[105] So benutzte die sowjetische Führung die Blockade als ein Mobilisierungsinstrument, indem sie auf eine Solidarisierung der Bevölkerung mit den Leningradern baute.

Das Schicksal der eingeschlossenen Stadt wurde aber nicht nur innenpolitisch instrumentalisiert, sondern hatte auch einen beachtlichen außenpolitischen Nutzen. Gegenüber den westlichen Alliierten bemühte man häufig das Beispiel Leningrad stellvertretend für die Lasten, welche die Sowjetunion im Krieg zu tragen hatte. Diese Argumentationslinie spielte bei den Verhandlungen um eine zweite Front und die Lend-and-Lease-Lieferungen eine wichtige Rolle. Die Amerikaner waren von der Unbezwingbarkeit Leningrads durchaus beeindruckt, was Stalin noch geschickt förderte, indem er amerikanischen Journalisten wie Henry Schapiro, Alexander Werth oder Harrison E. Salisbury einen Aufenthalt in der belagerten Stadt gewährte. So konstruierte die sowjetische Propaganda – nach innen wie nach außen – aus der Blockade gezielt einen Mythos, dessen Wirkung auf das Geschichtsbild bis heute andauert.

Die Mutmaßung, Stalin sei Leningrad – ähnlich wie Warschau im August 1944 – nicht zu Hilfe gekommen, obwohl ihm dazu die militärischen Mittel zur Verfügung gestanden hätten, trifft jedoch insofern zu, als die Stadt noch im Jahre 1943 unter dem Artilleriebeschuß durch die Wehrmacht litt.[106] Auch wenn die

---

Kynin und J. Laufer, Bd. 1: 22 ijunja 1941 g.-8 maja 1945 g., Moskau 1996, S. 176-186, hier 186.

104 Vgl. z.B. *Pravda* vom 25.11.1942. Nicht zutreffend ist das Urteil von William Moskoff, daß in den sowjetischen Medien nichts über das Schicksal Leningrads zu erfahren gewesen sei. Doch in den seltenen Fällen, in denen über die Newametropole geschrieben wurde, erschien deren Lage weit weniger dramatisch als die anderer Städte. Allerdings genoß Leningrad in der Unionspresse keinen Sonderstatus und wurde in der Regel als ein Kriegsschauplatz von vielen dargestellt, vgl. William Moskoff: The Bread of Affliction. The Food Supply in the USSR during World War II, Cambridge 1990, S. 206. Zur Berichterstattung über Charkow siehe z.B. *Pravda* vom 28.8.1943 und 30.8.1943.

105 Direktive der Politischen Hauptverwaltung der Roten Armee (GLAVPU RKKA) an die Leiter der Politabteilungen an den Fronten, in den Kreisen und Armeen über die Vorführung des Films „Leningrad im Kampf" bei der Truppe, in: Velikaja Otečestvennaja Bd. 6, S. 150.

106 Das passive Verhalten der Roten Armee bei Warschau, als dort im August 1944 die polnische Heimatarmee einen bewaffneten Aufstand gegen die deutschen Besatzer organisierte, wird allgemein als unterlassene Hilfeleistung gedeutet, die politisch motiviert gewesen sei. Stalin wollte Warschau durch seine Truppen und nicht durch die Heimatarmee befreien lassen, die in enger Verbindung mit der polnischen Exilregierung in London stand. Dieser Vorgang wurde von beiden Seiten als eine Weichenstellung für die politische Ordnung der Nachkriegszeit verstanden. Vgl. hierzu u.a. Stanisław Jaczyński: Die Rote Armee an der Weichsel: Politischer oder militäri-

dabei entstandenen Schäden in keiner Weise mit dem Grad der Zerstörung deutscher Städte im Zuge der alliierten Luftangriffe zu vergleichen sind, so forderte der Krieg in Leningrad weiterhin Menschenleben. Gut möglich, daß Stalin Schäden an der historischen Substanz der Stadt billigend in Kauf nahm, stand das alte St. Petersburg mit seiner mondänen Pracht doch für westliche Kultur und bourgeoise Dekadenz und bildete geradezu den Gegenpol zur alten, russischen Hauptstadt Moskau.[107]

Faßt man die Problematik des legendenumwobenen späten Entsatzes von Leningrad auf der Basis des verfügbaren Archivmaterials zusammen, so ist festzuhalten, daß bislang kein Dokument bekannt ist, aus dem hervorgeht, Stalin hätte Leningrad aus einer persönlichen Antipathie heraus nicht früher befreien lassen.[108] Auch sollte man sich bei der Bewertung von operativen Entscheidungen generell nicht allzu sehr auf Stalin fixieren. So ging etwa die Planung des Sommerfeldzuges 1943 nicht auf den Oberbefehlshaber der Roten Armee, sondern auf Žukov zurück. Jener entschied, daß der Schwerpunkt der Angriffsoperationen im Süden liegen sollte.[109] Nimmt man die Verhältnisse des Jahres 1943 in Leningrad als Ausgangspunkt der Überlegungen, so erscheint der Verzicht auf einen Entsatz noch im Laufe des Jahres als eine in der gegebenen Situation zumindest nachvollziehbare Strategie. Solange die Rüstungsindustrie arbeitete, die Versorgung der Bevölkerung gewährleistet und eine Einnahme der Stadt durch die Deutschen nicht zu befürchten war, stellte die Aufrechterhaltung der Blockade zeitweise eine „bequeme" Alternative sowie eine wirkungsvolle Gelegenheit für die Propaganda nach innen und außen dar. Daß eine Erleichterung des Leningrader Kriegsalltags kein Faktor in Stalins Kalkül war, kann kaum überraschen.

---

scher Attentismus?, in: Bernd Martin/Stanisława Lewandowska (Hg.): Der Warschauer Aufstand 1944, Warschau 1999, S. 195-209; Cynthia Flohr: Das scheinbare Einlenken Stalins beim Warschauer Aufstand im September 1944, in: ebd., S. 210-233; Włodzimierz Borodziej: Der Warschauer Aufstand 1944, Frankfurt a.M. 2001, S. 126-139.

107 Vgl. Markus Wehner: Hauptstadt des Geistes, Hauptstadt der Macht. Leningrad/St. Petersburg und Moskau: Die Konfrontation im zwanzigsten Jahrhundert, in: Stefan Creuzberger/Maria Kaiser/Ingo Mannteufel/Jutta Unser (Hg.): St. Petersburg – Leningrad – St. Petersburg. Eine Stadt im Spiegel der Zeit, Stuttgart 2000, S. 220-232, hier 220 f.

108 Bis heute haben die Historiker keinen Zugang zu jenen Akten Stalins, die noch im Archiv des Präsidenten der Russischen Föderation unter Verschluß gehalten werden. Es erscheint jedoch unwahrscheinlich, daß ein mißtrauischer Mensch, wie Stalin es war, von einem solchen Kalkül ein schriftliches Zeugnis hinterlassen hat. Im Gegensatz zu Hitler, der aus seinen Absichten selten ein Geheimnis machte, deutete etwa der Stalin-Biograph Walter Laqueur den sowjetischen Diktator als einen „Meister der Scheinheiligkeit, der Heuchelei und Verlogenheit", vgl. Walter Laqueur: Stalin. Abrechnung im Zeichen von Glasnost, München 1990, S. 25.

109 Vgl. Gor'kov: Kreml', S. 113 f.

3. Stalin und Ždanov: Machtausübung an der Peripherie

Die strategischen Entscheidungen, welche die Stavka im Hauptquartier traf, mußten von den Militärs vor Ort umgesetzt werden. Die Abgeschiedenheit der Blockade schaffte den lokalen Befehlshabern Spielräume, die sie mitunter zu eigenständigen Handlungen verleiteten. Insofern stellte Leningrad auch bei der Machtausübung einen Sonderfall dar. Hier gilt es, das Verhältnis zwischen dem Zentrum und einer weitgehend auf sich selbst gestellten Peripherie auszuloten.

Am 1. Dezember 1941 machten Stalin und Molotov in einem Telefonat Ždanov und dem Befehlshaber der Leningrader Front, Michail S. Chozin, schwere Vorwürfe wegen ihrer schlechten Informationspolitik gegenüber dem Kreml:

> „Es ist äußerst seltsam, daß Genosse Ždanov nicht das Bedürfnis verspürt, an den Apparat zu gehen und in diesen schweren Minuten für Leningrad jemanden von uns für eine gegenseitige Information zu verlangen. Wenn wir, Moskauer, Sie nicht zum Apparat hätten kommen lassen, hätte Genosse Ždanov Moskau und die Moskauer womöglich vergessen, obwohl sie imstande wären, Leningrad Hilfe zu leisten. Man könnte meinen, daß sich Leningrad mit dem Genossen Ždanov an der Spitze nicht in der Sowjetunion befindet, sondern auf irgendeiner Insel im Stillen Ozean.“[110]

Das war nicht das erste Mal, daß Stalin sich schlecht informiert, ja beinahe hintergangen fühlte. Im September 1941 hatte der Oberbefehlshaber der Leningrader Front, Kliment E. Vorošilov, den Verlust von Schlüsselburg verschwiegen, da er hoffte, die Ortschaft bald wieder zurückzuerobern, und sich das Überbringen einer schlechten Nachricht ersparen wollte. So erhielt Stalin die Nachricht vom Fall Schlüsselburgs nicht durch die Verantwortlichen der Leningrader Front, sondern aus anderen Quellen.[111] Für Stalin brachte dieser Tropfen das Faß zum Überlaufen:

> „Uns empört Ihr Benehmen, das sich darin ausdrückt, daß Sie uns nur über den Verlust dieses oder jenes Gebiets unterrichten, aber für gewöhnlich sonst kein Wort darüber verlieren, welche Maßnahmen Sie dagegen ergriffen haben, daß wir endlich keine Städte und Bahnstationen mehr verlieren. Genauso empörend teilten Sie den Verlust Schlüsselburgs mit. Gibt es irgendwann ein Ende der Verluste? Haben Sie sich bereits entschieden, Leningrad aufzugeben? [...] Wir fordern von Ihnen, daß Sie uns zwei- bis

---

110 Telefonat Stalins und Molotovs mit Ždanov und Chozin vom 1.12.1941, in: Velikaja Otečestvennaja Bd. 5/1, S. 318-320, hier 318. Stalins Vorhaltungen an die Leningrader spielten häufig – wie hier mit dem Bild von der einsamen Insel – auf das Sonderbewußtsein der Newametropole an, die sich vor allem durch die Abgrenzung zu Moskau definierte, siehe hierzu Wehner: Hauptstadt des Geistes, S. 220-232.

111 Vgl. Salisbury: 900 Tage, S. 273 f. Auf die gleiche Weise war Vorošilov schon bei der deutschen Einnahme von Mga verfahren.

dreimal am Tag über die Lage an der Front und die von Ihnen ergriffenen Maßnahmen informieren."[112]

Zwei Tage später wurde Vorošilov seines Postens enthoben und nach Moskau abkommandiert. Das änderte jedoch nur wenig an der Gesamtkonstellation. Die Lage an der Front blieb in jenen Septembertagen schwer durchschaubar. Stalin war sich seiner Ohnmacht wohl bewußt, und die Verantwortlichen vor Ort dienten ihm als Blitzableiter. Einem Kommandanten der Svir'-Front warf er vor:

'Sie haben mich gestern über den Stand der Brücke an der Station „Svir'" zweimal hinters Licht geführt. Sagen Sie endlich, wer die Brücke im Augenblick hat: der Feind oder wir? Möchten Sie den Gegner vernichten, oder bevorzugen Sie, die Brücke dem Feind zu überlassen? Was sind Sie eigentlich, ein Freund oder ein Feind der Sowjetmacht?'[113]

Angesichts der Verärgerung Stalins über die scheinbar nur zäh fließenden Informationen aus Leningrad stellt sich die Frage, wie groß die Spielräume der Verantwortlichen vor Ort tatsächlich waren.

Der Kontakt zwischen Ždanov und Stalin verlief überwiegend fernmündlich. Während der Blockade flog der Leningrader Parteichef insgesamt nur fünfmal nach Moskau, um im Kreml persönlich Bericht zu erstatten.[114] Der Leningrader NKVD unterrichtete allerdings seinen Chef in Moskau, Lavrentij P. Berija, regelmäßig über die Situation in der belagerten Stadt, so daß Stalin recht gut informiert gewesen sein dürfte, wenn auch durch die Brille des NKVD.[115]

Am straffsten war die Führung naturgemäß in operativen Angelegenheiten. Bei militärischen Initiativen legte die Stavka alle taktischen Vorgaben fest, hielt engen Kontakt mit den Befehlshabern vor Ort und griff auch wiederholt in laufende Operationen ein.[116] In zivilen Angelegenheiten konnten die Leningrader Verantwortlichen die tägliche Regierungsarbeit hingegen unabhängig gestalten. Diese Selbständigkeit stieß allerdings schnell an ihre Grenzen, wenn die Führung in Moskau an einem bestimmten Vorgang interessiert war oder dringenden Handlungsbedarf sah.[117] In solchen Fällen versuchte der Kreml allerdings nicht,

---

112 Chiffretelegramm Stalins, Molotovs, Malenkovs und Berijas an Vorošilov und Ždanov vom 9.9.1941, RGASPI f. 558, o. 11, d. 492, l. 49.

113 Telefonat Stalins mit Gorylenko vom 17.9.1941, RGASPI f. 558, o. 11, d. 483, l. 51–53, hier 51.

114 Er besuchte Stalin in seinem Kabinett am 17.12.1941, am 17. und 19.6.1942, am 30.11. und 1.12.1942, am 14. und 16.4.1943 sowie am 18. und 20.12.1943, vgl. Posetiteli kremlevskogo kabineta I.V. Stalina, S. 71.

115 Vgl. Čerepenina: Golod i smert', S. 66.

116 Vgl. z.B. die Anordnungen an die Volchov- und die Leningrader Front, die im Zusammenhang mit der Operation „Ljuban'" getroffen wurden, in: Velikaja Otečestvennaja Bd. 5/1, S. 338–344 und Bd. 5/2, S. 36–77. Siehe auch die Darstellung von General Chozin: Ob odnoj maloissledovannoj operacii, S. 39 ff.

117 Diese Ausformung des Zentralismus, in der nicht alles von Stalin geplant wurde, dieser aber jederzeit die Möglichkeit hatte und auch nutzte, in die Planungen untergeordneter Organe einzugreifen, ist auch für die Beziehungen zwischen Politbüro, dem Rat der Volkskommissariate, Gosplan und den einzelnen Volkskommissariaten in der Wirtschaftspolitik der dreißiger Jahre

die Dinge aus der fernen Hauptstadt zu regeln, sondern schickte einen Gesandten mit weitreichenden Vollmachten in die Newametropole, zum Beispiel Aleksej N. Kosygin als Sonderbeauftragten für die Evakuierung.[118]

Die Grenze zwischen lokaler Eigenständigkeit und subversiver Eigenmächtigkeit war in Stalins Reich fließend. Das bekamen Ždanov und Vorošilov zu spüren, als sie am 20. August 1941 einen Kriegsrat zur Verteidigung Leningrads gründeten, dem die lokalen Parteiführer Popkov, Kuznecov, Kapustin, Antjufeev und Subbotin angehörten.[119] Das neugeschaffene Organ sollte die Verantwortung für den Festungsbau in und um Leningrad, für die paramilitärische Ausbildung der Bevölkerung sowie für den Produktionsausstoß von Waffen und Munition tragen. Der Kriegsrat der Nordfront sollte mit dieser Maßnahme entlastet werden, um sich fortan ausschließlich auf die militärischen Operationen vor Leningrad konzentrieren zu können.

Zwei Tage nach der Gründung des Kriegsrats zur Verteidigung Leningrads wurden Ždanov, Vorošilov, Kuznecov und Popov ans Telefon zitiert. Stalin warf ihnen vor, sich mit der Gründung eines neuen Gremiums Kompetenzen angeeignet zu haben, die nur der Regierung oder der Stavka zustünden. Außerdem hielt er es für politisch schädlich, daß weder Ždanov noch Vorošilov selbst Mitglieder des Kriegsrats zur Verteidigung Leningrads waren. Das könnte bei den Arbeitern Leningrads den Eindruck erwecken, Ždanov und Vorošilov hätten bereits den Glauben an eine erfolgreiche Verteidigung der Stadt verloren und versuchten nun, sich aus der Verantwortung zu stehlen. Dies gelte es zu berichtigen. Auch müsse die Leningrader Führung die Stavka besser über ihre Aktivitäten unterrichten:

> „Leider haben sie [Ždanov und Vorošilov, J.G.] den Weg eines uns unverständlichen Separatismus beschritten und lassen Fehler zu, die sich auf die Qualität der Verteidigung Leningrads auswirken."[120]

Mit dem Vorwurf des Separatismus rückte Stalin das Verhalten der Leningrader Führung schon in die Nähe von Verrat. Vorošilov versuchte denn auch, Stalin damit zu beruhigen, daß die ganze Angelegenheit nur auf einem Mißverständnis beruhe. Der Kriegsrat zur Verteidigung Leningrads solle die bestehenden Organe nicht ersetzen, sondern stelle nur ein Hilfsorgan dar. Da er und Ždanov jedoch für die Verteidigung Leningrads insgesamt verantwortlich seien, seien sie dem

---

kennzeichnend, vgl. die Ergebnisse des Sammelbandes von E.A. Rees (Hg.): Decision-making in the Stalinist Command Economy, 1932–37, Basingstoke, London, New York 1997.

118 Zur weiteren Funktion dieser Sonderbeauftragten siehe Kap. III.4.

119 Anordnung des Oberkommandos des nordwestlichen Frontabschnitts, Vorošilov und Ždanov, vom 20.8.1941, CGA SPb f. 7384, o. 36, d. 62, l. 114–116. Siehe zu diesem Komplex auch: John Erickson: The Soviet High Command. A Military-Political History 1918–1941, London, New York 1962, S. 606; Karasev: Leningradcy v gody blokady, S. 105 f.; Dimitrij W. Pawlow: Die Blockade von Leningrad 1941, Frauenfeld 1967, S. 28 f.; Salisbury: 900 Tage, S. 245 f.

120 Telefonat Stalins, Molotovs, Mikojans mit Vorošilov, Kuznecov und Markian M. Popov, der zu dieser Zeit noch Oberkommandierender der Leningrader Front war, vom 22.8.1941, in: RGASPI f. 558, o. 11, d. 492, l. 6–12, hier 6 f.

Kriegsrat nicht beigetreten.[121] Stalin ließ sich jedoch nicht besänftigen und warf der Leningrader Führung vor, ihre Meldungen zu beschönigen:

„Wir wußten nie von Ihren Plänen und Vorhaben, wir erfahren immer zufällig darüber, daß Sie sich etwas vorgenommen oder geplant haben, und dann geht es in die Hose. Wir können uns auch damit nicht abfinden. Sie sind keine Kinder und wissen genau, daß es keiner Entschuldigung benötigt. Ihr Hinweis auf Arbeitsüberlastung ist lächerlich. Wir sind nicht weniger überlastet als Sie. Sie sind einfach unorganisierte Menschen und spüren keine Verantwortung für Ihr Handeln. Deshalb handeln Sie, als befänden Sie sich auf einer isolierten Insel, ohne auf irgend jemanden Rücksicht zu nehmen."[122]

Neue Waffen und Soldaten wollte der Oberbefehlshaber nur gewähren, wenn tatsächlich der Bedarf bestehe und die Leningrader Führung genau erläutere, wie sie diese einzusetzen gedenke. Zuletzt forderte Stalin von Ždanov und Vorošilov, dem Kriegsrat zur Verteidigung Leningrads beizutreten, da dieser kein untergeordnetes Gremium, sondern ein Führungsorgan sei, denn: „Leningrad ist nicht Čerepovec oder Vologda, es ist die zweite Hauptstadt unseres Landes."[123]

Stalin begnügte sich in diesem Fall nicht damit, die Leningrader Führung zurechtzuweisen. Am 21. August 1941 beauftragte er Molotov, Malenkov und Kosygin damit, nach Leningrad zu fliegen und vor Ort nach dem Rechten zu sehen.[124] Fünf Tage später ermächtigte Stalin seine Emissäre, zusammen mit dem Befehlshaber der Rotbannerflotte, Admiral Nikolaj G. Kuznecov, dem Befehlshaber der Luftstreitkräfte der Roten Armee, Generalleutnant P.F. Žigarëv, und dem Befehlshaber der Artillerie, Generaloberst Nikolaj N. Voronov, alle Fragen zur Verteidigung und zur Evakuierung Leningrads nach vorheriger Abstimmung mit dem Kriegsrat der Leningrader Front zu entscheiden.[125] Am 29. August 1941 erstatteten die Moskauer Gesandten Bericht:

„Nach unserer Ankunft in Leningrad wurden Vorošilov und Ždanov auf einer Besprechung mit den Mitgliedern des Kriegsrats der Leningrader Front sowie den Sekretären des Leningrader Stadt- und Gebietsparteikomitees wegen folgender Fehler scharf kritisiert: Sie wollten sich nicht am Kriegsrat zur Verteidigung Leningrads beteiligen, sie ließen die Wählbarkeit von Bataillonskommandanten zu, die Evakuierung der Leningrader Bevölkerung wurde verzögert, es wurden Fehler beim Bau einer Verteidigungslinie gemacht, sie faßten es nicht als ihre Pflicht auf, die Stavka und das Staatliche Verteidigungskomitee rechtzeitig über die Maßnahmen zum Schutz Leningrads zu informieren, wichen pausenlos vor dem Feind zurück und initiierten keine

[121] Ebd., l. 7.
[122] Ebd., l. 9.
[123] Ebd., l. 10.
[124] Vgl. Erickson: Road to Stalingrad, S. 188.
[125] Vollmacht des Staatlichen Verteidigungskomitees vom 26.8.1941, in: Izvestija CK KPSS 1990, Nr. 9, S. 209.

> Gegenangriffe. Die Leningrader gestehen ihre Fehler zwar ein, aber das reicht natürlich überhaupt nicht aus, da es jetzt um die praktische Arbeit geht."[126]

Letztlich hat dieser Vorgang zwar weder für Ždanov noch für Vorošilov direkte Konsequenzen gehabt, doch wirft er ein Schlaglicht auf das schwierige Verhältnis zwischen dem sowjetischen Diktator und der selbstbewußten Newametropole. Schließlich hatte sich nach Stalins Auffassung die Leningrader Partei in der Vergangenheit allzu oft als ein Hort von Opposition und Verrat erwiesen.[127] So besaß Grigorij Zinov'ev, der zusammen mit Stalin und Kamenev jene Troika bildete, welche die Partei nach Lenins Tod führte, als Leningrader Sowjet-Vorsitzender eine starke Hausmacht in der ehemaligen Hauptstadt. Als Stalin diese im Zuge des innerparteilichen Machtkampfs 1924 untergraben und seine Gefolgsleute auf einflußreiche Posten hieven wollte, stieß er vor Ort auf zähen Widerstand und sah sich gezwungen, vorübergehend den Rückzug anzutreten. Fortan schwelte der Konflikt weiter, und den Leningradern kam dabei zugute, daß sie mit der *Leningradskaja pravda* über eine eigene Tageszeitung verfügten. Der Machtkampf eskalierte auf dem 14. Parteitag der RKP(b) im Dezember 1925 in einer offenen Auseinandersetzung zwischen Stalin auf der einen und Zinov'ev und Kamenev auf der anderen Seite. Auch wenn die überwiegende Mehrheit von 559 Delegierten dem Stalinschen Kurs folgte, so erregten die 65 Gegenstimmen, die größtenteils aus der Leningrader Partei kamen, den Unmut des Generalsekretärs. Am 1. Januar 1926 trafen Molotov, Kirov, Vorošilov und Kalinin in Leningrad ein, gingen in die Betriebe und agitierten dort für den Kurs der Zentrale. Es gelang ihnen, die Mehrheit der Arbeiter auf ihre Seite zu ziehen und in eigens dafür einberufenen Versammlungen die amtierenden Betriebsparteisekretäre abwählen zu lassen. Innerhalb weniger Wochen war Zinov'evs Hausmacht gebrochen. Im Juli 1926 verlor er auf Beschluß des ZK seinen Sitz im Politbüro. Anschließend wurde die Leningrader Parteiorganisation gesäubert und die *Leningradskaja pravda* auf Kurs gebracht.[128] Neuer Leningrader Parteichef wurde ein junger Anhänger Stalins: Sergej M. Kirov. Kein prominenter Bolschewik sollte also die Avantgarde der russischen Arbeiterbewegung führen, sondern ein damals noch weitgehend Unbekannter aus der aserbaidschanischen Provinz, wo Kirov zuvor Parteisekretär gewesen war. Diese Personalentscheidung kam einer Degradierung der Stadt der Oktoberrevolution gleich.

In den folgenden Jahren blieb Leningrad in Stalins Augen „ein Ort mit einer besonders großen Ansammlung unzuverlässiger Elemente [...] – sowohl aus der alten bürgerlichen Intelligenzija als auch aus den Reihen der ehemaligen Par-

---

[126] Schreiben Molotovs und Malenkovs an Stalin vom 29.8.1941, RGASPI f. 558, o. 11, d. 492, l. 39.

[127] Vgl. Nicolas Werth: Leningrad: une ville d'opposition?, in: Ewa Bérard (Hg.): Saint-Pétersbourg: une fenêtre sur la Russie. Ville, modernisation, modernité 1900–1935, Paris 2000, S. 161–179.

[128] Vgl. Hildermeier: Geschichte der Sowjetunion, S. 182–185; Bullock: Hitler und Stalin, S. 266 und 270 ff.

teioppositionellen".[129] So kam es in den dreißiger Jahren immer wieder zu Konflikten zwischen Leningrader Behörden und der Moskauer Zentrale. Dabei ging es vorwiegend um das Bemühen lokaler Funktionäre, zusätzliche Investitionsmittel, Konsumgüter oder Industriewaren zu beschaffen. Auch wenn dabei Wege abseits der Gesetze beschritten wurden, so betrieben die Leningrader eine an den lokalen Interessen orientierte Politik, wie sie im ganzen Land üblich war.[130]

Die Ermordung Kirovs zog eine weitere Verschlechterung in Stalins Verhältnis zu Leningrad nach sich. Am 1. Dezember 1934 wurde der Erste Leningrader Parteisekretär in seinem Amtssitz im Smol'nyj Institut erschossen. Bis heute ist nicht geklärt, inwieweit Stalin daran beteiligt war.[131] Oleg Chlevnjuk konnte zeigen, daß Kirov kein politisches Schwergewicht darstellte und von Stalins politischem Kurs nie abgewichen war.[132] Dennoch bleibt die Frage unbeantwortet, wie der Attentäter ungehinderten Zugang zum Smol'nyj Institut hatte. Fest steht, daß Stalin den Mord zu einer Verschärfung des innenpolitischen Kurses nutzte, der in den Jahren 1937 und 1938 in den Großen Terror mündete. Nachdem der sowjetische Diktator die Nachricht vom Attentat bekommen hatte, begab er sich sofort persönlich nach Leningrad und steuerte die Ermittlungen – trotz Einwänden des NKVD! – in Richtung einer „Zinov'evschen Verschwörung". Noch im Dezember 1934 wurden 6501 Personen im Zuge einer „Vergeltungsaktion" erschossen. Zinov'ev hatte man zusammen mit Kamenev am 16. Dezember verhaftet und im Januar 1935 zu zehn Jahren Haft verurteilt. In den folgenden Wochen wurden in mehreren Schauprozessen gegen das „Leningrader Zentrum" mehr als 100 angebliche Oppositionelle zum Tode oder zu langjährigen Haftstrafen verurteilt. 663 Anhänger Zinov'evs mußten die Stadt verlassen und nach Nordsibirien oder Jakutien in die Verbannung gehen.[133] Auch der Terror der folgenden Jahre traf Leningrad besonders hart. Die Zahl der Verhafteten und Deportierten

---

129 Wehner: Hauptstadt des Geistes, S. 225.

130 Vgl. Oleg Chlewnjuk: Das Politbüro. Mechanismen der politischen Macht in der Sowjetunion der dreißiger Jahre, Hamburg 1998, S. 162–171.

131 Vgl. Robert Conquest: Am Anfang starb Genosse Kirow. Säuberungen unter Stalin, Düsseldorf 1970; ders.: Stalin and the Kirov Murder, New York, Oxford 1989. Neuere Untersuchungen gehen davon aus, daß Stalin an diesem Mord unbeteiligt war, vgl. J. Arch Getty: The Politics of Repression Revisited, in: ders./Roberta T. Manning (Hg.): Stalinist Terror. New Perspectives, Cambridge 1993, S. 40–62, hier 42–49. Ein angeblicher Konflikt zwischen dem „moderaten" Kirov und Stalin um einen einzuschlagenden Liberalisierungskurs ist anhand der Akten des Politbüros nicht nachzuvollziehen, vgl. Chlewnjuk: Politbüro, S. 162–182. Zu weiterer Literatur siehe die Forschungsberichte von Jörg Baberowski: Wandel und Terror. Die Sowjetunion unter Stalin 1928–1941. Ein Literaturbericht, in: JbGO, 43 (1993), S. 97–129 und Stefan Plaggenborg: Die wichtigsten Herangehensweisen an den Stalinismus in der westlichen Forschung, in: ders. (Hg.): Stalinismus. Neue Forschungen und Konzepte, Berlin 1998, S. 13–33.

132 Vgl. Chlewnjuk: Politbüro, S. 162–182.

133 Oleg V. Chlevnjuk: 1937-j: Stalin, NKVD i sovetskoe obščestvo, Moskau 1992, S. 46 ff.; ders.: Politbüro, S. 191 ff.; Aleksandr N. Jakovlev (Hg.): Reabilitacija. Političeskie processy 30-50-ch godov, Moskau 1991, S. 123–127 und 170.

wird auf annähernd 100 000 geschätzt.[134] Als Stalin in den Jahren 1938 bis 1940 die Rote Armee „säubern" ließ, entfernte man wieder Hunderte von Leningrader Parteifunktionären aus ihren Ämtern. Ždanov, der Kirov auf dem Sessel des Ersten Leningrader Parteisekretärs nachfolgte, ersetzte sie durch seine Gefolgsleute. Viele Funktionäre, die während der Kriegszeit eine wichtige Rolle spielen sollten – etwa Voznesenskij, Kuznecov oder Popkov –, traten zu dieser Zeit ihre Posten an.

Aufgrund dieser Vorgeschichte verfolgte Stalin die Aktivitäten der Leningrader Führung in der Abgeschiedenheit der Blockade mit besonderem Argwohn. Seine Anspielungen, die von Metaphern wie Leningrad als einsame Insel im Meer bis hin zum Vorwurf des Separatismus reichten, zeigen seine Befürchtung, daß der Leningrader Partikularismus erneut aufleben könnte.[135] Es hieße allerdings, die Einsichten Stalins zu überschätzen, schlösse man von seinem Mißtrauen gegen die Leningrader auf eine tatsächliche Eigenständigkeit oder gar Widerspenstigkeit der lokalen Parteiführung. Ždanov war ein Stalinist und stellte zu keinem Zeitpunkt den Führungsanspruch des sowjetischen Diktators in Frage. Er sah sich vielmehr als Schüler des ‚großen Führers' und war bemüht, keine Zweifel daran aufkommen zu lassen, daß Stalin sich mit „liebevoller Sorge" um Leningrad kümmere.[136]

Doch Ždanov wußte auch seine eigene Machtstellung zu verteidigen. Im Mai 1942 wandte er sich zusammen mit Kuznecov dagegen, Leningrad dem unmittelbaren Befehl der Frontkommandanten zu unterstellen, was einer faktischen Entmachtung des Kriegsrats der Leningrader Front gleichgekommen wäre:

> „1. Wir [...] halten es für falsch, wenn wichtige Grundsatzdokumente und Projekte ohne unser Wissen ins Zentrum geschickt werden.
>
> [...]
>
> 3. Wir halten es für falsch und die Rechte des Kriegsrats verletzend, wenn ein Kommandant beginnt, im Alleingang und ohne Wissen oder Zustimmung der Mitglieder des Kriegsrats Direktiven prinzipiellen Charakters zu erteilen (so die Direktive von Chozin und Govorov vom 26.5.42).
>
> [...]
>
> 5. Angesichts der gewaltigen Schwierigkeiten für Leningrad und des Versuchs des Feindes, die Verbindung zum Hinterland zu unterbrechen, bestehen wir darauf, daß jede Entlehnung von Ressourcen aus Leningrad auf der Grundlage vorheriger Ab-

---

134 Vgl. Bullock: Hitler und Stalin, S. 627.

135 Vgl. Wehner: Hauptstadt des Geistes, S. 229; Chris Ward: Stalin's Russia, London u.a. 1993, S. 164.

136 Vgl. etwa *Leningradskaja pravda* vom 19.6.1942. Stalin hatte seit Mitte der zwanziger Jahre die Führungsposten in den Schlüsselregionen des Landes mit treuen Weggefährten besetzt, vgl. E.A. Rees: The Changing Nature of Centre-Local Relations in the USSR, 1928-1936, in: ders. (Hg.): Centre-Local Relations in the Stalinist State, 1928-1941, Basingstoke, New York 2002, S. 9-36.

sprachen mit dem Kriegsrat entschieden wird. Es ist bekannt, daß in dieser Beziehung Leningrad immer alles gegeben hat, was es konnte."[137]

Ždanov beanstandete hier drei Entwicklungen innerhalb der Befehlsstrukturen. Zum einen befürchtete er, zwischen Moskau und Leningrad könnten parallele Informationskanäle entstehen und ihn sowie seine Partei von Entscheidungen ausschließen. Zweitens kritisierte er, daß befehlshabende Militärs der Leningrader Front operative Fragen in Eigenregie lösten, ohne dabei die politischen Verantwortlichen der Newametropole zu konsultieren. Drittens beanstandete er schließlich die Praxis führender Vertreter des Kremls, die brachliegenden Leningrader Industrieressourcen als Selbstbedienungsladen zu begreifen und ungefragt Rohstoffe sowie Maschinen abtransportieren zu lassen.[138] Der Hang zum Zentralismus entwickelte sich offensichtlich aus der Angst heraus, Kontrolle zu verlieren. Dieser Wesenszug war also nicht nur Stalin eigen, sondern auch seinen Parteigängern.

4. Die Umsetzung der Strategie in die Praxis: Stalin und die Mobilisierung der Roten Armee

Nach den Säuberungen in der Roten Armee 1938/40 war die militärische Führung stark verunsichert. Die Erschießung jener Frontkommandeure, die Stalin für die schweren Anfangsniederlagen verantwortlich gemacht hatte, trieb den sowjetischen Generälen auch das letzte noch verbliebene Selbstvertrauen aus.[139] So war es nur konsequent, daß Stalin die lokalen Befehlshaber permanent unter Druck setzte. Er akzeptierte es nicht, wenn die von ihm gewählte Strategie an

137 Schreiben Ždanovs und Kuznecovs an Chozin, Zaporožec und Tjurkin vom 31.5.1942, CGAIPD SPb f. 24, o. 151, d. 4, l. 74-76.

138 Zu dieser Praxis siehe Kap. III.1.

139 Vgl. Bernd Bonwetsch: „Die Geschichte des Krieges ist noch nicht geschrieben". Die Repression, das Militär und der „Große Vaterländische Krieg", in: Osteuropa, 39 (1989), S. 1021-1034, hier 1028 ff.; David M. Glantz: Stumbling Colossus. The Red Army on the Eve of War, Lawrence 1998, S. 26-33; Sally W. Stoecker: Tönerner Koloß ohne Kopf. Stalinismus und Rote Armee, in: Bianka Pietrow-Ennker (Hg.): Präventivkrieg? Der deutsche Angriff auf die Sowjetunion, Frankfurt a.M. 2000, S. 148-169; Roger R. Reese: The Soviet Military Experience. A History of the Soviet Army 1917-1991, London, New York 2000, S. 85-92. Allerdings hatte die Rote Armee schon die Stürme der dreißiger Jahre, von der Kollektivierung bis hin zur eigenen „Enthauptung", widerstandslos hingenommen, vgl. Heinz-Dietrich Löwe/Gottfried Schramm: Die Streitkräfte, in: Handbuch der Geschichte Rußlands, Bd. 3: Von den autokratischen Reformen zum Sowjetstaat (1856-1945), hg. v. Gottfried Schramm, Stuttgart 1983-1992, S. 1663-1708, hier 1700 f.

den Gegebenheiten vor Ort scheiterte. Der Kommandeur der Artillerie der 4. Armee, Oberst Georgij E. Degtjarëv, wurde am 30. November 1941 Zeuge eines Telefonats zwischen dem Oberbefehlshaber der Volchov-Front, Mereckov, und der Stavka in Moskau. Offenbar war zunächst der Generalstabschef, Marschall Boris M. Šapošnikov, am Apparat. Er forderte angesichts der Versorgungskrise in Leningrad die sofortige Befreiung Tichvins. Mereckov versuchte zu erklären, daß die momentane Lage keinen Angriff erlaube. Daraufhin nahm in Moskau Stalin persönlich den Hörer zur Hand. Von diesem Moment an widersprach der Oberbefehlshaber der Volchov-Front nicht mehr, sondern bestätigte die Anweisungen nur noch mit „Jawohl!“ oder „Wird erledigt!“.[140] Anschließend bekam Mereckov den gefürchteten Stalin-Getreuen Lev Z. Mechlis zur Aufsicht an die Seite gestellt. Mereckov hatte noch in den sechziger Jahren schlechte Erinnerungen an den Kriegskommissar und Leiter der Politischen Hauptverwaltung der Roten Armee, „der uns stündlich im Nacken saß“.[141] Mechlis hatte nach seiner Ankunft zunächst einmal alle Truppenkommandeure ins Verhör genommen, ihnen den Fall Tichvins angelastet und mit dem Erschießungskommando gedroht.[142] In Mereckovs Memoiren erscheint er beinahe wie ein Abbild Stalins: Er habe ein „schroffes Wesen“ gehabt, sei „mißtrauisch und ungeheuer grob“ gewesen. Ihm habe jeder Sinn für taktische und operative Fragen gefehlt, und er habe erst nach eigenen Mißerfolgen das Urteil der militärischen Fachleute akzeptiert.[143]

Der auf Einschüchterung und Drohungen basierende Führungsstil blieb allerdings nicht ohne Erfolge. In dem soeben geschilderten Fall ging die Volchov-Front am 5. Dezember 1941 in die Offensive, und nur drei Tage später befand sich Tichvin wieder in sowjetischer Hand. Manchmal half aber auch Druck auf die lokalen Befehlshaber nicht weiter. Als sich zum Beispiel im August 1941 die Lage vor Leningrad zuspitzte, verschlechterte sich parallel dazu das Verhältnis zwischen Stalin und dem Befehlshaber der Leningrader Front, Markian M. Popov. Der sowjetische Diktator reagierte äußerst gereizt auf Popovs Forderungen nach mehr Waffen und Soldaten und warf ihm vor, nicht „nach Plan“ zu arbeiten. Hätte er vor zwei Wochen Verstärkung angefordert, stünde sie Leningrad heute auch zur Verfügung, denn so lange dauere es nun mal, bis man frische Divisionen zusammengestellt habe – so belehrte Stalin den Absolventen der Frunze-Akademie. Doch an der Leningrader Front lebe und arbeite man eben „wie die Zigeuner, von einem Tag auf den anderen, ohne auch nur ein bißchen vorauszuschauen“.[144] Als Popov zwei Tage später wagte, um einen Rückzug

---

140 Vgl. Georgij E. Degtjarev: Taran i ščit, Moskau 1966, S. 94 f.

141 Merezkow: Im Dienste des Volkes, S. 226.

142 Zur Rolle Mechlis' als Chef der Politischen Hauptverwaltung der Roten Armee siehe: Bonwetsch: „Die Geschichte des Krieges“, S. 1030 f.

143 Merezkow: Im Dienste des Volkes, S. 279.

144 Telefonat zwischen Stalin und Popov vom 26.8.1941, in: Velikaja Otečestvennaja Bd. 5/1, S. 140–142, hier 141.

eines Truppenteils bei Vyborg zu ersuchen, mußte er sich von Stalin und Šapošnikov schwere Vorhaltungen machen lassen: Er fülle die Rolle eines Kommandierenden nicht aus, da er sich von übertrieben negativen Meldungen seiner Armeekommandanten ins Bockshorn jagen lasse. Ja, im Grunde fungiere er nur noch als Bote für deren erpresserische Forderungen an die Stavka. Wenn Popov „ein Statist und Spezialist für Rückzüge“ bleibe, dann werde er binnen weniger Tage Leningrad aufgeben müssen.[145] Als sich die militärische Lage weiter verschlechterte, sah sich Stalin zu einem Ultimatum genötigt:

> „Die Leningrader Front ist nur damit beschäftigt, neue Rückzugslinien zu finden. Ist es nicht an der Zeit, den heldenhaften Rückzug zu beenden? Die Stavka erlaubt Ihnen das letzte Mal, sich zurückzuziehen, und fordert, daß die Leningrader Front all ihren Mut zusammennimmt und sich ehrlich und standhaft bei der Verteidigung Leningrads behauptet.“[146]

Auch dieser letzte Versuch fruchtete nicht, und Popov wurde seines Postens enthoben, weil Stalin ihm – wie er Ždanov und Vorošilov mitteilte – „sowohl in militärischer wie in politischer Beziehung“ nicht traue.[147] Nicht die aussichtslose militärische Lage, sondern das persönliche Versagen eines einzelnen machte Stalin für das Scheitern seines Willens verantwortlich. Und zumeist hatte er auch eine passende Erklärung für den Mißerfolg seiner Generäle parat. Im Falle Popovs liege es an seinem rückständigen Bewußtsein:

> „Gerade eben ist mir mitgeteilt worden, daß Tosno vom Feind genommen wurde. Wenn das so weitergeht, fürchte ich, daß Leningrad auf völlig idiotische Weise dem Feind übergeben wird und dabei das Risiko entsteht, daß alle Leningrader Divisionen in Gefangenschaft geraten. Was machen eigentlich Popov und Vorošilov? Sie berichten nicht einmal über die Maßnahmen, die sie gegen diese Gefahr zu unternehmen gedenken. Sie sind damit beschäftigt, neue Rückzugslinien zu suchen, darin sehen sie ihre Aufgabe, und daher haben sie diese Unmenge an Passivität und rein dörflicher Schicksalsergebenheit.“[148]

Im letzten Satz wird deutlich, wie Stalin bei der Interpretation dieses Vorgangs von seiner marxistisch-leninistischen Weltanschauung geprägt war, nach der das Sein das Bewußtsein des Menschen bestimmt. Und tatsächlich stammten Popov und Vorošilov vom Lande.[149] So kommt in diesem prägnanten Kommentar Sta-

---

145 Schreiben Stalins und Šapošnikovs an Popov vom 28.8.1941, abgedruckt in: Oborona Leningrada, zus.gest. v. B. Petrov, in: Voenno-istoričeskij archiv 1999, Nr. 4, S. 161-169, hier 161.

146 Direktive der Stavka vom 1.9.1941 an den Kriegsrat der Nord-West-Front über die Fehler in den Kampfhandlungen der Leningrader Front, in: Velikaja Otečestvennaja Bd. 5/1, S. 154.

147 Telefonat Stalins und Šapošnikovs mit Vorošilov und Ždanov vom 4.9.1941, in: Velikaja Otečestvennaja Bd. 5/1, S. 160 f.

148 Fernschreiben Stalins an Kuznecov vom 29.8.1941, RGASPI f. 558, o. 11, d. 492, l. 35.

149 Dieses Marxsche Axiom bildete eine Grundkonstante in Stalins Denken. Als Ždanov nach dem Krieg einmal zwei sowjetische Schriftsteller mit der Bemerkung „Neues Sein, altes Bewußtsein“ etikettierte, bemerkte Stalin: „Bewußtsein, [...] das hinkt immer nach. Bewußtsein kommt spät“, zitiert nach den Notizen von Konstantin Simonow zum Treffen von Vertretern des Schriftstellerverbandes mit Stalin am 14.5.1947, in: Simonow: Aus der Sicht meiner Generation, S. 130.

lins Einschätzung der sowjetischen Gesellschaft zum Ausdruck: Seit der Oktoberrevolution werde zwar der Kapitalismus in Rußland abgeschafft, die Diktatur des Proletariats errichtet und mit Hilfe von Industrialisierung und Kollektivierung die Basis für einen sozialistischen Staat gelegt. Das Bewußtsein der Menschen, vor allem der bäuerlichen Massen, hinke dieser Entwicklung allerdings noch hinterher. Zuweilen klammerten sie sich sogar hartnäckig an überholte Vorstellungen und könnten nur durch rücksichtsloses Vorgehen und Gewaltanwendung davon befreit werden.

Da die führenden Bolschewiki glaubten, daß solcherlei „menschlicher Unrat" noch überall in der Gesellschaft aufzufinden sei, wurde die Rote Armee im Krieg, ähnlich wie die Partei in den zwanziger und dreißiger Jahren, regelmäßigen „Säuberungen" unterzogen. Gleich am ersten Kriegstag forderte die Dritte Abteilung des Volkskommissariats für Verteidigung ihre Mitarbeiter dazu auf, alle antisowjetischen Äußerungen, das Verteilen von konterrevolutionären Flugblättern sowie das Verbreiten von Gerüchten, welche die Kampfmoral der Soldaten untergraben könnten, zu unterbinden.[150] Fünf Tage später kündigte sie eine „Säuberung" der Armee von feindlichen Elementen und den Kampf gegen alle Saboteure an.[151] Nach einem Monat, am 20. Juli 1941, ermächtigte Stalin den Geheimdienstchef, Lavrentij Berija, NKVD-Sondereinheiten aufzustellen. Sie sollten alle unzuverlässigen Elemente aus den Truppen und Verbänden entfernen und sämtliche aus deutschen Lagern oder Kesseln entkommenen Soldaten einer eingehenden Überprüfung unterziehen.[152]

Das Mißtrauen des sowjetischen Diktators gegen die Soldaten wie die Führungskräfte war groß. Die Konsequenzen bekamen auch die Verantwortlichen der Leningrader Front zu spüren. Am 21. September 1941 wurde zum Beispiel der Kommandant der 10. Schützendivision, Generalmajor Aleksandr A. Fadeev, wegen Trunkenheit und „moralischer Zersetzung" seiner Division von seinen Pflichten entbunden und vor dem Kriegstribunal angeklagt.[153] Fünf Tage später ließ Stalin die Befehlshaber der 54. Armee, Marschall Grigorij I. Kulik und General Antonjuk, ablösen.[154] Die drohende Absetzung schwebte wie ein Damokles-

---

150 Direktive der Dritten Abteilung des Volkskommissariats für Verteidigung vom 22.6.1941, in: Organy gosudarstvennoj bezopasnosti SSSR v Velikoj Otečestvennoj vojne. Sbornik dokumentov, hg. v. N.P. Patrušev u.a., Bd. 2/1: Načalo (22 ijunja - 31 avgusta 1941 goda), Moskau 2000, S. 37 f.

151 Anordnung der Dritten Abteilung des Volkskommissariats für Verteidigung vom 27.6.1941, in: ebd., S. 90 - 93, hier 90.

152 Vgl. Amy W. Knight: Beria. Stalin's First Lieutenant, Princeton 1993, S. 113 f.

153 Vgl. Direktive der Stavka vom 21.9.1941 an die Befehlshaber der Leningrader Front, in: Velikaja Otečestvennaja Bd. 5/1, S. 196. Mit derselben Anordnung wurden drei weitere Offiziere der 42. Armee wegen angeblicher Unfähigkeit und Vernachlässigung ihrer Pflichten abgesetzt.

154 Vgl. Direktive der Stavka vom 26.9.1941 an die Kommandanten der Leningrader Front, der 54., 7. und 4. Armee, in: Velikaja Otečestvennaja Bd. 5/1, S. 205 f. Der Grund dafür war, daß Stalin Kulik für unfähig hielt, mit den ihm gestellten Aufgaben fertigzuwerden, da er wiederholt Angriffsbefehle nicht umgesetzt hatte. Sein Nachfolger wurde Generalleutnant Chozin, vgl. die Di-

schwert über allen Verantwortlichen der Front und des Hinterlandes. Selbst enge Vertraute wie Kliment Vorošilov verschonte Stalin nicht. Sein alter Weggefährte wurde drei Tage nach der Schließung des deutschen Belagerungsringes seines Postens als Befehlshaber der Leningrader Front enthoben und durch Georgij Žukov ersetzt.[155]

Als Pendant zur Peitsche fungierte das Zuckerbrot. So versprach Stalin Marschall Kulik für den Fall, daß er am nächsten Tag eine Offensive bei Mga starte, „zwei gute Kaderdivisionen und vielleicht eine neue Panzerbrigade". Wenn er die Offensive jedoch verschiebe, werde er nichts bekommen.[156] Frische Verbände wurden in diesem Fall also nicht nach Maßgabe militärischer Notwendigkeiten eingesetzt, sondern als Bonus für Gehorsam und Treue gewährt.

Den Führungsstil, den Stalin demonstrierte, ahmten die ihm ergebenen Kader getreulich nach.[157] So machte sich Žukov an der Front vor allem dadurch einen Namen, daß er – wie er es selbst formulierte – „vor keinen Maßnahmen" zurückschreckte, „um die nötige Ordnung in den Truppenteilen herzustellen".[158] In der Praxis bedeutet das, daß er seinen Offizieren regelmäßig mit dem Kriegsgericht drohte.[159] Auch wenn keine genauen Zahlen vorliegen, so wissen wir doch von Einzelfällen, daß solche Drohungen auch in die Tat umgesetzt wurden. So verurteilte zum Beispiel das Militärtribunal der Leningrader Front den Kommandanten der 80. Schützendivision, Oberst Ivan M. Frolov, und den ihm beigestellten Kommissar, Konstantin D. Ivanov, zum Tode. Die beiden seien dem Befehl, an ihrem Frontabschnitt die Blockade zu durchbrechen, aus Defätismus

---

rektive der Stavka vom 24.9.1941 an die Kommandierenden der Leningrader Front, in: ebd., S. 200. Siehe auch die Unstimmigkeiten in dem Telefonat Stalins mit Kulik am 20.9.1941 in: ebd., S. 193 f. und die wiederholte Aufforderung an die 54. Armee, unverzüglich Sinjavino einzunehmen und eine Verbindung zu den Truppen in Leningrad herzustellen, in: ebd., S. 201.

155 Direktive der Stavka vom 11.9.1941 an die Befehlshaber der Leningrader Front und der Reserve über den Wechsel des Kommandos der Leningrader Front, in: Velikaja Otečestvennaja Bd. 5/1, S. 175. Siehe dazu auch die Memoiren Žukovs, der seine Ernennung fälschlicherweise auf den 10.9. datiert, vgl. Shukow: Erinnerungen und Gedanken Bd. 1, S. 404. Stalin warf Vorošilov schwere Fehler bei der Organisation der Verteidigung Leningrads vor. Eine Bilanz von Vorošilovs Wirken vom Winterkrieg bis zum Frühjahr 1942 macht Stalin in der Anordnung des Politbüros vom 1.4.1942 auf, vgl. die von B. Petrov zusammengestellten Dokumente: Oborona Leningrada, S. 162 f.

156 Telefonat Stalins und Šapošnikovs mit Kulik am 16.9.1941, RGASPI f. 558, o. 11, d. 483, l. 47 - 50, hier 49.

157 Der sowjetische Historiker Aleksandr Nekrič machte die Beobachtung, daß sich seit den 30er Jahren auf allen Ebenen von Staat und Partei ein Politikstil etablierte, der sich an Stalins Wutausbrüche oder Vyšinskijs Prozeßmethoden orientierte und schließlich sogar auf Hausverwaltungsversammlungen gepflegt wurde, vgl. Alexander Nekritsch: Entsage der Angst. Erinnerungen eines Historikers, Frankfurt a.M., Berlin, Wien 1983, S. 47.

158 So am 11.9.1941 gegenüber Šapošnikov, vgl. Shukow: Erinnerungen und Gedanken Bd. 1, S. 415.

159 Vgl. Salisbury: 900 Tage, S. 331 f. und 348 f.

und Feigheit nicht gefolgt. So habe Frolov noch drei Stunden vor Beginn der Operation erklärt, daß er an deren Erfolg nicht glaube.[160]

Žukovs Nachfolger auf dem Posten des Oberbefehlshabers der Leningrader Front, Oberst Ivan I. Fedjuninskij, ging nicht weniger rücksichtslos vor:

> „Die Operation hat seit ihrem Beginn nur sehr dürftige Ergebnisse gezeitigt. Der Hauptgrund ist die schwache Führung der Unterabteilungen durch die mittlere Kommandoebene (Zug, Kompanie), was in einigen Fällen bis zur glatten Feigheit geht. Der Kriegsrat der [Leningrader, J.G.] Front hat entschiedene Maßnahmen ergriffen (bis hin zu Repressionen), um die Vorwärtsbewegung zu beschleunigen. [...] Heute wurden in der 265. Division die Panikmacher und Feiglinge durch eine Gruppe des Kommandostabes ersetzt."[161]

Stalins Selbstbild als Praktiker und „Macher", mit dem er sich von den intellektuellen Alt-Bolschewiki absetzte, entwickelte sich im Laufe seiner Herrschaft auch zum Habitus seiner Anhänger. Einerseits eiferten sie ihrem großen Vorbild nach, andererseits gab man die Verantwortung und den Druck von oben einfach nach unten weiter und schuf sich dabei ein Alibi im „harten Durchgreifen". Damit wurde die Grenze zwischen Tätern und Opfern fließend, und Žukov konnte ebenso unter Druck gesetzt werden wie jeder andere in diesem System: etwa wenn ihm Molotov zwei Tage nach seiner Ernennung zum Befehlshaber der Leningrader Front androhte, ihn vor ein Erschießungskommando stellen zu lassen, wenn es ihm nicht gelinge, die deutschen Panzerkräfte zu stoppen.[162]

Nicht nur das Führungspersonal der Roten Armee stand unter Druck. Militärische Niederlagen wurden nicht als Folge einer falschen Strategie, sondern als mangelnder Einsatz der Soldaten gedeutet, der ihrer illoyalen Haltung entsprungen sei. Die Leningrader Führung reagierte darauf, indem sie südlich der Stadt drei Gürtel aus Sperreinheiten aufstellte, zu deren Aufgaben es gehörte, zurückweichende Soldaten und Einheiten aufzuhalten.[163] Gleichzeitig wurde den Truppenkommandeuren angeordnet, diejenigen Soldaten, die im Kampf die vorderste Linie verließen und ins Hinterland flüchteten, auf der Stelle zu erschießen.[164]

---

160 Urteil des Kriegstribunals der Leningrader Front vom 2.12.1941, abgedruckt in: Lomagin: Neizvestnaja blokada Bd. 2, S. 38 f. Ein anderer Fall ist im Tagebuch eines namentlich nicht bekannten Oberleutnants dokumentiert, der kurzzeitig mit der Führung des 859. Schützenregiments beauftragt war. Er hatte den Rückzug in die Ausgangsstellungen befohlen, als sein Bataillon nach einem Geländegewinn von 400 Metern beinahe völlig aufgerieben war. Es kam zu einer Untersuchung durch die besondere Abteilung des Korpsstabes, da ihm die politische Schuld an diesem Rückzug vorgeworfen wurde. Obwohl er bereits mit seiner Hinrichtung, zumindest aber mit zehn Jahren Lagerhaft rechnete, kam es zu keiner Verurteilung. Das Tagebuch findet sich unter den Beuteakten der Wehrmacht, BA-MA, RH 19 III/444, Blatt 74–77.

161 Telefonat Vasilevskijs mit Fedjuninskij vom 23.10.1941, in: Velikaja Otečestvennaja Bd. 5/1, S. 257 f., hier 257.

162 So Žukov in einem Interview mit Simonov, vgl. Konstantin Simonow: Zur Biographie Georgi Shukows, in: ders.: Aus der Sicht meiner Generation, S. 367 f.

163 Anordnung des Kriegsrats der Leningrader Front vom 18.9.1941, in: Leningrad v osade, S. 57 f.

164 Vgl. Lomagin: Neizvestnaja blokada Bd. 1, S. 93.

In den ersten Kriegswochen entbehrte dieser Verdacht gegen die eigene Truppe auch nicht jedweder Grundlage. Im August 1941 meldete der Leningrader NKVD eine starke Zunahme der Desertionen an der Nordfront.[165] Während in den ersten drei Kriegswochen insgesamt 300 Soldaten wegen Fahnenflucht erschossen worden waren, waren es Mitte August bereits wöchentlich über 400. Im September 1941 registrierte die Politische Abteilung der Leningrader Front, daß sich sogar innerhalb von fünf Tagen 3566 Rotarmisten von der Front nach hinten in die belagerte Stadt abgesetzt hatten. Auch auf anderen Wegen versuchten die Soldaten, dem Schlachtfeld zu entkommen. Die Militärankläger stellten zu dieser Zeit eine ebenso steigende Zahl von Selbstverstümmelungen fest. In manchen Einheiten hatte die Hälfte der Verwundeten „verdächtige“ Verletzungen. So trugen in einem Evakuierungskrankenhaus von 1000 eingelieferten Rotarmisten 147 eine Schußwunde am linken Unterarm, 313 an der linken und 75 an der rechten Hand. In vielen dieser Fälle gab es deutliche Anzeichen dafür, daß sie sich diese Verletzungen selbst zugefügt hatten.[166]

Die Urteile des Militärtribunals der Baltischen Rotbannerflotte bestätigen diese Tendenz. In den ersten drei Kriegsmonaten waren 1277 Flottenangehörige wegen Hochverrats oder Desertion schuldig gesprochen worden. Diese Zahl blieb in den folgenden beiden Quartalen mit 1436 bzw. 1170 Verurteilungen hoch, ehe sie im weiteren Kriegsverlauf deutlich abnahm.[167] Dabei war Fahnenflucht nicht nur ein Phänomen der unteren Ränge. Eine Reihe von Feldpostbriefen dokumentiert die Klagen von Rotarmisten über das feige Verhalten ihrer Vorgesetzten, die „unfähig sind, eine Schlacht zu leiten und nur Geschrei und Parolen von sich geben können“.[168]

Die Politische Abteilung der Leningrader Front machte als Grund für die zunehmenden Desertionen die mangelnde Wachsamkeit in den Einheiten aus.[169] Diese typisch stalinistische Einschätzung überzeugt aus heutiger Sicht nicht. Die Unzufriedenheit an der Leningrader Front ist vielmehr auf den ungünstigen Kriegsverlauf und die schlechte Ausrüstung zurückzuführen. Immer wieder beschwerten sich die Rotarmisten über den Mangel an Waffen und Munition.[170] Die

165 Die Nordfront wurde am 23. August 1941 in die Karelische und die Leningrader Front geteilt. Letztere umfaßte die 23., die 8. und die 48. Armee.

166 Vgl. Nikita Lomagin: The Soviet Government's Attempts to Neutralize Disruptive Fascist Propaganda in the Army during the Battle of Leningrad, St. Petersburg 1993, S. 10.

167 So wurden zwischen Juli und September 1942 nur noch 558 Angehörige der Rotbannerflotte verurteilt, von Oktober bis Dezember 1942 gar nur 281, vgl. ebd., S. 26 und 37 f.

168 Aus dem Feldpostbrief eines bei Krasnoe Selo eingesetzten Rotarmisten. Dieses und andere Beispiele in: Spezialbericht des Leningrader UNKVD vom 5.9.1941, in: V tiskach goloda, S. 142-145, hier 142 f.

169 Vgl. Lomagin: The Soviet Government's Attempts, S. 11.

170 Vgl. Spezialbericht des Leningrader UNKVD vom 5.9.1941, in: V tiskach goloda, S. 142-145, hier 143; Spezialbericht des Leningrader UNKVD vom 28.10.1941, in: ebd., S. 146 f. Der Zusammenhang zwischen militärischen Mißerfolgen und Illoyalität ist auch an anderen Frontabschnitten zu beobachten. So war das Vertrauen der Rotarmisten in die Führung in den ersten

materielle Ausstattung der Truppe war zum Teil so verheerend, daß die Soldaten mitunter unbewaffnet in die Schlacht geschickt wurden.[171] Die Rotarmisten hatten selbst für ihre Bewaffnung zu sorgen, indem sie die Waffen der vor ihnen Gefallenen an sich nahmen oder denjenigen Soldaten, die sich ungeordnet zurückzogen, kurzerhand das Gewehr entrissen.[172]

Diese Disziplinprobleme waren allerdings nur ein vorübergehendes Problem. Mit Besserung der militärischen Lage nahmen auch die Desertionen ab. Während im Oktober 1941 noch 967 Rotarmisten der Leningrader Front wegen Vaterlandsverrats verurteilt wurden, fiel deren Zahl im November auf 553 und betrug im Dezember sogar nur noch 120.[173] Zwar blieb die allgemeine Stimmungslage negativ, was vor allem mit der sich rapide verschlechternden Lebensmittellage zusammenhing.[174] Doch mittlerweile war eine echte Loyalität der Soldaten entstanden, so daß weitere Disziplinierungsmaßnahmen an der Leningrader Front nicht nötig waren.[175] Woraus sich diese Loyalität speiste, läßt sich im einzelnen

---

Kriegsmonaten stark erschüttert, was nicht zuletzt in den großen Gefangenenzahlen der Wehrmacht zum Ausdruck kam: Da sie weder ausreichend Waffen noch Munition besaßen, fühlten sie sich als Kanonenfutter verheizt, vgl. die Kriegserinnerungen des Schriftstellers und Veteranen Vjačeslav D. Kondrat'ev: „Ich bin in Ržev umgekommen". Bericht eines sowjetischen Kriegsteilnehmers, in: Deutsche Studien, 31 (1993), S. 116-125, hier 118. Siehe auch: Sabine R. Arnold: „Mit Lügen kann man niemanden erziehen". Gespräch mit dem russischen Schriftsteller V.D. Kondrat'ev, in: Deutsche Studien, 29 (1991), S. 128-144, hier 137.

171 So stellte der Chef des Generalstabes, Vasilevskij, der 54. Armee, die im Oktober 1941 um eine dringende Truppenauffrischung gebeten hatte, nur unbewaffnete Truppen zur Verfügung, vgl. das Telefonat Vasilevskijs mit dem Befehlshaber der 54. Armee, Chozin, am 23.10.1941, in: Velikaja Otečestvennaja Bd. 5/1, S. 260 f., hier 261.

172 So an dem Frontabschnitt im Raum des Forts Krasnaja Gorka, an der Südküste des Finnischen Meerbusens, im September 1941, vgl. Kusnezow: Gefechtsalarm, S. 87 f.

173 Vgl. Lomagin: The Soviet Government's Attempts, S. 21. Dies korrespondiert mit den SD-Berichten über die Lage in Leningrad, die im Oktober und November 1941 die schlechte Stimmung unter den Rotarmisten und eine allseits verbreitete Bereitschaft zum Überlaufen schildern, vgl. Tätigkeits- und Lagebericht Nr. 6 der Einsatzgruppen der Sicherheitspolizei und des SD in der UdSSR (1.10.-31.10.1941), in: Die Einsatzgruppen in der besetzten Sowjetunion 1941/42. Die Tätigkeits- und Lageberichte des Chefs der Sicherheitspolizei und des SD, hg. v. Peter Klein, Berlin 1997, S. 222-244, hier 226; Tätigkeits- und Lagebericht Nr. 7 der Einsatzgruppen der Sicherheitspolizei und des SD in der UdSSR (1.11.-30.11.1941), in: ebd., S. 245-263, hier 250. Ansonsten sind die SD-Berichte eine sehr problematische Quelle zur Untersuchung der Stimmung in der sowjetischen Bevölkerung. Sie beruhen hauptsächlich auf Aussagen von Kriegsgefangenen und gegnerischen Spionen, die offenbar beim Verhör ihrem Gegenüber meistens das sagten, was dieser ihrer Ansicht nach zu hören wünschte. So wurde z.B. häufig die faire Behandlung sowjetischer Kriegsgefangener seitens der Deutschen betont und auf die schädliche Tätigkeit der Juden in der eigenen Heimat hingewiesen.

174 Vgl. Bericht des Leningrader NKVD vom 22.12.1941, in: V tiskach goloda, S. 174 f., hier 174.

175 Anders verhielt es sich am südlichen Frontabschnitt, wo die Rote Armee 1942 noch einmal schwere Niederlagen hinzunehmen hatte. Als Reaktion darauf erließ die Führung den berüchtigten Befehl Nr. 227, mit dem unter anderem bewaffnete NKVD-Einheiten aufgestellt wurden, die hinter der kämpfenden Truppe standen und deren Zurückweichen unterbinden sollten. Nach drei Monaten wurde diese Praxis jedoch wieder eingestellt. Zum Hintergrund vgl. Amnon Sella: The Value of Human Life in Soviet Warfare, London, New York 1992, S. 156-160.

nicht festmachen, muß aber auch nicht unbedingt geklärt werden. Patriotismus, der in einem Verteidigungskrieg einen natürlichen Reflex darstellt, und die Angst vor Sanktionen, wie es sie in abgestufter Form in jeder Armee gibt, haben sicherlich eine wichtige Rolle gespielt. Entscheidend war wohl, daß die Autorität der Führung akzeptiert und infolgedessen die Befehle befolgt wurden. Dies war in den ersten Wochen und Monaten des Krieges noch nicht der Fall gewesen. Die Unvorbereitetheit auf einen deutschen Angriff und die offensichtlich falsche Strategie einer Nachvorneverteidigung hatten die Autorität der politischen und der militärischen Führung untergraben. Mit den militärischen Erfolgen im Herbst 1941, in unserem Fall mit dem Halten Leningrads, gewann das Regime in den Augen der Truppe seine Legitimität zurück. Damit war die Loyalität der Soldaten wiederhergestellt, so daß die üblichen militärischen Mechanismen griffen und das System schließlich funktionierte.

III. RETTUNG DER RESSOURCEN: DIE EVAKUIERUNG VON INDUSTRIE UND BEVÖLKERUNG

Eines der wichtigsten Probleme bei der Verteidigung Leningrads war die Frage, was mit dem Industriepotential und den Einwohnern der zweitgrößten Stadt der Sowjetunion geschehen sollte. Die Newametropole befand sich aufgrund ihrer grenznahen Lage in unmittelbarer Reichweite gegnerischer Armeen. Der schnelle Vorstoß der Wehrmacht und die Offensive der finnischen Truppen ließen diese latente Bedrohung bald zu einer konkreten Gefahr werden. Am 11. Juli 1941 ordnete das Staatliche Verteidigungskomitee deshalb die Evakuierung der Leningrader Industrie an.[1]

Aufgrund unklarer Kompetenzen und widersprüchlicher Befehle herrschten während der ersten Kriegswochen in Leningrad wie in der gesamten Sowjetunion jedoch chaotische Zustände. Als der Belagerungsring um Leningrad am 8. September 1941 geschlossen wurde, befand sich der überwiegende Teil der Industrieanlagen noch in der Stadt. Da die sowjetische Führung davon ausging, daß die Wehrmacht versuchen würde, Leningrad möglichst bald einzunehmen, setzte man die Evakuierung fort und brachte weiterhin fieberhaft Wertgegenstände aus der Stadt heraus. Da die einzige Verbindung zum Hinterland über den Ladogasee führte, wurden die demontierten Fabrikanlagen in einem denkbar aufwendigen Verfahren per Lkw zur nächsten Bahnstation gebracht, dort verladen und auf dem Schienenweg zum westlichen Seeufer transportiert. Hier wurde die Fracht auf Lastkähne verladen, an das andere Ufer befördert; sie setzte dort ihre Reise mit der Eisenbahn bis zu ihrem Bestimmungsort im Hinterland fort. Es gab auch Überlegungen, einen Fährbetrieb auf dem Ladogasee einzurichten, was den Vorteil gehabt hätte, daß man sich das zweimalige Umladen von der Schiene aufs Schiff und zurück erspart hätte. Doch vermutlich erschienen die anfallenden Ausbauarbeiten der Anlegestellen und der Bau von geeigneten Fährschiffen zu aufwendig oder nicht durchführbar, und man verwarf das Projekt.[2]

Als alternative Verbindung zum Hinterland bot sich der Luftweg an. Am 13. September 1941 wurde eine Luftbrücke zwischen Moskau und Leningrad

---

1 Vgl. Andrej R. Dzeniskevič: Front u zavodskich sten. Maloizučennye problemy oborony Leningrada 1941 - 1944, St. Petersburg 1998, S. 191.

2 Diese Projekt wurde dargelegt in einem Schreiben des Ingenieur-Inspektors S.N. Baranov von der Verwaltung für erbeutete Waffen an Kosygin vom 27.7.1942, Gosudarstvennyj archiv Rossijskoj Federacii (im Folgenden GARF) f. R-5446, o. 59, d. 14, l. 13 f.

eingerichtet.[3] Zwischen dem 10. und 25. Oktober 1941 konnten auf diesem Weg 30 000 Arbeiter der Rüstungsindustrie, 13 000 verletzte Soldaten, große Mengen an wertvollen Metallen und 7000 Zivilisten, die meisten von ihnen krank, aus Leningrad herausgebracht werden.[4] Doch standen mit 30 bis 50 Maschinen viel zuwenig Frachtflugzeuge zur Verfügung, um eine nennenswerte Rolle bei der Evakuierung oder der Versorgung der Stadt zu spielen.[5] Außerdem befand sich ein bedeutender Teil der Leningrader Flugplätze außerhalb der Stadt, das heißt, auf bereits von der Wehrmacht besetztem Gebiet.[6] So stellte der Seeweg die einzige erfolgversprechende Verbindung zum Hinterland dar. Die Herbststürme behinderten die Schiffahrt auf dem Ladogasee jedoch so stark, daß sie schließlich eingestellt werden mußte. Dafür erwies sich der früh einsetzende Frost als Verbündeter, denn schon am 11. November 1941 war die Eisdecke des Ladogasees dick genug, um eine Autoroute über den zugefrorenen See in Betrieb zu nehmen. Eine neugegründete Evakuierungskommission, unter der Leitung des Vorsitzenden des Exekutivkomitees des Leningrader Stadtrats, Pëtr S. Popkov, beschloß, über diese Eisstraße vor allem die Einwohner aus dem Belagerungsring herauszubringen.[7] Am 26. November 1941 verließen die ersten Leningrader auf diesem Weg die Stadt.

Als eine der bemerkenswertesten Leistungen der Sowjetunion im Zweiten Weltkrieg gilt die Evakuierung bedeutender Teile ihrer Rüstungsindustrie in den Osten des Landes.[8] Insgesamt wurden 1700 bis 2000 Fabriken demontiert, verschickt und an weit entlegenen Orten wieder in Betrieb genommen. Ohne diesen Erfolg hätte die Sowjetunion den Verlust ihrer westlichen Industriezentren nicht kompensieren können. Und ohne die Massenproduktion von Waffen und Munition hätte man das hochindustrialisierte Deutsche Reich nicht niederringen kön-

---

3 Anordnung des Kriegsrats der Leningrader Front vom 13.9.1941, CGA SPb f. 7384, o. 36, d. 62, l. 192-194. Die Initiative ging dieser Anordnung zufolge wohl von den Leningrader Verantwortlichen und nicht vom Kreml aus, wie Michel'son und Jalygin unter Berufung auf eine Anordnung des Staatlichen Verteidigungskomitees vom 20.9.1941 behaupten, vgl. V.I. Michel'son/M.I. Jalygin: Vozdušnyj most, Moskau 1982, S. 7.

4 Vgl. Ivan V. Kovalev: Transport v Velikoj Otečestvennoj vojne (1941-1945 gg.), Moskau 1981, S. 227.

5 Vgl. ebd., S. 13.

6 Rechenschaftsbericht des Leningrader Gebietsparteikomitees, o.D., CGA SPb f. 7179, o. 53, d. 58, l. 164-184, hier 170-173.

7 Vgl. Čerepenina: Golod i smert', S. 69. In den ersten Tagen wurden nur Güter per Pferd evakuiert, weil das dünne Eis noch keine Lkws trug, vgl. F.N. Lagunov: Skvoz' blokadu, in: Petr L. Bogdanov (Hg.): Na doroge žizni, Leningrad 1975, S. 9-16, hier 12.

8 Overy: Wurzeln des Sieges, S. 233; Bonwetsch: Der „Große Vaterländische Krieg", S. 957; Barber/Harrison: Soviet Home Front, S. 131 f.; Sanford R. Lieberman: The Evacuation of Industry in the Soviet Union during World War II, in: Soviet Studies, 35 (1983), S. 90-102, hier 98.

nen.[9] So ungeheuer wichtig die Evakuierung war: Über ihren konkreten Ablauf wissen wir bis heute relativ wenig. Die sowjetische Geschichtsschreibung begnügte sich damit, die Erfolge zu glorifizieren, und verzichtete darauf, nach ihren Bedingungen zu fragen.[10] Auch westliche Historiker haben sich dieses Themas kaum angenommen. Klaus Segbers beleuchtete die organisationsgeschichtliche Seite der Evakuierung und untersuchte die angewendeten Mobilisierungsformen. Dabei gelang es ihm, den Mobilisierungserfolg des sowjetischen Systems zu zeigen, ohne dessen Fehler und Schwächen zu verschweigen.[11] Da Segbers Mitte der achtziger Jahre keine sowjetischen Archive offenstanden, beruhen seine Ergebnisse allerdings durchgängig auf Vorarbeiten der sowjetischen Historiographie und der recht umfangreichen Erinnerungsliteratur. Infolgedessen orientiert sich seine Darstellung an den Anordnungen der zentralen Regierungsorgane, ohne deren praktische Umsetzung vor Ort überprüfen zu können. Lokalstudien, wie etwa zur Evakuierung Leningrads, wurden im Westen bislang nicht angefertigt. Der amerikanische Historiker Leon Goure ging in seiner Gesamtdarstellung zwar kritisch an dieses sowjetische Heldenepos heran, doch konzentrierte er sich allzu sehr auf die Fehler und Versäumnisse, die dabei in Moskau begangen wurden. Auf diese Weise konstruierte er einen für diesen Themenkomplex nicht weiterführenden Antagonismus zwischen einem erfolgreichen Leningrader Krisenmanagement auf der einen und der Hauptstadt als Störfaktor auf der anderen Seite.[12]

Weitgehend hat aber die sowjetische und postkommunistische Historiographie das Bild von der Evakuierung Leningrads geprägt. Die Maschinen „flossen buchstäblich in Richtung Ural“: Mit solchen und ähnlichen Metaphern beschreiben russische Historiker bis heute eine scheinbar reibungslos verlaufende Erfolgsgeschichte, in der die organisatorische Leistung und der aufopferungsvolle Einsatz der Werktätigen besonders hervorgehoben werden.[13] In den letzten Jah-

---

9 Zur Problematik, die Anzahl der evakuierten Betriebe zu ermitteln, vgl. Segbers: Sowjetunion im Zweiten Weltkrieg, S. 119 f. Siehe auch Bonwetsch: Der „Große Vaterländische Krieg“, S. 957.

10 So bezeichnet sie etwa Belikov als „wirtschaftliches Stalingrad“, A.M. Belikov: Transfert de l'industrie soviétique vers l'est (Juin 1941-1942), in: Revue d'histoire de la deuxième guerre mondiale, 11 (1961), Nr. 43, S. 35-50, hier 41 und 48 f. Für Kantor ist die Evakuierung ein Verdienst der sozialistischen Planwirtschaft, der straffen Führung durch das Staatliche Verteidigungskomitee, des aufopferungsvollen Einsatzes der Arbeiter und der aktiven Unterstützung der örtlichen Organe und Parteiorganisationen, vgl. L.M. Kantor: Perebazirovanie promyšlennosti SSSR, in: Zapiski planovogo instituta, 6 (1947), S. 57-132, hier 62; siehe außerdem Kovalev: Transport v Velikoj Otečestvennoj vojne; Ju.A. Poljakov u.a. (Hg.): Ėšelony idut na vostok. Iz istorii perebazirovanija proizvoditel'nych sil SSSR v 1941-1942 gg. Sbornik statej i vospominanija, Moskau 1966.

11 Vgl. Segbers: Sowjetunion im Zweiten Weltkrieg, S. 90-121.

12 Vgl. Goure: Siege of Leningrad, S. 182-185 und 236-239.

13 Das Zitat aus: Dzeniskevič: Front u zavodskich sten, S. 192. Ein ähnliches Bild findet sich auch bei Pawlow: Blockade, S. 66 und in Petr N. Pospelov u.a. (Hg.): Geschichte der Kommunistischen Partei der Sowjetunion, Bd. 5/1, Moskau 1974, S. 319 (hier auf die Evakuierung Moskaus gemünzt). Siehe außerdem Dzeniskevič u.a. (Hg.): Leningrad v bor'be.

ren haben russische Historiker zwar neues Archivmaterial und eine Fülle gut dokumentierter Einzelfälle ans Licht gebracht, doch wurden diese bislang einfach in die vorgegebene Erzählstruktur eingefügt.[14] So hat die sowjetische und postkommunistische russische Forschung die Evakuierung Leningrads meist entlang der zentralen Anordnungen und Mobilisierungspläne beschrieben und dadurch ihren Ablauf wie aus einem Guß geschildert, ohne nach der praktischen Umsetzung der Direktiven zu fragen.[15] Dabei hatte Dmitrij Pavlov bereits Ende der fünfziger Jahre den Verlauf und die Leistungsbilanz der Evakuierungen des Herbstes 1941 kritisiert und die Leningrader Partei für die Versäumnisse verantwortlich gemacht.[16] Dagegen sah eine Gruppe von Leningrader Historikern die Schuld für den schleppenden Anlauf der Evakuierung bei der zentralen Steuerung in Moskau.[17] Die Stavka hatte nämlich bereits bei Kriegsbeginn festgelegt, daß der Rahmen für die Evakuierung zwar vom Kreml vorgegeben werde, die konkrete Durchführung jedoch den Organen vor Ort vorbehalten bleibe.[18] So richtete V.A. Ežov seine Kritik am Entscheidungsablauf und an der Durchführung der Evakuierung an die Verantwortlichen in der Hauptstadt. Politbüro und Staatliches Verteidigungskomitee hätten die Evakuierung Leningrads viel zu spät angeordnet und viel zu langsam in die Tat umgesetzt.[19] Allerdings stützt sich auch Ežov nur auf die Entscheidungen der staatlichen Führungsorgane, ohne die Evakuierungspraxis vor Ort in seine Analyse mit einzubeziehen.

Die Prioritäten der Evakuierung wurden bei alldem nie hinterfragt. Deshalb soll hier zunächst geklärt werden, welche Evakuierungsstrategien den jeweiligen Phasen der Blockade zugrunde lagen und inwieweit diese in die Praxis umgesetzt wurden. Die Forschung hat außerdem bei der Bewertung der Mobilisierungslei-

---

14 Vgl. z.B. Dzeniskevič: Front u zavodskich sten, S. 191 ff., wo der Autor beispielsweise vom Fortgang der Evakuierung im gesamten Jahr 1942 spricht, obwohl die Evakuierung nach der Schließung des Blockaderings im September 1941 unterbrochen und erst im Frühjahr 1942 wiederaufgenommen wurde, vgl. Segbers: Sowjetunion im Zweiten Weltkrieg, S. 108.

15 Zur Evakuierung allgemein vgl. Pospelov u.a. (Hg.): Geschichte der Kommunistischen Partei Bd. 5/1, S. 314-320; ders. u.a. (Hg.): Geschichte des Großen Vaterländischen Krieges, 6 Bde., Berlin (Ost), Bd. 2, S. 170-177; zu Leningrad siehe Očerki istorii Leningrada Bd. 5, S. 119-122.

16 Pawlow: Blockade, S. 69-72. Es ist allerdings ein Wesenszug seiner Darstellung, beinahe alle Entscheidungen der Leningrader Verantwortlichen zu kritisieren, die getroffen wurden, bevor er selbst als Sonderbeauftragter für die Lebensmittelversorgung aus Moskau in die ehemalige Hauptstadt kam.

17 M.I. Lichmanov/L.T. Pozina/E.I. Finogenov: Partijnoe rukovodstvo ėvakuaciej v pervyj period Velikoj Otečestvennoj vojny, Leningrad 1985, S. 79 f.

18 Direktive der Stavka vom 2.7.1941, in: Velikaja Otečestvennaja Bd. 5/1, S. 42 f.

19 Siehe den Diskussionsbeitrag von V.A. Ežov in: Demidov (Hg.): Blokada rassekrečennaja, S. 161 f. Der Vorwurf ist nicht von der Hand zu weisen, bedenkt man, daß der Kriegsrat der Leningrader Front noch am 6. September 1941 die Anordnung traf, die Produktionseinrichtungen und Arbeiter der Voskov-Werke aus der Stadt Sestroreck nach Leningrad zu bringen und dort die Fabriken „Rotes Werkzeug" und „Ėlektroapparat" in Betrieb zu nehmen, um Maschinenpistolen vom Typ PPD herzustellen, vgl. Anordnung des Kriegsrats der Leningrader Front vom 6.9.1941, CGA SPb f. 7384, o. 36, d. 62, l. 145 f. Die Schließung des Belagerungsringes am 8.9.1941 hat diese Anordnung obsolet gemacht.

stung die lokale Ebene vernachlässigt und damit versäumt herauszufinden, wie das System konkret seine Erfolge im Krieg erzielte. Deshalb soll hier auch den Fragen nachgegangen werden, mit welchen Mitteln die Bolschewiki die Evakuierung anpackten, inwieweit sich diese von denen der dreißiger Jahren unterschieden, welche Erfolge man damit erzielte und inwieweit diese Methoden über die gesamte Dauer der Evakuierung beibehalten wurden.

Darüber hinaus hat die Historiographie die Evakuierung bislang nur aus der Perspektive der politischen Akteure geschildert. Die Sichtweise der Betroffenen wurde stets vernachlässigt und allenfalls durch das wahllose Aneinanderreihen von Heldentaten einzelner Personen glorifiziert. Mitunter schilderte man die Evakuierung auch als einen abstrakten Vorgang, bei dem es scheint, es seien ausnahmslos Fabrikanlagen und nicht auch Menschen betroffen gewesen. Eine adäquate Beschreibung von Prozessen jeglicher Art im sowjetischen System kann jedoch auf eine Untersuchung der alltäglichen Praxis nicht verzichten, da in der Sowjetunion die Schere zwischen politischer Intention und tatsächlicher Umsetzung für gewöhnlich weit auseinanderklaffte. Deshalb soll dieses Kapitel auch die Praktiken bei der Auswahl der Umsiedler und den konkreten Ablauf der Evakuierung rekonstruieren.

1. Die Evakuierung der Leningrader Industrie

Schon fünf Tage nach dem deutschen Überfall erließen der Rat der Volkskommissare und das Zentralkomitee der Kommunistischen Partei eine Verordnung, welche die Rahmenbedingungen der Evakuierung festsetzte: die Organisation des Transports, die Verpflegung der Menschen während der Fahrt und ihre Unterbringung an den Bestimmungsorten.[20] Am selben Tag legte der neu gegründete Evakuierungsrat[21] fest, daß wertvolle Industriegüter und Produktionsmittel, Rohstoffvorräte und Nahrungsmittel bei der Verlagerung in den Osten die höchste Priorität hatten. Zusammen mit den Betrieben waren auch qualifizierte Arbeiter, Ingenieure und Angestellte umzusiedeln. Die örtlichen Organe wurden beauftragt, den Abtransport gemäß den Aufträgen des Evakuierungsrats und der Militärräte umzusetzen.[22] In Übereinstimmung mit dieser Direktive legte der Kriegs-

20 Vgl. Segbers: Sowjetunion im Zweiten Weltkrieg, S. 168.

21 Der Evakuierungsrat wurde am 24.6.1941 gegründet. Vorsitzender war Lazar' Kaganovič, ab dem 16.7.1941 Švernik. Mitglieder waren u.a. Chrulëv, Kosygin, Pamfilov, Pervuchin, Mikojan und Saburov.

22 Vgl. Segbers: Sowjetunion im Zweiten Weltkrieg, S. 109 f.

rat der Nordfront am Tag darauf die Prioritäten bei der Evakuierung Leningrads fest. In erster Linie seien zu evakuieren:

> „a. Die wichtigsten industriellen Wertgegenstände (wie Werkbänke und Maschinen, wertvolle Rohstoffressourcen und Lebensmittel), Buntmetalle, Brot und andere Wertgegenstände von staatlicher Bedeutung.
> b. Qualifizierte Arbeiter, Ingenieure und Angestellte zusammen mit den von der Front evakuierten Betrieben, junge, wehrtaugliche Personen, Verantwortliche der Partei und der Sowjetorgane."[23]

Fabrikinventar und Rohstoffe standen in der Evakuierungshierarchie also deutlich vor der Bevölkerung, deren Umsiedlung die knappen Kapazitäten der Schiene nicht belegen sollte und deshalb mit Fuhrwerken oder zu Fuß auf unbefestigten Landstraßen erfolgte. Dabei war es nicht gestattet, andere Wege als eine vorgegebene Route einzuschlagen, damit die großen Straßen für Truppenbewegungen oder Lkw-Transporte frei blieben. Die Unterbringung und Versorgung der Flüchtlinge an den Zielorten wurde den lokalen Organen aufgetragen.[24]

Diese Prioritätensetzung, die Rüstungsgütern gegenüber der Bevölkerung den Vorzug gab, stieß bei den Leningradern auf wenig Verständnis. Die gesamte Evakuierung stand zunächst stark in der Kritik: Sie habe zu spät begonnen und diene doch nur den Funktionären dazu, sich selbst und ihre Familien in Sicherheit zu bringen.[25] Es ist allerdings eine Konstante der sowjetischen Staatsräson, daß die Machthaber Sachwerte stets höher bewerteten als Menschen. Dieser Grundsatz galt sowohl vor als auch nach dem Zweiten Weltkrieg, und im Krieg zählte er zu den politischen Leitlinien. Noch bei der Eroberung Berlins wurde zuerst die Infanterie gegen die deutschen Verteidigungslinien geschickt, ehe die Panzereinheiten vorstießen.[26] Im Vergleich zum Kriegsende war die Lage im Sommer 1941 weitaus dramatischer. Die Bolschewiki sahen die Gefahr, daß nach einem Verlust der industriellen Basis in den westlichen Gebieten dem hochgerüsteten Deutschen Reich nichts mehr entgegengesetzt werden konnte. Insofern beruhte die Bevorzugung industrieller Anlagen gegenüber Menschenleben auf dem nüchternen Kalkül, den Verlust letzterer leichter verschmerzen zu können. Nur in einem Fall hielten sich die Bolschewiki nicht an diese kühle Interessenabwägung. Im August 1941 begann man, die Evakuierung der deutschen und finnischsprachigen Minderheit aus Leningrad voranzutreiben. Die vom Kreml angeordneten Deportationen liefen dem bis dahin befolgten Grundsatz zuwider und belegten wichtige Transportkapazitäten.[27]

Der sowjetischen Geschichtsschreibung zufolge wurden bei der Evakuierung der Leningrader Industrie vorwiegend Rüstungsbetriebe demontiert und abtrans-

---

[23] Anordnung des Kriegsrats der Nordfront vom 28.6.1941, CGA SPb f. 7384, o. 36, d. 62, l. 17 f.

[24] Anordnung des Kriegsrats der Leningrader Front vom 4.7.1941, CGA SPb f. 7384, o. 36, d. 62, l. 92–94; Direktive der Stavka vom 2.7.1941, in: Velikaja Otečestvennaja Bd. 5/1, S. 42 f.

[25] Bericht des Leningrader NKVD vom 10.12.1941, in: V tiskach goloda, S. 163–165.

[26] Vgl. Löwe: Stalin Bd. 2, S. 322.

[27] Zur Deportation der deutschen und finnischsprachigen Minderheit siehe Kap. VI.1.

portiert.[28] Der Ökonom L.M. Kantor vertrat dagegen in einem 1947 in Leningrad publizierten Beitrag die Auffassung, daß vor allem jene Industriebetriebe evakuiert worden seien, deren Ausrüstung vergleichsweise leicht demontiert werden konnte, das heißt, überwiegend aus der Leicht- und Nahrungsmittelindustrie. Aus dem Segment der Schwerindustrie seien vor allem Fabriken aus dem Maschinenbau und der chemischen Industrie verschickt worden, wogegen die Demontage und der Abtransport von Teilen der Schwarz- und Buntmetallurgie vielfach zu schwierig gewesen sei.[29] Lückenlose Verzeichnisse stehen der Forschung noch nicht zur Verfügung, doch liegen nun zumindest Zahlen für die Monate Juli bis Oktober 1941 vor, die es erlauben, Kantors Aussage zu überprüfen. Als Ergebnis ist festzuhalten, daß nur die Hälfte der in diesem Zeitraum komplett oder größtenteils evakuierten Fabriken sich eindeutig der Rüstungsindustrie zuordnen lassen. Bei den nur teilweise evakuierten Betrieben liegt der Anteil sogar bei weniger als 10 %.[30] Die Ausfuhrlisten von Werkbänken bestätigen dieses Bild.[31] Allerdings muß berücksichtigt werden, daß in Maschinenbaubetrieben auch Waffen hergestellt werden können und die Gummi- sowie die chemische Industrie ebenfalls kriegswirtschaftlich relevant sind. Gewiß waren neben einem kriegswirtschaftlichen Nützlichkeitsaspekt auch pragmatische Gründe – wie die Möglichkeiten einer schnellen Demontage – mit dafür ausschlaggebend, welche Fabriken evakuiert wurden. Sogar Textil-, Papier-, Tabak- und Konditoreifabriken kamen auf die Evakuierungslisten.[32] Manche Entscheidungen, wie zum Beispiel die Evakuierung von 2520 Tonnen der staatlichen Papierreserven,[33] deuten darauf hin, daß niemand in den von Chaos geprägten ersten Kriegsmonaten ausgefeilte Strategien entwickelte. Vielmehr versuchte man, möglichst viele Wertgegenstände aus der Stadt zu retten. Rückblickend wirkt der eine oder andere Vorgang als fatale Fehlentscheidung, etwa der Abtransport von Lebensmitteln.[34] Doch aus damaliger Perspektive, als von einer Einnahme Leningrads und nicht von einer über zweijährigen Belagerung auszugehen war, erscheint diese Politik durchaus nachvollziehbar.

Auch nach der Schließung des Belagerungsringes setzte man die Evakuierung von Rohstoffen und Halbfertigprodukten aus Leningrad fort. Was angesichts der

---

28 Vgl. Belikov: Transfert de l'industrie, S. 42 f.; Pospelov u.a. (Hg.): Geschichte der Kommunistischen Partei Bd. 5/1, S. 320.

29 Kantor: Perebazirovanie, S. 60.

30 Vgl. Auflistung der evakuierten Betriebe aus Leningrad, Stand Oktober 1941, CGAIPD SPb f. 25, o. 13-a, d. 23, l. 7-11.

31 Vgl. Ausfuhrverzeichnis der Werkbänke, die der unbedingten Ausfuhr aus Leningrad unterliegen vom 10.10.1942, RGASPI f. 77, o. 1, d. 946, l. 12.

32 Vgl. die Pläne des Evakuierungsrats vom 20., 23. und 24.8.1941, CGA SPb f. 7384, o. 36, d. 59, l. 36, 71 und 78, die zwei Papier-, sieben Tabak- und drei Konditoreifabriken zur Evakuierung vorsahen.

33 Anordnung des Evakuierungsrats vom 19.8.1941, CGA SPb f. 7384, o. 36, d. 59, l. 30.

34 Dies berichtet zumindest Dmitri S. Lichatschow: Hunger und Terror. Mein Leben zwischen Oktoberrevolution und Perestroika, Ostfildern vor Stuttgart 1997, S. 250.

bald stilliegenden Industrie und des ungewissen Schicksals der Stadt durchaus sinnvoll war, wurde wiederum nicht systematisch umgesetzt, sondern war großenteils improvisiert. Manche Bolschewiki begriffen die in Leningrad verbliebene Industrie wohl als eine Art Nothilfefond, auf den man permanenten Zugriff hatte. In den Archiven liegen unzählige Anfragen sowjetischer Funktionäre, die versuchten, in ihrem Verantwortungsbereich dringend benötigte Maschinen oder Rohstoffe aus der belagerten Stadt beibringen zu lassen.[35] So wandte sich zum Beispiel Anastas Mikojan am 28. Januar 1942 an Aleksej Kosygin mit dem Auftrag, 3500 Tonnen gewalztes Buntmetall, das sich in der Fabrik „Roter Vyborger" und den Vorošilov-Werken befand, innerhalb der nächsten zehn bis fünfzehn Tage aus Leningrad auszuführen. Für diesen individuellen Wunsch wurde der ganze Evakuierungsapparat angeworfen. Der Leiter der Oktobereisenbahnlinie mußte 200 Waggons bereitstellen, für den Transport zum Bahnhof wurden Autos zur Verfügung gestellt und die Arbeiter der beiden Fabriken von der Waldarbeit befreit, um das Gut zu verladen. Sie erhielten für diese Tätigkeit sogar Sonderrationen.[36] Doch nicht immer ließen die Leningrader Behörden sich ihres „Tafelsilbers" widerstandslos „berauben". Als die Fabrik „Strickwarenmaschine" evakuiert werden sollte, wandte sich der Leiter der Versorgungsverwaltung beim Exekutivkomitee des Leningrader Stadtrats an Kosygin mit der Bitte, 60 Maschinen dieser Fabrik seiner Behörde zu übergeben, da diese für die örtliche Industrie und den späteren Wiederaufbau von Bedeutung seien.[37]

Wie viele Fabriken, Maschinen und Werkbänke wurden aber nun insgesamt aus Leningrad evakuiert? Die Angaben in der Literatur sind dazu recht widersprüchlich.[38] Doch auch die Rekonstruktion des Evakuierungsumfangs auf der Grundlage der seit kurzem zugänglichen Archivbestände fördert keine transparenten Zahlen zu Tage. So behauptete Ždanov im April 1944, als er auf der ersten Plenarsitzung des Leningrader Stadt- und Gebietsparteikomitees Rechenschaft über seine Politik ablegte, daß 75 % der Leningrader Betriebe evakuiert worden seien.[39]

---

35 Im „Kosygin-Bestand" des Russischen Staatsarchivs ist eine Vielzahl solcher Vorgänge dokumentiert, siehe GARF f. R-5446, o. 59.

36 Dieser Vorgang in GARF f. R-5446, o. 59, d. 14, l. 148-150 und 153.

37 Schreiben des Leiters der Versorgungsverwaltung beim Exekutivkomitee des Leningrader Stadtrats, Mogijaemko, an Kosygin vom 1.7.1942, GARF f. R-5446, o. 59, d. 14, l. 25.

38 Kantor spricht von 133 großen Betrieben mit 70 000 Werkbänken und Baugruppen, vgl. Kantor: Perebazirovanie, S. 60; Voznesenskij dagegen von 92 Großbetrieben, vgl. Nikolaj Wosnessenskij: Die Kriegswirtschaft der Sowjetunion während des Vaterländischen Krieges, Berlin (Ost) 1949, S. 38.

39 Rede Ždanovs auf einer gemeinsamen Sitzung des Leningrader Stadt- und Gebietsparteikomitees vom 11. bis zum 13.4.1944, RGASPI f. 77, o. 1, d. 968, l. 154. Solche prozentualen Angaben waren bei den sowjetischen Machthabern äußerst beliebt und wurden von den Historikern dankend aufgegriffen, weil sie wissenschaftliche Genauigkeit suggerieren. In Wirklichkeit verschleiern sie mehr, als sie erhellen. In unserem Fall ist z.B. weder eine absolute Zahl als Bezugsgröße angeführt, noch wird deutlich, ob nur vollständig oder auch teilweise evakuierte Betriebe

Eine sehr viel konkretere Aufstellung, die sich deshalb auch als Grundlage weiterer Überlegungen eignet, hatte Ždanov im Oktober 1943 an Stalin übermittelt:[40]

a)	Betriebe (vollständig)	70
b)	Projektierungsbüros	22
c)	Konstruktionsbüros	11
d)	Baubetriebe	7
e)	Maschinen (Metallschneidemaschinen, Metallpressen u.a.)	70 310
f)	Elektromotoren	58 000
g)	Kesselaggregate	22 Sätze
h)	Hydro- und Turbogeneratoren	23 Sätze
i)	Wärmekraftwerke mit 30 MW Leistungsvermögen	2 Sätze
j)	Lokomotiven	93
k)	Eisenbahnwaggons	6 000
l)	Fertig- und Halbfertigprodukte im Wert von	2,05 Mrd. Rubel
m)	Eisenmetalle (Walzwerkerzeugnisse, Panzerungen u.a.).	125 000 Tonnen
n)	Buntmetalle (Stangen, Platten, Bänder, Barren)	31 000 Tonnen

Diese Aufstellung gibt ein beeindruckendes Ergebnis wieder: Zehntausende von Maschinen und immerhin 70 komplette Industriebetriebe wurden demontiert und in den Osten des Landes verschickt. Folgt man Ždanov, dann wurde der Großteil dieser Betriebe sogar erst nach der Schließung des Belagerungsringes aus der Stadt gebracht, allein 50 im Jahr 1942.[41] Über die Eisstraße hatte man im Dezember 1941 und im Januar 1942 hingegen nur knapp 27 % derjenigen Güter aus Leningrad abtransportiert, die zur Evakuierung vorgesehen waren.[42] So war im Chaos der ersten Wochen und Monate vor allem Aktionismus Trumpf. Die eigentliche Leistung der Evakuierung wurde erst im Verlauf der Jahre 1942 und 1943 vollbracht.

Welchen Stellenwert nahmen diese Bemühungen innerhalb der unionsweiten Anstrengung ein, Produktionsmittel ins Hinterland zu retten? Insgesamt wurden in der Sowjetunion 1523 Industriebetriebe bis zum Ende des Jahres 1941 demontiert und abtransportiert, was 1,5 Millionen Güterwagenladungen ent-

in Ždanovs Berechnung Eingang gefunden haben. Das Ermitteln absoluter Zahlen wird noch zusätzlich dadurch erschwert, daß die Bolschewiki auch im internen Schriftverkehr mit solchen unklaren Angaben operierten. So meldete z.B. der Zweite Leningrader Parteisekretär, Kuznecov, in den Kreml, daß 63 % der Maschinen aus den Lenin-Werken, einer der größten Maschinenbaufabriken der Stadt, evakuiert worden seien, vgl. Schreiben Kuznecovs an Stalin vom 27.7.1943, CGAIPD SPb f. 25, o. 13-a, d. 53, l. 3.

40 Schriftlicher Bericht Ždanovs an Stalin aus dem Oktober 1943, RGASPI f. 77, o. 1, d. 784, l. 1-2; abgedruckt in: Leningrad v osade, S. 177 f.

41 Ždanov Ende April 1944 auf einer Rede vor Leningrader Parteiaktivisten, RGASPI f. 77, o. 1, d. 969, l. 4.

42 Bericht über die Evakuierung von Wertgegenständen aus Leningrad für die Monate Dezember 1941 und Januar 1942, GARF f. R-5446, o. 59, d. 11, l. 4.

sprach.[43] Selbst wenn man als Vergleichsgröße alle evakuierten Betriebe zusammenfaßt – also außer den vollständig demontierten auch jene, die nur teilweise aus Leningrad abtransportiert wurden (in absoluten Zahlen sind das bis Oktober 1941 50 Betriebe) –, dann machen die aus Leningrad evakuierten Fabriken nur knapp 3,3 % der Gesamtmenge aus. Dieser Wert liegt weit unter der industriellen Bedeutung der alten Hauptstadt für das Land. Der Vergleich zu Moskau relativiert diese angebliche Evakuierungsleistung noch weiter. Dort wurde bereits im Juli 1941 mit Teilverlagerungen begonnen, ehe in den Monaten Oktober und November eine Massenevakuierung stattfand. Bis zum 30. November 1941 wurden 498 Betriebe von landesweiter Bedeutung zusammen mit 210 000 Arbeitern in mehr als 71 000 Waggons aus der Hauptstadt abtransportiert.[44]

Insofern scheint die Auffassung von politisch Verantwortlichen aus jener Zeit, daß vor der Schließung des Belagerungsringes zwei bis dreimal soviel hätte evakuiert werden müssen, ihre Berechtigung zu haben.[45] Nicht zuletzt Stalin gestand am 15. Oktober 1941 gegenüber dem Volkskommissar für Äußeres, Molotov, und Georgi Dimitrov, dem Generalsekretär der Komintern, ein, daß die Evakuierung in Leningrad zu spät begonnen wurde. In Moskau wollte er diesen Fehler nicht wiederholen.[46]

2. Die Evakuierung der Bevölkerung

Als die humanitäre Katastrophe in Leningrad immer größere Ausmaße annahm, änderte die sowjetische Führung ihre Strategie. Das Staatliche Verteidigungskomitee beschloß am 17. Januar 1942, nun doch große Teile der Bevölkerung möglichst zügig zu evakuieren. Zur Umsetzung dieses Vorhabens wurde Aleksej N. Kosygin als Sonderbevollmächtigter in die belagerte Stadt geschickt.[47] Vier Tage später unterbreitete er dem Kriegsrat der Leningrader Front den Vorschlag, un-

---

[43] Mark Harrison: Soviet Planning in Peace and War 1938-1945, Cambridge u.a. 1985, S. 78; Overy: Wurzeln des Sieges, S. 234.

[44] Vgl. Segbers: Sowjetunion im Zweiten Weltkrieg, S. 108.

[45] So Pawlow: Blockade, S. 70; ähnlich auch das Urteil des damals stellvertretenden Vorsitzenden des Stadtrats, Ivan A. Andreenko, in: Adamowitsch/Granin: Blockadebuch Bd. 1, S. 172.

[46] Georgi Dimitroff: Tagebücher 1933-1943, hg. v. Bernhard H. Bayerlein, 2 Bde., Berlin 2000, Bd. 1, S. 440.

[47] Zusammen mit Kosygin kamen noch eine Reihe von Mitarbeitern des Rats der Volkskommissare und des Moskauer Stadtparteikomitees nach Leningrad: I.M. Andreev, A.S. Boldyrev, A.K. Gorčakov, A.G. Karpov, A.F. Kurančev, G.A. Maljavin, A.M. Protasov. Vgl. Anatolij S. Boldyrev: Doroga na bol'šuju zemlju, in: Petr L. Bogdanov (Hg.): Na doroge žizni, Leningrad 1975, S. 196-218, hier 198.

verzüglich eine halbe Million Leningrader zu evakuieren, und sprach sich telefonisch mit Stalin über die geplanten Maßnahmen ab. Tags darauf folgte die entsprechende Anordnung des Staatlichen Verteidigungskomitees.[48] Die Arbeit wurde unverzüglich aufgenommen, so daß innerhalb einer Woche der erste Zug mit evakuierten Leningradern in Vologda eintraf.[49] Damit hatten sich die Prioritäten der Bolschewiki verschoben. Der sowjetischen Führung war zum einen klar geworden, daß die Wehrmacht die Stadt vorerst nicht einnehmen werde. Zum anderen mußte man sich gleichzeitig eingestehen, die Belagerung der Newametropole in absehbarer Zeit nicht beseitigen zu können. Da eine angemessene Versorgung der Millionenstadt über den Ladogasee nicht möglich war, zog das Staatliche Verteidigungskomitee die einzig richtige Konsequenz: Statt Werkbänken und Maschinen sollte nun in erster Linie die Zivilbevölkerung aus dem Belagerungsring herausgebracht werden.

Die Richtlinien für die Evakuierung der Bevölkerung waren Ausdruck einer pragmatischen Politik, die sich zuvorderst an militärischen Notwendigkeiten ausrichtete. Wie schon bei der Entscheidung im Sommer 1941, der Industrie gegenüber den Menschen den Vorzug zu geben, so unterwarfen die Bolschewiki auch die Evakuierung der Zivilbevölkerung im Winter 1941/42 strengen Nützlichkeitserwägungen. Die soziale Zusammensetzung der Evakuierten läßt sich am Beispiel jener 554 186 Menschen zeigen, die zwischen dem 22. Januar und dem 15. April 1942 Leningrad über die Eisstraße verlassen durften:[50]

1.	Arbeiter und Angestellte	66 182
2.	Familien von Arbeitern und Angestellten	193 244
3.	Familien Wehrpflichtiger	92 419
4.	Handwerksschüler	28 454
5.	Junge Spezialisten, Studenten, Professoren, Lehrer und Wissenschaftler einschl. deren Familien	37 827
6.	Schüler und Lehrer von (militärischen) Spezialschulen	4 442
7.	Kinder aus Kinderheimen	12 639
8.	Invaliden des Zweiten Weltkriegs	7 343
9.	Bevölkerung der Evakuierungspunkte (vormals aus Vorstadtkreisen nach Leningrad Evakuierte)	8 135

48 Vgl. Anatolij S. Boldyrev: Vojna, blokada, poslevoennye budni, in: T.I. Fetisov (Hg.): Prem'er izvestnyj i neizvestnyj. Vospominanija o A.N. Kosygine, Moskau 1997, S. 83-111, hier 87 ff. Schon einen Tag zuvor hatte der Kriegsrat der Leningrader Front angeordnet, ab dem 23. Januar täglich 1200 und ab dem 25. Januar täglich 2400 Menschen aus Leningrad zu evakuieren, vgl. Anordnung des Kriegsrats der Leningrader Front vom 21.1.1942, in: Leningrad v osade, S. 285-288.

49 Vgl. Čerepenina: Golod i smert', S. 70.

50 Bericht der Städtischen Evakuierungskommission vom 26.4.1942 über die Evakuierung aus Leningrad zwischen dem 29.6.1941 und dem 15.4.1942, in: Leningrad v osade, S. 301-305, hier 302.

10.	Verwundete Rotarmisten und Kommandanten der Roten Armee	35 713
11.	Sonstige	1 150
12.	Spezialkontingent (Verwaltungsbeamte):	
	Gebiet	30 489
	Stadt	8 825
13.	Kolchosarbeiter aus Karelien	27 274

Diese Zahlen zeigen, daß sich die Evakuierungskommission nicht allein von kriegswirtschaftlichen Erwägungen leiten ließ: Nicht nur wichtige Facharbeiter, sondern auch Frauen und Kinder wurden evakuiert.[51] Es war aber nicht die soziale Verantwortung für die Schwachen unter den Leningradern, welche die Bolschewiki antrieb. Die Menschen wurden nicht aus humanitären Gründen umgesiedelt, sondern auf der Basis einer politischen Prioritätensetzung. Offensichtlich brachte man Familien von Arbeitern, Frontsoldaten und NKVD-Mitarbeitern, also von denjenigen Kräften, auf die sich das Regime im Krieg verlassen mußte, bevorzugt in das sichere Hinterland.[52]

Am unteren Ende der Skala standen die Flüchtlinge, von denen sich Anfang September 1941 über 100 000 in der Stadt aufhielten und die aus den Baltischen Republiken, aus Pskov, Luga, Petrozavodsk oder von der Karelischen Landenge nach Leningrad gekommen waren.[53] Außerdem waren die Einwohner der Vororte beim Anmarsch der Wehrmacht in das Stadtgebiet umgesiedelt worden.[54] Auch nachdem sich der Belagerungsring um Leningrad geschlossen hatte, suchten die Einwohner aus den umliegenden Dörfern des Leningrader Gebiets Schutz in der Stadt. Sie wurden jedoch bereits jenseits der Stadtgrenze aufgehalten:

---

51 Anhand dieser Zahlen erscheint es übertrieben zu behaupten, Frauen und Kinder seien bevorzugt evakuiert worden, so etwa Belikov: Transfert de l'industrie, S. 43.

52 So war es vom Beginn der Evakuierung an. Bereits am 13.8.1941 hatte zum Beispiel der Evakuierungsrat angeordnet, 700 000 Familienangehörige von Arbeitern und Angestellten aus Leningrad zu evakuieren, davon 160 000 Angehörige von bereits evakuierten Arbeitern, CGA SPb f. 7384, o. 36, d. 59. l. 25 f. Dies scheint aber nur in unzureichendem Maße ausgeführt worden zu sein, denn am 21.8.1941 benannte der Evakuierungsrat drei Kontrolleure, welche die bis dahin ungenügende Evakuierung der oben genannten Personen überwachen sollten, CGA SPb f. 7384, o. 36, d. 59, l. 34. In Moskau wurden auf eine Anordnung Molotovs hin in erster Linie 3600 Mitarbeiter des NKVD und des NKGB evakuiert. Ihre Familien sollten nach einem gesonderten Plan in Sicherheit gebracht werden, vgl. Anordnung des Staatlichen Verteidigungskomitees vom 20.7.1941, in: GKO postanovljaet ..., zus.gest. v. N.S. Giško, in: Voennoistoričeskij žurnal 1992, Nr. 3, S. 17–20, hier 20.

53 Vgl. Pawlow: Blockade, S. 68. Erst am 13.9.1941 untersagte der Kriegsrat der Leningrader Front eine weitere Zufuhr von Flüchtlingen aus den in Frontnähe gelegenen Gebieten nach Leningrad, vgl. Anordnung des Kriegsrats der Leningrader Front vom 19.9.1941, in: Leningrad v osade, S. 273 f.

54 Diese Praxis unterband der Kriegsrat der Leningrader Front erst am 13. September 1941, vgl. Anordnung des Kriegsrats der Leningrader Front vom 13.9.1941, CGA SPb f. 7384, o. 36, d. 62, l. 197 f. 32 000 Menschen, die an den Leningrader Bahnhöfen bereits angekommen waren und in den Zügen auf ihre Unterbringung warteten, wurden allerdings noch aufgenommen.

„Die Fuhrwerke der Bauern standen wie ein Ring um Leningrad. [...] Sie kampierten in Feldlagern mit ihrem Vieh, ihren weinenden Kindern, die in den kalten Nächten zu erfrieren begannen. [...] Gegen Ende 1941 waren alle in diesen Bauerntrossen erfroren."[55]

Denjenigen Flüchtlingen, welche die Stadt noch erreicht hatten, erging es aber letztlich nicht besser. Sie wurden vom Zentrum an den südlichen Stadtrand umgesiedelt, wo sie in heillos überfüllten und unbeheizten Wohnheimen ohne Strom- und Wasserversorgung hausen mußten. Die Lebensmittelversorgung funktionierte nicht, die medizinische Betreuung war äußerst notdürftig.[56] Als der Winter anbrach, gehörten diese Flüchtlinge zu den ersten Hungeropfern der Blockade.[57] Es wurde also bei der Evakuierung in Menschen erster und Menschen zweiter Klasse unterschieden. Bei dieser Einteilung ließ sich das Regime von reinen Nützlichkeitserwägungen leiten. Arbeiter, Soldaten und deren Familien wurden im Vergleich zu Flüchtlingen und der Landbevölkerung bevorzugt behandelt.

Genaue Angaben, wie viele Leningrader insgesamt in dieser ersten Kriegsphase, von Juni 1941 bis April 1942, aus der belagerten Stadt evakuiert wurden, sind leider nicht möglich, da die Leningrader Stadtverwaltung die Evakuierten nicht vollständig erfaßt hat.[58] Hinzu kommt noch die Dunkelziffer derjenigen, die auf eigene Faust aus der Stadt geflohen sind.[59] So stehen lediglich die offiziellen Zahlen des Evakuierungsrats zur Verfügung, die im Folgenden als Näherungswert zu verstehen sind. Demnach sind vom 29. Juni bis zum 27. August 1941, also noch vor Blockadebeginn, 488 703 Leningrader umgesiedelt worden. Im gleichen Zeitraum wurden aber auch 147 500 Menschen nach Leningrad hineingebracht.[60] In den ersten vier Monaten der Blockade, von September bis Dezember 1941, wurden insgesamt 244 199 Leningrader umgesiedelt.[61] Über die Eis-

---

55 Lichatschow: Hunger und Terror, S. 250 f.

56 Sonderbericht des Leningrader UNKVD an Kuznecov vom 28.11.1941, in: Leningrad v osade, S. 274-276.

57 Lichatschow: Hunger und Terror, S. 251.

58 Vgl. Čerepenina: Golod i smert', S. 68.

59 Am 8. September 1941 wurde das eigenständige Verlassen der Stadt zwar verboten, und selbst eine Fahrkarte in die Vororte konnte man nur noch mit einer speziellen Genehmigung erwerben. Dennoch versuchten die Menschen immer wieder, sich auf eigene Faust zu den Evakuierungspunkten durchzuschlagen. Die Miliz, die die Bahnhöfe kontrollierte, nahm allein an der Station Ladožskoe ozero im Oktober 1750, im November 278 und im Dezember 891 Menschen fest, vgl. Čerepenina: Golod i smert', S. 68.

60 Aufstellung des Evakuierungsrats, o.D. [September 1942], CGA SPb f. 330, o. 1, d. 5, l. 1 f. Aus der Aufstellung geht nicht hervor, wer sich hinter denjenigen verbirgt, die nach Leningrad gebracht worden sind. Die hohe Zahl von knapp 150 000 läßt vermuten, daß es sich wohl um frische Soldaten für die Leningrader Front gehandelt hat.

61 Für diesen Zeitraum liegen uns monatliche Evakuierungszahlen vor: Demnach wurden im September 17 132, im Oktober 114 215, im November 84 776 und im Dezember 27 746 Menschen evakuiert. Vgl. Bericht über „Leningrad im Krieg und während der Blockade" von der Plankommission des Exekutivkomitees des Leningrader Stadtrats, o.D. [Juli 1943], CGA SPb f.

straße verließen zwischen dem 22. Januar und dem 15. April 1942 noch einmal 554 186 Menschen die Newametropole.[62] Faßt man diese offiziellen Angaben zusammen, dann wurden zwischen dem 29. Juni 1941 und dem 15. April 1942 insgesamt 1 287 088 Menschen aus Leningrad evakuiert, immerhin rund 40 % der Einwohnerschaft. Damit wird deutlich, daß die sowjetische Geschichtsschreibung zwar ein verklärtes Bild von der Evakuierung gezeichnet hatte, das allzu achtlos über das Leid einzelner Flüchtlingsschicksale hinwegsah. Andererseits zeugen die Zahlen von einer beeindruckenden Leistung, die bei der Evakuierung der Leningrader Bevölkerung vollbracht wurde.

3. Abschied von der Improvisation: Das Konzept der Frontstadt

Bis zum Sommer 1942 waren die Evakuierungsstrategien von Improvisation geprägt. Die sowjetische Führung agierte nicht, sondern konnte nur auf die vom Gegner geschaffenen Bedingungen reagieren. So versuchte man im Sommer und Herbst 1941, das bedrohte Industriepotential in Sicherheit zu bringen. Die zweite Evakuierungsphase war wiederum eine Reaktion auf den hunderttausendfachen Hungertod im Winter 1941/42.

Bereits Ende Juni 1942 hatte das Staatliche Verteidigungskomitee angeordnet, daß nur noch 800 000 Menschen in Leningrad verbleiben sollen und bei einer fortgesetzten Evakuierung vor allem die Bedürfnisse der Leningrader Front zu berücksichtigten seien.[63] Ždanov machte sich diese Forderung zu eigen. Am 6. Juli 1942 informierte er die Leningrader Parteiführung über seine Absicht, all diejenigen, die für die Versorgung der Front entbehrlich waren, aus dem Belagerungsring herauszubringen. Die Restbevölkerung sollte in die Lage versetzt werden, sich selbständig zu versorgen und die Stadt im Notfall auch verteidigen zu können. Als Obergrenze legte Ždanov 800 000 Einwohner fest, was bei 1,1 Mil-

---

2076, o. 4, d. 65, l. 1-28, hier 10 (Rückseite). In einem Bestand des Petersburger Stadtarchivs (CGA SPb f. 330, o. 1, d. 1) sind die evakuierten Personen für jeden Tag namentlich aufgeführt. Daraus gehen enorme Schwankungen hervor, denen die Tagesleistungen der Evakuierung unterlagen. Anfang September lag der Durchschnitt zum Beispiel bei 200-400 Personen, an einzelnen Tagen wurden aber auch Spitzenwerte von bis zu 3400 Personen (am 6.9.1941) erreicht. Mitte des Monats lag der Durchschnitt bei 500-1000 Evakuierten, Ende September sank er wieder auf 200-300.

62 Aufstellung des Evakuierungsrats, o.D. [September 1942], CGA SPb f. 330, o. 1, d. 5, l. 1 f.

63 Vgl. Anordnung des Kriegsrats der Leningrader Front vom 30.6.1942, RGASPI f. 77, o. 1, d. 928, l. 55-58, hier 55.

lionen Menschen, die sich im Sommer 1942 noch in der Stadt aufhielten, eine Umsiedlung von weiteren 300 000 Personen bedeutete. Infolge einer Reduzierung der „zivilen Esser" sei, so Ždanov, eine Erhöhung der Truppenstärke innerhalb des Belagerungsringes möglich. Auf diese Weise könne nicht nur gewährleistet werden, daß man jedem deutschen Angriff standhalte. Man werde sogar die Grundlage dafür schaffen, selbst zum Angriff überzugehen. Diese dritte Evakuierungswelle sollte bis Mitte August 1942 abgeschlossen sein, was auf einen Transport von täglich über 10 000 Personen hinauslief.[64]

Leningrad sollte zu einer produzierenden Frontstadt werden. Diese Strategie stellte die bisherige Evakuierungspraxis auf den Kopf. Jetzt sollten also gerade diejenigen in der Stadt bleiben, die bislang bevorzugt umgesiedelt worden waren: die Arbeiter der Rüstungsbetriebe, der Energie- und Transportwirtschaft und der bedeutendsten städtischen Wirtschafts- und Verwaltungsorgane. Als unteres Limit für die Arbeiter in der Rüstungsindustrie wurde die Zahl von 117 000 festgesetzt, in der Nahrungsmittelindustrie 25 000, in der Textil- und Leichtindustrie 29 000, in der Energiewirtschaft 6800, für die Holz- und Torfbeschaffung 15 000 bis 21 000, für die örtlichen Kooperativen 44 000, für die Eisenbahn 18 000 und für die übrige Industrie 18 000.[65]

Auf die Evakuierungslisten kamen nun die bislang vernachlässigten Bevölkerungsgruppen, die man unter dem Begriff „Unselbständige" zusammenfaßte. Allerdings brachen die Bolschewiki nicht ganz mit der bisherigen Politik, Arbeiterfamilien zu begünstigen. Hinzu kam aber die Bevorzugung von Frauen mit mehreren Kindern. Die vorgesehenen 330 000 Umsiedler sollten sich nach dem Willen der Leningrader Führung wie folgt zusammensetzen: 175 000 Frauen mit zwei oder mehr Kindern, Arbeitsunfähige und Familienangehörige von evakuierten Arbeitern, 75 000 Familien von Kriegsdienstleistenden, 25 000 Kinder aus Kinderheimen, 6000 Kriegsinvaliden, 19 000 Arbeiter und Angestellte, die ihrer Arbeit unter den Blockadebedingungen nicht nachgehen konnten, und weitere 30 000, die unter der Kategorie „Verschiedene" zusammengefaßt waren.[66] Darüber hinaus sollte die Belegschaft derjenigen Betriebe reduziert werden, die aufgrund der weitgehenden Evakuierung des Fabrikinventars nicht mehr oder nur bedingt produktionsfähig waren.[67] Viele Leningrader sahen jetzt ihre Chance gekommen, dem Hunger und dem Artilleriebeschuß zu entkommen. Laut Ol'ga Frejdenberg wurde die Evakuierung im Sommer 1942 zum zentralen Ge-

---

64 Rede Ždanovs im Büro des Leningrader Stadtparteikomitees am 6.7.1942, RGASPI f. 77, o. 1, d. 771, l. 1-14.

65 Anordnung des Kriegsrats der Leningrader Front vom 5.7.1942, CGA SPb f. 7384, o. 36, d. 79, l. 13-17.

66 Anordnung des Kriegsrats der Leningrader Front vom 18.5.1942, CGA SPb f. 7384, o. 36, d. 78, l. 155 157.

67 Anordnung des Büros des Leningrader Stadtparteikomitees vom 26.10.1942, RGASPI f. 17, o. 43, d. 1153, l. 74-75.

sprächsthema der Leningrader. Jeder versuchte, irgendwie aus der Stadt herauszukommen.[68]

Die Evakuierung von über 300 000 Leningradern war aber nur die eine Seite des Frontstadtkonzepts. Da Ždanov es für sinnvoller erachtete, in Leningrad Industrieanlagen zu demontieren und im Osten des Landes wieder aufzubauen, als dort völlig neue Fabriken aus dem Boden zu stampfen,[69] sollten nach dem Abschluß des Bevölkerungstransfers, der für den 15. August 1942 geplant war, wieder verstärkt Fabrikinventar und andere Wirtschaftsgüter in den Osten versandt werden.[70] So hatte man zwischen dem 23. Mai und dem 2. Dezember 1942 insgesamt 232 968 Tonnen verschiedene Güter über den Ladogasee ausgeführt, die Hälfte davon Fabrikinventar, 12 % Fabrikwerkstoffe, 14 % Lokomotiven und Eisenbahnwaggons und knapp 20 % Mobiliar der evakuierten Bevölkerung.[71]

Nachdem die Rote Armee im Januar 1943 eine Bresche in den Belagerungsring geschlagen hatte, wurde die Güterausfuhr sogar noch intensiviert.[72] Als man dazu überging, auch funktionierende Produktionseinheiten aus den Leningrader Fabriken herauszulösen, kam es zu Spannungen zwischen Jakov F. Kapustin, der als Leningrader Parteisekretär auch für die Schwerindustrie zuständig war, und dem Sonderbevollmächtigten für die Evakuierung Leningrads, Kosygin. Kapustin beschwerte sich bei Ždanov, Kosygin lasse selbst solche Maschinen ausführen, die in die Leningrader Rüstungsproduktion integriert seien, so daß die Erfüllung der anstehenden Aufträge nicht mehr gewährleistet werden könne.[73]

Die Demontage der Fabriken setzte sich noch bis in den Sommer 1943 hinein fort. So wurden zwischen dem 17. April und dem 19. Mai 1943 allein aus den Kirov- und den Ižora-Werken 214 Waggons mit Maschinen und Materialien abtransportiert, an denen im Hinterland steter Mangel herrschte.[74] Noch im Juli

---

68 Vgl. das Tagebuch Ol'ga Frejdenbergs, Sommer 1942, in: The Correspondence of Boris Pasternak and Olga Freidenberg 1910-1954, hg. v. Elliott Mossman, London 1982, S. 219.

69 Rede Ždanovs im Büro des Leningrader Stadtparteikomitees am 6.7.1942, RGASPI f. 77, o. 1, d. 771, l. 1-14, hier 4 und 13.

70 Aleksandr V. Karasev: Položenie v osaždennom Leningrade zimoj 1941 g., RGASPI f. 71, o. 2, d. 330, l. 32.

71 Folgende Angaben aus einem Schreiben Mikojans an Stalin von Anfang Dezember 1942, RGASPI f. 83, o. 1, d. 18, l. 108-113, hier 109 f. Diese Angabe liegt etwas unter der Zahl von 309 500 Tonnen, die Koval'čuk aus den Akten des Kriegsrats der Leningrader Front ermittelt hat, vgl. Koval'čuk: Iz istorii oborony Leningrada, S. 59.

72 Vorrangig wurden dabei das Betriebsinventar, das bereits demontiert war und versandfertig auf den Leningrader Bahnhöfen herumstand, sowie diejenigen Fabrikteile, die zur Komplettierung der bereits in den Osten evakuierten Maschinen nötig waren, bevorzugt, vgl. Anordnung des Volkskommissars für die Panzerindustrie vom 28.1.1943, CGA SPb f. 1790, o. 37, d. 5, l. 1.

73 Schreiben Kapustins an Ždanov vom 31.7.1942, in: Leningrad v osade, S. 165 f. Kapustin wandte sich auch gegen eine Auslagerung von Teilen der Bol'ševik-Werke, obwohl bei einer Fortsetzung der Produktion im Winter zusätzlich Kohle und Strom benötigt würden, vgl. Schreiben Kapustins und Basovs an Ždanov vom 20.10.1942, in: ebd., S. 166 f.

74 Anordnung des Volkskommissars für die Panzerindustrie vom 1.6.1943, CGA SPb f. 1790, o. 37, d. 5, l. 6 bzw. ebd. f. 1788, o. 31, d. 40, l. 34. Isaak M. Zal'cman, der ehemalige Direktor

1943 forderte das Volkskommissariat für die Panzerindustrie eine Reihe schwerer Maschinen aus den Kirov- und den Ižora-Werken für eine Produktionsstätte im Hinterland an.[75] Während 1941 die meisten Betriebe noch in den Osten des Landes evakuiert wurden,[76] war dies ab dem Sommer 1942 aufgrund der veränderten militärischen Situation nicht mehr zwingend notwendig. Da die Hauptstadt von der Wehrmacht nicht mehr bedroht war, kamen zum Beispiel etliche Maschinen und Fachkräfte in der Moskauer Industrie zum Einsatz.[77]

Vom 23. Mai bis zum 2. Dezember 1942 hatte man weitere 462 257 Menschen über den Ladogasee aus Leningrad herausgebracht.[78] Zählt man diese zu den 1 287 088 Menschen hinzu, die zwischen dem 29. Juni 1941 und dem 15. April 1942 evakuiert wurden, dann verließen 1,75 Millionen Leningrader im Verlauf des Krieges den Belagerungsring.[79] Bei den uns zur Verfügung stehenden Angaben ist allerdings problematisch, daß sich die Zusammensetzung dieser Gruppe nicht zurückverfolgen läßt. So ist zum Beispiel häufig unklar, ob es sich bei den Evakuierten nur um Zivilisten oder auch um verletzte Rotarmisten der Leningrader Front gehandelt hat. Der Evakuierungsrat selbst hat in einer internen Aufstellung ermittelt, daß im Verlauf des Krieges insgesamt 1 295 100 Leningrader umgesiedelt wurden.[80] Damit ist der Rahmen gegeben, innerhalb dessen sich die Zahl der aus Leningrad evakuierten Zivilisten bewegen dürfte.[81]

---

der Kirov-Werke, der die Evakuierung im Herbst 1941 und den Wiederaufbau der Werke in Čeljabinsk geleitet hatte, war in den Jahren 1942 und 1943 Volkskommissar für die Panzerindustrie.

75 Anordnung des Volkskommissariats für die Panzerindustrie vom 31.7.1943, CGA SPb f. 1788, o. 31, d. 40, l. 46.

76 So evakuierte man z.B. die Kirov-Werke und die Ižora-Stahl-Werke aus Kolpino nach Čeljabinsk, wo sie mit den örtlichen Traktoren-Werken zu der neuen Fabrik Nr. 100 Kirov-Werke vereinigt wurden. So entstand die damals größte Panzerproduktionsstätte der Sowjetunion mit dem Spitznamen „Tankograd". Vgl. Steven J. Zaloga/James Grandsen: Soviet Tanks and Combat Vehicles of World War Two, London u.a. 1984, S. 127; Walter S. Dunn: The Soviet Economy and the Red Army 1930-1945, Westport, London 1995, S. 130.

77 Vgl. den Evakuierungsplan vom 10. bis zum 20.7.1942, CGA SPb f. 7384, o. 36, d. 79, l. 26. Im Juli 1942 wurden z.B. 8500 Arbeiter aus der Luftfahrtindustrie nach Moskau umgesiedelt, vgl. Anordnung des Kriegsrats der Leningrader Front vom 11.7.1942, CGA SPb f. 7384, o. 36, d. 79, l. 31-32.

78 Schreiben Mikojans an Stalin, o.D. [Anfang Dezember 1942], RGASPI f. 83, o. 1, d. 18, l. 108-113, hier 110. Unter den hier angegebenen 502 990 Evakuierten waren 40 733 verwundete Rotarmisten. Koval'čuk spricht von 540 000 Evakuierten, davon 448 000 Zivilisten aus Leningrad, vgl. Koval'čuk: Iz istorii oborony Leningrada, S. 59.

79 Diese Zahl deckt sich mit den Angaben der „Geschichte des Zweiten Weltkrieges", wonach 1,75 Millionen Menschen in „organisierter Form" aus Leningrad umgesiedelt worden seien, vgl. Geschichte des Zweiten Weltkrieges Bd. 5, S. 286.

80 CGA SPb f. 330, o. 1, d. 5, l. 1 f. Noch darunter liegen die Berechnungen der Städtischen Statistischen Verwaltung, die für den Zeitraum Juli 1941 bis Dezember 1943 1,03 Millionen Abgewanderte meldete. Letztere hat allerdings nur diejenigen erfaßt, die von der Paßbehörde offiziell als abgemeldet registriert wurden, vgl. Auskunft der Städtischen Statistischen Verwaltung über die Zu- und Abwanderung nach und aus Leningrad für die Jahre 1941 bis 1943, o.D. [nicht später als der 17.5.1944], in: Leningrad v osade, S. 350 f. Dagegen hat Koval'čuk in den Akten

Die soziale Zusammensetzung der Blockadegesellschaft wurde durch die Evakuierung entscheidend geprägt. Der Anteil der Angestellten aus der Industrie und Verwaltung an der Einwohnerschaft sank aufgrund ihrer bevorzugten Evakuierung von 19 % im Juli 1941 auf 10,5 bis 12 % im Frühjahr 1942 und blieb von da an konstant.[82] Eine ganz andere Entwicklung nahm der Anteil der Arbeiter. Obwohl vor allem Facharbeiter bei der Umsiedlung höchste Priorität genossen, blieb ihr Anteil bis März 1942 relativ stabil bei etwa 35 %. Ab Frühjahr 1942 stieg er sogar kontinuierlich an. Schon im Mai 1942 stellten sie über 40 %, im Juli mehr als die Hälfte und im November mehr als zwei Drittel der Leningrader. Umgekehrt verhielt es sich mit dem Anteil der nicht abhängigen Familienmitglieder, die bis April 1942 noch über 30 % der Bevölkerung ausmachten, deren Anteil dann jedoch rapide sank und im Oktober 1942 unter 10 % fiel. Diese Statistik vermittelt zum einen ein Bild von der Ždanovschen Politik, ab Sommer 1942 die Unselbständigen verstärkt ins Hinterland zu evakuieren. Auf der anderen Seite spiegelt sie die Ausgabepraxis der Lebensmittelkarten wider. Denn mit der Wiederinbetriebnahme der Fabriken im Frühjahr und Sommer 1942 fanden viele Ungelernte eine Anstellung und erhielten auf diese Weise das Anrecht auf eine Lebensmittelkarte der höchsten Kategorie für Arbeiter. Eine vergleichbare, jedoch weniger steile Kurve zeigt die Entwicklung des Anteils der Kinder an der Gesamtbevölkerung. In den ersten Monaten stieg ihr Anteil leicht, von 17,6 % im Juli 1941 auf 20,6 % im Februar und März 1942. Als mit der Frühjahrsevakuierung verstärkt Kinder aus der Stadt gebracht wurden, sank ihr Anteil, allerdings relativ langsam, auf 14 % bis zum Jahresende 1942. Diese Zahlen verdeutlichen noch einmal, daß humanitäre Gesichtspunkte bei der Evakuierung der Leningrader von nachgeordneter Bedeutung waren.

---

des Kriegsrats der Leningrader Front die Gesamtzahl von 1,5 Millionen ermittelt, vgl. Koval'čuk: Iz istorii oborony Leningrada, S. 59.

81 Unionsweit haben sich während des Krieges 25 Millionen Menschen (13 % der Bevölkerung) organisiert oder einzeln auf den Weg ins Hinterland gemacht. Darunter waren auch 30 - 40 % der sowjetischen Arbeiterschaft, die mit ihren Betrieben in den Osten verlegt wurden, vgl. Segbers: Sowjetunion im Zweiten Weltkrieg, S. 167 und 169.

82 Zu Folgendem siehe die Statistik zur Ausgabe von Lebensmittelkarten an die Leningrader Bevölkerung von Juli 1941 bis Dezember 1942, abgedruckt in: Čerepenina: Golod i smert', S. 44 f.

4. Dezentralisierung und Personalisierung: Herrschaftsstrukturen und Umsetzung der Evakuierungsstrategien

Die Evakuierung von 1,3 bis 1,75 Millionen Menschen war eine der Grundlagen, die Leningrad das Überleben sicherten. Sowohl die Umsiedlung der Bevölkerung als auch die Demontage und der Abtransport der Leningrader Industrie zählen zu den großen Leistungen der Sowjetunion im Zweiten Weltkrieg. Wie wurde diese Aufgabe bewältigt? Wer traf die zentralen Anordnungen? Auf welche Weise wurden System und Menschen mobilisiert?

Den Beschluß zur Massenevakuierung der Industrie faßte das Staatliche Verteidigungskomitee am 11. Juli 1941. Doch ähnlich wie in Moskau ergriffen auch in Leningrad zu Kriegsbeginn häufig die Werkdirektoren und lokale Parteisekretäre die Initiative oder wirkten zumindest im Entscheidungsprozeß maßgeblich mit.[83] Bereits am 30. Juni 1941 verhandelten die Ižora-Werke mit den Uralmaš-Werken in Sverdlovsk über eine Verlagerung von Produktionsstätten.[84] Auch die Entscheidungsfindung in der Frage nach der Evakuierung des landesweit größten Maschinenproduzenten, der Kirov-Werke, wurde von der Fabrikleitung maßgeblich beeinflußt. Ihr Direktor, Isaac Zal'cman, hatte am 23. Juni 1941 eine Order aus dem Kreml erhalten, nach Čeljabinsk zu fliegen und eine Auslagerung der Produktion von KV-Panzern in die dortigen Traktorenwerke zu prüfen. Er empfahl den Verbleib der Fabrik in Leningrad und erhielt daraufhin von Moskau die Anordnung, in Leningrad mit der Massenproduktion von KV-Panzern zu beginnen. Im August ordnete das Staatliche Verteidigungskomitee allerdings doch noch die Evakuierung der Fabrik an. In der kurzen Zeit bis zum Beginn der Blockade konnte diese aber nicht mehr durchgeführt werden.[85] Der Kriegsrat der Leningrader Front hatte zwar am 28. Juni sowie am 4. Juli 1941 generell die Evakuierung sämtlichen Fabrikinventars von staatlicher Bedeutung angewiesen,[86] doch für eine gezielte Evakuierung – etwa derjenigen Einrichtungen, die für die Produktion von KV- und T-50-Panzern von Bedeutung waren – bedurfte es einer speziellen Anordnung, die in diesem Fall erst am 7. Oktober 1941 erfolgte.[87]

[83] Zu Moskau vgl. Segbers: Sowjetunion im Zweiten Weltkrieg, S. 109.

[84] Vgl. Dzeniskevič: Front u zavodskich sten, S. 191.

[85] Vgl. Salisbury: 900 Tage, S. 170 f.; Bidlack: Workers at War (1987), S. 47 f.

[86] Vgl. Anordnung des Kriegsrats der Nordfront vom 28.6.1941, CGA SPb f. 7384, o. 36, d. 62, l. 17 f.; Anordnung des Kriegsrats der Leningrader Front vom 4.7.1941, ebd. l. 92–94.

[87] Anordnung des Kriegsrats der Leningrader Front vom 7.10.1941, CGA SPb f. 1788, o. 27, d. 119, l. 2–5. Von dieser Anordnung hing die Evakuierung von über 4000 diversen Maschinen,

Zum Problem entwickelte sich, daß übergeordnete Stellen unterschiedliche Interessen verfolgten und deshalb widersprüchliche Direktiven erließen. Während der Evakuierungsrat explizit für die Aufgabe gegründet worden war, innerhalb kurzer Zeit möglichst viele Betriebe in den Osten des Landes zu überführen, hatte das Staatliche Verteidigungskomitee die Richtlinie vorgegeben: „Bis zuletzt produzieren und die Demontage erst auf Befehl eines Bevollmächtigten beginnen!"[88] So erhielten Fabriken, die bereits für die Evakuierung vorgesehen waren, weiterhin dringende Rüstungsaufträge von der Front, vom Volkskommissar für Rüstungsindustrie oder direkt aus dem Kreml. Um diesen Aufgaben nachzukommen, mußten Teile der Produktionsmittel zurückgelassen werden.[89] Aus diesem Grund konnte man zum Beispiel aus den Kirov-Werken bis zur Schließung des Belagerungsringes nur eine Abteilung mit 525 Werkzeugmaschinen und 2500 Arbeitern komplett evakuieren.[90]

Infolge dieser widersprüchlichen Anordnungen und einer oftmals unklaren Befehlslage war die erste Evakuierungswelle von Hektik und Chaos geprägt. Häufig wußte die rechte Hand nicht, was die linke tat. Der Abteilungsleiter der Ždanov-Werke, P.I. Seničev, blickte im Sommer 1943 mit Unbehagen auf jene Wochen im Herbst 1941 zurück: „Die Nervosität, die auf seiten des Volkskommissariats bestand, führte dazu, daß ein Teil der Werkbänke sich in Taschkent befand und ein anderer Teil derselben Werkbank im Ural."[91] Es kam auch vor, daß Züge mit evakuierten Waren aus den westlichen Grenzgebieten an Leningrad vorbei in Richtung Osten geleitet und zur gleichen Zeit dieselben Güter aus Zentralrußland nach Leningrad befördert wurden.[92]

Auch bei der Evakuierung der Bevölkerung bestimmten zunächst Chaos und Pannen das Bild. Man hatte versäumt, vor dem Krieg einen Evakuierungsplan für die Millionenstadt auszuarbeiten, da dies der offensiven Verteidigungsstrategie der Roten Armee widersprochen hätte. Vorgesehen war, im Falle eines feindlichen Überfalls die Kampfhandlungen durch Gegenangriffe sofort auf das Territorium des Gegners zu tragen.[93] Infolgedessen wäre die Vorbereitung von Eva-

---

15 000 Tonnen verschiedener Instrumente, Halbfertigprodukte und anderer Materialien sowie 13 000 Arbeitern und ihren Familienangehörigen (20 200 Personen) aus den Kirov-Werken ab. Aus den Ižora-Werken waren 16 Stanz- und Eisenpressen, 529 diverse Maschinen, 4000 Tonnen Halbfertigprodukte, 3000 Tonnen Instrumente sowie 5000 Arbeiter mit ihren Familien (10 000 Personen) betroffen.

88 Zit. in: Segbers: Sowjetunion im Zweiten Weltkrieg, S. 109. Stalin befürchtete laut Segbers, daß eine frühzeitige Demontage die Bevölkerung demoralisieren könnte.

89 Vgl. Harrison: Soviet Planning, S. 73.

90 Vgl. Werth: Rußland im Krieg, S. 253.

91 Zit. in: Očerki istorii Leningrada Bd. 5, S. 121.

92 Vgl. Pawlow: Blockade, S. 67 f.

93 Diese Strategie resultierte einerseits aus der ideologischen Doktrin des revolutionären Krieges, war andererseits auch die strategische Konsequenz der technologischen Entwicklung auf dem Rüstungssektor. Da die Modernisierung der Roten Armee in enger Zusammenarbeit mit der Reichswehr erfolgte, orientierte sich die sowjetische Militärwissenschaft an der deutschen Stra-

kuierungsmaßnahmen im Landesinneren als Defätismus ausgelegt worden, obwohl die Sowjetunion paradoxerweise 1939 die angeblich unmittelbare Gefährdung Leningrads als Argument für Ihre Gebietsansprüche gegenüber Finnland ins Feld geführt hatte. Dieser Geist wirkte auch noch im Krieg fort. Der Evakuierungsrat legte zwar Pläne, Bestimmungsorte und Fristen fest, doch wurde mit der Evakuierung erst auf Anordnung der örtlichen Militärräte begonnen.[94] Der hohe Grad an Improvisation führte zu verhängnisvollen Fehlern in der praktischen Durchführung, die sowjetische Historiker stets auszublenden wußten.[95] So brachte man beispielsweise die ersten Kinder, die aus Leningrad evakuiert worden waren, zunächst in die Nähe von Nowgorod, also der heranrückenden Wehrmacht entgegen.

Chaos und Improvisation waren allerdings kein Leningrader Spezifikum, sondern eine unionsweite Erscheinungsform der Evakuierung: Züge kamen nicht dort an, wo sie sollten, für die Front bestimmte Rüstungsgüter fuhren gen Osten, und demontierte Maschinen trafen verspätet oder unvollständig am Zielort ein. Die Menschen erreichten häufig die Zielorte nicht und wurden einfach sich selbst überlassen. Es gab auch Fälle, in denen Arbeiter wochenlang in den Ankunftsorten tatenlos auf das Eintreffen des Fabrikinventars warteten.[96] Auch waren die Arbeits- und Lebensbedingungen an den neuen Standorten katastrophal. In den unwirtlichen Gegenden mußten bei Temperaturen bis zu minus 40 Grad die Maschinen oftmals erst mit Feuer von einer dicken Eisschicht befreit werden. Nicht selten wurde die Produktion in unüberdachten Gebäuden und auf gefrorenem Grund aufgenommen.[97]

Trotz dieser erheblichen Unzulänglichkeiten verlief die Evakuierung in Leningrad organisierter ab als in Moskau. Die nach der Niederlage der Roten Armee bei Vjaz'ma entstandenen Gerüchte, daß die Deutschen innerhalb von

---

tegie, in der Tiefe des Raumes zu operieren. Vgl. Stoecker: Tönerner Koloß ohne Kopf, S. 160-165; George F. Hofmann: Doctrine, Tank Technology and Execution: I.A. Khalepskii and the Red Army's Fulfillment of Deep Offensive Operations, in: Journal of Slavic Military Studies, 9 (1996), S. 283-334; Cynthia A. Roberts: Planning for War. The Red Army and the Catastrophe of 1941, in: Europe-Asia Studies, 47 (1995), S. 1293-1326, hier 1305 ff.; David M. Glantz: Soviet Military Operational Art. In Pursuit of Deep Battle, London, Portland 1991, S. 74-88; Harriet F. Scott/William F. Scott: Soviet Military Doctrine. Continuity, Formulation, and Dissemination, Boulder, London 1988, S. 12-17.

94 Vgl. Segbers: Sowjetunion im Zweiten Weltkrieg, S. 168 f.

95 Vgl. z.B. Belikov: Transfert de l'industrie, S. 43.

96 Vgl. die Erinnerungen von Pavel N. Ivanov, Arbeiter der Ižora-Werke, CGAIPD SPb f. 4000, o. 18, d. 68, l. 67. Dies lag nicht zuletzt daran, daß die Begleitdokumente der Güter häufig fehlten oder unvollständig waren. Ende Juli existierten immerhin 33 Anlaufstellen für Güter mit unklarem Zielort, vgl. Robert Argenbright: Space of Survival. The Soviet Evacuation of Industry and Population in 1941, in: Jeremy Smith (Hg.): Beyond the Limits. The Concept of Space in Russian History and Culture, Helsinki 1999, S. 207-239, hier 227 f.

97 Segbers: Sowjetunion im Zweiten Weltkrieg, S. 131 f.; Harrison: Soviet Planning, S. 77. Große Probleme bereitete die Praxis lokaler Autoritäten, Transporte auf die Reise zu schicken, ohne die Zielorte davon in Kenntnis zu setzen, vgl. Argenbright: Space of Survival, S. 224 f.

24 Stunden die Hauptstadt einnehmen würden, provozierten eine panikartige Massenflucht. Die Bahnhöfe waren überfüllt mit demontiertem Fabrikinventar, Arbeitern, die evakuiert werden sollten, und Menschen, die unorganisiert die Stadt zu verlassen suchten. Die Zugangsstraßen waren mit Fahrzeugen und Menschen, die sich oft nur mit einem Rucksack auf den Weg machten, verstopft. Überall kursierten Gerüchte, etwa über Militärs, die bereits damit begonnen hätten, ihre Uniformen gegen Zivilkleidung zu tauschen.[98]

Aleksej Kosygin versuchte als Sonderbevollmächtigter nach seiner Ankunft in Leningrad der Evakuierung jene Ordnung zu geben, die sie bisher nicht hatte. Er erstellte zum Beispiel Listen mit jenen Fabriken, die für die Stadt entbehrlich waren, deren Inventar an anderen Orten jedoch dringend benötigt wurde.[99] Bei ihm liefen alle Fäden zusammen. Kosygin unterstand nur dem Staatlichen Verteidigungskomitee und war befugt, alle für die Evakuierung relevanten Fragen zu entscheiden. Er ordnete zum Beispiel den Bau von Lastkähnen an, so daß im Sommer 116 Schiffe mit einem Ladevolumen von insgesamt 33 000 Tonnen für den Verkehr auf dem Ladogasee zur Verfügung standen. Auch ließ er diejenigen Fabriken, von denen nach der Evakuierung nur mehr ein Torso übriggeblieben war, zu funktionierenden Einheiten zusammenfügen.[100]

Mit der Organisation der Eisstraße vollbrachte Kosygin eine eindrucksvolle Leistung. Trotz widriger Bedingungen, wie fehlende Kraftfahrzeuge, vom Hunger geschwächte Fahrer und Streckenposten, gelang es ihm – nach anfänglichen Schwierigkeiten – einen weitgehend reibungslos funktionierenden Transfer über den Ladogasee in Gang zu bringen.[101] Entlang der Route standen alle ein bis anderthalb Kilometer Streckenposten, welche die Straße sauberhielten und, wenn das Eis brüchig wurde, Umleitungen schufen.[102] So konnten zu Hochzeiten bis zu 7000 Menschen täglich aus der Stadt evakuiert werden.[103]

Unmittelbar nach Kriegsbeginn war es zu einer allgemeinen Zentralisierung der Machtstrukturen gekommen.[104] Auf Unionsebene wurde das Staatliche Ver-

---

98 Vgl. Heller/Nekrich: Geschichte der Sowjetunion Bd. 2, S. 75.

99 Dabei hielt Kosygin steten Kontakt mit Moskau und berichtete täglich über den Stand der Dinge, in der Regel dem Vorsitzenden der Zentralen Evakuierungskommission, Nikolaj M. Švernik, manchmal aber auch Stalin persönlich, vgl. die Erinnerungen des Sekretärs der Leningrader Evakuierungskommission, Vasilij V. Sadovin, CGAIPD SPb f. 4000, o. 18, d. 452-a, l. 1.

100 Vgl. Boldyrev: Vojna, blokada, S. 93 f.

101 Vgl. ebd., S. 89.

102 Vgl. Boldyrev: Doroga na bol'šuju zemlju, S. 205. Zur gefährlichen Arbeit der Streckenposten vgl. A.A. Kuznecova-Danilova: Ja byla regulirovščicej, in: Petr L. Bogdanov (Hg.): Na doroge žizni, Leningrad 1975, S. 338-341. Zu den chaotischen Zuständen an den Evakuierungspunkten siehe Kap. III.5.

103 L.A. Levin: Kurs – bol'šaja zemlja, in: Petr L. Bogdanov (Hg.): Na doroge žizni, Leningrad 1975, S. 527-534, hier 530.

104 Dies war eine typische Reaktion der Bolschewiki. In Krisenzeiten sicherte die Zentrale ihren Zugriff auf die Regionen, vgl. Oleg Khlevnyuk: The First Generation of Stalinist „Party Generals“, in: E.A. Rees (Hg.): Centre-Local Relations in the Stalinist State, 1928-1941, Basingstoke, New York 2002, S. 37-64, hier 42-46.

teidigungskomitee und auf regionaler Ebene die Kriegsräte der jeweiligen Front gegründet. Da die alten Organe aus Friedenszeiten parallel weiter existierten, kam es allerdings zu personellen Überschneidungen zwischen den alten und neuen Organen. Die unklare Aufteilung der Kompetenzen verkomplizierte die Entscheidungsfindung und die Umsetzung der Beschlüsse.[105] Klaus Segbers hat darauf hingewiesen, daß die Effizienz dieser Formalzentralisierung von gegenläufigen, parallel stattfindenden Entwicklungen abhängig war: von einer hohen Personalisierung, Flexibilisierung und einer faktischen Dezentralisierung des Leitungs-, Entscheidungs- und Exekutivsystems. Viele wichtige Entscheidungen wurden eben nicht in der Moskauer Zentrale oder in den evakuierten Volkskommissariaten getroffen, sondern unmittelbar vor Ort.[106] Die zentralen Behörden trugen zu dieser Selbstentmachtung durch die gängige Praxis bei, allein Erfolge und nicht das buchstabengetreue Befolgen ihrer Anordnungen zu honorieren.[107]

Eine typische Erscheinungsform dieser formalen Zentralisierung, aber faktischen Dezentralisierung war das Einsetzen von Sonderbeauftragten wie Kosygin. Durch seine weitreichenden Vollmachten war er einerseits selbst ein „kleiner Stalin" vor Ort, andererseits hielt er als Abgesandter Moskaus permanenten Kontakt mit dem Kreml. Dieser Herrschaftsmechanismus versetzte Stalin in die Lage, etablierte Hierarchien zu umgehen oder aufzubrechen, und erhöhte seine Zugriffsmöglichkeiten auf lokaler Ebene.[108] Auf der anderen Seite profitierten auch die Sonderbeauftragten von einem direkten Draht zum Zentrum der Macht. Ihre Erfolge beruhten nicht zuletzt auf dem Vermögen, Personal und Material in überdurchschnittlichen Mengen zu akquirieren. So wurden dem stellvertretenden Befehlshaber des Hinterlandes, Generalmajor P.A. Ermolin, und dem stellvertretenden Volkskommissar für Binnenschiffahrt, A.A. Luk'janov, vier Arbeitsba-

---

105 Auch in anderen Bereichen, z.B. in militärstrategischen Fragen, war die extreme Zentralisierung, die sämtliche Befehlsketten in der Person Stalins zusammenlaufen ließ, kontraproduktiv und führte mitunter zu kuriosen Situationen, etwa wenn wichtige Entscheidungen anstanden, aber niemand es wagte, den „großen Führer" zu wecken, vgl. Löwe: Stalin Bd. 2, S. 318. Beinahe ehrfurchtsvoll berichtet von Stalins Arbeitsleistung hingegen Isaac Deutscher: Stalin. Die Geschichte des modernen Rußland, Stuttgart 1951, S. 485 f.

106 Klaus Segbers: Die Folgen des Krieges. Die Sowjetunion nach dem Zweiten Weltkrieg, in: Peter Jahn (Hg.): Erobern und vernichten. Der Krieg gegen die Sowjetunion 1941 - 1945, Berlin 1991, S. 231 - 248, hier 233. Siehe auch Barber/Harrison: Soviet Home Front, S. 194 - 205.

107 Vgl. A.Ju. Ermolov: Ėvakuacija v 1941 godu na primere predprijatij Narkomata tankovoj promyšlennosti, in: O.R. Ajrapetov (Hg.): Rossija i reformy. Sbornik statej, Heft 5, Moskau 2002, S. 149 - 180, hier 178.

108 Zu diesem Element in Stalins Herrschaftsstil allgemein vgl. Hildermeier: Geschichte der Sowjetunion, S. 620 und 623. Dieses Instrument wurde bereits während der Kollektivierung eingesetzt. Damals fungierten die politischen Abteilungen der Maschinen-Traktoren-Stationen (MTS) als eine Art Vorposten der Moskauer Zentrale, vgl. Khlevnyuk: The First Generation of Stalinist „Party Generals", S. 15. Für die Kriegszeit siehe Sanford R. Lieberman: Crisis Management in the USSR. The Wartime System of Administration and Control, in: Susan J. Linz (Hg.): The Impact of World War II on the Soviet Union, Totowa 1985, S. 59 - 76, hier 66.

taillone mit je 1000 Mann zur Verfügung gestellt, um eine Flotte aus Lastkähnen für den Ladogasee zu bauen.[109] Und in der Roten Armee war weithin bekannt, daß an denjenigen Fronten, an denen General Žukov den Oberbefehl hatte, auch der Nachschub deutlich besser funktionierte.[110]

Diese Form der Machtausübung hatte aber nicht nur eine funktionale Bedeutung. Sie entsprach auch Stalins charismatischem Herrschaftsstil, bei dem der Verwaltungsstab nicht aus einem Beamtentum mit klarer Hierarchie und festen Aufstiegsregeln bestand, sondern aus Vertrauensmännern, die ihrerseits auch nach charismatischen Fähigkeiten ausgewählt wurden. So war für die Lösung von Problemen keine feststehende Behörde zuständig, sondern es wurde ein Sendbote für einen bestimmten Auftrag abgestellt.[111] Auch wenn die Sowjetunion letztlich einen überbordenden Staatsapparat hervorbrachte, so gehörten die Bolschewiki stets selbst zu den größten Kritikern eines vermeintlichen Bürokratismus. Der revolutionäre Traum, mit der Bevölkerung unmittelbar, ohne Zwischeninstanzen zu kommunizieren, führte dazu, daß die Bolschewiki den Begriff „Bürokratie" pejorativ benutzten.[112] Insofern kann die Webersche Kategorie des „charismatischen Führers" nicht nur auf Hitler angewendet werden. Sie beschreibt auch Stalins Herrschaftsweise, die statt auf institutionelle und bürokratische Normen – die für die rationalisierte Regierungsform eines modernen Staates erforderlich sind – auf persönliche Loyalität als Grundlage seiner Autorität setzte. Auch die negativen Folgen dieser Herrschaftsform spiegeln die Zustände im Dritten Reich ebenso wie in der Sowjetunion wider: Mangel an Effizienz, Aufsplitterung von Entscheidungsprozessen, das Fehlen einer klaren, mittelfristig geplanten Politik und der schwindende Sinn für die Realität.[113]

Diese personalisierte Form der Machtausübung hatte ihren Ursprung im Bürgerkrieg und etablierte sich im Laufe der zwanziger und dreißiger Jahre als charakteristisches Merkmal der sowjetischen Herrschaftsform.[114] Der Einsatz von Personen mit Sondervollmachten war also von Beginn an ein fester Bestandteil

---

[109] Vgl. Andrej V. Chrulev: V bor'be za Leningrad, in: Voenno-istoričeskij žurnal 1962, Nr. 11, S. 27-36, hier 28.

[110] Vgl. Reese: The Soviet Military Experience, S. 121.

[111] Vgl. Max Weber: Wirtschaft und Gesellschaft. Grundriß der verstehenden Soziologie, Tübingen [5]1972, S. 141.

[112] Vgl. Sheila Fitzpatrick: Everyday Stalinism. Ordinary Life in Extraordinary Times: Soviet Russia in the 1930s, New York, Oxford 1999, S. 28 f.

[113] Zu Hitler als charismatischem Herrscher siehe Ian Kershaw: Der NS-Staat. Geschichtsinterpretationen und Kontroversen im Überblick, Reinbek bei Hamburg 1994, S. 131 f.

[114] Auf die frühen Ursprünge verweist Manfred Hildermeier, der den Bürgerkrieg als eine ‚Zeit der *außerordentlichen Organe*, der Sondervollmachten und des Terrors' charakterisiert, vgl. Hildermeier: Geschichte der Sowjetunion, S. 149 (Hervorh. im Orig.); Graeme Gill schildert die Etablierung dieses Herrschaftssystems als einen Prozeß, der sowohl von der lokalen wie von der zentralen Machtelite getragen wurde, da das Verhindern einer Institutionalisierung der Macht die herrschenden Funktionäre auf allen Ebenen der Kontrolle entzog und damit ihre Macht zementierte, vgl. Graeme Gill: The Origins of the Stalinist Political System, Cambridge 1990.

des stalinistischen Systems gewesen.[115] Im Laufe der Zeit hatte sich ein regelrechtes Netz von Komitees und Kommissionen mit Sonderaufgaben entwickelt, die aus gegebenem Anlaß an Ort und Stelle als ‚Problemlöser' eingesetzt wurden und über ihre kürzeren Drähte erfolgreicher arbeiteten als die etablierten Organe auf dem langen Dienstweg. Führungspersonen, die sich dadurch auszeichneten, daß sie ihre Untergebenen zu außergewöhnlichen Leistungen anspornten, gerade indem sie allgemeine Regeln brachen und Risiken in Kauf nahmen, wurden während des ersten Fünfjahrplans zu Helden verklärt.[116] Die Kehrseite dieser Arbeitsweise bildeten schon damals: administratives Durcheinander, unberechtigte Kompetenzaneignung, Vervielfältigung von Entscheidungszentren und unklare Befugnisse.[117]

Bei Kriegsbeginn war angesichts der drohenden Niederlage gerade die Geschwindigkeit, mit der sich Erfolge erzielen ließen, wichtiger als die fehlende Nachhaltigkeit, die diese Mobilisierungsform schon in den dreißiger Jahren problematisch machte. Der große persönliche Einsatz, mit dem Kosygin die Massenevakuierung über die Eisstraße organisierte und den er auch von allen seinen Mitarbeitern verlangte, konnte allerdings während der ganzen vier Monate, in denen die Eisstraße in Betrieb war, aufrechterhalten werden.[118]

Das Mobilisierungsinstrument des Sonderbevollmächtigten war auf Ausnahmesituationen zugeschnitten, und davon gab es im Krieg reichlich. Als in Leningrad die Lebensmittel immer knapper wurden, schickte das Staatliche Verteidigungskomitee den Volkskommissar für Handel, Dmitrij Pavlov, nach Leningrad. Ausgestattet mit der Befehlsgewalt gegenüber zivilen wie militärischen Organen, schaffte er es im Herbst 1941, ein funktionierendes Rationierungssystem einzuführen.[119] Diese Mobilisierungsform hatte aber auch ihre Schattenseiten. Während die Sonderbeauftragten alle Kräfte auf die Lösung der einen, vermeintlich dringendsten Aufgabe konzentrierten, wurden andere Bereiche zwangsläufig

---

115 Beim Bau der Moskauer Untergrundbahn erfüllte Egor T. Abakumov, der 1933 zum stellvertretenden Leiter von Metrostroj ernannt wurde und als verlängerter Arm des Politbüros auf der Baustelle fungierte, die Rolle eines Sonderbevollmächtigten, vgl. Dietmar Neutatz: Die Moskauer Metro. Von den ersten Plänen bis zur Großbaustelle des Stalinismus (1897 - 1935), Köln u.a. 2001, S. 109 f. Zum Verhältnis von Zentralismus auf der einen und der spezifisch sowjetischen Desorganisation durch ein Übermaß an Apparaten und Institutionen siehe Stefan Plaggenborg: Die Organisation des Sowjetstaates, in: Handbuch der Geschichte Rußlands, Bd. 3: Von den autokratischen Reformen zum Sowjetstaat (1856 - 1945), hg. v. Gottfried Schramm, Stuttgart 1983 - 1992, S. 1413 - 1525, hier v.a. 1521 f.

116 Vgl. Fitzpatrick: Everyday Stalinism, S. 31 f.

117 Plaggenborg: Organisation des Sowjetstaates, S. 1520 f. Plaggenborg sieht den Ursprung dieser Denk- und Handlungsweise in den positiven Erfahrungen, welche die Bolschewiki mit ad hoc eingerichteten Kommissionen im Bürgerkrieg gesammelt hatten, und in deren Unerfahrenheit in Verwaltung und Organisation.

118 Die Rolle Kosygins wird in den Erinnerungen aller an der Eisstraße Beteiligten hervorgehoben, vgl. z.B. Levin: Kurs – bol'šaja zemlja, S. 528.

119 Zu seinen Vollmachten vgl. Mikojan: Tak bylo, S. 429; Pavlov beschrieb seine Tätigkeit nach dem Krieg ausführlich, vgl. Pawlow: Blockade.

vernachlässigt. Als die Bolschewiki zum Beispiel bei Kriegsbeginn ihre volle Aufmerksamkeit der Evakuierung der Rüstungsindustrie widmeten, brachen das Transportsystem, die Kohle- und Ölgewinnung sowie die Lebensmittelversorgung beinahe zusammen.[120] Auf diese Weise wurden also nicht nur Probleme gelöst, sondern zugleich neue Notlagen geschaffen, aus denen man wiederum nur mit besonderem Einsatz herauskam.

Nicht nur Stalin und der Kreml setzten Sonderbevollmächtigte als Mobilisierungs- und Herrschaftsinstrument ein. Diese Praxis existierte auch auf unteren Ebenen des Staats- und Parteiapparats. Als zum Beispiel die Eisstraße in den ersten sechs Wochen noch mangelhaft funktionierte, ernannte Ždanov I.V. Šikin zum Kriegskommissar mit der Aufgabe, deren Betrieb zu intensivieren.[121]

Das sowjetische System, das Stalin und die Bolschewiki immerhin als Erfolgs- und Zukunftsmodell betrachteten, wurde also 1941 nicht wesentlich verändert und funktionierte im Krieg mit denselben Mechanismen wie in den dreißiger Jahren. Insofern sind die Erfolge bei der Evakuierung Leningrads zu einem wesentlichen Teil der Fähigkeit des sowjetischen Systems zuzuschreiben, mit Willensstärke und Rücksichtslosigkeit Kräfte für die Bewältigung einer Aufgabe zu mobilisieren.[122] So stellt sich nun die Frage, auf welche Weise die Bolschewiki innerhalb dieser für die Mobilisierung günstigen Herrschaftsstrukturen das Arbeitspotential der Menschen abriefen. Denn mit Sondervollmachten allein waren die Betriebe noch nicht demontiert, verladen und abtransportiert. Erst durch die konkrete Leistung der Arbeiter sowie der Lkw-Fahrer und Streckenposten auf der Eisstraße konnten diese Voraussetzungen in Erfolge umgemünzt werden.

Ab dem 5. Januar 1942 waren täglich 1500 Lkws auf der Eisstraße im Einsatz.[123] Die Tätigkeit der Fahrer war lebensgefährlich. In der Woche, in der die Eisstraße ihren Betrieb aufnahm, brachen 40 Lkws im Eis ein oder blieben in Wasserlöchern stecken.[124] Doch die Hauptgefahr ging von den deutschen Luftangriffen und dem Artilleriebeschuß aus. Allein im Oktober 1941 flog die deutsche Luftwaffe 58 Angriffe gegen die Eisstraße.[125] Insgesamt gingen im ersten Kriegswinter über 1000 Lkws verloren, und an den meisten Fahrzeugen mußten nach jeder Fahrt größere oder kleinere Reparaturen durchgeführt werden.[126] Auch die Streckenposten der Eisstraße erfüllten eine schwere und wichtige Aufgabe. Damit die Route über den Ladogasee in befahrbarem Zustand blieb, mußten

[120] Barber/Harrison: Soviet Home Front, S. 132.

[121] Vgl. I.V. Šikin: Ledovyj put', in: Petr L. Bogdanov (Hg.): Na doroge žizni, Leningrad 1975, S. 74-113.

[122] So schon Liebermann: Evacuation, S. 92-94 und 98 f.

[123] Anordnung des Kriegsrats der Leningrader Front vom 4.1.1942, CGA SPb f. 7384, o. 36, d. 77, l. 10-14.

[124] Vgl. Pawlow: Blockade, S. 178. Die ersten Lkws rollten am 22.11.1941 über den zugefrorenen Ladogasee.

[125] Vgl. Goure: Siege of Leningrad, S. 152.

[126] Vgl. Karasev: Leningradcy v gody blokady, S. 175.

die Wege täglich vom Schnee gereinigt, die Tragfähigkeit des Eises regelmäßig überprüft und gegebenenfalls die Strecke neu verlegt werden.[127] Die sowjetische Forschung hat diese Leistung zwar stets hervorgehoben, aber nie erklärt, wie sie zustande kam:

> „Die Evakuierung der Industrie, der Menschen, der materiellen und kulturellen Güter wurde zu einem Anliegen des ganzen Volkes. [...] Dank dem beispiellosen Heldenmut der sowjetischen Menschen gelang es, die wichtigsten Betriebe der Schwer- und Verteidigungsindustrie, enorme materielle und kulturelle Werte zu retten."[128]

Auf solche und ähnliche Floskeln beschränken sich die meisten sowjetischen Darstellungen. Doch wie hat das Regime die Leistungsbereitschaft dieser hoch motivierten Menschen abgerufen?

Im Kern bediente es sich der gleichen Mittel wie in den dreißiger Jahren. Der Komsomol veranstaltete sozialistische Wettbewerbe, etwa unter dem Motto „Jede Tonne Graupen – ein Schlag gegen den Feind", lobte in Wandzeitungen die besten Fahrer und führte öffentliche Listen, auf denen die Anzahl der Fahrten der Fahrer für jeden einsehbar war.[129] Nach dem Vorbild der Stachanov-Bewegung schlossen sich einige engagierte Kraftfahrer zur Bewegung der Zwei- und Dreifachfahrer (*dviženie dvuchrejsovikov i trёchrejsovikov*) zusammen und verpflichteten sich selbst, die Strecke über den See am Tag zwei- bis dreimal oder noch öfter zurückzulegen. Sie fuhren bis zur völligen Erschöpfung und arbeiteten häufig 30 bis 40 Stunden am Stück. Am aktivsten erwiesen sich dabei 2000 Komsomolzen, die nicht nur die anderen Fahrer zu mehr Leistung antrieben, sondern selbst 50 Lkw-Konvois zusammenstellten und die Spitze der Bewegung bildeten. Da über die Eisstraße auch Lebensmittel nach Leningrad gebracht wurden, ließ sich den Fahrern die Bedeutung ihres persönlichen Einsatzes leicht plausibel machen, und die Bolschewiki versuchten, das Verantwortungsgefühl der Lastwagenfahrer noch zu steigern. So lauteten die Losungen für die Bewegung der Zwei- und Dreifachfahrer: „Denk daran, Fahrer! Mit zwei Fahrten können 10 000 Leningrader versorgt werden. Kämpfe für zwei Fahrten am Tag!"[130] So wuchs die Bewegung der Zwei- und Dreifachfahrer kontinuierlich an. Im Januar 1942 legten 313 Fahrer die Strecke zweimal und 55 dreimal zurück, im Februar 777 zweimal und 219 dreimal und im März 676 zweimal, 490 dreimal und über 100 Fahrer waren vier- und fünfmal über den See gefahren.[131]

---

127 Vgl. Šikin: Ledovyj put', S. 83.

128 Pospelov u.a. (Hg.): Geschichte der Kommunistischen Partei Bd. 5/1, S. 316 und 319.

129 Vgl. I.E. Grišanovič: Derzanie, in: Petr L. Bogdanov (Hg.): Na doroge žizni, Leningrad 1975, S. 243-253, hier 248 f.

130 Vgl. Šikin: Ledovyj put', S. 88-96, Zitat S. 91. Laut des Kommandanten des 389. Autobataillons entstand die Bewegung der Mehrfachfahrer im Zuge eines offenen Briefs von Ždanov an die Arbeiter der Eisstraße, in dem er die Mängel anprangerte. Der Brief wurde auf eilig zusammengerufenen Versammlungen vorgelesen und durch Berichte von den hungernden Leningradern ergänzt, vgl. V.A. Porčunov: Dni i noči, in: Petr L. Bogdanov (Hg.): Na doroge žizni, Leningrad 1975, S. 176-185, hier 181; M.E. Tverdochleb: Skvoz' ogon' i stužu, in: ebd., S. 219-224.

131 Vgl. ebd.

Angesichts dieser Erfolge wird gern verschwiegen, daß es sich bei dieser Bewegung um eine zwar aktive, aber doch eine Minderheit unter den Fahrern handelte, denn auf der Eisstraße waren insgesamt 4000 Kraftfahrzeuge im Einsatz.[132] Neben den Aktivisten gab es aber ebenso Fahrer, die weniger vorbildlich waren und sich zum Beispiel nicht an die vorgegebenen Routen hielten, sondern mit ihren Wagen auch in der Stadt herumfuhren, wohl um private Erledigungen zu machen. Da dies einen erhöhten Treibstoffverbrauch und technischen Verschleiß zur Folge hatte, wurden an der Stadtgrenze und an den Evakuierungspunkten Kontrollsperren errichtet, die man nur mit einem speziellen Passierschein überqueren konnte.[133]

Angesichts des Hungers in der Stadt versuchten die Bolschewiki auch, mit einem Appell an das Mitleid der Fahrer deren Verantwortungsgefühl zu wecken. Als die Eisstraße anfangs mehr schlecht als recht funktionierte, wandte sich Ždanov persönlich in einem Telegramm an die Arbeiter:

> „Die Autostraße an der Front funktioniert weiter sehr schlecht. Jeden Tag kommt nicht einmal ein Drittel der Güter an, die notwendig sind, um Leningrads Bedürfnisse an Lebensmitteln und Treibstoff, die ohnehin bis zur äußersten Grenze reduziert sind, halbwegs zu befriedigen."[134]

Das Telegramm wurde in der Zeitung *Frontovoj dorožnik* veröffentlicht und von Parteiarbeitern den Fahrern und Streckenarbeitern in sogenannten „meetings" vorgelesen und erläutert. Jeder Fahrer, so die Forderung der Politarbeiter, sollte mindestens zwei Überfahrten pro Tag machen. Das bedeutete konkret: 700 Kilometer Fahrt über schwieriges Gelände und davon 120 Kilometer über das Eis des Ladogasees.[135]

Neben dem Appell an ideelle Werte wie Menschenliebe oder Patriotismus versuchten die Bolschewiki auch, die Fahrer mit Hilfe von materiellen Anreizen zu höheren Leistungen anzuspornen. So gab es an den Eisenbahnlinien, die vom Ladogasee nach Leningrad führten, für jeden Zug, der über den Plan hinaus die

---

132 Vgl. die Notiz des Leiters des Militärtransports der Leningrader Front, V.I. Valickij, und des Leiters der operativen Gruppe des Militärtransports der Leningrader Front, N.Ja. Kulago, zum Projekt einer Eisenbahnverbindung über den Ladogasee vom 5.12.1942, in: Leningrad v osade, S. 246-248, hier 246.

133 Anordnung des stellvertretenden Befehlshabers und des Kriegskommissars des rückwärtigen Gebiets der Leningrader Front, Generalmajor Lagunov, sowie des Bataillonskommissars Serdobincev, vom 26.2.1942, GARF f. R-5446, o. 59, d. 9, l. 3.

134 Telegramm Ždanovs an die Fahrer, Kommandanten, Kommissare und Politarbeiter der Autostraße vom 5.1.1942, RGASPI f. 77, o. 1, d. 767, l. 1. Ähnlich auch der Aufruf Ždanovs vom 3.2.1942 an die Arbeiter des Eisenbahnknotenpunktes Volchovstrojskij, der im Januar 1942 sehr schlecht funktionierte, RGASPI f. 77, o. 1, d. 935, l. 28 ff. Mitunter appellierte der Leningrader Parteichef auch an die Liebe der Menschen zu ihrer Stadt oder erinnerte an die Pflicht gegenüber den Frauen und Kindern im Belagerungsring, so etwa in einem Aufruf vom 3.2.1942, als in möglichst kurzer Zeit eine Eisenbahnverbindung von Vojbokalo zum Ladogasee gebaut werden sollte, RGASPI f. 77, o. 1, d. 935, l. 13 ff.

135 G.G. Pavlov: Partijno-političeskaja rabota v vojskach v oborone Leningrada, RGASPI f. 71, o. 2, d. 346, l. 33-34.

Stadt erreichte, eine Prämie, bestehend aus 100 Gramm Zucker, 50 Gramm Fett, 100 Gramm Wodka, einer Packung Papirossy (Zigaretten) und einem kostenlosen Mittagessen. Diese Motivationshilfe war offenbar erfolgreich, denn der monatliche Lebensmittelbedarf stieg daraufhin um dreieinhalb Tonnen Brot, fünf Tonnen Zucker, zwei Tonnen Fett, 600 Liter Wodka, 2000 Schachteln Papirossy, acht Tonnen Graupen und zehn Tonnen Fleisch an.[136] Ein ähnliches Prämiensystem gab es auch bei den Kraftfahrern der Eisstraße. Für jede Tonne Güter, die ein Lkw zusätzlich zur Planerfüllung über den Ladogasee brachte, erhielt der Fahrer 100 Gramm Brot und 50 Gramm Wodka sowie einen Geldbetrag von drei bis fünf Rubel.[137]

Doch nicht nur durch Prämien wurden die Arbeiter an der Evakuierungsroute motiviert, schon ihre Grundversorgung war deutlich besser als etwa in den Fabriken. So bekam ein Arbeiter, der an einem der Evakuierungspunkte in Borisova Griva oder Žicharevo beschäftigt war, im Januar 1942 täglich 400 Gramm Brot, 200 Gramm Fleisch, 200 Gramm Graupen, 40 Gramm Fett, 20 Gramm Mehl, 20 Gramm Trockengemüse, 30 Gramm Zucker, ein Gramm Tee und ein kostenloses warmes Mittagessen.[138]

Die sowjetischen Mobilisierungstechniken im Zweiten Weltkrieg unterschieden sich also nicht von jenen, welche die Bolschewiki bereits in den dreißiger Jahren angewandt hatten: eine Mischung aus Überzeugungsarbeit, materieller Belohnung und dem Druck einer aktivistischen Minderheit auf die Mehrheit. Der Krieg verlieh allerdings den Aufgaben, die den Arbeitern an den Evakuierungspunkten, dem Bahnpersonal und den Lkw-Fahrern abverlangt wurden, jenen Sinn, der während der ersten beiden Fünfjahrpläne nur bei prestigeträchtigen Großprojekten vermittelt werden konnte.[139] Auf diese Art und Weise konnte das Regime die Bevölkerung in ein Aktionsmodell einbinden, das im Bürgerkrieg entstanden, in Friedenszeiten zu einem ganzen System ausgewachsen war und durch seine Militanz im „Großen Vaterländischen Krieg" erneut erfolgversprechend schien.

---

[136] Anordnung des Kriegsrats der Leningrader Front vom 2.2.1942, CGA SPb f. 7384, o. 36, d. 80, l. 15-17.

[137] Vgl. Anordnung des Kriegsrats der Leningrader Front vom 12.1.1942, CGA SPb f. 7384, o. 36, d. 77, l. 27. Ab dem 31. Januar wurden die Prämien auf 100 Gramm Brot und 50 Gramm Wodka für eineinhalb Routen reduziert, vgl. Anordnung des Kriegsrats der Leningrader Front vom 31.1.1942, CGA SPb f. 7384, o. 36, d. 77, l. 112.

[138] Auch die Busfahrer, welche die Menschen zu den Evakuierungspunkten transportierten, erhielten eine höhere Ration, indem man sie den Autofahrern an der Front gleichstellte, vgl. Sitzungsprotokoll des Exekutivkomitees des Leningrader Stadtrats vom 30.1.1942, GARF f. R-5446, o. 59, d. 9, l. 7. Zu den sonst üblichen Lebensmittelrationen siehe Kap. V.

[139] Vgl. hierzu v.a. Neutatz: Die Moskauer Metro, S. 509-567.

5. Der lange Weg in die Freiheit: Die Evakuierungspraxis und der Alltag auf den Strecken

Die unterschiedlichen Einstellungen der Leningrader zur Evakuierung lassen sich in vier Gruppen unterteilen: Zunächst gab es Menschen, die aufgrund der schrecklichen Lebensbedingungen so schnell wie möglich die Stadt verlassen wollten. Andere wollten aus familiären, beruflichen oder sonstigen Gründen in den Osten des Landes, darunter auch viele Juden, die sich am meisten vor einer deutschen Besatzung fürchten mußten. Eine dritte Gruppe bildeten die Facharbeiter und Experten, die zusammen mit ihren Betrieben und dabei manchmal gegen ihren Willen evakuiert wurden. Schließlich gab es alte und den Deutschen gegenüber indifferent eingestellte Sowjetbürger, die sich den Strapazen der langen Fahrt nicht unterziehen wollten.[140]

Wie bereits gezeigt wurde, folgte das Regime bei der Auswahl der Evakuierten funktionalen Gesichtspunkten und sozialen Präferenzen. Im Einzelfall ausschlaggebend waren Evakuierungslisten, welche die von Kosygin geleitete Evakuierungskommission zusammenstellte. Keine Maßnahme der sowjetischen Bürokratie hatte für den einzelnen Leningrader so weitreichende Folgen wie die Erstellung dieser offiziellen Listen. War der eigene Name hier nicht aufgeführt, konnte das den Tod bedeuten. Anhand der Zusammenstellung dieser Listen lassen sich die Funktionsmechanismen des Regimes im Krieg exemplarisch darstellen.

Über die Aufnahme in den Kreis derjenigen, die aus dem Belagerungsring ausgesiedelt wurden, entschied allein die Evakuierungskommission.[141] Allerdings bestand die Möglichkeit, einen Antrag bei der zuständigen Evakuierungsstelle einzureichen. Daraufhin wurde geprüft, ob der Antragsteller abkömmlich war.[142] Als die Evakuierung im Sommer 1941 begann, setzten die Behörden die politischen Vorgaben zunächst nur halbherzig durch, da sie die Weigerung vieler Menschen, ihren Wohnort zu verlassen, als einen Ausdruck patriotischer Haltung interpretierten und begrüßten.[143] Infolgedessen wurden in dieser Anfangsphase

140 Segbers: Sowjetunion im Zweiten Weltkrieg, S. 167 f.

141 Dmitrij Lichačëv bezeichnete die Evakuierung sogar als eine Zwangsmaßnahme, da man sich ihr weder widersetzen noch die Stadt auf eigene Faust verlassen konnte. Er selbst wurde ohne sein Einverständnis am 24. Juni 1942 umgesiedelt. Die Miliz strich die Wohnberechtigung für Leningrad in seinem Paß einfach durch, vgl. Lichatschow: Hunger und Terror, S. 242, 301 und 306.

142 Vgl. die Aussagen der beiden Kriegsgefangenen Aleksandr Sakson und Michail Duk bei ihrem Verhör am 10.11.1942 in deutscher Gefangenschaft, BA-MA, RH 19 III/448, Blatt 96–98, hier 98.

143 Vgl. Pawlow: Blockade, S. 70 f.; Adamowitsch/Granin: Blockadebuch Bd. 1, S. 171 f.

die Evakuierungspläne nicht erfüllt und die Arbeiter sogar dazu ermutigt, auf ihren Posten zu bleiben. Dies ging in Einzelfällen sogar so weit, daß Zivilisten, welche die Stadt verlassen wollten, als Deserteure verunglimpft wurden.[144]

Dieses Problem trat in ähnlicher Weise wieder im Sommer 1942 auf, als mit der dritten Evakuierungswelle die Schwachen und Unselbständigen aus der Stadt gebracht werden sollten. Deshalb instruierte Ždanov, als er im Juli 1942 die Evakuierung von 300 000 Leningradern ankündigte, seine Parteifreunde auf das genaueste, wie diese Maßnahme der betroffenen Bevölkerung zu vermitteln sei. Auf keinen Fall sollte irgend jemand den Eindruck gewinnen, daß er überflüssig sei oder gar störe. Vielmehr sei an die Einsicht zu appellieren, daß die Evakuierung die Versorgungslage der Frontsoldaten und der zurückbleibenden Arbeiter entspanne. Schließlich brauche man auch andernorts qualifizierte Arbeiter, und die Partei müsse im Zweifelsfall fragen, ob in Leningrad tatsächlich solche staats- und parteifeindlichen Menschen wohnen, die darauf bestehen, hier unter größter Mühe ernährt zu werden, während man sie in anderen Teilen des Landes brauche. Außerdem sei der Wunsch der Führung hervorzuheben, daß die Bevölkerung ruhig leben könne und nicht länger unter den Bombenangriffen der Deutschen zu leiden habe: „Selbstverständlich gefällt einigen die Vorstellung vom Heldenvolk, aber müssen wir denn den Heroismus der Leningrader ausnutzen?“[145]

Im Winter 1941/42, als die zweite große Evakuierungswelle über die Eisstraße lief, gab es dagegen ganz andere Probleme. Dem Hungertod nahe, warteten damals viele Leningrader sehnsüchtig auf den Evakuierungsbescheid, da man im Verlassen der zur alltäglichen Hölle gewordenen Heimatstadt die einzige Überlebenschance sah.[146] Die Möglichkeiten, die eigene Umsiedlung zu forcieren, waren in der stalinistischen Diktatur auf halblegale und illegale Wege begrenzt.

Ein Weg, der jedem offenstand, war das Einreichen einer Petition. Auch wenn diese Strategie nicht zu den erfolgversprechendsten zählte, so war sie doch nicht aussichtslos. Denn die Leningrader Parteiführer hatten die Möglichkeit, bei der Evakuierungskommission Anträge mit der Bitte auf Umsiedlung einzureichen. Popkov stellte 168 Anträge, von denen 135 positiv beschieden wurden, Kuznecov 67 (61), Kapustin 509 (477), Ždanovs Sekretariat 71 (46). Selbst Stalins Sekretariat hatte 45 Anträge (19) eingereicht.[147] So konnte es also durchaus vor-

---

144 Vgl. das Vorwort von Harrison Salisbury in: Dmitri V. Pavlov: Leningrad 1941. The Blockade, Chicago, London 1965, S. XII-XXIV, hier XIX. Auch Kripton berichtet von Parteifunktionären und Institutsleitern, die gegen eine Evakuierung der Bevölkerung waren. Diese seien aber ausnahmslos Menschen gewesen, die irgendeine Nebenquelle für Lebensmittel angezapft hatten und dadurch nicht wirklich Hunger litten, vgl. K. Kripton: Osada Leningrada, New York 1952, S. 215.

145 Ždanov in einer Rede vor dem Büro des Leningrader Stadtparteikomitees am 6.7.1942, RGASPI f. 77, o. 1, d. 771, l. 1-14, hier 9-12.

146 Vgl. z.B. das Tagebuch von Jura Rjabinkin, in Auszügen abgedruckt in: Kempowski: Das Echolot, hierzu S. 392 ff., 456 und 468 f.

147 Aufstellung des Evakuierungsrats, CGA SPb f. 330, o. 1, d. 5, l. 28.

kommen, daß Popkov dem Bittbrief einer alten, kranken Mutter stattgab und deren Tochter aus Leningrad herausbringen und an den Wohnort der Mutter ziehen ließ.[148] Es ist davon auszugehen, daß hierbei auch persönliche Freunde und Bekannte der Leningrader Parteiführung protegiert wurden. Sogar aus Moskau trafen mitunter ziemlich konkrete Wünsche ein, so etwa eine Liste Mikojans mit einer Reihe von Arbeitern, für die er eine andere Verwendung habe als in Leningrad.[149]

Diejenigen Leningrader, die selbst weder Macht noch Einfluß auf den Gang der Evakuierung hatten, versuchten, über Beziehungen oder Bestechung auf die Evakuierungslisten zu kommen.[150] So gelang es zum Beispiel Elena Kočina, zusammen mit ihrem Mann und ihrem gemeinsamen Kleinkind dem Blockadering zu entfliehen. Ein ehemaliger Kollege hatte es einrichten können, daß sie zusammen mit den Angestellten seines Instituts evakuiert wurden. Den Fahrer des Lkws bestach sie dabei mit zwei Flaschen Wodka.[151] Die informellen Wege gingen so weit, daß in den Bezirkskomitees des Evakuierungsrats Berechtigungsscheine ausgestellt wurden, obwohl diese Komitees überhaupt nicht dazu befugt waren. So hatte etwa das Komitee des Pargolovo-Bezirks allein in fünf Tagen 84 solcher Bescheinigungen ausgegeben. Die Miliz griff täglich 30 bis 45 Personen mit gefälschten Papieren dieser Art am Finnländischen Bahnhof auf und schickte sie wieder zurück, was häufig nicht ohne Protest vor sich ging und sogar zu Handgreiflichkeiten führte. Dieser Widerstand nährte sich nicht nur aus enttäuschter Hoffnung. Ließ man sich mit solchen Ausweisen fassen, hatte das sehr ernste Konsequenzen. Da man vor der Evakuierung sämtliche Lebensmittelkarten abgeben mußte, stand den Zurückgewiesenen für den restlichen Monat keine Ration mehr zu.[152]

Auch Dmitrij D. Šostakovič, der bis zum Herbst 1941 am Leningrader Konservatorium gelehrt hatte, setzte alle möglichen Hebel in Bewegung, um Angehörige aus der hungernden Stadt herauszuholen, nachdem er selbst mit seiner Frau und seinen beiden Kindern am 1. Oktober 1941 nach Kujbyšev evakuiert worden war. Am 6. Februar 1942 schrieb er seinem Freund Isaak D. Glikman:

> „Tag und Nacht denke ich an meine Verwandten und Nächsten, die in Leningrad zurückgeblieben sind. Von dort erhalte ich spärliche Nachrichten. Es gibt nichts, was man noch essen kann. Katzen und Hunde gibt es nicht mehr. Meine Mutter sitzt zu-

---

[148] Petition einer Leningraderin und Popkovs Antwortschreiben, CGA SPb f. 330, o. 3, d. 50, l. 102 f.

[149] Schreiben Mikojans an Kosygin vom 6.3.1942, CGA SPb f. 330, o. 3, d. 50, l. 39 - 46.

[150] Kripton: Osada Leningrada, S. 215.

[151] Elena I. Kochina: Blockade Diary, Ann Arbor 1990, S. 94 - 104.

[152] Schreiben des Kommandanten der NKVD-Truppen an der Leningrader Front, Generalleutnant Stepanov, des Kriegskommissars bei den NKVD-Truppen der Leningrader Front, Oberst Tolmačev, und des Stabschefs der NKVD-Truppen an der Leningrader Front, Oberst Dreev, an den Vorsitzenden des Exekutivkomitees des Leningrader Sowjets vom 10.1.1942, CGA SPb f. 7384, o. 3, d. 50, l. 9.

> dem oft ohne Geld da, weil das Geld, das ich ihr regelmäßig schicke, unpünktlich und mit Unterbrechungen eingeht. [...] Tagtäglich bemühe ich mich, meine Angehörigen aus Leningrad herauszuholen. Und solange ich sie da nicht herausgeholt habe, gehe ich nicht aus Kuibyschew weg."[153]

Diese Bemühungen waren schließlich von Erfolg gekrönt. Rozalija S. Zemljačka, die damalige stellvertretende Vorsitzende des Rats der Volkskommissare der UdSSR, setzte sich persönlich dafür ein, daß Šostakovičs Verwandte „außer der Reihe aus Leningrad herausgebracht" wurden.[154]

Diese Form der Korruption und Inanspruchnahme von Begünstigungen hatte ihre Wurzeln im stalinistischen System selbst. Denn dort, wo Interessen nicht offen vertreten werden konnten, mußten die Menschen diese auf Schleichwegen verfolgen. Während diese Formen von „inoffiziellem Lobbyismus" kanalisierte Wege der Verzweiflung waren, gab es auch Varianten von Korruption und Begünstigung, in denen Leningrader Parteifunktionäre ihre privilegierte Stellung dazu ausnutzten, selbst rechtzeitig das Weite zu suchen.[155] Ein sowjetischer Emigrant berichtete nach dem Krieg:

> „Nicht alle Kommunisten oder Aktivisten retteten sich in diesen Tagen auf dieselbe Weise. Die einen flohen mit dem Flugzeug, andere über den Ladoga-See, wieder andere vernichteten Dokumente und blieben in der Stadt, d.h. – jeder wie er konnte. Mir blieb es nicht erspart, anzusehen, wie sich Hunderte Menschen des *obkom* [Gebietsparteikomitee, J.G.] und der *rajkoms* [Bezirksparteikomitees, J.G.] der Leningrader Partei, Arbeiter des Gebietsexekutivkomitees (*oblispolkom*) und der Rajonräte (*rajsovety*) der Stadt, wie sich Tschekisten und Komsomolzen, die nicht aus der Stadt evakuiert werden konnten, aufführten wie Verrückte. Wohin war nur ihr früherer Heldenmut geraten?"[156]

Die Leningrader Parteiführung hatte ihre Ehefrauen und Kinder bereits am 10. Juli 1941, also noch bevor es irgendeinen Beschluß zur Evakuierung Leningrads gab, nach Čeljabinsk in Sicherheit bringen lassen.[157] Der NKVD registrierte

---

153 Brief Šostakovičs an Glikman vom 6.2.1942, aus: Dmitri Schostakowitsch: Chaos statt Musik? Briefe an einen Freund, hg. und komm. von Isaak D. Glikman (dt. Ausg. hg. v. Reimar Westendorf), Berlin 1995, S. 42 f. Viele der sowjetischen Regierungsorgane waren von Moskau nach Kujbyšev evakuiert worden, so daß Šostakovič die Wahrscheinlichkeit, hier etwas zu erreichen, am höchsten einschätzte.

154 Brief Šostakovičs an Glikman vom 14.2.1942, aus: ebd., S. 44 f. Vier Wochen später hatten acht Familienmitglieder wohlbehalten den Belagerungsring verlassen, vgl. Brief Šostakovičs an Glikman vom 11.3.1942, aus: ebd., S. 45.

155 Allerdings war es in Leningrad nicht zu einer vergleichbaren Massenflucht der Funktionäre gekommen, wie dies wenige Wochen später in Moskau der Fall war, vgl. Mikhail M. Gorinov: Muscovites' Moods, 22 June 1941 to May 1942, in: Robert W. Thurston/Bernd Bonwetsch (Hg.): The People's War. Responses to World War II in the Soviet Union, Urbana, Chicago 2000, S. 108-134, hier 122-127.

156 Zitiert aus: Segbers: Sowjetunion im Zweiten Weltkrieg, S. 75.

157 Dies trifft auf die Stadtparteisekretäre Kuznecov und Kapustin ebenso wie auf die Gebietsparteisekretäre Terentij F. Štykov und Michail N. Nikitin zu, vgl. Bidlack: Survival Strategies, S. 89.

mit wachem Auge und zunehmender Sorge hinsichtlich der allgemeinen Stimmungslage, wenn Funktionäre der mittleren und unteren Ebene die Flucht ergriffen. So rief der Weggang der stellvertretenden Vorsitzenden des Leningrader Exekutivkomitees, Fëdorova, und eines stellvertretenden Abteilungsleiters des Stadtrats, Abolimov, stärkste Unruhe und Unzufriedenheit unter ihren Mitarbeitern hervor, die sich in der Lesart des NKVD sogar in „ungesunden panischen Bemerkungen" geäußert hätten. Ein gewisser Savonenko habe sich zum Beispiel beklagt, daß er persönlich mehr Gründe gehabt hätte, Leningrad zu verlassen, weil er Kinder habe. Doch am Ende käme es wohl dazu, „daß die gesamte Führung aus Leningrad davonfliegt und wir bleiben alle zurück". Und eine Kellnerin aus der Sonderkantine bemerkte: „Nun fahren schon die Hausherren selbst davon, und uns Zurückgelassenen wird die Rechnung präsentiert."[158] Die fortgesetzte Evakuierung von Parteifunktionären führte schließlich dazu, daß einige Bezirksparteikomitees im Frühjahr 1943 personell stark ausgedünnt und nicht mehr handlungsfähig waren, so daß sie neu „gewählt" werden mußten.[159]

Auch das Führungspersonal der Roten Armee, der Baltischen Rotbannerflotte und des NKVD nutzte seine Möglichkeiten, um sich und die eigene Familie in Sicherheit zu bringen. Es wurden sogar extra Militärzüge eingerichtet, mit denen sie ins Hinterland fahren konnten.[160] Auch hatte dieser privilegierte Stand die Möglichkeit, den Zielort seiner Evakuierung selbst auszuwählen (ausgeschlossen waren nur die beiden Zentren Moskau und Leningrad). Außerdem waren die örtlichen Organe angewiesen, dafür Sorge zu tragen, daß die Reisenden mit Lebensmitteln, Medikamenten und nötigenfalls mit Kleidung versorgt werden. Familien von leitenden Angestellten aus Partei, Staat, Armee und NKVD wurde sogar zusätzlich noch finanziell unter die Arme gegriffen.[161] Als Folge der Evakuierung war die Personaldecke des Leningrader NKVD im Winter 1941/42 so stark ausgedünnt, daß man manchen Aufgaben, wie dem Objektschutz, nicht mehr voll nachkommen konnte. So mußten für die Sicherung der wichtigsten Leningrader Fabriken Wachmannschaften aufgestellt werden, denen neben NKVD-Beamten auch Fabrikarbeiter angehörten.[162]

Manche Funktionäre nutzten die chaotischen Verhältnisse, um sich bei ihrer Flucht auch noch persönlich zu bereichern. Dies begann mit dem eher harmlosen Umstand, daß die Partei-, Sowjet- und Wirtschaftsführer, denen bei Kriegsbeginn

---

158 Schreiben des Leiters der 1. Abteilung des Leningrader UNKVD an Ponomarëv, Sekretär des Leningrader Exekutivkomitees, vom 28.9.1941, CGA SPb f. 7384, o. 3, d. 5, l. 46.

159 Sitzungsprotokoll des Büros des Leningrader Stadtparteikomitees vom 31.3.1943, RGASPI f. 17, o. 43, d. 1156, l. 98. Hier handelte es sich um das Vyborger Bezirksparteikomitee, das von 43 auf zehn Mitglieder zusammengeschmolzen war, und um das Parteikomitee des Volodarskij-Bezirks, von dessen ursprünglich 50 Mitgliedern sich nur noch elf in der Stadt befanden.

160 Direktive der Stavka vom 2.7.1941, in: Velikaja Otečestvennaja Bd. 5/1, S. 42 f.

161 Direktive der Stavka vom 6.7.1941, in: ebd., S. 54.

162 Anordnung des Kriegsrats der Leningrader Front vom 21.2.1942, CGA SPb f. 1788, o. 27, d. 192, l. 2.

vom NKVD Pistolen und Revolver ausgehändigt worden waren, diese Waffen bei ihrer Evakuierung nicht wieder abgaben, sondern sie einfach mitnahmen.[163] Es gab aber auch Fälle wie den des Verwaltungsdirektors des Puschkin-Hauses, der bei seiner Evakuierung Antiquitäten und wertvolle Teppiche des Instituts entwendete. Er hatte sogar arrangiert, daß einige gesunde Arbeiter, die ihm als Träger dienten, mit ihm die Stadt verlassen konnten.[164]

Fabrikdirektoren und Behördenleiter konnten ihre Mitarbeiter oder deren Familien auf die Evakuierungslisten setzen lassen, indem sie persönlich bei den Evakuierungskommissionen vorsprachen oder auf diese mitunter sogar Druck ausübten.[165] Auch hier war dem Mißbrauch Tür und Tor geöffnet. Dem Direktor der Voskov-Munitionsfabrik gelang es zum Beispiel, anstelle von Arbeiterinnen seines Betriebes, die für die Evakuierung vorgesehen waren, seine Gattin und eine Reihe weiterer Frauen, die in keinerlei Verbindung mit der Fabrik standen, evakuieren zu lassen.[166]

Die Zusammenstellung der Evakuierungslisten war also von jenem Klientel- und Patronagesystem geprägt, wie es sich in der stalinistischen Sowjetunion seit den dreißiger Jahren entwickelt hatte.[167] In diesem System waren Einzelinteressen als bürgerlich und egoistisch verpönt, und ihre Existenz wurde schlicht geleugnet. Das Defizit an legaler Interessenvertretung ließ den Menschen keine andere Möglichkeit, als alternative Wege wie Bittschriften oder Bestechung zu suchen. Mitunter hatten sich auch in den Fabriken und Behörden Interessengruppen gebildet, die sich einem einflußreichen Patron unterwarfen, der im Gegenzug die Ressortinteressen der Gruppe wie auch persönliche Interessen der einzelnen Mitarbeiter vertrat.[168] Dieses System existierte auch auf lokaler Ebene und verpflichtete gewissermaßen die Fabrik- und Institutsdirektoren dazu, „ihren" Mitarbeitern Schutz und Fürsorge zu gewähren. Im belagerten Leningrad bedeutete dies unter anderem, daß sie sich für deren Evakuierung einsetzten.[169]

---

163 Schreiben des Leiters der städtischen Milizverwaltung, Major Gruško, an Popkov vom 23.12.1941, CGA SPb f. 7384, o. 3, d. 5, l. 92.

164 Lichatschow: Hunger und Terror, S. 276.

165 So bemühte sich zum Beispiel der stellvertretende Volkskommissar für Eisenhüttenwesen, Vodnev, die Leningrader Mitarbeiter seiner Behörde über eine direkte Eingabe bei Popkov, dem Vorsitzenden des Exekutivkomitees des Leningrader Stadtrats, aus der belagerten Stadt herauszuholen, vgl. Schreiben Vodnevs an Popkov vom 31.7.1942, GARF f. R-5446, o. 59, d. 8, l. 5. Weitere Beispiele bei Kulagin: Dnevnik, S. 143; Bidlack: Workers at War (1987), S. 209.

166 Vgl. Bidlack: Survival Strategies, S. 89.

167 Für die Staats- und Parteielite vgl. Chlewnjuk: Politbüro, S. 368 ff.; für den Alltag vgl. Fitzpatrick: Everyday Stalinism, S. 2 f., 32 f., 55 und 63.

168 Am Beispiel der Volkskommissariate überzeugend ausgeführt von Chlewnjuk: Politbüro, S. 367 ff. Diese Analyse des sowjetischen Systems ist nicht ganz neu. Schon Merle Fainsod stellte einen „engen Ressortgeist" als typisches Merkmal der sowjetischen Bürokratie fest und zeigte, daß Interessenvertretung zumindest teilweise und in verzerrter Form durch die Bürokratie stattfand, vgl. Merle Fainsod: Wie Rußland regiert wird, Köln, Berlin 1965, S. 431 f.

169 Zum stalinistischen Patronagesystem siehe auch Kap. V.

Für diejenigen, die einen Listenplatz ergattert hatten, fingen die physischen Strapazen erst an. Die Evakuierung über die Eisstraße begann in der Regel mit einem – oft kilometerlangen – Fußmarsch vom Wohnort zum Finnländischen Bahnhof. Das Gepäck zogen die Menschen auf einem Schlitten hinter sich her.[170] Vom Finnländischen Bahnhof aus ging ein Zug zu einem der Evakuierungspunkte am westlichen Ufer des Ladogasees, nach Ladožskoe ozero oder zu dem – mit 600 Arbeitern bald größten – Evakuierungspunkt Borisova Griva.[171] Diese Fahrt von knapp 30 Kilometern dauerte im Januar und Februar 1942 rund 30, im März und April noch ca. 15 Stunden und erfolgte bis Februar in unbeheizten Zügen. Immerhin 480 000 Menschen bewältigten die Strecke in diesen vier Monaten mit dem Zug. Gut 62 000 wurden darüber hinaus mit dem Auto transportiert, knapp 12 000 legten den Weg zu Fuß zurück.[172]

Im Januar und Februar 1942 waren die Evakuierungspunkte am Finnländischen Bahnhof und in Borisova Griva noch in einem miserablen Zustand. Die Räumlichkeiten waren schmutzig, schlecht beheizt und kaum beleuchtet. Die Verpflegungsstationen wurden von der ankommenden Menschenmasse völlig unvorbereitet getroffen, viele hatten noch überhaupt keine Einrichtung.[173] Ab Mitte Februar verbesserten sich zwar die organisatorischen Abläufe auf der Eisstraße, doch die Zustände an den Evakuierungspunkten blieben katastrophal. Die Wartenden mußten weiterhin mehrere Tage im Freien ausharren. Abgekochtes Wasser war nicht ausreichend vorhanden, die Verpflegung nicht geregelt und die medizinische Versorgung mangelhaft.[174] Die Durchgangsstation Borisova Griva war aufgrund schwerer organisatorischer Mängel hoffnungslos überfüllt. Der Weitertransport der Evakuierten mit dem Auto war nicht reguliert, die Züge wurden nur langsam ent- und beladen und blockierten die Gleise. Obwohl der Evakuierungspunkt heillos überfordert war, um über 3000 Menschen, die hier täglich eintrafen, zu versorgen und weiterzuleiten, wollte die Evakuierungskommission die Zahl auf 10 000 Personen pro Tag erhöhen. Dies veranlaßte den Staatsanwalt am Kriegsgericht der Leningrader Front, eine Beschwerde zu verfassen. Die Evakuierten müßten jetzt schon 15 bis 30 Stunden lang auf der Straße oder in den Waggons auf ihren Weitertransport warten. Diese Zustände hätten bereits zu Todesfällen geführt. Allein in der Station befänden sich ca. 50 Leichen,

---

170 Erlaubt waren zehn Kilogramm Handgepäck und 20 Kilogramm Frachtgut, vgl. die Aussagen der beiden Kriegsgefangenen Aleksandr Sakson und Michail Duk bei ihrem Verhör am 10.11.1942 in deutscher Gefangenschaft, BA-MA, RH 19 III/448, Blatt 96-98, hier 98.

171 Boldyrev: Doroga na bol'šuju zemlju, S. 203.

172 Vgl. Bericht des NKVD an den Vorsitzenden der Leningrader Evakuierungskommission, Popkov, o.D. [Frühjahr 1942], CGA SPb f. 7384, o. 3, d. 50, l. 191-193; Rechenschaftsbericht der Leningrader Evakuierungskommission vom 26.4.1942, in: Leningrad v osade, S. 301-305.

173 Bericht des NKVD an den Vorsitzenden der Leningrader Evakuierungskommission, Popkov, o.D. [Frühjahr 1942], CGA SPb f. 7384, o. 3, d. 50, l. 191-193.

174 Telegramm des Kriegskommissars der Eisstraße, Šilov, an den Evakuierungsrat der Leningrader Front, o.D. [Mitte Februar], CGA SPb f. 330, o. 3, d. 50, l. 70.

und auf den umliegenden Straßen seien weitere 200 zu finden.[175] Aufgrund der Belastungen, den die Evakuierten ausgesetzt waren, bat Kosygin im Februar 1942 Ždanov darum, den Menschen drei Tage vor ihrer Abreise höhere Lebensmittelrationen zu gewähren.[176] Zu diesen äußerst beschwerlichen Bedingungen kam noch die Gefahr deutscher Luftangriffe hinzu. Ljudmila Komrakova mußte mit ihrer Tante den Angriff eines Evakuierungspunktes durch die deutsche Luftwaffe miterleben:

> „[...] Als unser Zug am Bahnhof Waganowo eingetroffen war, waren die deutschen Sturzkampfbomber angeflogen, und wir mußten alle in einem unvorstellbaren Durcheinander hektisch aussteigen und unsere Sachen mitnehmen. Es war eine richtige Hölle. Alles umher hat gedonnert, ist in die Luft gegangen und hat gebrannt, die Kinderschreie und die wahnsinnigen Rufe ihrer Mütter haben sich zu einer Kakophonie vermischt. [...] Die Tante hat uns beide in einen noch rauchenden Bombentrichter hinuntersteigen lassen, wo wir dann bis zum Ende des Angriffs saßen. [...] Als wir dann wieder hinausgeklettert waren, haben wir unseren Sack nicht mehr gefunden. Die Marodeure reisten immer mit."[177]

Wer die lange Wartezeit hinter sich gebracht hatte, den führte der Weg von Borisova Griva weiter mit dem Auto über den zugefrorenen See bis zu einem der vier Evakuierungspunkte am östlichen Ufer: Kobona, Lavrovo, Žicharevo oder Vojbokalo. Die durchschnittliche Dauer dieser knapp 30 Kilometer langen Fahrt betrug im Januar und Februar über zwölf Stunden, im März und April nur noch fünf Stunden. Knapp 492 000 Menschen wurden zwischen Januar und April 1942 über das Eis transportiert.[178] Die Zeitangaben sind als Durchschnittswerte zu verstehen, von denen der Einzelfall mitunter stark abweichen konnte. Ol'ga Klimenko, die im März 1942 evakuiert wurde, fuhr zum Beispiel vom Finnländischen Bahnhof bis Borisova Griva volle zwei Tage, den Weg über den See bis Kobona legte sie dagegen mit dem Auto in nur einer Stunde zurück.[179] Alexander Steininger, der am 9. März 1942 Leningrad verließ, wurde innerhalb von 24 Stun-

---

175 Schreiben des Staatsanwaltes am Kriegsgericht der Leningrader Front, Grezov, an den Vorsitzenden des Exekutivkomitees des Leningrader Stadtrats, Popkov, vom 19. Februar 1942, CGA SPb f. 330, o. 3, d. 50, l. 31.

176 Schreiben Kosygins an Ždanov vom 10.2.1942, in: Leningrad v osade, S. 288 f.

177 Aus den Erinnerungen der Ljudmila Komrakova, in: Kempowski: Das Echolot, S. 341 f.

178 Knapp 357 000 Menschen wurden mit Lkws und weitere 135 000 mit Bussen transportiert, vgl. Rechenschaftsbericht der Leningrader Evakuierungskommission vom 26.4.1942, in: Leningrad v osade, S. 301-305. Zunächst mußten die Lkws eine 50 Kilometer lange Strecke bis zur Bahnstation Vojbokalo zurücklegen. Im Februar 1942 hatte man von Kobona und Lavrovo Schienen nach Vojbokalo verlegt, so daß sich die Lkw-Route um 20 Kilometer verkürzte, was nicht nur Zeit, sondern auch Benzin einsparte, vgl. Boldyrev: Doroga na bol'šuju zemlju, S. 202; die Anordnung des Staatlichen Verteidigungskomitees zum Bau der Stichbahn nach Vojbokalo vom 11.1.1942 ist abgedruckt in: ‚Gosudarstvennyj komitet oborony postanovljaet ...'. Direktivnye dokumenty GKO SSSR po obespečeniju žiznedejatel'nosti Leningrada. 1941-1945 gg., in: Istoričeskij archiv 2003, Nr. 2, S. 131-165, hier 137-140.

179 Vgl. Ol'ga Klimenko: Desjat' let, 1978 aufgeschriebene Erinnerungen, S. 12-15, Datenbank des NIC MEMORIAL SPb.

den vom Finnländischen Bahnhof an den Ladogasee gebracht und dort auf einen Lkw verladen. Die anschließende Fahrt über die Eisstraße dauerte drei bis vier Stunden. Als Zwölfjähriger empfand er die Evakuierung zwar nicht gerade als komfortabel, aber sie habe funktioniert. Einmal am Tag haben die Menschen sogar eine Mahlzeit bekommen.[180] Jurij Gorjunov wurde Anfang Dezember 1941 über die Eisstraße evakuiert:

> „Am Abhang Waganowskij stiegen wir in die LKWs um. Einige von diesen LKWs waren mit Planen abgedeckt. Die Plane schützte uns ein wenig vor dem Wind, der vom Ladogasee herwehte, doch es gab keinen Schutz vor der Kälte bis 30 Grad unter Null. Ich erinnere mich, daß wir lange standen. Erst später wurde bekannt, daß die Autokolonne vor uns von den deutschen Flugzeugen angegriffen worden war. Die Eisstraße war zerstört, und wir mußten warten, bis eine Umleitung fertig war. Über das Schicksal unserer Vorgänger sprach man nicht, ihr Geschick war für alle klar. Endlich setzten wir uns in Bewegung. Vom Hin- und Herschaukeln wurde es ein bißchen wärmer. Die Kinder und Frauen saßen unter der Plane. Durch eine Spalte der undicht geschnürten und schaukelnden Plane konnte man nicht viel sehen. Nur die endlose Weite vom Ladoga-See und die hinter uns folgenden Autos. Auf einer offenen Wagenpritsche, wo auch die Ausrüstungen aufgeladen waren, saßen mein Vater und noch jemand. Ich konnte nicht fassen, wie es ihnen gelungen war, bei solcher Kälte und so einem durchdringenden Wind sich keine Erfrierungen zuzuziehen. Ab und zu waren unsere Jagdflieger zu sehen, die tief über der Straße flogen. Und überall Soldaten, Soldaten, Soldaten ... Sie standen die ganze Straße entlang mit ihren Spaten und in ihren weißen Tarnanzügen, die mit dem Schnee sich vereinigten."[181]

Neben den Angriffen deutscher Jagdflugzeuge, die im Tiefflug öfter Jagd auf die Lkw-Kolonnen machten, bestand für die vollbeladenen Lastwagen im Frühjahr verstärkt die Gefahr, auf dem immer dünner werdenden Eis einzubrechen.

Wer das andere Ufer unversehrt erreicht hatte, mußte wieder in einen Zug umsteigen. Den Evakuierungspunkt Kobona durchliefen im Winter 1941/42 knapp 139 000 Menschen, Lavrovo 150 000, Žicharevo knapp 195 000 und Vojbokalo knapp 55 000.[182] Auch an diesen Sammelpunkten herrschten chaotische Zustände. Die Stationen waren stark verschmutzt, es gab kein warmes Wasser, und in Lavrovo war nur ein einziges Zelt vorhanden, so daß die Mehrheit der Evakuierten im Freien kampieren mußte. Das medizinische Personal war überlastet und hatte kaum die Möglichkeit, die Neuankömmlinge zu betreuen, was vereinzelt zu Todesfällen führte. Der NKVD forderte aufgrund dieser Zustände die Absetzung des Leiters des Evakuierungspunktes in Lavrovo. Jener Gavrilov trage angeblich die volle Schuld, da er den Aufbau der Station nicht rechtzeitig zuwege gebracht und sich anschließend von der Welle der Ankommenden über-

180 Für diese Auskunft danke ich Alexander Steininger.

181 Abgedruckt in: Kempowski: Das Echolot, S. 340.

182 Rechenschaftsbericht der Leningrader Evakuierungskommission vom 26.4.1942, in: Leningrad v osade, S. 301 - 305.

rascht gezeigt habe.[183] Hier wurde die Verantwortung offensichtlich auf die mittlere Funktionärsebene abgewälzt.

Verhältnisse wie in Lavrovo waren auch an anderen Evakuierungspunkten vorzufinden. Sie wurden nicht zuletzt durch eine mangelnde Koordination der verschiedenen Abläufe der Evakuierung verursacht. So herrschte an der Anlegestelle Kobona Chaos, weil die Telefonverbindung nach Borisova Griva nicht zuverlässig funktionierte und dadurch die Station häufig keinerlei Informationen darüber besaß, wann der nächste Transport eintreffen würde. Fast zwangsläufig stauten sich dadurch an beiden Ufern Güter und Menschen an. Ein weiteres Problem bestand darin, daß das Gepäck der Evakuierten mit anderen Zügen transportiert wurde als dessen Besitzer und mit einer Verspätung von bis zu sieben Tagen am Evakuierungspunkt ankam. Wenn sich dann noch die Namensetiketten von den Gepäckstücken gelöst hatten, war eine Zuordnung nicht mehr möglich. Die Menschen suchten oft stundenlang nach ihren Habseligkeiten, was die allgemeine Verwirrung vergrößerte.[184]

Im Sommer wurde die Etappe über den Ladogasee per Schiff zurückgelegt. Für den Evakuierungsalltag machte das keinen großen Unterschied. Chaos an den Evakuierungspunkten und „tödlich langsame“ Fahrten in zum Bersten vollen Zügen prägen auch hier die Erinnerung der Evakuierten.[185] Nachdem Ol'ga Frejdenberg zusammen mit ihrer Mutter zwei Tage in einem überfüllten Waggon auf ihre Abfahrt gewartet hatte, fühlte sie sich so krank und schlecht, daß die beiden beschlossen, den Zug zu verlassen und wieder in ihre Wohnung zurückzukehren, obwohl dies ihren Hungertod bedeuten konnte. Der Zug war anschließend noch zwei weitere Tage am selben Fleck gestanden, ehe er aus Leningrad abfuhr. Ol'ga Frejdenberg blieb zusammen mit ihrer Mutter während der gesamten Blockade in Leningrad.[186]

Die Zugreise an den endgültigen Bestimmungsort dauerte noch einmal mehrere Tage. Die Hauptzielorte der Leningrader waren Vologda, Jaroslavl' und Ivanovo. Vom Ladogasee bis nach Vologda fuhr man zum Beispiel sieben Tage. Auch dieser Reiseabschnitt fand in überfüllten Zügen statt und war für die geschwächten Menschen sehr beschwerlich. Die Waggons hatten häufig keinerlei Inneneinrichtung, so daß man auf dem blanken Boden oder auf seinen Gepäckstücken sitzen mußte. Zudem waren die Waggons voller Dreck, und es gab weder heißes Wasser noch eine medizinische Versorgung. So mußten entlang der Strecke und an den Bestimmungsorten immer wieder Leichen aus den Zügen entfernt

183 Bericht des stellvertretenden NKVD-Kommandanten der Leningrader Front an den Vorsitzenden des Exekutivkomitees des Leningrader Sowjets vom 24.6.1942, CGA SPb f. 7384, o. 3, d. 50, l. 71-73 und ebd. f. 330, o. 3, d. 50, l. 71-73.

184 Bericht des Leiters der Leningrader Miliz, Inspektor E. Gruško, o.D. [Frühjahr 1942], CGA SPb f. 7384, o. 3, d. 50, l. 98-100.

185 Lichatschow: Hunger und Terror, S. 308 f.

186 Tagebucheintrag von Ol'ga Frejdenberg aus dem Juli 1942, in: Correspondence of Boris Pasternak and Olga Freidenberg, S. 219 f.

werden.[187] In Vologda hatte man ein Massengrab für die auf der Strecke verstorbenen Leningrader eingerichtet. Mehr als 20 000 Menschen sind dort beerdigt.[188] Im Jahr 1942 starben schon auf dem ersten Teilstück nach Tichvin laut offiziellen Angaben 2922 Menschen.[189]

Betrachtet man zuletzt noch die Verhältnisse an den Zielorten, dann stellten diese genau das Gegenteil dessen dar, was in geschönten Berichten, wie dem zweier Abgeordneter des Obersten Sowjets an den Generalsekretär der Komintern, Georgi Dimitrov, über die Situation in Kostroma und im Gebiet von Jaroslavl', suggeriert wird:

> „Das Volk arbeitet ungeachtet einiger Versorgungsschwierigkeiten und anderer Probleme, die mit dem Krieg zusammenhängen, voller Enthusiasmus – sowohl in der Landwirtschaft als auch in der Industrie. ‚Alles für die Front, alles für den Sieg' – das ist überall zu spüren. Die aus Leningrad evakuierte Bevölkerung ist untergebracht und in den Arbeitsprozeß einbezogen worden. Die Versorgung der Kinder ist gesichert."[190]

Der Hinweis auf die Parole Stalins „Alles für die Front, alles für den Sieg" macht deutlich, daß die beiden Berichterstatter es nicht wagten, aus dem engen Korsett der Erwartungshaltung der politischen Führung auszubrechen, sondern nur das von oben vorgegebene Propagandabild als angebliche Realität reproduzierten.

Andere Quellen zeichnen hier ein weitaus deprimierenderes Bild. Laut den Erinnerungen von Ol'ga Klimenko war in Vologda die Lage der Bevölkerung nicht besser und der Hunger nicht geringer als in Leningrad.[191] Diese Darstellung wird bestätigt von einem offiziellen Bericht des regionalen Exekutivkomitees. Die Evakuierten kamen in einem erbärmlichen Zustand an und litten meistens unter Dystrophie. 25 % der Ankömmlinge in Vologda wurden direkt ins Krankenhaus gebracht. Dennoch war die Sterblichkeit sehr hoch.[192]

Nimmt man die praktische Umsetzung der Strategien in den Blick, dann erscheint die Evakuierung Leningrads vor allem von Chaos und Dysfunktionalität geprägt. Legt man das zahlenmäßige Ergebnis einer abschließenden Bewertung zugrunde, dann muß man die beeindruckenden Erfolge jedoch anerkennen. Ge-

---

187 Vgl. Rechenschaftsbericht der Transportabteilung des NKVD der nördlichen Eisenbahn vom 5.3.1942, in: Leningrad v osade, S. 292-294.

188 Bidlack: Survival Strategies, S. 89.

189 Vgl. Čerepenina: Golod i smert', S. 71.

190 Dimitroff: Tagebücher, S. 539 (Eintrag vom 19.6.1942).

191 Vgl. Ol'ga Klimenko: Desjat' let, 1978 aufgeschriebene Erinnerungen, S. 12-15, Datenbank des NIC MEMORIAL SPb.

192 Schreiben des Vorsitzenden des Exekutivkomitees des Vologdaer Gebietssowjets, Abramov, an Kosygin aus dem April 1942, GARF f. R-5446, o. 59, d. 11, l. 37-39. Laut diesem Schreiben sind im Vologdaer Gebiet bis zu diesem Zeitpunkt 10 000 Leningrader angesiedelt worden. Darüber hinaus hatten den Vologdaer Evakuierungspunkt 486 287 Leningrader durchlaufen. 234 788 wurden in den Nordkaukasus weitergeleitet, 146 240 in den Osten und 112 837 nach Jaroslavl' und Ivanovo. Nach dieser Aufstellung wären also 7578 Menschen mehr weitergeschickt worden, als eigentlich angekommen sind.

nau dieser Widerspruch, der auch von anderen stalinistischen Großprojekten bekannt ist und offenbar systemimmanent war, macht immer wieder stutzig.[193] Dies führt zu der Schlußfolgerung, daß das selbstverschuldete Chaos im stalinistischen System bis zu einem gewissen Grade durchaus geduldet wurde. Entscheidend war weniger der Weg, sondern das Ziel. Solange die Ergebnisse stimmten, akzeptierte man all die geschilderten Unzulänglichkeiten. Den Bolschewiki war vermutlich durchaus bewußt, daß die chaotischen Zustände Ergebnis ihrer Mobilisierung waren; man nahm sie jedoch als unvermeidliche Begleiterscheinungen hin. In einer Situation wie der des ersten Kriegsjahres, als die Wehrmacht schnell und scheinbar unaufhaltsam weite Gebiete der Sowjetunion überrannte, zählte in erster Linie das Tempo, mit dem man die Betriebe demontierte und abtransportierte. Das Chaos, das dabei entstand, war weder der negative Auswuchs eines an sich erfolgreichen Projekts noch Ausdruck einer untauglichen Vorgehensweise, sondern vielmehr die andere Seite der Medaille. Ungeheuerer Aufwand und chaotische Zustände sind vom Erfolg nicht zu trennen. Deshalb schritten die Behörden auch nur punktuell ein, da sie glaubten, ihre durchaus angebrachte Kritik dem Erfolg unterordnen zu müssen. Die Leningrader selbst waren wiederum daran gewöhnt, sich in unübersichtlichen Verhältnissen einzurichten und ihre Vorteile daraus zu ziehen.

193 Grundlegend hierzu die Untersuchungen zu Magnitogorsk und zum Bau der Moskauer Untergrundbahn, vgl. Kotkin: Magnetic Mountain; Neutatz: Moskauer Metro.

IV. „ALLES FÜR DIE FRONT"? DIE LENINGRADER RÜSTUNGSPRODUKTION IM KRIEG

Der deutsche Überfall am 22. Juni 1941 traf die Sowjetunion unvorbereitet, da Stalin im Vorfeld alle ihm zugetragenen Warnungen vor einem Angriff Hitlers in den Wind geschlagen hatte.[1] Nachdem der sowjetische Diktator ganze zwei Wochen die politische und öffentliche Bühne gemieden hatte, gab er am 3. Juli 1941 in seiner ersten Rundfunkansprache seit Kriegsbeginn die Parole „Alles für die Front!" aus, die als Richtschnur bei der Mobilisierung der sowjetischen Kriegswirtschaft dienen sollte:

> „Wir müssen unverzüglich unsere ganze Arbeit auf den Krieg umstellen, indem wir alles den Interessen der Front unterordnen, der Aufgabe unterordnen, die Zerschmetterung des Feindes zu organisieren. [...] Wir müssen das Hinterland der Roten Armee festigen, indem wir den Interessen dieser Sache unsere ganze Arbeit unterordnen, wir müssen die verstärkte Arbeit aller Betriebe sicherstellen, mehr Gewehre, Maschinengewehre, Geschütze, Patronen, Granaten, Flugzeuge produzieren [...]".[2]

In Leningrad, einem der wichtigsten wirtschaftlichen Zentren des Landes, verlief die Umstellung der Industrie weitgehend erfolgreich. Dies lag nicht zuletzt daran, daß in der alten Hauptstadt Rüstungsbetriebe mit landesweiter Bedeutung angesiedelt waren, die ihre Produktion nicht erst umstellen, sondern nur ausweiten mußten.[3] Doch auch Betriebe, die bislang Güter für den zivilen Bedarf hergestellt

---

1 Siehe zuletzt: Gabriel Gorodetsky: Grand Delusion. Stalin and the German Invasion of Russia, New Haven, London 1999. Die im Zusammenhang mit der Präventivkriegsthese immer wieder vorgebrachte Behauptung, die Sowjetunion hätte Kriegsvorbereitungen getroffen, hat sich nach der Öffnung der sowjetischen Archive nicht bestätigt, vgl. Lev Bezymenskij/Gerd Ueberschär (Hg.): Der deutsche Angriff auf die Sowjetunion 1941. Die Kontroverse um die Präventivkriegsthese, Darmstadt 1998; Bianka Pietrow-Ennker (Hg.): Präventivkrieg? Der deutsche Angriff auf die Sowjetunion, Frankfurt a.M. 2000.

2 Stalins Rundfunkrede vom 3.7.1941, in: Stalin: Werke Bd. 14, S. 236-242, hier 240.

3 Am bekanntesten sind die Kirov-Werke, ehemals Putilov-Werke, die der größte und modernste Industriebetrieb in Leningrad waren. In den Jahren 1929 bis 1931 war das Werk komplett neu ausgestattet worden, vor allem mit amerikanischen Maschinen aus dem Hause Henry Ford. 1941 waren die Kirov-Werke das größte Industrieunternehmen in der Sowjetunion und beschäftigten 39 000 Arbeiter und Angestellte. Darüber hinaus hatten die Bolschewik-Werke die Marine mit Geschützen und Munition ausgerüstet und erweiterten ihre Produktion nun um eine breite Palette von Artilleriegeschützen und Granaten. Die Stalin-Werke, die vor dem Krieg überwiegend Wasser- und Dampfturbinen hergestellt hatten, produzierten nach dem 22. Juni gepanzerte Fahrzeuge, 76-mm Geschütze sowie Granathülsen. Darüber hinaus reparierten sie auch KV-Panzer. Die Kalinin-Werke, die bis dahin Zünder hergestellt hatten, stellten ihre Produktion auf Granaten um. Vgl. Bericht des Parteisekretärs für die Verteidigungsindustrie, Basov,

hatten, leisteten einen Beitrag zur Kriegswirtschaft. So stellte „Leningradskij metallist“ statt Fahrrädern und Wäscheständern nun Granaten, „Linotip“ anstelle von Schreibmaschinen Maschinengewehre her, und die städtischen Brauereien, Parfümerien sowie die Krupskaja-Schokoladenfabrik wurden zu Produktionsstätten für Molotovcocktails.[4] Hatten in der ersten Jahreshälfte 1941 noch 6,2 % der Leningrader Betriebe Rüstungsgüter produziert, waren es im zweiten Halbjahr 77 %.[5]

Angesichts der Evakuierung und Schließung von Fabriken lassen diese Zahlen allerdings nur bedingt Aussagen über die Menge der tatsächlich hergestellten Rüstungsgüter zu. Um die Leistung der Leningrader Kriegswirtschaft bewerten zu können, muß statt dessen nach den konkreten Produktionsziffern gefragt werden. Für Juli bis Dezember 1941 legte die Leningrader Partei hierzu folgende Zahlen vor:[6]

Panzer	713
davon KV[7]	526
Panzerwagen	480
Flugzeuge	318
Schiffe (fertiggestellt)	84
Geschütze und Kanonen	3 151
Granatwerfer	9 977
Maschinenpistolen	10 600

Darüber hinaus wurde an schweren Waffen repariert:

Panzer	480
davon KV	168
Flugzeuge	248
Schiffe (einschließlich Umbauten)	186

und des stellvertretenden Leiters der Abteilung für die Verteidigungsindustrie, Koročin, o.D., CGAIPD SPb f. 25, o. 13-a, d. 23, l. 24–25. Zu den Kirov-Werken siehe S. Kostjučenko u.a.: Istorija Kirovskogo zavoda, Moskau 1966.

4 Die Produktionsumstellung der wichtigsten Leningrader Fabriken bei: Bidlack: Workers at War (1987), S. 71–74.

5 Ebd., S. 111 f.; Očerki istorii Leningrada Bd. 5, S. 117. Zu diesem Ergebnis trug allerdings auch der Umstand bei, daß viele Betriebe, die keine kriegswichtigen Produkte herstellten, einfach geschlossen wurden. Die absolute Zahl an Maschinen hatte sich aufgrund der Evakuierung in diesem Zeitraum mehr als halbiert.

6 Die folgenden Zahlen basieren auf: Auskunft Kapustins an Ždanov über die Kriegsproduktion von Rüstungsgütern in der Leningrader Industrie vom 15.12.1941, CGAIPD SPb f. 25, o. 13-a, d. 23, l. 69–72; Brief Ždanovs an Stalin vom 7.1.1942, CGAIPD f. 25, o. 13-a, d. 44, l. 32–33, abgedruckt in: Leningrad v osade, S. 147 f. Die Größenordnung dieser Zahlen entspricht auch den Angaben, die Žukov zum Teil in seinen Erinnerungen macht, vgl. Shukow: Erinnerungen und Gedanken Bd. 1, S. 426.

7 Der KV-Panzer (benannt nach Kliment Vorošilov) zählte zu den schweren Panzern und war unmittelbar vor Kriegsbeginn in Serie gegangen. Zusammen mit dem legendären T-34, einem mittleren Panzer, gehörte er zu den leistungsfähigsten sowjetischen Panzern.

An Munition wurde hergestellt:

Geschosse	1 855 931
Granaten	2 982 127
Minen	1 293 412
Flugzeugbomben	39 742

Daneben wurden für die Rote Armee 50 000 Kilometer Feldkabel, 142 000 Telegrafen- und Telefonapparate, 4200 Funkstationen und 3 000 000 Paar Armeestiefel hergestellt.[8] Aus dem Vergleich der monatlichen Produktionszahlen der Vorkriegszeit mit den Produktionszahlen der ersten drei Kriegsmonate geht hervor, daß die Umstellung der Leningrader Wirtschaft auf Kriegsproduktion insgesamt erfolgreich verlief:[9]

	Monats-durch-schnitt vor dem Krieg	Gesamt 1.7.-10.10.41	Monats-durch-schnitt 1.7.-10.10.41	Gesamt 11.10.-31.12.41	Monats-durch-schnitt 11.10.-31.12.41
KV-Panzer	45	335	100	191	72
Gepanz. Fahrzeuge	–	476	141	4	1,5
Geschütze	40	1 667	596	k. A.	k. A.
Granatwerfer	200	6 334	2 110	3 643	1 366
Geschosse	68 500	912 841	304 000	k. A.	k. A.
Granaten	61 000	435 000	145 000	k. A.	k. A.
Minen	–	1 127 600	338 280	165 812	62 180

Aus dieser Aufstellung wird – soweit Vergleichszahlen vorliegen – allerdings auch deutlich, wie kurz der Zeitraum war, in dem das Produktionsniveau des Sommers und Frühherbstes 1941 gehalten werden konnte. Zwar lag der Monatsdurchschnitt im letzten Quartal des Jahres noch über dem Vorkriegsniveau, doch die Schwierigkeiten der Produktion infolge der deutschen Belagerung hatten bereits ihre Spuren hinterlassen.

Der Beginn der Blockade hatte also nichts am Kurs der Leningrader Kriegswirtschaft geändert. Die Fabriken liefen weiter auf Hochtouren und intensivierten teilweise sogar ihre Produktion. Diese Politik wurde von dem amerikanischen Historiker Richard Bidlack scharf kritisiert: Hier seien Ressourcen unnötig verheizt worden, die in den schweren Tagen des Winters 1941/42 gefehlt hätten; die humanitäre Katastrophe sei durch dieses Vorgehen unnötig verschärft worden.[10]

---

8 Brief Ždanovs an Stalin vom 7.1.1942, CGAIPD f. 25, o. 13-a, d. 44, l. 32-33, auch abgedruckt in: Leningrad v osade, S. 147 f.

9 Auskunft über die Produktion der Leningrader Rüstungsindustrie im Krieg, angefertigt für Ždanov und Kuznecov, o.D., CGAIPD SPb f. 25, o. 13-a, d. 23, l. 1-2.

10 Vgl. Bidlack: Workers at War (1987), S. 154.

Tatsächlich schränkte die Konsumgüterindustrie ihre Leistung stark ein. Wurden im ersten Halbjahr 1941 in Leningrad noch Waren im Wert von insgesamt 1 395,6 Millionen Rubel hergestellt, wovon 68,3 % (953,6 Millionen Rubel) Verbrauchsgüter waren, so sank die Produktion in der zweiten Jahreshälfte auf insgesamt 857,6 Millionen Rubel, wobei gleichzeitig der Anteil der Konsumgüter auf 24,7 % (211,5 Millionen Rubel) zurückging.[11] Der Kern des Vorwurfs ging dahin, daß diese massiven Einschnitte in der zivilen Produktion nur nötig gewesen seien, da man unter den schwierigen Verhältnissen der Blockade noch Waffen für andere Fronten produzieren mußte, namentlich für die Verteidigung der Hauptstadt. Immerhin wurden 452 Artilleriegeschütze (55 % der Herbstproduktion), 560 Granatwerfer (15 % der Herbstproduktion) und eine große Menge Granatenmäntel, Minen u.a. auf dem Luftweg an die Front bei Moskau überführt.[12]

Bis heute ist umstritten, von wem die Initiative für eine Produktionssteigerung in der belagerten Stadt ausging. Richard Bidlack wähnte den Urheber im Kreml und stellte die Rüstungslieferungen als Ausbeutung Leningrads dar.[13] Dagegen reklamierte Nikolaj N. Voronov, der stellvertretende Volkskommissar für die Rüstungsindustrie und Leiter der Artillerie, die Idee einer Ausweitung der Produktion von Geschützen und Granaten für sich. Während Ždanov Mitte Oktober 1941 bei der Stavka eine Erhöhung von Munitionslieferungen aus Moskau nach Leningrad durchgesetzt habe, habe Voronov die Produktion von Granaten und Minen innerhalb des Belagerungsringes vorgeschlagen und schon für den November die Herstellung von einer Million Granaten und Minen in Aussicht gestellt. Ždanov habe nicht viel davon gehalten:

> „Eine Million Granaten und Minen im Monat – das ist verrückt! Das ist ein Bluff, das ist Analphabetentum! Sie haben einfach keine Ahnung von der Organisation und Technologie bei der Produktion von Munition!“[14]

---

[11] Bericht des Abteilungsleiters für die örtliche Industrie im Leningrader Stadtparteikomitee, G.V. Gudkin, an die Leningrader Parteisekretäre vom 20.3.1942, in: Leningrad v osade, S. 154 f.

[12] Vgl. Karasev: Leningradcy v gody blokady, S. 133 f.; S.P. Knjazev/M.P. Strešinskij/I.M. Františev u.a.: Na zaščite Nevskoj tverdyni. Leningradskaja partijnaja organizacija v gody Velikoj Otečestvennoj vojny, Leningrad 1965, S. 241; Bidlack: Workers at War (1987), S. 145. Leicht abweichende Zahlen bei Nikolaj N. Voronov: V trudnye vremena, in: Voenno-istoričeskij žurnal 1961, Nr. 9, S. 62-76, hier 72. Žukov, der die Verteidigung Moskaus leitete, berichtet in seinen Memoiren, daß in den Monaten Oktober bis Dezember 1941 über 1000 Regimentskanonen und Granatwerfer in der Schlacht um Moskau zum Einsatz kamen, die in Leningrad produziert worden waren, vgl. Shukow: Erinnerungen und Gedanken Bd. 1, S. 426.

[13] Bidlack spricht von einer „heartless exploitation“, vgl. Bidlack: Workers at War (1987), S. 112 f., 126 f. und Zitat S. 269. Wiederholt benannte er Stalin als den Auftraggeber für die Produktionssteigerung, ohne dabei allerdings einen Nachweis zu führen, vgl. Bidlack: Workers at War (1987), S. 3; ders.: Workers at War (1991), S. 16; ders.: Rabočie leningradskich zavodov v pervyj god vojny, in: V.M. Koval'čuk/N.A. Lomagin/V.A. Šiškin (Hg.): Leningradskaja ėpopeja. Organizacija oborony i naselenie goroda, St. Petersburg 1995, S. 167-199, hier 175; ders.: Survival Strategies, S. 87.

[14] Voronov: V trudye vremena, S. 71 f.

Stalin wiederum sei von der im Anschluß daran produzierten Menge nicht nur völlig überrascht gewesen, er habe für die Moskauer Front nur das verlangt, was die Leningrader selbst entbehren konnten.[15]

Als zweites Indiz für die vermeintliche Ausbeutung durch Stalin wird die angebliche Ablieferung der Leningrader Panzerproduktion angeführt. So sei im August 1941 das Plansoll der Kirov-Werke von 180 KV-Panzern komplett der strategischen Reserve in Moskau zur Verfügung gestellt worden. Nur was über den Plan hinaus produziert wurde, und das waren lediglich 27 KV-Panzer, sei an der Leningrader Front zum Einsatz gekommen.[16] Der Petersburger Historiker Andrej Dzeniskevič führt als Beweis für Stalins rücksichtsloses Vorgehen einen Auszug aus den Erinnerungen des Leiters der Ingenieurs-Truppen der Leningrader Front, B.V. Byčevskij, an.[17] Byčevskij schildert folgende Episode:

> „Als die S.-M.-Kirov-Werke gerade angefangen hatten, KV-Panzer herzustellen, ungefähr einen pro Woche, und diese Panzer auf Anordnung Stalins an anderen Fronten eingesetzt wurden, da wandte sich Ždanov an die Arbeiter der S.-M.-Kirov-Fabrik: ‚Kann man nicht zwei Panzer herstellen? Einen für andere Fronten, einen für unsere Soldaten, zur Verteidigung Leningrads?' Die Arbeiter begannen, zwei Panzer pro Woche herzustellen. Stalin erfuhr natürlich sofort davon, denn Ždanov berichtete ihm darüber. ‚Gut, daß ihr zwei baut, aber auch der zweite ist meiner', entschied Stalin. ‚Wenn ihr drei herstellt, dann könnt Ihr einen behalten ...' Die Arbeiter der S.-M.-Kirov-Fabrik begannen, drei Panzer pro Woche zu bauen, da wiederholte sich die Geschichte, dann noch einmal mit vier Panzern, und schließlich bauten sie jeden Tag einen KV und erreichten letztendlich doch, daß die Leningrader Panzertruppen direkt aus der Fabrik jene furchtbare Maschine erhielten, vor der sich die faschistischen Panzerfahrer so fürchteten."[18]

Dieser Vorgang ist durch kein anderes Dokument belegt, und sein anekdotenhafter Charakter läßt an der Glaubwürdigkeit dieser Geschichte zweifeln. Ihre Funktion ist offensichtlich: Sie hebt den scheinbar grenzenlosen Fleiß der Arbeiter hervor und stellt Stalin als Saboteur der Verteidigung Leningrads dar. Die Akten, die der Forschung in den letzten Jahren zugänglich geworden sind, vermitteln dagegen einen grundsätzlich anderen Eindruck von den Beziehungen zwischen dem Kreml und der Leningrader Front im Herbst 1941. Als etwa Popkov am 26. August 1941 Stalin in einem Telefonat um automatische Schußwaffen und Panzer bat, versprach ihm der sowjetische Diktator, Maschinengewehre zu schicken und die bereits als Verstärkung nach Leningrad abkommandierten zehn

---

15 Vgl. ebd., S. 73.

16 S.P. Knjazev u.a.: Na zaščite Nevskoj tverdyni, S. 126. Von dort fand diese Episode auch Eingang in westliche Darstellungen, vgl. Salisbury: 900 Tage, S. 269 und Bidlack: Workers at War (1987), S. 112 f.

17 Dzeniskevič: Front u zavodskich sten, S. 193 f.

18 Erinnerungen von B.V. Byčevskij, CGAIPD SPb f. 4000, o. 12, d. 76, l. 35. Byčevskij datiert diesen Vorgang recht ungenau auf den Zeitraum „nach der ersten Evakuierungswelle", es dürfte sich also um Herbst 1941 gehandelt haben.

Bataillone ebenso mit Maschinengewehren auszurüsten. Darüber hinaus stellte er Popkov die gesamte Leningrader Panzerproduktion der nächsten vier Tage, zusätzlich zu den bereits bewilligten drei Tagen, zur freien Verfügung. Das heißt, die zwischen dem 23. und dem 29. August in Leningrad produzierten Panzer kamen an der Leningrader Front zum Einsatz.[19] Außerdem wurden den Leningradern mehrere Tagesproduktionen an Geschützen aus den Kirov-Werken in Aussicht gestellt.[20]

Dieser Vorgang zeigt, daß Stalin zwar in Leningrad produzierte Panzer auch an anderen Fronten einsetzte, aber zugleich Rüstungsgüter, die vor Ort fehlten, der Leningrader Front zuführte. Als Ende August 1941 immer noch ein Mangel an Panzern bestand, bewilligte Stalin erneut 110-120 KVs, was nach seiner Schätzung der Produktion von weiteren zehn Tagen entsprach.[21] Aus der Tatsache, daß die in Leningrad produzierten Panzer nur teilweise an der dortigen Front zum Einsatz kamen, hatte die „Enthüllungsliteratur" eine Sensation machen wollen. In Wirklichkeit war dies eine Selbstverständlichkeit und schon damals kein geheimer Vorgang. Die *Leningradskaja pravda* veröffentlichte im Oktober 1941 mehrere offene Briefe von Belegschaften der Leningrader Rüstungswerke, die ihren Moskauer Kollegen Mut machten und versprachen, keine Mühen zu scheuen, um für den Kampf um die Hauptstadt noch mehr Waffen zu produzieren.[22] Zum anderen muß ein Einsatz der in Leningrad hergestellten Rüstungsgüter an anderen Fronten keineswegs eine bewußte Vernachlässigung oder gar die Geringschätzung der Newametropole seitens Stalins bedeuten. Zwar herrschte bei den Soldaten der Leningrader Front große Unzufriedenheit darüber, daß den Deutschen scheinbar grenzenlos Material zur Verfügung stünde, während man den eigenen Nachschub an schweren Waffen an seinen fünf Fingern abzählen könnte.[23] Doch in den ersten Kriegsmonaten klafften an allen Fronten große Rüstungslöcher, die das Staatliche Verteidigungskomitee kaum zu stopfen vermochte.

Man kann der sowjetischen Führung auch nicht zum Vorwurf machen, daß sie sich Ende September 1941 auf die Verteidigung Moskaus konzentrierte. Hitler selbst sah im Angriff auf die sowjetische Hauptstadt die letzte große Entschei-

---

19 Vgl. das Telefonat zwischen Stalin und Popov vom 26.8.1941, RGASPI f. 558, o. 11, d. 492, l. 20-26. Abgedruckt auch in: Velikaja Otečestvennaja Bd. 5/1, S. 140-142.

20 Vgl. die Direktive der Stavka vom 24.8.1941 an das Oberkommando der Nord-West-Front und die Kommandierenden der Leningrader Front über die Mittel zur Stärkung der Verteidigung Leningrads, in: Velikaja Otečestvennaja Bd. 5/1, S. 130.

21 Funkspruch Stalins an Kuznecov, Vorošilov, Ždanov, Popov und Molotov vom 27.8.1941, RGASPI f. 558, o. 11, d. 492, l. 27-28.

22 Siehe die offenen Briefe der Arbeiter der Vyborger Seite (*Leningradskaja pravda* vom 21.10.1941), vom Narva-Tor und von den Bol'ševik-Werken (*Leningradskaja pravda* vom 22.10.1941), der Lenin-Werke (*Leningradskaja pravda* vom 23.10.1941) und der Stalin-Werke (*Leningradskaja pravda* vom 24.10.1941).

23 Bericht des Leningrader NKVD vom 5.9.1941, in: V tiskach goloda, S. 142-145, hier 143.

dungsschlacht des Jahres.[24] Nachdem Wehrmachteinheiten bereits bis in den Vorort Chimki vorgestoßen waren, wäre es sogar fahrlässig gewesen, in Leningrad produzierte Waffen nicht in die Schlacht um die Hauptstadt zu werfen, sondern am Produktionsort zu belassen, obwohl die dortige Front nur noch ein Nebenkriegsschauplatz war. Die Auffassung, mit den in Leningrad hergestellten Waffen hätten der Belagerungsring durchbrochen und anschließend hätten noch viel mehr Waffen nach Moskau geliefert werden können,[25] übersieht den Umstand, daß die strategische Initiative im Herbst 1941 nicht bei der Roten Armee lag. Ein militärischer Erfolg an der Leningrader Front erscheint angesichts des deutschen Vormarsches bis nach Tichvin im Dezember 1941 mehr als fragwürdig. Eine geringe Anzahl zusätzlicher Panzer hätte den Kämpfen am nördlichen Kriegsschauplatz keinen grundsätzlich anderen Verlauf gegeben. Daß Stalin versuchte, die Evakuierung der Leningrader Panzerindustrie zu forcieren, war keine gegen Leningrad gerichtete Politik. Diese Entscheidung fiel im Zuge der allgemeinen Industrieverlagerung in den Osten des Landes und war angesichts der bedrohten Lage der Newametropole auch vernünftig.[26] Schließlich sollte man bei all den Vorwürfen, Leningrad sei im Herbst 1941 von der zentralen Führung benachteiligt oder im Stich gelassen worden, nicht die Tatsache aus den Augen verlieren, daß die gesamte Leningrader Front seit September 1941 am Tropf des Hinterlandes hing und die Millionenstadt knapp 29 Monate aus anderen Teilen des Landes mit Waffen, Munition und Lebensmitteln versorgt werden mußte.[27]

Wer auch immer die Produktionssteigerung in der belagerten Stadt veranlaßt hatte und wem auch immer sie letztlich zugute kam, fest steht: Die Anstrengungen des Herbstes beschleunigten den Zusammenbruch der städtischen Infrastruktur im darauffolgenden Winter. Die Intensivierung der Rüstungsproduktion verhinderte, daß Güter für den zivilen Bedarf hergestellt wurden, die in den folgenden Monaten überlebensnotwendig gewesen wären, wie zum Beispiel die kleinen gußeisernen Zimmeröfen (*buržujki*). Stalin nahm die aussichtslose Lage, in der sich die Stadt befand, offenbar zunächst nicht wahr. Noch Mitte November 1941 forderte er eine Steigerung der Rüstungslieferungen nach Moskau.[28] Dabei konnte sich Leningrad zu diesem Zeitpunkt nicht einmal mehr selbst versorgen. Doch Stalin war mit dieser Einschätzung nicht allein im Kreml. Auch Malenkov spekulierte noch am 19. November 1941 auf die Produktion von 50 KV-Panzern,

---

24 Eine knappe Skizze der Schlacht bei Moskau mit weiterer Literatur bei: Müller/Ueberschär: Hitlers Krieg im Osten, S. 93 f.

25 So Bidlack: Workers at War (1991), S. 19 f.

26 So forderte Stalin die Leningrader Parteiführung Anfang Oktober 1941 auf, die Maschinen, Werkbänke, Werkzeuge und Arbeiter, die in den Kirov- und Ižora-Werken sowie in der Fabrik Nr. 174 in der Panzerproduktion im Einsatz waren, aus Leningrad herauszuholen und in den Osten des Landes zu transportieren, und fand auch deren Einverständnis, vgl. Telefonat Stalins mit Ždanov und Kuznecov vom 4.10.1941, RGASPI f. 558, o. 11, d. 483, l. 71–72.

27 Vgl. Čerepenina: Golod i smert', S. 70; Shukow: Erinnerungen und Gedanken Bd. 1, S. 427; Merezkow: Im Dienste des Volkes, S. 219.

28 *Leningradskaja pravda* vom 13.11.1941.

obwohl es zu dieser Zeit in Leningrad weder Dieselmotoren noch die notwendigen Maschinen oder Masut gab.[29]

Indem sich die Forschung auf den vermeintlichen Interessengegensatz zwischen Stalin und der Newametropole konzentrierte, erhob sie ein Detail der Leningrader Kriegswirtschaft zum zentralen Thema, das sich für das Verständnis der Blockade als wenig fruchtbar erwiesen hat. Die sowjetische Führung stand im Herbst 1941 nicht vor dem Problem, wo einzelne Panzer eingesetzt werden sollten. Sie mußte vielmehr die grundsätzliche Frage nach dem Schicksal des Leningrader Industriepotentials beantworten, dessen Evakuierung nicht mehr rechtzeitig durchzuführen war. Hier war die Entscheidung für eine weitgehende Ausnutzung der Produktionskapazitäten gefallen.

Die sowjetische Historiographie betonte stets, daß die Kriegsproduktion in Leningrad nie unterbrochen werden mußte. Doch wie waren die Bedingungen und der tatsächliche Umfang der Rüstungsproduktion im belagerten Leningrad? Welche Strategien entwickelten die Entscheidungsträger unter den sich wandelnden Bedingungen der Blockade? Wie, schließlich, mobilisierten die Bolschewiki die Wirtschaft in dieser Extremsituation des Zweiten Weltkriegs? Diese Fragen stehen im Mittelpunkt der folgenden Ausführungen.

1. Wirtschaftliche Folgen der Blockade

Die Strategie der produzierenden Frontstadt ließ sich unter den Bedingungen der Blockade nicht lange durchhalten. Seit der Schließung des Belagerungsrings verschlechterten sich die Produktionsbedingungen täglich. Schon allein die Folgen der Evakuierung zogen große Probleme im Produktionsablauf nach sich. So geriet die Herstellung von Granatwerfern ins Stocken, da den Ižora-Werken inzwischen die Maschinen fehlten, um das benötigte Walzgut herzustellen.[30] Die Demontage von Produktionsmitteln behinderte die Leningrader Industrie bis zum Ende der Blockade, denn erst im Herbst 1943 wurde die Evakuierung des Fabrikinventars eingestellt. Zu diesem Zeitpunkt hatte die Stadt 75 % ihres ursprünglichen Industriepotentials eingebüßt.[31] Die Blockade hatte die Leningrader Industrie außerdem von wichtigen Zulieferungsbetrieben abgeschnitten. So

[29] Vgl. das Ferngespräch zwischen Kuznecov und Malenkov vom 19.11.1941, RGASPI f. 558, o. 11, d. 482, l. 82-85.

[30] Bericht der Abteilung für Rüstungsindustrie beim Leningrader Stadtparteikomitee für Ždanov vom 23.11.1941, in: Leningrad v osade, S. 144 f.

[31] Siehe Kap. II.2.

konnten im November 1941 zwischenzeitlich überhaupt keine Granatwerfer mehr fertiggestellt werden, da die Zielrohre fehlten, die bis dahin aus Moskau geliefert worden waren.[32]

Außer an Maschinen mangelte es auch an ausgebildeten Arbeitern, die das noch vorhandene Gerät bedienen konnten. Der Großteil war von der Roten Armee eingezogen worden oder hatte sich freiwillig für das *narodnoe opolčenie*, eine nur notdürftig ausgerüstete Volkswehr, gemeldet. Bei Kriegsbeginn war es zwischen dem Militär und den Fabriken zu einem regelrechten Tauziehen um die Leningrader Arbeiterschaft gekommen. Als zum Beispiel 15 000 Arbeiter aus den Kirov-Werken dem Aufruf der Regierung folgten und sich freiwillig in die Listen des *narodnoe opolčenie* eintrugen, sah der Direktor der Kirov-Werke, Isaak M. Zal'cman, die Erfüllung seiner Produktionsaufträge in Gefahr. Stalin hatte von ihm gefordert, unverzüglich mit der Massenproduktion des KV-Panzers zu beginnen, und dabei konnte er schwerlich auf die Hälfte seiner Belegschaft verzichten. Schließlich konnte Zal'cman durchsetzen, daß „nur" 5000 seiner gut ausgebildeten Arbeiter an die Lugafront entsandt wurden, was immerhin ein Sechstel seiner Belegschaft ausmachte.[33] Die meisten Facharbeiter gingen den Kirov-Werken jedoch durch die Evakuierung eines Großteils ihrer Produktionseinheiten nach Čeljabinsk verloren. Im Januar 1942 standen im Leningrader Werk von ursprünglich 30 000 gerade noch 200 Arbeiter an der Werkbank.[34] Insgesamt sank die Zahl der Arbeiter in Leningrad von 630 000 vor dem deutschen Überfall auf etwa 100 000 im Dezember 1942,[35] um im Sommer 1943 auf 125 000 zu steigen.[36]

In den Werkhallen machte sich dieser Mangel schnell bemerkbar.[37] Die Fachkräfte wurden durch Ungelernte, vor allem Frauen, ersetzt. Der erhöhte Anteil von Frauenarbeit in der Industrie war ein Phänomen, das allen kriegführenden Staaten Europas gemeinsam war. Doch nirgends erreichte er ein Ausmaß wie in der Sowjetunion, wo Frauen in der Waffenindustrie 52 % und in anderen Zwei-

---

32 Bericht der Abteilung für Rüstungsindustrie beim Leningrader Stadtparteikomitee für Ždanov vom 23.11.1941, in: Leningrad v osade, S. 144 f.

33 Vgl. Bidlack: Workers at War (1987), S. 56 ff.

34 Aufstellung für die Lebensmittelzuteilung für die Kirov-Werke, CGA SPb f. 1788, o. 27, d. 192, l. 14.

35 Vgl. Andrej R. Dzeniskevič: Izmenenie čislennosti i sostava Leningradskich rabočich v gody Velikoj Otečestvennoj vojny, in: Istoričeskie zapiski, 85 (1970), S. 47-66, hier 48 ff.

36 Gesuch des Leningrader Parteisekretärs, Andrej Ždanov, an den stellvertretenden Vorsitzenden des Staatlichen Verteidigungskomitees, Vjačeslav Molotov, und den Vorsitzenden der Staatlichen Planungskommission, Nikolaj Voznesenskij, vom 23.7.1943, in: Leningrad v osade, S. 174-176.

37 Bidlack nennt für den Frühsommer 1941 die Zahl von 43 000 fehlenden Arbeitern, vgl. Bidlack: Workers at War (1987), S. 75. Von Arbeitermangel, allerdings ohne die Angabe konkreter Zahlen, spricht auch Žukov, vgl. Shukow: Erinnerungen und Gedanken Bd. 1, S. 409.

gen bis zu 81 % der Belegschaft ausmachten.[38] In Leningrad wurde der landesweite Durchschnitt sogar noch übertroffen, denn die Blockadegesellschaft war eine weibliche Gesellschaft: Nach einer Zählung am 1. Januar 1944 waren 77,5 % der Einwohner Frauen.[39]

Der Frauenanteil an der Arbeiterschaft in Leningrad nach Industriezweigen in Prozent[40]

Industriezweig	Arbeiter	Lehrlinge	Ingenieure und Techniker	Angestellte
Rüstung	61,3	64,4	23,2	86,0
Panzer	64,3	77,3	16,3	82,5
Schiffsbau	66,0	77,5	24,9	84,2
E-Werke	71,3	28,6	13,7	81,6
Leichtindustrie	94,8	85,1	65,5	89,2
Textilindustrie	95,1	68,9	45,3	86,4
Leningrader Industrie gesamt	79,9	68,2	35,5	83,1

Obwohl das Regime die Emanzipation der Frau mit dicken Lettern auf seine Fahne geschrieben hatte und die Frauenarbeit in der Sowjetunion aus ideologischen Gründen schon in den dreißiger Jahren vergleichsweise weit verbreitet war, waren die Frauen im Durchschnitt noch immer schlechter ausgebildet als ihre männlichen Kollegen. Sie hatten deshalb auch wesentlich schlechtere Aufstiegschancen.[41] Dies spiegelt sich in dem niedrigen Frauenanteil bei den Ingenieuren und Technikern wider. Statt dessen wurden sie überwiegend als einfache Arbeiterinnen oder außerhalb der Werkhallen eingesetzt: vor allem in der Verwaltung oder in den Kantinen. Nur in den traditionell weiblichen Berufsfeldern der Leicht- und Textilindustrie waren sie auch in den Ingenieurberufen stärker vertreten. Als der Krieg viele Leningrader Arbeiter an die Front rief, nahmen nicht selten die Ehefrauen oder Kinder den Arbeitsplatz ihres Ehemanns oder Vaters

---

38 Vgl. John Erickson: Soviet Women at War, in: John Garrard/Carol Garrard (Hg.): World War 2 and the Soviet People, New York 1993, S. 50-76, hier 53 f.

39 Vgl. Čerepenina: Golod i smert', S. 77. Der weiblichen Perspektive tragen die von Cynthia Simmons und Nina Perlina gesammelten Tagebuchauszüge und Erinnerungen Rechnung. Allerdings kommt die Fabrikarbeit darin viel zu kurz vor: Fast alle Autorinnen stammen aus dem Kulturbereich, nur eine Arbeiterin kommt zu Wort, vgl. Writing the Siege of Leningrad. Women's Diaries, Memoirs and Documentary Prose, hg. v. Cynthia Simmons und Nina Perlina, Pittsburgh 2002.

40 Aus: Andrej R. Dzeniskevič: Voennaja pjatiletka rabočich Leningrada 1941-1945, Leningrad 1972, S. 101.

41 Zur Lage der Frauen in den Betrieben während des Kriegs vgl. Susanne Conze: Sowjetische Industriearbeiterinnen in den vierziger Jahren. Die Auswirkungen des Zweiten Weltkriegs auf die Erwerbstätigkeit von Frauen in der UdSSR 1941-1950, Stuttgart 2001.

ein.[42] Dabei überrascht es kaum, daß der Anteil von männlichen Jugendlichen deutlich höher als derjenige junger Mädchen lag.

Altersstruktur der Leningrader Industriearbeiter in Prozent (Stand 15.12.1942) [43]

	unter 16 Jahre	16-17 Jahre	18-49 Jahre	50-54 Jahre	über 55 Jahre
Männer	4,40	10,98	63,55	11,13	9,94
Frauen	1,34	4,05	82,68	7,49	4,44

Daß Facharbeiter mit langjähriger Berufserfahrung durch unqualifizierte Kräfte ersetzt wurden, blieb nicht ohne Folgen für den Produktionsablauf. Seit Sommer 1941 häuften sich in Leningrad die Arbeitsunfälle. Maschinen wurden durch falsche Bedienung von den frisch angelernten Arbeitskräften beschädigt. Nicht zuletzt litt die Qualität der hergestellten Waren unter dem starken Produktionsdruck, dem die Neulinge von Beginn an ausgesetzt waren.[44] In einigen Betrieben wurden die unerfahrenen Jugendlichen daraufhin zu Hilfsarbeiten abgestellt und von den Maschinen ferngehalten, um weitere Schäden zu vermeiden. Einfache Handlangertätigkeiten entsprachen jedoch nicht den Vorstellungen, mit denen viele Jugendliche voller Enthusiasmus und Elan bei den Fabriken angeheuert hatten. Prompt schritt der Komsomol ein, der den Einsatz der Jugend im Produktionsprozeß forderte. Ältere Arbeiter wurden für potentielle Mängel verantwortlich gemacht, da sie in solchen Fällen die Jugendlichen offensichtlich schlecht ausgebildet hätten.[45] Diese „älteren" Arbeiter hatten dabei häufig selbst erst wenige Wochen zuvor ihre Arbeit in einer Fabrik aufgenommen. Auch sie waren nur eilig angelernt worden und deswegen einfach außerstande, fundiertes Fachwissen zu vermitteln.

Neben dem ständigen Mangel an Maschinen und ausgebildeten Arbeitskräften war die Energie- und Rohstoffknappheit das dritte Problem, mit dem die Leningrader Betriebe zu kämpfen hatten. Die intensivierte Rüstungsproduktion des Spätsommers 1941 hatte die Ressourcen der Stadt in einem solchen Maß beansprucht, daß es noch vor dem Beginn der Belagerung an Koks, Zink, Aluminium, Zinn, Blei, Nickel, Mangan, Kerosin und Schmierfetten fehlte.[46] Auch Gummi war in der ganzen Stadt nicht aufzutreiben, so daß die Reifenproduktion ausfiel und zum Beispiel die neu gebauten Granatwerfer auf Skiern fahren mußten.[47]

[42] Erinnerungen von Viktor A. Orlakis, Arbeiter der Kirov-Werke, CGAIPD SPb f. 4000, o. 10, d. 1335, l. 2-8, hier 8.

[43] Vgl. Dzeniskevič: Voennaja pjatiletka, S. 103.

[44] Vgl. Bidlack: Workers at War (1987), S. 115.

[45] Thesen für einen Vortrag Ivanovs vom 15.9.1942, RGASPI f. M-1, o. 6, d. 45, l. 108-141, hier 121 f.

[46] Vgl. Bidlack: Workers at War (1987), S. 109-114; Dzeniskevič: Voennaja pjatiletka, S. 114.

[47] Bericht des Referats für Rüstungsindustrie beim Leningrader Stadtparteikomitee an Andrej Ždanov vom 23.11.1941, in: Leningrad v osade, S. 144 f.

Zum völligen Zusammenbruch der Produktion im Winter 1941/42 hatte aber vor allem der Mangel an Energieträgern geführt. Vier große Kraftwerke, die bislang für Lenėnergo, den städtischen Strommonopolisten, produziert hatten, waren im Herbst in deutsche Hände gefallen.[48] Auch die Kraftwerke, die noch unter sowjetischer Kontrolle waren, fielen bald darauf aus, da die Leningrader Steinkohlevorräte aufgebraucht waren und der Nachschub schon in den ersten beiden Kriegsmonaten zusammengebrochen war.[49] Die Produktion des Sommers und Herbsts 1941 konnte nur aufrechterhalten werden, indem man die städtischen Energievorräte einsetzte. Am 1. September 1941 waren diese Reserven bereits auf 114 226 Tonnen zusammengeschmolzen. Energie stand damit nur noch für anderthalb bis zwei Monate zur Verfügung.[50]

Der Kohlemangel drosselte auch die Stromproduktion. Hatte Lenėnergo im August 1941 noch 212,9 Millionen Kilowattstunden produziert, so waren es im September 120,6, im Oktober 107,0, im November 93,1 und im Dezember nur noch 50,1 Millionen Kilowattstunden.[51] Bei Winterbeginn waren bereits alle Elektrizitätswerke bis auf eines ausgefallen.[52] Zwar versuchte man die fehlenden Energieträger mit Hilfe von Torf und Holz, die vor Ort vorhanden waren, zu ersetzen. Doch damit war nicht einmal die Grundversorgung gesichert, zumal auch hier die Lieferungen aus dem Umland rückläufig waren.[53] So ging die Aufrechterhaltung der Produktion auf Kosten der Zivilbevölkerung. Hatte im September 1941 noch jeder Leningrader 2,5 Liter Kerosin erhalten, wurde von Oktober 1941 bis Februar 1942 kein Brennstoff mehr an die Zivilbevölkerung ausgegeben. Auch die Stromversorgung von Privathaushalten schrumpfte auf ein Minimum. Nur noch öffentliche Gebäude, Krankenhäuser und Einrichtungen für

---

48 Auskunft über die Produktion der Leningrader Rüstungsindustrie im Krieg, angefertigt für Ždanov und Kuznecov, o.D., CGAIPD SPb f. 25, o. 13-a, d. 23, l. 4.

49 Im Juli und August 1941 wurden nur noch je 20 000 Tonnen Steinkohle geliefert, und damit weniger als ein Zehntel der Vorkriegslieferungen, die noch 243 410 Tonnen im Monat betragen hatten. Davon war mehr als die Hälfte (133 207 Tonnen) an die städtische Industrie gegangen. 57 143 Tonnen waren zur Stromerzeugung eingesetzt und die restlichen 53 060 Tonnen in der Stadt gelagert worden, vgl. Bericht über „Leningrad im Krieg und während der Blockade“ der Plankommission des Exekutivkomitees des Leningrader Sowjets, o.D. [Juli 1943], CGA SPb f. 2076, o. 4, d. 65, l. 1-28, hier 9.

50 Ebd.

51 Ebd., l. 10 (Rückseite).

52 Vgl. Bidlack: Workers at War (1987), S. 162.

53 Vor dem Krieg waren noch täglich 250 bis 300 Waggonladungen Torf in die Stadt geliefert worden. Im September 1941 ging diese Zahl auf 211 Waggonladungen zurück, im Oktober stieg sie noch einmal leicht auf 227, um im November auf 184 und im Dezember auf 133 Waggonladungen pro Tag zu sinken. Noch dramatischer war der Rückgang der Brennholzlieferungen. Trafen hier vor dem Krieg 30-50 Waggonladungen pro Tag in Leningrad ein, so war es im September gerade mal eine und im Oktober gar keine mehr. Im November konnten immerhin wieder 15 und im Dezember 20 Waggonladungen pro Tag angeliefert werden, vgl. Bericht über „Leningrad im Krieg und während der Blockade“ der Plankommission des Exekutivkomitees des Leningrader Sowjets, o.D. [Juli 1943], CGA SPb f. 2076, o. 4, d. 65, l. 1-28, hier 9 (Rückseite).

Kinder waren beleuchtet.[54] Mit dem Einbruch der Kälte kam das öffentliche Leben in Leningrad zum Stillstand. Straßenbahnen und Autobusse blieben liegen, und im Dezember 1941 wurde in den Wohnhäusern der Strom komplett abgestellt.[55]

Einzig die Versorgung mit Metall stellte für die Betriebe zu keiner Zeit der Belagerung ein Problem dar. Es zeigte sich, daß viele Fabriken beachtliche Vorräte angelegt hatten, auf die man jetzt zurückgreifen konnte. In den Ždanov-Werken, in denen vor dem Krieg Schiffe gebaut wurden, übertrafen die Reserven an Eisen, Stahl, Buntmetallen, Metallegierungen und Schmieröl den monatlichen Bedarf um das Zehnfache.[56] So stammten insgesamt 53 % des Schwer- und 67 % des Buntmetalls, das für die Leningrader Kriegsproduktion verwendet wurde, aus innerstädtischen Beständen.[57]

Die Erfolge der sowjetischen Kriegsproduktion – hier ist sich die Forschung einig – sind auf die erfolgreiche Mobilisierung der Ressourcen zurückzuführen.[58] In Leningrad war es damit aber nicht getan, weil es an den übrigen Voraussetzungen für eine funktionierende Industrieproduktion fehlte. Ein Großteil der Betriebe war mitsamt der Arbeiterschaft evakuiert,[59] die Energieversorgung seit dem Winter 1941/42 zusammengebrochen, und die Lieferung der notwendigen Rohstoffe und Vorprodukte von außerhalb des Belagerungsringes gelang nicht einmal ansatzweise. Alle Behauptungen, in Leningrad sei an der Forderung Stalins, immer mehr Waffen zu produzieren, unbeirrbar festgehalten worden, bedienen nur einen Mythos, der einer Analyse der tatsächlichen Bedingungen nicht standhalten kann. Wie reagierten die Verantwortlichen auf die veränderten Produktionsbedingungen?

---

54 Vgl. Pawlow: Blockade, S. 80.

55 Vgl. ebd., S. 61.

56 Vortrag des Sekretärs des Kirover Bezirksparteikomitees, Kapralov, auf einer Plenarsitzung seiner Bezirksparteiorganisation am 28.11.1941, RGASPI f. 17, o. 22, d. 1645, l. 1-6. Hier auch weitere Beispiele aus anderen Fabriken des Kirover Bezirks.

57 So zumindest Kapustin in seiner Rede auf der Plenarsitzung des Leningrader Stadtparteikomitees vom 12.4.1944, CGAIPD SPb f. 25, o. 2, d. 4883, l. 109-135, hier 123.

58 Vgl. Mark Harrison: Accounting for War. Soviet Production, Employment and the Defence Burden 1940-1945, Cambridge 1996, S. 170-172; Overy: Wurzeln des Sieges, S. 236-245.

59 Der Leningrader Parteisekretär und Stellvertreter Ždanovs, Aleksej Kuznecov, bezifferte nach Kriegsende vor dem Obersten Sowjet den Verlust des im Krieg zerstörten oder evakuierten Leningrader Industriepotentials auf 75 %, vgl. *Leningradskaja pravda* vom 28.6.1945. Der gesamte Produktionsausstoß der Leningrader Industrie war im Jahre 1945 folglich auf 32 % gegenüber dem Stand von 1940 gefallen, vgl. Edward Bubis/Blair A. Ruble: The Impact of World War II on Leningrad, in: Susan J. Linz (Hg.): The Impact of World War II on the Soviet Union, Totowa 1985, S. 189-206, hier 195.

2. Die Stillegung der Fabriken im Winter 1941/42

In der zweiten Novemberhälfte mußten immer mehr Leningrader Fabriken ihre Produktion wegen Energie- und Treibstoffmangels einstellen. In der bevorzugt belieferten Rüstungsindustrie beschränkte man sich zunächst darauf, die Produktion zurückzufahren.[60] Doch bereits zu dieser Zeit war an einen geregelten Arbeitsablauf nicht mehr zu denken, da permanent der Strom ausfiel:[61]

> „Später haben wir nicht mehr viel gearbeitet. Wir wollten arbeiten – da war kein Strom da. Unser Meister sagte: ‚Setzt euch hin und wartet.' Zuerst saßen wir mehrere Stunden und warteten – aber es kam kein Strom. Dann ging das tagelang so, es gab keinen Strom. Man sagte uns: ‚Kommt erst in drei Tagen wieder.' Wir gingen seltener zur Arbeit, arbeiteten immer nur mit Unterbrechungen."[62]

Da Lenėnergo den Strom ohne Vorankündigung abschaltete, entstanden immer größere Mengen unbrauchbaren Ausschusses. In Einzelfällen trugen sogar Maschinen Schäden davon. Da auch nicht klar war, wann der Strom wieder eingeschaltet würde, saßen die Arbeiter häufig – wie das Zitat deutlich macht – stundenlang in der Fabrik und warteten.[63]

Ab November 1941 führte auch der Zusammenbruch der Lebensmittelversorgung zu steigenden Produktionsausfällen. Immer weniger Leningrader konnten an ihrem Arbeitsplatz erscheinen, da sie krank und unterernährt waren. Der Kollaps des öffentlichen Nahverkehrs tat ein übriges. Viele Menschen waren einfach zu schwach, um die teilweise weiten Wege zu ihrer Arbeitsstätte zu Fuß zurückzulegen.[64] Diejenigen, die dennoch erschienen, konnten ihren Aufgaben kaum noch nachgehen. Ein Arbeiter der Kirov-Werke erinnert sich:

---

60 So wurde die Granatwerferproduktion ab dem 20. November 1941 wegen Energiemangels auf maximal sechs Stunden am Tag reduziert, vgl. Bericht der Abteilung für Rüstungsindustrie beim Leningrader Stadtparteikomitee für Ždanov vom 23.11.1941, in: Leningrad v osade, S. 144 f.

61 Schreiben Kapustins an Berija vom 14.1.1943, CGAIPD SPb f. 25, o. 13-a, d. 35, l. 58-61, hier 59 (Rückseite). Die Fabriken liefen also nicht bis in den Winter hinein auf Hochtouren, bis ihnen mit einem Mal der Strom komplett abgestellt wurde, so Bidlack: Workers at War (1991), S. 17.

62 Erinnerung der Dreherin Klavdija P. Dubrovina, zit. aus: Adamowitsch/Granin: Blockadebuch Bd. 1, S. 123.

63 Vortrag des Sekretärs des Kirover Bezirksparteikomitees, Kapralov, auf einer Plenarsitzung seiner Bezirksparteiorganisation am 28.11.1941, RGASPI f. 17, o. 22, d. 1645, l. 1-6. Von Elf- bis Vierzehn-Stunden-Schichten, in denen die Arbeiter Stoßarbeit verrichteten, wie Bidlack annimmt, kann im November oder gar im Dezember nicht mehr die Rede sein, vgl. Bidlack: Workers at War (1991), S. 16.

64 Schreiben Kapustins an Berija vom 14.1.1943, CGAIPD SPb f. 25, o. 13-a, d. 35, l. 58-61, hier 59 (Rückseite).

„Zu dieser Zeit [November/Dezember 1941, J.G.] stand es bereits schlecht um die Zulieferung von Energie, und das Volk war bereits geschwächt von der unzureichenden Lebensmittelversorgung. Im Dezember 1941 lag in der Werkhalle ebenso Schnee wie auf den Straßen, denn die Fabrik war durch deutsche Granaten stark beschädigt worden. [...] Den Leuten mußte man buchstäblich unter die Arme greifen, damit sie ihre Arbeit durchführen konnten, denn die Menschen waren schwach aufgrund der mangelnden Ernährung. Das Volk hungerte, denn man erhielt damals 250 Gramm Brot und eine Sauerampfersuppe in der Kantine.“[65]

Ein Arzt der Poliklinik der Kirov-Werke bilanzierte nüchtern:

„Die Leute wollten und konnten damals [im Dezember 1941, J.G.] nicht arbeiten. Man mußte ihnen eigenhändig vormachen, daß [sic!] sie arbeiten mußten. Wir stellten Pritschen auf, mit Matratzen halfen uns Maevskij und Ermilov.“[66]

Im Dezember 1941 gingen die Brennstoffreserven endgültig zur Neige. Die Leningrader Industrie stand praktisch still. Der Leiter einer Werkhalle der Ižora-Werke hielt in seinen Erinnerungen den damaligen Zustand der Betriebe wie folgt fest:

„Der Winter 1941/42 war streng. Der Hauptmotor der Walzanlage stand in einer unbeheizten Werkhalle und war mit Eis überzogen. Es dauerte den ganzen Frühling des Jahres 1942, bis der Motor in einem arbeitsfähigen Zustand und Treibstoffreste aus anderen Industriebetrieben der Stadt zusammengetragen waren. Ende Juni nahm die Walzanlage ihre Arbeit wieder auf.“[67]

Als Ende Januar 1942 auch noch die Wasserversorgung zusammenbrach, da 95 % der Wasserrohre eingefroren waren, mußten sogar die Leningrader Brotfabriken, die mit allen notwendigen Produktionsmitteln bevorzugt beliefert wurden, ihren Betrieb vorübergehend einstellen.[68]

Die Leningrader Parteiführung konnte die Augen vor der harten Realität nicht länger verschließen. Eine Rüstungsproduktion war unter den Bedingungen des ersten Blockadewinters nicht aufrechtzuerhalten. Das Stadtparteikomitee schloß daraufhin 270 Fabriken. Nur 18 der 68 bedeutendsten Unternehmen der Rüstungs-, Schiffbau- und Maschinenindustrie konnten ihre Arbeit – wenn auch stark eingeschränkt – fortsetzen.[69] 473 von 1236 Industriekombinaten und -kooperativen stellten im Winter ihre Produktion auf Handarbeit um. Mit diesen vorindustriellen Methoden wurden vorwiegend Konsumwaren hergestellt.[70]

---

65 Erinnerungen von Viktor A. Orlakis, Arbeiter der Kirov-Werke, CGAIPD SPb f. 4000, o. 10, d. 1335, l. 2-8, hier 2 f.

66 Erinnerungen von Boris Ė. Minsker, Arzt der Fabrikklinik in den Kirov-Werken, CGAIPD SPb f. 4000, o. 10, d. 1335, l. 9-28, hier 15.

67 Erinnerungen von M. Uchabov, dem ehemaligen Leiter der Werkhalle Nr. 14 in den Ižora-Werken, CGAIPD SPb f. 4000, o. 18, d. 69, l. 108 f.

68 Vgl. Čerepenina: Golod i smert', S. 54 f.; Gorškov: Siloju sveta, S. 46 f.

69 Vgl. Očerki istorii Leningrada Bd. 5, S. 215 f.

70 Bericht des Abteilungsleiters für die örtliche Industrie im Leningrader Stadtparteikomitee an das Sekretariat des Leningrader Stadtparteikomitees vom 20.3.1942, in: Leningrad v osade, S. 154 f., hier 155.

In den stillgelegten Fabriken stand die Erhaltung der technischen Ausrüstung im Mittelpunkt:

> „Alle Maschinen wurden überprüft, gereinigt und geschmiert, um die Wiederaufnahme der Produktion in kurzer Zeit zu ermöglichen, sobald die Stromversorgung wieder funktioniert."[71]

Dort, wo noch etwas hergestellt wurde, hatte man sich auf lebensnotwendige Güter für die Zivilbevölkerung umgestellt. So erfolgte am 26. Dezember 1941 der Auftrag an die Leningrader Industrie, bis zum 1. Februar 1942 18 000 kleine Heizöfen (*buržujki*) zu produzieren.[72] Es ist zwar nicht auszuschließen, daß in einzelnen Fabriken, wie den Kirov- oder den Stalin-Werken, auch in diesen Wochen noch Panzer repariert wurden.[73] Doch in der Regel stellte man die Produktion auf Gegenstände um, deren Herstellung weniger aufwendig war. Die Skorochod-Werke, die im November 1941 ihre Granatenproduktion eingestellt hatten, fertigten im Dezember und Januar insgesamt 27 000 Schuhe in Handarbeit an.[74]

Daneben führten Fabriken Reparatur- und Aufräumarbeiten durch.[75] In den Erinnerungen von Blockadeteilnehmern wird häufig betont, wie wichtig es für die hungernden Menschen war, einer geregelten, sinnvoll erscheinenden Arbeit nachzugehen. Diejenigen, die ihre Wohnung nicht verließen und in Apathie verfielen, starben häufig als erste. Die Fabrik war für viele zu einem „rettenden Schoß" geworden, wo man mit seinem Hunger nicht allein war und den Alltag arbeitsteilig bewältigen konnte. So blieben zum Beispiel viele Arbeiter der Ždanov-Werft selbst dann noch, als sie ihren Betrieb eingestellt hatte, und wohnten weiterhin auf dem Fabrikgelände.[76]

Die Berichte und Erinnerungen von der Arbeit im Winter 1941/42 erwecken häufig den Eindruck, die Leningrader hätten trotz der Hungersnot ihre normale Arbeit fortgesetzt.[77] Berücksichtigt man jedoch die Auszehrung der hungernden Menschen, wird deutlich, wie sehr solche Vorstellungen an der bitteren Lebens-

---

71 Schreiben Kapustins an Berija vom 14.1.1943, CGAIPD SPb f. 25, o. 13-a, d. 35, l. 58-61, hier 59 (Rückseite).

72 Sitzungsprotokoll des Leningrader Stadtparteikomitees vom 26.12.1941, RGASPI f. 17, o. 43, d. 1149, l. 20.

73 So etwa Abram V. Burov: Blokada den' za dnem, Leningrad 1979, S. 137 und 139; V.S. Djakin (Hg.): Istorija rabočich Leningrada 1703-1965, Bd. 2, Leningrad 1972, S. 310.

74 Vgl. Dzeniskevič: Voennaja pjatiletka, S. 116.

75 Vgl. Sitzungsprotokoll des Büros des Leningrader Stadtparteikomitees vom 9.1.1942, in: Leningrad v osade, S. 416-418. Siehe auch den Bericht von Lidija S. Usova in: Adamowitsch/Granin: Blockadebuch Bd. 1, S. 68.

76 Adamowitsch/Granin: Blockadebuch Bd. 1, S. 120 und 124. Es gibt aber auch Beispiele, in denen die Menschen zu Hause einer sinnvollen Tätigkeit nachgingen, wenn etwa Arbeiterinnen stillgelegter Textilfabriken in Heimarbeit Handschuhe und Socken für die Front strickten, vgl. den Lebensbericht von Nina Pavlovna in: Andrea Zemskov: ‚Erzählte Wahrheiten'. Mythos und Tabu in narrativen Interviews zur Leningrader Blockade, unveröffentl. Magisterarbeit, Berlin 2000, S. 91.

77 Vgl. z.B. Adamowitsch/Granin: Blockadebuch Bd. 1, S. 125.

wirklichkeit der Leningrader vorbeigehen. In einem von der Zensur abgefangenen Brief schreibt ein Leningrader über den Alltag in der Stadt:

> „Man geht auf die Straße, trifft Leute, sie taumeln wie Betrunkene, fallen hin und sterben. Wir haben uns schon an dieses Bild gewöhnt und schenken ihm keine Beachtung, weil heute sie sterben und morgen ich."[78]

In jener Zeit bedeutete „arbeiten" etwas völlig anderes, als herkömmliche Vorstellungen suggerieren:

> „Jede Bewegung erfolgte verzögert. Langsam hoben sich die Arme, langsam bewegten sich die Finger. Niemand rannte, alle gingen langsam und konnten nur mühsam die Beine heben. Jemand mit einem gesunden, satten, jungen Organismus kann sich eine solche Kraftlosigkeit, eine solche Gangart überhaupt nicht vorstellen."[79]

Die Produktivität war dabei natürlich gering, sie spielte aber auch keine Rolle. Dmitrij Lichačëv beschreibt die Arbeit seines Vaters in einer Druckerei mit den lakonischen Worten: „Er löschte Brände im benachbarten Archiv, schob Dienst, aß wenig."[80] Die Fabriken entwickelten sich im ersten Kriegswinter immer mehr zu Überlebenszentren, in die die Menschen nicht nur zur Arbeit gingen, sondern vor allem wegen der etwas besseren Versorgung.[81]

Der größte Teil der Leningrader Industrie befand sich im Winter 1941/42 in einem „Zustand vorübergehender Konservierung".[82] Die Lähmung der zweitgrößten Industriestadt der Sowjetunion erzeugte eine ungewohnte Stimmung in der Newametropole. Vor Daniil Granin, der an der Leningrader Front im Einsatz war, „zeichneten sich die Konturen der Stadt in allen Einzelheiten am klaren Himmel ab. Die zahlreichen Schlote rauchten nicht, und die Luft über der Stadt war sauber [...]".[83] Und Ol'ga Frejdenberg schilderte in einem Brief an ihren Cousin Boris Pasternak die Ruhe, die sich über die Stadt gelegt habe, und die wunderbar frische Luft, die man atmen könne, ähnlich wie in einer Provinzstadt.[84]

Anders als die Propaganda damals behauptete und die Geschichtswissenschaft später wiederholte, war der Produktionsalltag in diesen Wochen und Monaten weit davon entfernt, ein aufopferungsvoller Kampf unerschütterlicher Arbeiter zu sein, die allen Widrigkeiten trotzten und unermüdlich Rüstungsgüter für die Front herstellten. Der größte Teil der Arbeiter war beschäftigungslos. Während die eine Hälfte von ihnen zu Reparatur- und Aufräumarbeiten innerhalb und außerhalb der Fabriken eingesetzt wurde, saßen die anderen den ganzen

---

78 Aus dem Bericht des Leningrader NKVD vom 10.2.1942, in: V tiskach goloda, S. 196-200, hier 198.

79 Adamowitsch/Granin: Blockadebuch Bd. 1, S. 45.

80 Lichatschow: Hunger und Terror, S. 260.

81 Bidlack: Survival Strategies, S. 90.

82 So der für die Industrieproduktion zuständige Leningrader Parteisekretär, Basov, in einem Schreiben an Ždanov, Kuznecov und Kapustin vom 18.5.1942, CGAIPD SPb f. 25, o. 13-a, d. 35, l. 1.

83 Adamowitsch/Granin: Blockadebuch Bd. 1, S. 43.

84 Vgl. The Correspondence of Boris Pasternak and Olga Freidenberg, S. 215 f. Frejdenberg führt diesen Stillstand der Fabriken auf deren Evakuierung zurück.

Tag tatenlos da und betrachteten ihre Arbeit als eine Gefälligkeit gegenüber dem Staat.[85] Ein Arbeiter der Ižora-Werke schrieb in sein Tagebuch:

> „21.1.42 Wir sitzen da und hungern.
>
> 22.1.42 Das gleiche. [...]
>
> 1.2.42 Bin ein wenig zu Kräften gekommen und habe angefangen zu arbeiten, obwohl ich nur langsam und an einem Stock gehen kann."[86]

Da es nichts zu tun gab, versuchte man, die Zeit dazu zu nutzen, den beschwerlichen Alltag zu bewältigen. Dies hing aber offenbar vom Entgegenkommen der Fabrikleitung ab. Elena N. Averjanova-Fëdorova schrieb in ihr Tagebuch:

> „27.1.1942 [...] Heute habe ich eine Stunde gearbeitet, dann wurden wir heimgeschickt, damit wir Brot holen konnten. Den zweiten Tag gehe ich schon zur Arbeit, ohne etwas gegessen zu haben. Wie soll man bei einer solchen Kälte arbeiten und was tun? [...]
>
> 28.1.1942 Heute hat man uns von der Arbeit nicht weggelassen, trotz allen Bittens und Zuredens, sie möchten uns nach Hause lassen. [...] Aber was hat das für einen Sinn? Arbeiten kann sowieso keiner. Die Maschinen sind alle eingefroren. Wir sind alle steif wie Krautstrünke. Ist ja auch kein Wunder, wenn sich das heiße Wasser in der Fabrik sofort in Eis verwandelt. Die Wände sind mit Schnee bedeckt und die Scheiben mit einer dicken Eisschicht. Wie kann man in so einer Abteilung arbeiten, wo drinnen 25° Frost herrschen und draußen 30° – nur daß kein Wind weht?"[87]

Im Dezember 1941, spätestens im Januar 1942 war das bis dahin verfolgte Konzept der produzierenden Frontstadt offensichtlich gescheitert. Stück für Stück war der Leningrader Wirtschaft im Herbst 1941 die Produktionsbasis entzogen worden, so daß sie im Winter 1941/42 schließlich zusammenbrach. Die lokalen Verantwortlichen versuchten, alle Möglichkeiten der Energieerzeugung auszuschöpfen. Schiffsgeneratoren der Rotbannerflotte, die im Finnischen Meerbusen lag, wurden zum Beispiel zur Stromgewinnung eingesetzt.[88] Selbst bewohnte Holzhäuser blieben bei der verzweifelten Suche nach Brennmaterialien nicht verschont und wurden zum Abriß freigegeben.[89] Inwieweit sich die Prioritäten der Leningrader Kriegswirtschaft gewandelt hatten, wird an der Zuteilung der Mangelware Energie deutlich. Unter den 54 Fabriken, die unter keinen Umständen vom Stromnetz abgeschaltet werden durften, befanden sich vorwiegend Betriebe, die Eßwaren herstellten oder verarbeiteten.[90] Das Überleben war zur wichtigsten Aufgabe geworden.

---

85 So die Auskunft des Leiters der Leningrader Verwaltung für die Ausgabe von Lebensmittelkarten, I. Stožilov, an Kuznecov vom 18.3.1942, in: Leningrad v osade, S. 229-231, hier 230.

86 Tagebuch von Vladimir I. Sverdlov, CGAIPD SPb f. 4000, o. 18, d. 69, l. 37 f.

87 Zit. aus: Adamowitsch/Granin: Blockadebuch Bd. 1, S. 128 f.

88 Vgl. Pawlow: Blockade, S. 52 f. In der Praxis verlief diese Form der Stromversorgung wohl weitgehend ungeregelt, wie etwa im Falle des Puschkin-Hauses, das sich auf einen Handel mit der Besatzung der U-Boote einließ, die am Ufer der Newa lagen, vgl. Lichatschow: Hunger und Terror, S. 277 f.

89 Sitzungsprotokoll des Leningrader Stadtparteikomitees vom 5.1.1942, RGASPI f. 17, o. 43, d. 1149, l. 37-51 (mit einer genauen Auflistung derjenigen Häuser, die in Frage kamen, und dem jeweils erwarteten Ertrag an Brennholz).

90 Anordnung Leningrader Stadtparteikomitees vom 27.11.1941, CGAIPD SPb f. 25, o. 2, d. 3833, l. 21.

3. Die Wiederaufnahme der Produktion im Frühjahr 1942: Zur wirtschaftlichen Bedeutung des „Frontstadtkonzepts"

Im Frühjahr 1942 begann sich die Lage langsam zu entspannen. Der strenge Frost ließ nach, und die Eisstraße funktionierte nach den Anlaufschwierigkeiten der ersten Wochen immer besser. Immerhin erreichten nun so viele Lebensmittel die Stadt, daß von Dezember 1941 bis Februar 1942 die Brotrationen und in den folgenden Monaten auch die anderen Lebensmittelzuteilungen kontinuierlich angehoben werden konnten.[91] Als das Eis des Ladogasees im April 1942 für Autotransporte zu dünn wurde, ging man bald darauf wieder zu einer Versorgung per Schiff über.[92] Während der Sommermonate des Jahres 1942 wurden auf diesem Weg 767 176 Tonnen Güter an das Westufer des Ladogasees transportiert. Den größten Anteil hatten dabei Lebensmittel (45,79 %), Energieträger (32,14 %) und Rüstungsgüter für die Leningrader Front (15,66 %).[93] Im Durchschnitt wurden täglich 3955 Tonnen nach Leningrad eingeführt. Legt man den Berechnungen die 121 Tage zugrunde, an denen tatsächlich eine Überfahrt möglich war, dann beträgt das tägliche Mittel sogar 6340 Tonnen. Im gleichen Zeitraum wurden außerdem noch 252 675 Menschen in den Belagerungsring gebracht, die meisten davon Rotarmisten (220 374).[94]

Im Frühjahr und im Verlauf des Sommers 1942 verbesserte sich auch die Energiebasis der Stadt spürbar. Die Brennholzressourcen, die sich innerhalb des Belagerungsringes befanden, wurden voll ausgeschöpft. Aus den umliegenden Wäldern schaffte man zwei Millionen Kubikmeter Brennholz herbei, durch das

91 Siehe dazu Kap. V.

92 Die Schiffahrtsperiode auf dem Ladogasee dauerte insgesamt 194 Tage: vom 23. Mai bis zum 3. Dezember. An 121 Tagen war eine Überfahrt über den See tatsächlich möglich, an den übrigen 73 Tagen verhinderten Sturm oder Eis die Schiffahrt.

93 Die 767 176 Tonnen Güter setzten sich folgendermaßen zusammen (in Klammern Anteil an der gesamten Frachtmasse): 351 295 Tonnen Lebensmittel, Futter und Genußmittel (45,79 %), 80 353 Tonnen Munition (10,47 %), 631 Geschütze mit einem Gesamtgewicht von 1362 Tonnen (0,18 %), 202 Panzer mit einem Gesamtgewicht von 2618 Tonnen (0,34 %), 35 810 Tonnen kriegstechnisches und sanitäres Gerät (4,67 %), 97 142 Tonnen Kohle (12,66 %), 63 125 Tonnen Masut (8,23 %), 86 323 Tonnen Brenn- und Schmierstoffe einschließlich Benzin und Kerosin (11,25 %), 47 605 Tonnen verschiedene Wirtschaftsgüter, u.a. Holz (6,21 %) und 4676 Pferde mit einem Gesamtgewicht von 1543 Tonnen (0,20 %). Vgl. das Schreiben Mikojans an Stalin von Anfang Dezember 1942, RGASPI f. 83, o. 1, d. 18, l. 108-113, hier 108 f.

94 Ebd.

Abreißen alter Holzhäuser weitere 1,5 Millionen Kubikmeter.[95] Auf der Suche nach Brennholz wurde alles abgerissen, was nicht niet- und nagelfest war: von Wohnhäusern bis zu den hölzernen Sitzbänken des Leninstadions.[96]

Um die Versorgungslinie über den Ladogasee von den Kohle- und Öltransporten zu entlasten, begann die Fabrik „Sevkabel'" im Februar 1942 mit der Herstellung eines Starkstromkabels, das im August desselben Jahres auf dem Grund des Ladogasees verlegt wurde. So bekam die Stadt ab dem 23. September 1942 Strom aus dem Volchov-Elektrizitätswerk, also von außerhalb des Belagerungsringes. Im darauffolgenden Winter konnte Leningrad mit der vierfachen Menge an Strom versorgt werden wie im gleichen Zeitraum des Vorjahres.[97] Zur weiteren Verbesserung des Energiehaushaltes trug bei, daß auf Beschluß des Staatlichen Verteidigungskomitees seit April 1942 eine 29 Kilometer lange Pipeline auf dem Grund des Ladogasees verlegt wurde, die noch 1942 in Betrieb ging und die Stadt mit Öl versorgte.[98] Das alles machte sich schnell im Alltag der Leningrader bemerkbar. Ein Ereignis von hoher Symbolkraft war, daß endlich wieder Straßenbahnen fuhren. Am 15. April 1942 nahmen 108 Züge mit insgesamt 320 Wagen ihren Betrieb auf und ermöglichten auf immerhin fünf Linien öffentliche Verkehrsverbindungen.[99]

Die öffentliche Ordnung blieb den ganzen Winter über erhalten. Partei und Stadtverwaltung hatten durch die Organisation der Eisstraße und die Aufrechterhaltung des Rationierungssystems für alle sichtbar gezeigt, daß sie willens und auch in der Lage waren, die Not der Bevölkerung zu lindern. Diese Leistung wurde von der Bevölkerung anerkannt, und die Bolschewiki gerieten zu keiner Phase in eine ernsthafte Legitimitätskrise. Bereits im Frühjahr 1942 konnte die Parteiführung ihre nach wie vor vorhandene Handlungs- und Mobilisierungsfähigkeit auf eindrucksvolle Weise demonstrieren. Zwischen dem 27. März und dem 15. April 1942 führte sie eine stadtweite Reinigungsaktion durch, bei der die Straßen, Plätze, Kanäle und Häuser vom Dreck und Unrat des Winters befreit wurden. Jeder einzelne Fabrikarbeiter war aufgerufen, sich nach Feierabend täglich zwei Stunden lang an diesem Großereignis zu beteiligen. Arbeiter, deren Betriebe stillstanden, waren aufgefordert, acht Stunden, Hausfrauen und Studenten sechs Stunden am Tag mitzuhelfen. Nach offiziellen Angaben nahmen insgesamt 300 000 Menschen an dieser Aktion teil.[100] Erstmals hatten die Bolschewiki die im Hungerwinter atomisierte Bevölkerung Leningrads wieder erreichen und

---

95 Bericht über die städtische Wirtschaft während der Blockade von der Plankommission beim Exekutivkomitee des Leningrader Sowjets vom 13.4.1943, CGA SPb f. 2076, o. 4, d. 68, l. 1-11, hier 9.

96 Vgl. die Erinnerungen des Bezirksparteisekretärs und Leiters der Kaderabteilung im Leningrader Stadtparteikomitee, P.P. Stel'machovič, CGAIPD SPb f. 4000, o. 18, d. 242, l. 37.

97 Vgl. Bidlack: Workers at War (1987), S. 183 und 221.

98 Vgl. Boldyrev: Vojna, blokada, S. 93.

99 Vgl. Dzeniskevič u.a. (Hg.): Leningrad v bor'be, S. 118.

100 Angaben nach: Muzej oborony Leningrada. Putevoditel', Leningrad, Moskau 1948, S. 66.

in großem Maßstab für einen gemeinschaftlichen Einsatz gewinnen können. Alle zuvor unternommenen Mobilisierungsversuche waren gescheitert. So hatte das Leningrader Stadtoberhaupt, Popkov, bereits am 26. Januar 1942 zur Beseitigung allen herumliegenden Mülls innerhalb von fünf Tagen aufgerufen. Doch auf diese Anordnung hatte seinerzeit kein Mensch reagiert. Daran änderte sich auch nichts, als der Leningrader Stadtrat drei Wochen später jedem, der an den Arbeiten nicht teilnehmen wollte, eine Strafe von 3000 Rubeln oder sechs Monaten Gefängnis androhte. Warum hatte eine vergleichbare Aktion wenige Wochen später einen solch durchschlagenden Erfolg?

Mit entscheidend war, daß im Vorfeld ein Probelauf gestartet wurde. Das Datum dafür war von den Initiatoren geschickt gewählt: der Internationale Frauentag am 8. März, ein Feiertag, der in der Sowjetunion einen hohen Stellenwert besaß und in Rußland bis heute besitzt. Die Leningrader wurden aufgefordert, diesen freien Tag dem Wohl der Allgemeinheit zur Verfügung zu stellen und die Straßenbahnschienen und Wege von Eisresten zu reinigen. Die Aktion war also zeitlich begrenzt, hatte eine klare Zielvorgabe und war in die vertraute Form der bereits seit den dreißiger Jahren etablierten *subbotniki* gegossen, eines freiwilligen Arbeitsdienstes an bestimmten Samstagen. Immerhin 37 000 Menschen folgten diesem Aufruf. Eine Woche später wurde die Aktion wiederholt, und es gelang, 100 000 Leningrader zum Mitmachen zu bewegen.[101] Hinzu kam, daß die Leningrader Partei es nicht bei unverbindlichen Appellen beließ, sondern die Kampagne – ebenso in Tradition der *subbotniki* – mit Unterstützung der Betriebe organisierte.[102] Die Fabriken waren der einzige Ort, an dem das Regime noch Zugriffsmöglichkeiten auf die Menschen hatte. Dort erfolgten die propagandistische Vorbereitung der Aktion und die Zusammenstellung der Arbeitsbrigaden.

Doch trotz des insgesamt großen Mobilisierungserfolgs lief die Reinigungsaktion nicht wie geplant ab. Die Arbeiten gingen sehr viel langsamer voran, als die Leningrader Partei kalkuliert hatte. Anstatt der ursprünglich veranschlagten zwölf dauerte die Aktion 30 Tage. Dies ist auch kaum verwunderlich, denn die völlig entkräfteten Menschen mußten bei ihrer Arbeit viele Ruhepausen einlegen.[103] Außerdem waren nicht alle Mobilisierten mit der zusätzlichen unbezahlten Arbeitsschicht einverstanden. Manch einer nutzte die Zeit für private Erledigungen oder genoß einfach die Frühlingssonne. Komsomolbrigaden hatten deshalb die Aufgabe, die Stadt nach „Bummelanten“ und „Drückebergern“ zu durchsuchen.[104] Auch dieses Phänomen ist uns aus den dreißiger Jahren bekannt. Die Arbeiter ließen ihrer Unzufriedenheit keinen offenen oder gar organisierten Protest folgen, sondern entzogen sich einfach dem Regime durch individuelle Leistungsverweigerung. Die Bolschewiki reagierten darauf auch im Krieg auf die

[101] Vgl. Bidlack: Workers at War (1987), S. 211 f.

[102] Zur Organisationsweise und der geringen Produktivität der *subbotniki* in den dreißiger Jahren vgl. Neutatz: Die Moskauer Metro, S. 534-539.

[103] Vgl. Gorškov: Siloju sveta, S. 62 f.

[104] Vgl. *Leningradskaja pravda* vom 4. und 8.4.1942.

gewohnte Weise: Die Komsomolzen dienten ihnen als Antriebs- und Kontrollinstrument.[105]

Im März 1942 erwachte die Leningrader Wirtschaft langsam zu neuem Leben. Als erstes öffneten kleine Dienstleister wieder ihre Geschäfte. Am 1. März 1942 gab es in der Stadt immerhin 67 Friseursalons, 94 Schusterwerkstätten, 91 Schneiderein und 33 Reparaturwerkstätten für Haushaltswaren. Deren Inbetriebnahme lief nicht ohne Startschwierigkeiten ab. Der Mangel an Fachkräften hatte nämlich zur Folge, daß viele Kunden mit der Qualität der angebotenen Leistungen höchst unzufrieden waren, was eine scharfe Kritik der Parteiorganisation nach sich zog.[106]

Etwa zur selben Zeit erwachten auch die ersten Industriebetriebe aus ihrer Winterstarre. Die Initiative ging dabei vom Staatlichen Verteidigungskomitee aus, das am 1. Februar 1942 eine Reihe von Leningrader Unternehmen anwies, ihre Produktion wieder aufzunehmen.[107] Zu diesem Zeitpunkt waren nur noch 18 Fabriken betriebsfähig. Von den meisten der 320 Unternehmen, die noch im Sommer 1941 für die Front produziert hatten, war nach der Evakuierung lediglich ein Torso übriggeblieben. Also beschloß die Leningrader Parteiführung, die noch funktionsfähigen Fabrikteile zusammentragen und zu neuen Produktionseinheiten zusammensetzen zu lassen. 74 Werke wurden im Zuge dieser Maßnahmen „eingefroren", das heißt, bis auf weiteres geschlossen. Die Arbeiterschaft wurde auf immerhin 200 Betriebe, die man für produktionsfähig hielt, verteilt.[108] Die Wiederaufnahme der Produktion erfolgte dann Schritt für Schritt. Anfang März wurden neun Fabriken angewiesen, mit der Herstellung von Minen und Granaten zu beginnen. Die Kirov- und die Stalin-Werke sollten darüber hinaus Panzer und schwere Artilleriegeschütze reparieren, die Ždanov- und die Ordžonikidze-Werke mit dem Bau von Lastkränen beginnen, und „Ėlektrosila" sollte Schiffsmotoren zusammensetzen.[109] Im April 1942 produzierten bereits wieder 50, einen Monat später sogar 57 Fabriken Rüstungsgüter.[110] Schwere Waffen wie Panzer konnten allerdings zunächst nur repariert werden. Im Mai und Juni 1942 reichten die Kapazitäten, um wieder einzelne KV-Panzer zu bauen. Im Verlauf des Sommers konnte deren Produktion zwar leicht gesteigert werden, doch bil-

---

105 Vgl. Neutatz: Moskauer Metro, S. 291 - 304. Zum Phänomen des Eigensinns bei den Industriearbeitern in den dreißiger Jahren siehe auch Donald Filtzer: Soviet Workers and Stalinist Industrialization. The Formation of Modern Soviet Production Relations 1928 - 1941, London u.a. 1986, S. 174 ff.; Hans-Henning Schröder: Industrialisierung und Parteibürokratie in der Sowjetunion. Ein sozialgeschichtlicher Versuch über die Anfangsphase des Stalinismus (1928 - 1934), Berlin 1988 (= Forschungen zur Osteuropäischen Geschichte 41), S. 298 - 305.

106 Bericht von G.V. Gudkin an das Sekretariat des Leningrader Stadtparteikomitees vom 20.3.1942, in: Leningrad v osade, S. 154 f.

107 Vgl. Bidlack: Survival Strategies, S. 95.

108 Boldyrev: Vojna, blokada, S. 94.

109 Vgl. Bidlack: Workers at War (1987), S. 181 f.

110 Rechenschaftsbericht Basovs über die Planerfüllung der Leningrader Rüstungsindustrie im Mai 1942 vom 5.6.1942, CGAIPD SPb f. 25, o. 13-a, d. 35, l. 18 - 26, hier 18.

deten während des gesamten Jahres 1942 Reparaturarbeiten den Schwerpunkt in den Panzerwerkstätten. Der Bau neuer Panzer blieb auf Einzelstücke beschränkt; pro Monat waren das weniger als zehn Neuanfertigungen. Dies erstaunt kaum, ließen sich Panzer doch in Čeljabinsk oder Gor'kij unter weit günstigeren Bedingungen herstellen. Die Leningrader Rüstungsbetriebe konnten aber immerhin die Palette an reparierten Waffen deutlich ausweiten.[111]

Im Frühjahr 1942 gingen die Bolschewiki also daran, das in Leningrad verbliebene Potential auszuschöpfen. Priorität bei der wieder angeschobenen Industrieproduktion hatte aber – anders als noch im Herbst 1941 – die Herstellung von Gebrauchsgegenständen, die im Blockadealltag dringend benötigt wurden. Die Leningrader Front unterstützte man vor allem durch Reparaturarbeiten.

Ein geregelter Produktionsablauf war unter den gegebenen Bedingungen jedoch nicht möglich. Hauptproblem blieb weiterhin die Energieversorgung. Während der Holzbedarf durch lokale Ressourcen leidlich gedeckt werden konnte und der Holzverbrauch im Jahr 1942 immerhin 77 % des Jahres 1940 betrug, brach die Kohleversorgung weitgehend zusammen. Hatte die Stadt 1940 noch 2,6 Millionen Tonnen verbraucht, waren es 1942 nur noch 164 000 Tonnen, was gerade einmal 6 % des Vergleichsjahres ausmachte. Aus Sicht der Industrie fiel die Bilanz sogar noch schlechter aus: Sie erhielt 1942 nur noch 2,5 % der Menge an Kohle, die ihr 1940 zugeteilt worden war.[112] Auch die Stromversorgung blieb auf einem niedrigen Niveau. Im August und September 1942 absorbierten die Rüstungsbetriebe täglich 150 000 bis 170 000 Kilowattstunden, was immerhin 25 % des von „Lenėnergo“ erzeugten Stroms ausmachte.[113] Die absoluten Zahlen werden in ihrer Aussage jedoch relativiert, wenn man berücksichtigt, daß die 180 000 bis 190 000 Kilowattstunden, die der gesamten Leningrader Rüstungsindustrie im November 1942 zur Verfügung standen, im selben Monat des Vorjahres allein die Bol'ševik- und die Stalin-Werke verbraucht hatten.[114]

Selbst die großen Rüstungsschmieden wie die Bol'ševik-Werke erhielten nur unregelmäßig und viel zuwenig Kohle, so daß sie ihre Aufträge nicht erfüllen konnten. In manchen Wochen stand nur die Hälfte der benötigten Menge an Kohle zur Verfügung, im Oktober 1942 nicht einmal ein Zehntel. Die Folge war,

---

111 Vgl. die Anordnungen des Kriegsrats der Leningrader Front vom 1.4., 2.5., 2.6., 1.7. und 1.8.1942, CGA SPb f. 1788, o. 27, d. 192, l. 17-23 und 28-30; siehe auch die Anordnungen des Kriegsrats der Leningrader Front vom 30.10. und 1.12.1942, CGA SPb f. 1788, o. 27, d. 192, l. 34 und 37-38. Inwieweit 1942 produzierte Rüstungsgüter an andere Fronten geliefert wurden, wie Bidlack behauptet, ist letztlich unklar, angesichts der niedrigen Stückzahlen aber eher unwahrscheinlich, vgl. Bidlack: Workers at War (1991), S. 28.

112 Die Leningrader Industrie mußte 1942 mit 50 000 Tonnen Kohle auskommen, vgl. Bericht über die städtische Wirtschaft während der Blockade von der Plankommission beim Exekutivkomitee des Leningrader Sowjets vom 13.4.1943, CGA SPb f. 2076, o. 4, d. 68, l. 1-11, hier 10.

113 Bericht Basovs an Kapustin und Ždanov über die Leningrader Rüstungsproduktion von Juni bis September 1942, o.D. [Oktober 1942], CGAIPD SPb f. 25, o. 13-a, d. 35, l. 73 f.

114 Bericht Basovs an Kuznecov und Kapustin über die Leningrader Rüstungsproduktion im November 1942, o.D. [Dezember 1942], CGAIPD SPb f. 25, o. 13-a, d. 35, l. 111 f.

daß Aggregate immer wieder heruntergefahren und die Arbeit unterbrochen werden mußten.[115] Aufgrund dieses akuten Energiemangels ließen viele Rüstungsbetriebe, vor allem bei der Munitionsherstellung, maschinelle Produktionsprozesse in Handarbeit verrichten. Diese vorindustriellen Methoden erforderten den Einsatz vieler Menschen. Nicht zuletzt deshalb war die Leningrader Rüstungsindustrie diejenige Branche, die im Jahr 1942 mit 117 000 Menschen oder knapp 43 % der städtischen Arbeiterschaft mit Abstand die meisten Arbeitskräfte beschäftigte.[116]

Neben der unzureichenden Energieversorgung verhinderte auch das Fehlen von Facharbeitern einen geregelten Produktionsprozeß. In den Bol'ševik-Werken konnten zum Beispiel im Juli 1942 die Kesselhäuser nicht in Betrieb genommen werden, weil kein Heizer zur Verfügung stand und bei einer unsachgemäßen Inbetriebnahme Explosionsgefahr bestanden hätte.[117] Außerdem fehlte es an industriellen Vorprodukten. Für die Panzerproduktion besonders schwerwiegend war der Mangel an Dieselmotoren, denn dies wirkte sich nicht nur auf die Herstellung, sondern auch auf die Reparatur von Panzern negativ aus. Im Mai 1942 standen beispielsweise in den Werkhallen der Stalin-Werke vier fertige Panzer, denen nur noch der Motor fehlte.[118] So mußten zehn Dieselmotoren extra aus Čeljabinsk angeliefert werden, wobei das letzte Stück, von Volchov bis Leningrad, mit dem Flugzeug zurückgelegt wurde. Fünf Flugzeuge waren dazu nötig.[119] Unter wirtschaftlichen Gesichtspunkten lohnte ein solcher Aufwand nicht, wenn man bedenkt, daß in Čeljabinsk die Panzer in Massenproduktion vom Band liefen.

So konnte die Leningrader Front während des gesamten Jahres 1942 nicht auf die Zufuhr von Waffen und Munition von außerhalb des Belagerungsringes verzichten. Insgesamt wurden 122 000 Tonnen Rüstungsgüter in die Stadt gebracht, dazu noch 300 000 Reservisten und 4400 Pferde. Damit beanspruchte die Leningrader Front die Hälfte der Einfuhrkapazitäten, wobei die Lebensmittelversorgung der Soldaten hier noch gar nicht einberechnet wurde.

Am 6. Juli 1942 zog Ždanov die Konsequenzen aus dieser Situation und legte eine neue Strategie für die Leningrader Kriegswirtschaft vor. Sein Frontstadtkonzept gab nicht nur Antwort auf die Frage, was mit den in Leningrad verbliebenen Menschen geschehen sollte.[120] Er gab damit auch die Richtung für die Verwen-

---

115 Schreiben des Direktors der Bol'ševik-Werke, Zachar'in, an Kapustin vom 30.10.1942, CGA SPb f. 1275, o. 12, d. 962, l. 16. Zur Verdeutlichung der Größenordnung: Für die Erfüllung des Oktoberplans hätten die Bol'ševik-Werke 17 000 Tonnen Kohle benötigt, tatsächlich wurden aber nur 1405 Tonnen geliefert.

116 Vgl. Karasev: Leningradcy v gody blokady, S. 257.

117 Schreiben des Direktors der Bol'ševik-Werke, Zachar'in, an Kapustin vom 3.7.1942, CGA SPb f. 1275, o. 12, d. 962, l. 3.

118 Bericht von Basov und Koročin an Kuznecov und Kapustin über die Erfüllung der sozialistischen Verpflichtungen in den Fabriken der Leningrader Rüstungsindustrie, o.D. [Mai 1942], CGAIPD SPb f. 25, o. 13-a, d. 35, l. 34–44, hier 39 f.

119 Schreiben von Basov an Kuznecov vom 13.5.1942, in: Leningrad v osade, S. 162.

120 Siehe hierzu Kap. III.3.

dung des noch vorhandenen Industriepotentials vor. Zunächst gestand er ein, daß die städtische Industrie aufgrund der Schwierigkeiten auf dem Energiesektor keine nennenswerte Produktionsleistung erbringen könne. Deshalb müsse die Industrie in einem größtmöglichen Umfang aus der Stadt evakuiert werden. Nur das für die Verteidigung und die Versorgung der Festungsbesatzung unbedingt Notwendige solle in der Stadt bleiben. Mit der Verlegung seiner Fabriken an Standorte mit weit günstigeren Produktionsbedingungen würde Leningrad aber einen wichtigen Beitrag für die Kriegswirtschaft des gesamten Landes leisten, denn es sei schließlich leichter, demontierte Betriebe an einem anderen Ort wieder aufzubauen, als völlig neue Industrieanlagen zu errichten. Allerdings habe der Standort Leningrad durch seine unmittelbare Frontnähe den Vorteil, daß die kämpfenden Truppen nicht von einer Versorgungslinie abhängig seien, die irgendwann abreißen könne. Ždanov fuhr also zweigleisig: Soweit es möglich war, sollte die städtische Industrie weiterhin für die Leningrader Front produzieren, alle anderen Betriebe seien hingegen zu verlagern. Konkret forderte der Leningrader Parteichef, 17 000 Maschinen bis zum 15. August 1942 zu demontieren und in das Hinterland zu transportieren. Ždanov versuchte, seine Zuhörer mit dem Argument für diese Idee zu gewinnen, daß von dem Tag an, an dem die Ausfuhr aus Leningrad abgeschlossen sei, die Einfuhr erhöht werden könne.[121]

Die Folge dieses Strategiewechsels war, daß man nun der Produktion von Konsumgütern, etwa in der Textilindustrie, mehr Aufmerksamkeit schenkte. Zur Herstellung und Reparatur von Kleidungsstücken benötigte man keine Maschinen mit hohem Energieverbrauch; der größte Teil des Herstellungsprozesses konnte sogar in Handarbeit verrichtet werden. Auch fanden hier ungelernte Arbeitskräfte ein Betätigungsfeld, in das sie sich relativ rasch einarbeiten konnten. Im Sommer 1942 wurde zum Beispiel in den Textilbetrieben die Winterkleidung der Rotarmisten gereinigt und instand gesetzt.[122] Darüber hinaus war für das vierte Quartal des Jahres die Herstellung von 3000 Pelzjacken, 5000 wattierten Hosen, 100 000 Paar Handschuhen, 5000 Paar Wollsocken und 5000 Paar ledernen Schuhen geplant.[123] Neben Kleidung stellten die Leningrader Fabriken auch eine Reihe weiterer Gebrauchsgüter und Haushaltswaren her. So gab die lokale Parteiorganisation im August 1942 100 000 Petroleumlampen in Auftrag, um wieder etwas Licht in die aufgrund des permanenten Strommangels dunklen Wohnungen zu bringen.[124] Auch die Freizeit der Leningrader und Rotarmisten wollte die Parteiführung aufhellen, wenn sie in der Fabrik „Roter Partisan“ 200

---

[121] Rede Ždanovs auf einer Sitzung des Büros des Leningrader Stadtparteikomitees am 6.7.1942, RGASPI f. 77, o. 1, d. 771, l. 1–14.

[122] Anordnung des Leningrader Stadtparteikomitees vom 27.7.1942, RGASPI f. 17, o. 43, d. 1151, l. 105.

[123] Anordnung des Leningrader Stadtparteikomitees vom 23.10.1942, RGASPI f. 17, o. 43, d. 1153, l. 69.

[124] Anordnung des Leningrader Stadtparteikomitees vom 23.8.1942, RGASPI f. 17, o. 43, d. 1152, l. 120.

Zieh- und 2000 Mundharmonikas herstellen ließ.[125] Diejenigen Produktionsstätten aber, die den Betrieb in absehbarer Zeit nicht wiederaufnehmen konnten, wurden bis auf weiteres stillgelegt.[126]

Über die Schwerpunktsetzung bei der Industrieproduktion gibt die Verteilung der Arbeitskräfte Aufschluß. In dem Zeitraum von Juli 1942 bis Juli 1943, als die Leningrader Bevölkerung aufgrund der intensivierten Evakuierung von 1,1 Millionen auf 800 000 zurückgegangen war, fiel die Zahl der in der Rüstungsindustrie Beschäftigten um 26 % auf 86 000, die in der Konsumgüterindustrie Tätigen jedoch nur um 5 % auf 219 000.[127] Auch an der Verteilung von Holz und Kohle lassen sich die Prioritäten im belagerten Leningrad ablesen. Hatte die Industrie im Jahr 1940 noch 46 % der Holz- und 57 % der Kohlebestände absorbiert, waren es 1942 nur noch 9 % bzw. 30 %. Entsprechend den Bedürfnissen der Bevölkerung war dagegen der Anteil der Städtischen Heizzentrale und des Städtischen Backkombinats gestiegen.[128]

Parallel zur Ausweitung der Konsumgüterproduktion wurden die Reparaturarbeiten in der Stadt, mit denen man im Frühjahr begonnen hatte, fortgesetzt. Im Herbst organisierte die Partei einen sozialistischen Wettbewerb zwischen den einzelnen Stadtbezirken. 5360 laufende Meter der Hauptstraßen wurden neu gepflastert, 4466 elektrische Hausanschlüsse instand gesetzt, 47 740 Rohre (von 50 450), 815 300 Quadratmeter Dach und 549 390 Quadratmeter Fensterfläche repariert. Außerdem konnten 489 590 laufende Meter Wasser- und Kanalisationsrohre beheizt, 2519 Luftschutzbunker und 77,1 % aller Wohnhäuser für den Winter vorbereitet werden.[129]

Legt man die internen Rechenschaftsberichte der Leningrader Partei zugrunde, dann ergibt sich für das Jahr 1942 folgendes Bild der Rüstungsgüterproduktion:[130]

---

125 Anordnung des Leningrader Stadtparteikomitees vom 10.11.1942, RGASPI f. 17, o. 43, d. 1153, l. 87.

126 Anordnung des Kriegsrats der Leningrader Front vom 30.6.1942, RGASPI f. 77, o. 1, d. 928, l. 55-58, hier 56.

127 Vgl. Bidlack: Workers at War (1991), S. 31.

128 Die Städtische Heizzentrale erhielt 1942 einen deutlich höheren Anteil, nämlich 42 % der Holz- und 22 % der Kohlevorräte (1940 waren es noch 30 % bzw. 13 %), die Städtischen Backkombinate konnten ihren Anteil immerhin leicht steigern und erhielten 1942 5,5 % der Holz- und 1,2 % der Kohlevorräte (1940 waren es noch 5 % bzw. 1,1 %), vgl. Bericht über die städtische Wirtschaft während der Blockade von der Plankommission beim Exekutivkomitee des Leningrader Sowjets vom 13.4.1943, CGA SPb f. 2076, o. 4, d. 68, l. 1-11, hier 10.

129 Anordnung des Leningrader Stadtparteikomitees und des Exekutivkomitees des Leningrader Sowjets vom 9.10.1942, RGASPI f. 17, o. 43, d. 1153, l. 21-23.

130 Vgl. Rechenschaftsbericht der Abteilung „Rüstungsindustrie“ beim Leningrader Stadtparteikomitee über die Produktion von Kriegstechnik und Munition in Leningrad im Jahre 1942, in: Leningrad v osade, S. 167-169; Auskunft von Basov vom 22.10.1943, CGAIPD SPb f. 25, o. 13-a, d. 57, l. 117-119; Auskunft von Kapustin an Ždanov vom 16.6.1942, CGAIPD SPb f. 25, o. 13-a, d. 35, l. 45-48; Rechenschaftsbericht Basovs, Parteisekretär für die Verteidigungsindustrie, und Koročins, Leiter der Abteilung Verteidigungsindustrie beim Leningrader Stadtpartei-

Panzer	60
Flugzeuge	0
Schiffe	133
Geschütze und Kanonen	701
Granatwerfer	1 558
Schwere Maschinengewehre	2 692
Leichte Maschinengewehre	139
Maschinenpistolen	35 556

An schweren Waffen wurde im gleichen Zeitraum repariert:[131]

Panzer	370
Flugzeuge (bis 10.6.)	132
Schiffe	329
Geschütze und Kanonen	382
Granatwerfer	555

An Munition wurde hergestellt:[132]

Geschosse	1 628 680
Reaktive Geschosse	53 860
Minen (versch. Arten)	2 893 000
Flugzeugbomben	57 830
Handgranaten	1 260 800

Diese Produktion reichte gerade aus, um ein Zehntel der Bedürfnisse der Leningrader Front zu decken.[133] Zwischen Mai und November 1942 mußten deshalb 89 000 Tonnen Munition und 8000 Tonnen Waffen, darunter 202 Panzer, 631 Geschütze, über den Ladogasee eingeführt werden.[134] Immerhin wurden im zweiten Kriegsjahr auch 100 Millionen Patronenhülsen und Zündkapseln in Leningrad hergestellt, so daß auch andere Fronten aus dem Blockadering beliefert werden konnten.[135] Doch von einer unionsweiten Bedeutung war die Produktion im einst führenden Industriezentrum des Landes weit entfernt. Die Leningrader Panzerproduktion machte gerade einmal 0,25 % der sowjetischen Produktion aus, bei den Geschützen waren es 0,54 %.[136]

komitee, über die Rüstungsproduktion in Leningrad im Mai 1942, in: Leningrad v osade, S. 162-165.

131 Vgl. Rechenschaftsbericht der Abteilung „Rüstungsindustrie“ beim Leningrader Stadtparteikomitee über die Produktion von Kriegstechnik und Munition in Leningrad im Jahre 1942, in: Leningrad v osade, S. 167-169; Auskunft von Basov vom 22.10.1943, CGAIPD SPb f. 25, o. 13-a, d. 57, l. 117-119; Auskunft von Kapustin an Ždanov vom 16.6.1942, CGAIPD SPb f. 25, o. 13-a, d. 35, l. 45-48.

132 Vgl. Auskunft von Basov vom 22.10.1943, CGAIPD SPb f. 25, o. 13-a, d. 57, l. 117-119.

133 Vgl. Očerki istorii Leningrada Bd. 5, S. 328.

134 Vgl. Koval'čuk: Iz istorii oborony Leningrada, S. 58 f.

135 Die Zahl aus Bidlack: Workers at War (1991), S. 225. Über die Ausfuhr berichtete der Direktor der Kirov-Werke, Semënov, dem britischen Korrespondenten Alexander Werth, vgl. Werth: Leningrad, S. 71; siehe dazu auch Karasev: Leningradcy v gody blokady, S. 255.

136 Die Vergleichszahlen nach Overy: Wurzeln des Sieges, S. 425.

Doch nicht nur die Produktionsziffern der Leningrader Industrie waren niedrig, auch die Qualität der von ihr hergestellten Güter war mangelhaft. Im Frühjahr 1943 lag der Ausschuß in den meisten Leningrader Fabriken bei über 50 %. Schon nach dem Gießen landete die Hälfte der Ware auf dem Schrott, bei der anschließenden mechanischen Bearbeitung kamen noch einmal 10 bis 15 % hinzu. Die Leningrader Partei sah die Schuld bei den Fabrikdirektoren, die zwar nach möglichst hohen Produktionsziffern jagten, dabei aber zuwenig auf die Qualität achteten. Dieses Vorgehen wertete die Partei als Erschleichung von hohen Produktionszahlen, zumal häufig die Unbrauchbarkeit der Produktion von den Verantwortlichen in Kauf genommen werde.[137] So hatte die Fabrik Nr. 211 nichts an der Herstellung von Minen geändert, obwohl die Führung der Roten Armee andere Produktionsmethoden angeordnet hatte: Bisher waren die Zünder im Moment des Abschusses regelmäßig gebrochen. Infolge dessen lagerten in den Speichern der Fabrik über 100 000 unbrauchbare Minen. Die Fabrik „Ėkonomajzer“ produzierte statt der vorgegebenen 6400 nur 950 Stück 152-mm-Geschosse. Der Ausschuß betrug dort bis zu 50 %. Der größte Teil der Produktion mußte ausgesondert werden, da die Rohlinge Blasen im Guß aufwiesen. Die Partei warf nun dem Fabrikmanagement vor, es habe dieses Problem auf die leichte Schulter genommen und sei nicht rechtzeitig eingeschritten, obwohl es möglich gewesen sei, solche Fehlgüsse noch zu Flugzeugbomben zu verarbeiten. Diese Praxis hatte allerdings dazu geführt, daß der Bedarf an Flugzeugbomben von nun an von der Fabrik „Ėkonomajzer“ allein gedeckt wurde. Auch in den Vperëd-Werken nahm man auf die Qualität der von ihnen produzierten Munition keine Rücksicht. Hier betrug der Ausschuß zwischen 55 und 65 %. Ein kompletter Produktionsausfall wurde bei der Herstellungen von Rohlingen von 50-mm-Minen registriert. Statt der erforderlichen 100 000 Stück hatte man lediglich 13 000 Stück produziert, die noch dazu allesamt unbrauchbar waren. Ein fast kompletter Produktionsausfall dieser Art stellte dabei noch nicht einmal eine Seltenheit dar. Auch die Lenin-Werke hatten bei der Herstellung von Rohlingen für reaktive Minen des Typs M-28 100 % Ausschuß produziert.

Die Hauptursachen für die Produktionsmängel lagen nach wie vor in den schlechten Produktionsbedingungen. So mußten sich die ungelernten Arbeitskräfte, die erst während des Kriegs in die Fabriken gekommen waren, zunächst in den Produktionsablauf einarbeiten. In manchen Fabriken, so in den Kirov-Werken, auf der Vulkan-Werft und in den Lepse-Werken betrug der Ausschuß im Mai 1942 deshalb bis zu 70 %.[138] In den Lepse-Werken war zum Beispiel der

---

137 Folgende und weitere Beispiele aus dem Bericht Basovs und Koročins vom 8.5.1943, CGAIPD SPb f. 25, o. 13-a, d. 53, l. 35–39.

138 Rechenschaftsbericht Basovs über die Planerfüllung der Leningrader Rüstungsindustrie im Mai 1942 vom 5.6.1942, CGAIPD SPb f. 25, o. 13-a, d. 35, l. 18–26, hier 21.

Guß schief, die Außenwände der Granathülsen unterschiedlich hoch, oder das Metall wies Mängel auf, etwa weil die Gußformen nicht sauber gewesen waren.[139]

Die Partei sah das Problem jedoch weniger in der schlechten Ausbildung, sondern diagnostizierte einen Mangel an politischer Erziehung. Besonders die jugendlichen Arbeiter würden nicht im Geiste der traditionsreichen Leningrader Arbeiterschaft erzogen und erbrächten aus diesem Grunde nicht die geforderte Leistung.[140] Mit Kampagnen für die Verbesserung der Produktion und einem verstärkten Kampf gegen den Ausschuß glaubte man, dieses Problem in den Griff zu bekommen. Wo diese Maßnahmen nicht weiterhalfen, sollte zum Mittel der strafrechtlichen Verfolgung gegriffen werden. Staatsanwaltschaft und Gerichte hätten die Mißstände restlos zu beseitigen und die Verursacher von minderwertiger Produktion zur Verantwortung zu ziehen. Scharf kritisiert wurden die Staatsanwaltschaften des Volodarskij und des Primorskij Bezirks, die in drei Fällen von minderwertiger Produktion die Schuldigen nicht bestraft, sondern die ganze Angelegenheit einfach fallen gelassen hätten. Zudem würde, so lautete der Vorwurf, in den dortigen Fabriken kein Kampf gegen den Ausschuß geführt.[141]

Zieht man ein kurze Zwischenbilanz für das Jahr 1942, dann bleibt festzuhalten, daß sich das Leben in Leningrad spürbar verbessert hatte. Das Exekutivkomitee des Leningrader Sowjets zeigte sich im Oktober mit der allgemeinen Entwicklung der Stadt auch zufrieden: Die Evakuierung schreite voran, unproduktive Fabriken würden konserviert, und der Luftschutz sei weiter verstärkt worden. Der hygienische Zustand der Stadt habe sich gebessert, und man habe sich dieses Jahr rechtzeitig daran gemacht, Wohnhäuser und Fabrikgebäude winterfest zu machen. Das Alltagsleben habe sich entspannt, mehrere Straßenbahnlinien seien in Betrieb genommen, die Wasserversorgung und Bäder funktionierten störungsfrei, und eine Reihe von Kultureinrichtungen habe wieder geöffnet.[142] Die verbesserten Bedingungen hatten zu einer Wiederaufnahme der Industrieproduktion geführt, wobei man den Schwerpunkt auf energiearme Produktionstechniken und zivile Gebrauchsgüter gelegt hatte. Die Stadtverwaltung mahnte allerdings auch schwerwiegende Rückstände an: Die Straßenbahnreparaturwerkstätte erfülle ihren Plan nicht, die Reinigung der Kanäle sei nicht gelungen, die Gemüseernte gehe zu langsam voran, die Industrie produziere vielfach zu

---

139 Vortragsnotiz Basovs und seines Stellvertreters Anan'ev über die Qualität der Gußerzeugnisse der Lepse-Werke sowie der Werke Nr. 496 und Nr. 7 vom 22.10.1943, CGAIPD SPb f. 25, o. 13-a, d. 57, l. 120-128.

140 Anordnung des Leningrader Stadtparteikomitees vom 16.11.1942, RGASPI f. 17, o. 43, d. 1153, l. 101-103.

141 Bericht Basovs und Koročins vom 8.5.1943, CGAIPD SPb f. 25, o. 13-a, d. 53, l. 35-39, hier 38.

142 Entscheidung des Leningrader Stadtparteikomitees und des Exekutivkomitees des Leningrader Stadtrats über das Arbeitsergebnis im 3. Quartal und den städtischen Wirtschaftsplan für das 4. Quartal 1942, RGASPI f. 17, o. 43, d. 1153, l. 107-109; Anordnung des Leningrader Stadtparteikomitees und des Exekutivkomitees des Leningrader Stadtrats vom 6.1.1943, RGASPI f. 17, o. 43, d. 1155, l. 15-17.

schlechte Qualität, die Wasserversorgung und die Kanalisation funktionierten noch immer unbefriedigend, und an Strom und anderen Energieträgern werde nicht ausreichend gespart.[143] Deshalb müßten die Partei- und Wirtschaftsführer den Kampf gegen die Energieverschwendung intensivieren.[144]

4. Produktionsanstieg unter verbesserten Bedingungen: Die Leningrader Rüstungsindustrie nach der Öffnung des Belagerungsrings

Im Januar 1943, als es der Roten Armee in ihrem fünften Befreiungsversuch gelungen war, eine Bresche in den Belagerungsring zu schlagen, änderte sich die Lage der eingeschlossenen Newametropole grundlegend. Durch den Korridor, der entlang des Südufers des Ladogasees führte, wurde in nur 22 Tagen eine 45 Kilometer lange Eisenbahnverbindung errichtet. Schon am 7. Februar 1943 konnte die neue Bahnstrecke ihren Betrieb aufnehmen.[145] Nun fuhren im Schnitt täglich mehr als neun Züge nach Leningrad, wodurch die Güterlieferungen in die belagerte Stadt verdoppelt werden konnten. Insgesamt brachten im letzten Blokkadejahr 3105 Züge 4 441 608 Tonnen Güter in den Belagerungsring, darunter 630 000 Tonnen Lebensmittel, 426 000 Tonnen Kohle, 1,38 Millionen Tonnen Holz und 725 000 Tonnen Torf.[146] Hinzu kam, daß die gesunkene Bevölkerungszahl es leichter machte, Leningrad zu versorgen. Am 1. August 1943 befanden sich nur noch 807 300 Menschen in der Stadt.[147] Es mußte also nur gut ein Viertel der Bevölkerung des Jahres 1941 ernährt werden. Dies war einerseits das Resultat der Evakuierung, andererseits aber auch eine tragische Folge der hohen Zahl von Hungertoten nach zwei Blockadewintern.

---

143 Ebd.

144 Anordnung des Leningrader Stadtparteikomitees vom 18.10.1942, RGASPI f. 17, o. 43, d. 1153, l. 114–115.

145 Vgl. Valentin M. Koval'čuk: Leningrad i bol'šaja zemlja. Istorija Ladožskoj kommunikacii blokirovannogo Leningrada v 1941–1943 gg., Leningrad 1975, S. 320 f. Zum Gesamtkomplex siehe ders.: Doroga pobedy osaždennogo Leningrada. Železnodorožnaja magistral' Šlissel'burg – Poljany v 1943 g., Leningrad 1984.

146 Vgl. Bidlack: Workers at War (1987), S. 245 und 261.

147 Vgl. Čerepenina: Golod i smert', S. 78.

Das Jahr 1943 stand nicht zuletzt deshalb im Zeichen einer fortschreitenden Verbesserung der Lebensbedingungen, weil die Schrecken der vorangegangenen Jahre nicht mehr zu überbieten waren. Der britische Journalist Alexander Werth hatte bei seinem Besuch der Newametropole im September 1943 sogar den Eindruck, daß sich der Alltag weitgehend normalisiert habe. Er sah Schlangen vor den Kinos und eine reichhaltige Auslage in dem bekannten Delikatessengeschäft „Eliseev“. Dort erhielten die Menschen auf ihre Lebensmittelkarten Fleisch, Würste, Schokolade und sogar Kaviar. Auf seinem Spaziergang über den Nevskij Prospekt sah er niemanden, der krank oder unterernährt aussah. Nur in den Blikken der Leningrader konnte er die schweren Belastungen der letzten Monate ablesen.[148] Das Leben der Menschen war zu dieser Zeit einzig durch den deutschen Artilleriebeschuß bedroht. Doch die Leningrader hatten gelernt, mit dieser Gefahr zu leben. Wurde eine Fabrik getroffen, so unterbrach sie den Produktionsablauf für höchstens 48 Stunden.[149]

Für die Industrie wie für die Privathaushalte war die Bresche im Belagerungsring mit einer verbesserten Zufuhr von Energieträgern verbunden. War die Stromversorgung in den Privathaushalten im Januar 1943 nur zwischen 18 und 24 Uhr gewährleistet, so brannte in den Wohnhäusern ab Oktober 1943 wieder den ganzen Tag Licht.[150] In der Industrie gingen zwar einige Rohstoffvorräte, von denen die Stadt bis dahin gezehrt hatte, zur Neige: Gußeisen, Schmierfette, Schnellstahl, Eisenrohre, Eisenblech, Salpeter und Bariumchlorat wurden ab Januar 1943 zur Mangelware.[151] Doch Eisen und Buntmetalle waren bis zum Ende der Blockade ausreichend vorhanden. In der zweiten Hälfte des Jahres 1943 lieferten sogar 135 Leningrader Fabriken 231 315 Tonnen Eisenschrott an die Metallkombinate in Magnitogorsk und Kuzneck. Zusätzlich wurden 2000 Tonnen Buntmetallschrott aus Leningrader Beständen ausgeführt.[152]

Die Leningrader Industrie konnte unter den verbesserten Bedingungen ihre Produktion ausweiten. Im Jahre 1943 nahmen 85 stillgelegte Fabriken ihren Betrieb wieder auf, so daß Ende des Jahres insgesamt 186 Werke in Produktion standen.[153] Die Leningrader Industrie war allerdings nach wie vor stark von den

---

148 Vgl. Werth: Leningrad, S. 175 f.

149 So der Direktor der Kirov-Werke, Puzyrëv, gegenüber Werth, vgl. ebd. S. 117 f.

150 Vgl. Gorškov: Siloju sveta, S. 117 und 168.

151 Schreiben Kapustins an Berija vom 14.1.1943, CGAIPD SPb f. 25, o. 13-a, d. 35, l. 58-61, hier 61.

152 Vgl. die ausführenden Bestimmungen zu einer Weisung des Staatlichen Verteidigungskomitees durch die Anordnung des Leningrader Stadtparteikomitees vom 6.7.1943, RGASPI f. 17, o. 43, d. 1158, l. 57-62. Ihre Umsetzung verlief äußerst unbefriedigend. Im Juli wurde der Plan zu 34,7 %, in den ersten zehn Augusttagen nur zu 12,2 % erfüllt, vgl. Anordnung des Leningrader Stadtparteikomitees vom 18.8.1943, ebd. d. 1159, l. 20-21.

153 Vgl. Bidlack: Workers at War (1987), S. 250 f. Die Leningrader Rüstungsproduktion entging auch den deutschen Belagerern nicht. Eine Aufstellung der wichtigsten Betriebe, der darin her gestellten Güter sowie der Anzahl ihrer Arbeiter findet sich in der Anlage zum Bericht der Sipo und des SD-Einsatzkommandos 1 an das A.O.K. 18, Ic vom 19.4.1943, in: BA-MA RH 19

Lieferungen aus dem Hinterland abhängig. Blieben einmal die Dieselmotoren aus, dann standen zum Beispiel die Panzerreparatur- und Produktionsstätten der Stalin-Werke still.[154] Deshalb war der Fabrikalltag auch weit von jenem reibungslos funktionierenden Produktionsprozeß entfernt, wie ihn die sowjetische Forschung entlang einiger, euphorisch erzählter Einzelfälle zu zeichnen pflegte. Wie in den Monaten zuvor stellten der Mangel an Facharbeitern und noch mehr das Energiedefizit im Grunde unlösbare Probleme dar. Ein Werkhallenleiter der Ižora-Werke wies zum Beispiel darauf hin, daß seine Arbeiter nicht die vorgeschriebenen 360 Stunden im Monat im Einsatz seien, da wichtige Maschinen wegen des Energiemangels die ganze Nacht stillstehen. Andere Werkhallenleiter klagten über fehlende Rohstoffe und das verspätete oder unregelmäßige Eintreffen wichtiger Vorprodukte. Immer wieder wurden Arbeiter von der Produktion abgezogen, damit sie beim Entladen dringend benötigter Güter mit anpacken konnten. Auch litt der Produktionsablauf unter einem Mechanisierungsdefizit, denn die Jagd nach hohen Produktionsziffern ging – ähnlich wie in den dreißiger Jahren – auf Kosten der Wartung und Reparatur von Maschinen. War eine Maschine defekt, so stand sie für Wochen oder gar Monate ungenutzt in der Werkhalle.[155]

Im Fabrikalltag trugen die Frauen die Hauptlast der Produktionsausweitung. In den Leningrader Betrieben, die dem Volkskommissariat für Maschinenbau unterstanden, arbeiteten im Herbst 1943 insgesamt 29 000 Menschen, 74 % davon waren Frauen. In den Fabriken des Volkskommissariats für den mittleren Maschinenbau betrug der Anteil der Frauen 94 %, in der chemischen und in der Gummiindustrie 88 %, in der Buntmetallindustrie 56 % und in der Panzerindustrie 57 %.[156] Dies lag deutlich über dem unionsweiten Durchschnitt, wo Frauen 52–53 % der Industriearbeiterschaft ausmachten, im Vergleich zu 41 % im Jahr 1940.[157] Die beruflichen Aufstiegschancen für Frauen verbesserten sich durch diese stärkere Einbeziehung in den Produktionsprozeß jedoch nicht. In der metallverarbeitenden und in der Schiffbauindustrie befanden sich zum Beispiel unter 120 beförderten Arbeitern nur zwei Frauen. In den Führungspositionen sah die Bilanz noch schlechter aus. So waren etwa in der Leningrader Stadtverwaltung alle 24 Abteilungsleiter Männer. Selbst in den Arbeitsbereichen, in denen traditionell mehr Frauen beschäftigt waren, stiegen sie nur selten in verantwortungsvolle Positionen auf. Nur vier der insgesamt vierzig Direktorenposten in den

---

III/448, Blatt 115–131. Der zu dieser Aufstellung zugehörige Stadtplan in: BA-MA RH 19 III/448, K-1.

154 Schreiben Kuznecovs an V.A. Malyšev, Volkskommissar für die Panzerindustrie, o.D. [Juli 1943], CGAIPD SPb f. 25, o. 13-a, d. 53, l. 60.

155 Vgl. Sitzungsprotokoll einer Besprechung der Wirtschafts-, Partei-, Gewerkschafts- und Komsomolaktivisten der Ižora-Werke vom 26.7.1943, CGA SPb f. 1790, o. 37, d. 6, l. 1–3.

156 Rechenschaftsbericht Basovs über die Maschinenbauindustrie im Krieg vom 24.10.1943, in: Leningrad v osade, S. 179–183, hier 182.

157 Vgl. Barber/Harrison: Soviet Home Front, S. 216.

Kantinenkombinaten bekleideten Frauen. Auch in den Partei-, Sowjet- und Gewerkschaftsorganisationen – so bemängelte das Leningrader Stadtparteikomitee, das selbst eine reine Männerriege war – haben Frauen zu geringe Aufstiegschancen. Nur in 37 % der Fälle seien Frauen in höhere Parteiämter gewählt worden.[158]

Die günstigeren Bedingungen nach dem Aufbruch des Belagerungsringes spiegeln sich auch in den Produktionszahlen der Leningrader Rüstungsindustrie wider. Allerdings überliefern die zur Zeit zugänglichen Archivbestände für das Jahr 1943 nur lückenhafte Angaben, so daß man hier teilweise mit in Klammern gesetzten Näherungswerten operieren muß. Folgende Bilanz läßt sich unter diesen Voraussetzungen für das Jahr 1943 aufstellen:[159]

Panzer	k. A. (ca. 100)
Flugzeuge	k. A. (ca. 140)
Schiffe (bis 31.10.)	105
Artilleriegeschütze (bis 31.10.)	7 210
Granatwerfer	k. A. (ca. 318)
Schwere Maschinengewehre (bis 31.10.)	2 300
Leichte Maschinengewehre	9 660
Maschinenpistolen	153 918

Darüber hinaus wurde an schweren Waffen repariert:[160]

Panzer (bis 31.10.)	547
Flugzeuge	k. A.
Schiffe (bis 31.10.)	296

An Munition wurde hergestellt:[161]

Geschosse (bis 31.10.)	1 704 500
Reaktive Geschosse (bis 31.10.)	81 600
Minen (versch. Arten) (bis 31.10.)	3 598 700
Flugzeugbomben (bis 31.10.)	97 950
Handgranaten (bis 31.10.)	526 000

Während bei der Herstellung von schweren Waffen die Stückzahlen nach wie vor sehr gering ausfielen und ihr Anteil an der unionsweiten Produktion marginal war, konnte der Bau von leichten Waffen deutlich gesteigert werden[162] und erreichte ein Niveau von immerhin regionaler Bedeutung. So konnten im Laufe des

158 Sitzungsprotokoll des Leningrader Stadtparteikomitees vom 22.5.1943, RGASPI f. 17, o. 43, d. 1157, l. 46–47.

159 Vgl. Auskunft von Basov vom 22.10.1943, CGAIPD SPb f. 25, o. 13-a, d. 57, l. 117–119; Rechenschaftsbericht von Basov vom 24.10.1943; Dzeniskevič u.a. (Hg.): Leningrad v bor'be, S. 257 und 264. Die Angaben für die Panzerproduktion beruhen auf eigenen Berechnungen, siehe oben; die Angaben für die Flugzeug- und Granatwerferproduktion wurden übernommen aus: Knjazev u.a.: Na zaščite Nevskoj tverdyni, S. 544.

160 Vgl. Auskunft von Basov vom 22.10.1943, CGAIPD SPb f. 25, o. 13-a, d. 57, l. 117–119.

161 Vgl. ebd.

162 Der Bau von Maschinenpistolen hatte sich vervierfacht, der von Artillerie verzehnfacht und der von leichten Maschinengewehren war sogar auf das sechzehnfache gestiegen.

Jahres nicht nur die Bedürfnisse der eigenen Front befriedigt, sondern auch die benachbarte Volchov-Front beliefert werden.[163] Und mit der in Leningrad hergestellten Schiffsartillerie wurde nicht nur die Marine in der Ostsee, sondern auch die Schwarzmeer- und die Nordmeerflotte ausgerüstet.[164]

	Leningrad	UdSSR	Leningrader Anteil an der unionsweiten Produktion
Panzer	ca. 100	24 689	0,4 %
Flugzeuge	ca. 140	34 900	0,4 %
Artilleriegeschütze	7 210	130 300	5,5 %
Granatwerfer	ca. 318	69 500	0,5 %
Maschinengewehre (schwere u. leichte)	11 960	458 500	2,6 %
Maschinenpistolen	153 918	2 024 000	7,6 %
Granaten	1 704 500	207 737 000	0,8 %

Die Produktionssteigerung des Jahres 1943 wurde vor allem aufgrund der Lieferung von Waffen und Munition an andere Fronten in der Forschung als eine erneute Ausbeutung Leningrads von seiten Stalins gedeutet.[165] Erneut macht Richard Bidlack einen Widerspruch zwischen Stalin und der um die Bevölkerung besorgten Leningrader Parteiführung aus, der sich so in den Quellen nicht wiederfinden läßt.[166] Vielmehr scheint seit dem Frühjahr 1942 weitgehendes Einvernehmen zwischen Ždanov und dem sowjetischen Diktator geherrscht zu haben. Im Mai hatte der Leningrader Parteichef gegenüber Stalin angekündigt, in 200 Fabriken den Produktionsprozeß wiederaufnehmen zu lassen und die an der Leningrader Front anfallenden Reparaturarbeiten an Schiffen, Panzern, Artillerie, Lkws und Eisenbahnen durchzuführen. Darüber hinaus stellte Ždanov monatlich 1000 Granatwerfer, 250 schwere Maschinengewehre, 2500 Maschinenpistolen, 250 000 Granaten und Minen und 25 Millionen Patronenhülsen verschiedener Kaliber in Aussicht. Dieses Versprechen könne er aber nur unter der Bedingung einlösen, daß Leningrad mit ausreichend Energie und Lebensmitteln versorgt werde.[167] Ždanov verknüpfte also lokale Belange mit dem unionsweiten Interesse an mehr Rüstungsgütern. Vielleicht gelang es ihm gerade mit diesem Köder,

[163] Die unionsweiten Produktionszahlen der folgenden Tabelle aus: Overy: Wurzeln des Sieges, S. 425; Harrison: Soviet Planning, S. 250. Beide Angaben weichen teilweise leicht voneinander ab.

[164] Rechenschaftsbericht Basovs über die Arbeit der Leningrader Maschinenbauindustrie im Krieg vom 24.10.1943, in: Leningrad v osade, S. 179–183, hier 181.

[165] Bidlack: Workers at War (1987), S. 248 f.

[166] Ebd.

[167] Schreiben Ždanovs an Stalin über den Wiederaufbau der Industrieproduktion unter den Beschwernissen der Blockade, o.D. [Mai 1942], CGAIPD SPb f. 25, o. 13-a, d. 45, l. 1–3.

Stalin von der Notwendigkeit einer möglichst weitreichenden Versorgung Leningrads zu überzeugen. Als gewünschter Nebeneffekt konnte sich der Leningrader Parteichef, der nicht ganz frei von Eitelkeit war, zum durchsetzungsstarken Parteiführer stilisieren lassen und auf diese Weise etliche Punkte bei Stalin sammeln. Die Ausweitung der Produktion unter deutlich verbesserten Rahmenbedingungen beruhte also nicht auf einer Ausbeutung von seiten Moskaus, sondern war die konsequente Nutzung des noch vorhandenen Industriepotentials.[168] Daß mit überschüssigen Produkten die benachbarte Volchov-Front mitversorgt wurde, lag zudem durchaus im Interesse Leningrads.

5. Die Produktionsbilanz

Die sowjetische Forschung hat stets die unglaublichen Produktionserfolge im belagerten Leningrad betont, diese jedoch nie mit konkreten Zahlen belegt. Viele Angaben verschleiern mehr, als sie erhellen, vor allem wenn Steigerungsquotienten ohne Bezugsgrößen genannt wurden.[169] Stößt man doch einmal auf konkrete Zahlen, dann geben diese nur einen Ausschnitt aus der Gesamtproduktion wieder, etwa die Produktionsziffern einer einzelnen Fabrik oder eines begrenzten Zeitraums. So ist bis heute aus der wissenschaftlichen Literatur nicht zu erfahren, was genau während der Belagerung Leningrads produziert wurde. Dies ist allerdings nicht nur das Versäumnis einer voreingenommenen sowjetischen Geschichtswissenschaft, sondern in erster Linie ein Quellenproblem. Amerikanische Berechnungen haben gezeigt, daß die offiziellen Angaben der sowjetischen Planungsbehörde Gosplan häufig übertrieben waren.[170] Selbst für die Betriebsebene

[168] Im Sommer 1943 waren in den Leningrader Fabriken noch folgende Maschinen, einschließlich der beschädigten und nicht einsatzfähigen, vorhanden: Metallbearbeitungsmaschinen 20 000 Stück; Pressen 360 Stück; Hämmer 205 Stück; Elektroöfen 11 Stück; Kupolöfen 90 Stück; Siemens-Martin-Öfen 7 Stück; Walzstraßen 18 Stück; Vgl. Gesuch Ždanovs an Molotov und Voznesenskij vom 23.7.1943, in: Leningrad v osade, S. 174-176.

[169] An dieser Stelle nur ein Beispiel: Manakov und Peterson geben etwa an, daß die Produktion von Granaten im Juli 1941 im Vergleich zum Vormonat um das Fünffache gestiegen sei, bis September um das 13-fache und in den Folgemonaten sogar um das 15-fache. Wieviel Granaten nun eigentlich produziert worden sind, erfahren wir daraus nicht, nur die kaum überraschende Tatsache, daß es im Krieg um ein Vielfaches mehr waren als in Friedenszeiten (denn als Bezugsmonat ist ganz bewußt der Juni 1941 gewählt worden), vgl. N. Manakov/L. Peterson: Leningrad – krupnejšij industrial'nyj centr našej strany, in: S.I. Avvakumov (Hg.): Geroičeskij Leningrad 1917-1942, Leningrad 1943, S. 91-148, hier 137.

[170] Marc Harrison: Soviet Economic Growth since 1928. The Alternative Statistics of G.I. Khanin, in: Europe-Asia Studies, 45 (1993), S. 141-167; Peter Gatrell/Marc Harrison: The Russian and Soviet Economy in Two World Wars, in: Economic History Review, 46 (1993), S. 425-452. Zur Aus-

lassen sich nur schwer konkrete Zahlen eruieren. Jene von sowjetischen Historikern gerne präsentierte unsystematische Aneinanderreihung von Einzelfällen oder von bezugslosen Steigerungsquotienten wurde nicht willkürlich an deren Schreibtischen fabriziert, sondern beruht auf der Auswertung der Rechenschaftsberichte der Betriebsbuchhaltung. Allerdings übernahmen die meisten Wissenschaftler die in den Archiven aufgespürten Zahlen, ohne sie zuvor einer kritischen Überprüfung zu unterziehen.

Ein weiteres Problem besteht darin, daß die Quellen fast nur Erfolge melden. Dies ist eine der Ursachen, weshalb die Kriegswirtschaft im belagerten Leningrad von Historikern bislang als Erfolgsgeschichte geschrieben wurde. Versucht man aber, die propagandistische Begleitmusik auszublenden und aussagekräftige Angaben zu Tage zu fördern, bleibt von den vielen positiven Befunden in den Dokumenten nicht mehr viel übrig. Auch wenn es keine wirklichen Erfolge zu vermelden gab, wurden die Ergebnisse als solche getarnt. Diese Praxis zog sich von der Werkhalle bis hinauf zur Parteiführung. Was die Leningrader Parteispitze nach Moskau meldete, war zwar nicht frei erfunden, doch stellte man die Zahlen möglichst so zusammen, daß sie der lokalen Parteiorganisation als Erfolg verkauft werden konnten. So unterscheiden die Berichte und Aufstellungen der Leningrader Partei häufig ganz bewußt nicht zwischen reparierten und neu hergestellten Panzern. Konkrete Angaben zur Industrieproduktion werden entweder gar nicht gemacht oder so geschickt zusammengesetzt, daß sie mehr verschleiern als erhellen. Hier nur ein Beispiel: Der Einbruch der Produktion im Spätherbst 1941 ist kaum zu ermitteln, weil sich in den Quellen durchweg nur Produktionsziffern für das gesamte zweite Halbjahr 1941 finden. Auf diese Weise wurde das schlechte Ergebnis der Monate November und Dezember wohl bewußt durch die Produktionserfolge zu Kriegsbeginn verdeckt.

Man kann davon ausgehen, daß Ždanov und Kuznecov über die falschen Angaben aus den Fabriken nicht völlig im Unklaren waren. Aber sie duldeten diese Praxis, da die leuchtenden Produktionserfolge auch auf sie ausstrahlten.[171] Doch immerhin ordnete das Büro des Leningrader Parteikomitees am 23. April 1943 an, daß die Partei- und Wirtschaftsleiter es zu unterlassen hätten, diejenigen Produkte in ihre Berichte über die Erfüllung der Rüstungsproduktion mit aufzunehmen, die überhaupt nicht der Verteidigung Leningrads dienten.[172]

---

sagekraft und zum Umgang mit sowjetischen Statistiken im allgemeinen vgl. Stephan Merl: Probleme des Umgangs mit sowjetischen Statistiken der 20er und 30er Jahre, in: Bernd Bonwetsch (Hg.): Zeitgeschichte Osteuropas als Methoden- und Forschungsproblem, Berlin 1984, S. 77-94.

171 Einzelfälle von gefälschten Berichten wurden durchaus aufgedeckt. So hatte die Fabrikleitung der Vperëd-Werke 1943 in den Berichtsbogen des Leningrader Stadtparteikomitees 181 000 produzierte Minen angegeben, bei einer Kontrolle stellte sich jedoch heraus, daß man real nur 110 900 hergestellt hatte, vgl. Bericht Basovs und Koročins vom 8.5.1943, CGAIPD SPb f. 25, o. 13-a, d. 53, l. 35-39, hier 37.

172 Anordnung des Leningrader Stadtparteikomitees vom 23.4.1943, RGASPI f. 17, o. 43, d. 1157, l. 5.

Auch diese Untersuchung muß sich auf Zahlen stützen, die unter dem Vorbehalt stehen, geschönt zu sein und die Produktionswirklichkeit nicht exakt widerzuspiegeln. Wo es möglich war, wurden Angaben anhand anderer Quellen überprüft. Doch auch wenn die eruierten Resultate auf Angaben beruhen, die von sowjetischen Behörden und Instanzen ermittelt und zusammengestellt wurden, so erlaubt das vorhandene Material nichtsdestotrotz, wenigstens die Größenordnung der Produktion abzustecken.

In den letzten Monaten der Belagerung wurden in Leningrad über 150 verschiedene Rüstungsgüter produziert.[173] Um die Übersicht zu wahren, beschränken sich die folgenden Statistiken auf die wichtigsten Waffengattungen, wobei Geschütze und Munition unterschiedlicher Kaliber zusammengefaßt sind. Als die Parteiführung im April 1944 vor dem Plenum des Leningrader Parteikomitees zum erstenmal Rechenschaft über die Blockadezeit ablegte, präsentierte Jakov Kapustin, der zuständige Parteisekretär für die städtische Schwerindustrie, folgende Bilanz für den Zeitraum Juni 1941 bis Dezember 1943:[174]

Panzer (produziert und repariert)	über 2 000
Flugzeuge (produziert und repariert)	etwa 1 500
Marineartillerie (Kanonen 100 bis 180 mm)	etwa 150
Heeresartillerie (Kanonen)	etwa 4 500
Granatwerfer (50 bis 160 mm)	über 12 000
Leichte und schwere Maschinengewehre	über 12 000
Maschinenpistolen	über 200 000
Granaten (45 bis 406 mm)	etwa 4 000 000
Minen (50 bis 120 mm)	etwa 3 500 000
Raketengeschosse	über 125 000
Flugzeugbomben	etwa 150 000
Funkstellen	etwa 30 000
Telefonapparate	etwa 150 000
Schiffe (her- und fertiggestellt)	407
Schiffe (repariert)	etwa 850

Nach seinen Angaben wurden folgende Zivilgüter produziert:

Elektrogeräte im Wert von Rubel	39 000 000
Stoffe (Wolle und Baumwolle in Meter)	73 500 000
Schuhe (Paar)	8 500 000
Bekleidung (Einheiten)	20 000 000
Zwirn (Rollen)	78 000 000

Diese Aufstellung hat zwei Schwächen. Zum einen bezieht Kapustin jene Monate in seine Bilanz mit ein, in denen Leningrad noch nicht von der Wehrmacht eingeschlossen war. Zum anderen faßt er bei den Angaben über Panzer und Flugzeuge

173 Vgl. Rechenschaftsbericht Basovs vom 24.10.1943, in: Leningrad v osade, S. 179–183.

174 Rede Kapustins auf der Plenarsitzung des Leningrader Stadtparteikomitees vom 12.4.1944, CGAIPD SPb f. 25, o. 2, d. 4883, l. 109–135, hier 115.

neu hergestelltes und repariertes Kampfgerät zusammen. Des weiteren wird nicht zwischen her- und fertiggestellten Schiffen unterschieden, so daß man nicht erfährt, für wie viele der 407 im Krieg gebauten Schiffe bereits Vorarbeiten aus der Vorkriegszeit existierten.

Da auch keine monatlichen Produktionsziffern vorliegen, ist es schwer zu ermitteln, wie viele der von Juli bis Dezember 1941 produzierten Rüstungsgüter in den Wochen der Blockade, also seit dem 8. September hergestellt wurden.[175] Doch mittels eines aufwendigen Vergleichs aller verfügbaren Zahlen und mit Hilfe von Schätzungen an den Stellen, wo die Quellen Lücken aufweisen, läßt sich zumindest die Größenordnung der Produktion ermitteln. Dies soll hier exemplarisch anhand der Panzerproduktion durchgeführt werden. Dieses Beispiel wurde deshalb ausgewählt, da die aus den Fabriken direkt an die Front rollenden Panzer als Symbol für die Leistung der Leningrader Industrie stehen.

Folgendes läßt sich als Ausgangsbasis festhalten: Von Juli 1941 bis Dezember 1943 sind insgesamt 1397 Panzer repariert und von Juli 1941 bis Dezember 1942 773 Panzer neu gebaut worden.[176] Für das Jahr 1943 liegen uns leider keine Produktionsziffern vor.[177] Wenn man annimmt, daß die Steigerungsquote in der Panzerproduktion etwa dieselbe Größenordnung haben dürfte wie diejenige bei der Panzerreparatur (47,8 %), dann kommt man auf etwa 90 Panzer, die im Jahr 1943 neu gebaut wurden. Für die ungefähre Richtigkeit dieser Zahl spricht folgende Gegenprobe. Zählt man alles zusammen, kommt man für den Zeitraum Juli 1941 bis Dezember 1943 auf insgesamt 862 produzierte und 1397 reparierte Panzer, und diese Zahl entspricht ziemlich genau der von Kapustin gemachten Angabe von über 2000 produzierten und reparierten Panzern.[178]

Produktion und Reparatur von Panzern in Leningrad 1941 - 1943

	2. Hj. 1941	1942	1943	GESAMT
Produktion	713	60	ca. 90	ca. 860
Reparatur	480	370	547	1397
Prod. und Rep.	1193	430	ca. 640	ca. 2260

[175] Monatliche Berichte liegen wahrscheinlich im Archiv des Verteidigungsministeriums in Podol'sk. Diese Bestände sind für westliche Historiker zur Zeit jedoch nicht zugänglich. Vgl. E. Kogan: The Russian Military Records from Podol'sk, in: The Journal of Slavic Military Studies, 6 (1993), S. 651-655.

[176] Siehe unten.

[177] Die in der sowjetischen Literatur zu findende Zahl von 508 produzierten und reparierten Panzern ist zu niedrig, da allein bis zum 31.10.1943 547 Panzer repariert wurden, vgl. Knjazev u.a.: Na zaščite Nevskoj tverdyni, S. 544; siehe dagegen: Auskunft von Basov vom 22.10.1943, CGAIPD SPb f. 25, o. 13-a, d. 57, l. 117-119.

[178] Auch die, leider nicht näher belegte, Angabe Dzeniskevičs von „nicht weniger als 836 Panzern", die in diesem Zeitraum produziert worden seien, bestätigt diese Größenordnung, vgl. Dzeniskevič: Front u zavodskich sten, S. 200. Soweit uns vergleichbares Archivmaterial vorliegt, bestätigt es die Angaben Kapustins, so daß diese als seriös eingestuft werden können.

Wie viele dieser rund 860 gebauten Panzer wurden nun während der Belagerung Leningrads, also zwischen dem 8. September 1941 und dem 27. Januar 1944, hergestellt? Auch hier läßt sich durch das Abgleichen mit anderen Angaben zumindest ein Näherungswert berechnen. Für die Wintermonate 1941 liegen nur zwei Zahlen vor: Im November betrug die Anzahl der produzierten und reparierten Panzer 45, im Dezember nur noch 13.[179] Geht man davon aus, daß das Verhältnis zwischen produzierten und reparierten Panzern wie im darauffolgenden Jahr bei 1:6 liegt, dann sind in diesen beiden Monaten etwa 10 neue Panzer hergestellt worden.

Da die Produktion der Leningrader Industrie in den ersten beiden Blockademonaten noch möglichst hoch gehalten wurde, kann man annehmen, daß sie in den Monaten Juli bis Oktober relativ konstant war. Setzt man für September und Oktober 1941 das monatliche Mittel dieses Zeitraumes an, dann kommt man bei insgesamt ca. 700 hergestellten Panzern[180] auf monatlich 175 Stück. Diese Schätzung ist sehr optimistisch, denn sie beruht auf der Annahme, daß es bis in den Oktober hinein zu keinem Produktionseinbruch gekommen ist. Also kann man für den Zeitraum September bis Dezember 1941 von einer Produktion von maximal 360 Panzern sprechen. Werden zu dieser Zahl die Ergebnisse der Jahre 1942 und 1943 hinzugezählt, dann erhält man eine Produktion von 500 Panzern als Richtwert für den Zeitraum der Blockade Leningrads.

Nun stellt sich die Frage, ob diese 500 während der Blockade gebauten Panzer viel oder wenig waren. Die sowjetische Forschung hat stets die ökonomische Bedeutung Leningrads für die sowjetische Kriegswirtschaft betont.[181] Zur Bewertung der Zahlen ist es also nötig, sie in den Kontext der unionsweiten Rüstungsproduktion einzuordnen:

Die Panzerproduktion in Leningrad 1941–1943: Vergleich Leningrad – Sowjetunion[182]

	Juli-Dez. 1941	1942	1943	Gesamt
Produktion UdSSR	4 800	24 446	24 089	55 125
Produktion L.	713	60	ca. 90	ca. 860
Anteil L.s an der Gesamtproduktion	14,9 %	0,25 %	ca. 0,4 %	ca. 1,6 %

[179] Rechenschaftsbericht Basovs über die Planerfüllung in Leningrad im Juni 1942 an Kuznecov, Kapustin und Machanov vom 3.7.1942, in: CGAIPD f. 25, o. 13-a, d. 35, l. 62-72, hier 63. Dies ist eines der wenigen Dokumente, in denen konkrete Produktionszahlen aus den Wintermonaten 1941/42 aufgeführt werden. In diesem Fall sind sie als Vergleichszahlen angeführt, um die Produktionserfolge im Juni 1942 hervorzuheben.

[180] Diese Zahl ergibt sich aus den von Juli bis Dezember 1941 gebauten 713 Panzern (siehe den einleitenden Abschnitt zu diesem Kapitel) abzüglich der ca. 10 Stück im November und Dezember produzierten Fahrzeuge.

[181] Vgl. u.a. N.A. Manakov: Ėkonomika Leningrada v gody blokady, in: Voprosy istorii 1967, Nr. 5, S. 15-31.

[182] Die Zahlen der unionsweiten Produktion aus: Overy: Wurzeln des Sieges, S. 425; Harrison: Soviet Planning, S. 250 f.

Diese Zahlen sind nun unmißverständlich und können, trotz der oben geschilderten Schwierigkeiten bei der Erhebung konkreter Angaben, in folgenden Befund übersetzt werden: Während die sowjetische Panzerproduktion 1942 um das Vierfache gestiegen war, brach sie zur selben Zeit in Leningrad auf weniger als ein Zehntel des Vorjahresstandes ein und spielte unionsweit nur noch eine marginale Rolle. Bei anderen schweren Waffen verlief die Entwicklung sehr ähnlich. Es fallen jedoch Unterschiede bei Geschützen und Schußwaffen auf:

Die Rüstungsproduktion in Leningrad 1941–1943: Vergleich Leningrad – Sowjetunion [183]

	Anteil L.s 1. Hj. 1941	Anteil L.s 1942	Anteil L.s 1943
Flugzeuge	3,25 %	–	ca. 0,40 %
Geschütze	10,40 %	0,55 %	7,50 %
Granatwerfer	23,60 %	0,70 %	ca. 0,45 %
Maschinengewehre	–	0,80 %	2,60 %
Maschinenpistolen	11,80 %	2,40 %	7,60 %

Die Leningrader Rüstungsindustrie hatte also nach dem völligen Einbruch 1942 im folgenden Jahr durchaus Teilerfolge vorzuweisen. Doch es gelang ihr auf keinem Sektor, auch nur eine annähernd wichtige Rolle wie vor der Blockade zu spielen. Berücksichtigt man, daß in den Jahren 1942 und 1943 unionsweit enorme Produktionssteigerungen erreicht wurden, dann verdient der Anteil, den man unter den Bedingungen der Blockade an produzierten Geschützen und Maschinenpistolen erreichte, alle Achtung. Angesichts dieser Teilerfolge stellt sich die Frage, auf welche Weise die Bolschewiki die Leningrader Industrie für die Kriegswirtschaft mobilisierten.

6. Die Mobilisierung der Leningrader Kriegswirtschaft

Die aufs Ganze gesehen erstaunlichen Produktionserfolge der sowjetischen Kriegswirtschaft beruhten auf zwei Voraussetzungen. Zum einen war eine Kommandowirtschaft für den Kriegszustand besonders geeignet. Die Wirtschaft wurde mit Dekreten gesteuert, und der Staat mußte keinerlei Rücksicht auf privatkapitalistische Interessen nehmen oder Kompromisse mit der Arbeiterschaft eingehen. Doch Zwangsmaßnahmen allein erklären noch nicht die hohe Wirt-

[183] Die Zahlen der unionsweiten Produktion nach: Overy: Wurzeln des Sieges, S. 425; Harrison: Soviet Planning, S. 250 f.

schaftsleistung: Stalins Befehle brachten die Produktion noch nicht zum Laufen. Als zweite Voraussetzung bedurfte es der sowjetischen Planwirtschaft. Sie wurde in den zwanziger Jahren eingeführt, um die „Irrationalität" des Marktes durch Berechenbarkeit und Sicherheit zu ersetzen. Während der ersten beiden Fünfjahrespläne stieg die Sowjetunion zur zweitgrößten Wirtschaftsmacht der Welt auf – ein Erfolg, der in den dreißiger Jahren Europäer wie Amerikaner gleichermaßen faszinierte. In dieser Zeit hatten sich viele Abläufe in der staatlich gelenkten Wirtschaft eingespielt:

> „Zentral geplante industrielle Entwicklung in unerschlossenen Regionen war für sowjetische Funktionäre bei Kriegsausbruch keine Neuigkeit mehr; großräumige Bevölkerungsbewegungen vom Dorf in die Stadt, vom agrarischen Süden zum stärker industrialisierten Norden stellten inzwischen eine vertraute Erfahrung dar. Bei ihren Versuchen, Mittel und Zweck, In- und Output aufeinander abzustimmen, entwickelten Ökonomen und Funktionäre im Verlauf des Planungsprozesses genau jene Fähigkeit, die für die Organisation einer Kriegswirtschaft am dringendsten benötigt wurde."[184]

Deshalb war die als rückständig eingeschätzte sowjetische Kriegswirtschaft auch der deutschen in vielen Bereichen überlegen, obwohl das Reich die überwiegend modernere Technik herstellte. Mit nur einem Viertel der Deutschland zur Verfügung stehenden Stahlmenge produzierte die sowjetische Industrie mehr Panzer, Gewehre und Flugzeuge als der Kriegsgegner. Deutschland schöpfte sein wirtschaftliches Potential nicht aus, weil es anstelle von Massenproduktion auf eine Vielfalt von Waffen setzte, die zwar qualitativ hochwertiger und oft raffinierter als die sowjetischen waren, aber dadurch den Nachteil einer aufwendigen Herstellung mit sich brachten. Für diese Politik war die Wehrmacht verantwortlich, denn sie überwachte die Rüstungsproduktion von der Konzeption einer Waffe über deren Entwicklung bis hin zur Serienfertigung. Die ständigen Änderungswünsche von der Front mußten von den Ingenieuren umgesetzt werden. Zudem teilten die Militärs ein weitverbreitetes Vorurteil gegenüber amerikanischen Produktionsmethoden, die angeblich zwar Masse, aber nur mindere Qualität liefern können. Statt dessen setzte die deutsche Kriegswirtschaft auf kleine und mittelständische Betriebe, die flexibel auf jeden Änderungswunsch reagierten. Das Ergebnis war, daß die deutschen Waffen sich zwar durch hohe Qualität auszeichneten, doch für ihre Herstellung übermäßig viel Zeit und Material verwandt und Arbeitskräfte über Gebühr beansprucht wurden. Erst Albert Speer gelang es, die Produktpalette zu reduzieren und den Übergang von der handwerklichen Fertigung zur industriellen Massenproduktion zu bewerkstelligen. Doch als dessen Reformen 1943 erste Früchte trugen, erforderten die verstärkten Bombardierungen der Alliierten eine Verlegung der Fabriken an sichere Orte. Deren Anpassung an die Bedürfnisse der Massenproduktion war somit von nachgeordneter Priorität. Nachteilig wirkte sich zudem aus, daß immer größere Teile der Beleg-

---

184 Overy: Wurzeln des Sieges, S. 238.

schaft aus Zwangsarbeitern bestanden. Im Jahr 1944 machten sie ein Viertel der Arbeitskräfte im Deutschen Reich aus.[185]

Die Vereinigten Staaten überließen im Gegensatz zu Deutschland die praktische Umsetzung ihrer Vorgaben den Fachleuten in der Industrie, die aufgrund ihrer Erfahrung in der zivilen Industrie konsequent auf die Fließbandproduktion von Flugzeugen und Schiffen setzten. Das sowjetische Wirtschaftssystem war im Grunde das genaue Gegenteil vom amerikanischen Prinzip. Die staatliche Planwirtschaft wurde durch klare Aufträge gesteuert. Dennoch setzte sich auch hier die Produktion einer einfachen Palette an standardisierten Rüstungsprodukten durch, die der Schlüssel zur sowjetischen Massenproduktion waren. Außerdem entwickelte die zentrale Planwirtschaft bei weitem weniger Bürokratie als das deutsche Zwittersystem aus Kommandowirtschaft und Kapitalismus.[186]

Das Erfolgsgeheimnis der Leningrader Kriegswirtschaft sah der für die städtische Rüstungsindustrie zuständige Parteisekretär Basov darin, daß „alle Unternehmen zu einem unteilbaren Produktionsorganismus wurden, der nur einer Führung, nur einem unerschütterlichen Plan untergeordnet ist".[187] Diese Auffassung entsprach dem kommunistischen Gegenentwurf zum kapitalistischen „Chaos", wonach die Wirtschaft ein zentral gesteuerter Organismus zu sein habe. Doch wie verlief die Mobilisierung der Leningrader Kriegswirtschaft in der Praxis? Welche Institutionen haben mit welchen Instrumenten die Produktion in den Betrieben gerade nach dem schweren Winter 1941/42 wieder zum Laufen gebracht?

In der räumlichen Trennung vom Hinterland konnte das belagerte Leningrad eine relative Unabhängigkeit entwickeln. Die Verbindungen zwischen den Fabriken und den zuständigen Volkskommissariaten in Moskau waren bereits unmittelbar nach Kriegsbeginn schwächer geworden und brachen nach der Schließung des Belagerungsringes größtenteils ab.[188] Da die Organisation der städtischen Industrie jedoch schon in den dreißiger Jahren in den Händen der lokalen Parteibehörden lag, zog die Isolierung vom Hinterland keine organisatorische Katastrophe nach sich.[189] Der Kriegsrat der Leningrader Front und das Leningrader Parteikomitee übernahmen die operative Leitung der Produktion, das heißt, sie legten das Produktionsprogramm fest und kontrollierten dessen Erfüllung. Die örtlichen Organe waren neben Planung und Leitung der Produktion auch für die materielle Versorgung der Fabriken verantwortlich, die sie hauptsächlich mit

185 Vgl. ebd., S. 15 und 259-265.

186 Vgl. ebd., S. 236-256; Dunn: Soviet Economy, S. 240-244.

187 Bericht Basovs über die Lage der Leningrader Industrie aus dem Februar 1942, CGAIPD f. 25, o. 13-a, d. 35, l. 6-14, hier 9.

188 Bidlack: Worker at War (1987), S. 61. Allerdings irrt Bidlack, wenn er behauptet, die Verbindung zwischen Moskau und der Leningrader Industrie sei vollständig getrennt worden.

189 Dzeniskevič: Front u zavodskich sten, S. 153 f.

Hilfe städtischer Ressourcen durchführten.[190] Auch wenn die Moskauer Zentrale nach dem Durchbruch des Belagerungsringes die Zügel wieder etwas straffer anzog und auch Lieferungen anforderte,[191] wurde die Leningrader Rüstungsindustrie erst im vierten Quartal des Jahres 1943 wieder in den unionsweiten Volkswirtschaftsplan aufgenommen.[192] Das Staatliche Verteidigungskomitee verlor als die höchste staatliche Instanz im Krieg zwar nie den direkten Kontakt zu den führenden Rüstungsbetrieben, doch konnte die Leningrader Partei eigene Prioritäten in der Produktion setzen und zum Beispiel Arbeiter von geschlossenen Rüstungsfabriken in lokale Wirtschaftsbetriebe verlagern.[193]

Doch der Kreml benötigte überhaupt keinen direkten Draht zu den Leningrader Fabriken, um seine Politik vor Ort durchzusetzen. Es genügte häufig schon, daß Stalin die allgemeine Richtung vorgab, denn überall im Land gab es Leute, die sofort daran gingen, diese Richtlinien in die Praxis umzusetzen. Wenn der sowjetische Diktator zum Beispiel in seiner Ansprache anläßlich des Tags der Arbeit die Forderung aufstellte, der Front mehr Waffen und Munition zu liefern, dann verstanden die Funktionsträger dies als eine persönliche Aufforderung und fühlten sich für die Umsetzung verantwortlich. Die Berufung auf die Worte des „großen Führers“ diente dabei stets als wirksames Durchsetzungsinstrument. Im Unterschied zum Nationalsozialismus, wo die „kleinen Führer“ vor Ort dazu angehalten waren, dem Führer selbständig „entgegenzuarbeiten“,[194] erscheint für den Stalinismus eher ein Übererfüllen von Wünschen charakteristisch, die Stalin öffentlich und sehr allgemein gehalten signalisiert hatte. Infolgedessen ist das Verhältnis der unteren Chargen zur Führung ein völlig anderes. Während sie Stalin häufig erklären mußten, warum bestimmte Vorgaben nicht erfüllt wurden, und sich dabei auf unabänderliche Sachzwänge beriefen, verwiesen die lokalen Amtsträger im Dritten Reich offensiv auf vermeintliche „Sachzwänge“, um zum Beispiel die als zu zögerlich empfundene „Judenpolitik“ der Regierung voranzutreiben.[195] In beiden Fällen war das Ergebnis eine Radikalisierung der Politik. Doch während Stalin Maßnahmen gegen die offensichtlichen „Versager“ oder „Saboteure“ ergreifen ließ, brauchte Hitler die oftmals schon in Gang gesetzte Politik nur noch abzusegnen oder mitunter noch weiter zu verschärfen. So radi-

---

[190] Gesuch des Leningrader Parteisekretärs, Andrej Ždanov, an den stellvertretenden Vorsitzenden des Staatlichen Verteidigungskomitees, V.M. Molotov, und den Vorsitzenden der Staatlichen Planungskommission, N.A. Voznesenskij, vom 23.7.1943, in: Leningrad v osade, S. 174-176.

[191] So Bidlack: Workers at War (1987), S. 4 f.

[192] Rechenschaftsbericht über die Kriegsjahre des Abteilungsleiters für Maschinenbau beim Leningrader Stadtparteikomitee, M. Basov, vom 24.10.1943, in: Leningrad v osade, S. 179-183, hier 180. Leningrad fiel mit Beginn des 3. Quartals 1941 sogar aus den unionsweiten Aufstellungen der Statistischen Verwaltung der Sowjetunion heraus und wurde erst im Mai 1943 wieder aufgenommen, vgl. Čerepenina: Golod i smert', S. 67.

[193] Bidlack: Workers at War (1987), S. 4.

[194] Vgl. Kershaws zweibandige Biographie: Hitler 1889-1936, Stuttgart 1998, hier v.a. S. 663-744, und als zentraler Topos des zweiten Bandes: Hitler 1936-1945, Stuttgart 2000.

[195] Vgl. Herbert: Vernichtungspolitik, S. 59-63.

kalisierte sich die Gewalt im Stalinismus nach innen, im Nationalsozialismus nach außen.

Gemeinsam ist den beiden Systemen, daß vor Ort überzeugte Anhänger des jeweiligen Führers saßen. So waren auch Ždanov und seine Parteigenossen überzeugte Stalinisten. Sie stimmten in den Grundfragen der Politik und der Kriegführung mit dem Kreml überein und akzeptierten Stalins uneingeschränkten Führungsanspruch. Wenn also der sowjetische Diktator in einer Rundfunkansprache vom 3. Juli 1941 das Motto „Alles für die Front!“ vorgab, dann fühlten sich selbstverständlich auch die Leningrader Bolschewiki verpflichtet, diesem Aufruf Folge zu leisten.[196] Insofern ist die kriegsbedingte Selbständigkeit Leningrads nicht mit politischer Unabhängigkeit zu verwechseln, denn die wurde gar nicht angestrebt.

Die Fabriken erhielten ihre Aufträge vom Kriegsrat der Leningrader Front in einer Mischung aus zentralen Planvorgaben und kurzfristig angeordneten Bestellungen. Während die Planvorgaben dazu dienten, die Grundbedürfnisse der Front zu decken, erhöhten die einzeln vergebenen Rüstungsaufträge, welche die Fabriken neben der Planerfüllung auszuführen hatten, die Flexibilität des Systems, weil es sich mit solchen Maßnahmen schnell auf nicht einkalkulierte Bedürfnisse und Notlagen reagieren ließ. Im Laufe des Herbstes 1941 konnten die Leningrader Fabriken den Vorgaben der politischen Führung jedoch immer weniger nachkommen. Die Verantwortlichen in Leningrad ignorierten bei ihren Aufträgen häufig die konkreten Schwierigkeiten, mit denen die Fabriken zu kämpfen hatten. Viele Anordnungen des Kriegsrats der Leningrader Front waren dadurch Makulatur, etwa wenn die Voskov-Werke angewiesen wurden, neben ihrer Produktion von Granaten und Minen täglich auch noch 200 Maschinengewehre herzustellen. Es war völlig utopisch, eine Ausweitung der Produktion dieser Fabrik zu fordern, da sie aufgrund des finnischen Vormarsches von der Ortschaft Sestroreck gerade in den Smol'nyj-Bezirk umgezogen war und im September nur 1,5 %, in der ersten Oktoberhälfte nur 9 % ihres Plans erfüllen konnte.[197] So klaffte die Lücke zwischen den Anforderungen der Führung und der Leistungsfähigkeit der Betriebe immer weiter auseinander, bis die Produktion in den Wintermonaten schließlich zusammenbrach.

Mit Beginn des Frühjahrs 1942 brachte der Kriegsrat der Leningrader Front die Industrie mit Hilfe von klar definierten und zeitlich eng begrenzten Aufträgen langsam wieder zum Laufen. So ordnete er zum Beispiel am 6. Februar 1942 an, daß in den Stalin-Werken dreizehn KV-Panzer zu reparieren seien, sieben bis zum 12. Februar und der Rest bis zum 20. Februar 1942. Damit die Fabrik diesen Auftrag auch erfüllen konnte, mußte der ganze staatliche Wirtschaftsapparat

---

[196] Dies und die Gefahr, als Saboteur hingestellt zu werden, wenn man keine Erfolge im Sinne der Stalinschen Vorgaben vorweisen konnte, macht all die Rechenschaftsberichte und Statistiken sowjetischer Provenienz zu einer äußerst problematischen Quelle.

[197] Vgl. Bidlack: Workers at War (1987), S. 143 f.

angeworfen werden. Der Vorsitzende des Leningrader Gosplan und der Leiter der Verwaltung für die staatlichen Reserven mußten 250 Tonnen Kohle bereitstellen, die Fabrik „Krasnyj avtogen" hatte neun Flaschen mit Sauerstoff zu liefern, und der Befehlshaber des Hinterlandes der Leningrader Front mußte den Stalin-Werken Benzin, Sprit, Kerosin sowie erhöhte Lebensmittelrationen für die Arbeiter zukommen lassen, die an den Reparaturen beteiligt waren. Zu guter Letzt wurden dem Fabrikdirektor fünf Autos, jeweils mit Fahrer, zur Verfügung gestellt.[198] Dieser Vorgang ist kein Einzelfall. In den Archiven finden sich unzählige derartige Anordnungen. Die Reparatur von Waffen wurde also nicht im „Normalbetrieb" vorgenommen, sie fand vielmehr in einer institutionalisierten Ausnahmesituation statt. Die Fabriken bekamen für diese Zeit extra Energie und Rohstoffe, und die Essensrationen der Arbeiter wurden für die Dauer der Arbeiten erhöht. Im Laufe des Jahres 1942 gingen der Kriegsrat der Leningrader Front und das Leningrader Stadtparteikomitee wieder verstärkt dazu über, monatliche Produktionspläne aufzustellen. Das unregelmäßige Eintreffen der notwendigen Rohstoffe führte jedoch dazu, daß man in den ersten Wochen in erheblichen Rückstand geriet und den Plan in den letzten Tagen des Monats „stürmen" mußte, wie dies in der zeitgenössischen Diktion hieß. Üblicherweise wurde über 50 % des Plans in der letzten Woche erfüllt.[199]

Diese Form der Kommandowirtschaft erforderte wie schon in den dreißiger Jahren häufig das direkte Eingreifen hochrangiger Parteiführer, besonders wenn irgendwo Schwierigkeiten auftraten. Die Bezirksparteisekretäre sahen regelmäßig persönlich in den Fabriken nach dem Rechten, beriefen Versammlungen ein und hielten Reden.[200] Auch Ždanov und die anderen Parteisekretäre überzeugten sich immer wieder vor Ort davon, daß die Produktion lief.[201] Vor allem wenn es um die Beschaffung der erforderlichen Rohstoffe und Energieträger ging, mußten hochrangige Parteigrößen intervenieren. So wandte sich zum Beispiel der Zweite Leningrader Parteisekretär, Kuznecov, an den Vorsitzenden von Gosplan, um die Lieferung von 4000 Tonnen Masut in die Wege zu leiten, damit die Fabrik Nr. 232 des Volkskommissariats für Rüstung in der Stahlerzeugung fortfahren konnte, von der eine ganze Reihe Leningrader Rüstungsbetriebe abhängig waren.[202] Als trotz des Beschlusses des Leningrader Stadtparteikomitees im Frühjahr 1942, in einer Leningrader Werkzeugfabrik im Smol'nyj-Bezirk Maschinenpistolen herzustellen, die Produktion zunächst nicht anlief, schauten Kuznecov und Kapustin im Juni selbst in der Fabrik vorbei: Sie organisierten die notwendigen

---

198 Anordnung des Kriegsrats der Leningrader Front vom 6.2.1942, in: Leningrad v osade, S. 151.

199 Vgl. Bidlack: Workers at War (1987), S. 227.

200 Erinnerungen des Bezirksparteisekretärs und Leiters der Kaderabteilung im Leningrader Stadtparteikomitee, P.P. Stel'machovič, CGAIPD SPb f. 4000, o. 18, d. 242, l. 40.

201 Vgl. Bidlack: Workers at War (1987), S. 224.

202 Telegramm von Kuznecov an Voznesenskij vom 18.12.1943, in: Rossijskij gosudarstvennyj archiv ėkonomiki (im Folgenden RGAĖ) f. 4372, o. 43, d. 301, l. 1.

Maschinen und Arbeiter, denen sie eine Mahlzeit zusätzlich am Tag gewährten.[203] Der Nachteil dieser Wirtschaftsform war, daß Nichtbevollmächtigte auf informellen Wegen mit den Arbeitern Sonderaufträge aushandelten und damit die geregelte Planerfüllung behinderten.[204]

In der Praxis wurde die Wirtschaft also wie eine Revolution organisiert: mit Spontaneität und einer befristeten Konzentration aller Kräfte auf ein Ziel. Dies lag nicht zuletzt daran, daß die Bolschewiki auch nach über zehn Jahren Herrschaft das Selbstverständnis von Revolutionären hatten.[205] Diese Organisationsform bewährte sich nun auch im Ausnahmezustand des Kriegs. Das Vorgehen in Leningrad lag dabei in einem unionsweiten Trend. Während im ersten Kriegsjahr ein „Regime von Notmaßnahmen“ – geleitet von einer Art Industriekabinett unter der Leitung von Nikolaj Voznesenskij, dem Vorsitzenden der staatlichen Planungsbehörde Gosplan – die sowjetische Wirtschaft mit Improvisationen und Zwangsmaßnahmen notdürftig auf Kriegsproduktion umstellte, kehrte man im Herbst 1942 zu einer zentralen Planung zurück, da das Kommandosystem an seine Grenzen gestoßen war und unter zunehmender Konfusion und Ineffizienz litt.[206]

Stalins Anordnungen enthielten häufig keine konkreten Handlungsanweisungen, sondern waren vielmehr allgemeine Aufrufe zum Kampf, zu Ausdauer und Disziplin. Der sowjetische Diktator mobilisierte sein Führungspersonal durch Signale. Es blieb jedoch den ausführenden Instanzen vorbehalten, die politischen Vorgaben in konkrete Politik umzusetzen.[207] Diesen Herrschaftsstil findet man in Leningrad auf der lokalen Parteiebene im Kleinen wieder. Leitende Parteifunktionäre gaben oftmals keine klaren Anweisungen, sondern begnügten sich mit Agitation, indem sie Kritik an bestehenden Mißständen übten und kategorisch deren Beseitigung forderten. Solche Anordnungen blieben das Aufzeigen eines konkreten Lösungsweges stets schuldig. Statt dessen sind sie voll von allgemein gehaltenen Floskeln, etwa daß die Disziplin zu stärken oder sozialistische Wettbewerbe zu initiieren seien.[208] Für die Besserung der Lage wurde regelmäßig eine untergeordnete Institution oder eine Person verantwortlich gemacht. Auf diese Weise blieb es den mittleren Funktionsträgern vorbehalten, einen Weg zu finden, die Forderungen in die Praxis umzusetzen. So machte Kapustin dem Direktor der Lenin-Werke, Strel'nikov – der sich beschwert hatte, daß das Stadtparteiko-

---

[203] Vgl. die Erinnerungen des Sekretärs der Leningrader Evakuierungskommission, Vasilij V. Sadovin, CGAIPD SPb f. 4000, o. 18, d. 452-a, l. 8.

[204] Anordnung des Direktors der Bol'ševik-Werke, Klavsut', vom 29.1.1942, CGA SPb f. 1275, o. 12, d. 958, l. 4.

[205] Vgl. Fitzpatrick: Everyday Stalinism, S. 14.

[206] Vgl. Harrison: Soviet Planning, S. 97-100, 175-177 und 192-197; Eugène Zaleski: Stalinist Planning for Economic Growth 1933-1952, London, Basingstoke 1980, S. 285-308.

[207] Vgl. Fitzpatrick: Everyday Stalinism, S. 24-28.

[208] Sheila Fitzpatrick führt das Fehlen von Ausführungsbestimmungen auf die Inkompetenz des sowjetischen Führungspersonals zurück, vgl. ebd., S. 26 f.

mitee für seine Fabrik nichts tue – klar, er könne sich im Zweifelsfall nicht auf Hilfe von oben verlassen: „Haben Sie im Blick, Genosse Strel'nikov, daß sie selbst darüber nachdenken müssen, wie der Fabrik geholfen werden kann."[209]

Die projektbezogene Selbständigkeit der Fabrikdirektoren war jedoch nur innerhalb der Grenzen möglich, die die allgemeinen Richtlinien vorgaben. So stellte Kapustin den Direktor der Kirov-Werke an den Pranger, weil er das Produktionstempo zugunsten von Reparaturarbeiten am Fabrikgebäude vernachlässigt habe, obwohl Stalin schon in seiner ersten Kriegsrede der Produktion für die Front absolute Priorität eingeräumt hatte.[210]

Das Delegieren von Problemen nach unten trug zu einer realistischeren und flexibleren Wirtschaftsweise bei, als sie unter der zentralen Leitung einer riesigen Planungsbehörde möglich gewesen wäre. Doch die Bolschewiki delegierten dabei gleichzeitig auch die Verantwortung nach unten. Die Bezirksparteikomitees hatten in den einzelnen Fabriken für die Kontrolle der Plan- und Aufgabenerfüllung zu sorgen und bei Nichterfüllung die Schuldigen zur Verantwortung zu ziehen. Gewann das Stadtparteikomitee jedoch den Eindruck, ein Bezirksparteikomitee vernachlässige diese Aufgabe, dann konnte dies für die Parteiführer auf Bezirksebene selbst Konsequenzen haben.[211]

Als Hauptverantwortliche im Produktionsprozeß wurden allerdings die Fabrikdirektoren gesehen. Es ist symptomatisch, daß das Leningrader Stadtparteikomitee den Leiter von „Lenėnergo" und den Direktor des Kabelnetzes von „Lenėnergo" persönlich dafür verantwortlich machte, 54 Betriebe unter keinen Umständen vom Stromnetz abzuschalten.[212] Das Übernehmen von persönlicher Verantwortung bedeutete, daß bei Nichterfüllung der auferlegten Aufgaben der verantwortliche Leiter des Betriebes oder der Institution entlassen wurde. Die Sitzungsprotokolle und Anordnungen des Büros des Leningrader Stadtparteikomitees enthalten für die gesamte Blockadezeit Beschlüsse über die Entlassung von Fabrikdirektoren, die aus Sicht der Partei ihre Aufgaben nicht erfüllt hatten.[213] Kapustin selbst machte keinen Hehl aus diesem Politikstil. Wenn eine

---

209 Rede Kapustins auf der Plenarsitzung des Leningrader Parteikomitees vom 12.4.1944, CGAIPD SPb f. 25, o. 2, d. 4883, l. 109–135, hier 127.

210 Ebd.

211 Bericht Basovs über die Planerfüllung der Leningrader Rüstungsindustrie im Juni 1942 an Kuznecov, Kapustin und Machnov vom 3.7.1942, CGAIPD SPb f. 25, o. 13-a, d. 35, l. 62–72, hier 72. Schon für die dreißiger Jahre läßt sich dieses Abschieben der Verantwortung an untergeordnete Organe beobachten. Während die regionale Parteispitze bei Fehlentwicklungen meist unbehelligt blieb, wurde die Ebene der Stadt- oder Bezirkskomitees sehr häufig für angebliche Versäumnisse haftbar gemacht, vgl. Rees: The Changing Nature of Centre-Local Relations, S. 29; Khlevnyuk: The First Generation of Stalinist „Party Generals", S. 51.

212 Anordnung des Leningrader Stadtparteikomitees vom 27.11.1941, CGAIPD SPb f. 25, o. 2, d. 3833, l. 21 und 37 f.

213 Siehe RGASPI f. 17, o. 43, d. 1149–1162, z.B. im Juli 1942 der Direktor der Lenin-Werke, Nikolaj G. Nikitin, der Direktor der Fabrik „Zweiter Fünfjahresplan" (*fabrika 2-j pjatiletki*) sowie der Direktor der Fabrik „Kinap", ebd. f. 17, o. 43, d. 1151, l. 94 und 96. Siehe aber auch Akten

Fabrik den Plan nicht erfüllte, dann lag das seiner Ansicht nach daran, daß dort die Direktiven der Partei nicht befolgt worden seien. Die Verantwortung dafür trage allein der Fabrikdirektor, den man, so verteidigte sich Kapustin, in der Regel ausgetauscht habe.[214] Die eigentlichen Gründe, nämlich die widrigen Produktionsumstände in der belagerten Stadt, wurden dabei gar nicht in Rechnung gestellt. Als im Frühjahr 1942 die Produktion nach monatelangem Stillstand langsam wieder anlief, zog die Partei diejenigen Fabrikdirektoren zur Rechenschaft, denen es nicht gelang, ihre Rüstungsaufträge auf Anhieb zu erfüllen.[215] Nicht nur Entlassungen oder deren Androhung setzte die Partei als Sanktionsmittel ein, auch der öffentliche Pranger gehörte zu ihrem Mobilisierungswerkzeug. So kritisierte die *Leningradskaja pravda* im Oktober die Direktoren Čamaev und Kostinym, weil ihre Betriebe angeblich unproduktiv arbeiteten.[216]

Die Fabrikdirektoren waren allerdings nicht nur Opfer, sondern aktiver Teil dieses Systems.[217] Innerhalb ihrer Betriebe agierten sie oft auf dieselbe Art und Weise. Als zum Beispiel das Transportwesen wegen des Benzinmangels im Herbst 1941 nicht mehr funktionierte, versuchte der Direktor der Kirov-Werke, M.A. Dlugač, dem Problem dadurch Abhilfe zu schaffen, indem er die Werkhallenleiter persönlich für die Überwachung des Transportsystems ihrer Werkhalle verantwortlich machte.[218]

Die vielen Entlassungen zogen natürlich ebenso viele Beförderungen nach sich, so daß gerade junge Fabrikdirektoren im Verlauf des Kriegs erstaunliche Karrieren machen konnten. Der Direktor der Bol'ševik-Werke, Volostalov, wurde zum Beispiel im Dezember 1941 ins Volkskommissariat für Rüstung befördert. Ein solcher Aufstieg löste eine ganze Kette von Karrieresprüngen aus. An die Stelle Volostalovs rückte der bisherige Direktor der Karl-Marx-Werke, M.S. Klavsut', nach, dessen Nachfolger wiederum ein gewisser Dobroslavskij wurde,

---

aus dem Leningrader Parteiarchiv, etwa zur Entlassung der Direktoren der Fabrik „Metallist" und der Fabrik „Kinap" im Oktober sowie der Fabrik „Gosmetr" und der mechanischen Fabrik „Kotljakova" im November 1941, CGAIPD SPb f. 25, o. 2, d. 3819, l. 21 und d. 3833, l. 2 und l. 6.

214 Jakov Kapustin: Pervičnye partorganizacii Leningradskich promyšlennych predprijatij v uslovijach vojny, Leningrad 1943, S. 42-46 (mit Beispielen).

215 So die Ankündigung im Rechenschaftsbericht Basovs über die Planerfüllung der Leningrader Rüstungsindustrie im Mai 1942 vom 5.6.1942, CGAIPD SPb f. 25, o. 13-a, d. 35, l. 18-26, hier 25.

216 Vgl. *Leningradskaja pravda*, 3.10.1941 und 18.10.1941. Die Namen der Fabriken wurden allerdings nicht genannt, so daß nicht ausgeschlossen werden kann, daß diese Fälle erfunden wurden, um den Direktoren der Leningrader Fabriken die Konsequenzen schlechter Planerfüllung vor Augen zu führen.

217 Für eine Auflösung der klassischen Täter-Opfer-Dichotomie plädierte zu Recht bereits Susanne Schattenberg: Die Frage nach den Tätern. Zur Neukonzeptionalisierung der Sowjetunionforschung am Beispiel von Ingenieuren der 20er und 30er Jahre, in: Osteuropa, 50 (2000), S. 638-655.

218 Anordnung des Direktors der Kirov-Werke, M.A. Dlugač, vom 22.10.1941, CGA SPb f. 1788, o. 31, d. 35, l. 78.

bis dahin Direktor der „Fabrik für Revolverbänke und Maschinenpistolen“ (*fabrika revol'vernych stankov i avtomatov*).[219] Klavsut’ schien sich allerdings nicht als Leiter einer der größten Fabriken Leningrads zu bewähren. Schon vier Monate später mußte er seinen Posten wieder räumen und gegen den des Direktors im Kombinat Nr. 179 des Volkskommissariats für Munition eintauschen. Neuer Direktor des Bol’ševik-Werke wurde der bisherige Chefingenieur der Stalin-Werke, A.I. Zachar’in.[220]

Es gab allerdings keinen Automatismus, die Fabrikdirektoren zu den Schuldigen zu erklären, sobald der Plan nicht erfüllt wurde. In den Molotov- und Krasnaja-Vagranka-Werken hatte man zum Beispiel die Betriebsparteiorganisation für das schlechte Produktionsergebnis verantwortlich gemacht, weil sie nicht täglich kontrolliert habe, ob die Anweisungen des Fabrikdirektors auch ausgeführt wurden.[221] Aus den Akten des Büros des Leningrader Stadtparteikomitees geht nicht hervor, nach welchem Prinzip die Schuldigen ausgemacht wurden. Doch nach unserem Kenntnisstand über das sowjetische System ist anzunehmen, daß Denunziationen und politische Einflußnahmen von hochgestellten Fürsprechern hinter den Kulissen die Suche nach Verantwortlichen maßgeblich beeinflußt haben.

Die harten Maßnahmen, mit denen man auf Mißerfolge reagierte, waren jedoch keine Besonderheit der Kriegszeit. Schon in den dreißiger Jahren verhinderte das Prinzip der „Kritik und Selbstkritik“, daß die Parteispitze mit zur Verantwortung für Mißstände gezogen wurde.[222] Während der Terrorwelle der dreißiger Jahre, der *Ežovščina,* waren die Fabrikdirektoren schon einmal ins Visier des Regimes geraten: Viele von ihnen wurden verhaftet, einige sogar hingerichtet.[223] Die Fabrikdirektoren, die während des Kriegs im Amt waren, hatten zumeist die während des Terrors frei gewordenen Posten besetzt. Viele waren bei Kriegsbeginn etwa dreißig Jahre alt und gehörten damit jener Generation an, die

---

219 Sitzungsprotokoll des Leningrader Stadtparteikomitees vom 12.12.1941, RGASPI f. 17, o. 43, d. 1149, l. 11.

220 Beschluß des Leningrader Stadtparteikomitees vom 11.3.1942, RGASPI f. 17, o. 43, d. 1149, l. 145.

221 Anordnung des Leningrader Stadtparteikomitees vom 5.2.1943, RGASPI f. 17, o. 43, d. 1155, l. 112-114.

222 Neutatz: Die Moskauer Metro, S. 414. Zum Phänomen der ‚Kritik und Selbstkritik‘ vgl. Lorenz Erren: ‚Kritik und Selbstkritik‘ in der sowjetischen Parteiöffentlichkeit der dreißiger Jahre. Ein mißverstandenes Schlagwort und seine Wirkung, in: JbGO, 50 (2002), S. 186-194; ders.: Zum Ursprung einiger Besonderheiten der sowjetischen Parteiöffentlichkeit. Der Stalinistische Untertan und die ‚Selbstkritik‘ in den dreißiger Jahren, in: Gábor T. Rittersporn/Malte Rolf/Jan C. Behrends (Hg.): Sphären von Öffentlichkeit in Gesellschaften sowjetischen Typs. Zwischen partei-staatlicher Selbstinszenierung und kirchlichen Gegenwelten, Frankfurt a.M. u.a. 2003, S. 131-163.

223 Vgl. Salisbury: 900 Tage, S. 151 f.; J. Arch Getty: Origins of the Great Purges. The Soviet Communist Party Reconsidered 1933-1938, Cambridge 1985, S. 132.

unter dem Sowjetregime sozialisiert worden war und weder an der Revolution noch am Bürgerkrieg teilgenommen hatte.[224]

Das Prinzip der persönlichen Verantwortlichkeit herrschte nicht nur in der Leningrader Industrie. Im Grunde war jede Führungsposition ein potentieller Schleudersitz. Auch der Leiter der Oktobereisenbahn, I.V. Kolpakov, wurde im Februar 1942 wegen angeblicher Unfähigkeit seines Postens enthoben.[225] Fünf Monate später folgte ihm der Leiter der Politischen Abteilung, D.A. Žarov, wegen permanenter Trunkenheit.[226] Und der Genosse Černjak aus der Leningrader Apothekenverwaltung wurde beauftragt, innerhalb einer Woche das städtische Apothekensystem in Ordnung zu bringen. Könne er das nicht leisten, müsse man ihn aus seinem Amt entfernen.[227] Auch innerhalb der Partei wurden Funktionäre suspendiert, weil sie „mit der Arbeit nicht zurecht kamen“ oder aufgrund von „häufiger Absenz“. In manchen Fällen drohte ihnen sogar der Parteiausschluß.[228]

Nicht nur vermeintliche Unfähigkeit, die Vorgaben der Partei zu erfüllen, führte zu Entlassungen von Spitzenfunktionären. Auch ideologische Fehler konnten ein abruptes Ende der Karriere bedeuten. Als das Leningrader Radio ein Propagandagedicht über die „Straße des Lebens“ – die Versorgungsroute über den zugefrorenen Ladogasee – mit angeblich falschem politischem Inhalt gesendet hatte, mußte der stellvertretende Leiter der literarischen Abteilung im Radiokomitee seinen Hut nehmen.[229] Im November 1941 wurden zwei Mitglieder des städtischen Gerichts entlassen. Ihr Vergehen bestand darin, einen Fall von Diebstahl und illegalem Verkauf von Lebensmitteln durch zwei Mitarbeiter eines Lebensmittelgeschäfts zu „liberal“ untersucht und letztlich unzureichend geahndet zu haben.[230]

Das stalinistische System funktionierte also auf eine paradox anmutende Art und Weise. Zum einen entwickelte es den Drang, alles zentral zu regeln, zum

---

[224] So die Beobachtung des Journalisten W.L. White bei seinem Besuch der Sowejtunion im Jahre 1944, vgl. White: Report on the Russians, z.B. S. 41, 51, 103 und 210.

[225] Sitzungsprotokoll des Leningrader Stadtparteikomitees vom 24.2.1942, RGASPI f. 17, o. 43, d. 1149, l. 120.

[226] Beschluß des Leningrader Stadtparteikomitees vom 9.7.1942, RGASPI f. 17, o. 43, d. 1151, l. 86.

[227] Sitzungsprotokoll des Leningrader Stadtparteikomitees vom 16.2.1942, RGASPI f. 17, o. 43, d. 1149, l. 79.

[228] Vgl. Sitzungsprotokoll des Leningrader Stadtparteikomitees vom 30.12.1941, RGASPI f. 17, o. 43, d. 1149, l. 24; Sitzungsprotokoll des Leningrader Stadtparteikomitees vom 5.1.1942, RGASPI f. 17, o. 43, d. 1149, l. 30; Beschluß Leningrader Stadtparteikomitees vom 24.3.1942, RGASPI f. 17, o. 43, d. 1149, l. 132.

[229] Anordnung des Leningrader Stadtparteikomitees vom 22.7.1942, RGASPI f. 17, o. 43, d. 1151, l. 98. Dabei wurde das sowjetische Radioprogramm seit Ende der dreißiger Jahre streng reglementiert und kontrolliert, vgl. dazu Tatjana M. Gorjajewa: Unterwerfung und Gleichschaltung des Rundfunks in der UdSSR, in: Dietrich Beyrau (Hg.): Im Dschungel der Macht. Intellektuelle Professionen unter Stalin und Hitler, Göttingen 2000, S. 197-218.

[230] Anordnung des Leningrader Stadtparteikomitees, November 1941, CGAIPD SPb f. 25, o. 2, d. 3833, l. 7.

anderen erwies es sich als unfähig, in schwierigen Fällen gangbare Lösungswege zu finden, und delegierte Probleme nach unten weiter. Diese Praxis hatte den Vorteil, daß den unteren Stellen während des Kriegs mehr Spielraum eingeräumt wurde als zu Friedenszeiten. Den damit verbundenen Verlust an Kontrolle versuchte man wettzumachen, indem man die Bevollmächtigten persönlich für das Gelingen der jeweiligen Projekte verantwortlich machte und damit zum Erfolg verdammte. Wer scheiterte, hatte mit persönlichen Konsequenzen zu rechnen. Darin liegen die systeminternen Wurzeln des permanenten Elitenaustauschs, der für das sowjetische System symptomatisch war. Die Eliten wurden im Grunde genauso rücksichtslos verschlissen wie die Arbeiter auf den Großbaustellen oder die Soldaten an der Front.

7. Machtausübung in den Fabriken und die Einstellung der Arbeiter

In den Fabriken setzten die Leningrader Bolschewiki auch während der Blockade auf das aus ihrer Sicht bewährte Mobilisierungsinstrumentarium der dreißiger Jahre: Agitationsarbeit, individuelle Produktionsverpflichtung, Stoßarbeit und schwarze Bretter.[231] Allerdings kam es den Fabrikarbeitern zugute, daß zwischen dem Winter 1941/42 und dem Sommer 1943 die Fabrikdirektoren nicht ange-

[231] Bericht Basovs und Koročins an Kuznecov und Kapustin über die Erfüllung der sozialistischen Pflichten in den Fabriken der Leningrader Rüstungsindustrie, o.D. [Mai 1942], CGAIPD SPb f. 25, o. 13-a, d. 44, l. 34-44, hier 36 f. und 40 f. Dies waren nicht nur Forderungen der Parteiführung. Auch der Produktionsleiter der Bol'ševik-Werke forderte auf der Plenarsitzung des Gewerkschaftsfabrikkomitees einen verstärkten sozialistischen Wettbewerb, vgl. Protokoll der Plenarsitzung des Fabrikgewerkschaftskomitees der Bol'ševik-Werke vom 15.9.1942, CGA SPb f. 1275, o. 13, d. 106, l. 48-55, hier 52. Die Gewerkschaften vertraten diese Politik ebenso, vgl. Sitzungsprotokoll der allgemeinen Gewerkschaftskonferenz in den Bol'ševik-Werken am 18.3.1943, CGA SPb f. 1275, o. 13, d. 112, l. 16-17. Öffentlich ausgehängte Tafeln, die sowohl die erfolgreichen Stoßarbeiter lobend herausstellten als auch die angeblichen Blaumacher und Drückeberger anprangerten, bemerkte zum Beispiel der Journalist W.L. White auf seinem offiziellen Besuch in der Sowjetunion im Jahre 1944, vgl. White: Report on the Russians, S. 41 und 49. Zur Machtausübung über die Arbeiter durch öffentliche Auszeichnung bzw. Anprangerung in den dreißiger Jahren siehe Neutatz: Moskauer Metro, S. 453-466. Im Folgenden wird die Mobilisierung innerhalb der Fabrik exemplarisch in den Vordergrund gerückt. Dieselben Mobilisierungsformen finden sich aber auch in anderen Bereichen, etwa bei der Schadensbeseitigung an städtischen Gebäuden und ihrer Instandhaltung, vgl. z.B. die Anordnung des Leningrader Stadtparteikomitees über die Stärkung der parteipolitischen und erzieherischen Arbeit in den Leningrader Einheiten zur Beseitigung von technischen Störungen vom 5.1.1942, in: RGASPI f. 17, o. 43, d. 1149, l. 30-31.

halten waren, die Arbeitsnormen anzuheben und damit den sich bessernden Produktionsbedingungen anzupassen. Die zum Teil fantastisch anmutende Normerfüllung war nur möglich, weil die Normen so niedrig waren, daß es nicht den vollen Einsatz der Arbeitskraft erforderte, sie zu erfüllen.[232] Als die Werkleitung im Herbst 1943 eine Ausweitung der Produktion forderte, stieß sie auch prompt auf den Widerstand der Arbeiter. Die Partei stellte sich in diesem Fall jedoch hinter die Fabrikdirektoren. So wurde zum Beispiel ein Werkhallenleiter der Ižora-Werke von einem Vertreter der betrieblichen Parteiorganisation zurechtgewiesen, da er für die geforderte Produktionssteigerung vehement mehr Arbeiter und Maschinen verlangt hatte:

> „Der Vortrag von Šenderov hat mir nicht gefallen. Sein Kollektiv arbeitet gut, aber es könnte noch besser arbeiten. Šenderov hat nicht gesagt, auf welche Weise gearbeitet werden soll, bei ihm wird keine Stachanov- und keine Stoßarbeit praktiziert; es gibt auch keine öffentlichen Hinweise auf die besten Arbeiter, denen überhaupt zu wenig Aufmerksamkeit geschenkt wird. Insgesamt gibt es in der Fabrik 261 Stachanov- und Stoßarbeiter. Das ist zuwenig.“[233]

Die betrieblichen Parteiorganisationen waren verpflichtet, sozialistische Wettbewerbe und Stoßbrigaden zu organisieren, sowie Wandzeitungen aufzuhängen und Versammlungen abzuhalten, auf denen die aktuelle Stalin-Rede oder wichtige Fragen der Innen- und der Außenpolitik diskutiert werden sollten.[234] Im Herbst 1941 wurde dies offenbar immer noch so praktiziert. Der stellvertretende Werkabteilungsleiter im Leningrader Rechenzentrum, Pëtr M. Samarin, hielt zum Beispiel seine Eindrücke von einem Abendvortrag zum Thema „Krieg im Pazifik“ in seinem Tagebuch fest:

> „Der Lektor ist ein Mitarbeiter der Politabteilung. Seine Vorlesung war zwar gut zusammengefaßt, obwohl er es in keiner guten Sprache vortrug, trotzdem bin ich mit dem Gehörten zufrieden. Bei der Vorlesung habe ich gefroren, weil im Raum nicht geheizt wurde.“[235]

Doch mit dem hereinbrechenden Winter war diese Form der politischen Schulung nicht aufrechtzuerhalten. Bereits im September 1941 hatte sich der Leiter der Organisationsabteilung des Leningrader Parteikomitees, L.M. Antjufeev, darüber beklagt, daß die Parteiführer immer seltener die parteilosen Fabrikkader berieten und auf existentielle Bedürfnisse der Fabriken selbst nicht mehr reagierten. Die Bezirksparteifunktionäre und die Fabrikdirektoren hielten keine Vorträ-

---

232 Vgl. Bidlack: Workers at War (1991), S. 29.

233 Sitzungsprotokoll einer Besprechung der Wirtschafts-, Partei-, Gewerkschafts- und Komsomolaktivisten der Ižora-Werke vom 26.7.1943, CGA SPb f. 1790, o. 37, d. 6, l. 1 - 3, hier 3.

234 Vgl. z.B. die Anordnung des Leningrader Stadtparteikomitees vom 28.6.1943, RGASPI f. 17, o. 43, d. 1157, l. 61. Siehe auch die Rüge, die das Leningrader Stadtparteikomitee an mehrere Parteigruppen der Kirov- und Stalin-Werke wegen Mängeln in der politischen Arbeit aussprach, in der Vortragsnotiz von Basov und Koročin für Ždanov, Kuznecov und Kapustin vom 27.11.1943, CGAIPD SPb f. 25, o. 13-a, d. 57, l. 81 - 84.

235 Tagebuch von Pëtr Samarin, Eintrag vom 19.12.1941, in: Kempowski: Das Echolot, S. 530.

ge zur aktuellen Lage und den Folgen, die sich für ihre Fabrik daraus ergäben. In einigen Fabriken seien die Kommunisten isoliert und führten weder die parteilose Masse an noch wehrten sie „Desorganisatoren, Panikmacher und antisowjetische Elemente“ ab. Häufig folgten sie sogar selbst rückständigen Stimmungen und erwiesen sich als regelrechte Feiglinge. Sie drückten sich vor dem Armeedienst und bezahlten nicht einmal mehr ihren Mitgliedsbeitrag.[236]

Bei der Wiederaufnahme der Produktion im Frühjahr 1942 setzte die Partei vor allem auf die Jugendlichen zwischen 13 und 18 Jahren. Nach einer kurzen Ausbildungsphase von drei bis vier Monaten wurden sie voll in den Produktionsablauf integriert. Ohne Rücksicht auf ihr Alter mußten sie bis zu neun Stunden an der Werkbank stehen, hatten eine Sieben-Tage-Woche und wurden auch für die Nachtschicht eingeteilt.[237] Der Komsomol hatte die Aufgabe, sich um die jungen Arbeiter zu kümmern und deren politische Erziehung zu übernehmen. Doch der kommunistischen Jugendorganisation fehlte zunächst das notwendige Personal, da die Komsomolzen sich zu Kriegsbeginn in Scharen zur Roten Armee oder zur Volkswehr gemeldet hatten. 283 000 Jungkommunisten waren in den ersten Wochen und Monaten freiwillig an die Front gezogen, das machte immerhin 80 % des Mitgliederbestandes aus. In manchen Stadtbezirken hatten sich sogar bis zu 90 % aller Komsomolzen zum Waffendienst verpflichten lassen.[238]

Im Hungerwinter 1941/42 konnten auch die Aktivisten des Komsomol die Anforderungen der Partei nicht mehr erfüllen. Am 12. Februar 1942 richteten das Leningrader Stadt- und Gebietsparteikomitee einen gemeinsamen Brief an die kommunistische Jugendorganisation Leningrads. Einige Komsomolzen schwatzten nur von Wachsamkeit, ohne jedoch gegen die Verbreitung profaschistischer und konterrevolutionärer Gerüchte vorzugehen und deren Verursacher dem NKVD zu melden. Ein solch passives Verhalten ermutige Verräter und Feinde nur. Zudem hätten sich in letzter Zeit einige schwankende Elemente vom aktiven Leben der Organisation losgelöst, ja, es habe sogar Austritte und Fälle gegeben, in denen einige Panikmacher ihren Mitgliedsausweis verloren oder vernichtet hätten. Diese Vorkommnisse seien nur Ausdruck dessen, daß in vielen Unterorganisationen des Komsomol keine Versammlungen mehr abgehalten würden. Die logische Konsequenz sei eine Schwächung des Einflusses auf die Jugend, und dies um so mehr, da der Komsomol im Krieg viele neue Mitglieder aufge-

---

236 Vortragsnotiz Antjufeevs für Ždanov, Kuznecov, Kapustin und Šumilov über den Zustand der parteipolitischen und massenerzieherischen Arbeit unter den Werktätigen Leningrads vom 2.9.1941, CGAIPD SPb f. 24, o. 2-v, d. 4819, l. 2–4.

237 Dies rief sogar die Kritik der Parteiführung hervor, vgl. Anordnung des Leningrader Stadtparteikomitees an den Leningrader Komsomol vom 27.3.1943, RGASPI f. M-1, o. 6, d. 110, l. 56–61.

238 Rede des Leningrader Komsomolsekretärs Ivanov auf einer Versammlung des ZK des VLKSM am 10.7.1942, RGASPI f. M-1, o. 6, d. 44, l. 50–63, hier 51. Die Zahlen für den Kolpino-Bezirk aus dem Arbeitsbericht der Komsomolorganisation in Kolpino, ebd., l. 12–14.

nommen habe. Vor allem Mädchen waren der Organisation beigetreten, doch gerade die Arbeit mit den weiblichen Mitgliedern wurde angeblich vernachlässigt, da einige offenbar noch nicht begriffen hätten, daß der Sieg gerade von der moralischen Standhaftigkeit der Frauen und Mädchen abhänge. Der Komsomol-Agitator wurde als ein Politkrieger gesehen, dessen Aufgabe es war, die Jugendlichen zum heldenhaften Kampf zu mobilisieren. Seine Agitation sollte überzeugend, einfach, scharf und feurig sein und er solle überall dort, wo Jugendliche seien, präsent sein: in den Fabriken, Luftschutzkellern, Straßenbahnen, Kantinen und Geschäften.[239]

Es dauerte mehrere Monate, bis die Leningrader Organisation durch die Aufnahme neuer Mitglieder ihre Reihen wieder aufgefüllt hatte. Erst ab dem Frühjahr 1942 brachten die jungen Leute wieder die Kraft auf, sich freiwillig zu engagieren. So hatte zum Beispiel die Komsomolorganisation des Smolensker Bezirks im März 62 neue Mitglieder zu verzeichnen, im April 91, im Mai gar 180 und im Juni 150.[240] Diese Beitritte konnten die personellen Verluste allerdings nicht einmal annähernd wettmachen, wie die folgende Aufstellung zeigt:[241]

Mitglieder des Leningrader Komsomol

	Stadt	Gebiet	Gesamt
1.4.1941	238 566	127 959	366 525
1.1.1943 (davon	30 735	15 012	45 747
erst im Krieg beigetreten)	(28 638)	(8 257)	(36 895)

Der Leningrader Komsomol hatte sich im Krieg gewandelt. Er war von jungen Frauen dominiert und hatte sich verjüngt: 70 % seiner Mitglieder waren Mädchen und 47 % hatten das 19. Lebensjahr noch nicht vollendet. Diese starke Mitgliederfluktuation hinterließ auch in der Führung ihre Spuren. Von den 1247 Komsomolsekretären der Primärorganisation hatten 1032 (83 %) ihr Amt weniger als ein Jahr inne.[242]

Die Leningrader Parteiführung war mit den neuen Mitgliedern zunächst nicht sonderlich zufrieden: In einigen Komsomolorganisationen werde der Aufklärungsarbeit unter den jungen Arbeitern nicht die gebührende Bedeutung beigemessen. Es finde kein Zusammenbringen mit dem aktiven Teil der Jugend statt, und die Neumitglieder würden kaum in den revolutionären Traditionen der Le-

239 Geheimbrief des Leningrader Stadt- und Gebietsparteikomitees an den Leningrader Komsomol vom 12.2.1942, RGASPI f. M-1, o. 6, d. 44, l. 6-11.

240 Bericht der Smolensker Bezirkskommission des Leningrader Komsomol vom 29.6.1942, RGASPI f. M-1, o. 6, d. 44, l. 41-43.

241 Auskunft über die Leningrader Komsomolorganisation, o.D., RGASPI f. M-1, o. 6, d. 44, l. 128-130.

242 Über die Arbeit der Leningrader Komsomolorganisation, Anordnung des Leningrader Stadtparteikomitees vom 31.3.1943, RGASPI f. 17, o. 43, d. 1156, l. 138-141.

ningrader Arbeiter erzogen, was zu einem Verfall der Arbeitsmoral in den Fabriken führe. Auch kümmerten sich manche Organisationen zuwenig um den harten Alltag der Jugendlichen, die täglich sieben bis neun Stunden arbeiteten und auch Nachtschichten übernähmen. Es fänden zu wenige kulturelle Veranstaltungen und Weiterbildungskurse statt, und auch ihre eigene Fortbildung vernachlässigten die Komsomolführer.[243] Den Gewerkschaften wurde ebenso vorgeworfen, sich zuwenig um die Erziehung und das Wohlergehen der jungen Arbeiter zu kümmern. Zu schwach würde der Kampf gegen die Ausbeutung von Jugendlichen im Produktionsprozeß geführt, und auch zur Verbesserung der Lebensbedingungen der Jugendlichen würde zuwenig unternommen, die meist in verwahrlosten fabrikeigenen Wohnheimen hausen müßten.[244]

Je mehr sich aber die Lebensverhältnisse in der Stadt besserten, desto aktiver wurde auch der Komsomol. Im Februar 1943 waren von 53 967 Jugendlichen, die in den Leningrader Fabriken arbeiteten, immerhin 15 567 Komsomolzen. Wenn man den Berichten der betrieblichen Komsomolorganisationen Glauben schenkt, gingen die Komsomolzen ihren Aufgaben vorbildlich nach. Ihre Planerfüllung lag stets bei über 100 %, bei der überwiegenden Mehrheit (10 230) sogar bei 150 %. Ein Meister der Kirov-Werke lobte sie als seine „Hinterlandgarde". Doch selbst die Komsomolzen waren nicht jene Übermenschen, wie sie die Bolschewiki gern darstellten. Auch bei ihnen kam es durchaus zu Verspätungen oder Bummelei am Arbeitsplatz.[245]

Dennoch war der Komsomol eine Art „soziale Feuerwehr", die immer dort eingesetzt wurde, wo es einen „Brand" zu löschen galt: bei der Reinigung der Stadt, bei der Unterbringung von Ausgebombten, bei der Hilfe für Kranke usw. Wiederholt legten die Jugendlichen dabei auch Eigeninitiative an den Tag. So initiierte die kommunistische Jugendorganisation des Kirover Bezirks im November 1941 eine Werkzeug- und Stahlsammlung. Da bei der vielfach überstürzten Evakuierung eine Menge an Gerät und Rohstoffen zurückgelassen worden war, war die Beute durchaus erfolgreich: 2276 Fräser, 963 Bohrer, 1843 Sägen, 1335 kg Werkzeugstahl und über 60 Tonnen Brecheisen hatten die Jugendlichen gesammelt.[246] Und als das städtische Postwesen vollkommen zusammengebrochen war, weil sämtliche Beamten der Leningrader Postzentrale gestor-

243 Über die Arbeit der Leningrader Komsomolorganisation, Anordnung des Leningrader Stadtparteikomitees vom 31.3.1943, RGASPI f. 17, o. 43, d. 1156, l. 138-141.

244 Bericht über die Arbeit des Gebietskomitees der Rüstungsindustriegewerkschaft, Anordnung des Leningrader Stadtparteikomitees vom 23.3.1943, RGASPI f. 17, o. 43, d. 1156, l. 164-166.

245 Arbeitsbericht des Leningrader Komsomolsekretärs Ivanov für Dezember 1942 an das ZK des VLKSM, o.D., RGASPI f. M-1, o. 6, d. 44, l. 89-93.

246 Vortrag des Sekretärs des Kirover Bezirksparteikomitees, Kapralov, auf einer Plenarsitzung der Bezirksparteiorganisation am 28.11.1941, RGASPI f. 17, o. 22, d. 1645, l. 1-6, hier 2.

ben waren, da ergriff der Komsomol die Initiative und verteilte innerhalb von zehn Tagen alle 280 000 Sendungen, die noch unbearbeitet waren.[247]

Die jungen Arbeiter wohnten meist in fabrikeigenen Wohnheimen, so daß der Komsomol auch deren Freizeitgestaltung steuern konnte. Doch während Angebote wie Kino und die Bibliothek eifrig genutzt wurden, kritisieren die Berichte die politische Erziehungsarbeit als unbefriedigend. Nach der schweren Arbeit verspürte nicht einmal der Komsomolsekretär der Maks-Gel'c-Werke das Verlangen, die marxistisch-leninistischen Klassiker oder den „Kurzen Lehrgang“, die offizielle Parteigeschichte von 1938, zur Hand zu nehmen.[248] Wurden doch politische Vorträge oder Gespräche abgehalten, dann nur unsystematisch und ohne auf das Alter und das „kulturelle Bewußtsein“ der Zielgruppe Rücksicht zu nehmen.[249]

Gewiß sind an dem idealisierten Bild, das die sowjetische Geschichtsschreibung vom Komsomol gezeichnet hat, etliche Abstriche nötig. Dennoch bleibt festzuhalten, daß die kommunistische Jugendorganisation – wie schon in den dreißiger Jahren – eine aktive Minderheit war, auf die sich das Regime stützen konnte und die maßgeblich dazu beitrug, daß das System selbst unter den Bedingungen des Krieges und der Blockade funktionierte.[250] Auch in dieser Hinsicht sind die Kontinuitäten der Kriegszeit zu den Vorkriegsjahren stärker als die Brüche.

Bei der Mobilisierung der breiten Masse der Arbeiter setzten die Bolschewiki nicht zuletzt auf materielle Anreize. Als Mittel dienten hierzu Sonderrationen, die angesichts der Hungersnot nicht nur bloßer Ansporn, sondern für viele auch überlebenswichtig waren. Eine Arbeitsstelle in der Fabrik war schon allein durch die höheren Rationen, die Arbeiter erhielten, sehr attraktiv.[251] So warb das Hausorgan der Leningrader Partei für das „gute und nahrhafte Essen“ in den Fabrikkantinen.[252] Darüber hinaus wurden auch innerhalb der Fabriken zusätzliche Lebensmittel als Leistungsanreize benutzt. Ab dem 1. September 1942 galt in

247 Rede des Leningrader Komsomolsekretärs Ivanov auf einer Versammlung des ZK des VLKSM am 10.7.1942, RGASPI f. M-1, o. 6, d. 44, l. 50-63, hier 59 f.

248 Vgl. Rechenschaftsbericht des Leningrader Komsomol für den Januar 1943 an das ZK des VLKSM vom 19.2.1943, RGASPI f. M-1, o. 6, d. 110, l. 43-55; Rechenschaftsbericht des Komsomol der Bol'ševik-Werke, o.D. [Januar 1943], ebd., l. 17-19; Rechenschaftsbericht des Komsomol der Stalin-Werke, o.D. [Januar 1943], ebd., l. 20-21; Rechenschaftsbericht des Komsomol der Maks-Gel'c-Werke vom 24.1.1943, ebd., l. 22; Rechenschaftsbericht des Komsomol der Ordžonikidze-Werke vom 27.1.1943, ebd., l. 23-24.

249 Rechenschaftsbericht des Leningrader Komsomol für den Februar 1943 an das ZK des VLKSM vom 16.3.1943, RGASPI f. M-1, o. 6, d. 110, l. 25-42, hier 27.

250 Zu den dreißiger Jahren vgl. Dietmar Neutatz: Zwischen Enthusiasmus und politischer Kontrolle. Die Arbeiter und das Regime am Beispiel von Metrostroj, in: Stefan Plaggenborg (Hg.): Stalinismus. Neue Forschungen und Konzepte, Berlin 1998, S. 185-208, hier 195 ff.; Neutatz: Moskauer Metro, S. 249-273.

251 Zu den einzelnen Rationen siehe Kap. V.

252 A. Slavnov: Za lučšee obsluživanie trudjaščichsja, in: Propaganda i agitacija 1943, Nr. 13/14, S. 37-39.

der örtlichen Industrie ein Prämiensystem, das Werkhallenleitern und Ingenieuren bei einer Übererfüllung des Plans Sonderrationen gewährte. Zudem bekamen Heimarbeiter, die ihre Norm übererfüllten, dieselbe Ration wie Fabrikarbeiter.[253] Wichtige Projekte wurden durch Zuschüsse an Nahrungsmitteln gefördert. Am 18. Oktober 1942 erhielten ausgewählte Rüstungsbetriebe auf Beschluß des Exekutivkomitees des Leningrader Sowjets große Lebensmittelzulagen. Die Fabrikdirektoren sollten den produktivsten Arbeitern einen Bonus von 1200 Gramm Graupen, 900 Gramm Fleisch, 225 Gramm Fett, 300 Gramm Trockenfrüchte, 100 Gramm Kakao und anderen Lebensmitteln ausgeben.[254] Und diejenigen Arbeiter, die mit der Reparatur von Panzern beschäftigt waren, erhielten Sonderrationen an Brot, Fleisch, Graupen, Fett, Zucker, Tee und Tabak.[255] Ab November 1942 wurden Industriewaren nur noch an Bedienstete ausgegeben, die ihre Arbeitsnorm erfüllt oder übererfüllt hatten. Außerdem räumte man den Fabrikdirektoren das Recht ein, ihren Arbeitern bei Planerfüllung zusätzliche Lebensmittel aus dem Fond der Fabrikkantine zuzuweisen, sie mit Sonderrationen von Heizöl oder mit Baumaterialien zu versorgen bzw. ihre Schuhe und Kleidung in den fabrikeigenen Werkstätten bevorzugt reparieren zu lassen.[256]

Die großen Fabriken erhielten Sonderkontingente an Lebensmitteln, weil das Staatliche Verteidigungskomitee deren Betrieb aufrechterhalten wollte.[257] Ihren Kantinen wurden mitunter auch Maschinen zur Herstellung von Lebensmitteln zur Verfügung gestellt.[258] Zusammen mit den benötigten Rohstoffen teilte der Kriegsrat der Leningrader Front den Stalin-Werken täglich 250 Frontverpflegungsrationen für die Reparatur von KV-Panzern zu.[259] Als das Eis des Ladogasees trug, erlaubte es der Kriegsrat der Leningrader Front einigen großen Fabriken, mit ihren eigenen Lkws über den See zu fahren und vom Ostufer Nahrungsmittel zu holen. Einige Fabriken erhielten auch spezielle Lebensmittelpakete aus Moskau, zum Beispiel die Druckerei, in der die *Leningradskaja pravda* hergestellt wurde.[260]

Die Leningrader Partei forderte von ihren Unterorganisationen in den Betrieben, selbst unter den schweren Bedingungen der Blockade die alltägliche kulturelle Betreuung der Arbeiter nicht zu vernachlässigen und für den ordnungsgemäßen Zustand und Betrieb von Kantinen, Wohnhäusern, Reparatur- und Schneiderwerkstätten, Wäschereien, Bädern, „Roten Ecken" und Bibliotheken zu

---

253 Anordnung des Leningrader Stadtparteikomitees und des Exekutivkomitees des Leningrader Stadtrats vom 6.10.1942, RGASPI f. 17, o. 43, d. 1153, l. 41-43.

254 Vgl. Očerki istorii Leningrada Bd. 5, S. 339.

255 Siehe z.B. Anordnung des Kriegsrats der Leningrader Front vom 3.3.1942, CGA SPb f. 1788, o. 27, d. 192, l. 7.

256 Anordnung des Leningrader Stadtparteikomitees und des Exekutivkomitees des Leningrader Stadtrats vom 1.11.1942, RGASPI f. 17, o. 43, d. 1153, l. 137 f.

257 Bidlack: Survival Strategies, S. 91.

258 Dzeniskevič: Voennaja pjatiletka, S. 76.

259 Anordnung des Kriegsrats der Leningrader Front, CGA SPb f. 7384, o. 36, d. 80, l. 18.

260 Bidlack: Survival Strategies, S. 91.

sorgen. Von der Verbesserung der Lebensverhältnisse versprach man sich eine Stärkung der Arbeitsdisziplin und eine Erhöhung des Produktionsausstoßes.[261] Trotz dieser Bemühungen waren die Lebensbedingungen der Fabrikarbeiter miserabel. Die sanitären Einrichtungen funktionierten nur schlecht, und in den Wohnheimen herrschten unhygienische Zustände.[262]

Dennoch zogen vor allem die höheren Rationen die Menschen wie ein Magnet in die Fabriken. Dieser Befund erlaubt aber noch keine Rückschlüsse auf das Produktionsergebnis. So waren die Fabriken im Hungerwinter 1941/42, als die Maschinen stillstanden, mehr Überlebens- denn Produktionszentren. Inwieweit sich die materiellen Anreize ab dem Frühjahr 1942 auf die Leistungen der Arbeiter und damit auf den Produktionsausstoß niederschlugen, ist nicht rekonstruierbar. So wandten zum Beispiel eine Reihe von Fabrikdirektoren Sonderrationen in der Praxis gar nicht als Leistungsanreize an, sondern schlugen die zusätzlich zur Verfügung stehenden Lebensmittel den Arbeitern, unabhängig von ihrer Leistung, einfach auf den Lohn auf.[263]

Die Mobilisierungsanstrengungen des Regimes beschränkten sich nicht nur auf die Arbeiter in den Fabriken oder die Fahrer auf den Evakuierungsrouten. In manchen Fällen zielte die Leningrader Partei auf die Beteiligung der ganzen Stadt: etwa wenn es darum ging, den notorischen Energiemangel zu bekämpfen. Dabei setzte sie konsequent auf jene Maßnahmen, die sich nach stalinistischer Auffassung in den ersten beiden Fünfjahresplänen bewährt und als den kapitalistischen Wirtschaftsformen überlegen gezeigt hatten. So wurde zum Beispiel der September 1942 in einer propagandistisch groß angekündigten Aktion zum „Monat des Holzsammelns" ausgerufen. Jeder Leningrader war dazu aufgefordert, persönlich daran teilzunehmen, um den Brennstoffbedarf der Fabriken, Krankenhäuser und Schulen sicherzustellen. Die Mobilisierung erfolgte in Form einer Dienstverpflichtung. Für Männer zwischen 16 und 55 Jahren war die Teilnahme ebenso obligatorisch wie für Frauen zwischen 16 und 45 Jahren, allerdings mit Ausnahme von Kranken, Arbeitsunfähigen, Invaliden, schwangeren und stillenden Frauen sowie Müttern mit Kindern bis zu acht Jahren, deren Betreuung kein Familienangehöriger übernehmen konnte. Die Sammelbrigaden wurden vom Arbeitsplatz aus organisiert und die nichtarbeitende Bevölkerung von der jeweiligen Hausverwaltung ihres Wohnblocks. In der Zeit vom 21. bis zum 28. August sollten jeder Betrieb, jede städtische Organisation und jede Hausverwaltung eine Versammlung abhalten, um den Leningradern die wirtschaftliche und politische Bedeutung sowie die technische Durchführung des „Monats des Holzsammelns" zu erklären. Jeder Bürger mußte im Laufe dieses Monats vier Kubikmeter Brennholz

261 Anordnung des Leningrader Stadtparteikomitees an das Parteibüro der Marti-Werke vom 16.11.1942, RGASPI f. 17, o. 43, d. 1153, l. 98–100.

262 Anordnung des Leningrader Stadtparteikomitees vom 5.1.1943, RGASPI f. 17, o. 43, d. 1155, l. 39–41.

263 Siehe die Anordnung des Volkskommissars der Panzerindustrie, V. Malyšev, vom 3.7.1943, der Gegenmaßnahmen gegen diese verbreitete Praxis verfügte, CGA SPb f. 1788, o. 31, d. 40, l. 35.

besorgen. Die Hälfte davon hatte er an seinem Arbeitsplatz abzugeben, die andere Hälfte durfte er für den Eigenbedarf behalten. Arbeiter und Angestellte durften dieser Aufgabe nicht während der Arbeitszeit nachgehen, sondern hatten sie nach Feierabend und am Wochenende zu erfüllen.[264] Die Leiter von Betrieben mit hohem Energieverbrauch mußten selbst für das Aufbringen ihres Brennholzbedarfs sorgen. Der Leningrader Beauftragte von Gosplan legte zwar den Brennholzbedarf dieser Betriebe fest, das Holzsammeln sollten aber Arbeiter und Bedienstete in Form einer Dienstverpflichtung durchführen.[265] In diesem Zusammenhang wurden von 70 150 Arbeitern, die in 97 Leningrader Fabriken arbeiteten, 1395 in den umliegenden Wäldern zum Brennholzsammeln eingesetzt.[266]

Da die Waldflächen, die innerhalb des Belagerungsrings lagen, zu klein waren, um den Bedarf Leningrads zu decken, dienten auch hölzerne Wohnhäuser, Schuppen, Zäune und andere Holzbauten als „Rohstoff“. Der Lyriker Iosif Brodskij schrieb in seinen Kindheitserinnerungen vom „während der Blockade von den Eisenöfen aufgezehrten Mobiliar“:[267] Man brauchte also keine Anweisungen von oben, um alles Brennbare einzuschüren. Es wurde jedoch auch von offizieller Seite eine Liste derjenigen Holzhäuser aufgestellt, die zum Abbruch und für Heizzwecke freigegeben waren. Die Familien, die sie bis dahin bewohnt hatten, wurden in leerstehende Wohnungen oder Zimmer umquartiert. Nachdem die Häuser geräumt waren, standen sie zum Abriß frei. Insgesamt waren 6000 Holzhäuser von dieser Aktion betroffen. Die sanitären, elektrischen und sonstigen Einrichtungen der Häuser waren der Bezirksmietverwaltung (*rajžilupravlenie*) zu übergeben.[268] Den nicht ausbleibenden Protest der betroffenen Bewohner führte das Leningrader Stadtparteikomitee auf die ungenügende Aufklärungsarbeit der Bezirksparteikomitees zurück. Ausschlaggebend dürfte aber vielmehr gewesen sein, daß in einer ganzen Reihe von Bezirken den Betroffenen völlig inadäquate Ersatzquartiere in Aussicht gestellt worden waren.[269] Doch der Brennstoffbedarf erforderte weitere Maßnahmen, so daß die Leningrader Partei als nächste Energiequelle bereits die bei der Stadtbevölkerung beliebten Datschen in der Leningrader Umgebung ins Auge faßte.[270]

---

264 Anordnung des Leningrader Stadtparteikomitees und des Exekutivkomitees des Leningrader Stadtrats vom 5.8.1942, RGASPI f. 17, o. 43, d. 1152, l. 28–31.

265 Ebd.

266 Die genauen Zahlen zu den einzelnen Fabriken finden sich in der Liste der zum Brennholzsammeln eingesetzten Arbeiter Leningrader Fabriken vom 4.9.1942, RGASPI f. 17, o. 43, d. 1152, l. 179–181.

267 Joseph Brodsky: Erinnerungen an Petersburg, München 1986, S. 9.

268 Anordnung des Leningrader Stadtparteikomitees und des Exekutivkomitees des Leningrader Stadtrats vom 5.8.1942, RGASPI f. 17, o. 43, d. 1152, l. 28–31.

269 Vgl. Sitzungsprotokoll des Leningrader Stadtparteikomitees vom 30.8.1942, RGASPI f. 17, o. 43, d. 1152, l. 116.

270 Ebd.

Obwohl während des gesamten Kriegs die Motivation der Arbeiter sehr hoch war, blieb das Mißtrauen der Bolschewiki gegenüber der eigenen Bevölkerung groß. Deshalb behielten sie die Mechanismen der Machtausübung der dreißiger Jahre bei und setzten die Menschen weiterhin Kontrollen und Zwängen verschiedener Art und Intensität aus.[271] Große Aufmerksamkeit schenkte das Regime der Disziplinierung der Arbeiter. Stalin hatte schon in seiner ersten Rundfunkansprache nach Beginn des Kriegs eine neue Einstellung gefordert:

> „Vor allem ist es notwendig, daß unsere Sowjetmenschen [...] Schluß machen mit der sorglosen Gelassenheit und der Stimmung des friedlichen Aufbaus, die in der Vorkriegszeit durchaus begreiflich waren, in der gegenwärtigen Zeit aber, wo der Krieg die Lage von Grund auf verändert hat, verderblich sind. [...] Es ist notwendig, daß die Sowjetmenschen das verstehen und aufhören, sorglos zu sein, daß sie sich selbst mobilisieren und ihre ganze Arbeit auf den Krieg umstellen, daß sie auf eine neue Art arbeiten, die kein Erbarmen mit dem Feind kennt.“[272]

Ähnlich äußerte sich Stalin am 6. November 1941 anläßlich des 24. Jahrestages der Oktoberrevolution, wenn er von der Aufgabe sprach, die Wehrmacht zu besiegen:

> „Dazu aber ist es notwendig, daß unsere Armee und unsere Flotte von unserem ganzen Lande wirksam und aktiv unterstützt werden, daß unsere Arbeiter und Angestellten, Männer und Frauen, in den Betrieben arbeiten, ohne die Hände in den Schoß zu legen, und der Front immer mehr und mehr Panzer, Panzerbüchsen und Panzerabwehrgeschütze, Flugzeuge, Kanonen, Granatwerfer, Maschinengewehre, Gewehre und Munition liefern, daß unsere Kollektivbauern, Männer und Frauen, auf ihren Feldern arbeiten, ohne die Hände in den Schoß zu legen, und der Front und dem Lande immer mehr und mehr Getreide, Fleisch und Industrierohstoffe liefern, daß unser ganzes Land und alle Völker der UdSSR sich zu einem einigen Kampflager zusammenschließen, das gemeinsam mit unserer Armee und unserer Flotte den großen Befreiungskrieg für die Ehre und die Freiheit unserer Heimat, für die Zerschmetterung der deutschen Armeen führt. (Stürmischer Beifall).“[273]

Demnach erscheint es nur konsequent, daß der strenge Arbeitskodex von 1940, der die freie Wahl des Arbeitsplatzes verbot und jeglichen Verstoß gegen die Arbeitsdisziplin hart bestrafte, nach Kriegsbeginn noch weiter verschärft wurde. Das entsprechende Dekret vom 26. Dezember 1941 besagte, daß Arbeiter und Angestellte der Rüstungsindustrie zwangseingezogen und wie Soldaten behandelt werden konnten. Das eigenmächtige Verlassen des Arbeitsplatzes galt als Fahnenflucht. Der Arbeitstag wurde auf zehn bis zwölf Stunden verlängert, der Urlaub für die Dauer des Kriegs gestrichen. In Städten, die sich im Ausnahmezustand befanden, wie etwa Leningrad oder Tula, war der Arbeitstag unbegrenzt.[274]

---

[271] Für die dreißiger Jahre stellt dies fest: Neutatz: Die Moskauer Metro, S. 394.

[272] Stalins Rundfunkrede vom 3.7.1941, in: Stalin: Werke Bd. 14, S. 236–242, hier 239.

[273] Rede Stalins am 6.11.1941 anläßlich des 24. Jahrestages der Oktoberrevolution, in: Stalin: Werke Bd. 14, S. 243–258, hier 257 f.

[274] Vgl. Heller/Nekrich: Geschichte der Sowjetunion, S. 68.

Es galt die Sieben-Tage-Woche, erst ab Dezember 1942 hatten die Leningrader Arbeiter wieder das Recht auf einen freien Tag.[275] Auch blieb während der Blockade das drakonische Gesetz über die Verletzung der Arbeitsdisziplin, das vom Präsidium des Obersten Sowjets am 26. Juni 1940 erlassen worden war, in Kraft.

Die Verantwortlichen in Leningrad waren trotz des beschwerlichen Blockadealltags nicht bereit, Abstriche bei der Arbeitsdisziplin hinzunehmen. Kapustin beklagte wiederholt die Untätigkeit der Leningrader Arbeiter. Durch den Stillstand der Industrie sei die Stadt für das übrige Land nur eine Last:

> „Die Prahlerei mit dem eigenen Heroismus reicht uns! Niemand gestattet uns, mit ihm bis zur Besinnungslosigkeit zu prahlen! [...] Es ist mehr Strenge und die Einhaltung der geltenden Gesetze zur Arbeitsdisziplin nötig, weil das Volk angefangen hat, unsere mangelnde Strenge zu mißbrauchen."[276]

Die fortgesetzte Disziplinierung der Arbeiter im Krieg zeigt nicht nur, daß man an „bewährten" Produktionsmethoden festhielt, sondern auch das langfristige kommunistische Projekt nicht aus den Augen verlor. Denn hinter den drakonischen Strafen verbarg sich nicht nur der Wille, unliebsame Erscheinungen im Fabrikalltag auszurotten, sondern auch das selbstgesteckte Ziel, einen neuen, den modernen Produktionsbedingungen angepaßten Arbeiter zu schaffen, der seine persönlichen Bedürfnisse wie Schwätzen, Blaumachen oder Herumschlendern während der Arbeitszeit hintanstellt und seine Aufgaben erfüllt.[277]

Die Realität in den Leningrader Fabriken sah jedoch anders aus. Im Mai 1942 bewertete die Partei die Arbeitsdisziplin in den meisten Fabriken als mangelhaft.[278] Der Direktor der Ižora-Werke beklagte sich auf einer Betriebsversammlung, daß es zu viele Fälle gebe, in denen Arbeiter für die Erledigung privater Angelegenheiten – worunter man vor allem die Bewältigung des Blockadealltags verstehen muß – freigestellt würden, im Mai und Juni 1942 etwa 200 Arbeiter pro Tag.[279] Die Partei warf den Fabrikdirektoren vor, ihre Arbeiter irgendwelchen Nebentätigkeiten außerhalb der Fabrik nachgehen zu lassen, anstatt sie an produzierende Betriebe abzugeben, wenn der eigene Betrieb einmal ausfiel. Dies habe

---

275 Anordnung des Leningrader Stadtparteikomitees vom 1.12.1942, RGASPI f. 17, o. 43, d. 1154, l. 19. Dieser Anordnung ging am 18.11.1942 eine entsprechende Weisung des GKO voraus.

276 Rede Kapustins auf dem Plenum des Smolensker Bezirksparteikomitees am 19. August 1942, zit. in: Lomagin: Neizvestnaja blokada Bd. 1, S. 109.

277 Vgl. Vladimir Andrle: Workers in Stalin's Russia. Industrialization and Social Change in a Planned Economy, Wheatsheaf, New York 1988, S. 100-105; Stefan Plaggenborg: Revolutionskultur. Menschenbilder und kulturelle Praxis in Sowjetrußland zwischen Oktoberrevolution und Stalinismus, Köln u.a. 1996, S. 46-61.

278 Rechenschaftsbericht des Leningrader Parteisekretärs für die Verteidigungsindustrie, M. Basov, und des Leiters der Abteilung für die Verteidigungsindustrie beim Leningrader Stadtparteikomitee, P. Koročin, über die Rüstungsproduktion in Leningrad im Mai 1942 vom 5.6.1942, in: Leningrad v osade, S. 162-165, hier 164.

279 Sitzungsprotokoll einer Besprechung der Wirtschafts-, Partei-, Gewerkschafts- und Komsomolaktivisten der Ižora-Werke vom 26.7.1943, CGA SPb f. 1790, o. 37, d. 6, l. 1-3, hier 1.

zu einem massiven Verfall der Arbeitsdisziplin geführt.[280] Auch in den Bol'ševik- und in den Marti-Werken beanstandete die Partei die schlechte Arbeitsdisziplin. In sechs Monaten des Jahres 1942 gab es in der Werkhalle Nr. 8 der Marti-Werke 17 Fälle von „Desertion“ und in der Werkhalle Nr. 48 der Bol'ševik-Werke allein im Juni desselben Jahres 104 Fälle von Verspätung und fünf Fälle von Blaumachen. Den Grund sah man darin, daß auf den Arbeiterversammlungen die Verstöße gegen die Arbeitsdisziplin nicht erörtert und das Kollektiv nicht zur Verantwortung für jeden einzelnen erzogen würden. Außerdem interessiere sich die betriebliche Parteiorganisation zuwenig für den Zustand der „Kontrolltafelwirtschaft“ und die Anwesenheit der Arbeiter und Bediensteten, was allein dadurch ersichtlich werde, daß über die Hälfte des Personalbestands als krank geführt werde.[281]

Auch der Gesundheitszustand und die Einsatzfähigkeit der Menschen waren Thema einer dauerhaften Auseinandersetzung zwischen Wirtschaft, Arbeitern und Partei. Im August 1942 wurden zwei bedeutende Fabriken, die Ordžonikidze- und die Stalin-Werke, aufgrund eines angeblichen Verfalls der Arbeitsdisziplin stark kritisiert. Die Anwesenheits- und Krankmeldelisten befänden sich in einem „verwilderten“ Zustand. Die völlig überlasteten Fabrikkrankenhäuser stellten – glaubt man der Leningrader Parteiführung – Atteste nach Gutdünken aus. Tatsächlich war nach knapp einem Jahr Blockade und dem schweren Hungerwinter 1941/42 niemand mehr in Leningrad gesund. Auch in diesem Fall sah die Partei in den fehlenden Sanktionen den Hauptgrund für den Disziplinverfall. Die Bolschewiki schoben also die Schuld in erster Linie den Fabrikdirektoren zu – die auch eine Rüge, allerdings keinen Eintrag in ihre persönliche Akte erhielten –, in zweiter Linie der Bezirksparteikommission, die ihre Kontrollpflicht vernachlässigt habe.[282] Tatsächlich war der Zugriff des Regimes auf die Arbeiter erschwert, da aufgrund der hohen Fluktuation in der Leningrader Industrie zu Beginn des Kriegs und im Zuge der Stillegung im Winter 1941/42 die Fabrik- und Werkhallenkomitees faktisch aufgehört hatten zu existieren.[283] Die Partei, ihrer wichtigsten Kontrollmöglichkeit beraubt, forderte deshalb die Wirtschafts- und Parteiführer auf, in den Betrieben für eine eiserne Arbeitsdisziplin zu sorgen. Sie sollten entschlossen gegen Bummelei und Liederlichkeit vorgehen und für die effiziente Nutzung des Arbeitstages sowie die Erfüllung des Produktionsplans

---

280 Anordnung des Leningrader Stadtparteikomitees, o.D. [Mai 1942], CGAIPD SPb f. 25, o. 13-a, d. 45, l. 4-5.

281 Anordnung des Leningrader Stadtparteikomitees vom 30.8.1942, RGASPI f. 17, o. 43, d. 1152, l. 130 f. Der zweifellos hohe Anteil der Krankmeldungen wurde von der Partei hier offenbar etwas dramatisiert. So wurden in der Werkhalle Nr. 48 der Bol'ševik-Werke von 460 Arbeitern 105 und in der Werkhalle Nr. 8 der Marti-Werke von 662 Registrierten 251 als krank geführt.

282 Vgl. Anordnung des Leningrader Stadtparteikomitees vom 24.8.1942, RGASPI f. 17, o. 43, d. 1152, l. 123 f.

283 Auskunft Antjufeevs und Klebanovs an Kapustin über den Zustand der Fabrikkomitees der Gewerkschaften in Leningrad vom 3.4.1942, in: Leningrad v osade, S. 157.

sorgen. Bei den Arbeitern sollte das Bewußtsein für ihre staatsbürgerlichen Pflichten geweckt und Intoleranz gegen jegliche Form der Desorganisation gesteigert werden.[284] Immer wieder richtete die Partei Forderungen an die Betriebsleitung, den Kampf gegen das Bummelantentum energischer zu führen.[285] In den Kirov-Werken ging man gegen Zuspätkommer, Bummler und Deserteure sogar mit öffentlichen Gerichtsverhandlungen vor.[286]

Häufig genug wurden allerdings die staatlichen Anordnungen zur strengen Arbeitsdisziplin in der Praxis unterlaufen. In den Fabriken blieb es den Direktoren und Werkhallenleitern überlassen, inwieweit sie ein hartes Regime führten und ihre ausgezehrten Arbeiter die volle Wucht der gesetzlichen Vorschriften und parteipolitischen Moralappelle spüren ließen. Solcherlei „Zugeständnisse“ riefen wiederum regelmäßig die Partei auf den Plan, die darin Verantwortungslosigkeit oder Duldung von Nachlässigkeiten sah und deren Unterbindung forderte.[287]

Die Arbeiter entzogen sich ihrerseits dem Zugriff des Regimes mit denselben Methoden wie schon in den dreißiger Jahren:

> „Auf Anordnung des Stadtrates von Leningrad werden die Einwohner der Stadt im Rahmen des allgemeinen Arbeitsdienstes zum Schneeräumen herangezogen. Die erste Gruppe der Arbeiter von unserem Betrieb wurde geschickt, den Schnee zu schippen, doch die Organisation der Arbeit hinkt bei uns wie gewöhnlich. Sie schlenderten hin und her, und schon war die Zeit für die Arbeit um.“[288]

Daneben wurde das Ende der Mittagspausen hinausgeschoben. Man verschwand stundenlang, um Werkzeug zu suchen, und Gänge in die Fabrikverwaltung wurden großzügig ausgedehnt.[289] In den Bol'ševik-Werken kamen die Arbeiter zu spät zur Arbeit, aßen lange zu Mittag oder sonnten sich auf dem Dach des Fabrikgebäudes. Krankmeldungen wurden dazu benutzt, in der Stadt Erledigungen zu machen oder „in die Pilze zu gehen“. Der Produktionsleiter forderte deshalb

---

284 Anordnung des Leningrader Stadtparteikomitees an das Parteibüro der Marti-Werke vom 16.11.1942, RGASPI f. 17, o. 43, d. 1153, l. 98-100.

285 Anordnung des Leningrader Stadtparteikomitees vom 5.1.1943, RGASPI f. 17, o. 43, d. 1155, l. 39-41.

286 Bericht der Gewerkschaftskommission der Kirov-Werke über die Kriegszeit, o.D. [Herbst 1945], CGA SPb f. 1788, o. 34, d. 34, l. 7 Rückseite. Der Bericht enthält allerdings Zahlenangaben nur für den Zeitraum Januar bis August 1945, in dem gegen 532 Fabrikangehörige wegen Verstößen gegen die Arbeitsdisziplin gerichtlich vorgegangen wurde, wobei den Angeklagten bis zu sechs Jahren Lagerhaft drohte.

287 Rechenschaftsbericht Basovs über die Planerfüllung der Leningrader Rüstungsindustrie im Mai 1942 vom 5.6.1942, CGAIPD SPb f. 25, o. 13-a, d. 35, l. 18-26, hier 24 f.

288 Aus dem Tagebuch von Pëtr Samarin, zit. aus: Kempowski: Das Echolot, S. 418 f.

289 Sitzungsprotokoll einer Besprechung der Wirtschafts-, Partei-, Gewerkschafts- und Komsomolaktivisten der Ižora-Werke vom 26.7.1943, CGA SPb f. 1790, o. 37, d. 6, l. 1-3; Sitzungsprotokoll der Gewerkschaftskonferenz in den Bol'ševik-Werken vom 26.8.1942, CGA SPb f. 1275, o. 13, d. 105, l. 1-3. Zu diesem Phänomen in den dreißiger Jahren vgl. Dietmar Neutatz: Arbeiterschaft und Stalinismus am Beispiel der Moskauer Metro, in: Manfred Hildermeier (Hg.): Stalinismus vor dem Zweiten Weltkrieg. Neue Wege der Forschung, München 1998, S. 99-118.

auf einer Plenarsitzung des fabrikinternen Gewerkschaftskomitees, gegen diesen vielfältigen Verlust von Arbeitszeit vorzugehen.[290] Das Regime versuchte also, durch Erhöhung des Drucks auf die Arbeiter dem „Disziplinverfall" entgegenzuwirken: „Spaziergänger, Nichtstuer, Müßiggänger und jeder, der die Arbeitsdisziplin stört, soll den Zeiten des Kriegs angemessen hart bestraft werden."[291]

Doch was die Fabrikleitung, die Partei- und Gewerkschaftskomitees als „Herumlungern" und Verletzung der Arbeitsdisziplin wahrnahmen, war oft eine Folge der schlechten Produktionsverhältnisse. Wenn die Produktion wegen Energieausfalls, defekter Maschinen oder mangelnder Vorprodukte stillstand, dann saßen die Arbeiter eben untätig in den Fabriken oder sonnten sich auf den Fabrikdächern.[292] Daneben hatten es die Arbeiter schwer, bei einer täglichen Arbeitszeit von acht bis zwölf Stunden, den Blockadealltag zu bewältigen. So traf man viele derjenigen, die sich krankgemeldet hatten, nicht zu Hause im Bett an, sondern am Ufer der Newa beim Fischen, in den umliegenden Wäldern beim Pilzesammeln oder auf den Schwarzmärkten beim Verkauf ihrer Habseligkeiten.[293]

Von solchen individuellen Verweigerungshaltungen abgesehen, die wegen ihrer Ventilfunktion insgesamt eher systemstabilisierend wirkten, gibt es keine Hinweise auf einen Machtverlust der Partei. Dies überraschte nicht zuletzt die Bolschewiki selbst, die hier mit großen Problemen, bis hin zu bewaffneten Aufständen, gerechnet hatten. Doch solange die Leningrader Parteiführung überzeugend zum Ausdruck bringen konnte, daß sie alles in ihrer Macht Stehende tat, um die Stadt zu verteidigen und die Bevölkerung zu versorgen, waren die Menschen bereit, sich ihrer Führung unterzuordnen und ihre Anweisungen zu befolgen.[294]

---

290 Protokoll der Plenarsitzung des Fabrikgewerkschaftskomitees der Bol'ševik-Werke vom 15.9.1942, CGA SPb f. 1275, o. 13, d. 106, l. 48-55, hier 52 f. Auch in der Fabrik Nr. 190 kam es 1942 zu Spaziergängen und Fällen von Zuspätkommen in großer Zahl, vgl. die Anordnung des Leningrader Stadtparteikomitees vom 28.6.1943, RGASPI f. 17, o. 43, d. 1158, l. 19-20. In den Maks-Gel'c- und in den Lenin-Werken stieg in der zweiten Jahreshälfte 1942 die Zahl der Bummelanten ebenso an wie der Anteil der Krankgeschriebenen, der im Dezember 17,1 % bzw. 7,2 % der Belegschaft betrug. Auch erhielt eine steigende Anzahl von Arbeitern die begehrten Urlaubsscheine, so daß die Parteiführung sogleich von einer Massenausgabe sprach, vgl. Sitzungsprotokoll des Leningrader Stadtparteikomitees vom 27.1.1943, RGASPI f. 17, o. 43, d. 1155, l. 48-49.

291 Resolution der Gewerkschaftskonferenz der Bol'ševik-Werke zur „Bedeutung der Disziplin im Leben der Fabrik" vom 26.8.1942, CGA SPb f. 1275, o. 13, d. 105, l. 4.

292 Der Leiter der Werkhalle 29 der Bol'ševik-Werke sah zumindest insofern eine Teilschuld der oftmals noch jungen und unerfahrenen leitenden Kader an der mangelhaften Disziplin, daß sie den Arbeitern einfach nicht genug Beschäftigung geben würden, vgl. Sitzungsprotokoll der Gewerkschaftskonferenz der Bol'ševik-Werke vom 18.3.1943, CGA SPb f. 1275, o. 13, d. 112, l. 16-17.

293 Sitzungsprotokoll der Gewerkschaftskonferenz der Bol'ševik-Werke vom 26.8.1942, CGA SPb f. 1275, o. 13, d. 105, l. 1-3.

294 Bidlack spricht deshalb von einem informellen Sozialvertrag zwischen Regime und Bevölkerung, vgl. Bidlack: Workers at War (1987), S. 94 f.

Auch im Umkehrschluß ist diese Grundhaltung der Bevölkerung zur Regimeführung zu erkennen. Man blieb zwar passiv-eigensinnig, aber ohne Aufbegehren bis zu dem Punkt, an dem die Führung ihre Legitimation verlor, da sie die Menschen im Stich ließ und dadurch unglaubwürdig wurde. So war es etwa in Moskau genau in dem Augenblick zu Unruhen gekommen, als die Bolschewiki am 15. Oktober 1941 die Regierung nach Kujbyšev verlegten. Diese Vorbereitungen hinterließen bei der Bevölkerung den Eindruck, die Regierung flüchte vor dem Feind, der sich der Stadt gefährlich näherte. Die angespannte Situation wurde erst wieder unter Kontrolle gebracht, als Stalin glaubhaft vermitteln konnte, daß er selbst und die Parteispitze in der Stadt bleiben würden.[295]

Indem die Leningrader Partei ihre Führungsrolle während der Blockade wahrnahm, erhöhte sie ihr Ansehen in der Bevölkerung, was sich unter anderem in einer Zunahme der Beitrittsgesuche niederschlug:

> „Heute begab ich mich um 5.20 Uhr abends zu einer Vorlesung von Lektor Dobrschanski im Zentralen Agitationspunkt in der Moika-Straße. Für den Rückweg hatte ich keine Kraft mehr. Thema der Vorlesung: ‚Die Ergebnisse des Vaterländischen Krieges in den ersten sechs Monaten‘. Der Lektor hat die Vorlesung glänzend gemacht, ich empfand eine große moralische Genugtuung. [...] Mit Fritz Michailowitsch habe ich meinen Beitritt in die Partei besprochen, er ist dafür.“[296]

Laut offiziellen Angaben gewann die Leningrader Parteiorganisation im Krieg 30 940 neue Mitglieder hinzu, 9145 davon als ordentliche Mitglieder, 21 795 erhielten den Kandidatenstatus.[297] Vielleicht noch wichtiger als die neuen Parteigenossen war jedoch, daß die weithin akzeptierte Führungsrolle der Partei es ihr ermöglichte, die Deutungshoheit über die Kriegsereignisse zu gewinnen.

---

295 Vgl. Margot Blank: Moskau als Machtzentrum der Sowjetunion im Krieg, in: Moskau im Krieg 1941–1945, hg. v. Deutsch-Russischen Museum Berlin-Karlshorst, Berlin 2002, S. 6–13, hier 11 f.; Bidlack: Workers at War (1987), S. 94 f. Der drohende Fall Moskaus hatte auch negative Auswirkungen auf die Stimmung in anderen Teilen des Landes, vgl. Gennadi Bordiugov: The Popular Mood in the Unoccupied Soviet Union. Continuity and Change during the War, in: Robert W. Thurston/Bernd Bonwetsch (Hg.): The People's War. Responses to World War II in the Soviet Union, Urbana, Chicago 2000, S. 54–70, hier 59.

296 Aus dem Tagebuch von Pëtr Samarin, zit. aus: Kempowski: Das Echolot, S. 671.

297 S. Avvakumov: Partija Lenina-Stalina – organizator i vdochnovitel' našich pobed, in: Propaganda i agitacija 1943, Nr. 15, S. 13–17, hier 17.

8. Fazit: Vom künstlichen zum realen Kriegszustand

Die Zeit des Zweiten Weltkriegs wurde von der Rußlandforschung bislang immer isoliert, als eine in sich geschlossene Epoche, behandelt. Doch der 22. Juni 1941 stellt keinen Bruch in der Geschichte des Stalinismus dar. Nimmt man die Funktionsmechanismen der stalinistischen Mobilisierungsdiktatur in den Blick, dann treten die Kontinuitäten zu den dreißiger Jahren klar zu Tage. Bereits während der forcierten Industrialisierung hatten die Bolschewiki das Land in eine Art künstlichen Kriegszustand versetzt. Zum einen schürten sie die Angst vor einem feindlichen Angriff durch die kapitalistische Umwelt, zum anderen wurde der industrielle Aufbau als Kriegseinsatz inszeniert.[298] Die Führung griff dabei auf Mentalitäten aus dem Bürgerkrieg zurück, der zu einem Mythos stilisiert worden war und die Vorstellung der allgegenwärtigen Präsenz von Feinden sowie die Gewalt als radikale Konzepte zur Lösung von Problemen tradierte.[299] Am Beispiel der Lebensläufe der Parteifunktionäre von Metrostroj etwa wird deutlich, daß deren Karrierebeginn in den Jahren des Bürgerkriegs liegt:

> „Aus einfachen und ungebildeten Arbeitern oder Dorfbewohnern waren sie allein durch den Bürgerkrieg zu Kommissaren, Kommandeuren der Roten Armee oder Funktionären aufgestiegen. Sie waren vom Krieg geprägt, zumal sie in der Regel vorher auch als Soldaten im Ersten Weltkrieg gedient hatten. Im Krieg hatten sie ihre Schlüsselqualifikationen erworben, die daher auch militärisch-kriegerischer Art waren.“[300]

An ihren jeweiligen Wirkungsstätten, sei es in Behörden oder Wirtschaftsorganisationen, griffen diese Menschen zu Maßnahmen, die sie aus ihrer Zeit beim Militär am besten kannten und beherrschten, zumal sie aufgrund ihrer meist nur notdürftig nachgeholten Ausbildung fachlich überfordert waren. Die schnelle Mobilisierung der Kräfte zur Erreichung eines kurzfristigen, klar definierten Zieles gehörte ebenso zum Instrumentarium der Bolschewiki wie die permanente Suche nach „Feinden“ und „Saboteuren“, die den Aufbau angeblich hintertrieben und deshalb mit allen Mitteln zu bekämpfen seien. Bei der folgenden Generation, die Revolution und Bürgerkrieg nur im Kindesalter miterlebt hatte, weckten die Heldenmythen das Bedürfnis, sich ebenfalls im aktiven Kampf für den Bolsche-

---

298 Vgl. hierzu Neutatz: Die Moskauer Metro, S. 315-324.

299 Vgl. Stefan Plaggenborg: Gewalt und Militanz in Sowjetrußland 1917-1930, in: JbGO, 44 (1996), S. 409-430.

300 Neutatz: Die Moskauer Metro, S. 318.

wismus zu bewähren.[301] Dieser Generation der zwischen 1900 und 1910 Geborenen entstammte auch der größte Teil der Leningrader Elite der Blockadezeit. Die Parteisekretäre auf der Stadt- und Gebietsebene waren zwischen 32 und 36, auf der Bezirksebene zwischen 30 und 34 Jahre alt, und auch die Fabrikdirektoren, selbst von großen Betrieben, waren in der Regel nicht älter.[302]

Der bereits zu Friedenszeiten erzeugte künstliche Kriegszustand erleichterte es der Sowjetunion, die Industrieproduktion nach dem deutschen Überfall auf Kriegswirtschaft umzustellen. Die sowjetische Planwirtschaft war auf betrieblicher Ebene gleichbedeutend mit einem permanenten Improvisieren unter extremen Bedingungen.[303] Diese eingespielten Produktionsmethoden konnten im Krieg einfach fortgesetzt werden, und in den Deutungsangeboten des Regimes wurde jede Tätigkeit mit dem Kampf an der Front gleichgesetzt. So rief Ždanov die Arbeiter der Eisstraße dazu auf, ihre Aufgaben wie Soldaten an vorderster Front zu erfüllen: „Die Heimat und Leningrad werden Eure Mühen niemals vergessen."[304] Diese Deutungsangebote stießen auf positive Resonanz. Das Regime konnte jetzt das ernten, was es in über zehnjähriger Propagandaarbeit gesät hatte. Ein Komsomolze erklärte seinen Arbeitskollegen, die zur Roten Armee gingen: „Nicht nur an der Front wird Krieg geführt. Auch hier wird gekämpft, die Abteilung muß auf Waffenproduktion umgestellt werden."[305] Diese Vorstellung setzte sich während des Kriegs in den Köpfen fest und formt bis heute die Erinnerung. So berichtete ein Fahrer der Eisstraße dreißig Jahre nach Kriegsende: „Wir waren Soldaten jener Straße des Mutes. [...] Unsere Gefechtsaufgabe war es, immer noch mehr Brot nach Leningrad zu bringen. Brot und Granaten."[306]

Auch in der Produktion von Heldenmythen, die im Zweiten Weltkrieg ihren Höhepunkt erlebte, konnte man an die Zeit der forcierten Industrialisierung anknüpfen, denn der damals geborene „Held der Arbeit" (*geroj truda*) war ganz nach militärischem Vorbild geformt worden und erhielt auch vergleichbare Aus-

---

301 Plaggenborg: Gewalt, S. 426-429; Sheila Fitzpatrick: The Legacy of the Civil War, in: Diane P. Koenker/William G. Rosenberg/Ronald G. Suny (Hg.): Party, State and Society in the Russian Civil War. Explorations in Social History, Bloomington 1989, v.a. S. 396; siehe auch die Einleitung von Jochen Hellbeck in: Tagebuch aus Moskau 1931-1939, hg. v. Jochen Hellbeck, München 1996, S. 9-73, hier 23.

302 So der Parteisekretär des Smol'nyj-Bezirks (ab Februar 1941) und spätere Leiter der Kaderabteilung des Leningrader Stadtparteikomitees (ab Juni 1942), P.P. Stel'machovič, selbst Jahrgang 1908, in seinen 1974 aufgeschriebenen Erinnerungen über seine Tätigkeit in der Leningrader Parteiorganisation während des Kriegs, CGAIPD SPb f. 4000, o. 18, d. 242, l. 6. Die führenden Leningrader Parteifunktionäre waren bei Kriegsbeginn im Schnitt ca. 35 Jahre alt, vgl. die Kurzbiographien bei Arkadij I. Melua: Blokada Leningrada. Ėnciklopedija, Moskau, St. Petersburg 1999.

303 Zu den Kontinuitäten in der sowjetischen Wirtschaftsweise vgl. Jacques Sapir: The Economics of War in the Soviet Union during World War II, in: Ian Kershaw/Moshe Lewin (Hg.): Stalinism and Nazism: Dictatorships in Comparison, Cambridge 1997, S. 208-236.

304 Vgl. Šikin: Ledovyj put', S. 87.

305 Zit. aus: Adamowitsch/Granin: Blockadebuch Bd. 1, S. 130.

306 Tverdochleb: Skvoz' ogon' i stužu, S. 223.

zeichnungen, wie Orden und Medaillen.[307] Bei alldem waren die dreißiger Jahre weniger Lehrstunden oder eine gute Vorbereitung auf die Situation im Krieg,[308] denn man hatte ja keine Lehren aus den Schwächen dieses Systems gezogen. Vielmehr paßte einfach die Situation des Kriegs besser zu den in der Phase des industriellen Aufbaus etablierten Methoden. So war es auch nur konsequent, wenn das Regime versuchte, den hohen Mobilisierungsgrad der Bevölkerung über das Kriegsende hinaus zu retten. So schlug etwa Ždanov vor, daß man beim Wiederaufbau die Arbeiter mit denselben Mitteln dazu anhalten solle, den Aufbau Leningrads neben der regulären Arbeit zu leisten. Man müsse den Menschen wie im Krieg nur einfach die Wahrheit sagen: „Entweder ihr erfüllt eure Pflicht oder ihr geht mit uns unter!"[309]

Genauso verhält es sich mit der Bereitschaft der Arbeiter, mit dem Regime mitzuziehen. Die Arbeiter, die der stalinschen Industrialisierung gefolgt waren, weil sie diese als „ihre Sache" ansahen, blieben auch während des Kriegs loyal und opferbereit, weil der Kampf gegen den äußeren Feind ebenfalls „ihre Sache" war. Die Verteidigung der Heimat mobilisierte sogar Menschen, die dem stalinistischen Regime feindlich gegenüber standen, etwa Nadežda Mandel'štam, deren Mann, der Dichter Osip Mandel'štam, 1938 in einem Arbeitslager starb:

> „Immerhin wußten die Menschen während des Krieges, wofür sie starben. Ich hasse den Krieg, doch sehe ich einen Sinn in der Verteidigung der Heimat, sei sie wie sie wolle, wenn es um die Verteidigung gegen die Invasion der Feinde geht. Ich wollte damals sogar Krankenschwester werden, doch man nahm mich nicht – man fürchtete sich wohl und glaubte mir nicht."[310]

Diese weitverbreitete Identifikation mit dem Land brachte Ben Levič, ein jüdischer Wissenschaftler aus Moskau, auf den Punkt, als er in den siebziger Jahren auf die Frage des Korrespondenten der *New York Times* nach den besten Zeiten in der russischen Geschichte antwortete:

> „Die beste Zeit unseres Lebens [...] war der Krieg. [...] Damals fühlten wir uns alle mit der Regierung eins, wie später nie wieder. Es war nicht *ihr* Land, sondern *unser* Land. Nicht die Regierung sagte, was geschehen sollte, sondern wir. Es war nicht *ihr* Krieg, sondern *unser* Krieg; es war *unser* Land, das wir verteidigten, wir brachten die Opfer."[311]

---

307 Vgl. Rosalinde Sartori: On the Making of Heroes, Heroines, and Saints, in: Richard Stites (Hg.): Culture and Entertainment in Wartime Russia, Bloomington, Indianapolis 1995, S. 176–193, hier 178.

308 So Bidlack: Workers at War (1991), S. 36.

309 Rede Ždanovs auf der Plenarsitzung der Leningrader Stadt- und Gebietsparteikomitees am 11.4.1944, RGASPI f. 77, o. 1, d. 968, l. 142 f.

310 Nadeschda Mandelstam: Generation ohne Tränen. Erinnerungen, Frankfurt a.M. 1975, S. 214 f.

311 Zit. in: Hedrick Smith: Die Russen. Wie die russischen Menschen wirklich leben, wovon sie träumen, was sie lieben und wie ihr Alltag wirklich aussieht, Bern, München 1976, S. 386 f. (Hervorhebungen im Orig.)

Schon in den dreißiger Jahren konnten die Menschen in der Sowjetunion nicht „ihre eigenen Interessen und Überzeugungen losgelöst von den Wertmaßstäben der sie umgebenden Kultur formulieren".[312] Und auch im Krieg war eine Identifikation mit der zu verteidigenden Heimat nicht ohne eine partielle Identifikation mit dem Sowjetstaat möglich, zumal das Regime mit nüchterner Pflichterfüllung nicht zufrieden war, sondern eine solche Identifikation geradezu einforderte. So hielt etwa Ždanov die Agitatoren in den Fabriken dazu an, die Wut der Arbeiter zu steigern, bis diese mit dem Sowjetstaat schließlich „mitfiebern wie Fußballfans".[313]

Folgt man den zeitgenössischen Vorstellungen der Leningrader Partei, die anschließend von der sowjetischen Historiographie weitergeführt wurden, dann bestand diese Identifikation der Leningrader in ihrem „heißen patriotischen Gefühl, ihrer grenzenlosen Treue zur Partei der Bolschewiki, zur Heimat sowie zu unserem Führer und Feldherrn Genosse Stalin. *Auf stalinistische Weise arbeiten!* – dieser Ausruf wurde zur Kampfdevise hunderttausender Leningrader."[314]

Nun waren die Formen der Identifikation mit Sicherheit vielschichtiger, als die bisherige Forschung durch die Analyse der Kriegspropaganda festgestellt hat. Es fehlt allerdings ein breiter Bestand an Selbstzeugnissen, der Aussagen über Einzelfälle hinaus erlauben würde. In vielen Fällen scheint es die Stadt selbst gewesen zu sein, die das meiste Identifikationspotential hatte, oder genauer: die Beziehung der Leningrader zu ihr. Aileen Rambow hat bei ihrer Untersuchung der Blockadeliteratur festgestellt, daß lokalpatriotische Themen und Metaphern in den Gedichten und Erzählungen, die während der Blockade verfaßt wurden, eine wichtige Rolle spielten, ja zeitweise sogar dominierten.[315] So riefen Vera Inber oder Ol'ga Berggol'c regelmäßig das Erbe Puškins ins Gedächtnis, Vadim Šefner ließ Häuser und Kanäle in personifizierter Form in die Schlacht ziehen, und Nikolaj Tichonov verknüpfte den Gründungsmythos der Stadt mit ihrer Rolle während der Revolution: „Durch Peters Willen gegründet, durch Lenins Licht mit Bedeutung erfüllt."[316] Gerade für diejenigen, die sich mit der stalinistischen Sowjetunion nicht identifizieren konnten, war es ein sehr konkreter Lokalpatriotismus, der sich an bestimmten Orten wie Plätze, Parkanlagen, Straßen oder Häuser festmachte.[317] Die Propaganda versuchte, sich diesen Lokalpatriotismus

---

312 Hellbeck: Einleitung, in: Tagebuch aus Moskau, S. 17.

313 Notizen Ždanovs für einen Vortrag vor dem Kriegsrat der Leningrader Front, o.D. [spätestens Januar 1943], RGASPI f. 77, o. 1, d. 951, l. 1-40, hier 20 und 22.

314 Bericht Basovs über die Lage der Leningrader Industrie aus dem Februar 1942, CGAIPD SPb f. 25, o. 13-a, d. 35, l. 6-14, hier 10.

315 Vgl. Rambow: Überleben mit Worten, S. 108-129; dies.: The Siege of Leningrad. Wartime Literature and Ideological Change, in: Robert W. Thurston/Bernd Bonwetsch (Hg.): The People's War. Responses to World War II in the Soviet Union, Urbana, Chicago 2000, S. 154-170, hier v.a. 157-163.

316 Zit. in: Rambow: Überleben mit Worten, S. 122.

317 Vgl. Aileen Rambow: Zersplitterung und Einheit der Leningrader Bevölkerung während der Blockade (1941-1944), in: Stefan Creuzberger u.a. (Hg.): St. Petersburg – Leningrad – St. Pe-

zunutze zu machen, etwa wenn die *Leningradskaja pravda* einen Brief veröffentlichte, in dem Leningrader Fabrikarbeiterinnen ihre Ehemänner und Brüder dazu aufriefen, „das heimische Petersburg" (*rodnoj Piter*) zu verteidigen.[318]

Es ist nicht exakt bestimmbar, was genau der einzelne Leningrader verteidigte, wenn er in den Fabriken Extraschichten einlegte, um den Plan zu erfüllen: *den* Sozialismus, *seine* Heimat, *sein* Leningrad oder zuallererst seine Familie und sein Haus. Da in den dreißiger Jahren die Fabrik für die Massen von neuen Arbeitern, die vom Land in die Städte strömten, zu einem Identitätsstifter geworden war, ist zu vermuten, daß für die Arbeiterschaft die Verteidigung *ihrer* Fabrik eine große Rolle spielte.[319] Das Regime setzte dieses Potential gezielt ein, indem es etwa schwere Waffen wie Panzer mit einer Plakette kennzeichnen ließ, die den Namen der Produktionsstätte trug. Wenn das Kriegsgerät in der Schlacht beschädigt worden war, dann kam es zur Reparatur in eben diese Fabrik: nicht nur wegen der technischen Vorteile, sondern vor allem mit dem Hintergedanken, die Arbeitsmoral zu heben, indem man die Arbeiter eine Beziehung zu *ihrem* Panzer aufbauen ließ.[320] Doch gerade bei den Arbeitern ist es als wahrscheinlich anzunehmen, daß diese Identifikation über die Fabrik hinausging und auch den „ersten sozialistischen Staat der Welt" mit einschloß, in dem sie immerhin die „Vorhut der Bewegung" waren und der mit zahlreichen Bildungs- und Aufstiegsangeboten um sie warb.[321] Schon für die dreißiger Jahre wurde auf die Frage, warum die Arbeiter unter objektiv schlechten Lebensbedingungen sich nicht gegen das stalinistische System auflehnten, keine befriedigende Antwort gefunden. Während die einen den Grund darin sehen, daß die Atomisierung der Arbeiterschaft eine organisierte Widerstandsbewegung von vornherein unmöglich gemacht habe, wertet die andere Seite ausbleibende Streiks und Demonstrationen als Übereinstimmung mit dem stalinistischen Regime.[322] Doch eine starke Identifikation der Arbeiter mit dem Stalinismus war gar nicht notwendig, denn es existierte einfach keine wirkliche Alternative für sie. Die Sowjetunion genoß als „erster sozialistischer Staat" eine Legitimation bei den Arbeitern, die andere Staatsformen nicht für sich in Anspruch nehmen konnten. Das Modell der west-

tersburg. Eine Stadt im Spiegel der Zeit, Stuttgart 2000, S. 196-210, hier 208. Die gleiche Beobachtung machte auch Sabine R. Arnold bei Interviews mit Veteranen der Schlacht bei Stalingrad, vgl. Sabine R. Arnold: Stalingrad im sowjetischen Gedächtnis. Kriegserinnerung und Geschichtsbild im totalitären Staat, Bochum 1998, S. 136-140.

318 Vgl. *Leningradskaja pravda* vom 18. September 1941.

319 Vgl. Kenneth M. Straus: The Transformation of the Soviet Working Class, 1929-1935. The Regime in Search of a New Social Stability, Ann Arbor 1991; Kotkin: Magnetic Mountain, S. 201-215.

320 Rede des Leningrader Komsomolsekretärs Ivanov auf einer Versammlung des ZK des VLKSM am 10.7.1942, RGASPI f. M-1, o. 6, d. 44, l. 50-63, hier 54.

321 Vgl. Kotkin: Magnetic Mountain, S. 201-215. Das von Kotkin betonte „bolschewistische Sprechen" („speaking bolshevik") war Teil dieser Identität.

322 Zur Atomisierung siehe z.B. Andrle: Workers in Stalin's Russia, S. 51-54. Zum „Stalinism as a Civilization" vgl. Kotkin: Magnetic Mountain, v.a. S. 198-237 und 355-366.

lichen Demokratien war in ihren Augen Kapitalismus, und den sah man in den dreißiger Jahren in einer großen Weltwirtschaftskrise stecken. Aus diesem Grund drückte sich Unzufriedenheit nur in Widerspenstigkeit oder Verweigerungsstrategien aus.[323] Im Zweiten Weltkrieg hatte sich die Ausgangslage für die Arbeiter sogar noch massiv verschlechtert. Die sowjetische Propaganda brandmarkte die von den Deutschen angestrebte neue Ordnung mit ihrem Kampfbegriff „Faschismus"; in Wirklichkeit war die Alternative zur Unterstützung des stalinistischen Regimes aber Tod oder ein Sklavendasein in einem „Großdeutschen Reich".

[323] Vgl. hierzu Schröder: Industrialisierung und Parteibürokratie, S. 291–305; Neutatz: Moskauer Metro, S. 324–329.

V. LEBENSMITTELVERSORGUNG UND INDIVIDUELLE ÜBERLEBENSSTRATEGIEN

Nachdem die deutsche Wehrmacht Anfang September 1941 den Blockadering um Leningrad geschlossen hatte, blieb nur noch eine Zugangsmöglichkeit zur belagerten Stadt: über den Ladogasee, den größten See Europas, der mit einer Fläche von über 18 000 Quadratkilometern einem Binnenmeer gleichkommt. Sämtliche Güter, die fortan in den Belagerungsring gelangten, nahmen folgende Route: Aus dem Hinterland wurden Lebensmittel, Waffen und Munition mit der Eisenbahn an das östliche Seeufer transportiert, dort eingeschifft, über den See befördert, am Westufer wieder auf die Schiene umgeladen und per Eisenbahn in die Stadt gebracht.[1] In den ersten Wochen verfügte die Sowjetunion weder über ausreichend Transportkapazitäten noch über die notwendige Logistik, um diese Aufgabe zu bewältigen. So gelangten von September bis Mitte November 1941 nur 172 Tonnen Lebensmittel pro Tag in den Belagerungsring, wobei der tägliche Bedarf Leningrads bei 2000 Tonnen lag.[2]

Im Herbst 1941 gab es außerdem den Versuch, eine Luftbrücke nach Leningrad einzurichten. Immerhin 5000 Tonnen verschiedener Güter wurden zwischen September und Dezember auf diesem Weg in die Stadt gebracht. In der Zeit der schweren Herbststürme stellte die Luftbrücke zeitweise sogar die einzige Verbindung zur Außenwelt dar. Doch letztlich erwies sie sich als ineffektiv und wurde im Dezember 1941 eingestellt. Statt der anvisierten 100 bis 150 Tonnen hatte sie es nur auf eine Transportleistung von täglich 40 bis 45 Tonnen gebracht.[3]

---

1 Das Standardwerk zu Leningrads Verkehrsverbindung zum Hinterland ist nach wie vor: Koval'čuk: Leningrad i bol'šaja zemlja.

2 Insgesamt wurden im Herbst 1941 45 000 Tonnen Lebensmittel per Schiff über den See gebracht, vgl. Moskoff: Bread of Affliction, S. 190. Nikita Lomagin argumentierte zuletzt ebenso, daß die mangelnde Versorgung Leningrads auf die schwierigen Umstände und nicht auf eine etwaige bewußte Vernachlässigung durch den Kreml zurückzuführen sei, vgl. Lomagin: Neizvestnaja blokada Bd. 1, S. 64–67.

3 Die Initiative für eine Luftbrücke ging vom Vorsitzenden des Präsidiums des Obersten Sowjets, Michail I. Kalinin, aus, der selbst früher Arbeiter der Putilov-Werke war und sich für seine Idee, die Stadt im Winter mit Flugzeugen, Schlitten und Automobilen zu versorgen, in einem persönlichen Brief an Stalin einsetzte. Vgl. Michel'son/Jalygin: Vozdušnyj most, S. 136 f., 171 f., 177 und 210 f.; Salisbury: 900 Tage, S. 397 f.; Moskoff: Bread of Affliction, S. 190. Im Vergleich dazu transportierte die Luftbrücke während der Berlin Blockade 1948/49 ein Vielfaches an Gütern in die Stadt. Im Juli 1948, dem ersten Monat der Blockade, lag der Tagesdurchschnitt mit 1570 Tonnen (davon 1130 Tonnen Lebensmittel) am niedrigsten, im März 1949, dem letzten

Im Winter führte der einzige Weg in die Stadt über das Eis, das den See üblicherweise von Dezember bis April bedeckt. Sobald die Eisdecke dick genug war, wurde auf Anordnung des Staatlichen Verteidigungskomitees eine Autoroute über den See eröffnet: die sogenannte Eisstraße. Sie unterlag der Verantwortung des Stellvertretenden Befehlshabers der Leningrader Front, General F.N. Lagunov.[4] Im ersten Kriegswinter gelangten auf diesem Weg 361 109 Tonnen unterschiedliche Waren in den Belagerungsring. Darunter waren 262 419 Tonnen Lebensmittel, 8357 Tonnen Viehfutter, 31 910 Tonnen Munition und 34 717 Tonnen Treibstoff.[5]

Die Lebensmittelzufuhr über die Eisstraße hat zwar viele Leningrader vor dem Hungertod bewahrt, doch sie reichte nicht aus, um im Winter 1941/42 alle Einwohner ausreichend zu ernähren. Leningrad durchlebte zu dieser Zeit seine bittersten Monate, die zum Symbol für das Leiden der sowjetischen Zivilbevölkerung im Zweiten Weltkrieg wurden. Wie viele Tote der Hunger, die Kälte und Krankheiten in dieser Zeit forderten, ist bis heute nicht bekannt. Nach dem Krieg setzte eine offizielle Kommission ihre Zahl auf 632 253 fest.[6] Diese Angabe war ebenso geschönt, wie Stalin insgesamt die Opferzahlen des Zweiten Weltkriegs nach unten korrigierte, um zu verschleiern, daß die Verluste der Sowjetunion weit über den der anderen kriegsführenden Staaten lagen. Mit der Zahl 632 253 operierte man in den Nürnberger Prozessen, und bis heute findet sie Eingang in die Literatur zur Belagerung Leningrads. In der Chruščëv-Ära wurde diese Angabe jedoch nach oben korrigiert. Zwei renommierte Leningrader Historiker, Valentin M. Koval'čuk und Gennadij L. Sobolev, errechneten eine Opferzahl von „nicht weniger als 800 000".[7] Noch im selben Jahr setzte ein anderes

---

Monat, mit 4700 Tonnen (davon 1193 Tonnen Lebensmittel) am höchsten, vgl. Berlins Wirtschaft in der Blockade, hg. v. Deutschen Institut für Wirtschaftsforschung, Berlin, München 1949, S. 12.

4 Vgl. Lagunov: Skvoz' blokadu, S. 9-16.

5 Vgl. u.a. Valentin M. Koval'čuk: Blokirovannyj Leningrad i bol'šaja zemlja, in: P.N. Pospelov (Hg.): Sovetskij tyl v Velikoj Otečestvennoj vojne, Moskau 1974, Bd. 2, S. 271-278, hier 271 und 276; I. Šikin: Podvigu žit' v vekach!, in: Voenno-istoričeskij žurnal 1971, Nr. 12, S. 52-63; Mikojan: Tak bylo, S. 433. Die Lebensmittel kamen dabei überwiegend aus den Gebieten von Jaroslavl', Saratov, Stalingrad, Penza, Gor'kij, Kujbyšev und Omsk sowie aus der Tatarischen und der Baschkirischen Autonomen Sowjetrepublik. Im Dezember 1941 und Januar 1942 wurde zur Vorbereitung der Januar-Offensive vorwiegend militärisches Gerät in den Belagerungsring gebracht, vgl. Čerepenina: Golod i smert', S. 70.

6 Akt Leningradskoj gorodskoj komissii o prednamerennom istreblenii nemecko-fašistskimi varvarami mirnych žitelej Leningrada i uščerbe, nanesennom chozjajstvu i kul'turno-istoričeskim pamjatnikam goroda za period vojny i blokady. Črezvyčajnaja gosudarstvennaja komissija po ustanovleniju i rassledovaniju zlodejanij nemecko-fašistskich zachvatčikov i ich soobščnikov, Leningrad 1945.

7 Koval'čuk/Sobolev: Leningradskij „rekviem", S. 191-194. Diese Zahl beruht auf einer ebenso simplen wie logischen Berechnung. Zu Beginn der Blockade befanden sich ca. 2,5 Millionen Menschen in Leningrad, Ende 1943 waren es nur noch 600 000. Die Differenz beträgt also 1,9 Millionen. Wenn man von diesen 1,9 Millionen ca. eine Million Evakuierte und 100 000 Rekruten abzieht, bleiben 800 000, die während der Blockade gestorben sein müssen. Bei dieser wie

Leningrader Autorenkollektiv diese Schätzung auf eine Million hoch.[8] Diese Korrekturen forderten allerdings den Einspruch Dmitrij Pavlovs heraus. Er war während der Blockade als Beauftragter des Staatlichen Verteidigungskomitees für die Versorgung der Stadt und der Truppen zuständig und wollte diese höheren Zahlen nicht hinnehmen. Er intervenierte im November 1975 bei Michail Suslov, Sekretär des ZK der KPdSU, und erreichte, daß man die alte Zahl von 632 253 offiziell noch einmal bestätigte und für Veröffentlichungen als maßgeblich empfahl.[9]

Mit dem Zusammenbruch der Sowjetunion ist auch dieses Tabu verschwunden. Seit den neunziger Jahren tauchen immer neue Angaben auf, wobei die Skala nach oben offen zu sein scheint.[10] Die genaue Zahl der Blockadeopfer läßt sich jedoch nicht rekonstruieren. Die Akten der Leningrader Stadtverwaltung haben gezeigt, daß nur ein Teil der Verstorbenen registriert wurde.[11] Viele ließen ihre Angehörigen in anonymen Massengräbern verscharren, weil sie nicht mehr die Kraft fanden, sich selbst um eine Beerdigung zu kümmern. Alle Berechnungen stehen außerdem vor einem unlösbaren Grundproblem: Es ist nicht bekannt, wie viele Menschen sich in der Stadt aufhielten, als sich der Ring um Leningrad am 9. September 1941 schloß. Die Stadt war überfüllt von Flüchtlingen aus dem Baltikum, die ihre Heimat angesichts der heranrückenden Wehrmacht verlassen hatten und nun vom Krieg wieder eingeholt wurden.[12] So muß man wohl von 1 bis 1,3 Millionen Toten unter der Leningrader Zivilbevölkerung ausgehen.

Nachdem im Frühjahr 1942 das Eis des Ladogasees getaut war, kam der Schiffverkehr wieder in Gang. Zwischen Mai und November 1942 wurden auf

---

bei allen anderen Berechnungen wird nicht berücksichtigt, daß nicht nur die Stadt Leningrad, sondern auch ein Teil des Leningrader Gebiets einschließlich der dort lebenden Menschen innerhalb des Belagerungsringes lag.

8 Knjazev u.a.: Na zaščite Nevskoj tverdyni, S. 336. Diese Zahl fand Eingang in den fünften Band der offiziösen Geschichte Leningrads, vgl. Očerki istorii Leningrada Bd. 5. General Žukov schätzte in seinen Erinnerungen ebenfalls, daß es eine Million Hungertote gegeben habe, vgl. Georgij K. Žukov: Vospominanija i razmyšlenija, 2 Bde., Moskau ³1974, Bd. 1, S. 430. Bezeichnenderweise wurde diese Zahl nach dem Tode Žukovs in allen späteren Auflagen durch die offizielle Zahl ersetzt, vgl. z.B. die Auflage von 1978, S. 381.

9 Diese Auseinandersetzung ist in Ausschnitten dokumentiert in: Peter Jahn (Hg.): Blockade Leningrads 1941-1944. Dossiers. Katalog einer Ausstellung im Deutsch-Russischen Museum Berlin-Karlshorst, Berlin 2004, S. 110-113.

10 O.F. Suvenirov behauptet, Akten gefunden zu haben, aus denen hervorgehe, daß allein im ersten Winter eine Million Tote auf den Leningrader Friedhöfen bestattet worden seien, vgl. O.F. Suvenirov: Poklonimsja i mertvym i živym. K 50-letiju snjatija blokady Leningrada, in: Voenno-istoričeskij žurnal 1994, Nr. 1, S. 2-5, hier 4. Die zur Zeit höchste Angabe von zwei Millionen macht V.F. Zima: Mentalitet narodov Rossii v vojne 1941-1945 godov, Moskau 2000, S. 31. Siehe zu diesem Komplex auch Demidov (Hg.): Blokada rassekrečennaja, S. 227-234; Dzeniskevič: Blokada i politika, S. 45-68.

11 Čerepenina: Golod i smert', S. 35-80.

12 Im September 1941 sollte deshalb dem weiteren Zuzug von Evakuierten aus dem Frontgebiet in die Stadt Einhalt geboten werden, vgl. Anordnung des Kriegsrats der Leningrader Front vom 13.9.1941, in: Leningrad v osade, S. 273 f.

diesem Wege 790 000 Tonnen Frachtgut in den Belagerungsring befördert. Mehr als die Hälfte davon waren Lebensmittel (über 353 000 Tonnen),[13] und einen bedeutenden Teil machten Energieträger aus (290 000 Tonnen).[14] Hinzu kamen 89 000 Tonnen Munition und 8000 Tonnen Rüstungsgüter, darunter 202 Panzer.[15] Wie bei der Evakuierung stellte sich der Erfolg nicht ohne Pannen und Engpässe ein: Die Güter stauten sich am östlichen Seeufer, und die ehrgeizigen Pläne konnten nicht immer erfüllt werden. Dabei war der Kriegsrat der Leningrader Front mit Ždanov an der Spitze nicht bereit, widrige Umstände wie stürmisches Wetter als Ursache der Verzögerung zu akzeptieren, sondern hielt mangelnde Disziplin für den eigentlichen Grund. Wie bei der Evakuierung und der Industrieproduktion glaubte man, dem Problem Abhilfe zu schaffen, indem man den Leiter der Transportabteilung der Front und den entsprechenden Kriegskommissar persönlich für die Erfüllung des Plans verantwortlich machte.[16]

Im darauffolgenden Winter wurde zum zweiten Mal eine Eisstraße eröffnet. Man hatte aus den Erfahrungen des ersten Winters gelernt, und so herrschte auf der Trasse deutlich mehr Ordnung: Die Wege waren von Schneeverwehungen geräumt, und an den Ein- und Ausladepunkten kam es zu weniger Staus.[17] Vor allem aber war die Belastung der zweiten Eisstraße im Vergleich zum Vorjahr deutlich gesunken. Im Spätsommer 1942, nach den großen Evakuierungswellen und dem Hungerwinter 1941/42, in dessen Verlauf die meisten Todesopfer zu beklagen waren, hielten sich nur noch knapp 800 000 Menschen in der Stadt auf.[18] So umfaßt das Transportvolumen, das zwischen dem 19. Dezember 1942 und dem 30. März 1943 über den zugefrorenen Ladogasee befördert wurde, mit insgesamt 206 094 Tonnen zwar weniger als zwei Drittel des Vorjahres, dennoch war die Versorgungslage im zweiten Blockadewinter deutlich besser.[19]

---

13 Darunter waren unter anderem 161 000 Tonnen Mehl, 23 500 Tonnen Getreide, 45 500 Tonnen Graupen, 190 000 Tonnen Nudeln, 12 000 Tonnen Fette, 5500 Tonnen Fleisch, 12 000 Tonnen Fisch, 7500 Tonnen Zucker, 600 Tonnen Schokolade, 1300 Konditoreiwaren, 1150 Tonnen Trockenmilch, 1200 Tonnen Eier, 34 000 Tonnen eingelegtes und frisches Gemüse, 250 Tonnen Trockenfrüchte, 3000 Lebensmittelkonzentrate, 10 000 Tonnen Fleisch-, Fisch- und Gemüsekonserven und 14 000 Tonnen Salz.

14 Davon waren 106 000 Tonnen Kohle, 34 000 Tonnen Holz und 150 000 Tonnen flüssiger Brennstoff.

15 Vgl. Koval'čuk: Iz istorii oborony Leningrada, S. 58 f. Der deutschen Aufklärung blieben diese Bewegungen nicht verborgen. Sie ging von 17 000 Soldaten und einer größeren Anzahl von T-34- und T-60-Panzern aus, die über den Ladogasee in den Belagerungsring gebracht wurden, vgl. Schreiben von Küchlers an das OKH vom 11.7.1942, BA-MA, RH 19 III/697, Blatt 75-84.

16 Anordnung des Kriegsrats der Leningrader Front, o.D. [August 1942], RGASPI f. 77, o. 1, d. 928, l. 60-63.

17 Vgl. Fedjuninskij: Podnjatye po trevoge, S. 131.

18 So zumindest die Bilanz der Städtischen Statistischen Verwaltung nach einer Registrierung der Pässe vom 8.7. bis 25.8.1942, in: Leningrad v osade, S. 313.

19 Vgl. Mikojan: Tak bylo, S. 435 f. Diese Angaben lassen sich folgendermaßen aufschlüsseln: 111 813 Tonnen Nahrungsmittel, 54 355 Tonnen Munition für die Front und die Baltische Flotte, 3380 Tonnen kriegstechnisches Gerät, 1184 Tonnen Chemikalien, 634 Tonnen Sanitäts-

Eine Entlastung der Eisstraße wurde aber auch dadurch möglich, daß man im Frühjahr 1942 begonnen hatte, die Ressourcen, die vor Ort vorhanden waren, für die Versorgung der Bevölkerung zu nutzen. Am 19. März 1942 gab der Leningrader Stadtrat bekannt, daß jede Familie 0,15 Hektar Boden als private Anbaufläche zugewiesen bekomme, deren Ertrag sie vollständig behalten dürfe. Damit setzten die Bolschewiki auf den Selbsterhaltungstrieb der Bevölkerung. Der Staat gab sein Versorgungsmonopol auf und legte einen Teil der Verantwortung wieder zurück in die Hände der Menschen. Parallel wurden zwar auch 663 Kollektivwirtschaften mit einer Größe von bis zu 50 Hektar gegründet. Sie lagen im Verantwortungsbereich der Fabriken und versorgten die jeweiligen Betriebskantinen mit Lebensmitteln. Doch obwohl diese Großbetriebe Zugang zu landwirtschaftlichen Maschinen hatten, war die Produktivität der privaten Kleingärten doppelt so hoch, denn die Leningrader hegten und pflegten ihre kleinen Anbauflächen, deren Ertrag wesentlich zu ihrer Existenzsicherung beitrug.[20] Im belagerten Leningrad wiederholte sich nun das Phänomen, das seit der Kollektivierung der Landwirtschaft bekannt war: Die Leistungskraft der privaten Produktion war deutlich höher als die der Kolchosen und Sowchosen. 1942 beteiligten sich 276 000 Menschen am individuellen und kollektiven Gemüseanbau auf insgesamt 2784 Hektar Boden, 1943 waren es sogar 443 000 Menschen, die 3242 Hektar städtischen Bodens fruchtbar machten.[21] Insgesamt wurden 1942 in den Kollektivwirtschaften 49 000 Tonnen, in den Individualwirtschaften weitere 27 000 Tonnen Gemüse angebaut.[22]

Die Ernährungslage in Leningrad verbesserte sich seit dem Frühjahr 1942 kontinuierlich. Bereits im Sommer 1942 wurde wieder eine vergleichsweise breite Palette von Lebensmitteln hergestellt.[23] Dies trug zu einer umfassenden Normali-

---

ausrüstung, 1867 Tonnen volkswirtschaftliches Gerät, 3671 Tonnen Waffen sowie Ausrüstung für Artillerie und Luftabwehr, 453 Tonnen Gerät für die Truppe u.a. Waren, 18 603 Tonnen Kohle, 5073 Tonnen GSM und 1420 Tonnen Post. Die Nahrungsmittel setzen sich wie folgt zusammen: 47 720 Tonnen Mehl, 10 246 Tonnen Graupen und Reis, 8655 Tonnen Getreide, 7151 Tonnen Fleisch und Fisch, 9770 Tonnen Gemüse, 2365 Tonnen Fett und Rauchwaren, 6755 Tonnen Salz, 1042 Tonnen Tabak, 1164 Tonnen Seife und 3835 Tonnen Hafer. Vgl. die Vortragsnotiz Ždanovs für Mikojan und Chrulëv über die Arbeit der Eisstraße 1942/43 aus dem April 1943, RGASPI f. 77, o. 1, d. 945, l. 42.

20 Vgl. Karasev: Leningradcy v gody blokady, S. 240; Bidlack: Workers at War (1987), S. 214 ff.

21 Sitzungsprotokoll des Leningrader Stadtparteikomitees vom 22.3.1944, RGASPI f. 17, o. 44, d. 871, l. 4.

22 Anordnung des Leningrader Stadtparteikomitees und des Exekutivkomitees des Leningrader Stadtrats vom 24.12.1942, RGASPI f. 17, o. 43, d. 1155, l. 18-22. Das lag deutlich unter dem Plan, der für 1942 den Anbau von 43 792 Tonnen Kartoffeln und 208 088 Tonnen Gemüse innerhalb des Belagerungsringes vorsah, vgl. Anordnung des Leningrader Stadtparteikomitees vom 27.7.1942, RGASPI f. 17, o. 43, d. 1151, l. 115.

23 Die Produktionspläne für August und September 1942 sahen folgende Erzeugnisse vor: Roggenzwieback, Nudeln, Geback, Eiweißhefe, Milch aus Konzentrat, Sojamilchprodukte, Fruchtgelee, Ketchup, Kaseinprodukte, Speisezellulose, Schokolade, Schokoladen- und Karamelkonfekte, Kakaopulver, Kaffee-Ersatz, Wein, Wodka, Bier, chemisch reine Glukose für medizi-

sierung des Alltags bei. So fand zum Beispiel am 6. Mai 1942 das erste Fußballspiel seit dem schweren Hungerwinter statt, was eine große moralische Wirkung hatte und bis heute als ein Symbol für die Widerstandskraft der Leningrader gilt.[24] Weit über die Stadt hinaus wirkte die erste Aufführung der Siebten, der sogenannten „Leningrader“ Symphonie von Šostakovič im Großen Saal der Philharmonie durch das Orchester des Leningrader Rundfunkkomitees, das von Karl I. Ėliasberg dirigiert wurde.[25] Auch wenn sich die Hungersnot des ersten Blockadewinters nicht mehr wiederholte, bedeutete der Winter 1942/43 abermals eine schwere Zeit für die Menschen. Im Durchschnitt verlor jeder Leningrader in diesen Wochen und Monaten rund ein Viertel seines Gewichts, in besonders schlimmen Fällen sogar 35 bis 40 %. Dabei hatten die Menschen im Laufe des Sommers 1942 noch bei weitem nicht ihr Normalgewicht erreicht.[26] Angesichts der unklaren Opferzahlen lassen sich keine verbindlichen Aussagen darüber machen, wie viele Leningrader in diesem zweiten Winter starben. Man kann aber von einer Zahl mindestens im fünfstelligen Bereich ausgehen.[27]

Im Jahr 1943 änderte sich schließlich die Versorgung Leningrads grundlegend. Nachdem die Rote Armee im Januar 1943 eine Lücke in den Belagerungsring geschlagen hatte, wurde eine Eisenbahnverbindung entlang des südlichen Ufers des Ladogasees gebaut. Auf diesem Weg wurden die Bevölkerung sowie die Truppen der Leningrader Front fortan mit allem Notwendigen versorgt.[28] Bereits am 22. Februar 1943 konnten die Brotrationen in Leningrad wieder auf das Niveau von Moskau oder anderer industrieller Zentren angehoben werden.[29]

Die Blockadeforschung hat sich bislang vor allem mit der Frage beschäftigt, wie viele Lebensmittel in die belagerte Stadt befördert wurden. Doch was Leningrad erreicht hatte, war noch nicht bei den Menschen angekommen. Nach welchen Kriterien wurden die knappen Güter verteilt? Was kam von den Lebens-

---

nische Zwecke, alkoholfreie Getränke, pflanzliches Öl, Zitronensäure, Essig, Hagebuttensirup mit Vitamin C, Tabak, flüssige Kohlensäure, 10 Kilogramm Askorbinsäure, Backhefe, Haushalts- und Toilettenseife, Dulcin (künstlicher Süßstoff), Gemüse- und Fruchterzeugnisse, Fischerzeugnisse, verschiedene Massenwaren, Waschpulver, Wasserstoff, raffiniertes Öl, Glukosesirup, Wursterzeugnisse, Fruchtessenz. Vgl. Produktionsplan für die Lebensmittelproduktion für August 1942 vom 4.8.1942, RGASPI f. 17, o. 43, d. 1152, l. 11; Produktionsplan für die Lebensmittelproduktion für September 1942 vom 6.9.1942, RGASPI f. 17, o. 43, d. 1152, l. 145 f.

24 Dinamo gewann gegen den Leningrader Armeeklub mit 7:3, vgl. Dzeniskevič (Hg.): Leningrad v bor'be, S. 120.

25 Ebd., S. 141. Zur Instrumentalisierung von Šostakovičs 1941/42 komponierter Siebter als Kriegssymphonie siehe Kap. VII.1.

26 Rechenschaftsbericht von Popkov an Ždanov vom 3.1.1943, in: Leningrad v osade, S. 248 f.

27 Die von Behörden registrierten Todesfälle bewegen sich im fünfstelligen Bereich, sind aber durchweg zu niedrig angesetzt, wobei monatliche Angaben auch nur für November und Dezember 1942 zur Verfügung stehen (3381 und 4035 Todesfälle), vgl. Čerepenina: Golod i smert', S. 74.

28 Vgl. Koval'čuk: Doroga pobedy osaždennogo Leningrada.

29 So Gennadij F. Petrov: Pamjatnik skorbi i slavy. Piskarevskoe memorial'noe kladbišče, Leningrad 1986, S. 24.

mitteln bei der Bevölkerung tatsächlich an? Wieviel hatte der einzelne zu essen? Bislang hat die Forschung stets nur auf die offiziellen Rationen verwiesen, die wie folgt aussahen:[30]

Die Brotrationen in Leningrad während des Krieges in Gramm pro Tag (in Klammern der Nährwert von Roggenbrot in Kalorien) [31]

	Arbeiter	Angestellte	Familien-angehörige	Kinder bis 12 Jahre
ab 18.7.1941	800 (1976)	600 (1482)	400 (988)	400 (988)
ab 2.9.1941	600 (1482)	400 (988)	300 (741)	300 (741)
ab 12.9.1941	400 (988)	200 (494)	200 (494)	200 (494)
ab 13.11.1941	300 (741)	150 (371)	150 (371)	150 (371)
ab 20.11.1941	250 (618)	125 (309)	125 (309)	125 (309)
ab 25.12.1941	350 (865)	200 (494)	200 (494)	200 (494)
ab 24.1.1942	400 (988)	300 (741)	250 (618)	250 (618)
ab 11.2.1942	500 (1235)	400 (988)	300 (741)	300 (741)
ab 22.2.1943	600 - 700 (1482 - 1729)	500 (1235)	400 (988)	400 (988)

30 Allerdings findet sich in der wissenschaftlichen Literatur keine lückenlose Aufstellung der Lebensmittelrationen für die gesamte Dauer der Blockade, vgl. Pawlow: Blockade, S. 109; Karasev: Leningradcy, S. 237; Bidlack: Survival Strategies, S. 91. Die dort aufgeführten, zum Teil widersprüchlichen Zahlen wurden abgeglichen und ergänzt mit den Angaben aus dem Rechenschaftsbericht der Städtischen Abteilung für Handelswesen vom 12.10.1943, in: Leningrad v osade, S. 259 - 270. Nicht berücksichtigt sind hier die Rationen der Rotarmisten der Leningrader Front, die durchweg höher lagen als die der Zivilbevölkerung. Sie erreichten ihren Tiefststand im November 1941 mit 500 Gramm Brot pro Tag für Frontsoldaten und 300 Gramm Brot pro Tag in der Etappe, vgl. Anordnung des Kriegsrats der Leningrader Front vom 19.11.1941, in: Leningrad v osade, S. 194 f.

31 Die Errechnung des Nährwerts in dieser und den folgenden Tabellen erfolgt nach: Wilhelm Ziegelmayer (Hg.): Handbuch der Nährwert-Kontrolle, Berlin 1946. Siehe dazu auch: Uriėl' G. Černjavskij: Vojna i prodovol'stvie. Snabženie gorodskogo naselenija v Velikuju Otečestvennuju vojnu, 1941 - 1945 gg., Moskau 1964, S. 77 und 179. Dabei ist jedoch zu berücksichtigen, daß der Nährwert des Blockadebrots unter diesen Angaben lag, da zur Streckung des vorhandenen Getreides Ersatzstoffe, wie z.B. Zellulose, beigemischt wurden. Zum Vergleich: In der übrigen Sowjetunion erhielten Arbeiter ab dem 1.4.1942 400 - 500 Gramm Brot, Angestellte 300 Gramm, Familienangehörige 200 Gramm und Kinder unter 12 Jahren 300 Gramm. Am 21.11.1943 wurden die Brotnormen erhöht. Arbeiter erhielten 500 - 700 Gramm, Angestellte 400 - 450 Gramm, Familienangehörige und Kinder 300 Gramm. Vgl. Aleksandr V. Ljubimov: Torgovlja i snabženie v gody Velikoj Otečestvennoj vojny, Moskau 1968, S. 28 - 30. In Moskau waren die Normen etwas höher als der Landesdurchschnitt, vgl. Moskoff: Bread of Affliction, S. 142.

Die Fleischrationen in Leningrad während des Krieges in Gramm pro Monat (in Klammern der durchschnittliche Nährwert von Fleisch in Kalorien) [32]

	Arbeiter	Angestellte	Familien-angehörige	Kinder bis 12 Jahre
ab 18.7.1941	2200 (5060)	1200 (2760)	600 (1380)	600 (1380)
ab Sept. 1941	1500 - 2200 (3450 - 5060)	800 - 1200 (1840 - 2760)	400 - 600 (920 - 1380)	400 - 600 (920 - 1380)
ab Febr. 1942	1350 (3105)	750 (1725)	375 (863)	375 (863)
ab März 1942	1500 (3450)	800 (1840)	400 (920)	400 (920)
ab April 1942	1800 (4140)	1000 (2300)	500 (1150)	500 (1150)

Die Graupen- und Nudelrationen in Leningrad während des Krieges in Gramm pro Monat (in Klammern der durchschnittliche Nährwert von Mühlenerzeugnissen wie Graupen und Teigwaren in Kalorien) [33]

	Arbeiter	Angestellte	Familien-angehörige	Kinder bis 12 Jahre
ab 18.7.1941	2000 (7260)	1500 (5445)	1000 (3630)	1200 (4356)
ab Sept. 1941	15 000 - 2000 (5445 - 7260)	1000 - 1500 (3630 - 5445)	600 - 1000 (2178 - 3630)	1200 (4356)
ab Febr. 1942	2000 (7260)	15 000 (5445)	1000 (3630)	1200 (4356)

Die Fettrationen in Leningrad während des Krieges in Gramm pro Monat (in Klammern der durchschnittliche Nährwert von Fett in Kalorien) [34]

	Arbeiter	Angestellte	Familien-angehörige	Kinder bis 12 Jahre
ab 18.7.1941	800 (6016)	400 (3008)	200	400 (3008)
ab Sept. 1941	800 - 950 (6016 - 7144)	400 - 500 (3008 - 3760)	200 - 300 (1504 - 2256)	400 - 500 (3008 - 3760)
ab Nov. 1941	600 (4512)	250 (1880)	200 (1504)	500 (3760)
ab Januar 1942	800 (6016)	400 (3008)	200 (1504)	400 (3008)

32 Im Herbst 1943 erhielt die großstädtische Bevölkerung der übrigen Sowjetunion monatlich folgende Fleischrationen: Arbeiter 1800 - 2200 Gramm, Angestellte 1200 Gramm, Familienangehörige 500 Gramm und Kinder unter 12 Jahren 400 Gramm, vgl. Ljubimov: Torgovlja i snabženie, S. 29 f.

33 Im Herbst 1943 erhielt die großstädtische Bevölkerung der übrigen Sowjetunion monatlich folgende Rationen an Graupen und Nudeln: Arbeiter 1200 - 1500 Gramm, Angestellte 800 Gramm, Familienangehörige 600 Gramm und Kinder unter 12 Jahren 800 Gramm, vgl. ebd.

34 Im Herbst 1943 erhielt die großstädtische Bevölkerung der übrigen Sowjetunion monatlich folgende Fettrationen: Arbeiter 400 - 600 Gramm, Angestellte 300 Gramm, Familienangehörige 500 Gramm und Kinder unter 12 Jahren 300 Gramm, vgl. ebd.

Die Zucker- und Konditoreiwarenrationen in Leningrad während des Krieges in Gramm pro Monat (in Klammern der durchschnittliche Nährwert von Feinbackwaren in Kalorien)[35]

	Arbeiter	Angestellte	Familien-angehörige	Kinder bis 12 Jahre
ab 18.7.1941	1500 (6000)	1200 (4800)	1000 (4000)	1200 (4800)
ab Sept. 1941	1500 (6000)	1000-1200 (4000-4800)	1000-800 (4000-3200)	1200 (4800)
ab Nov. 1941	1500 (6000)	1000 (4000)	800 (3200)	1200 (4800)
ab Febr. 42	900-1500 (3600-6000)	500-1000 (2000-4000)	400-800 (1600-3200)	500-1200 (2000-4800)
ab April 42	900 (3600)	500 (2000)	400 (1600)	500 (2000)

Offiziell stand also, um nur drei Beispiele herauszugreifen, einem nicht arbeitenden Familienangehörigen bei Blockadebeginn eine durchschnittliche Tagesration von rund 1059 Kalorien zu, im Dezember 1941 waren es nur noch 601 Kalorien und ein Jahr später, im Dezember 1942, immerhin wieder 1004 Kalorien. Zum Vergleich: Ein männlicher Erwachsener verbraucht – ohne körperlich zu arbeiten – bei einer durchschnittlichen Lufttemperatur von 10° Celsius je nach Alter zwischen 3200 (20-30jähriger) und 2200 Kalorien (70jähriger), ein weiblicher Erwachsener zwischen 2300 und 1600 Kalorien.[36] Doch die oben angeführten Tabellen haben den Nachteil, daß sie nur die Menge an Lebensmitteln festhalten, die den Arbeitern, Angestellten, Familienangehörigen und Kindern theoretisch zustand. Die tatsächlich erhaltene Menge an Nahrungsmitteln stimmte mit den Rationen jedoch selten überein.[37] Insofern dürfen auch die Kalorienangaben nicht als der Energiewert verstanden werden, der den Leningradern tatsächlich zur Verfügung stand. Zum einen waren dem Brot Ersatzstoffe wie Zellulose beigemischt, die sein Gewicht erhöhten aber keinerlei Nährstoffe enthielten.[38] Zum andern kam es vor, daß Menschen ihre Lebensmittelkarten nicht einlösen konnten. So waren zum Beispiel in den letzten zehn Tagen des Dezembers 1941 in den Geschäften außer Brot keine anderen Lebensmittel zu erhalten, im Januar 1942 gab es kein Fleisch, kein Fett und nichts Süßes.[39] Auch wenn der durchschnittliche Umfang der Lebensmittel, die den Leningradern wirklich zur Verfü-

---

35 Im Herbst 1943 erhielt die großstädtische Bevölkerung der übrigen Sowjetunion monatlich folgende Zuckerrationen: Arbeiter 400-600 Gramm, Angestellte 300 Gramm, Familienangehörige 300 Gramm und Kinder unter 12 Jahren 200 Gramm, vgl. Moskoff: Bread of Affliction, S. 139.

36 Vgl. Stanley Davidson/R. Passmore/Boyd Orr: Human Nutrition and Dietetics, Edinburgh, London 1963, S. 30 f.

37 So war im letzten Drittel des Dezembers 1941 auf Karten nur Brot erhältlich, vgl. Čerepenina: Golod i smert', S. 53.

38 Vgl. Anordnung des Kriegsrats der Leningrader Front vom 19.11.1941, in: Leningrad v osade, S. 195 f.; Adamowitsch/Granin: Blockadebuch Bd. 1, S. 159.

39 Vgl. Bericht des Leningrader NKVD vom 12.1.1942, in: V tiskach goloda, S. 184-189, hier 184; Bericht des Leningrader NKVD vom 10.2.1942, in: ebd., S. 196-200, hier 196.

gung standen, in etwa das arithmetische Mittel der verschiedenen Rationenkategorien ausmacht, so ist damit noch nichts über die Verteilung der zur Verfügung stehenden Nahrung gesagt.[40] Die Realität des Blockadealltags war wesentlich vielschichtiger, als es in den Tabellen des Rationierungssystems zum Ausdruck kommt. Da die Forschung diesen Aspekt bislang unberücksichtigt gelassen hat, soll im Folgenden untersucht werden, wie sich die Leningrader jenseits der offiziellen Rationen mit eigener Anstrengung durchschlugen.

1. Die selektive Verteilung der Lebensmittel: Sonderrationen und geschlossene Kantinen

Bislang wurde viel darüber spekuliert, wie die Leningrader Parteiführung während der Blockade gelebt hat. Ždanov und seine Genossen haben mit Sicherheit nicht gehungert. In der Kantine des Smol'nyj-Instituts, des Sitzes der Leningrader Parteiführung, gab es auch während des Hungerwinters 1941/42 ausreichend Brot, Zucker und Fleisch, ja sogar Kuchen und andere Konditoreiwaren.[41] Schon zu Kriegszeiten kursierten Gerüchte über das ausschweifende Leben, das die Parteispitze führe.[42] Im Zuge der „Leningrader Affäre" wurden weitere Mythen in Umlauf gesetzt.[43] Da war von Festbanketten im Smol'nyj die Rede, von Pfirsichen und Würsten, die angeblich extra für Ždanov in den Belagerungsring geflo-

40 Nach Untersuchungen des NKVD standen den Leningradern im Januar 1942 durchschnittlich 306 Gramm und im Februar 363 Gramm Brot am Tag zur Verfügung. Die verschiedenen Rationenkategorien lagen im Januar 1941 zwischen 200 und 350 Gramm und im Februar zwischen 250 und 400 Gramm (ab 11. Februar zwischen 300 und 500 Gramm). Ähnlich verhielt es sich auch mit den tatsächlich ausgegebenen Mengen an Fleisch, Graupen bzw. Nudeln und Fett. Nur bei Zucker und Konditoreiwaren lag der Durchschnitt unter der niedrigsten Ration. Vgl. Čerepenina: Golod i smert', S. 56.

41 Vgl. Bidlack: Survival Strategies, S. 96. Dagegen suggeriert Salisbury, die Leningrader Parteiführung habe die gleiche Zuteilung wie Frontkommandeure erhalten: täglich ein Pfund Brot, einen Teller Fleisch- oder Fischsuppe und etwas Nudeln oder Grütze, vgl. Salisbury: 900 Tage, S. 399.

42 Vgl. z.B. den Bericht des Leningrader NKVD vom 28./29.1.1942, in: V tiskach goloda, S. 189-196, hier 190 f.; auch sowjetische Kriegsgefangene berichteten in Verhören ihren deutschen Gegenüber von solchen ‚Skandalgeschichten', vgl. Meldungen aus dem unbesetzten Gebiet der Sowjetunion, o.D. [Frühjahr 1943], BA-MA, RH 19 III/448, Blatt 244-279.

43 Vgl. Jelena Subkowa: Kaderpolitik und Säuberungen in der KPdSU (1945-1953), in: Hermann Weber/Ulrich Mählert (Hg.): Terror. Stalinistische Parteisäuberungen 1936-1953, Paderborn u.a. 1998, S. 187-236, hier 213. Zu den Gerüchten über angebliche Festgelage während der Blockade siehe auch: Dzeniskevič: Blokada i politika, S. 26 f.

gen wurden, oder von den Versuchen des Leningrader Parteichefs abzunehmen – sei es mittels Fahrradfahren oder Tennisspielen. Solcherlei Gerüchte fanden nach dem Krieg ihren Weg in Erinnerungen und von dort teilweise in die Forschungsliteratur, ohne daß sie jemals überzeugend belegt werden konnten.[44] Immerhin gibt es Fürsprecher, wie den Sohn von Lavrentij Berija, der aus seiner Antipathie gegenüber Ždanov keinen Hehl macht, aber dennoch dem Gerücht von den Festgelagen im Smol'nyj entgegentritt.[45] Gesichert ist von alldem nichts. Zu jeder Hungersnot gehört, daß die Betroffenen sich ausmalen, einige Begünstigte lebten in Saus und Braus.

Das Aufdecken von sensationellen Einzelfällen – wie der Produktion von Rumkugeln im Hungerwinter 1941/42 und anderen Konditoreiwaren, angeblich für die Parteiführung im Smol'nyj, wie sogleich gemutmaßt wird[46] – verspricht zwar viel Aufmerksamkeit, vermittelt aber ein längst überholtes Bild von der sowjetischen Gesellschaft: ein totalitäres System, in dem eine kleine Gruppe eine Fülle von Privilegien genoß, während das Volk darben mußte.[47] In den letzten Jahren haben kulturhistorische Studien zum Stalinismus gezeigt, daß die Menschen das System oder zumindest Teile davon sehr viel stärker als bislang angenommen verinnerlicht hatten und ihren Alltag nach seinen Gesetzen ausrichteten.[48] Auch das System von Privilegien und Patronage durchzog alle Bevölkerungsschichten und ist nicht nur an der Spitze von Staat und Partei zu finden. Ja, es waren diese informellen Wirtschaftsformen, die das Funktionieren der Planwirtschaft einerseits erst ermöglichten, andererseits das starre Modell mittel- und langfristig unterhöhlten. Es gilt also zu untersuchen, inwieweit im hungernden Leningrad ein System von Privilegien überhaupt noch existierte und welche Teile der städtischen Bevölkerung gegebenenfalls davon profitierten.

---

44 Eine ganze Reihe von Gerüchten über Machtmißbrauch im Zusammenhang mit der Lebensmittelversorgung zum Beispiel bei: Andrej Tschernow: Die Todesration. Weiße Flecken im sowjetischen Bild der Blockade, in: Antje Leetz (Hg.): Blockade. Leningrad 1941-1944. Dokumente und Essays von Russen und Deutschen, Reinbek bei Hamburg 1992, S. 186-195, hier v.a. 191-195. Etwas anders gelagert sind die von Stalin im Kreml veranstalteten Festgelage, zu denen ausländische Diplomaten geladen waren. Sie dienten repräsentativen Zwecken und waren darüber hinaus eine Demonstration von Stärke, vgl. Moskoff: Bread of Affliction, S. 178.

45 Sergo Berija: Moj otec – Lavrentij Berija, Moskau 1994, S. 181.

46 Diesen Vorgang belegen Fotografien aus russischen Archiven, abgebildet in: Leetz (Hg.): Blokkade, S. 196-199. Die Behauptung, daß es sich dabei um „Sonderrationen für den Smolny" handele, geht aus den Bildunterschriften, die von sowjetischen Archivaren angefertigt worden sind, nicht hervor. Zweifellos kamen nur Privilegierte in den Genuß dieser Backwaren, doch legt allein die auf den Fotos abgebildete Menge der Erzeugnisse die Vermutung nahe, daß damit nicht nur die Parteispitze im Smol'nyj-Institut versorgt wurde.

47 So bei Moskoff: Bread of Affliction, S. 179 f. Diebstahl von sozialistischem Eigentum begreift Moskoff demzufolge nicht als einen Teil des Systems, sondern als ein Mittel des kleinen Mannes, das System zu überlisten, vgl. ebd., S. 184.

48 In diesem Sinne argumentieren für die dreißiger Jahre: Kotkin: Magnetic Mountain; Hellbeck in seiner Einleitung zu: Tagebuch aus Moskau.

Die Verteilungspolitik der Bolschewiki war weitaus selektiver, als es die vier Kategorien im Rationierungssystem zum Ausdruck bringen. Bevorzugt wurden etwa die Mitarbeiter des NKVD und der Miliz; das Personal im Militärstab sowie leitende Parteifunktionäre erhielten eine Sonderverpflegung.[49] Die Mitglieder der Akademie der Wissenschaften bekamen im Dezember 1941 ebenfalls einen einmaligen kostenlosen Zuschlag, der aus einem halben Kilo Butter, zwei Kartons Fleisch- oder Fischkonserven, 30 Eiern, einem halben Kilogramm Zucker, einem halben Kilogramm Gebäck, 300 Gramm Schokolade, drei Kilogramm Weizenmehl und zwei Flaschen Wein bestand.[50] Doch nicht nur die Parteikader und die staatliche Elite wurden besser versorgt. Auch gewöhnliche Parteimitglieder genossen Privilegien: etwa eine Mittagessenskarte, die sonst nur Führungskräften der Industrie zustand, oder ein paar zusätzliche Lebensmittelkarten.[51]

Am 31. Juli 1943 führte das Leningrader Stadtparteikomitee Sonderrationen ein, die entsprechend einer Weisung des Rats der Volkskommissare vom 12. Juli 1943 in drei Kategorien aufgeteilt waren.[52] Eine Sonderration setzte sich aus zusätzlichen Lebensmittelkarten, einem Mittagessen und einer Marschverpflegung zusammen (sofern nicht anders vermerkt, Angaben in Gramm pro Monat):[53]

	1. Klasse			2. Klasse			3. Klasse		
Waren	Karte	Mittagessen	Marschverpfleg.	Karte	Mittagessen	Marschverpfleg.	Karte	Mittagessen	Marschverpfleg.
Fleisch/Fisch	1800	5000	2200	1800	5000	2200	1800	1800	–
Fett	800	800	1000	800	800	600	800	800	–
Graup./Nudeln	2000	1500	2000	2000	1500	1500	2000	2000	–

49 Vgl. Kripton: Osada Leningrada, S. 186 und 203. Im Dezember 1942 erhielten zum Beispiel die Mitarbeiter des NKVD täglich 600 Gramm Brot (Arbeiter: 500 Gramm), 170 Gramm Graupen (Arbeiter: 67 Gramm), 30 Gramm Weizenmehl (Arbeiter: –), 50 Gramm Fett (Arbeiter: 27 Gramm), 35 Gramm Zucker (Arbeiter: 30 Gramm), 125 Gramm Fleisch (Arbeiter: 65 Gramm), 350 Gramm Gemüse (Arbeiter: –), vgl. Anordnung des Kriegsrats der Leningrader Front vom 30.12.1942, CGA SPb f. 7384, o. 36, d. 80, l. 56.

50 Auskunft des Exekutivkomitees des Leningrader Stadtrats vom 26.12.1941, in: Leningrad v osade, S. 209. Zur privilegierten Stellung der Akademiemitglieder in den dreißiger Jahren vgl. Nikolaj Korenjuk: Die Akademie der Wissenschaften der UdSSR als elitäre Korporation, in: Dietrich Beyrau (Hg.): Im Dschungel der Macht. Intellektuelle Professionen unter Stalin und Hitler, Göttingen 2000, S. 65-83.

51 Vgl. Anordnung des Büros des Leningrader Stadtparteikomitees und des Exekutivkomitees des Leningrader Stadtrats vom 9.3.1943, RGASPI f. 17, o. 43, d. 1156, l. 27. Aufgrund dieser Anordnung stand allen Mitgliedern, die der Partei vor 1917 beigetreten waren, eine Mittagessenskarte zu. Siehe auch Kripton: Osada Leningrada, S. 186 und 203.

52 Anordnung des Büros des Leningrader Stadtparteikomitees vom 31.7.1943, RGASPI f. 17, o. 43, d. 1158, l. 151-205.

53 Anordnung des Büros des Leningrader Stadtparteikomitees vom 31.7.1943, ebd., l. 206-207.

	1. Klasse			2. Klasse			3. Klasse		
Waren	Karte	Mittagessen	Marschverpfleg.	Karte	Mittagessen	Marschverpfleg.	Karte	Mittagessen	Marschverpfleg.
Kond.-waren	900	600	2000	900	600	500	900	900	–
Eier	–	10 St.	–	–	10 St.	–	–	–	–
Früchte (trock.)	–	500	–	–	500	–	–	–	–
Milch	–	1 Lit.	–	–	1 Lit.	–	–	–	–
Brot/ Tag	600	200	–	600	200	–	600	–	–
Tabak	–	–	300 gr.	–	–	–	–	–	–
Seife	–	–	2 St.	–	–	–	–	–	–
Tee	–	–	50	–	–	–	–	–	–
Kartoffeln	–	10 kg	10 kg	–	10 kg	–	–	–	–
Gemüse	–	5000	5000	–	5000	–	–	–	–

Es ist läßt sich nicht mehr nachverfolgen, wer genau an dieser Zusatzverpflegung partizipierte, aber es dürfte sich um die Partei-, Wirtschafts- und Verwaltungselite der Stadt gehandelt haben. Festgehalten werden kann, daß die Zahl der Berechtigten stetig anstieg:[54]

Anzahl der Berechtigten	1. Kategorie	2. Kategorie	3. Kategorie
Stand 31.7.1943	753	1229	1934
Stand 6.8.1943	772	1260	2425
Stand 3.9.1943	782	1333	2711

Neben zusätzlichen Lebensmittelkarten gab es für die Elite noch die Möglichkeit, sich in speziellen Geschäften Nahrungsmittel zu besorgen.[55]

[54] Vgl. die Anordnungen des Büros des Leningrader Stadtparteikomitees und des Exekutivkomitees des Leningrader Stadtrats vom 31.7.1943, 6.8.1943 und 3.9.1943, RGASPI f. 17, o. 43, d. 1158, l. 151-207, d. 1159, l. 35-40 und 157-163. Hier wurden nur die Bezugsberechtigten der Stadt, nicht des Leningrader Gebiets registriert.

[55] Dabei war die Auswahl und Exklusivität des Angebots in Leningrad nicht mit der in der Hauptstadt zu vergleichen, wo der größte Teil der Staats- und Parteielite lebte. Zu Moskau vgl. Moskoff: Bread of Affliction, S. 179.

In den Fabriken existierten Direktoren-Kantinen, in denen das Führungspersonal der Volkswirtschaft verpflegt wurde. In diesen geschlossenen Kantinen, die im Verlaufe der ersten beiden Fünfjahrespläne entstanden waren und zu denen der Fabrikdirektor, leitende Angestellte und Ingenieure eines Betriebes Zugang hatten, wurden höherwertige Speisen und größere Portionen ausgegeben. Häufig mußte man dafür keine Lebensmittelkarten einlösen. Diese Einrichtung rief bei Nichtprivilegierten Unmut hervor.[56] Die Listen, in denen die Leningrader Partei die Sonderverpflegung pro Fabrik festgehalten hatte, zeigen, daß im Oktober 1942 zum Beispiel 3899 Personen aus 200 Fabriken eine zusätzliche Mahlzeit erhielten.[57] Im November 1942 waren es schon 4376 Beschäftigte aus 288 Betrieben.[58] In der Praxis wurde die strikte Trennung in Bezugsberechtigte und den Rest der Belegschaft von den Fabrikdirektoren nicht immer verwirklicht. Es kam vor, daß die geschlossenen Kantinen ihre Türen für andere Mitarbeiter öffneten und sich dann schnell zu einem überfüllten Mittagstreffpunkt entwickelten.[59] Manchmal wurden dort Lebensmittel auch direkt auf die Hand verteilt, so daß die Fabrikangehörigen ihre Familien mitversorgen konnten. Letzteres versuchte die Betriebsleitung allerdings zu unterbinden, da die Zusatzrationen ja die Leistungsfähigkeit der Arbeiter und Angestellten erhöhen sollten.[60]

Generell ginge es an der sowjetischen Realität vorbei, wenn man bei der Suche nach Privilegien nur die politische und wirtschaftliche Elite in den Blick nähme. Denn die Möglichkeiten, sich über die festgesetzte Lebensmittelration hinaus zu versorgen, waren nicht auf Parteifunktionäre und Staatsbedienstete beschränkt. So erhielten zum Beispiel Arbeiter und Ingenieure aus über 100 Fabriken, die in der Rüstungsproduktion tätig waren, ab November 1941 kostenlose Zusatzversorgung in den Betriebskantinen. In den folgenden beiden Monaten wurden ihnen zusätzlich noch Sonderrationen zugeteilt.[61] Stachanov- und Stoßarbeiter erhielten nicht nur von Haus aus eine höhere Grundration,

---

[56] Siehe die Beispiele im Bericht des Leningrader NKVD vom 2.6.1942, in: V tiskach goloda, S. 231-236, hier 233.

[57] Liste der Arbeiterkontingente mit Recht auf ein spezielles Mittagessen für Oktober 1942, RGASPI f. 17, o. 43, d. 1153, l. 44-51. Ab dem 1. Oktober 1942 stand den Arbeitern in leitenden Funktionen ein besonderes Mittagessen zu, dessen Qualität über der des bisherigen lag. Dies galt für Fabrikdirektoren, ihre Stellvertreter und persönlichen Mitarbeiter, leitende Ingenieure, leitende Mechaniker, Konstrukteure, Technologen, Energiewirtschaftler, Dispatcher, Abteilungsleiter, Werkhallenleiter, Schichtingenieure der führenden Werkhallen, Parteigruppenleiter, Partei- und Komsomolsekretäre und den Vorsitzenden des allgemeinen Fabrikparteikomitees, RGASPI f. 17, o. 43, d. 1153, l. 14.

[58] Liste der Arbeiterkontingente mit Recht auf ein spezielles Mittagessen für November 1942 vom 30.10.1942, RGASPI f. 17, o. 43, d. 1153, l. 124-133.

[59] Vgl. Kulagin: Dnevnik i pamjat', S. 150-153.

[60] Vgl. Kripton: Osada Leningrada, S. 186 und 203.

[61] Vgl. Čerepenina: Golod i smert', S. 63. Die Angestellten in Lebensmittelfabriken erhielten ab dem 1.10.1941 ein Mittagessen, das sie für die Hälfte der eigentlich fälligen Lebensmittelkarten erstehen konnten, vgl. Anordnung des Kriegsrats der Leningrader Front vom 23.9.1941, in: Leningrad v osade, S. 190 f.

sondern ebenso Sonderzuwendungen, und sei es nur, daß sie regelmäßig Gemüse bekamen, wie es etwa im Sommer 1942 in den Bol'ševik-Werken der Fall war.[62]

Die Zusatzversorgung mit der größten Breitenwirkung fand jedoch in den regulären Fabrikkantinen statt, und alle Arbeiter profitierten davon. Der Industrie wurden für den Kantinenbetrieb sogar gesondert Lebensmittelkontingente zugewiesen. So gingen zum Beispiel im Juni 1942 47,0 % des verbrauchten Zuckers an Leningrader Industriebetriebe, ebenso wie 7,0 % Fett, 2,2 % Mehl und 1,9 % Graupen. Einige Konsumgüter wurden sogar ausschließlich an die Fabrikkantinen geliefert, so etwa Marmelade, Kakao, Sojabohnen oder Kautabak.[63] Mitunter wurde ein schon fast idyllisches Bild von den Fabrikkantinen gezeichnet:

> „Im Winter 1941/42 ging ein Teil der Fabrik zur Ausgabe von Heilkost über. Dank dieser gelang es, etwa 250 000 vom Hunger Geschwächte buchstäblich wieder auf die Beine zu bringen. Viele von ihnen konnten zur Arbeit in die Fabriken und Betriebe zurückkehren."[64]

In Wirklichkeit waren die Fabrikkantinen weit davon entfernt, Versorgungsinseln in einem Meer von Hunger und Entbehrung zu sein. Ein Speiseplan der Kirov-Werke aus dem Frühjahr/Sommer 1942 sah zum Beispiel wie folgt aus:

> „Wegerichsuppe
> Püree aus Brennesseln und Sauerampfer
> Steaks aus Rübenblättern
> Klößchen aus Melde
> Schnitzel aus Kohlblättern
> Gebäck aus Ölkuchen
> Torte aus Duranda
> Sauce aus Fischgrätenmehl
> Fladen aus Kasein
> Hefesuppe
> Sojamilch (auf Marken)"[65]

In den Kirov-Werken gab es zum Beispiel im Jahr 1942 insgesamt 15 Kantinen, in denen 11 000 Menschen versorgt wurden. Der hygienische Zustand der Kantinen hing stark vom Engagement des Personals ab. In der Kantine Nr. 133 trugen beispielsweise alle Bediensteten weiße Schürzen sowie eine Kopfbedeckung und hatten saubere Hände und zurückgebundenes Haar. Die Tische waren stets

---

[62] Protokoll der Plenarsitzung des Fabrikgewerkschaftskomitees vom 18.9.1942, CGA SPb f. 1275, o. 13, d. 106, l. 60–62, hier 62.

[63] Vgl. Anordnung des Kriegsrats der Leningrader Front vom 10.6.1942, CGA SPb f. 7384, o. 36, d. 78, l. 206–207. Von der gesamten Menge Mehl erhielten die Stadt 56,3 %, die Front 34,8 % und die Rotbannerflotte 6,7 %; von Graupen und Nudeln gingen 52,2 % an die Stadt, 38,0 % an die Front und 7,9 % an die Rotbannerflotte; vom Fett erhielten die Stadt 54,5 %, die Front 32,0 % und die Rotbannerflotte 6,6 %; von der gesamten Menge Zucker bekamen die Stadt und die Front jeweils 24,1 % und die Rotbannerflotte 4,8 %.

[64] Ljubimov: Torgovlja i snabženie, S. 81.

[65] Bericht von Marija A. Sjutkina, in: Adamowitsch/Granin: Blockadebuch Bd. 1, S. 123.

mit einer Decke und Blumen geschmückt, in den Fenstern hingen saubere Vorhänge. Der Koch bemühte sich, gutes Essen mit möglichst hohem Nährwert zuzubereiten. Dagegen war die Kantine Nr. 2 schmutzig, das Personal war grob und unfreundlich, die Preise waren überhöht, Betrug und Diebstahl an der Tagesordnung.[66] In anderen Fällen bemängelte die Parteiorganisation, daß die Speisekarte unvollständig und lieblos zusammengestellt sei und häufig die Beilage zum Hauptgericht fehle. Nicht immer lag die Schuld beim Personal. So kam es vor, daß die Kantinen erst kurz vor der Mittagspause beliefert wurden und die Köche das Fleisch und den Fisch nicht mehr rechtzeitig verarbeiten konnten. Andere Lebensmittel kamen gar nicht an, etwa Tee und Kaffee, die eigentlich jederzeit im freien Verkauf erhältlich sein sollten.[67]

Im Dezember 1942 hatte wieder eine Reihe von Betriebskantinen die Kritik der Partei auf sich gezogen. Die niedrige Qualität der Gerichte, fehlende Abwechslung auf dem Speiseplan, schmutzige Räumlichkeiten, in denen die Arbeiter aus Mangel an Stühlen und Tischen im Stehen essen mußten, sowie Grobheit und Schlampigkeit des Personals waren die Hauptvorwürfe. Auch seien in einigen Kantinen noch keine Vorkehrungen für den Winter getroffen worden. Die sanitären Anlagen funktionierten nicht, die Wasserleitungen seien nicht isoliert und die Dächer undicht.[68] Diese Zustände scheinen sich auch im Zuge der allgemeinen Normalisierung des Alltags in den Jahren 1942 und 1943 nicht grundlegend gebessert zu haben. Immer wieder beanstandete die Gewerkschaft, daß die Kantinen überfüllt seien, in ihnen unhygienische Zustände herrschten und weder Tee noch Kaffee erhältlich sei.[69] Nach wie vor wurden die Kantinen unregelmäßig mit Lebensmitteln beliefert. Infolgedessen konnte es vorkommen, daß es in den Kantinen der Bol'ševik-Werke tagelang nur ein Gericht oder überhaupt kein warmes Essen gab.[70]

Doch bei aller Kritik, die Partei und Gewerkschaften an den Kantinen übten, boten sie für viele Leningrader die Möglichkeit, wenigstens einen Teller dünner Suppe pro Tag zu erhalten. Da im Winter 1941/42 solche kleinsten Zusatzmahlzeiten den Unterschied zwischen Leben und Hungertod ausmachen konnten, wurde es zu einer weitverbreiteten Überlebensstrategie, sich in einer Fabrik Arbeit zu suchen, um an der dortigen Versorgung teilzuhaben.[71] Nicht nur wegen des Kantinenessens entwickelten sich die Fabriken im Winter 1941/42 zu Über-

[66] Bericht einer Kantineninspektion in den Kirov-Werken, o.D. [1942], CGA SPb f. 1788, o. 34, d. 15, l. 21-26.

[67] Bericht der Kantineninspektion in den Kirov-Werken vom 14.9.1942, CGA SPb f. 1788, o. 34, d. 15, l. 14.

[68] Anordnung des Büros des Leningrader Parteikomitees und des Exekutivkomitees des Leningrader Stadtrats vom 19.12.1942, RGASPI f. 17, o. 43, d. 1154, l. 107-110.

[69] Sitzungsprotokoll der allgemeinen Gewerkschaftskonferenz der Bol'ševik-Werke am 19.1.1943, CGA SPb f. 1275, o. 13, d. 112, l. 2-3.

[70] Anordnung des Büros des Leningrader Stadtparteikomitees vom 10.3.1943, RGASPI f. 17, o. 43, d. 1156, l. 32-34.

[71] Bidlack: Workers at War, S. 6.

lebenszentren, sondern auch, weil dort der Alltag arbeitsteilig organisiert werden konnte. Viele machten sich deshalb erst gar nicht die Mühe, den langen Fußmarsch nach Hause anzutreten, sondern wohnten fortan in der Fabrik, wo sie sich, so gut es ging, häuslich einrichteten.[72] Die dort gemachte Erfahrung von Zusammenhalt und Solidarität führte dazu, daß heute noch so manche Erinnerung an die Blockade Elemente eines Berichts von „guten Zeiten" enthält.

Als Folge dieser Praxis waren viele Betriebe überbelegt. Hatten vor dem Krieg noch 750 000 Arbeiter in Leningrad gelebt, erhielten im Oktober 1941 831 400 Leningrader die Arbeiterrationen, und im Dezember 1941, als die Industrieproduktion weitgehend zusammengebrochen war, zählte die Stadt 837 000 Arbeiter.[73] Da man die Rationen aufgrund des Status als Arbeiter erhielt, war es völlig gleichgültig, ob man in der Produktion tätig war, in einer stillgelegten Fabrik Aufräumarbeiten nachging oder nur formal der Belegschaft angehörte.[74] Elena Skrjabina arbeitete zum Beispiel in einer Nähfabrik, in der sie wenig zu tun hatte, da es dort noch nicht einmal Licht gab. Doch sie erhielt dadurch immerhin die höchste Brotration.[75] Im Juli 1942 waren nur 15 % der eingetragenen Arbeiter in der Leichtindustrie tatsächlich an ihrem Arbeitsplatz anzutreffen, während die überwiegende Mehrheit von 70 % sich beim Festungsbau befand oder Gartenarbeit verrichtete.[76] Der Fabrikdirektor der Stalin-Werke klagte über diesen Zustand:

> „Es gibt hier viele Menschen, die sich in den Fabriken nur sehen lassen, um ihre Essensration abzuholen. Ansonsten hängen sie herum, ohne etwas zu tun. Unter ihnen befinden sich auch ehemalige Stachanov-Arbeiter – dem Vaterland ergebene Genossen, die sich zeitweilig umgepolt haben."[77]

Einerseits förderte die Partei diese Entwicklung, indem sie etwa im Januar 1942 den Verkauf von Tabakwaren über die bisherigen Handelsnetze untersagte und nur noch in den Betrieben zuließ.[78] Schließlich hatte sie ein Interesse daran, die Menschen in den Fabriken zu halten, um die Produktion im Frühjahr wieder zum Laufen zu bringen. Andererseits mißfiel es den Verantwortlichen, daß viele sich die höheren Arbeiterrationen unter den Nagel rissen, ohne auch nur einen Finger krumm zu machen. Die *Leningradskaja pravda* forderte die Arbeiter deshalb auf, sich nicht länger unberechtigterweise krankschreiben zu lassen, während der Arbeitszeit zum Fischen, Jagen und Pilzesammeln zu gehen oder sich auf den

---

72 Vgl. Adamowitsch/Granin: Blockadebuch Bd. 1, S. 120 f.

73 Vgl. Karasev: Leningradcy v gody blokady, S. 120; Knjazev u.a.: Na zaščite, S. 284.

74 Auskunft des Leiters der Leningrader Verwaltung für die Ausgabe von Lebensmittelmarken, I. Stožilov, an Kuznecov vom 18.3.1942, in: Leningrad v osade, S. 229–231, hier 230.

75 Elena Skrjabina: Siege and Survival. The Odyssey of a Leningrader, Reprint, New Brunswick 1997, S. 66.

76 Vgl. Bidlack: Workers at War, S. 228.

77 Kulagin: Dnevnik i pamjat', S. 215.

78 Sitzungsprotokoll des Leningrader Stadtparteikomitees vom 5.1.1942, RGASPI f. 17, o. 43, d. 1149, l. 32.

Schwarzmärkten herumzutreiben.[79] Es gab auch Vorschläge, diejenigen Arbeiter, die in den Betrieben keiner Tätigkeit nachgingen, in die Rationenkategorie der Familienangehörigen herabzustufen, was in einigen Fabriken auf Initiative des Fabrikdirektors auch umgesetzt wurde.[80] Andere ließen täglich nur diejenige Anzahl von Arbeitern auf das Fabrikgelände, die für die Produktion tatsächlich nötig waren. Auch dieses Vorgehen stieß auf Zustimmung in der Partei.[81]

Aufgrund dieser Möglichkeiten der Zusatzversorgung war die Sterblichkeit unter den Arbeitern niedriger als unter der restlichen Leningrader Bevölkerung. Geht man von einer Opferzahl von 1,2 bis 1,5 Millionen aus, dann starben 40 bis 50 % der Leningrader während der Blockade. In den Stalin-Metallwerken sind im Vergleich dazu etwa 35 % der Belegschaft gestorben, in den Kirov-Werken waren es zwischen 25 und 34 %, in den Bol'ševik-Werken 22 % (allerdings allein im Winter 1941/42) und in den Leningrader Elektrizitätswerken zwischen 20 und 25 %.[82]

Die Verteilung der Lebensmittel im belagerten Leningrad unterschied sich also grundsätzlich kaum vom Rationierungssystem in den urbanen Zentren der dreißiger Jahre. Der Staat war bereits zwischen 1931 und 1935 zum zentralen Verteiler von Lebensmitteln und anderen Konsumwaren geworden.[83] Die sowjetische Führung war mit der Lenkung einer Mangelwirtschaft also hinlänglich vertraut, nur war im Krieg der zu verwaltende Mangel größer. Bereits in den dreißiger Jahren hatte sich der Wert und Nutzen, den eine soziale Gruppe für den Staat und sein Industrialisierungsprogramm hatte, als Rationierungsprinzip durchgesetzt. Arbeiter erhielten höhere Rationen als Angestellte und die Arbeiter bedeutender Fabriken mehr als diejenigen in kleinen Betrieben. Auch im belagerten Leningrad wurden die Lebensmittel nach Klassengesichtspunkten verteilt, und die Arbeiter standen auf dieser Skala ganz oben. Geschlossene Kantinen und Geschäfte, zu denen nur ein bestimmter Personenkreis Zutritt hatte, waren bereits in den dreißiger Jahren weit verbreitet. Sonderrationen und Fabrikkantinen für das Führungspersonal oder für Stachanov-Arbeiter waren ebenso keine spezielle Erscheinung des Kriegs, sondern gehörten bereits vorher zu den bewährten Mitteln des ökonomischen Krisenmanagements im Stalinismus.[84]

---

79 *Leningradskaja pravda* vom 30.8. und 2.9.1942.

80 Auskunft des Leiters der Leningrader Verwaltung für die Ausgabe von Lebensmittelmarken, I. Stožilov, an Kuznecov vom 18.3.1942, in: Leningrad v osade, S. 229–231.

81 Sitzungsprotokoll des Büros des Leningrader Stadtparteikomitees vom 9.1.1942, in: Leningrad v osade, S. 416–418, hier 417.

82 Vgl. Bidlack: Survival Strategies, S. 94 f.

83 Vgl. Fitzpatrick: Everyday Stalinism, S. 54.

84 Für die dreißiger Jahre vgl. Fitzpatrick: Everyday Stalinism, S. 54 f.; Elena Osokina: Our Daily Bread. Socialist Distribution and the Art of Survival in Stalin's Russia, 1927–1941, Armonk, London 2001, S. 61 f., 68–81 und 206 f.

2. Individuelle Überlebensstrategien

Die Geschichtswissenschaft hat die Leningrader bisher stets in einer passiven Empfängerhaltung gezeichnet. Sie erhielten vom Staat festgesetzte Rationen und standen vor den Geschäften Schlange, um ihre Lebensmittelmarken einzulösen. Auf individuelle Überlebensstrategien ging man nur ein, soweit sie nicht außerhalb des gesetzlichen Rahmens lagen. In vielen Erinnerungen ist ausführlich beschrieben worden, wie die Leningrader in ihrer Verzweiflung alles aßen, was ihnen eßbar erschien. Sie kochten Lederriemen, machten Sülze aus Tischlerleim oder kratzten den Kleister von den Tapeten. Dabei kam es mitunter auch zu Experimenten mit tödlichem Ausgang. Pfannkuchen, die aus Senfkörnern zubereitet wurden, waren zum Beispiel so scharf, daß sie den Ausgehungerten die Därme zerfraßen. Fast mythischen Charakter hat dagegen die „süße Erde" der Badaev-Lagerhäuser. Als diese abbrannten, schmolz der dort aufbewahrte Zucker und verband sich mit der Erde. Die „süße Erde" galt bald als Delikatesse und wurde zum Tee gegessen.[85] Doch auch Hunde und Katzen verschwanden im Winter 1941/42 aus der Stadt. Manche Leningrader sahen keinen anderen Ausweg, als ihr geliebtes Haustier zu töten und aufzuessen. Wieder andere fütterten ihre Hausgenossen durch, indem sie sich deren Futter vom Mund absparten, und wurden letztendlich ihrer Tiere beraubt oder gaben sie freiwillig an Verwandte oder Nachbarn ab.[86]

Daneben gab es auch Mittel und Wege, sich auf halblegale oder illegale Weise Lebensmittel zu beschaffen. Da dieser Ausschnitt aus dem Blockadealltag in der Forschung bislang weitgehend vernachlässigt, ja in der Sowjetunion bewußt ausgeblendet worden ist, handeln die folgenden Abschnitte von derartigen Überlebensstrategien. Wohlgemerkt: Hier wird nicht der Versuch unternommen, ein vollständiges und ausgewogenes Bild zu zeichnen. Vielmehr geht es um eine Ergänzung bisheriger Darstellungen.

In vielen Fällen, in denen sich den Menschen die Möglichkeit bot, nutzten sie ihre berufliche Stellung, um sich mit Lebensmitteln zu versorgen. So hatten die Angestellten in der Lebensmittelindustrie bessere Überlebenschancen als die übrige Bevölkerung. In der Krupskaja-Schokoladenfabrik gab es zum Beispiel keine Hungertoten unter den Angestellten zu beklagen, ebensowenig in der Leningrader Margarinefabrik und für gewöhnlich auch nicht in den städtischen Bäckereien.[87] Offenbar konnte an diesen Arbeitsplätzen sogar so viel beiseite geschafft werden, daß die dortigen Angestellten auch Verwandte und Freunde

---

85 Vgl. Adamowitsch/Granin: Blockadebuch Bd. 1, S. 59 ff.

86 Vgl. ebd., S. 239–252.

87 Vgl. Bidlack: Survival Strategies, S. 94. Qualitätsinspektoren, die angeblich sogar Übergewicht hatten, scheinen mir allerdings ins Reich der Gerüchte zu gehören.

mitversorgten.[88] Als die Betrugsfälle beim Wiegen und Messen zunahmen, ordnete das Leningrader Stadtparteikomitee im Oktober 1942 eine Überprüfung der Waagen und Gewichte in den Lebensmittelgeschäften und Speisesälen an.[89]

Schon während des Transports wurden Lebensmittel für den Eigenbedarf abgezweigt, und mancher örtliche Kommandant oder Lagerverwalter ließ Lieferungen, die für andere Stellen bestimmt waren, umadressieren und sich selbst zukommen. Diese Praxis ging so weit, daß im Februar 1942 der Kriegskommissar der Leningrader Front eingreifen mußte. Er ordnete an, daß jede Art der Umadressierung nur noch durch ihn persönlich vorgenommen werden durfte.[90] Das Verschwinden des Reiseproviants für einen Kindertransport erregte im März 1942 die Leningrader Verantwortlichen. Dabei geht aus den Akten nicht hervor, ob der Leiter des Evakuierungszuges sich die Lebensmittel widerrechtlich angeeignet hatte oder ob sie von Streckenarbeitern bei einem Zwischenstopp in Rjazan' geraubt worden waren.[91] Das tatsächliche Ausmaß von Unterschlagung und Diebstahl auf der Eisstraße läßt sich anhand der aufgedeckten Fälle nur erahnen: Während des ersten Kriegswinters wurden 818 Personen wegen Diebstahls festgenommen, 586 von ihnen waren Kriegsdienstleistende.[92]

Es wurden aber nicht nur Lebensmittel gestohlen. In den Leningrader Sparkassen wurde auch Geld veruntreut,[93] und Mitarbeiter der Druckereien fälschten Lebensmittelkarten.[94] Bei einer Revision in den Bol'ševik-Werken stellte man fest, daß die dortige Buchhaltung seit Monaten keine Konten mehr führte und in der Kasse der Hauptbuchhaltung einige Millionen Rubel fehlten.[95] In denjenigen Betrieben, deren Inventar teilweise evakuiert worden war, nutzte die Belegschaft den Umstand aus, daß nach der chaotisch verlaufenden Demontage bei der Fabrikleitung allgemeine Unklarheit über den aktuellen Maschinen- und Werkzeugbestand herrschte, und hielt sich am Fabrikeigentum schadlos.[96] So tauchten auf

88 Vgl. Kripton: Osada Leningrada, S. 186 und 203.

89 Anordnung des Büros des Leningrader Stadtparteikomitees vom 26.10.1942, RGASPI f. 17, o. 43, d. 1153, l. 73-74.

90 Anordnung des Kriegskommissars der Leningrader Front vom 4.2.1942, CGA SPb f. 7384, o. 36, d. 77, l. 154.

91 Telegramm von Kosygin an Popkov vom 7.3.1942, GARF f. R-5446, o. 59, d. 11, l. 42; Telegramm von Popkov an Kosygin vom 30.4.1942, GARF f. R-5446, o. 59, d. 11, l. 41.

92 Rechenschaftsbericht des Leiters der Miliz des Leningrader Gebiets an den Vorsitzenden des Exekutivkomitees des Leningrader Gebietsrats vom 24.3.1942, in: Leningrad v osade, S. 425-430, hier 426.

93 Bericht des Leiters der Kaderabteilung im Leningrader Stadtparteikomitee an Kuznecov vom 30.9.1942, in: Leningrad v osade, S. 440-441.

94 Vgl. Bericht des Leningrader NKVD vom 5.8.1942, in: V tiskach goloda, S. 241-244, hier 243; Bericht des Leningrader NKVD vom 6.1.1943, in: ebd., S. 258-261, hier 261; Bericht des Leningrader NKVD vom 11.1.1943, in: ebd., S. 262 f.

95 Schreiben der Revisionsbrigade an den Direktor der Bol'ševik-Werke vom 7.8.1942, CGA SPb f. 1275, o. 12, d. 962, l. 5.

96 Anordnung des Leningrader Stadtparteikomitees vom 26.10.1942, RGASPI f. 17, o. 43, d. 1153, l. 74-75.

den Schwarzmärkten neben den Habseligkeiten aus Leningrader Privathaushalten auch Schlosserwerkzeuge, verschiedene Bohrer und kupferne Kolben und Griffe auf.[97]

Auch in den Betriebskantinen war die Unterschlagung von Lebensmitteln gang und gäbe. Während einer Kontrolle in den Kantinen der Kirov-Werke wurde zum Beispiel festgestellt, daß zwei Köche statt der offiziellen Norm von 80 Gramm Fisch konsequent nur 70 Gramm pro Portion verarbeitet hatten. In einer anderen Kantine feuchtete eine Küchenhilfe das Brot beim Schneiden mit Wasser an, so daß sich dessen Gewicht erhöhte und sie kleinere Stücke an die Arbeiter ausgeben konnte. In einer dritten Kantine unterschlug der Koch regelmäßig Nudeln, indem er statt der geforderten 140 Gramm nur 125 Gramm pro Portion ausgab. Und das Personal einer weiteren Kantine verkaufte Moosbeerensaft, der als kostenloser Zuschlag vorgesehen war, und nahm auf diese Weise 244 Rubel ein.[98]

Auf einer Gewerkschaftsversammlung in den Bol'ševik-Werken wurde ein engagiertes Vorgehen gegen solcherlei Mißstände gefordert:

> „Man muß, damit jedes Gramm Lebensmittel auch bei den Arbeitern ankommt, die Küchen und die Vorratsräume kontinuierlichen Kontrollen unterziehen. Eine strenge Kontrolle bei der Vergabe von Bezugsscheinen für zusätzliche, nicht rationierte Lebensmittel ist unabdingbar."[99]

In den Fällen, wo Diebstahl und Veruntreuung ans Licht kamen, verhängte die Partei auch Sanktionen. So wurde der Direktor des Krasnogvardejsker Kantinenkombinats entlassen, weil er sich selbst Lebensmittel zugeteilt hatte, die ihm nicht zustanden. Außerdem hatte er mit seinen Untergebenen angeblich mehrere Trinkgelage veranstaltet, aufgrund derer allein im ersten Quartal des Jahres 1839 Kilogramm Lebensmittel dem Kombinat verloren gingen.[100] Diese Form der Selbstversorgung des Kantinenpersonals und der Angestellten in Lebensmittelgeschäften und -betrieben war kein spezielles Phänomen der Kriegszeit oder gar der Blockade Leningrads. Vielmehr taten die Arbeiter und Angestellten das, was sie bereits in der Mangelwirtschaft der dreißiger Jahre praktiziert hatten: Wenn der Staat nicht ausreichend für den einzelnen sorgte, dann mußte dieser selbst für sich sorgen.[101] Insofern war der sowjetische Staat zwar darauf bedacht, das Alltagsleben seiner Bürger zu reglementieren und zu regulieren, doch aufgrund seiner Dysfunktionalität förderte er zugleich auch Eigenständigkeit und Kreativität.

---

97 Bericht Antjufeevs an Ždanov vom 4.1.1942, in: Leningrad v osade, S. 414 f.

98 Bericht über die Kontrolle der Kantinen in den Kirov-Werken, o.D. [1942], CGA SPb f. 1788, o. 34, d. 15, l. 21–26.

99 Sitzungsprotokoll der allgemeinen Gewerkschaftskonferenz in den Bol'ševik-Werken vom 3.2.1943, CGA SPb f. 1275, o. 13, d. 112, l. 4.

100 Anordnung des Leningrader Stadtparteikomitees vom 8.5.1943, RGASPI f. 17, o. 43, d. 1157, l. 49 f.

101 Vgl. Fitzpatrick: Everyday Stalinism, S. 59 ff.

Als sich die Versorgungslage im Laufe des Jahres 1942 besserte, gingen die Lebensmitteldiebstähle zurück, auch wenn es weiterhin Menschen gab, die Nahrung beiseite schafften und anschließend zu astronomischen Preisen auf dem Schwarzmarkt verkauften.[102] Der NKVD versuchte dem entgegenzutreten, indem er 433 Angestellte von Handels- und Lebensmittelbetrieben im September und Oktober 1942 festnahm und gegen sie Anklage erhob: allerdings nicht wegen Diebstahls von sozialistischem Eigentum, sondern bezeichnenderweise aufgrund von Spekulation.[103] Das Regime verfolgte auf diesem Feld also die Strategie, kleine Diebstähle, die der Selbstversorgung dienten, zu dulden und nur gegen diejenigen vorzugehen, die sich an der Not der Bevölkerung bereicherten. Die Beschlagnahmungen des NKVD zeigen, daß es einigen organisierten Banden offenbar gelang, im belagerten Leningrad beachtliche Reichtümer anzuhäufen. Von September bis Dezember 1942 sowie im März und April 1943 wurden unter anderem folgende Hehlerwaren sichergestellt: 2,77 Millionen Rubel in bar, Goldmünzen im Wert von 6708 Rubel, 15,6 Kilogramm Goldschmuck, 269 Golduhren und knapp 16 Tonnen verschiedene Lebensmittel.[104]

Neben diesen individuellen Überlebensstrategien gab es auch Formen von gemeinschaftlicher Unterschlagung. Es finden sich immer wieder Beispiele, in denen die Betriebsleitung systematisch Lebensmittel veruntreute und diese den Beschäftigten zugute kommen ließ. So war es gängige Praxis, in den Personallisten mehr Arbeiter zu führen, als tatsächlich angestellt waren, um höhere Lebensmittelzuteilungen zu bekommen. In den Stalin-Werken waren zum Beispiel im August 1942 von 729 überprüften Angestellten 124 bereits verstorben, 107 aus Leningrad evakuiert, 70 in die Rote Armee eingezogen, 21 im Gefängnis und 20 wegen Invalidität oder Krankheit aus dem Betrieb ausgeschieden, insgesamt also 342 Personen de facto gar nicht mehr in der Fabrik tätig. Wie Pavel Čičikov in Gogols Roman, so handelten Angestellte in der Buchhaltung oder bei der Lebensmittelkartenausgabe mit „toten Seelen“. In den Ordžonikidze-Werken wurden 200 Angestellte überprüft, die krank gemeldet waren oder aus unbekannten Gründen der Arbeit fern blieben. Von diesen 200 gehörten insgesamt 56 Arbeiter offensichtlich nicht mehr zum Personalbestand der Fabrik: 17 waren verstorben, 18 evakuiert, neun in der Armee, drei in Haft und neun arbeiteten

---

102 Diese Form der persönlichen Bereicherung zog natürlich den Unmut der Bevölkerung nach sich, vgl. Bericht des Leningrader NKVD vom 5.9.1942, in: V tiskach goloda, S. 244-248, hier 246.

103 Bericht des Leningrader NKVD vom 6.10.1942, in: ebd., S. 249-252, hier 250; Bericht des Leningrader NKVD vom 4.11.1942, in: ebd., S. 252-254, hier 253.

104 Bericht des Leningrader NKVD vom 6.10.1942, in: ebd., S. 249-252, hier 251 f.; Bericht des Leningrader NKVD vom 4.11.1942, in: ebd., S. 252-254, hier 254; Bericht des Leningrader NKVD vom 4.12.1942, in: ebd., S. 255-258, hier 258; Bericht des Leningrader NKVD vom 6.1.1943, in: ebd., S. 258-261, hier 261; Bericht des Leningrader NKVD vom 7.4.1943, in: ebd., S. 265-268, hier 268; Bericht des Leningrader NKVD vom 6.5.1943, in: ebd., S. 269-272, hier 272.

inzwischen in anderen Fabriken.[105] Es wurden auch Fälle aufgedeckt, in denen die Betriebsleitung mit den Arbeitern gemeinsame Sache machte: etwa wenn die Wirtschaftsverwaltung der Fabrik Nr. 189 alle Arbeiter, einschließlich der ungelernten Kräfte, als Facharbeiter der 1. Kategorie – und damit mit Anspruch auf die höchsten Rationen – führte.[106] Auch im mechanischen Reparaturwerk des Lenvodoprovod-Kombinats wurden Zusatzkarten an Personal ausgeteilt, dem diese nicht zustanden, etwa an Arbeiter, die ihre Norm nicht erfüllt hatten, oder an das Wachpersonal.[107]

„Tote Seelen" konnten aber ebenso der persönlichen Bereicherung dienen. In der Fabrik Nr. 189 hatte ein Buchhalter über fünf Monate hinweg frei erfundene Namen in die Liste der Empfangsberechtigten für Lebensmittelkarten eingetragen; ein anderer Buchhalter hatte sich die Karten der Verstorbenen, Kranken und zum Holzsammeln Abkommandierten angeeignet. Und mit der Hilfe von Unterschriftenfälschungen gelang es einem Kassierer, sich ebenfalls Karten von Arbeitern anzueignen, die gar nicht mehr in der Fabrik tätig waren.[108] Das genaue Ausmaß des Mißbrauchs von Lebensmittelkarten läßt sich nicht mehr feststellen, doch allein die von den Behörden aufgedeckten Fälle zeigen, daß es sich dabei im belagerten Leningrad um ein Massenphänomen handelte. Im Juli 1942 unterzog das Exekutivkomitee des Leningrader Stadtrats die Ausgabe der Lebensmittelkarten einer großangelegten Überprüfung.[109] Das Ergebnis war alarmierend: Allein im Monat Juli waren 22 000 Marken auf ungesetzlichen Wegen verteilt worden. Und bei einer Überprüfung der offiziellen Einwohnerlisten von 45 945 Wohnhäusern und 1179 Wohnheimen stieß die Stadtverwaltung im Juni 1942 auf 241 687 Anmeldungen von Personen, die bereits evakuiert waren, in der Roten Armee dienten, im Gefängnis saßen oder verstorben waren.[110]

Betriebe und Institutionen agierten oft auf betrügerische Art und Weise, um in den Besitz einer größeren Menge Lebensmittelkarten oder Karten einer höheren Kategorie zu kommen. Häufig waren Angestellte als Arbeiter ausgegeben worden und hatten so die höchste Ration erhalten. Dabei nutzten einige Direktoren ihre Stellung aus und verschafften ihren engsten Mitarbeitern höhere Zuteilungen. Der Leiter des Haupttelegrafenamtes führte etwa über mehrere Monate hinweg seinen Sekretär und andere persönliche Mitarbeiter in den Rationierungs-

---

105 Vgl. Anordnung des Büros des Leningrader Stadtparteikomitees vom 24.8.1942, RGASPI f. 17, o. 43, d. 1152, l. 123 f.

106 Anordnung des Büros des Leningrader Stadtparteikomitees vom 23.12.1942, RGASPI f. 17, o. 43, d. 1154, l. 120-121.

107 Anordnung des Büros des Leningrader Stadtparteikomitees vom 7.3.1943, RGASPI f. 17, o. 43, d. 1156, l. 26. Der Fabrikdirektor und der Betriebsparteisekretär wurden daraufhin entlassen.

108 Anordnung des Büros des Leningrader Stadtparteikomitees vom 23.12.1942, RGASPI f. 17, o. 43, d. 1154, l. 120-121.

109 Folgende Beispiele sind eine Auswahl aus dem Bericht dieser Überprüfung und einer gemeinsamen Anordnung des Exekutivkomitees des Leningrader Stadtrats und des Leningrader Stadtparteikomitees vom 12.8.1942, RGASPI f. 17, o. 43, d. 1152, l. 110-112.

110 Vgl. Čerepenina: Golod i smert', S. 68.

listen als Sortierer, Briefzusteller und Telegrafisten. Der Direktor der Bekleidungsfabrik „Die Komsomolzin" verschaffte sich selbst, dem Leiter der fabrikeigenen Luftabwehr und dem stellvertretenden Kantinenchef zwei komplette Sätze Lebensmittelkarten. In der Vulkan-Werft hatte der Leiter der Kaderabteilung seine Frau auf dem Papier als Mechanikerin eingestellt, so daß sie die Lebensmittelkarten der ersten Kategorie erhielt, ohne in der Fabrik beschäftigt zu sein. Nicht nur das Fabrikpersonal, auch die Parteikader nutzten ihre Stellung aus, um sich und ihre Angehörigen zu versorgen. In den Kirov-Werken ereignete sich zum Beispiel folgender Vorfall: Der Vorsitzende des Parteikomitees der Werkhalle Nr. 12 bot dem Kantinenkoch eine Anweisung auf mehr Wohnraum an, wenn er dafür einen Monat lang ohne Lebensmittelmarken in der Betriebskantine essen dürfe. Der Koch ließ sich auf dieses Geschäft jedoch nicht ein.[111]

Die staatliche Bevorzugung der Arbeiter bei der Lebensmittelzuteilung wurde in den Betrieben von der Verwaltung regelmäßig unterlaufen. Bei „Ėlektrosila" sowie in den Karl-Marx-, M.-Gel'c-, Voskov- und den Bol'ševik-Werken hatten zum Beispiel Angestellte und technisches Personal im Sommer 1943 Zusatzrationen bekommen, die für die Stachanov-Arbeiter vorgesehen waren. In den Bol'ševik-Werken erreichten so nur 79 % dieser Sondermarken ihre eigentlichen Adressaten, in den Voskov-Werken 67 % und bei „Ėlektrosila" gar nur die Hälfte.[112]

Doch die von der Partei aufgedeckten Fälle sind nur die Spitze des Eisbergs. Viele Betriebe und Institutionen ließen die Fragebögen zum Personalbestand unbeantwortet oder füllten sie nur unvollständig aus, um die Anzahl der beschäftigten Arbeiter sowie die Ausgabepraxis der Lebensmittel zu verschleiern. Der städtischen Verwaltung und den Bezirksparteikomitees wurde angelastet, eine systematische Kontrolle der Ausgabe von Lebensmittelmarken versäumt und dadurch die Mißbräuche nicht rechtzeitig erkannt zu haben.

Die Sowjetmacht begegnete solchen illegalen Aktivitäten mit Sanktionen. Dem Direktor der Bekleidungsfabrik „Die Komsomolzin", dem Leiter der Kaderabteilung der Vulkan-Werft und vielen anderen wurde der Prozeß wegen Mißbrauchs von Lebensmittelkarten gemacht. Den Leiter des Haupttelegrafenamtes zog man zusammen mit einem Fabrikdirektor wegen eines ähnlich gelagerten Falles parteiintern zur Verantwortung. Es ist davon auszugehen, daß beide aus der Partei ausgeschlossen wurden und dadurch über kurz oder lang auch ihre Posten verloren haben. Darüber hinaus mußte die Staatsanwaltschaft innerhalb von zehn Tagen alle ihr vorliegenden Fälle von Lebensmittelkartenmißbrauch prüfen und an die Gerichte weiterleiten. Künftigem Mißbrauch versuchte man durch eine strengere Reglementierung entgegenzuwirken. So sollten Lebensmit-

111 Bericht des Oberkantineninspektors der Kirov-Werke, M.I. Vlochin, vom 16.9.1942, CGA SPb f. 1788, o. 34, d. 15, l. 48.

112 Anordnung des Büros des Leningrader Stadtparteikomitees vom 3.7.1943, RGASPI f. 17, o. 43, d. 1158, l. 46-47.

telkarten nur noch gegen die Vorlage des Passes ausgegeben werden, bei Kindern unter 16 Jahren gegen Vorlage der Geburtsurkunde. Durch einen Eintrag in den Paß glaubte man den mehrfachen Erhalt von Karten unterbinden zu können. Die Betriebe hatten eine exakte und vollständige Liste ihrer Beschäftigten aufzustellen, und die Ausgabe der Lebensmittelkarten wurde den Buchhaltungen übertragen. Diese waren angewiesen, die Karten nur bei persönlichem Erscheinen des Empfängers auszuhändigen. Im folgenden Monat sollten die Bezirksparteikomitees eine abermalige Prüfung durchführen und die Ergebnisse dem Leningrader Stadtparteikomitee vorlegen.[113]

Die häufig an den Tag gelegte Fürsorge der Betriebsleitung für ihre Beschäftigten beruhte auf den Patronagebeziehungen, die sich in den dreißiger Jahre herausgebildet hatten.[114] Volkskommissare oder Fabrikdirektoren waren nicht nur Vorgesetzte, sie waren Patrone einer großen Familie. Wie in jedem Patronagesystem herrschte auch hier eine vertikale Solidarität, das heißt, der Patron hatte eine Fürsorgepflicht gegenüber seinen Untergebenen. Dies erklärt, warum Fabrikdirektoren ihre Angestellten offiziell als Arbeiter führten, so daß sie eine höhere Lebensmittelration erhielten: eine Praxis, die schon während des Rationierungssystems Anfang der dreißiger Jahre weit verbreitet war.[115] Von den 253 839 Arbeitern, die im April 1942 in der Leningrader Rüstungsindustrie offiziell beschäftigt waren, befanden sich nur 138 970 tatsächlich an ihrem Arbeitsplatz, und von diesen arbeiteten wiederum nur 103 307 in der Produktion, während 72 107 Arbeiter, also mehr als ein Viertel, krank geschrieben waren.[116]

Häufig fällt es schwer, deutlich zwischen Patronage und persönlicher Bereicherung zu unterscheiden, da beide Phänomene oft Hand in Hand gingen. So versorgte der Direktor einer Handelsorganisation (*Rajpuščetorg*), Cvetkov, nicht nur die Mitarbeiter seines Apparats bevorzugt mit Lebensmitteln, sondern er bot letztere ebenso wie Wodka auch zum Verkauf an.[117] Und der Vorsitzende des Petrograder Bezirkskomitees, Ivanov, duldete zusammen mit seiner Stellvertreterin, Il'ina, eine ungesetzliche Verteilung von Lebensmitteln an seine Mitarbeiter und schaffte bei dieser Gelegenheit auch für sich selbst etwas beiseite. Darüber hinaus hatte sich Ivanov in seinen Diensträumen zusammen mit einem Kollegen häuslich eingerichtet.[118] Offenbar boten die Büroräume der Partei im Dezember 1941 bessere Lebensbedingungen, als in vielen Wohnungen die Wasser- und

---

113 Anordnung des Exekutivkomitees des Leningrader Stadtrats und des Leningrader Stadtparteikomitees vom 12.8.1942, RGASPI f. 17, o. 43, d. 1152, l. 110-112.

114 Für die Staats- und Parteielite vgl. Chlewnjuk: Politbüro, S. 368 ff.; für den Alltag vgl. Fitzpatrick: Everyday Stalinism, S. 32 f., 55, 62-65 und 109-114.

115 Vgl. Osokina: Our Daily Bread, S. 104.

116 Bericht der Abteilung für Rüstungsindustrie beim Leningrader Stadtparteikomitee vom 20.4.1942, in: Leningrad v osade, S. 160 f.

117 Sitzungsprotokoll des Leningrader Stadtparteikomitees vom 25.12.1941, RGASPI f. 17, o. 43, d. 1149, l. 19. Die Partei beließ es in diesem Fall bei einem strengen Verweis

118 Sitzungsprotokoll des Leningrader Stadtparteikomitees vom 12.12.1941, RGASPI f. 17, o. 43, d. 1149, l. 9.

Stromversorgung zusammenbrach. Die Parteiführung griff in diesem Falle hart durch: Ivanov und Il'ina wurden ihrer Posten enthoben.[119] Die Leningrader Parteiführung versuchte, durch Kontrollen und Sanktionen gegen die Unterschlagung von Lebensmitteln in den Betrieben vorzugehen. Im Februar 1943 mußte sie sich jedoch eingestehen, daß ihre Maßnahmen nicht griffen. Nach wie vor wurde falsch abgewogen, man bekam Kantinenessen ohne Lebensmittelkarten, und halbe Belegschaften existierten nur auf dem Papier.[120]

Der Blockadealltag hatte also nur wenig mit dem romantisierten Heldentum zu tun, zu dem ihn die sowjetische Geschichtswissenschaft verklärte:

> „Von ihrer [der Arbeiter in den Lebensmittelgeschäften und Kantinen, J.G.] Organisiertheit, Initiative und ehrlichen Pflichterfüllung hing das Leben, die Gesundheit und Arbeitsfähigkeit derjenigen ab, die ihre Kraft in der Verteidigung Leningrads zur Verfügung stellten; es explodierten Granaten, es fielen Bomben, doch die Werktätigen in den Betrieben und Fabriken erhielten in ihren Kantinen rechtzeitig eine heiße Mahlzeit, und die angelieferten Lebensmittel waren sorgfältig in den Geschäften ausgelegt und wurden gegen Lebensmittelkarten verkauft."[121]

In diesem Überlebenskampf nahmen egoistische Verhaltensweisen zu Lasten der Allgemeinheit zu, da ohne eine Zusatzversorgung die eigene Existenz bedroht war. Das bislang in Ost wie West dominierende Bild von der Blockadegesellschaft als Solidargemeinschaft muß vom Pathos befreit werden.[122] Doch soll dabei nicht der Eindruck entstehen, es habe gar keine Solidarität unter den Leningradern gegeben. Die Tagebücher und Erinnerungen der *blokadniki* schildern auch zahlreiche Fälle von uneigennützigem Handeln, in erster Linie gegenüber Familienangehörigen, aber auch gegenüber völlig Fremden.[123] Bisher wurden die Überlebensstrategien, die nicht in dieses verklärende Bild paßten, ausgeklammert. Ein realistisches Bild der Blockade Leningrads kann nur entstehen, wenn darin die unterschiedlichen Verhaltensweisen einen Platz finden. Dabei wird jede Darstellung immer bei einer Auswahl von Einzelfällen bleiben, denn quantifizierende Aussagen lassen sich hier nicht treffen. Doch sollte man davon absehen, spektakuläre Einzelfälle mit hoher Suggestionskraft für das Ganze auszugeben. Ohnehin dürften die meisten Leningrader eine Mischung aus verschiedenen Überlebensstrategien angewandt haben. Typisch ist vielleicht der Fall eines Konstrukteurs der Bol'ševik-Werke, der für das Reparieren von Uhren Geld und Brot verlangte, darüber hinaus gefälschte Lebensmittelmarken verkaufte, sich in

---

119 Ebd.

120 Vgl. eine ganze Reihe von Beispielen in: Anordnung des Büros des Leningrader Stadtparteikomitees und des Exekutivkomitees des Leningrader Stadtrats vom 28.2.1943, RGASPI f. 17, o. 43, d. 1156, l. 81-84.

121 Ljubimov: Torgovlja i snabženie, S. 79 f.

122 Vor allem das „Blockadebuch" von Ales' Adamovič und Daniil Granin hat in Rußland und im Westen das Bild von der solidarisch aushaltenden Bevölkerung Leningrads geprägt.

123 Siehe hierzu v.a. Adamowitsch/Granin: Blockadebuch Bd. 1, S. 207-233.

der Kantine Zusatzrationen erschlich und Gemüse aus einem fremden Garten stahl.[124]

Das Regime erkannte nicht, daß diese illegale Form der Lebensmittelbeschaffung systemimmanent und für die hungernde Bevölkerung überlebenswichtig war. Statt dessen wurde eine Rechnung aufgemacht, nach der die Bevölkerung Leningrads hungern müsse, weil die für sie bestimmten Lebensmittel in die Hände einiger Diebe und Spekulanten gefallen sei.[125] Als Gründe für die Hinterziehung von Lebensmitteln führte man regelmäßig die fehlenden Kontrollen durch die Fabrikdirektoren und Verwaltungsleiter an. Die Reaktion des Regimes war auch in dieser Frage symptomatisch. In ihrer Ohnmacht, die selbständigen Bestrebungen der Bevölkerung unter Kontrolle zu bekommen, machte die politische Führung die Leiter der Handels- und Vertriebsorganisationen persönlich für eine Abstellung dieser Mißstände verantwortlich und forderte von der städtischen Miliz sowie der Staatsanwaltschaft eine schnelle Aufdeckung und harte Ahndung solcher Delikte.[126]

Schon im Dezember 1941 hatte das Leningrader Stadtparteikomitee 3500 Komsomolzen in die Lebensmittelgeschäfte geschickt, um dort die Korruption zu entlarven.[127] Am 6. Februar des folgenden Jahres rief die *Leningradskaja pravda* die Komsomolzen erneut dazu auf, die Geschäfte von „Betrügern und Spekulanten" zu säubern.[128] An der Oktobereisenbahnlinie, über die Lebensmittel an den Ladogasee kamen, wurde ein Militärtribunal eingerichtet und dessen Vorgehen von der Leningrader Parteiführung nachdrücklich unterstützt.[129] Auf der „Straße des Lebens" wurden 161 Menschen (darunter 118 Kriegsdienstleistende) zwischen Mitte Dezember 1941 und Mitte Februar 1942 wegen Lebensmitteldiebstahls verhaftet. In diesem Zeitraum waren 40 Tonnen Mehl, drei Tonnen Graupen, 600 Kilogramm Fleisch und anderes mehr verschwunden.[130] Doch ungeachtet solcher Sanktionen war auch im zweiten Blockadewinter Diebstahl in

---

124 Protokoll der Plenarsitzung des Fabrikkomitees der Bol'ševik-Werke vom 15.9.1942, CGA SPb f. 1275, o. 13, d. 106, l. 48-55. Das Gewerkschaftskomitee schloß ihn deshalb wegen Erpressung, Betrugs und Diebstahls aus der Organisation aus und empfahl, die ganze Angelegenheit dem Staatsanwalt zu übergeben.

125 So die Analyse der Parteiführung, vgl. Anordnung des Büros des Leningrader Stadtparteikomitees und des Exekutivkomitees des Leningrader Stadtrats vom 28.2.1943, RGASPI f. 17, o. 43, d. 1156, l. 81-84. Auch im übrigen Land versuchte das Regime, Lebensmittelkriminalität durch Kontroll- und Strafmaßnahmen einzudämmen, zum Beispiel mit Hilfe der Mobilisierung von 600 000 Sozialkontrolleuren in den Kantinen, Geschäften und Lebensmittellagern. Doch alle diese Maßnahmen blieben erfolglos, vgl. Moskoff: Bread of Affliction, S. 174 ff.

126 Anordnung des Büros des Leningrader Stadtparteikomitees und des Exekutivkomitees des Leningrader Stadtrats vom 28.2.1943, RGASPI f. 17, o. 43, d. 1156, l. 81-84.

127 Burov: Blokada den' za dnem, S. 106.

128 *Leningradskaja pravda* vom 6.2.1942.

129 Anordnung des Leningrader Stadtparteikomitees vom 10.11.1942, RGASPI f. 17, o. 43, d. 1153, l. 87.

130 Vgl. den Diskussionsbeitrag von V.M. Koval'čuk in: Demidov (Hg.): Blokada rassekrečennaja, S. 156.

den Brotfabriken weit verbreitet, und der Kampf dagegen wurde nach Ansicht der Partei nicht entschlossen genug aufgenommen.[131]

Diejenigen Leningrader, die weder eine bevorzugte Behandlung am Arbeitsplatz erfuhren noch die Möglichkeit hatten, sich dort durch kleine Diebstähle die notwendigen Lebensmittel zu beschaffen, mußten andere Überlebensstrategien entwickeln. Eine wichtige Rolle spielten dabei die Schwarzmärkte. Sie entstanden an jenen zentralen Plätzen, auf denen vor dem Krieg noch die Kolchosmärkte waren, etwa am Heumarkt. Sie wurden täglich von tausenden Leningradern frequentiert, und der illegale Handel war für die meisten ein wichtiges Standbein im täglichen Überlebenskampf.[132]

Man zahlte im Dezember 1941 für ein Kilo Brot 300 bis 400 Rubel, für 100 Gramm Butter 80 Rubel und für einen Liter Milch 30 bis 40 Rubel. Ein Päckchen Papirossy kostete im Dezember 1941 noch 10 Rubel, im Februar 1942 schon bis zu 60 Rubel. Mit der Zeit löste Brot den Rubel als Währung ab. 100 Gramm Tabak waren für 400 Gramm Brot zu kaufen. Im Dezember erhielt man außerdem für ein Pud (16,38 Kilogramm) Kartoffeln einen Damenmantel aus Kaninchenfell, für anderthalb Kilogramm Brot eine Taschenuhr, für drei Kilogramm Brot ein Paar Stiefel und für vier Kilogramm Ölkuchen ein Paar Filzstiefel.[133] Eine weitere Möglichkeit, Gebrauchsgegenstände gegen Lebensmittel zu tauschen, ergab sich für Fabrikarbeiter, wenn sie als Reparaturbrigaden an die Front geschickt wurden. Da die Rationen der Soldaten höher waren, tauschten sie nicht selten Nahrungsmittel gegen Wertsachen ein.[134]

Viele Leningrader waren genötigt, auf den Schwarzmärkten ihr gesamtes mobiles Vermögen zu veräußern, von Schmuck über Möbel bis zu Büchern. Zu den Käufern gehörten zum Beispiel Offiziere, die höhere Rationen erhielten, oder Menschen, denen es möglich war, so viele Lebensmittel beiseite zu schaffen, daß sie einen Teil davon entbehren konnten.[135] Zwar kann die bittere Anklage des bekannten Leningrader Literaturwissenschaftlers, Dmitrij Lichačëv, daß „auf

[131] Bericht über die Arbeit der 6., 11. und 12. Brotfabrik des städtischen Kombinats und Anordnung des Büros des Leningrader Stadtparteikomitees vom 23.12.1942, RGASPI f. 17, o. 43, d. 1154, l. 80-82.

[132] Rechenschaftsbericht der städtischen Marktverwaltung in der Abteilung für Handel im Exekutivkomitee des Leningrader Stadtrats vom 20.11.1941, in: Leningrad v osade, S. 196 f.

[133] Die Preise für Dezember 1941 aus: Auskunft des Leiters des UNKVD des Leningrader Gebiets, Kubatkin, an Ždanov vom 26.12.1941, in: Leningrad v osade, S. 411 ff. sowie dem Bericht des Leningrader NKVD vom 28./29.1.1942, in: V tiskach goloda, S. 189-196, hier 195; die Preise für Februar 1942 aus: Gorškov: Siloju sveta, S. 50. Brot avancierte in der ganzen Stadt zur Ersatzwährung, mit der die Fabriken zum Beispiel auch für Reparaturarbeiten bezahlten, vgl. Anordnung des Büros des Leningrader Stadtparteikomitees vom 26.7.1942, RGASPI f. 17, o. 43, d. 1151, l. 104.

[134] Vgl. Bidlack: Workers at War, S. 166; ders.: Survival Strategies, S. 97.

[135] Eine typische Charakteristik dieser beiden Typen findet sich in den Erinnerungen von Lidija Ochapkina, in: Das Echolot, S. 374 f.: Ein Offizier, der den Rest seiner Ration gegen ein Grammophon tauschte, und eine offensichtlich nicht hungerleidende Frau, die auf die Frage nach der Herkunft des Brotlaibs gereizt reagierte.

Kosten leerer Leningrader Bäuche [...] ganze Vermögen zusammengerafft worden" seien,[136] nicht verifiziert und schon gar nicht quantifiziert werden, doch gab es zweifellos Menschen, welche die Notlage ihrer Mitbürger zur persönlichen Bereicherung ausnutzten. Dies ging bis hin zu professionell arbeitenden Banden. 1946 ließ der Leningrader NKVD eine ganze Reihe von Spekulanten- und Schieberringen hochgehen und konfiszierte dabei eine beträchtliche Menge an Goldmünzen, Diamanten und anderen Edelsteinen, Gold- und Silberschmuck sowie in- und ausländisches Bargeld.[137]

Das Phänomen des Schwarzhandels war in Leningrad nicht neu. Schon im Bürgerkrieg war die städtische Bevölkerung bei der Versorgung auf illegale Märkte angewiesen. Und auch in den dreißiger Jahren wurden die Schwarzmärkte stark frequentiert, da es dort alles zu kaufen gab, wenn auch zu wesentlich höheren Preisen als in den staatlichen Geschäften. In der Blockadezeit hatten diese jedoch mehr mit jenen Flohmärkten gemein, die am Wochenende in den Städten stattfanden und auf denen Tauschgeschäfte mit Möbel, Kleidung und Haushaltswaren getätigt wurden: Lange gehütete Wertgegenstände tauschte man gegen Lebensmittel oder Güter des täglichen Bedarfs.[138] Einen Eindruck von den Werten, die auf den Schwarzmärkten den Besitzer wechselten, vermittelt die Menge an Diebesgut und Hehlerware, welche die Miliz während der Blockade sicherstellte: 16,5 Millionen Rubel, knapp 5000 US-Dollar, 1369 Golduhren, 11 739 Wintermäntel, 21 989 Anzüge, 10 790 Sommermäntel, 81 976 Damenkleider.[139]

Die Miliz versuchte, das Entstehen des Schwarzhandels zu unterbinden. Im Dezember 1941 nahm sie 657 Personen fest, die in der Folge wegen Spekulantentums vor Gericht gestellt wurden.[140] Doch den Sicherheitskräften fehlten sowohl die Mittel als auch das Personal, um gegen dieses Phänomen wirksam vorgehen zu können. Selbst wenn es ihnen gelang, einen Schwarzmarkt in einem Stadtteil aufzulösen, entstand er in kürzester Zeit an einem anderen Ort wieder. Der Direktor der städtischen Marktverwaltung schlug deshalb resigniert vor, den Schwarzhandel auf einigen Plätzen zu legalisieren, um ihn so wenigstens zu kontrollieren und verhindern zu können, daß dort gesundheitsschädliche Produkte angeboten würden.[141] In der Folgezeit beschränkten sich die Miliz und der

---

136 Lichatschow: Hunger und Terror, S. 303.

137 Schreiben vom Innenminister der UdSSR, Sergej N. Kruglov, an Stalin, Molotov und Berija vom 25.9.1946, GARF f. R-9401, o. 2, d. 139, l. 165-166; Schreiben Kruglovs an Stalin, Molotov, Berija und Kuznecov vom 20.11.1947, ebd., d. 171, l. 268; Schreiben Kruglovs an Stalin, Molotov, Voznesenskij, Berija und Kuznecov vom 3.12.1947, ebd., l. 352-353.

138 Zu den Schwarz- und Flohmärkten der dreißiger Jahre vgl. Osokina: Our Daily Bread, S. 102-108; zu den vorwiegend von Kolchosbauern versorgten Schwarzmärkten während des Krieges in der übrigen Sowjetunion siehe Moskoff: Bread of Affliction, S. 152-170.

139 Vgl. Bidlack: Survival Strategies, S. 98.

140 Bericht des Leningrader NKVD vom 28./29.1.1942, in: V tiskach goloda, S. 189-196, hier 195.

141 Rechenschaftsbericht der städtischen Marktverwaltung in der Abteilung für Handel im Exekutivkomitee des Leningrader Stadtrats vom 20.11.1941, in: Leningrad v osade, S. 196 f. Auch in

NKVD darauf, den Schwarzmarkt zu beobachten und nur bei extremen Wucherpreisen einzugreifen.[142] Professionelle Spekulanten erwarteten dabei schwere Strafen. Als man zum Beispiel bei Anna Semënova, Arbeiterin der Fabrik „Gleichheit", bei einer Hausdurchsuchung unter anderem acht Kilogramm Zukker, 33,5 Kilogramm Streuzucker, 75 Kilogramm Hafer, 13 Kilogramm Hafergraupen, 5,9 Kilogramm Weizenmehl, 60 Stück Seife und 170 Meter Stoff fand, wurde sie am 5. Dezember 1941 vor das Kriegstribunal der NKVD-Einheiten gestellt, zu einem Jahr schwerer Zwangsarbeit verurteilt und aus der Partei ausgeschlossen.[143]

Bis vor wenigen Jahren war das Thema Kriminalität während der Blockade Leningrads für die russischen Historiker noch ein Tabu. Über Jahrzehnte war die Erinnerung an die Blockadegesellschaft als große Solidargemeinschaft gepflegt worden. Verbrechen und deren Bekämpfung hatten in diesem Bild keinen Platz. Offenbar bestand eine Scheu, den Opfern der Hungersnot ihre Unschuld zu nehmen, indem man sie krimineller Handlungen bezichtigte.

Im 1979 erschienenen „Blockadebuch" von Ales' Adamovič und Daniil Granin wurden zum erstenmal Fälle von Diebstahl und Raubmord geschildert und als zu verurteilende Einzelfälle gewertet. In Erinnerungen, die in den letzten Jahren erschienen sind, nahm die Lebensmittelkriminalität einen breiteren Raum ein. Hinzu kam, daß in den nun zugänglichen Archiven NKVD-Berichte gefunden wurden, die dieses Phänomen aus der Sicht des Regimes schildern.[144] Sie stellen zum einen eine Grundlage für quantifizierende Aussagen dar, zum anderen lassen sich mit ihrer Hilfe die Maßnahmen untersuchen, mit denen das Regime versuchte, die öffentliche Ordnung in der belagerten Stadt aufrechtzuerhalten.

Die Lebensmittelkriminalität nahm verschiedene Formen an und läßt sich in spontane Diebstähle und geplanten Raub unterscheiden. In die erste Kategorie gehören vor allem die Fälle, in denen Menschen auf offener Straße Brot aus der Hand gerissen wurde, das der Täter meist an Ort und Stelle verzehrte:

> „Ich ging also Brot holen. Ich stand sehr lange an, bis ich endlich an der Theke war. Da sah ich einen Mann, seine Augen glänzten wie bei einem hungrigen Wolf. Ich verließ mit meinem Brot den Laden, drückte die wertvolle Ware an die Brust, weil ich gehört hatte, daß der Schnee hinter mir knirschte. Ich sah mich um und erschrak: Der Mann mit den Augen eines wilden Wolfes holte mich ein. Ich versuchte fortzulaufen,

---

anderen Landesteilen scheint die Miliz die Schwarzmärkte zwar kontrolliert, doch insgesamt geduldet zu haben, vgl. Moskoff: Bread of Affliction, S. 165 f. Auch im Bürgerkrieg, als der Staat nicht in der Lage war, die Bevölkerung zu versorgen, wurden Schwarzmärkte mehr oder weniger geduldet, vgl. Peter Scheibert: Lenin an der Macht. Das russische Volk in der Revolution 1918-1922, Weinheim 1984, S. 262-266; M. McAuley: Bread and Justice. State and Society in Petrograd, 1917-1922, Oxford 1991, S. 261 ff.

142 Bericht Antjufeevs an Ždanov vom 4.1.1942, in: Leningrad v osade, S. 414 f.

143 Sitzungsprotokoll des Büros des Kirover Bezirksparteikomitees vom 26.12.1941, RGASPI f. 17, o. 22, d. 1646, l. 66.

144 Vgl. hierzu die beiden Dokumentenbände: Leningrad v osade, S. 411-430; V tiskach goloda, S. 142-272.

rutschte aber auf der vereisten Straße aus und stürzte. Das Brot ließ ich dabei fallen. Der Mann hob es auf und ging weiter. An jenem Abend tranken wir nur gekochtes Wasser."[145]

Für die Betroffenen war der Verlust der Brotration oder der Lebensmittelkarte eine Tragödie, denn sie wurden von der Stadtverwaltung nicht ersetzt.[146] So kam es vor den Bäckereien wiederholt zu tumultartigen Szenen, wenn die umstehende Menge einen Dieb stellen konnte:

> „Um sechs Uhr morgens sind wir alle nach Brot gelaufen. Ich komme zur Bäckerei und sehe – dort prügeln sie sich. Mein Gott! Warum prügeln sie sich? Sie schlagen einen Jungen, der jemandem Brot entrissen hat, heißt es. Und ich fange an, ihm Fußtritte zu versetzen, wissen Sie – wie konntest Du nur, wir haben drei Tage kein Brot gekriegt! Und stellen Sie sich vor, ich weiß nicht wie, aber sein Brot kommt mir unter die Finger, ich stecke es in den Mund – und – es ist unbegreiflich – setze dem Jungen weiter mit zu. Aber dann sage ich zu mir: Mein Gott! Was mache ich da! Das Brot hab ich doch im Mund! Da bin ich beiseite getreten und hab die Bäckerei verlassen."[147]

Neben solchen Taten, die im Affekt ausgeübt wurden,[148] häuften sich seit November 1941 organisierte Überfälle auf Brottransporte und -geschäfte.[149] Der Leningrader NKVD registrierte von November 1941 bis März 1942 insgesamt 89 solcher Vorkommnisse.[150] Georgij Kulagin erinnerte sich noch nach dem Krieg

---

145 Erinnerung der damals 13-jährigen Sofija Sirotkina, aus: Kempowski: Das Echolot, S. 410 ff.

146 Siehe zum Beispiel das Tagebuch von Elena N. Averjanovna-Fëdorova, der ihre Brotkarten gestohlen wurden, in: Adamowitsch/Granin: Blockadebuch Bd. 1, S. 207. Ein anderes erschütterndes Beispiel schildert Marija Dmitrieva in ihren Erinnerungen. Ein Nachbarjunge wurde nach dem Tod seiner Großmutter von einer zunächst netten Frau aufgenommen, die ihn aber, sobald sie seine Lebensmittelkarten hatte, aus dem Haus warf, vgl. Das Echolot, S. 375 f.

147 Erinnerungen von Taissija Vasil'evna Msčankina, in: Adamowitsch/Granin: Blockadebuch Bd. 1, S. 115 f.

148 Dazu gehören auch spontane Aufstände in Brotgeschäften, bei denen die Menschen die Ware aus den Regalen holten und in die Menge warfen, vgl. z.B. Bericht des Leningrader NKVD vom 12.1.1942, in: V tiskach goloda, S. 184-189, hier 188.

149 Vgl. z.B. den Bericht des Leningrader NKVD vom 28./29.1.1942, in: V tiskach goloda, S. 189-196, hier 194. Als das Brot im Januar 1942 aufgrund des Benzinmangels mit Schlitten zu den Verkaufsstellen geliefert wurde, häuften sich die Überfälle auf Brottransporte. Im Januar 1942 nahm die Miliz in diesem Zusammenhang 235 Menschen fest, vgl. Schreiben des Leiters der Leningrader Miliz, Major E. Gruško, an Popkov vom 19.1.1942, CGA SPb f. 7384, o. 4, d. 67, l. 6. Desertierte Rotarmisten führten Überfälle sogar mit vorgehaltener Waffe durch, vgl. Bericht des Leningrader NKVD vom 13.12.1941, in: V tiskach goloda, S. 165-170, hier 168 f.

150 Bericht des Leningrader NKVD vom 28./29.1.1942, in: V tiskach goloda, S. 189-196, hier 194; Bericht des Leningrader NKVD vom 10.2.1942, in: ebd., S. 196-200, hier 198; Bericht des Leningrader NKVD vom 23.2.1942, in: ebd., S. 202-206, hier 205; Bericht des Leningrader NKVD von Anfang April 1942, in: ebd., S. 216-220, hier 220; Rechenschaftsbericht des Leiters der Verwaltung für Lebensmittelhandel an P. Popkov vom 15.1.1942, in: Leningrad v osade, S. 418-420. Auch im zweiten Kriegswinter hatten die Ordnungskräfte mit diesem Phänomen zu kämpfen. Von Januar 1942 bis März 1943 wurden vom Leningrader NKVD 447 Menschen wegen schweren Raubes festgenommen. Im Januar 1942 registrierten die Sicherheitsorgane 84

an die gespannte Stimmung, die in den Stalin-Werken herrschte, wenn Lebensmittellieferungen für die Kantinen eintrafen. Einmal mußten sogar bewaffnete Wachen die Arbeiter davon abhalten, eine Ladung Ölkuchen zu plündern.[151] In der Folgezeit bekamen Miliz und NKVD derartige Probleme jedoch in den Griff, da sich die Versorgungslage langsam besserte. Völlig schutzlos blieben allerdings Privatpersonen:

> „A., 30 Jahre alt, und T., 34 Jahre alt, beide ohne feste Beschäftigung, überfielen im Treppenhaus die Hausfrau E., verwundeten sie schwer durch einen Schlag mit einem Beil auf den Kopf und stahlen ihr Brot."[152]

Weit verbreitet war im Winter 1941/42 auch die Plünderung von verlassenen Wohnungen. Im August 1942 standen aufgrund von Evakuierung, Einberufung oder Todesfällen 90 000 Leningrader Wohnungen leer. Die Miliz konnte keinen wirksamen Schutz vor den Marodeuren leisten, zumal die Hausmeister (*dvorniki*) oft gemeinsame Sache mit den Tätern machten.[153]

Viele Jahre lang wurde auch über Fälle von Kannibalismus geschwiegen, die sich in den Wintermonaten 1941/42 ereigneten.[154] Im Dezember 1941 wurden 26 Personen strafrechtlich wegen Kannibalismus oder des Verkaufs von Menschenfleisch zur Verantwortung gezogen, im Januar 1942 waren es 366 Personen und in der ersten Februarhälfte 494 Personen.[155] Insgesamt sollen während der

Fälle, im Februar 1942: 48, im März 1942: 56, im April 1942: 58, im Mai 1942: 7, im Juni 1942: 32, im Juli 1942: 35, im August 1942: 19, im September 1942: 16, im Oktober 1942: 15, im November 1942: 29, im Dezember 1942: 11, im Januar 1943: 17, im Februar 1943: 12 und im März 1943: 8. Vgl. Bericht des Leningrader NKVD von Anfang März 1942, in: V tiskach goloda, S. 206-210, hier 209; Bericht des Leningrader NKVD von Anfang April 1942, in: ebd., S. 216-220, hier 219; Bericht des Leningrader NKVD vom 3.5.1942, in: ebd., S. 228-231, hier 230; Bericht des Leningrader NKVD vom 2.6.1942, in: ebd., S. 231-236, hier 235; Bericht des Leningrader NKVD vom 2.7.1942, in: ebd., S. 236-239, hier 238; Bericht des Leningrader NKVD vom 5.8.1942, in: ebd., S. 241-244, hier 242; Bericht des Leningrader NKVD vom 5.9.1942, in: ebd., S. 244-248, hier 247; Bericht des Leningrader NKVD vom 6.10.1942, in: ebd., S. 249-252, hier 250; Bericht des Leningrader NKVD vom 4.11.1942, in: ebd., S. 252-254, hier 252; Bericht des Leningrader NKVD vom 4.12.1942, in: ebd., S. 255-258, hier 255; Bericht des Leningrader NKVD vom 6.1.1943, in: ebd., S. 258-261, hier 259; Bericht des Leningrader NKVD vom 7.4.1943, in: ebd., S. 265-268, hier 266.

151 Vgl. Kulagin: Dnevnik i pamjat', S. 84.

152 Bericht des Leningrader NKVD vom 2.6.1942, in: V tiskach goloda, S. 231-236, hier 235.

153 Bericht des Leiters der Leningrader Miliz, E. Gruško, an Popkov vom 22.8.1942, CGA SPb f. 7384, o. 4, d. 67, l. 167-170. Gruško berichtet hier von 91 239 leerstehenden Wohnungen, von denen 40 121 aufgrund von Evakuierung, 35 511 aufgrund einer Einberufung zur Armee und 15 607 aufgrund des Ablebens ihrer Bewohner ungenutzt blieben.

154 Schon während der Blockade kursierten darüber viele Gerüchte, die vereinzelt auch in Memoiren Eingang fanden. Diese griff Salisbury auf und verarbeitete sie in seinen: 900 Tage, S. 452 f., 474 ff. und 478-481.

155 Vortragsnotiz des Militärstaatsanwalts Leningrads, A.I. Panfilenko, an A.A. Kuznecov vom 21.2.1942, in: Leningrad v osade, S. 421-422.

Blockade 1500 Personen wegen dieses Delikts verurteilt worden sein.[156] Diese Zahlen sind allerdings schwer zu interpretieren, geben sie doch nur die aufgedeckten Fälle an. Andererseits darf man nicht hinter jedem Vorfall einen spektakulären Mord vermuten. Viel wahrscheinlicher ist, daß meistens die Leichen bereits Verstorbener zu Fleisch verarbeitet wurden.[157] Im November 1942 übertrug der Kriegsrat der Leningrader Front die strafrechtliche Verfolgung von Mordfällen in den Verantwortungsbereich des NKVD. Weiter wurde beschlossen, daß die Untersuchungen binnen dreier Tage abgeschlossen und die Gerichte innerhalb von 24 Stunden zu einem Urteil kommen sollten. Schuldige seien vor ein Erschießungskommando zu stellen.[158]

Die Leningrader Führung stand vor dem Problem, daß sie die Ursache der Lebensmittelkriminalität, den Hunger, nicht beseitigen konnte. Man konzentrierte sich also beinahe notgedrungen auf jene Zwangsmaßnahmen, die sich bereits in den ersten Kriegswochen angekündigt hatten. Das Vertrauen in die eigene Bevölkerung war so gering, daß das Regime den Druck auf sie prophylaktisch erhöht hatte. Am 29. Juni 1941 forderte der Rat der Volkskommissare den „schonungslosen Kampf“ gegen Desorganisatoren, Deserteure, Panikmacher und Spione.[159] Der Kriegsrat des Leningrader Militärkreises hatte schon drei Tage vorher angeordnet, Verstöße gegen seine Anweisungen mit einer Geldstrafe von bis zu 3000 Rubel oder mit Freiheitsentzug von bis zu sechs Monaten zu ahnden. Am 27. August 1941 beauftragte der Kriegsrat zur Verteidigung Leningrads den Zweiten Stadtparteisekretär, Aleksej Kuznecov, und den Vorsitzenden des Exekutivkomitees des Stadtsowjets, Pëtr Popkov, zusammen mit dem NKVD und dem Stadtkommandanten Vorschläge zur Sicherstellung der „revolutionären Ordnung“ in der Stadt auszuarbeiten. Der Schwerpunkt sollte dabei auf der Bekämpfung von konterrevolutionären Elementen, Spekulanten, Marodeuren und Krawallmachern liegen.[160] Diese harte Linie wurde auch während des Hungerwinters 1941/42 beibehalten.

---

156 Bidlack: Survival Strategies, S. 99. Bidlack beruft sich hier auf eine Angabe von N.Ju. Čerepenina, einer wissenschaftlichen Mitarbeiterin des CGA SPb.

157 Vgl. den schauerlichen Bericht der städtischen Kommunalverwaltung, in: Leningrad v osade, S. 329.

158 Anordnung des Kriegsrats der Leningrader Front vom 25.11.1942, CGA SPb f. 7384, o. 36, d. 79, l. 310. Beinahe Opfer eines Mordanschlags wurden zum Beispiel Ljudmila Maljar und ihre Schwester Tata, vgl. die Erinnerung von Ljudmila Maljar, in: Das Echolot, S. 493 f.

159 Vgl. Segbers: Sowjetunion im Zweiten Weltkrieg, S. 40.

160 Sitzungsprotokoll des Kriegsrats zur Verteidigung Leningrads vom 27.8.1941, CGAIPD SPb f. 24, o. 151, d. 1, l. 15-16. Ein SD-Bericht vom Oktober vermerkte auch die verschärfte Kontrolle der Zivilbevölkerung durch Streifen und Milizposten, die an wichtigen Straßenkreuzungen, an Brücken und Bahnhöfen Paßkontrollen durchführten, Tätigkeits- und Lagebericht Nr. 6 der Einsatzgruppen der Sicherheitspolizei und des SD in der UdSSR (1.10.-31.10.1941), in: Die Einsatzgruppen in der besetzten Sowjetunion 1941/42, S. 222-244, hier 226. Zur Glaubwürdigkeit solcher SD-Berichte siehe Kap. II, Anm. 173.

Auch wenn für die gesamte Dauer der Blockade keine lückenlose Dokumentation aller Festnahmen zur Verfügung steht, so deuten die inzwischen zugänglichen NKVD-Berichte auf ein Bemühen der Leningrader Sicherheitsorgane hin, diese Vorgaben im Rahmen ihrer Möglichkeiten umzusetzen. Die städtische Miliz hat zum Beispiel von Kriegsbeginn bis zum 30. September 1942 insgesamt 22 166 Personen festgenommen und einem Gericht überstellt, darunter 940 wegen Banditentums und Raubs, 1885 wegen Plünderung, 206 wegen Totschlags, 11 378 wegen Diebstahls, 1553 wegen Diebstahls von sozialistischem Eigentum und 1598 wegen Spekulation.[161] Aus diesen Angaben allein lassen sich jedoch keine Schlüsse über die verkündeten Urteile ziehen. Hierzu bedarf es noch einer Öffnung der Akten des Leningrader Kriegstribunals. Dennoch gewähren auch die NKVD-Berichte einige aufschlußreiche Einblicke in die Kriminalitätsbekämpfung. So ließ man von 98 Schwarzhändlern, die im November 1941 festgenommen wurden, zehn wegen Spekulation erschießen.[162] Von 75 Personen, die zwischen November 1941 und Februar 1942 nach einem Überfall auf ein Brotgeschäft vor das Militärtribunal gestellt wurden, erhielten acht die Höchststrafe und zehn kamen für zehn Jahre in Haft.[163] Kuznecov gestand diese Strafpraxis im Frühjahr 1942 ein: „Ich muß ihnen leider sagen, daß wir Leute für das Stehlen eines Brotlaibes erschossen haben."[164] Folgt man den eben dargelegten Zahlen, dann waren Todesurteile im Falle von Lebensmitteldiebstahl jedoch eher die Ausnahme. Anders verhielt es sich mit Straftaten, die mit Mord verbunden waren. Von elf im Dezember 1942 wegen Raubmords festgenommenen Leningradern wurden sieben vor ein Erschießungskommando gestellt.[165] Ebenso entschieden griff man gegen den Kannibalismus durch. Von Dezember 1941 bis Mai 1942 nahmen die Sicherheitsorgane 1965 Personen aufgrund dieses Delikts fest. Etwa ein Viertel von ihnen, 586 Angeklagte, wurden anschließend zum Tode, 668 zu mehrjährigen Haftstrafen verurteilt.[166] Wahrscheinlich hing die Höhe des Strafmaßes davon ab, ob es sich im Einzelfall um den Verzehr von bereits Verstorbenen oder um Mord gehandelt hatte.

---

161 Bericht des Leningrader NKVD-Chefs an das Stadtparteikomitee vom 1.10.1942, in: Leningrad v osade, S. 441-443. Von den Festgenommenen waren 10 081 Arbeiter, 3295 Angestellte und 8684 Einwohner ohne geregelte Beschäftigung. Daneben sprach die Leningrader Miliz vom 1. Januar bis zum 31. Juli 1942 gegenüber 192 832 Personen Ordnungsstrafen aus, davon 128 039 aufgrund einer Verletzung der öffentlichen Ordnung, 6605 wegen Mißachtung der Hygienevorschriften und 58 188 aufgrund von Verstößen gegen die Straßenverkehrsordnung, vgl. Schreiben des Leiters der städtischen OSBP, Usolenko, und des stellvertretenden Leiters der Leningrader Miliz, Averkiev, an die Genossin Tarasova von der Allgemeinen Abteilung des Exekutivkomitees des Leningrader Sowjets vom 15.9.1942, CGA SPb f. 7384, o. 4, d. 67, l. 171.

162 Bericht des Leningrader NKVD vom 25.11.1941, in: V tiskach goloda, S. 155-159, hier 158.

163 Bericht des Leningrader NKVD vom 28./29.1.1942, in: V tiskach goloda, S. 189-196, hier 194.

164 Zit. nach: Bidlack: Survival Strategies, S. 98.

165 Bericht des Leningrader NKVD vom 6.1.1943, in: V tiskach goloda, S. 258-261, hier 259 f.

166 Bericht des Leningrader NKVD vom 2.6.1942, in: V tiskach goloda, S. 231-236, hier 236.

Die im belagerten Leningrad verfolgte Strafpraxis entsprach dem Vorgehen in der restlichen Sowjetunion. So wurden zum Beispiel in Moskau vom 20. Oktober bis zum 13. Dezember 1941 insgesamt 121 955 Personen festgenommen.[167] Von diesen wurden 372 zum Tode verurteilt und hingerichtet, 11 419 mußten eine Gefängnis- oder Lagerhaft verbüßen und 2959 wurden aus Moskau ausgewiesen.[168]

Den Leningrader Verantwortlichen war es gelungen, die öffentliche Ordnung in der Stadt aufrechtzuerhalten. Die Lebensmittelkriminalität erreichte offenbar nicht solche Ausmaße, daß die staatliche Autorität dadurch erschüttert wurde. Folgt man den Erinnerungen von Svetlana Andreeva, dann lag dies in erster Linie an dem strengen Regime, das selbst im Hungerwinter 1941/42 in Leningrad geherrscht habe:

> „Neben dem größten Warenhaus in Leningrad, Gostinyj dwor, stand ein alter Bretterzaun, der einen tiefen Bombentrichter einzäunte. Wir waren dorthin mit meiner Mutter gegangen und wollten ein paar Bretter als Holz für unseren Kanonenofen abreißen. Man hat uns dabei festgenommen und wollte uns schon zum Milizrevier abführen, die Gesetze der Kriegszeit waren enorm streng und scharf. Die Ordnung herrschte überall und ausnahmslos."[169]

Diese Momentaufnahme spiegelt jedoch nicht die Realität in der gesamten Stadt wider. Seit dem Dezember 1941 fiel es der Miliz immer schwerer, die zunehmende Kriminalität wie Wohnungseinbrüche und das Plündern des Besitzes von Evakuierten zu unterbinden.[170] Dies lag nach Ansicht der Leningrader Parteiführung daran, daß es zu wenige Milizionäre in der Stadt gab.[171] Deshalb mobilisierte die Partei 3500 Komsomolzen, die an den Umschlagplätzen und Geschäften den Diebstahl von Lebensmitteln verhindern sollten.[172] Erst mit der Ankunft neuer, besser ernährter Milizionäre aus anderen Teilen des Landes kamen die Sicherheitsorgane wieder zu Kräften.[173] Im Frühjahr 1942, als sich auch die Versorgungslage in Leningrad gebessert hatte, war die Miliz wieder in der Lage, regelmäßige Razzien auf den städtischen Märkten durchzuführen.[174] Die sowjetische

---

[167] 47 575 wurden militärischer Vergehen, 2610 konterrevolutionärer Verbrechen und 71 825 anderer Verstöße angeklagt, vgl. Moskva na osadnom položenii (oktjabr'-dekabr' 1941 g.), in: Izvestija CK KPSS 1991, Nr. 4, S. 209-216.

[168] Vgl. ebd.

[169] Zit. aus: Kempowski: Das Echolot, S. 410.

[170] Sitzungsprotokoll des Büros des Kirover Bezirksparteikomitees vom 3.12.1941, RGASPI f. 17, o. 22, d. 1646, l. 14; Sitzungsprotokoll des Büros des Kirover Bezirksparteikomitees vom 2.1.1942, RGASPI f. 17, o. 22, d. 1646, l. 69.

[171] Sitzungsprotokoll des Büros des Leningrader Stadtparteikomitees vom 9.1.1942, in: Leningrad v osade, S. 416-418, hier 418.

[172] Rede des Leningrader Komsomolsekretärs Ivanov auf einer Versammlung des ZK des VLKSM am 10.7.1942, RGASPI f. M-1, o. 6, d. 44, l. 50-63, hier 58.

[173] Lichatschow: Hunger und Terror, S. 280 und 299.

[174] Im April 1942 wurden dabei insgesamt 30 490 Personen überprüft. Zwei Drittel der Überprüften (20 361 Personen) wurden festgenommen, davon 8056, weil sie sich der Arbeitspflicht ent-

Führung war mit der Arbeit der Leningrader Ordnungskräfte sehr zufrieden. Zwar sah sie sich im Dezember 1941 veranlaßt, „Grobheit und unkultivierte Haltung einiger Milizionäre gegenüber der Bevölkerung" anzuprangern.[175] Doch wurden wenige Monate nach dem Ende der Blockade sowohl die Miliz als auch NKVD-Mitarbeiter mit hohen Orden ausgezeichnet.[176]

Zwei Punkte sind festzuhalten. Die restlose Eindämmung der Lebensmittelkriminalität wurde von den Leningrader Verantwortlichen nicht angestrebt, da kriminelle Praktiken als eine Überlebensstrategie zum Blockadealltag gehörten. Zweitens blieb dennoch die öffentliche Ordnung weitgehend erhalten. Dies hing nicht unbedingt mit den Zwangsmaßnahmen zusammen, welche die Verantwortlichen vom ersten Kriegstag an – allerdings in Abstufung, je nach der Schwere des Vergehens – anwandten. Vielmehr konnte das Regime selbst im Winter 1941/42, als die Sicherheitsorgane wohl nicht in der Lage gewesen waren, eine eskalierende Situation wieder in den Griff zu bekommen, seine Autorität wahren und war folglich gar nicht auf Zwangsmaßnahmen angewiesen. Der Staat war derjenige, der die Menschen mit Lebensmitteln versorgte, so daß die Leningrader unmittelbar von seinem Funktionieren abhängig waren. Die staatliche Macht wurde anerkannt, denn von ihrer Erosion wäre als erstes die Bevölkerung selbst existentiell betroffen gewesen.

Wie haben nun die Leningrader die Veränderungen, die sie unter diesen Ausnahmebedingungen an sich selbst beobachten konnten, wahrgenommen und interpretiert? Nur wenige Tagebücher eignen sich als Quelle für diese Fragestellung. Ältere Veröffentlichungen wurden von der sowjetischen Zensur zurechtgeschnitten, und die jetzt allmählich ans Licht kommenden Selbstzeugnisse beschreiben in der Regel nur das Leben in der Stadt, ohne ein Reflexionsniveau wie das Tagebuch von Stepan Podlubnyj aus dem Moskau der dreißiger Jahre zu

---

zogen, 10 876, weil sie gegen das allgemeine Gesetz über den Handel verstießen (darunter Spekulanten), 1332 hatten keinen Ausweis, 70 waren Diebe, 19 Deserteure und acht Wehrpflichtige, die sich dem Kriegsdienst entzogen hatten. Die Angaben des Leiters der Leningrader Miliz geben leider nicht vollständig darüber Auskunft, welche Folgen die Festnahmen nach sich zogen. Folgt man den vorliegenden Angaben, dann hatte die Mehrheit (9921 Personen) eine Geldbuße zu entrichten. Dies spülte immerhin 334 145 Rubel in die städtische Kasse, und auch der eine oder andere Milizionär dürfte auf seine Kosten gekommen sein. Ins Gefängnis wanderten nur 336 Personen, 987 kamen mit einer Verwarnung oder mit der Aufnahme eines Protokolls davon. Damit ist der Fortgang von 9117 Fällen ungewiß. Es ist nicht auszuschließen, daß diese der Staatsanwaltschaft übergeben wurden, was einen Prozeß und in der Regel schwere Strafen, von der Verbannung bis hin zur Todesstrafe, nach sich ziehen konnte. Vgl. Schreiben Gruškos, Leiter der Leningrader Miliz, an Popkov vom 2., 3., 4., 5., 6., 7., 8., 9., 10., 11., 13., 14., 15., 16., 17. und 18.4.1942, CGA SPb f. 7384, o. 4, d. 67, l. 59, 62-65 und 69-87.

175 Sitzungsprotokoll des Büros des Kirover Bezirksparteikomitees vom 3.12.1941, RGASPI f. 17, o. 22, d. 1646, l. 14.

176 Vgl. z.B. das Schreiben Berijas und Ždanovs an Stalin vom 3.8.1944, GARF f. R-9401, o. 2, d. 66, l. 71-72. Weitere Beispiele ebd., l. 73-100.

erreichen.[177] Eine Ausnahme stellt Jura Rjabinkin dar, ein 16jähriger Junge, der zusammen mit seiner Mutter und seiner Schwester Ira im belagerten Leningrad lebte und dort 1942 starb. Über sich selbst den Kopf schüttelnd notierte er am 9. Dezember 1941 in sein Tagebuch:

„Ich habe einen Kater gegessen, habe bei Anfisa Nikolajewna aus ihren Töpfen das Essen geklaut, jede überflüssige Krume bei Mutter und Ira gestohlen, habe beide betrogen, Schlange stehend fror ich, schimpfte und raufte mich an den Eingängen der Läden, um hineinzukommen und 100 Gramm Butter zu kaufen ... Ich war schmutzig, habe haufenweise Läuse, keine Kräfte vor Erschöpfung und Unterernährung. Ich konnte sogar vom Stuhl nicht aufstehen, das war eine unerhörte Schwierigkeit.

Pausenlose Bombenangriffe und Artilleriebeschuß, die Wache auf dem Dachboden in der Schule, Zankereien und Szenen zu Hause, wenn es um die Verteilung des Essens ging ... Ich lernte die Brotkrume zu schätzen, ich habe die Krümchen auf dem Tisch mit dem Finger gesammelt. Dabei lernte ich meinen groben und egoistischen Charakter ein wenig kennen. Ein Sprichwort lautet, daß ein Buckliger erst im Grab wieder gerade wird. Werde ich meinen Charakter nicht bessern können?“[178]

Der Kampf zwischen dem Hunger und seinem Gewissen, den Rjabinkin hier beschreibt, durchzieht die Eintragungen des gesamten Dezembers 1941. Besonders belastete ihn, wenn er etwas von den Rationen seiner Mutter oder Schwester nahm, die meist den Jungen losschickten, um ihre Lebensmittelkarten einzulösen:

„Die Weisheit des Volkes lautet: ‚Der Mensch wird durch Unheil härter‘, ‚Der Charakter eines Menschen kommt erst bei einem Unglück völlig zum Ausdruck.‘ So bin ich auch. Das Unheil hat mich nicht gehärtet, sondern es hat mich geschwächt, und mein Charakter zeigte sich als egoistisch. Ich fühle, daß es außer meinen Kräften steht, den Charakter jetzt zu ändern. Man muß nur anfangen!

Heute morgen hätte ich die Kuchen nach Hause bringen müssen, doch ich halte es nicht aus, ich esse unterwegs mindestens ein Viertel eines Kuchens. Darin kommt mein Egoismus zum Ausdruck. Doch ich versuche morgen, alle Kuchen nach Hause zu bringen. Alle! Alle!!! Gut, vielleicht werde ich dem Hungertod zum Opfer fallen, anschwellen, Wassersucht bekommen, doch ich werde wissen, daß ich ehrlich gehandelt und einen starken Willen gezeigt habe. Morgen will ich mir diesen Willen beweisen. Kein Krümchen nehme ich von dem, was ich kaufen werde. Kein Krümchen! [...]

Heute habe ich nur für eine Kleinigkeit mein Ehrenwort nicht gehalten. Ich habe ein halbes Bonbon von den eingekauften und etwa 40 Gramm von den 200 Gramm trockenen Aprikosen genommen. Allerdings hatte ich wegen der trockenen Aprikosen kein Ehrenwort gegeben, doch was die Hälfte der Bonbons betrifft ... Ich habe es gelutscht und so weh wurde mir ums Herz, daß ich gerne das gegessene Stück ausge-

177 Das Tagebuch von Stepan Podlubnyj führt sowohl die öffentliche Inszenierung als auch die innere Gedankenwelt eines jungen Mannes im Moskau der dreißiger Jahre eindrucksvoll vor Augen, vgl. Tagebuch aus Moskau.

178 Tagebuch von Jura Rjabinkin, Eintrag vom 9.12.1941, aus: Das Echolot, S. 376.

> spuckt hätte, doch es ging nicht mehr. Ein kleines Stück Schokolade habe ich auch gegessen. Was für ein Mensch bin ich denn?"[179]

Während der Belagerung Leningrads habe sich der wahre Charakter der Menschen gezeigt – diese auch im „Blockadebuch" von Adamovič und Granin vertretene Einschätzung bildet eines der zentralen Interpretationsmuster des Blockadealltags. Während diejenigen, die nicht anständig waren, sich in Tiere verwandelt hätten, blieben andere, die Anständigen, unter den gleichen Bedingungen Menschen.[180] Das Tagebuch von Jura Rjabinkin aber zeigt, daß eine pauschale Verurteilung derjenigen, die sich egoistisch und rücksichtslos verhielten, zu kurz greift. Rjabinkin hatte einen inneren Kampf auszufechten, an dem er beinahe zugrunde ging:

> „Jeder Tag hier in Leningrad bringt mich dem Selbstmord näher. In der Tat habe [sic!] ich keinen Ausweg. Eine Sackgasse, so kann ich nicht mehr leben. Hunger. Schrecklicher Hunger. [...] Mutter und Ira sind da. Ich kann ihnen kein Stück Brot wegnehmen. Ich kann nicht, weil ich weiß, was heute ein Krümchen Brot bedeutet. Doch ich sehe, daß sie mir von sich abgeben, und ich, Gemeiner, klaue ihnen heimlich die letzten Krümchen. Und in welchem Zustand befinden sich beide, wenn Mutter mir gestern mit Tränen in den Augen sagte, sie wünschte, daß ich an dem Stück Brot von 10-15 Gramm, das ich ihr und Ira geklaut hatte, ersticken würde. Ich fühle, ich weiß, hätte mir jemand ein tödliches Gift angeboten, damit man ohne Qualen sterben kann, ich würde es nehmen. Ich will leben, aber so kann ich nicht leben! Doch ich will leben! Was soll ich denn tun?
>
> Ich habe meine Ehre, den Glauben an sie verloren, so ist mein Geschick. Vor zwei Tagen hat man mich geschickt, Bonbons zu holen. Ich habe anstatt Bonbons Kakao mit Zucker gekauft (ich wußte, daß Ira es nicht essen würde, dann wäre mein Teil größer), so habe ich mir noch die Hälfte (für die ganze Dekade standen uns 600 Gramm zu) angeeignet. Ich habe mir eine Geschichte ausgedacht, daß man mir drei Tafeln Kakao aus der Hand gerissen hätte, habe zu Hause eine Komödie unter Tränen vorgetragen, habe der Mutter mein Ehrenwort als Pionier gegeben, daß ich keine Tafel genommen hätte ... Und dann, mit meinem harten Herzen die Tränen der Mutter und ihren Kummer ansehend, weil sie ohne Süßigkeiten blieb, aß ich heimlich Kakao. Heute aus der Bäckerei nach Hause kommend, habe ich ein Stück Brot von etwa 25 Gramm von Mutters und Iras Portion genommen und habe es heimlich verdrückt. [...]
>
> Ich bin in den Abgrund gestürzt, der durch Undiszipliniertheit, Gewissenlosigkeit, Ehrlosigkeit und Schande gekennzeichnet ist. Ich bin ein unwürdiger Sohn meiner Mutter und ein ehrloser Bruder meiner Schwester. Ich bin ein Egoist, ein Mensch, der in einer schweren Stunde alle seine Verwandten und Nächsten vergißt. [...] So traurig

---

179 Tagebuch von Jura Rjabinkin, Eintrag vom 10.12.1941, in: Das Echolot, S. 392-395, hier 392 f.

180 Vgl. Adamowitsch/Granin: Blockadebuch Bd. 1, S. 234-252, v.a. 245 f.

ist es, ich schäme mich, kann Ira nicht ansehen ... Werde ich mir das Leben nehmen? Essen! Ich will essen!“[181]

Um so bewundernswerter muten die vielen Beispiele von Verzicht und Selbstlosigkeit an, von denen in vielen Erinnerungen berichtet wird. Stellvertretend für diese sei hier nur eine Episode aus dem Leben des damals 14jährigen Aleksandr Ljubimov geschildert, der mit einem Kameraden eine Lebensmittellieferung begleitete:

„An einem Schlagloch bekam der Schlitten Schlagseite, und Soja-Pralinen fielen aus einem Karton in den Schnee. Ein dichter Ring von Passanten bildete sich sofort um uns. Die Expeditorin fing an, mit den Händen zu winken, ‚Ach‘ zu rufen, und die Leute verstanden, daß die Pralinen in ein Kinderhaus gebracht werden sollten. Wir beide, ein Häufchen Elend, waren die beste Illustration dafür. Die Menschen sammelten sich um uns, sie streckten so komisch die Hände aus. Ihre Augen waren gierig, aber niemand bückte sich. Wir haben die Pralinen wieder in den Karton getan, die Tüten auf den Schlitten gelegt und fortgeschleppt. Die Leute verfolgten uns noch lange mit ihren Blicken.“[182]

Während die offizielle sowjetische Erinnerung den Blockadealltag als eine Reihe unendlicher Beispiele von Selbstlosigkeit und Edelmut festhielt, hat Dmitrij Lichačëv die Paradoxie jener Zeit erkannt und präzise zum Ausdruck gebracht: „Auf Schritt und Tritt – Niedertracht und Edelmut, Selbstaufopferung und extremer Egoismus, Diebstahl und Ehrlichkeit.“[183]

Zusammenfassend läßt sich festhalten, daß die Lebensmittelversorgung in Leningrad ziemlich genau das Rationierungssystem der dreißiger Jahre widerspiegelt. Im Grunde war nur der zu verwaltende Mangel größer. Die tatsächliche Verpflegung der Bevölkerung beruhte wieder zu einem großen Teil auf Eigeninitiative und Beziehungen. Die Vorstellung, der Staat habe unter schwersten Bedingungen das Versorgungssystem notdürftig aufrechterhalten, stimmt nur insoweit, wie es den Transport von Lebensmitteln in den Belagerungsring betrifft. Ihre Verteilung war kein Monopol des Staates, so daß es nicht möglich ist, anhand der täglichen Rationen abzulesen, was die Leningrader tatsächlich zu essen bekamen. Man muß sogar davon ausgehen, daß diejenigen, die keine Nebenerwerbsquellen hatten, sondern auf die staatlich festgesetzten Normen angewiesen waren, als erste an Unterernährung starben.

Bereits in den dreißiger Jahren waren wichtige Gegenstände des täglichen Bedarfs, von Kleidungsstücken bis hin zu Lebensmitteln, nur schwer zu bekommen, da die Industrialisierung zum großen Teil durch den Konsumverzicht der Arbeiter finanziert wurde.[184] Der sowjetische Bürger war also einerseits daran gewöhnt,

---

181 Tagebuch des Jura Rjabinkin, Eintrag vom 15.12.1941, in: Das Echolot, S. 468 f.

182 Aus den Erinnerungen des Aleksandr Ljubimov, in: Das Echolot, S. 682.

183 Lichatschow: Hunger und Terror, S. 276.

184 Zum Lebensstandard der Arbeiter vgl. u.a. Osokina. Our Daily Bread, S. 46–52, 88–94; aus westlicher Perspektive siehe die Reiseberichte westeuropäischer und amerikanischer Besucher wie z.B. Herbert und Elsbeth Weichmann: Alltag im Sowjetstaat. Macht und Mensch, Wollen

vom Staat versorgt zu werden, andererseits war ihm durchaus klar, daß dieser seiner Aufgabe nur unzureichend nachkam. Folglich bestand das Alltagsleben der dreißiger Jahre vor allem darin, sich um die Dinge des täglichen Bedarfs zu kümmern: sei es, indem man vor den Geschäften Schlange stand oder in der von Paternalismus und Bestechlichkeit durchsetzten Bürokratie seine Interessen geltend machte. In vielen Bereichen der Mangelwirtschaft war es praktisch unmöglich, etwas auf offiziellem Wege zu erreichen, da die Güter knapp und die Beamten korrupt waren: „The Homo Sovieticus emerging in the 1930s was a species whose most highly developed skills involved the hunting and gathering of scarce goods in an urban environment."[185]

Nach Stephen Kotkin entwickelte sich unter den katastrophalen sozialen Bedingungen der dreißiger Jahre dennoch eine neue, stalinistische Lebensweise. Diese sei nicht nur durch die Propaganda des Regimes entstanden, sondern durch die Gesamtheit der Erfahrungen, welche die Menschen an ihrem Arbeitsplatz und in ihrer städtischen Umwelt machten.[186] Dabei übersieht Kotkin, daß zu dieser neuen Lebensweise nicht nur die in der Propaganda vorgegebenen Identitäten und Verhaltensweisen gehörten, sondern gerade auch jene Fähigkeiten, sich in einer lebensfeindlichen Umwelt selbständig zurechtzufinden. Ob in der Lebensmittelproduktion, im Gesundheitswesen oder im Bildungssystem, jeder Sowjetbürger sponn sich ein Netz von „nützlichen Freundschaften". Insofern stellt sich weniger die Frage, was die Menschen dazu brachte, diese offenkundig schlechten Lebensbedingungen zu akzeptieren, sondern vielmehr, wie sie sich in ihnen einrichteten. Kotkin übersieht zudem, daß zu solchen Überlebenstechniken auch nichtkonformes oder widerspenstiges Verhalten gehörte. Zum einen waren viele Menschen nicht bereit, die Zustände passiv zu akzeptieren, zum anderen hatten solche Verhaltensmuster aber auch eine Ventilfunktion. Diese in den dreißiger Jahren gelernten Überlebenstechniken waren den Leningradern während der Blockade von großem Nutzen. Sie agierten innerhalb dieses Systems im Krieg genauso wie in den dreißiger Jahren, als die Lebensmittel ebenfalls knapp waren und rationiert wurden. Den Staat zu bestehlen gehörte zur sowjetischen Alltagskultur wie das staatliche Verteilungssystem, ja, es war die andere Seite derselben Medaille.

Obwohl der stalinistische Staat beim Überlebenskampf der Leningrader durchaus einmal ein Auge zudrückte, wollte er doch seine Stellung als monopolistischer Versorger der Bevölkerung nicht verlieren. Er versuchte, Eigeninitiative, die die Menschen bei der Beschaffung von Nahrungsmitteln an den Tag legten, sofort in staatliche Bahnen zu lenken. Sogar das Sammeln von Unkraut wurde nicht den Leningradern selbst überlassen, sondern starren Regelungen unterworfen. In

---

und Wirklichkeit in Sowjet-Rußland, Berlin 1931, oder Walter Citrine: Auf Wahrheitssuche in Rußland, Zürich 1938.

185 Fitzpatrick: Everyday Stalinism, S. 2 (Zitat), 54 und 59.

186 Kotkin: Magnetic Mountain, S. 187 f.

einer Verordnung des Leningrader Stadtparteikomitees „Über das Ernten und den Verkauf wildwachsender eßbarer Gräser“ wurde die Beschaffung von 680 Tonnen solcher Gräser durch einen Plan geregelt, ebenso wie deren anschließender Verkauf über den Einzelhandel.[187] Damit hielt das Regime die Menschen weiterhin in Unmündigkeit. Obwohl die Bolschewiki die Versorgung der Bevölkerung nicht mehr gewährleisten konnten, waren sie nur bedingt bereit, dem einzelnen mehr Verantwortung für sich selbst zuzugestehen.

[187] Anordnung des Büros des Leningrader Stadtparteikomitees vom 19.7.1942, RGASPI f. 17, o. 43, d. 1151, l. 97 f.

VI. DEPORTATION UND TERROR: STAATLICHE GEWALT IM BELAGERTEN LENINGRAD

Dmitrij N. Šapov, Jahrgang 1915, diente nach einer Ausbildung in der Kriegsmarine seit März 1941 in der Baltischen Rotbannerflotte. Acht Monate nach seinem Dienstbeginn denunzierte man ihn des angeblichen Hörens eines Feindsenders. Obwohl Šapov überhaupt keinen Zugang zu einem Radiogerät hatte, wurde er umgehend verhaftet und wenig später zu einer Haftstrafe verurteilt. Im Gefängnis teilte man ihn einer Arbeitsbrigade zu, welche die Leichen der verhungerten Häftlinge aus den Zellen zu entfernen hatte. Zu dieser Zeit starben in jeder Zelle mit sechs bis zehn Insassen täglich ein bis drei Häftlinge:

> „Eines Tages mußten wir zwischen 25 und 40 Leichen hinaustragen. Die Kleidung der Toten war von innen mit einer Schicht von Läusen bedeckt, die sich bewegte. Es gab keinen Zettel oder sonst einen Vermerk an den Leichen. Die meisten dieser Leichen trugen Uniform. Die Dienstgrade konnte ich nicht feststellen, da ihnen die Rangabzeichen abgerissen worden waren. In ihre Gesichter habe ich nicht geschaut. Wir trugen die Leichen in den Hof. Dort luden wir sie auf Lkws, und man brachte sie weg. Niemand wußte, wer diese Leute waren und wohin man sie brachte. Und am 3. Februar sah ich: Die Türen zu allen Zellen standen offen. Keine einzige war mehr verschlossen.“[1]

Nachdem Dmitrij Šapov selbst Opfer einer ungerechtfertigten Denunziation geworden war, wurde er zudem Zeuge jener brutalen Unterdrückungsmaßnahmen, mit denen in der Roten Armee gegen die eigenen Soldaten vorgegangen wurde.

Blockadeerinnerungen wie die von Šapov waren über vierzig Jahre vom kollektiven Gedächtnis ausgeschlossen und auch heute noch finden sie kaum eine Plattform. Selbst die westliche Geschichtsschreibung hat den Mythos von der zusammengeschweißten Schicksalsgemeinschaft nicht hinterfragt und infolge dessen den stalinistischen Terror auch nicht zum Thema einer Beschäftigung mit der Blockade Leningrads gemacht.[2] Das vorherrschende Erklärungsmuster, das

---

1 Erinnerungen des Dmitrij N. Šapov, Datenbank des NIC MEMORIAL SPb. Vgl. auch Uroki gneva i ljubvi. Sbornik vospominanij o godach repressij (20-e–80-e gg.). Vypusk 3: Sbornik posvjaščen repressijam vo vremja blokady Leningrada, hg. v. T. Tigonev, St. Petersburg 1992, S. 72-75.

2 In keiner der drei großen Monographien zur Blockade wurde der Terror thematisiert, weder in Goures „Siege of Leningrad“ noch in Salisburys „900 Tage“ oder in Bidlacks „Workers at War“.

stalinistische Regime habe im Zweiten Weltkrieg die Zügel locker lassen müssen, um die Bevölkerung für die gemeinsame Verteidigung des Landes zu gewinnen, trug dazu bei, den Blick der Historiker auf das Terrorsystem des damaligen Bündnispartners der Westalliierten zu versperren. Dabei fand die Tätigkeit des Militärtribunals keineswegs im Geheimen statt. Die Leningrader Presse berichtete in Einzelfällen über die vermeintlichen Aktivitäten von Konterrevolutionären und deren Verurteilung.[3] Unrechtsurteile, deren anschließende Haftstrafen oft dem Hungertod gleichkamen, waren keine Ausnahmen im belagerten Leningrad. Den bekannten Schriftsteller Daniil Charms ereilte genau dieses Schicksal. Nachdem er am 23. August 1941 wegen angeblicher antisowjetischer Propaganda verurteilt worden war, starb er am 2. Februar 1942 in einem Leningrader Gefängnis an Hunger.[4]

Dmitrij Šapov hatte dagegen noch Glück. Nachdem alle Insassen des Gefängnisses gestorben waren, wurde er nach Baksitogorsk gebracht. Dort mußte er in einer aus Leningrad evakuierten Werkhalle der Kirov-Werke Panzer reparieren. Zusammen mit ihm arbeiteten dort rund 1000 Gefangene, die vorwiegend aus Leningrad stammten. Ein solcher Einsatz von Häftlingen in der Kriegsproduktion war keine Ausnahme. Auch Pëtr I. Turapin berichtet, daß er in einer Besserungsarbeitskolonne diente und in der Nähe des Moskauer Bahnhofs Minen herstellte.[5] Ende 1941 arbeiteten in der Leningrader Rüstungsindustrie insgesamt 3578 Häftlinge. Ihr Arbeitstag betrug elf Stunden, wobei der Fußmarsch zum Arbeitsplatz, der noch einmal ein bis zwei Stunden dauern konnte, nicht eingerechnet ist. Ihre Brotration lag dabei um 100 Gramm unter der eines Arbeiters.[6]

Doch die Kriegsodyssee des Dmitrij Šapov ging noch weiter. Im Januar 1943 wurde er in das 28. Strafbataillon versetzt und kam vor Leningrad zum Einsatz. Bei Pulkovo geriet er in deutsche Gefangenschaft. Nachdem ihm im November 1943 die Flucht gelungen war, ereilte ihn das Schicksal der meisten sowjetischen Soldaten, die aus deutscher Kriegsgefangenschaft zurückkehrten. Er wurde abermals verurteilt und saß bis 1954 in Workuta ein.[7]

Die geschilderten Vorfälle stellen keine Ausnahmen dar. Vielmehr war staatlich ausgeübte Gewalt ein konstitutiver Bestandteil in der bolschewistischen Verteidigungsstrategie und -praxis. Dabei gilt es, zwischen zwei Erscheinungsformen zu unterscheiden, die hier auch getrennt behandelt werden sollen: der Deportation der finnischsprachigen und deutschen Minderheit und der Verfolgung von vermeintlichen „Volksfeinden", der auch Šapov und Charms zum Opfer gefallen sind.

---

3 Vgl. Lomagin: Neizvestnaja blokada Bd. 1, S. 152.

4 Über das genaue Schicksal Charms' ist nur wenig bekannt. Möglicherweise wurde er auch in eine psychiatrische Klinik eingeliefert und starb dort. Vgl. Michail Mejlach: Devjat' posmertnych anekdotov Daniila Charmsa, in: Teatr 1991, Nr. 11, S. 76–79.

5 Erinnerungen des Pëtr I. Turapin, Datenbank des NIC MEMORIAL SPb.

6 Gesuch der Verwaltung der Besserungs- und Arbeitslager und -kolonien des UNKVD des Leningrader Gebiets an den Bevollmächtigten des Staatlichen Verteidigungskomitees Dmitrij Pavlov vom 31.12.1941, in: Leningrad v osade, S. 413.

7 Erinnerungen des Dmitrij N. Šapov, Datenbank des NIC MEMORIAL SPb.

1. Die Deportation der deutschen und finnischsprachigen Minderheit

Die Deportation nationaler Minderheiten ist ein wesentliches Element der stalinistischen Gewaltherrschaft. Die Bolschewiki maßen der Umsiedlung der deutschen Minderheit nach Mittelasien eine solch hohe Bedeutung bei, daß man – kaum war der schwere Hungerwinter 1941/42 überstanden – die Leningrader deutscher Nationalität aus der belagerten Stadt zwangsevakuierte:

> „Der 16. März 1942 war ein Sonntag. Da kam eine Frau vom Raikom [Bezirksparteikomitee, J.G.] und teilte uns mit, daß der Raikom uns anbiete, uns aus Leningrad und den umliegenden Dörfern zu evakuieren.
>
> ‚Wohin sollen wir gehen, wir sind hier geboren, unsere Verwandten sind alle hier. Ist das freiwillig oder Zwang?' ‚Nein', sagte die Beamtin, ‚Sie müssen fort'. ‚Sehen Sie, die Regierung sorgt für Sie, daß Sie hier nicht umkommen'. Dann kamen Parteimitglieder und registrierten alle Deutschen. Als wir am 17.3. auf die Arbeitsstätte kamen, wurde uns erklärt, daß wir uns alle zum Raikom begeben müßten, um unseren Lohn und die Arbeitsbücher in Empfang zu nehmen. ‚Packen Sie schnell ihre Sachen und um 6 Uhr abends müssen alle am Finnischen Bahnhof sein.' Von hier wurden wir mit Bussen über den Ladogasee gefahren, der tiefgefroren war, auf einen anderen Bahnhof. Hier wurden wir in Güterwagen verladen und fuhren über Wologda – Kirow – Swerdlowsk nach Sibirien, wo wir in Amutinka ausgeladen wurden."[8]

Dies ist einer der wenigen Augenzeugenberichte über die Deportation der Leningrader Deutschen. Obwohl das Schicksal der Rußlanddeutschen im Zweiten Weltkrieg Thema zahlreicher Monographien ist,[9] ist der Umsiedlung der Deutschen aus dem belagerten Leningrad bislang keine Fallstudie gewidmet worden. Die Geschichtsschreibung zur Blockade hat diesen Aspekt ebenso vernachlässigt. Zunächst gilt es deshalb, den Ablauf der Deportationen zu rekonstruieren.

Als Molotov, Malenkov und Kosygin im August 1941 nach Leningrad geschickt wurden, um die lokalen Verantwortlichen nach deren eigenmächtigen Gründung des Kriegsrats zur Verteidigung Leningrads in ihre Schranken zu verweisen, da forcierten sie gleichzeitig die Deportation der deutschen und finnischsprachigen[10] Bevölkerung aus den umliegenden Ortschaften. Am 26. August 1941 ordnete der Kriegsrat der Leningrader Front deren Abtransport aus den

---

8 E. E.: Die Aussiedlung der Deutschen aus Leningrad, in: Heimatbuch der Deutschen aus Rußland 1966, S. 33 f.

9 Vgl. Bibliographie zur Geschichte der Russlandeutschen, hg. v. Detlef Brandes u.a., Bd. 2: Von 1917 bis 1998, hg. v. Detlef Brandes und Victor Dönninghaus, München 1999.

10 Die finnischsprachigen Stämme, die im Leningrader Gebiet lebten, waren zum größten Teil Ingrier (auch Ischoren genannt), daneben auch Karelier, Woten und Wepsen. Da in den Quellen meist verallgemeinernd von „Finnen" gesprochen wird, können auch hier in der Regel keine differenzierenden Aussagen gemacht werden.

Bezirken Oranienbaum, Krasnosel'skoe, Sluck, Krasnogvardejsk, Tosno, Mga, Vsevoložskij und Pargolovo in die Autonome Sowjetrepublik Komi sowie in das Archangel'sker Gebiet an.[11] Zwei Tage später informierten die drei Abgesandten des Kremls und der Leningrader Parteichef Stalin in einem Brief von den ergriffenen Maßnahmen:

> „Wir teilen mit, daß von uns die Anordnung getroffen wurde, die deutsche und finnische Bevölkerung aus den Vororten Leningrads, insgesamt 96 000 Menschen, unverzüglich umzusiedeln. Wir schlagen vor, 15 000 Menschen nach Kasachstan, 24 000 in die Krasnojarsker Region, 24 000 in das Novosibirsker Gebiet, 12 000 in das Altai-Gebirge und 21 000 in das Omsker Gebiet auszusiedeln. Die Organisation der Umsiedlung obliegt dem NKVD. Wir bitten um Bestätigung dieses Vorschlages."[12]

Die Initiative für diese Deportationen war dabei von den Moskauer Gesandten ausgegangen, die in dieser wie in anderen Angelegenheiten „Klarheit schaffen" wollten.[13] Die Zahl von 96 000 Finnen und Deutschen, die für die Deportation vorgesehen waren, ging auf eine Berechnung des Leningrader Stadtsowjets zurück. Auf Grundlage der Einwohnerzahlen aus dem Jahr 1939 hatte dieser die zur Umsiedlung vorgesehene Bevölkerung auf 88 700 Finnen und 6700 Deutsche festgelegt.[14] Das Staatliche Verteidigungskomitee segnete dieses Ansinnen ab.[15] Am 30. August 1941 übermittelte Berija die genauen Durchführungsbestimmungen. Die Operation sollte bereits am nächsten Tag beginnen und innerhalb einer Woche abgeschlossen sein. Neben den bislang geplanten 96 000 Finnen und Deutschen aus dem Leningrader Gebiet, die per Eisenbahn evakuiert werden sollten, wies Berija den Abtransport weiterer 36 000 Personen finnischer und deutscher Nationalität an, die auf dem Wasserweg nach Čerepovec zu verschikken seien. Als Zielort der Deportationen war jetzt Kasachstan vorgesehen.[16]

Die Durchführung dieser Anordnung war in den Wirren des Herbstes 1941 nicht mehr möglich.[17] So kam ein Teil dieser Bevölkerung unter deutsche Besat-

---

11 Anordnung des Kriegsrats der Leningrader Front vom 26.8.1941, CGA SPb f. 7384, o. 36, d. 62, l. 126.

12 Meldung Molotovs, Malenkovs, Kosygins und Ždanovs an Stalin vom 29.8.1941, in: Izvestija CK KPSS 1990, Nr. 9, S. 212 f. Eine deutsche Übersetzung dieses Dokuments in: Deportation, Sondersiedlung, Arbeitsarmee. Deutsche in der Sowjetunion 1941–1956, hg. v. Alfred Eisfeld und Victor Herdt, Köln 1996, S. 55 f.

13 Schreiben Molotovs und Malenkovs an Stalin vom 29.8.1941, RGASPI f. 558, o. 11, d. 492, l. 39.

14 Plan für die obligatorische Evakuierung der deutschen und finnischen Bevölkerung aus den Vorstadtbezirken Leningrads von Nikitin und Merkulov, o.D. [August 1941], CGA SPb f. 7179, o. 53, d. 58, l. 36–41; als Berechnungsgrundlage diente: Auskunft für Nikitin über die Anzahl der deutschen und finnischen Bevölkerung im Leningrader Gebiet, Stand 1939, CGA SPb f. 7179, o. 53, d. 58, l. 45.

15 Beschluß des Staatlichen Verteidigungskomitees, o.D. [August 1941], in: Deportation, S. 56.

16 Befehl des Volkskommissars für Inneres, Lavrentij Berija, vom 30.8.1941, in: Deportation, S. 56 f.

17 Bevor die Wehrmacht die Eisenbahnverbindung ins Hinterland unterbrach, waren 28 200 Menschen aus Leningrad zwangsevakuiert worden, vgl. Michael Gelb: The Western Finnic Mi-

zungsherrschaft. Die finnische Minderheit wurde dennoch umgesiedelt: nun von der deutschen Besatzungsmacht. Auf der Grundlage eines deutsch-finnischen Abkommens wurde der größte Teil der Minderheit, über 76 000 Menschen, nach Finnland gebracht. Nach dem Krieg wurden diese Menschen erneut Spielball der Großmächte. Auf sowjetischen Druck hin wurden die meisten von ihnen wieder „repatriiert". Die Sowjetmacht gestattete ihnen jedoch nicht, in ihre Heimatdörfer bei Leningrad zurückzukehren, sondern siedelte sie in Ostkarelien oder in sicherer Entfernung von der sowjetisch-finnischen Grenze an: in der Umgebung von Pskov, Novgorod, Jaroslavl' und Kalinin.[18]

Als die Bolschewiki im Frühjahr 1942 die Situation in Leningrad allmählich in den Griff bekamen, erinnerten sie sich sehr schnell wieder ihres Vorhabens. Am 9. März 1942 erfolgte der Umsiedlungsbefehl, und ab dem 17. März 1942 wurden Deutsche und Finnen aus dem Raum Leningrad in plombierten Güterwagen nach Sibirien deportiert.[19] Da die Behörden auf ein eingespieltes Evakuierungssystem zurückgreifen konnten, ging die Umsiedlung sehr schnell voran. Bereits eine Woche nach Beginn der Deportationen waren von 27 942 Finnen und Deutschen, die in den Bezirken Oranienbaum, Pargolovo, Vsevoložskij, Sluck, Sestroreck und Kolpino lebten, 20 468, und damit fast 75 %, zwangsevakuiert. Das noch fehlende Viertel sollte bis zum 28. März 1942 das Leningrader Gebiet ebenso verlassen haben.[20]

Die Durchführung der Deportationen wurde dem örtlichen NKVD übertragen. Für die gesamte Aktion war eine Troika verantwortlich, die aus dem Leiter des NKVD des Leningrader Gebiets Kubatkin, seinem Stellvertreter Makarov und dem stellvertretenden Leiter der Geheimen Politischen Abteilung des NKVD (SPO NKVD) Drozdeckij bestand. Für die praktische Umsetzung wurde in den einzelnen Bezirken wiederum je eine Troika gebildet, die sich aus dem Vorsitzenden des Bezirksexekutivkomitees und zwei Vertretern des NKVD zusammensetzte.[21] Diese drei legten die Zahl der zu evakuierenden Personen fest

---

norities and the Origins of the Stalinist Nationalities Deportations, in: Nationalities Papers, 24 (1996), S. 237-268, hier 251. Nach Angaben des KGB wurden bis zum 25. Dezember 1941 16 513 Deutsche aus Leningrad und dem Leningrader Gebiet umgesiedelt, vgl. die Angaben der Materialsammlung des KGB zu einer für den Mai 1990 geplanten Pressekonferenz der Kommission des Nationalitätenrats des Obersten Sowjets der UdSSR, in: Deportation, S. 132 f.

18 Zum wechselvollen Schicksal der finnischsprachigen Bevölkerung des Leningrader Gebiets im Krieg vgl. Vadim I. Musaev: Ingermanlandskij vopros v XX veke, St. Petersburg 1999, S. 95-106; Ian M. Matley: The Dispersal of the Ingrian Finns, in: Slavic Review, 38 (1979), S. 1-16, hier 10 ff.; zur Deportation siehe außerdem Nikolaj F. Bugaj: L. Berija – I. Stalinu: Soglasno Vašemu ukazaniju ..., Moskau 1995, S. 190 f.

19 Bericht Kubatkins an Berija vom 29.3.1942, abgedruckt in: Lomagin: Neizvestnaja blokada Bd. 2, S. 35 f.

20 Bericht für Kosygin über die Evakuierung der deutschen und finnischen Bevölkerung aus den Vorstadtbezirken Leningrads vom 24.3.1942, CGA SPb f. 7179, o. 53, d. 58, l. 14 f.

21 Vgl. Maßnahmenplan des stellvertretenden Volkskommissars für Innere Angelegenheiten, Merkulov, und des Sekretärs des Leningrader Gebietsparteikomitees, Nikitin, vom 28.8.1941, abgedruckt in: Lomagin: Neizvestnaja blokada Bd. 2, S. 23-26. Der folgenden Darstellung lie-

und entsandten an jeden Sammelpunkt einen Parteiaktivisten als Evakuierungsbevollmächtigten. Im Oranienbaumer Bezirk waren 4775 Menschen betroffen, davon 4485 Finnen, 166 Deutsche und 124 Personen von einer nicht näher definierten „Spezialliste". 17 der Evakuierten waren Mitglieder bzw. Kandidaten der Partei.

Die Betroffenen erfuhren von ihrer Umsiedlung erst 24 Stunden vor der Abfahrt. Schenkt man dem Bericht des Vorsitzenden des Exekutivkomitees des Oranienbaumer Bezirkssowjets Glauben, dann erfolgte die Evakuierung organisiert und ohne Zwischenfälle. Einzelne Personen hätten sich zwar anfangs geweigert, ihren Wohnort zu verlassen, doch nachdem man ihnen deutlich zu Verstehen gegeben habe, daß es keine Alternative zur Evakuierung gebe, hätten sie keinerlei Widerstand geleistet. Inwieweit das Verständnis der Betroffenen mit Gewalt erzwungen wurde, geht aus dem Bericht nicht hervor. Die Parteimitglieder unter den Deutschen hätten allerdings die Evakuierungsmaßnahmen als Verbannung „mißverstanden" und deshalb ihren Parteiausweis zurückgegeben. Möglicherweise beruhte dies aber auf gar keinem „Mißverständnis", sondern war vielmehr ein Ausdruck des Protests. Es ist allerdings auch vorstellbar, daß man ihnen die Ausweise einfach abnahm und sie damit aus der Partei ausschloß. Unter der finnischen Bevölkerung kamen sogar Gerüchte auf, daß sie im Finnischen Meerbusen ertränkt werden sollte.

Die russischen Mitbürger scheint der Abtransport ihrer Nachbarn nicht sonderlich berührt zu haben. Sie zeigten sich in erster Linie darüber unzufrieden, daß sie nicht ebenfalls evakuiert wurden. Nachdem die Finnen und Deutschen abtransportiert waren, machte sich die Oranienbaumer Bevölkerung sofort an die Plünderung der leerstehenden Wohnungen. Lediglich einige Kommandanten der Roten Armee traten als Fürsprecher einzelner Familien auf und setzten sich für deren Verbleib ein. Daraus folgert der Berichterstatter, daß einige Armeeangehörige durch das lange Zusammenleben offensichtlich begonnen hätten, die Interessen der ansässigen Bevölkerung anstelle derjenigen des Sowjetstaats zu vertreten. Außerdem entwickelte sich zwischen denjenigen Rotarmisten, welche die Evakuierung durchführten, und den Umsiedlern ein reger Handel, da viele versuchten, ihr Hab und Gut, das sie zurücklassen mußten, noch schnell zu verkaufen.[22]

---

gen die Deportationen aus dem Oranienbaumer Bezirk als Beispiel zugrunde, vgl. hierzu den Bericht des Vorsitzenden des Exekutivkomitees des Oranienbaumer Bezirksrats, Kuzentov, an den stellvertretenden Vorsitzenden des Exekutivkomitees des Leningrader Gebietssowjets, V.D. Semin, über die Evakuierung der finnischen und deutschen Bevölkerung, o.D. [nicht später als der 1.4.1942], CGA SPb f. 7179, o. 53, d. 58, l. 4–6. Eine gekürzte Version dieses Dokuments ist abgedruckt in: Leningrad v osade, S. 430–433.

22 Bericht des Vorsitzenden des Exekutivkomitees des Oranienbaumer Bezirksrats, Kuzentov, an den stellvertretenden Vorsitzenden des Exekutivkomitees des Leningrader Gebietsrats, V.D. Semin, über die Evakuierung der finnischen und deutschen Bevölkerung, o.D. [nicht später als der 1.4.1942], CGA SPb f. 7179, o. 53, d. 58, l. 4–6.

Die Deportation der Leningrader Deutschen und Finnen ist nur ein Kapitel in der Geschichte der Zwangsumsiedlung ganzer Nationen innerhalb der Sowjetunion der dreißiger und vierziger Jahre. Insgesamt wurden während des Zweiten Weltkrieges 950 000 Deutsche aus ihren Wohnorten in die östlichen Landesteile abtransportiert.[23] Im Leningrader Gebiet hatten die Deportationen bereits im April 1935 begonnen, als 7000 finnische Bauern aus ihren Dörfern nahe der finnischen und estnischen Grenze nach Zentralasien und an den Ural umgesiedelt wurden. Im Mai und Juni 1936 folgten weitere 20 000 Finnischstämmige, die aus Nord-Ingermanland in den Osten des Leningrader Gebietes ziehen mußten.[24] Die deutsche Oberschicht aus der alten Hauptstadt fiel bereits 1930 zwei Verhaftungswellen zum Opfer. 1938 wurden im Zusammenhang mit der Schließung der konsularischen Vertretung zum ersten Mal Deutschstämmige systematisch aus Leningrad ausgesiedelt.[25]

Nach wie vor liegen keine verläßlichen Angaben über die Anzahl der aus dem belagerten Leningrad zwangsevakuierten Finnen und Deutschen vor. Die deutsche Forschung operiert mit der Zahl von rund 26 000 Leningrader Deutschen.[26] Diese Angabe läßt sich anhand der internen NKVD-Berichte nicht ohne weiteres überprüfen, da sie nicht zwischen deportierten Finnen und Deutschen unterscheiden. Nur so viel wird ersichtlich: 58 210 Leningrader wurden aufgrund ihrer Nationalität im Frühjahr und Sommer 1942 ins östliche Rußland deportiert.[27] In

23 Die Deportation der Deutschen in der Sowjetunion fand in drei Phasen statt. In der Hauptphase wurden zwischen dem 10. Juli und Oktober 1941 insgesamt 640 000 bis 700 000 Personen deportiert, darunter ca. 35 000 Krimdeutsche, ca. 100 000 Deutschstämmige aus der Ukraine, 400 000 Wolgadeutsche, 25 000 Deutsche aus dem Südkaukasus und 80 000 aus anderen Teilen des europäischen Rußlands. Im Verlauf der zweite Phase, in der die deutsche Bevölkerung aus frontnahen Gebieten zwangsevakuiert wurde, fand auch die Deportation der Leningrader Deutschen statt. Zur gleichen Zeit transportierte man diejenigen Deutschen, die noch im Südkaukasus verblieben waren, ab. In der dritten und letzten Phase wurden bei Kriegsende diejenigen Sowjetbürger deutscher Nationalität deportiert, die bei Kriegsbeginn von der Front überrollt worden waren, in der Folgezeit unter deutscher Besatzungsherrschaft lebten und die deutsche Staatsbürgerschaft erhalten hatten. Neben diesen 250 000 „Volksdeutschen“ wurden noch 30 000 „Vertragsumsiedler“, die erst im Zuge des Hitler-Stalin-Paktes unter sowjetische Herrschaft kamen, und weitere 160 000 Staatsangehörige des Deutschen Reiches verschleppt. Vgl. Benjamin Pinkus/Ingeborg Fleischhauer: Die Deutschen in der Sowjetunion. Geschichte einer nationalen Minderheit im 20. Jahrhundert, Baden-Baden 1987, S. 304-315. Siehe auch Viktor V. Zemskov: Specposelency (po dokumentacii NKVD – MVD SSSR), in: Sociologičeskie issledovanija 1990, Nr. 11, S. 3-17; ders.: Zaključennye, specposelency, ssyl'noposelency, ssyl'nye i vyslannye. Statistiko-geografičeskij aspekt, in: Istorija SSSR 1991, Nr. 5, S. 151-165.

24 Vgl. Matley: Dispersal of the Ingrian Finns, S. 9; Gelb: Western Finnic Minorities, S. 242 f. Zur Deportation von Nationalitäten in den dreißiger Jahren siehe: Terry Martin: The Origins of Soviet Ethnic Cleansing, in: The Journal of Modern History, 70 (1998), S. 813-861, hier 846-852.

25 Vgl. Alfred Blumenfeld: Zur Lage der deutschen Kolonie in Petrograd/Leningrad zwischen den Weltkriegen, in: Osteuropa, 40 (1990), S. 55-63, hier 56 f.

26 Vgl. Pinkus/Fleischhauer: Die Deutschen in der Sowjetunion, S. 311 f.

27 Bericht des Leningrader NKVD-Chefs an das Leningrader Stadtparteikomitee vom 1.10.1942, in: Leningrad v osade, S. 441-443.

den Zielorten wurde die Ankunft von insgesamt 44 737 Finnen und 11 000 Deutschen aus Leningrad und dem Leningrader Gebiet registriert.[28] Die Differenz von 2500 Menschen deutet auf eine enorme Sterblichkeitsrate während der langen und beschwerlichen Reise hin. Für den Zeitraum vor der Schließung des Blockaderinges liegen uns keine zeitgenössischen Quellen vor, jedoch eine Angabe des KGB aus dem Jahre 1990. Demnach sind bereits im Sommer und Herbst 1941 weitere 16 500 Deutsche aus Leningrad abtransportiert worden.[29] Eine Addition dieser aus sehr unterschiedlichen Quellen stammenden Zahlen ist methodisch nicht zulässig. Doch erlauben sie zumindest den Schluß, daß die Angaben der älteren Literatur immerhin die Größenordnung richtig widerspiegeln.

In der Forschung haben sich zwei Interpretationen der Frage herausgebildet, warum die Bolschewiki ganze Ethnien deportierten, obwohl doch der Internationalismus ein zentrales Element ihrer Weltanschauung war. Zum einen werden die Deportationen aus dem Kriegsgeschehen heraus erklärt: Die Angst vor einer „fünften Kolonne“ habe zu einer kollektiven Bestrafung ganzer Völkerschaften geführt, die zumindest partiell mit den Deutschen kollaboriert bzw. die Bereitschaft dazu gezeigt haben.[30] Hiervon betroffen waren zunächst 75 000 Karatschaier, 134 000 Kalmücken, 42 000 Balkaren und 202 000 Krimtataren, die nach ihrer „Befreiung“ durch die Rote Armee zwangsumgesiedelt wurden.[31] Bestätigt sah sich Stalin in seinem Pauschalverdacht, als die Wehrmacht Kriegsgefangene der Roten Armee zum Waffendienst gegen die Sowjetunion anwarb und insgesamt 90 Feldverbände mit rund 90 000 Mann aufstellte.[32] Im Fall der Tschetschenen und Inguschen – von denen 400 000 bzw. 92 000 deportiert wurden, obwohl ihr Territorium von den Deutschen gar nicht besetzt worden war – reichte für einen Kollaborationsverdacht offenbar aus, daß eine Reihe von Aufständischen, die sich in den Bergen verschanzt hatten und für einen „freien Kau-

28 Für die Finnen vgl. Musaev: Ingermanlandskij vopros, S. 96; für die Deutschen vgl. Zemskov: Zaključennye, specposelency, ssyl'noposelency, S. 162 (Anm. 1 zu Tabelle 3).

29 Vgl. die Angaben der Materialsammlung des KGB zu einer für den Mai 1990 geplanten Pressekonferenz der Kommission des Nationalitätenrats des Obersten Sowjets der UdSSR, in: Deportation, S. 132 f.

30 Vgl. Aleksandr M. Nekrich: The Punished Peoples. The Deportation and Fate of Soviet Minorities at the End of the Second World War, New York 1978; Gerhard Simon: Nationalismus und Nationalitätenpolitik in der Sowjetunion. Von der totalitären Diktatur zur nachstalinschen Gesellschaft, Baden-Baden 1986, S. 229-233.

31 Vgl. Benjamin Pinkus: Die Deportation der deutschen Minderheit in der Sowjetunion 1941-1945, in: Bernd Wegener (Hg.): Zwei Wege nach Moskau. Vom Hitler-Stalin-Pakt bis zum „Unternehmen Barbarossa“, München, Zürich, S. 464-479, hier 474.

32 Darunter befanden sich 26 turkestanische, 15 aserbaidschanische, 13 georgische, zwölf armenische, neun nordkaukasische, acht krimtatarische, sieben wolgadeutsche bzw. wolgafinnische Bataillone und ein kalmückisches Kavallerie-Korps mit weiteren 5000 Mann, vgl. Joachim Hoffmann: Die Ostlegionen 1941-1943. Turkotataren, Kaukasier und Wolgafinnen im deutschen Heer, Freiburg i.Br. 1976, S. 171 ff.

kasus" kämpften, ihre Bereitschaft zur Zusammenarbeit mit den Deutschen erklärt hatten.[33]

Der zweite Erklärungsansatz hat die auffällige Einbeziehung indigener Ethnien in die Deportationen zum Ausgangspunkt. Demnach seien die Zwangsumsiedlungen als ein Ausdruck von Stalins allgemeinen nationalitätenpolitischen Grundsätzen zu werten. Der Georgier habe eine Hierarchie der sowjetischen Völker etablieren wollen, innerhalb derer die russische Nation als „älterer Bruder" die Führungsrolle übernehmen sollte. Der Krieg fungiert in dieser Deutung also lediglich als eine günstige Gelegenheit, die Stalin geschickt ausgenutzt habe, um schon länger gehegte Absichten durchzusetzen.[34]

Gegen diese beiden, lange dominierenden Interpretationsansätze hat sich jüngst Terry Martin gewandt, der in den Deportationen gerade keine extreme Form einer Politik sieht, die sich gegen bestimmte Völker richtete. Er faßt sie vielmehr als einen integralen Bestandteil des stalinistischen Terrors auf. Dabei unterscheidet er zwischen den Terrorkampagnen gegen Diaspora-Nationen vor dem Zweiten Weltkrieg und dem erst im Krieg einsetzenden Terror gegen indigene sowjetische Ethnien. Erstere rührten einerseits aus der „sowjetischen Xenophobie", andererseits aus der von der Sowjetmacht selbst ausgeübten Praxis her, grenzüberschreitende ethnische Verbindungen für die Einflußnahme auf andere Länder zu instrumentalisieren.[35] Der Terror gegen die indigenen Nationen habe dagegen ein gewandeltes Verständnis von Nationalität als tiefere Ursache. Nationen seien nicht länger als ein modernes, zufallsbedingtes Phänomen begriffen, sondern als eine Einheit mit langen historischen Wurzeln und damit zum Teil auch fundamental negativen, unausrottbaren Eigenschaften gesehen worden.[36] Diese Vorstellung sei eine Verbindung mit dem allgemeinen Vorgehen gegen „sozialfremde Elemente" eingegangen, also mit jenen Maßnahmen gegen Kriminelle, „Parasiten", Prostituierte und andere „gesellschaftlich schädliche Elemente", die mit der „Säuberung" der Großstädte begonnen und im Massenterror der dreißiger Jahre ihren Höhepunkt erreicht haben.[37] Die deutsche Invasion und die Kollaborationsfurcht sei demnach die Ursache, jedoch nicht der

---

33 Vgl. Simon: Nationalismus, S. 233.

34 Robert Conquest: Stalins Völkermord. Wolgadeutsche, Krimtataren, Kaukasier, Wien 1970, v.a. S. 121-149; Hélène Carrère d'Encausse: Risse im roten Imperium. Das Nationalitätenproblem in der Sowjetunion, Wien u.a. 1979, S. 36-39.

35 Terry Martin: Terror gegen Nationen in der Sowjetunion, in: Osteuropa, 50 (2000), S. 606-616, hier 607 f. und 611 f.; ders.: Origins, S. 829-836.

36 Siehe dazu ausführlich: Terry Martin: Modernization or Neo-Traditionalism. Ascribed Nationality and Stalinist Primordialism, in: Sheila Fitzpatrick (Hg.): Stalinism. New Approaches, London 2000, S. 348-367.

37 Martin: Terror gegen Nationen, S. 612 ff. Siehe dazu auch: Paul Hagenloh: „Socially Harmful Elements" and the Great Terror, in: Sheila Fitzpatrick (Hg.): Stalinism. New Approaches, London 2000, S. 286-308.

eigentliche Grund für die Deportation der Kalmücken, Tschetschenen, Inguschen, Balkaren, Kabardiner, Krimtataren und Mescheten gewesen.[38]

Der von Terry Martin konstatierte Zusammenhang zwischen der „Säuberung" der Gesellschaft und ethnisch motivierten Deportationen wird durch das Fallbeispiel Leningrad bestätigt. Gemeinsam mit den 58 210 Finnen und Deutschen wurden nämlich noch 40 231 „sozialfremde" und 30 307 „kriminelle Elemente" deportiert. Also war die Nationalität nur bei knapp der Hälfte der im Herbst 1941 und Frühjahr 1942 Zwangsevakuierten ausschlaggebend.[39] Die gleichzeitige Deportation von „sozialfremden" und „kriminellen Elementen" deutet darauf hin, daß die Bolschewiki überhaupt all diejenigen nicht länger im Belagerungsring dulden wollten, denen sie mißtrauten. So wurden im Oktober 1941 auch 3000 Gefängnisinsassen, darunter 200 deutsche Kriegsgefangene, evakuiert.[40] Der Leiter der Leningrader Miliz, E. Gruško, drängte sogar noch im Dezember 1941, die Kapazitäten der Eisstraße zu nutzen, um binnen Wochenfrist 762 „kriminelle Elemente", 603 Personen ohne Aufenthaltsgenehmigung, 65 ohne Paß und 84 Ausländer aus der Stadt zu bringen.[41] Der Abtransport der Finnen und Deutschen fand dabei nicht separat von den anderen unerwünschten Gruppen statt. Die drei Opfergruppen verließen in denselben Zügen die Stadt. Nadežda M. Lebedeva, deren Vater in Haft saß und die im März als politisch unzuverlässiges Element nach Krasnojarsk verbannt wurde, berichtete, daß der Zug, mit dem sie fuhr, voll mit Finnen, Deutschen und Personen war, die nach Paragraph 58 verurteilt worden waren.[42]

---

38 Im Fall der Krimtataren und Mescheten spielte dabei die Furcht vor einer grenzüberschreitenden Zusammenarbeit mit der Türkei eine Rolle, vgl. Martin: Terror gegen Nationen, S. 612.

39 Bericht des Leningrader NKVD-Chefs an das Leningrader Stadtparteikomitee vom 1.10.1942, in: Leningrad v osade, S. 441 - 443.

40 Vgl. die Erinnerungen von Pavel Melent'ev in: Uroki gneva i ljubvi, S. 14 - 29, hier 17 - 19. Ein Beispiel findet sich auch unter jenen fünf Frauen, die Andrea Zemskov für ihre Magisterarbeit interviewt hat. So wurde Ekaterina Ivanova im April 1942, also unmittelbar nach Wiederaufnahme der Evakuierungen im Frühjahr 1942, aufgefordert, zusammen mit ihrer Tochter innerhalb von 24 Stunden die Stadt zu verlassen. Als Grund für diese Maßnahme nannte man ihr die politische Unzuverlässigkeit ihres Vaters. Er war unmittelbar nach Kriegsbeginn verhaftet worden, vgl. Zemskov: ‚Erzählte Wahrheiten', S. 97.

41 Schreiben des Chefs der Leningrader Miliz, E. Gruško, an Popkov vom 5.12.1941, CGA SPb f. 7384, o. 4, d. 67, l. 56.

42 Erinnerungen der Nadežda M. Lebedeva (geb. 1928, von 1942 bis 1946 in Krasnojarsk in der Verbannung), Datenbank des NIC MEMORIAL SPb. Auch von Marija M. Vejnberg, die als politisch unzuverlässig galt und deportiert wurde, weil ihr Bruder den Menschewiki angehört hatte und 1937 erschossen worden war, sind die Memoiren erhalten. Sie mußte bis zum Jahre 1946 in Salechard in der Verbannung bleiben. Ihre Erinnerungen befinden sich in der Datenbank des NIC MEMORIAL SPb. Zahlen liegen nur für einzelne Abschnitte der Evakuierungsperiode vor. So wurden zusammen mit den 6888 Deutschen und Finnen, die an den ersten beiden Tagen der Deportationen Leningrad verlassen mußten, auch 2897 ‚administrativ Verbannte' evakuiert, vgl. Schreiben Kubatkins an Berija vom 29.3.1942, abgedruckt in: Lomagin: Neizvestnaja blokada, S. 35 f.

Die stalinistischen Massendeportationen wiesen nach Terry Martin zwei grundsätzliche Merkmale auf: Sie waren kategorisierend und prophylaktisch. Es kam also weniger darauf an, was der einzelne tatsächlich getan hatte. Entscheidend war, ob er zu einer stigmatisierten Bevölkerungsgruppe gehörte. Das Regime setzte das Mittel der Zwangsumsiedlung nicht als Bestrafung für ein begangenes Verbrechen ein, sondern verfolgte damit das Ziel, Menschen zu neutralisieren, von denen man aufgrund ihrer gleichsam primordialen Eigenschaften eine Straftat erwartete, sobald sich ihnen eine passende Gelegenheit dazu biete. Aus diesem Grund wurden die in der Ukraine lebenden Deutschen unmittelbar nach Kriegsbeginn zunächst einmal von allen scheinbar wichtigen Posten entfernt. Selbst die Wächter eines Elektrizitätswerks hatte man durch scheinbar Zuverlässige ersetzt.[43]

Während das Regime Einzelpersonen, die sich einer Straftat schuldig gemacht hatten, inhaftieren ließ, waren die Deportationen also eine Maßnahme, mit der es unterschiedslos und prophylaktisch gegen generell verdächtige Bevölkerungsgruppen vorging.[44] Die indigenen Nationalitäten hatten sich in Stalins Augen entweder durch eine widerspenstige Haltung gegenüber der Sowjetmacht in der Vergangenheit oder durch eine wie auch immer geartete Unterstützung der Deutschen im Krieg verdächtig gemacht.

Leningrad galt schon allein aufgrund seiner Grenznähe als im Kriegsfall besonders gefährdete Region, in der die Bolschewiki keine unsicheren Kantonisten dulden wollten. Deshalb hatte das Politbüro bereits am 15. März 1935 „Maßnahmen zur verstärkten Sicherung der Grenzen des Leningrader Gebiets und der Karelischen Autonomen Sowjetrepublik" beschlossen, die eine Aussiedlung aller „unzuverlässigen Elemente aus den Grenzgebieten des Leningrader Gebietes und der Karelischen Autonomen Sowjetrepublik in die Gebiete Kasachstans und Westsibiriens" vorsahen. Die Umsiedlungsaktion wurde von Andrej Ždanov, der gerade zum Ersten Sekretär des Leningrader Stadt- und Gebietsparteikomitees ernannt worden war, sowie vom ebenso neuen Chef des NKVD des Leningrader Gebiets, L.M. Sakovskij, durchgeführt.[45] Diese „Säuberung" der Grenzregionen betraf die finnischsprachigen Minderheiten des Leningrader Gebiets besonders stark. So wurden zwischen 1928 und 1936 45 000 bis 60 000 Ischoren zwangsumgesiedelt. Da jedoch auch russische „Kulaken" Opfer dieser Aktion waren, kann man hier nicht von einer „ethnischen Säuberung" sprechen.[46] Diese begann

---

43 Vgl. Gerhart Hass: Die Deportation der deutschen Minderheit in der UdSSR im Zweiten Weltkrieg, in: Klaus Meyer/Wolfgang Wippermann (Hg.): Gegen das Vergessen. Der Vernichtungskrieg gegen die Sowjetunion 1941-1945. Deutsch-sowjetische Historikerkonferenz im Juni 1991 in Berlin über Ursachen, Opfer, Folgen des deutschen Angriffs auf die Sowjetunion, Frankfurt a.M. 1992, S. 117-133, hier 128.

44 Martin: Terror gegen Nationen, S. 609 f. Der § 58 des sowjetischen Strafgesetzbuchs stellte in vagen Formulierungen u.a. „Vaterlandsverrat", „Spionage" oder „Hilfeleistung für die Weltbourgeoisie" unter Strafe.

45 Vgl. Chlewnjuk: Politbüro, S. 194 f.

46 Vgl. Gelb: Western Finnic Minorities, S. 237-244 und 247-250.

im Sommer 1941, als angesichts der rasch vorrückenden deutschen und finnischen Truppen klar war, daß Leningrad bald Frontstadt werden würde.

Die Deportation der nationalen Minderheiten war ein integraler Bestandteil des stalinistischen Terrors. Der Terror richtete sich zwar in erster Linie gegen vermeintliche Konterrevolutionäre, also weltanschauliche Gegner. Die Nationalität war allerdings zu einem Stigma geworden, anhand dessen sich die Konterrevolutionäre entlarven ließen, und sie war ein Stigma neben anderen. So wie ein „Kulakensohn" aufgrund seiner sozialen Herkunft als ein potentieller Feind der Sowjetmacht galt, da er kein proletarisches Bewußtsein entwickeln könne, so erschienen auch „rückständige" Völker oder mit dem kapitalistischen Ausland ethnisch verbundene Nationen in Krisenzeiten gefährlich. Die gleichzeitige Verfolgung von „deutschen Spionen" und „kriminellen Elementen" weist darauf hin, daß „deutsch" bzw. „finnisch" nur eine neue Chiffre für „Volksfeind" war.[47] Der Terror richtete sich nicht gegen die Deutschen, weil die Sowjetmacht dieser Nation feindlich gesinnt war, sondern weil die Deutschen zu diesem Zeitpunkt die Feinde waren.

2. Der Kampf gegen die „allgegenwärtige Verschwörung"

Neben den Disziplinierungsmaßnahmen und Zwangsumsiedlungen existierte als dritte Form staatlicher Gewalt im belagerten Leningrad auch jener Terror, der vor allem aus der zweiten Hälfte der dreißiger Jahre bekannt ist. Davon waren in besonderem Maße Wissenschaftler betroffen.[48] So verhaftete der NKVD zum

---

[47] So weisen Berichte sowjetischer Funktionäre wiederholt darauf hin, daß von derjenigen Bevölkerung, die mit den deutschen Besatzern kollaborierte, ein bedeutender Teil finnischer und estnischer Abstammung sei, vgl. V tiskach goloda, S. 288, Anm. 136.

[48] In der Geschichtsschreibung zur Blockade Leningrads kommt der Terror bislang überhaupt nicht vor. Auch in Spezialuntersuchungen zum Terror gegen sowjetische Wissenschaftler wurden die im Folgenden beschriebenen Fälle nicht behandelt, siehe die beiden Standardwerke: M. G. Jaroševskij (Hg.): Repressirovannaja nauka, St. Petersburg 1994; V.A. Kumanev (Hg.): Tragičeskie sud'by. Repressirovannye učenye Akademii nauk SSSR. Sbornik statej, Moskau 1995. Die einzige Ausnahme bildet ein Aufsatz von Irina Reznikova, einer Mitarbeiterin von MEMORIAL St. Petersburg, vgl. Irina A. Reznikova: Repressii v period blokady, in: Vestnik „MEMORIALA" Nr. 4/5 (10/11), S. 94-111. Entsprechend der Intention von MEMORIAL, den stalinistischen Terror zu dokumentieren und den Opfern aktive Hilfe in der Wahrnehmung ihrer Rechte zu leisten, ist der Beitrag rein deskripitv gehalten und enthält über weite Strecken eine Auflistung der Namen der Opfer. Die von Jan Plamper ins Deutsche übertragene Version wurde um eine ausführliche Einführung ergänzt, die Reznikovas Beitrag in den Forschungsstand zum Zweiten Weltkrieg im Allgemeinen und der Blockade im Besonderen einbettet, vgl. Irina Reznikova: Repressionen während der Leningrader Blockade, in: 1999. Zeitschrift für So-

Beispiel im April 1942 den leitenden Geophysiker am Leningrader Observatorium und Professor der Staatlichen Universität Leningrads, Boris I. Izvekov. Ihm wurden die Mitgliedschaft in einer konterrevolutionären Organisation und die Teilnahme an einer universitätsweiten Verschwörung vorgeworfen. Izvekov war schon allein aufgrund seiner Biographie verdächtig. Er wurde 1891 in Kaluga geboren, war adeliger Abstammung und hatte als Oberleutnant in der zarischen Armee gedient. Der eigentliche Makel seines Lebenslaufes bestand jedoch darin, daß seine Tätigkeit als Wissenschaftler ihn mehrmals ins Ausland geführt hatte: 1925 nach Schweden und Norwegen sowie 1928 nach Deutschland. Dort, so gab er in den Verhören beim NKVD zu, habe er erste Kontakte geknüpft und seitdem regelmäßig für den Feind spioniert. Während des Krieges habe er dann mehrmals mit Kollegen über die bevorstehende Einnahme Leningrads durch die Wehrmacht gesprochen, und man sei sich darin einig gewesen, in diesem Falle für die Deutschen zu arbeiten.[49]

Die Glaubwürdigkeit dieser Selbstbezichtigung wird schon allein dadurch erschüttert, daß Izvekov in den ersten beiden Verhören durchaus überzeugend seine Unschuld beteuert hatte und erst ab dem dritten Verhör „voll geständig" war. Neben einer Reihe von Kollegen beschuldigte er nun sogar seine Frau der antisowjetischen Agitation.[50] Vermutlich hat der NKVD dieses Geständnis mit psychischem Druck oder physischer Gewalt erpreßt. Dem Untersuchungsbeamten, Sergeant Kozlov – der in seinen Verhören offensichtlich das ehrgeizige Ziel verfolgte, eine universitätsweite Verschwörung aufzudecken –, gelang es dadurch immerhin, das Geständnis einer vermeintlich antisowjetischen Verschwörung innerhalb der Mathematischen Fakultät zu erwirken.[51]

Im fünften Verhör lieferte Izvekov endlich den von Kozlov lange ersehnten „Beweis" für seine angeblichen Kontakte ins feindliche Ausland. Auf einem Deutschlandbesuch habe sich ein Professor Strauß ihm gegenüber folgendermaßen geäußert:

> „Das kommunistische System ist nichts anderes als eine Utopie, die in der Sowjetunion nicht realisierbar ist. Ich kenne das kommunistische System, da es eine Zeitlang

---

zialgeschichte des 20. und 21. Jahrhunderts, 15 (2000), S. 117-141. Dieser Beitrag stieß auf den Widerspruch von Gerhart Hass, der in einer Entgegnung vor allem Reznikovas Charakterisierung des Blockadeterrors als Massenerscheinung anzweifelte. Weitere Kritikpunkte bezogen sich auf den Stellenwert Leningrads in der deutschen militärischen Strategie, auf die Wehrmachtsverbrechen, die Wertung der Blockade in der sowjetischen Historiographie und die Moral der Leningrader Führung, vgl. Gerhart Hass: Replik zu Irina Reznikova, in: 1999. Zeitschrift für Sozialgeschichte des 20. und 21. Jahrhunderts, 15 (2000), S. 157-163.

49 Verhörprotokoll des Boris I. Izvekov durch den NKVD-Untersuchungsbeamten Sergeant Kozlov vom 15.2.1942, NIC MEMORIAL SPb, Kopijnyj fond, Personalakte Nr. 42 (Izvekov und andere), l. 766-796, hier 766 ff.

50 Ebd., l. 773-775.

51 Verhörprotokoll des Boris I. Izvekov durch den NKVD-Untersuchungsbeamten Sergeant Kozlov vom 26.2.1942, ebd., l. 797-800.

auch in Bayern existierte. Doch es hat dem Volk nichts gegeben, so daß für uns in Deutschland der Kommunismus unannehmbar ist."[52]

Diese beinahe fünfzehn Jahre zuvor gefallene Bemerkung eines deutschen Fachkollegen reichte dem NKVD als Beleg für Izvekovs Spitzeltätigkeit aus. Als der Professor auch noch zugab, daß ein Bekannter ihm gegenüber orakelt habe, die Deutschen würden Leningrad spätestens im Frühjahr 1942 einnehmen,[53] lag in den Augen des Geheimdienstes die akute Gefahr, die von Izvekov ausging, offen zu Tage.

Insgesamt wurde Izvekov zehnmal seinem Untersuchungsbeamten vorgeführt. Das Ergebnis war eine „eigenhändig verfaßte Aussage", in der er schrieb:

„In der Universität begann unter den antisowjetisch eingestellten Professoren ein Meinungsaustausch darüber, welche Position man gegenüber den Deutschen einnehmen werde, wenn sie die Stadt erobern. Die Frage wurde in Gesprächen unter vier Augen so entschieden, daß jeder auf seinem Platz bleibe, den Sturz der Sowjetmacht sowie die neue deutsche Regierung anerkenne und die Arbeit an der Universität organisiere, sofern das den Vorstellungen der deutschen Kommandantur entspreche. So wurde ich zum Mitglied einer konterrevolutionären Organisation, die zum Sturz der Sowjetmacht in Leningrad beitragen wollte, und zu einem Handlanger der deutschen Intervention. Weitere Aufträge mit organisatorischem Charakter hat man mir nicht gegeben, und ich habe keine weiteren Gespräche zu diesem Thema geführt."[54]

Izvekov wurde daraufhin zum Tode verurteilt, den Richterspruch hatte man allerdings in zehn Jahre Zwangsarbeit umgewandelt. Sein Gerichtsverfahren trug alle wesentlichen Merkmale der politischen Prozesse aus der Zeit des „Großen Terrors": eine absurde Anklage, ein voll geständiger Angeklagter und ein hartes Urteil.

Die Verhaftung und Verurteilung von Boris Izvekov war kein Einzelfall. Sie stand im Zusammenhang mit der „Roze-Košljakov-Affäre" (auch „Fall 555" genannt), einer angeblichen Verschwörung von dreizehn Wissenschaftlern der Leningrader Universität und des Leningrader Elektrotechnischen Instituts.[55] Der Leningrader NKVD sah im Dekan der Mathematisch-mechanischen Fakultät, Professor Nikolaj V. Roze, und im korrespondierenden Mitglied der Akademie der Wissenschaften, Professor Nikolaj S. Košljakov, die Köpfe dieser „konterrevolutionären Organisation". Die beiden Wissenschaftler hatten in den Augen des NKVD eine antisowjetische Verschwörung initiiert, mit dem Ziel, die Sowjetmacht zu stürzen, den Kapitalismus wiederzuerrichten und dem faschistischen Deutschland im Krieg gegen die Sowjetunion Hilfe zu leisten. Dazu hätten sie für

---

52 Verhörprotokoll des Boris I. Izvekov durch den NKVD-Untersuchungsbeamten Sergeant Kozlov vom 28.2.1942, ebd., l. 800-805, hier 802.

53 Ebd., l. 805.

54 Eigenhändig verfaßte Aussage von Boris I. Izvekov vom 31.3.1942, ebd., l. 856-862, hier 860 f.

55 Zu folgendem vgl. die Anklageschrift zur Untersuchungsakte Nr. 555-1942 vom 10.4.1942, zusammengestellt vom Untersuchungsbeamten N. Kryžkov, Unterleutnant der Staatssicherheit, NIC MEMORIAL SPb, Kopijnyj fond, „delo No. 555", l. 1389-1400.

das deutsche Oberkommando eine Deklaration vorbereitet, in der sie sich im Namen der Wissenschaftler Leningrads dazu bereit erklärten, den feindlichen Besatzern beim Kampf gegen die Sowjetmacht und beim Aufbau einer neuen Ordnung Hilfe zu leisten.

Die Lebensläufe der dreizehn angeklagten Wissenschaftler weisen eine Reihe von Gemeinsamkeiten auf. Die meisten waren adeliger oder bürgerlicher Herkunft (nur zwei hatten einen bäuerlichen Hintergrund), sie waren zwischen 1891 und 1909 geboren und arbeiteten an der Staatlichen Universität oder am Leningrader Elektrotechnischen Institut. Die älteren von ihnen hatten zum Teil in der zarischen Armee gedient oder sich der Weißen Bewegung angeschlossen, doch nur einer war bereits in den dreißiger Jahren wegen konterrevolutionärer Tätigkeit schuldig gesprochen worden. Nikolaj Roze starb noch in Untersuchungshaft. Die anderen zwölf wurden am 28. Mai 1942 zum Tode verurteilt. Alle Strafen wurden jedoch in zehn Jahre Zwangsarbeit umgewandelt. Acht der Verurteilten starben noch in Haft. Die vier anderen konnten nach mehrjährigen Aufenthalten in Gefangenenlagern und in der Verbannung Mitte der fünfziger Jahre wieder nach Leningrad zurückkehren.[56]

Die Aufdeckung dieser angeblichen Verschwörung fiel mitten in den Hungerwinter 1941/42. Die Verhaftungen fanden zwischen dem 30. Januar und dem 9. März 1942 statt, und bereits am 10. April 1942 war die Untersuchung des Falls abgeschlossen. Offensichtlich wurde die Suche nach Volksfeinden und Regimegegnern selbst in diesen schweren Zeiten nicht unterbrochen. Von einer Liberalisierung des Systems während des Krieges kann somit zumindest für Leningrad nicht gesprochen werden, zumal die „Roze-Košljakov-Affäre“ nicht der erste Fall von Terror in Leningrad während des Zweiten Weltkriegs war. Die Verhaftungen von angeblichen Spionen und Verrätern hatten mit dem ersten Kriegstag eingesetzt, und damit noch vor dem Erlaß des Präsidiums des Obersten Sowjets vom 6. Juli 1941, in dem das Verbreiten von Gerüchten unter Strafe gestellt wurde.[57] Dabei hatte der Leningrader NKVD es sich zur Aufgabe gemacht, gegen „Spione und Diversanten“ vorzugehen, während die Bekämpfung von Hungerkriminalität in den Kompetenzbereich der Miliz fiel. Nach eigenen Angaben hat der Geheimdienst 625 konterrevolutionäre Gruppierungen von Kriegsbeginn bis zum 10. Oktober 1942 ausgehoben. Davon haben 165 verräterische Spionage betrieben, 31 terroristische Aktivitäten an den Tag gelegt, 34 einen Aufstand vorbereitet, 26 seien nationalistischen und sieben kirchlichen bzw. sektiererischen Ursprungs gewesen. Dabei wurden insgesamt 9574 Personen festgenommen.[58] Von

---

[56] Zu den Lebensläufen der Verurteilten siehe Reznikova: Repressii, S. 104–111; dies.: Repressionen, S. 128–132.

[57] Es drohten Haftstrafen von zwei bis zu fünf Jahren, vgl. Erlaß des Präsidiums des Obersten Sowjets vom 6.7.1941, in: GKO postanovljaet..., S. 17.

[58] Bericht des Leningrader NKVD-Chefs an das Stadtparteikomitee vom 1.10.1942, in: Leningrad v osade, S. 441–443. Der NKVD teilte die Verhafteten in folgende Kategorien ein: 1238 ehemalige Kulaken, Händler, Gutsbesitzer, Adelige und Beamte, 1243 „deklassierte Elemente“,

Anfang an gehörten Akademiker zu den Opfern, deren Verfolgung sich auch nach dem Beginn der Belagerung fortsetzte.[59] Der NKVD verhaftete im Frühjahr 1942 insgesamt etwa 100 Wissenschaftler aus unterschiedlichen Leningrader Instituten, darunter auch Historiker, Orientalisten und Literaturwissenschaftler.[60] Angesichts dieser Zahlen erscheint es durchaus gerechtfertigt, die Repressionen im belagerten Leningrad als ein Massenphänomen zu bezeichnen.[61] Kritische Zeitgenossen hatten auch subjektiv nicht den Eindruck, daß die Situation während der Belagerung sich spürbar entspannt hätte. So konstatierte etwa Dmitrij Lichačëv: „Verhaftet wurde damals nicht weniger als vor der Blockade. Nicht weniger.“[62]

Die Verfolgung von Wissenschaftlern im belagerten Leningrad entzieht sich den bisherigen Deutungsmustern des stalinistischen Terrors. Eine stabilisierende Herrschaftsfunktion, wie sie die Vertreter des Totalitarismuskonzepts den sowjetischen Unterdrückungsmaßnahmen unterstellen, ist in der Verhaftung und Erschießung von hungernden Hochschullehrern nicht zu erkennen.[63] Weder Stalin

---

2070 Arbeiter, 2100 Angestellte, 559 Vertreter der Intelligenz, 1061 Kolchosarbeiter, 258 Einzelbauern und 1045 andere. Aus dem Dokument geht nicht hervor, welches Strafmaß die Verurteilten erwartete. Ersichtlich wird nur, daß von den insgesamt 31 740 vom NKVD und der Miliz Festgenommenen 5360 zum Tode verurteilt und hingerichtet wurden.

59 Vgl. Reznikova: Repressii, S. 94 ff. (mit namentlich aufgeführten Beispielen).

60 Vgl. ebd., S. 104-111. Siehe auch die Tagebucheintragungen von Ol'ga Frejdenberg aus dem Winter 1941/42, in: The Correspondence of Boris Pasternak and Olga Freidenberg 1910-1954, hg. v. Elliott Mossman, London 1982, S. 211. Auch Dmitrij Lichačëv lud der NKVD mehrmals zum Verhör vor. Die Evakuierung hat ihn wahrscheinlich vor einer Festnahme bewahrt, vgl. Lichatschow: Hunger und Terror, S. 300 f.

61 So Reznikov: Repressionen, S. 141. Diese Charakterisierung rief Kritik hervor bei Hass: Replik, S. 160.

62 Interview aus der Filmdokumentation „Aus dem Abgrund“, Teil 1: Die Blockade von Leningrad (Österreich/UdSSR 1990). Das Zitat findet sich auch abgedruckt in: Der Krieg gegen die Sowjetunion im Spiegel von 36 Filmen. Eine Dokumentation, Berlin o. J., S. 29. Lichačëv schilderte auch eine Reihe von Fällen aus seinem Bekanntenkreis, vgl. Dmitri Lichatschow: Wie wir am Leben blieben, in: Antje Leetz (Hg.): Blockade. Leningrad 1941-1944. Dokumente und Essays von Russen und Deutschen, Reinbek bei Hamburg 1992, S. 19-35, hier 29 f.

63 Vertreter des Totalitarismuskonzepts verstanden den Terror als ein Mittel zur Herrschaftsausübung und zur Sicherung der Macht Stalins. Als Klassiker dieser Forschungsrichtung gilt: Robert Conquest: The Great Terror. Stalin's Purge of the Thirties, London, Melbourne 1968; Roy A. Medwedew: Die Wahrheit ist unsere Stärke. Geschichte und Folgen des Stalinismus, Frankfurt a.M. 1972; Wolkogonow: Triumph und Tragödie. Die jüngste Darstellung im Sinne der klassischen Totalitarismusthese: Nicolas Werth: Ein Staat gegen sein Volk. Gewalt, Unterdrükkung und Terror in der Sowjetunion, in: Stéphane Courtois u.a. (Hg.): Schwarzbuch des Kommunismus. Unterdrückung, Verbrechen und Terror, München, Zürich 1999, S. 45-295. Die Deutung des Terrors als Kaderrevolution betont ebenso seine Herrschaftsfunktion und stellt somit eine Weiterentwicklung der Totalitarismusthese dar, vgl. etwa Robert C. Tucker: Stalin in Power. The Revolution from Above 1928-1941, New York 1990, S. 526-530, und die auf der Auswertung der Politbüroprotokolle beruhende Studie von Chlewnjuk: Politbüro, v.a. S. 248-269. Einen Überblick über die Forschung bieten: Baberowski: Wandel und Terror; Markus Wehner: Stalinistischer Terror. Genese und Praxis der kommunistischen Gewaltherrschaft

noch Ždanov konnten daraus irgendeinen Nutzen ziehen. Auf der anderen Seite ist auch das Erklärungsmodell der Revisionisten in der Stalinismusforschung nicht auf die Verhältnisse im belagerten Leningrad zu übertragen, denn hinter der Verfolgung von Wissenschaftlern sind keine gesellschaftlichen Interessen als Triebkräfte auszumachen.[64] Während der schweren Hungersnot war jeder mit sich selbst und der Bewältigung seines Alltags beschäftigt. Der Egoismus der Menschen richtete sich nicht auf die berufliche Karriere, sondern darauf, wie das nächste Stück Brot aufzutreiben war.

Es erweist sich als Schwäche der beiden klassischen Stalinismusinterpretationen, daß sie in ihrer Erklärung des Terrors die Zeit des Zweiten Weltkriegs ausgeklammert haben. Während die Vertreter des Totalitarismustheorie die Terrorkampagnen des Spätstalinismus immerhin noch als Willkür eines neurotischen Diktators in ihr Erklärungsmodell einpassen konnten, haben die Revisionisten ihren Blick auf die dreißiger Jahre verengt. Demgegenüber haben neuere, kulturwissenschaftlich orientierte Deutungen des Terrors den Vorzug, daß sich ihr

---

in der Sowjetunion 1917-1953, in: APuZ B 37-38 (1996), S. 15-28; ders.: Stalinismus und Terror, in: Stefan Plaggenborg (Hg.): Stalinismus. Neue Forschungen und Konzepte, Berlin 1998, S. 365-390; Johannes Baur: „Großer Terror" und „Säuberungen" im Stalinismus. Ein Forschungsbericht, in: ZfG, 45 (1997), S. 331-348.

64 Einen Überblick der revisionistischen Interpretation des Terrors bieten: John Arch Getty/ Roberta T. Manning (Hg.): Stalinist Terror. New Perspectives, Cambridge 1993. Der Terror als Mittel zur Durchsetzung von Interessen explizit auch bei: Sheila Fitzpatrick: How the Mice Buried the Cat. Scenes from the Great Purges of 1937 in the Russian Provinces, in: Russian Review, 52 (1993), S. 299-320; Robert Maier: Die Stachanov-Bewegung 1935-1938. Der Stachanovismus als tragendes und verschärfendes Moment der Stalinisierung der sowjetischen Gesellschaft, Stuttgart 1990, S. 379-403; Lewis H. Siegelbaum: Stakhanovism and the Politics of Productivity in the USSR 1935-1941, Cambridge 1988, S. 248-267. Der Vorzug der revisionistischen Sichtweise besteht darin, daß sie den Terror in der sowjetischen Gesellschaft verankert und somit die Beteiligung der Menschen vor Ort aufzeigen kann, woraus sich schließlich eine gewisse Eigendynamik entwickelte. Andererseits wird damit die Erscheinungsform des Terrors zwar beschrieben, der Terror selbst jedoch nicht erklärt. Denn die ausgemachten Interessenslagen sind ebensowenig ein Spezifikum der Sowjetunion wie die Tatsache, daß staatlich ausgeübte Gewalt eine Verbindung mit den Interessen der Täter eingehen kann. Problematisch an der revisionistischen Interpretation des Terrors ist, daß sie zwischen Interessen und ideologischen Überzeugungen trennen zu können glaubt. Gerade im Stalinismus wurden jedoch Interessen meist mit einer ideologischen Argumentation zum Ausdruck gebracht. Etliche Beispiele finden sich in dem Sammelband von Dietrich Beyrau (Hg.): Im Dschungel der Macht. Intellektuelle Professionen unter Stalin und Hitler, Göttingen 2000, z.B. der Karrieresprung eines Praktikanten zum Institutsleiter in: Eduard Koltschinski: Dialektik als intellektueller Knüppel. Auf der Suche nach einer marxistischen Synthese zwischen Philosophie und Biologie, in: ebd., S. 84-105, hier 94 ff. Der russische Historiker Babičenko zeigt, wie ideologisch geführte Auseinandersetzungen zwangsläufig zu einer Zentralisierung führten, weil beide Parteien versuchten, ihre Position von einer immer höheren Instanz gutheißen zu lassen: Denis L. Babitschenko: Aspekte einer Koexistenz. Literatur, Schriftsteller und das Zentralkomitee der Kommunistischen Partei, in: ebd., S. 219-243, hier 222. Persönliche Erfahrungen mit diesem Phänomen schildert auch der Historiker Aleksandr Nekrič in seinen Erinnerungen, vgl. Nekritsch: Entsage der Angst, S. 102 f., 140, 148.

Erklärungsmodell auf die gesamte Epoche des Stalinismus übertragen läßt. So rückte der Marburger Historiker Stefan Plaggenborg die Begriffe Gewalt und Militanz in den Mittelpunkt seiner Interpretation. Er wies darauf hin, daß sich die revolutionäre Gewalt der Bolschewiki nach Revolution und Bürgerkrieg im sowjetischen Rechtswesen institutionalisiert und damit auch legalisiert habe. Die Strafverfolgung sei ein „Akt zur Fortsetzung der Revolution" gewesen, und je mehr sich das Recht kodifiziert habe, desto stärker habe sich die Revolution in die Strafgewalt verlagert.[65] Somit sei das Ausüben von Gewalt eine revolutionäre Tat gewesen, mit deren Hilfe der sozialistische Staat sich gegen Konterrevolutionäre und Verräter zu verteidigen versuchte. Der Terror wird hier als eine permanente Fortsetzung des Bürgerkriegs mit anderen Mitteln gedeutet. Die Radikalisierung der Gewalt sei aus einer revolutionären Grundhaltung der Bolschewiki hervorgegangen, die sich institutionalisiert verstetigt habe.[66]

Der interpretatorische Vorteil dieses Ansatzes besteht darin, daß er von mentalen Dispositionen ausgeht und damit die Vorstellung von interessengeleiteten Tätern überwindet. Dabei wird dem Terror allerdings zugleich wieder ein höheres Maß an Irrationalität und Willkür zugeschrieben. Die Gewalt richtete sich jedoch nicht wahllos gegen jedermann. Der stalinistische Terror war in seiner Intention sehr wohl zielgerichtet, nämlich gegen die Feinde des Regimes.[67] Der Nachweis einer hohen Militanz in der sowjetischen Bevölkerung allein reicht als Schlüssel für die Lösung des Problems nicht aus, denn der stalinistische Ter-

65 Stefan Plaggenborg: Stalinismus als Gewaltgeschichte, in: ders. (Hg.): Stalinismus. Neue Forschungen und Konzepte, Berlin 1998, S. 71-112, hier 84; Siehe außerdem: ders.: Gewalt und Militanz in Sowjetrußland. Dieser anthropologische Ansatz fördert die Ursprünge des hohen Gewaltpotentials in der Sowjetunion zu Tage und bettet den Stalinismus in eine Geschichte der Gewalt ein. Zum einen wurde die Ausübung revolutionärer Gewalt in den zwanziger Jahren institutionalisiert und verrechtlicht, zum anderen entwickelte sich die Gewalt zu einem wesentlichen Bestandteil des Habitus vor allem der jungen Bolschewiki, die ihren Vorbildern aus dem Bürgerkrieg nacheifern wollten. Zur Institutionalisierung der Gewalt in Staat und Rechtsprechung siehe Plaggenborg: Gewalt und Militanz, S. 413 ff.; zum Habitus ebd., S. 412 und 416; zu den enttäuschten Hoffnungen der Jugend während der NĖP ebd., S. 426 ff. sowie: Heiko Haumann: Jugend und Gewalt in Sowjetrußland zwischen Oktoberrevolution und Stalinismus im lebensweltlichen Zusammenhang, in: Corinna Kuhr-Korolev/Stefan Plaggenborg/Monica Wellmann (Hg.): Sowjetjugend 1917-1941. Generation zwischen Revolution und Resignation, Essen 2001, S. 25-61, hier 56 f. Nach Robert C. Tucker setzte sich die Bürgerkriegskultur aus folgenden Elementen zusammen: „Martial zeal, revolutionary voluntarism and *élan*, readiness to resort to coercion, rule by administrative fiat (*administrirovanie*), centralized administration, summary justice, and no small dose of that Communist arrogance (*komchvanstvo*) that Lenin later inveighed against", Robert C. Tucker: Stalinism as Revolution from Above, in: ders. (Hg.): Stalinism. Essays in Historical Interpretation, New York 1977, S. 77-108, hier 92.

66 Den Vorgang der Radikalisierung zeigt Peter Solomon exemplarisch am Beispiel der unausgebildeten Juristen an den Volksgerichten, vgl. Peter H. Solomon Jr.: Local Politics Power and Soviet Criminal Justice 1922-41, in: Soviet Studies, 37 (1985), S. 305-329.

67 Die Unterscheidung zwischen Terror, der auf ein Ziel gerichtet ist, und dem diffuseren Begriff der Gewalt, der ein willkürliches Auftreten suggeriert, nach Plaggenborg: Stalinismus als Gewaltgeschichte, S. 75.

ror war gerade keine spontane Entladung eines angestauten Gewaltpotentials. Letzteres kam vielmehr in unkontrollierter Jugendgewalt zum Ausdruck.[68] Es besteht allerdings ein indirekter Zusammenhang zwischen Jugendgewalt und Terror, wie im folgenden Beispiel deutlich wird. Die Moskauer städtische Abteilung für Volksbildung (*Mosgorono*) führte 1931 unter 810 Moskauer Schülern eine soziologische Untersuchung mit Hilfe von anonymen Fragebögen durch. Die Behörde erhoffte sich dadurch Aufschlüsse über die Disziplin an den Schulen. Das Ergebnis war alarmierend. Es offenbarte eine Fülle von Gewalttaten, sowohl gegen Schuleigentum als auch gegen Mitschüler. Vor allem die Mädchen hatten einen schweren Stand gegen ihre offenbar sehr gewalttätigen männlichen Klassenkameraden. Für unseren Zusammenhang ist ausschlaggebend, welche Maßnahmen die Schüler zu Eindämmung dieser Gewalt forderten. Sie führten die andauernden Disziplinverstöße auf die „Weichheit" der Lehrer zurück und forderten, „die hilflosen Lehrer auszutauschen". Gleichzeitig verlangten sie nach einer härteren Bestrafung der Schuldigen: Sie traten sogar für die Einführung von Gerichten und Tribunalen ein, wobei diese Forderung an der Schule mit den größten Disziplinproblemen am meisten Rückhalt fand (75 % der Schüler).[69] Die staatlich ausgeübte Gewalt wurde demnach als ordnungsstiftendes Gegengewicht zu jener ungezügelten Gewalt der Jugendlichen gesehen. Die allgemeine Akzeptanz von Gewalt und Militanz war die gemeinsame Quelle, aus der sich beide Phänomene speisten. Insofern läßt sich mit Hilfe der Kategorie Militanz eine latente Gewaltbereitschaft als Grunddisposition in der Bevölkerung aufzeigen, doch ist damit noch nicht erklärt, warum sie sich in Form von staatlichem Terror zu bestimmten Zeiten gegen bestimmte Bevölkerungsgruppen richtete. Es gilt an dieser Stelle also einerseits zu klären, warum in einer hungernden Millionenstadt überhaupt Menschen anhand von konstruierten Anklagen verurteilt und zum Teil hingerichtet wurden. Andererseits ist die Frage zu beantworten, warum ausgerechnet Hochschullehrer zu den Opfern der Verfolgung wurden. Hierzu ist es notwendig, die Perspektive der Täter, also der ausführenden Organe vor Ort, einzunehmen. Die Stimmungsberichte des NKVD stellen dabei die Textgrundlage dar, mit deren Hilfe die spezifische Wahrnehmung der Verhältnisse durch den Geheimdienst rekonstruiert werden kann.[70]

---

68 Es ist bislang noch nicht gelungen, eine Verbindung zwischen einer allgemeinen Gewaltbereitschaft und Militanz auf der einen und dem staatlichen Terror auf der anderen Seite herzustellen. Überzeugend ist dagegen der Zusammenhang von Militanz der 20er und 30er Jahre und anderen Formen von Jugendgewalt, etwa dem *huliganstvo*, vgl. die meisten Beiträge in dem Sammelband: Corinna Kuhr-Korolev/Stefan Plaggenborg/Monica Wellmann (Hg.): Sowjetjugend 1917–1941. Generation zwischen Revolution und Resignation, Essen 2001.

69 Dieses Beispiel schildert Sergej V. Žuravlev: Sowjetjugend im Spannungsfeld unterschiedlicher Gewaltformen, in: Corinna Kuhr-Korolev/Stefan Plaggenborg/Monica Wellmann (Hg.): Sowjetjugend 1917–1941. Generation zwischen Revolution und Resignation, Essen 2001, S. 83–101, hier 99 ff.

70 Bislang hat sich die Forschung darauf beschränkt, diesen Quellen Informationen über Meinungen und Einstellungen der sowjetischen Bevölkerung zu entnehmen. Selbst wenn die Stim-

Sämtliche Lageberichte des Leningrader NKVD sind nach demselben Schema verfaßt. In einem allgemeinen Abschnitt wurde das hohe Maß an Einverständnis der Bevölkerung mit der Politik des Regimes betont. Unter dem Hinweis auf einige Ausnahmen folgte im Anschluß daran eine lange Liste von Sonderfällen, die kritische oder ablehnende Äußerungen von Einzelpersonen festhielten.[71] Bereits Anfang November 1941 registrierte der Geheimdienst ein Ansteigen defätistischer Stimmungen in der Bevölkerung. Bedeutende Teile der Arbeiter, Angestellten, Ingenieure und Wissenschaftler glaubten angeblich an keine erfolgreiche Verteidigung Leningrads und Moskaus, sondern gingen davon aus, daß die Sowjetmacht binnen kurzem zusammenbrechen würde.[72] Die schlechte Lebensmittelversorgung wirkte sich in den folgenden Wochen und Monaten weiter negativ auf die allgemeine Stimmungslage aus. Regelmäßig wird in dieser Zeit von Personen berichtet, die eine Übergabe der Stadt an die Wehrmacht forderten, weil sie sich davon eine Verbesserung der Versorgungslage erhofften.[73] Wie

---

mungsberichte dabei mit Hilfe anderer Quellen, zum Beispiel Tagebücher oder Reiseberichte, gegengeprüft werden, erscheinen sie für die Erforschung von politischen Einstellungen dennoch hoch problematisch: Eine solche Vorgehensweise setzt voraus, daß der NKVD die angetroffenen Stimmungen vorbehaltlos abgebildet hat. Zur öffentlichen Meinung in Leningrad vor dem Zweiten Weltkrieg vgl. Sarah Davies: Popular Opinion in Stalin's Russia. Terror, Propaganda and Dissent 1934-1941, Cambridge 1997. Die Stimmung der Leningrader während der Belagerung untersuchten: John Barber: War, Public Opinion and the Struggle for Survival 1941-45. The Case of Leningrad, in: Silvio Pons/Andrea Romano (Hg.): Russia in the Age of Wars 1941-1945, Mailand 2000, S. 265-276; Richard Bidlack: The Political Mood in Leningrad During the First Year of the Soviet-German War, in: Russian Review, 59 (2000), S. 96-113; Andrei R. Dzeniskevich: The Social and Political Situation in Leningrad in the First Months of the German Invasion. The Social Psychology of the Workers, in: Robert W. Thurston/Bernd Bonwetsch (Hg.): The People's War. Responses to World War II in the Soviet Union, Urbana, Chicago 2000, S. 71-83; Lomagin: Neizvestnaja blokada Bd. 1, S. 215-340.

71 Die allgemeine Wertung und die Anzahl konkreter Beispiele klaffte häufig weit auseinander. Dieser Widerspruch löst sich auf, wenn man die Stimmungsberichte nicht als ein Abbild der tatsächlichen Verhältnisse begreift, sondern die Intention der Verfasser und die Erwartungshaltung der Adressaten in die Überlegung mit einbezieht. Die Beamten des NKVD dokumentierten regimefeindliche Meinungen besonders umfassend, um ihr tägliches Tun und letztlich auch die Existenz ihrer hypertrophen Bürokratie zu rechtfertigen. Gleichzeitig hatte die politische Führung ein deutlich größeres Interesse daran, die Inhalte abweichender Meinungen detaillierter zu erfahren, als die eigene Propaganda reproduziert zu bekommen. Insofern geben die Stimmungsberichte sowohl die Vorstellungen und Projektionen des Geheimdienstes als auch die Erwartungen und Befürchtungen der Machthaber wieder. Dabei ist nicht auszuschließen, daß der NKVD versuchte, diese Ängste zu bedienen und mit Hilfe seiner Stimmungsberichte die politische Führung gezielt zu beeinflussen.

72 Stimmungsbericht des Leningrader NKVD vom 6.11.1941, in: V tiskach goloda, S. 147-150.

73 Vgl. Stimmungsbericht Antjufeevs und Klebanovs an Ždanov, Kuznecov, Kapustin und Šumilov vom 22.10.1941, CGAIPD SPb f. 24, o. 26, d. 4819, l. 46-49; Informationsbericht Antjufeevs an Ždanov, Kuznecov, Kapustin und Šumilov vom 19.11.1941, CGAIPD SPb f. 24, o. 2-v, d. 4819, l. 88-93, hier 92; Stimmungsbericht des Leningrader NKVD vom 7.11.1941, in: V tiskach goloda, S. 151-154, hier 151; Stimmungsbericht des Leningrader NKVD vom 25.11.1941, in: ebd., S. 155-159; Stimmungsbericht des Leningrader NKVD vom 3.12.1941, in: ebd., S. 159-162; Stimmungsbericht des Leningrader NKVD vom 10.12.1941, in: ebd.,

weit Wunschdenken solcher Art tatsächlich verbreitet war, läßt sich nicht feststellen. Zwar registrierte der NKVD schon in den dreißiger Jahren Stimmen, die das Hitler-Regime positiv gegenüber den Zuständen in der Sowjetunion hervorhoben, und die Bolschewiki waren sogar mit öffentlichen Hakenkreuzschmierereien konfrontiert.[74] Doch diejenigen Leningrader, die im Herbst 1941 mit einer baldigen Einnahme der Stadt und einem bevorstehenden Kriegsende rechneten, mußten nicht zwangsläufig eine positive Einstellung gegenüber den Deutschen hegen.[75]

Dennoch erreichte das Vertrauen der Bevölkerung in seine politische Führung in diesen Tagen seinen Tiefpunkt. Es waren Gerüchte im Umlauf, daß die Spitze der Leningrader Partei die Stadt längst verlassen habe und man auch im Kreml nicht mehr an eine erfolgreiche Verteidigung glaube. Vorošilov habe deshalb für eine Kapitulation Leningrads plädiert, wohingegen Stalin die Stadt angeblich erst vollkommen zerstören wolle, bevor deutsche Truppen einen Fuß in sie setzen würden.[76] Andere Berichte betonten wiederum, daß das Vertrauen in den Genossen Stalin trotz der schwierigen Umstände nicht gelitten habe.[77]

Die Leningrader Akademiker zogen im Januar 1942 die besondere Aufmerksamkeit des Geheimdienstes auf sich. Die Wissenschaftler würden sich über die niedrigen Rationen beklagen und teilweise der Hoffnung Ausdruck geben, daß der Krieg das Regime der Bolschewiki zum Stürzen bringen möge.[78] Solche Vorkommnisse sind nicht auszuschließen, zumal viele nach dem Krieg emigrierte Wissenschaftler ihre Abneigung gegenüber der Sowjetmacht in ihren Erinnerungen weiterpflegten.[79] Außerdem hatten viele Wissenschaftler ihre Karriere noch im alten Zarenreich begonnen und ihre distanzierte Haltung gegenüber den Bolschewiki nie abgelegt. Diejenigen, die sich in den zwanziger Jahren in die innere Emigration zurückgezogen hatten, bekamen möglicherweise neuen Auftrieb durch die Anfangssiege der Deutschen. So formierte sich zum Beispiel in den Monaten Juli bis November 1941 eine monarchistische Bewegung, die nach der Niederlage der Wehrmacht vor Moskau allerdings schnell wieder in sich zusammenfiel.[80] Im Dezember meldete der NKVD, daß er fünf konterrevolutionäre

S. 163–165, hier 163; Stimmungsbericht des Leningrader NKVD vom 13.12.1941, in: ebd., S. 165–170; Stimmungsbericht des Leningrader NKVD o.D. [Dez. 1941], in: ebd., S. 172 f.

74 Vgl. Davies: Popular Opinion, S. 96 ff. Den NKVD-Berichten zufolge übte das „faschistische Deutschland" gerade auf junge Sowjetbürger eine Anziehungskraft aus, da es für Dynamik, ökonomischen Erfolg, Autoritarismus, Antisemitismus und Expansionismus stand.

75 Vgl. Kripton: Osada Leningrada, S. 172 f.

76 Vgl. Dzeniskevich: Social and Political Situation, S. 73.

77 Stimmungsberichte vom 9.11. und 11.11.1941 von Antjufeev und Klebanov an Ždanov, Kuznecov, Kapustin und Šumilov, CGAIPD SPb f. 24, o. 26, d. 4819, l. 65–69 und 76–79.

78 Stimmungsbericht des Leningrader NKVD vom 28./29.1.1942, in: V tiskach goloda, S. 189–196, hier 191.

79 Vgl. für Leningrad vor allem die Erinnerungen von Kripton: Osada Leningrada, z.B. S. 173–175.

80 Vgl. Kripton: Osada Leningrada, S. 174 f.

Gruppen ausgehoben habe. Eine „Volkspartei" (*Narodnaja partija*) habe sogar öffentlich zum Sturz des sowjetischen Regimes aufgerufen. Die anderen Gruppen, die sich auf eine Kollaboration mit den Deutschen vorbereitet hätten, setzten sich aus Bevölkerungsteilen zusammen, die vom Regime bereits stigmatisiert waren: Esten, Finnen, Deutsche und Anhänger der vorrevolutionären Ordnung. Auch die Hinwendung zur Religion, wie sie in den schweren Tagen des Winters 1941/42 allerorten zu beobachten war, führte den Bolschewiki vor Augen, daß in Krisensituationen der Glaube offensichtlich stärker als das revolutionäre Bewußtsein war.[81] Der NKVD unterstellte den religiösen Gemeinschaften eine profaschistische Haltung und antisowjetische Propaganda. Mitunter wurden solche Gemeinden aufgelöst und ihre Anhänger verhaftet.[82]

Die hier angeführten Beispiele machen deutlich, daß der Geheimdienst selbst die kleinsten Regungen festhielt. Mag eine Gruppierung auch noch so unbedeutend gewesen und dilettantisch vorgegangen sein – der NKVD stellte sie in seinen Berichten als ernstzunehmende politische Gegenkraft dar, welche die prosowjetische Bevölkerungsmehrheit gegen das Regime aufgehetzt und mitunter sogar zum Aufstand aufgerufen habe.[83] So machte sich der Geheimdienst im Juni 1942 ernsthafte Sorgen, als er auf ein paar handgeschriebene Flugblätter gestoßen war, die zu einer Hungerdemonstration aufriefen.[84]

---

81 Kripton berichtet von vollen Kirchen und überzeugten Atheisten, die in den Gottesdiensten Trost fanden, vgl. ebd., S. 200. Nach den Aussagen sowjetischer Kriegsgefangener wurden seit Dezember 1942 allerdings nur in drei Kirchen Leningrads Gottesdienste abgehalten, vgl. Auszug aus einer Gefangenenvernehmung vom 10.3.1943 durch den Ic des A.O.K. 18, BA-MA, RH 19 III/448, Blatt 191.

82 Auskunft des Leiters des Leningrader NKVD, Kubatkin, an das Leningrader Stadtparteikomitee vom 1.10.1942, in: Leningrad v osade, S. 446 f.

83 Vgl. Stimmungsbericht des Leningrader NKVD vom 6.11.1941, in: V tiskach goloda, S. 147-150, hier 149; Stimmungsbericht des Leningrader NKVD o.D. [Dez. 1941], in: ebd., S. 172 f.; Stimmungsbericht des Leningrader NKVD vom 28./29.1.1942, in: ebd., S. 189-196, hier 195.

84 Vgl. Stimmungsbericht des Leningrader NKVD vom 12.1.1942, in: V tiskach goloda, S. 184-189. Ob diese Demonstration auf dem Urick-Platz stattgefunden hat, ist nicht bekannt, aber schon allein wegen der geringen Verbreitungsmöglichkeit solcher handgeschriebener Flugblätter äußerst unwahrscheinlich. Laut eines unbestätigten Augenzeugenberichts soll es allerdings am 7. November 1941, also am 24. Jahrestag der Oktoberrevolution, unweit der Kirov-Werke eine Demonstration gegeben haben, an der mehrere hundert Menschen, hauptsächlich Kinder im Alter zwischen zehn und vierzehn Jahren, teilgenommen haben. Auf Transparenten haben sie die Öffnung Leningrads gefordert, so daß die hungernde Bevölkerung abziehen könne. In manchen Fällen sei sogar zum Sturz des Regimes aufgerufen worden. Als ein Kommissar seiner Truppe befohlen habe, auf die Demonstranten zu schießen, habe diese ihm den Befehl verweigert. Daraufhin habe der Kommissar selbst das Feuer auf die Kinder eröffnet. Plötzlich einsetzender deutscher Artilleriebeschuß habe die Versammlung dann allerdings gesprengt. Im Anschluß soll der NKVD einige hundert Teilnehmer der Kundgebung verhaftet haben. Außerdem sollen sechzig Soldaten wegen Befehlsverweigerung erschossen worden sein. Dieses Ereignis ist dargestellt bei: Bidlack: Survival Strategies, S. 100 f. Bidlack beruft sich auf die Erinnerungen Vasilij Eršovs, die im Bachmeteff-Archiv der Columbia-Universität aufbewahrt werden. Dieser einmalig erscheinende Vorgang hat sich in keinen der bis jetzt bekannten Akten nieder-

Auch wenn die jüngste Stalinismusforschung gezeigt hat, daß der Widerstand gegen das Regime bislang unterschätzt wurde,[85] so erfuhr die konterrevolutionäre Gefahr in den vorliegenden Stimmungsberichten doch eine massive Übertreibung. Aus allgemeinen Unmutsäußerungen konstruierte der NKVD antisowjetische Verschwörungen und machte wiederholt aus einer Mücke einen Elefanten. Doch so imaginär eine konterrevolutionäre Verschwörung war: Der NKVD und die Parteiführung hielten eine solche Gefahr für real. Der Erste Leningrader Komsomolsekretär, Ivanov, antwortete auf die Bemerkung des amerikanischen Journalisten Henry Schapiro, seiner Ansicht nach gebe es keine feindlichen Elemente in Leningrad:

> „Ich meine, daß wir so nicht denken dürfen. Wenn wir zur Ruhe kommen, werden wir untergehen, weil nur der stark ist, der niemals zur Ruhe kommt, der immer nach vorne strebt, sich vervollkommnet und die Wachsamkeit nicht verliert. Man muß unseren Zustand verstehen: Der Feind ist nah, vor den Mauern der Stadt, und natürlich ist er zu den verschiedensten heimtückischen Angriffen fähig, solche heimtückischen Angriffe kann es durchaus geben. Wir können es aber nicht zulassen, daß man uns ein Messer in den Rücken rammt, und deshalb sind wir die ganze Zeit auf der Hut. [...] Wir verstehen das so, wie es uns Genosse Stalin gelehrt hat: Verliert der Mensch seine Wachsamkeit, verliert er die Hälfte seiner Kraft! Einem Starken, der seine Wachsamkeit verloren hat, kann sogar ein Schwacher einen Schlag ins Genick versetzen."[86]

Die Bolschewiki sahen sich selbst also in einer defensiven Stellung. Dies lag nicht zuletzt an den Erfahrungen, die sie seit der Revolution gemacht hatten. Der Bürgerkrieg und der zähe Kampf gegen die Bauern hatte die Einsicht, eine Minderheit im eigenen Land zu sein, tief ins Bewußtstein der Bolschewiki eingebrannt. Sie hatten zwar die Anhänger der vorrevolutionären Ordnung im Bürgerkrieg besiegt, doch gingen die Bolschewiki davon aus, daß viele ihrer Gegner nur abgetaucht seien und inmitten der sowjetischen Gesellschaft lebten, ja sich mitunter sogar in die Partei eingeschlichen hätten. Der Massenterror der dreißiger Jahre hatte an dieser Auffassung nichts Grundlegendes geändert, sondern sie eher noch bestätigt, da ja viele „Feinde" gefunden wurden. Insofern lag die Antwort des Leningrader Komsomolführers, die er dem amerikanischen Journalisten gegeben hatte, ganz auf der von Stalin vorgegebenen Linie. Dieser hatte bereits im September 1941 die Leningrader Verantwortlichen ermahnt:

> „Es heißt, daß die deutschen Schurken, die auf Leningrad marschieren, vor ihren Truppen Delegierte aus besetzten Bezirken schicken – Alte, Frauen und Kinder – mit der Bitte an die Bolschewiki, Leningrad zu übergeben und Frieden zu schließen. Man sagt, daß sich unter den Leningrader Bolschewiki Menschen befinden, die es nicht als

---

geschlagen, auch nicht in den NKVD-Stimmungsberichten, die ansonsten jede oppositionelle Regung festhielten. Bidlack schätzt den Bericht jedoch insgesamt als glaubwürdig ein.

85 Vgl. Lynne Viola: Peasant Rebels under Stalin. Collectivization and the Culture of Peasant Resistance, New York, Oxford 1996.

86 Interview von Henry Schapiro mit dem Sekretär des Leningrader Komosomol, Ivanov, vom 20.6.1943, RGASPI f. M-1, o. 6, d. 110, l. 118–130, hier 128 (Vor- und Rückseite).

möglich betrachten, gegen diese Art von Delegierten Waffen zu gebrauchen. Ich denke, wenn es solche Leute unter den Bolschewiki gibt, muß man sie zuallererst vernichten, denn sie sind noch gefährlicher als die deutschen Faschisten.

Mein Rat: Keine Sentimentalitäten, sondern dem Feind und seinen freiwilligen und unfreiwilligen Helfershelfern in die Fresse schlagen. Der Krieg ist unerbittlich und er bringt in erster Linie demjenigen die Niederlage, der Schwäche zeigt und Unentschlossenheit zuläßt. Wenn irgend jemand in unseren Reihen Unentschlossenheit zuläßt, dann wird er zum Hauptschuldigen am Fall Leningrads."[87]

Diese Anordnung ist als eines jener „Signale" zu deuten, mit denen Stalin die lokalen Instanzen zu einem härteren Vorgehen gegen Volksfeinde aufforderte. Damit ließ er seinen Anhängern in der Provinz, die diese Signale sehr gut verstanden und die Forderung ihres großen Führers sofort umsetzten, weitreichende Freiräume. Die darin liegende Tendenz zur Radikalisierung war hierbei wohl einkalkuliert, zumal es Stalin auch gelang, mit entsprechend anderslautenden Signalen den eskalierten Terror wieder erstaunlich schnell einzudämmen.[88] Gleichzeitig verweist Stalins Interpretation der Niederlage, deren Ursache er in jeglicher Form von „Schwäche" sah, auf ein Kernelement seiner Weltanschauung. Bereits 1931 hatte er in einer Rede die forcierte Industrialisierung mit exakt demselben Gedankengang gerechtfertigt:

„Das Tempo verlangsamen, das bedeutet zurückbleiben. Und Rückständige werden geschlagen. Wir aber wollen nicht die Geschlagenen sein. Nein, das wollen wir nicht! Die Geschichte des alten Rußlands bestand unter anderem darin, daß es wegen seiner Rückständigkeit fortwährend geschlagen wurde. Es wurde geschlagen von den mongolischen Khans. Es wurde geschlagen von den polnisch-litauischen Pans. Es wurde geschlagen von den englisch-französischen Kapitalisten. Es wurde geschlagen von den japanischen Baronen. Es wurde von allen geschlagen wegen seiner Rückständigkeit. Wegen seiner militärischen Rückständigkeit, seiner kulturellen Rückständigkeit, seiner staatlichen Rückständigkeit, seiner industriellen Rückständigkeit, seiner landwirtschaftlichen Rückständigkeit. Es wurde geschlagen, weil das einträglich war und ungestraft blieb. [...] Das ist das Wolfsgesetz des Kapitalismus. Du bist rückständig, du bist schwach – also bist du im Unrecht, also kann man dich schlagen und unterjochen. Du bist mächtig – also hast du recht, also muß man sich vor dir hüten."[89]

Aus diesen Ängsten und der damit einhergehenden Unsicherheit resultierte die starke Affinität der Bolschewiki zu Verschwörungstheorien.[90] Sie manifestierte

---

87 Anordnung Stalins vom 21.9.1941 an den Kriegsrat der Leningrader Front, in: Velikaja Otečestvennaja Bd. 5/1, S. 195 f.

88 Vgl. Fitzpatrick: How the Mice Buried the Cat, S. 302. Als solche Signale dienten häufig Zeitungsartikel des sowjetischen Diktators.

89 Rede Stalins „Über die Aufgaben der Wirtschaftler" auf der ersten Unionskonferenz der Funktionäre der sozialistischen Industrie am 4.2.1931, in: Stalin: Werke Bd. 13, S. 27–38, hier 35 f.

90 Diese Affinität wurde außerdem durch die teleologische Weltanschauung und das strenge Freund-Feind-Denken der Bolschewiki noch gefördert. Zum Wesen von Verschwörungstheorien siehe u.a.: Dieter Groh: Die verschwörungstheoretische Versuchung oder: Why do bad

sich zum Beispiel darin, daß in der Regel konterrevolutionäre Gruppen und nicht Einzeltäter entlarvt wurden.[91] Im Falle Leningrads kam erschwerend hinzu, daß die alte Zarenresidenz als ein Hort der Reaktion galt, in der auch nach der Oktoberrevolution und der Verlegung der Hauptstadt Tausende Protagonisten des gestürzten Regimes – ehemalige Beamte, Offiziere und Gendarmen – lebten.[92] Für die Bolschewiki lag es auf der Hand, daß die mitten unter ihnen lebenden Feinde versuchen würden, der Sowjetmacht zu schaden und sie mittelfristig auch zu stürzen. Ein günstiger Augenblick schien mit dem Vormarsch der deutschen Wehrmacht bis an die Stadtgrenze Leningrads gekommen zu sein. In dieser Situation sah es der Leningrader NKVD als seine vordringlichste Aufgabe an, solche Versuche möglichst schon im Keim zu ersticken und den Feind zu entlarven, noch bevor er seine schädliche Tätigkeit, zum Beispiel durch Spionage für den Kriegsgegner, voll entfalten könne. Deshalb mußte jedes noch so kleine Anzeichen ernst genommen und jedem Verdacht nachgegangen werden.

In welchem Maße die Bolschewiki tatsächlich an eine konterrevolutionäre Gefahr glaubten, wird gerade an scheinbar unbedeutenden Maßnahmen sichtbar. So ließ zum Beispiel der Kriegsrat der Leningrader Front die Zufahrtsstraßen nach Leningrad strenger kontrollieren, weil er befürchtete, mit dem Heranrücken der Wehrmacht könnten verstärkt Spione, „Diversanten", Deserteure und Panikmacher in die Stadt eindringen.[93] Vier Wochen später wurde diese Anordnung noch verschärft: Alle aufgegriffenen Personen, die aus dem von der Wehrmacht besetzten Gebiet in den Belagerungsring kamen, sollten jetzt dem NKVD übergeben werden.[94] Und Kuznecov verlangte im Januar 1942 von den städtischen Fabriken, nicht jeden „Dahergelaufenen" ohne das Vorzeigen eines Dokuments einzustellen, da sonst die Gefahr bestünde, daß sich feindliche Überläufer in der

---

things happen to good people?, in: ders.: Anthropologische Dimensionen der Geschichte, Frankfurt a.M. 1992, S. 267-304; ders.: Verschwörungstheorien revisited, in: Ute Caumanns/Mathias Niendorf (Hg.): Verschwörungstheorien. Anthropologische Konstanten – historische Varianten, Osnabrück 2001, S. 187-196; Rudolf Jaworski: Verschwörungstheorien aus psychologischer und aus historischer Sicht, in: ebd., S. 11-30; Ruth Groh: Verschwörungstheorien und Weltdeutungsmuster. Eine anthropologische Perspektive, in: ebd., S. 37-45. Den stalinistischen Terror leitete Gábor T. Rittersporn aus einer „allgegenwärtigen Verschwörung" ab, vgl. Gábor T. Rittersporn: The Omnipresent Conspiracy. On Soviet Imagery of Politics and Social Relations in the 1930s, in: Nick Lampert/Gábor T. Rittersporn (Hg.): Stalinism. Its Nature and Aftermath. Essays in Honour of Moshe Lewin, London 1992, S. 101-120; Gábor T. Rittersporn: Die sowjetische Welt als Verschwörung, in: Ute Caumanns/Mathias Niendorf (Hg.): Verschwörungstheorien. Anthropologische Konstanten – historische Varianten, Osnabrück 2001, S. 103-124.

91 Vgl. z.B. Stimmungsbericht des Leningrader NKVD vom 7.11.1941, in: V tiskach goloda, S. 151-154, hier 154.

92 Vgl. Wehner: Hauptstadt des Geistes, S. 222.

93 Anordnung des Kriegsrats der nördlichen Front vom 22.8.1941, CGA SPb f. 7384, o. 36, d. 62, l. 105.

94 Anordnung des Kriegsrats der Leningrader Front vom 18.9.1941, in: Leningrad v osade, S. 57 f.

Industrie einnisteten.[95] Auch diese Forderung ergibt nur Sinn, wenn der Zweite Stadtparteisekretär tatsächlich an eine Gefahr durch feindliche Spione glaubte.

Der Glaube an solche offensichtlich abwegigen Komplotte kann allerdings nicht auf krankhafte Hirngespinste einzelner Fanatiker reduziert werden. Kulturgeschichtliche Studien der letzten Jahre haben gezeigt, daß die kommunistische Weltanschauung nicht auf den harten Kern der Bolschewiki begrenzt war. Der öffentliche Diskurs prägte das Denken der Menschen, und es kam zu einer engen Wechselbeziehung zwischen staatlich propagierten Vorstellungen und dem Bewußtsein des einzelnen.[96] Die Überzeugung von der Existenz der Volksfeinde blieb nicht die fixe Idee eines wirklichkeitsfernen Diktators im Kreml, sondern stieß auch bei großen Teilen der Bevölkerung auf Akzeptanz.[97] So verweisen Verschwörungstheorien selbst in ihren absonderlichsten Ausformungen auf Einstellungen, Meinungen und Erwartungshaltungen, die im jeweiligen gesellschaftlichen Umfeld verankert sind.[98] Im belagerten Leningrad kam es sogar zu Fällen, in denen die Bevölkerung Verschwörungen vermutete, wo es nicht nur keine gab, sondern sogar der Geheimdienst keine sah. Zum Beispiel verbreitete sich nach der Anhebung der Brotrationen im Februar 1942 das Gerücht, der Vorsitzende des Exekutivkomitees beim Leningrader Stadtsowjet, Popkov, sei seines Postens enthoben, verhaftet und erschossen worden. Es hieß, die Hungersnot in Leningrad gehe auf sein Konto, weil er durch Schädlingsarbeit die Versorgung der Stadt hintertrieben habe.[99] Auch die Angst vor Spionen erfaßte breite Kreise. Viele Leningrader beteiligten sich an der hektischen Suche nach Spitzeln und denunzierten ihre Mitbürger.[100] Die Kommunikation zwischen dem Regime und

---

95 Sitzungsprotokoll des Büros des Leningrader Stadtparteikomitees vom 9.1.1942, in: Leningrad v osade, S. 416–418, hier 416.

96 Vgl. Kotkin: Magnetic Mountain; Hellbeck: Einleitung, in: Tagebuch aus Moskau, v.a. S. 36–71.

97 Der Fall des Stepan Podlubnyj zeigt, daß zumindest einige diesen Konflikt zwischen Alt und Neu auch in sich selbst verortet sahen und mit ihm rangen, vgl. Tagebuch aus Moskau.

98 Jaworski: Verschwörungstheorien, S. 21. Bereits Robert Thurston wies darauf hin, daß Stalin den Geheimdienstberichten, die landesweite Verschwörungen meldeten, geglaubt haben muß, vgl. Robert Thurston: Life and Terror in Stalins Russia 1934–1941, New Haven, London 1996, S. 57 f.

99 Vgl. Stimmungsbericht des Leningrader NKVD vom 12.2.1942, in: V tiskach goloda, S. 200 f.

100 In seiner ersten Kriegsrede, am 3. Juli 1941, hatte Stalin zur Wachsamkeit gegenüber Spionen, Deserteuren, Saboteuren und Panikmachern aufgerufen. Daraufhin überzog eine kollektive Angst vor Spionen das Land. Berichte dazu finden sich in mehreren Erinnerungen, u.a. bei Lichatschow: Wie wir am Leben blieben, S. 22 und 29 f. Ein Opfer von Denunziation wurde zum Beispiel der Professor der biologischen Physik, Aleksandr Leonidovič. Als Akademiemitglied und Vorsitzender des ersten Internationalen Kongresses für biologische Physik wurde er am 22. Januar 1942 wegen antisowjetischer Agitation verhaftet und zu acht Jahren Gefängnis verurteilt. Dieses Urteil beruhte auf einer Anzeige, die sich schließlich als Verleumdung entpuppte, vgl. Brief von Leonidovič aus dem Krankenhaus des Lagers im Karagandaer Gebiet an Ždanov vom 7.4.1946, RGASPI f. 77, o. 3, d. 121, l. 99–108. Die übertriebenen Ängste vor Spionen hatten allerdings insofern einen realen Kern, daß der Hunger manchen Leningrader dazu trieb, den Deutschen Informationen aus der belagerten Stadt zu liefern, vgl. Kripton: Osada Leningrada, S. 237.

der Bevölkerung war reziprok. Die Propaganda warnte allerorten vor deutschen Spionen und versetzte damit weite Teile der Bevölkerung in Hysterie. Als die zur Wachsamkeit aufgerufenen Menschen dann auch tatsächlich überall Verschwörungen witterten und diese nach oben meldeten, faßten die Bolschewiki das als Bestätigung ihrer Befürchtungen auf. So erhielt Ždanov den Brief eines gewissen Perov, in dem sich letzterer beim Leningrader Parteichef beschwerte, im Mgansker Bezirk leben 3000 ehemalige Kulaken, die alle rechtskräftig verurteilt seien. Der Verfasser forderte, die Verbannten umzusiedeln, da der Volksfeind sie wohl bewußt in die Nähe des dortigen Elektrokraftwerkes gebracht habe, damit sie ihre schädliche Tätigkeit entfalten könnten. Schließlich habe er sogar gesehen, wie dort Vorbereitungen für einen Krieg gegen die im Hinterland stationierte Rote Armee getroffen und die Verbannten in der Kunst der Selbstverteidigung geschult würden.[101]

Es ist natürlich nicht zulässig, von den Aussagen einzelner auf die Einstellung der ganzen Bevölkerung zu schließen. Zu Recht ist darauf hingewiesen worden, daß Stepan Podlubnyj oder die Belegschaft des Stahlwerks in Magnitogorsk nicht die gesamte Gesellschaft repräsentieren und nicht jeder Sowjetbürger im bolschewistischen Diskurs gefangen war.[102] Doch gerade das Beispiel des Stepan Podlubnyj zeigt, daß die Übernahme ideologisch geprägter Vorstellungen, ja sogar die Annahme einer sowjetischen Identität über den engen Täterkreis hinausging. Dies bleibt als Ergebnis festzuhalten, auch wenn quantifizierende Angaben nicht zu ermitteln sind.

Die Feststellung, daß die Bolschewiki an eine allgegenwärtige konterrevolutionäre Gefahr glaubten, erklärt allerdings noch nicht, warum während der Blokkade Leningrads ausgerechnet Akademiker verfolgt wurden. Sie gehörten weder zu einer wichtigen Funktionselite, die dem Regime aufgrund ihrer beruflichen Stellung im Krieg hätte schaden können, noch war die Zeit der Blockade der Moment, in dem eine Kaderrevolution an den wissenschaftlichen Instituten eine plausible Erklärung abgibt. Die Frage lautet also ganz allgemein: Warum wurden gerade diejenigen Opfer des Terrors, die seine Opfer wurden?

Schon in den dreißiger Jahren unterlag der stalinistische Terror bei der Auswahl der Opfer einer systemimmanenten Logik. So richtete er sich in erster Linie gegen stigmatisierte Bevölkerungsgruppen, wobei das Stigma – anders als bei der rassistisch motivierten Vernichtungspolitik der Nationalsozialisten – nicht klar definiert war. „Volksfeind“, „Konterrevolutionär“, „Kulak“ waren sehr schillernde Begriffe und standen für die noch viel allgemeinere Kategorie: Feinde der Zukunft.[103]

---

101 Brief Perovs an Ždanov o.D. (Oktober 1942), RGASPI f. 77, o. 3, d. 114, l. 10-11.

102 Baur, S. 341 f.; Plaggenborg: Herangehensweisen, S. 29 f.; Stefan Plaggenborg: Neue Literatur zum Stalinismus, in: Archiv für Sozialgeschichte, 37 (1997), S. 444-459, hier 449-455.

103 Vgl. Plaggenborg: Gewalt und Militanz, S. 418 f.; ders.: Revolutionskultur, S. 163-180.

Für die Verfolgungspraxis hatte dies zur Folge, daß im Grunde genommen jeder mit dem Etikett des „Volksfeinds“ versehen werden konnte. In dieser ungenauen Feinddefinition lag der Keim für eine Radikalisierung, die sich vorwiegend auf lokaler Ebene vollzog, von der politischen Führung allerdings wohlwollend geduldet wurde.[104] Doch bei aller Willkür, die dem Terror innewohnte, scheinen manche sozialen Gruppen stärker von ihm betroffen gewesen zu sein als andere. Fabrikarbeiter, die sich politisch konform verhielten und weder positiv – etwa durch besondere Leistung – noch negativ an ihrem Arbeitsplatz auffielen oder Angehörige einer Kolchose, welche die Kollektivierung und die anschließende Hungersnot überlebt hatten, waren weitaus weniger gefährdet als die Funktionseliten in Politik und Wirtschaft oder die Angehörigen des alten Bürgertums, deren Kinder sogar das Stigma der „Volksfeinde“ nicht ablegen konnten.[105] Dabei standen sie nicht nur im Verdacht, gegen die Revolution zu arbeiten. Als Träger eines rückständigen Bewußtseins standen sie dem zum Sozialismus strebenden Fortschritt grundsätzlich im Weg.[106] Der stalinistische Terror war demnach nicht nur ein vorübergehendes Mittel zur Bekämpfung von Regimegegnern, sondern wurde mit der längerfristigen Perspektive eingesetzt, die russische Gesellschaft vollständig umzubauen.

Die Stigmatisierung war eine Voraussetzung für die folgende Bestrafung. Nur wenn dies mit Hilfe von erpreßten Geständnissen oder zuweilen auch von Schauprozessen gelang, war die Ausübung von Gewalt gerechtfertigt.[107] Selbst wenn der Terror zur Durchsetzung von privaten oder beruflichen Interessen instrumentalisiert wurde, mußte zunächst der Widersacher als Volksfeind stigmatisiert werden. Kam es dabei zu Konflikten, behielt am Ende derjenige die Ober-

---

[104] Thurston zieht aus der Feststellung, daß die Opfergruppe durch das Stigma fest umrissen war, den vorschnellen Schluß, daß all diejenigen, die nicht stigmatisiert waren, die dreißiger Jahre ohne Furcht vor dem stalinistischen Terror durchlebten, vgl. Thurston: Life and Terror, z.B. S. 60 und 159.

[105] Vgl. Corinna Kuhr: Kinder von „Volksfeinden“ als Opfer des stalinistischen Terrors 1936–1938, in: Stefan Plaggenborg (Hg.): Stalinismus. Neue Forschungen und Konzepte, Berlin 1998, S. 391–417. Das Tagebuch von Stepan Podlubnyj hat gezeigt, wie eng die Herausbildung neuer, stalinistischer Identitäten mit dem Abgrenzungsprozeß gegenüber den stigmatisierten Bevölkerungsteilen verbunden war, vgl. Tagebuch aus Moskau.

[106] Den Zusammenhang zwischen Modernisierungsanstrengungen und der vor allem auf dem Land vorgefundenen Rückständigkeit auf der einen sowie der Entstehung des Terrors auf der anderen Seite zeigte Moshe Lewin: Russian Peasants and Soviet Power. A Study of Collectivization, New York 1968; ders.: The Social Background of Stalinism, in: Robert C. Tucker (Hg.): Stalinism. Essays in Historical Interpretation, New York 1977, S. 111–136; ders.: The Making of the Soviet System. Essays in the Social History of Interwar Russia, London 1985. Die Diskussion, inwieweit der Stalinismus modern war, hat hingegen keine Erkenntnisse geliefert, vgl. z.B. Baberowski: Wandel und Terror, S. 100; Plaggenborg: Stalinismus als Gewaltgeschichte, S. 110 f.

[107] Da Verrat und Sabotage die stalinistische Ordnung in Frage stellten, ist in den Verhören und der anschließenden Bestrafung der „Täter“ auch ein Ritual der Macht zu sehen, vgl. Plaggenborg: Stalinismus als Gewaltgeschichte, S. 102 ff. Die Ausübung des Rituals ist allerdings nicht Ursache der Gewalt, sondern deren Ausdrucksform.

hand, dem dies glaubwürdiger gelang.[108] Ein Arzt aus Char'kov hatte dieses Prinzip durchschaut und nach seiner Verhaftung zu einer Verteidigungsstrategie umfunktioniert. In seinem Verhör beschuldigte er alle Ärzte in Char'kov der Beteiligung an einer Verschwörung. Da es dem Geheimdienst aber kaum möglich war, alle Ärzte der Stadt zu verhaften, akzeptierte der Untersuchungsbeamte dieses Geständnis nicht und forderte den Gefangenen auf, sein Geständnis zu modifizieren und die offenkundig übertriebene Liste seiner Komplizen auf eine niedrigere Zahl zusammenzustreichen. Daraufhin bezichtigte der Arzt nun seinerseits den Untersuchungsbeamten der Vertuschung und klagte ihn als Konterrevolutionär bei seinem Vorgesetzten an.[109]

Es war kein Zufall, daß im belagerten Leningrad ausgerechnet Hochschullehrer zu „deutschen Spionen" stigmatisiert wurden. Zum einen war der Elitenaustausch an den Hochschulen vor dem Krieg erst in Ansätzen vollzogen worden,[110] so daß die Biographien vieler Hochschullehrer „Makel" aufwiesen: sei es eine bürgerliche oder adelige Herkunft oder die Teilnahme am Bürgerkrieg auf der Seite der „Weißen".[111] Zum anderen waren die sowjetischen Wissenschaftler in den zwanziger Jahren noch ein Teil der internationalen Forschungsgemeinschaft gewesen. Akademiker konnten noch vergleichsweise regen Kontakt mit dem westlichen Ausland pflegen. Mit Kriegsbeginn wurden alte Verbindungen, sofern sie zu Deutschland bestanden hatten, zu einem schwerwiegenden biographischen Makel. Derjenige, der ihn hatte, konnte vom Geheimdienst leicht als „Spion" stigmatisiert werden. So verhaftete der Leningrader NKVD zum Beispiel im November 1941 den Mathematiker und Physiker Vladimir S. Ignatovskij (Jahrgang 1875), Mitglied der Akademie der Wissenschaften und Professor am Staatlichen Optischen Institut. Das Kriegstribunal der Leningrader Front verurteilte ihn im Januar 1942 wegen Spionage- und Schädlingsarbeit zum Tode. Noch am selben Tag wurde er hingerichtet. Der Verdacht gegen Ignatovskij scheint sich allein darauf gestützt zu haben, daß er von 1908 bis 1914 als Ingenieur in Deutschland

---

108 Vgl. Koltschinski: Dialektik als intellektueller Knüppel, S. 94 ff.

109 Vgl. Peter Z. Grossman: The Dilemma of Prisoners. Choice during Stalin's Great Terror 1936-1938, in: Journal of Conflict Resolution, 38 (1994), S. 43-55, hier 44 f.

110 Da man in der Frühphase der Sowjetmacht auf die Fachkompetenz vor allem der Naturwissenschaftler angewiesen war, ließ man sich in der Politik ihnen gegenüber von pragmatischen Gesichtspunkten leiten, vgl. Dietrich Beyrau: Intelligenz und Dissens. Die russischen Bildungsschichten in der Sowjetunion 1917-1945, Göttingen 1993, S. 28-33; Christoph Mick: Wissenschaft und Wissenschaftler im Stalinismus, in: Stefan Plaggenborg: Stalinismus. Neue Forschungen und Konzepte, Berlin 1998, S. 321-361, hier 333 f.; Korenjuk: Die Akademie der Wissenschaften, S. 65-83.

111 Noch 1957 waren zum Beispiel zwei Drittel der Mitglieder der Akademie der Wissenschaften nicht in der Partei, vgl. Korenjuk: Akademie der Wissenschaften, S. 73. Mit dem Institut der Roten Professur schuf das Regime deshalb eine Parallelstruktur zu den staatlichen Universitäten, um möglichst schnell einen kommunistischen wissenschaftlichen Nachwuchs zu kreieren, vgl. Lutz-Dieter Behrendt: Der Nachlaß der Roten Kaderschmiede. Die Lebensläufe der Absolventen des Instituts der Roten Professur, in: Dietrich Beyrau (Hg.): Im Dschungel der Macht. Intellektuelle Professionen unter Stalin und Hitler, Göttingen 2000, S. 157-169, hier 157 ff.

bei der Firma „Leitz“ und 1917 bei „Schneider-Kriso“ gearbeitet hatte.[112] Als letzter Beweis genügte dem NKVD offenbar folgende „regimefeindliche“ Äußerung, zu der Ignatovskij sich hatte hinreißen lassen:

> „Die Geschichte kennt keine vergleichbare Gemeinheit. Man zwingt uns Wissenschaftler dazu, sich vor irgendeiner Kellnerin wegen eines Tellers Suppe zu erniedrigen. Mir scheint, man könnte erträglichere Verhältnisse für uns schaffen.“[113]

Aus dieser elitären Haltung konstruierte der NKVD sogleich eine antisowjetische Verschwörung und stempelte Ignatovskij als Anführer einer profaschistischen Organisation ab, deren Ziel der Sturz der Sowjetmacht sowie die Wiedererrichtung des Kapitalismus unter deutschem Protektorat gewesen sei. Als ein weiteres Mitglied dieser Gruppierung wurde K.I. Strachovič verhaftet. Er habe das Ziel verfolgt, Gleichgesinnte zur Unterstützung der deutschen Truppen im Falle einer Besetzung Leningrads zu gewinnen und bei der Errichtung eines faschistischen Regimes mitzuhelfen. Es scheint, als haben auch bei Strachovič letztlich ein Deutschlandaufenthalt und gute Kontakte zu den deutschen Kollegen zu seiner Verhaftung geführt, denn laut des Leningrader NKVD-Chefs, Kubatkin, beabsichtigte er nach dem Einmarsch der Wehrmacht in Leningrad „nach Deutschland zu fahren, wo er seine Freunde hat“.[114]

Auch in der oben bereits geschilderten „Roze-Košljakov-Affäre“ deutet die Zielgerichtetheit, mit welcher der Untersuchungsbeamte den Angeklagten Izvekov nach Auslandsaufenthalten fragte, darauf hin, daß die Ankläger an den Zusammenhang zwischen Auslandskontakten und Spionage glaubten. Nicht zufällig stieg die Zahl der verhafteten Wissenschaftler mit Kriegsbeginn an.[115] Selbst offensichtliche Widersprüche ließen sich erstaunlich problemlos in dieses vorgefertigte Denkmuster einfügen. So wurde der Bruder von Vladimir Admoni, ein Leningrader Germanist und Mitglied der Akademie der Wissenschaften, zu sieben Jahren Lagerhaft wegen angeblicher Spionage verurteilt, obwohl er Jude war:

> „Sein ganzes Verbrechen bestand darin, daß er von seiner Mutter im Jahre 1906 in Deutschland, in der Stadt Dessau, geboren war. Dies genügte, um ihn zu einem deutschen Spion zu stempeln. Seine Erklärungen, er sei ja Jude und daß Hitlers Sieg seinen Untergang bedeuten würde, bewirkten nichts. Lächelnd sagte man ihm, das sei nur Propaganda.“[116]

---

112 Ein Kurzbiographie Ignatovskijs in: Melua: Blokada Leningrada, S. 204 f.

113 Stimmungsbericht des Leningrader NKVD vom 7.11.1941, in: V tiskach goloda, S. 151 - 154, hier 151.

114 Anordnung auf Arrest des Leiters des Leningrader NKVD, Kubatkin, vom 19.12.1941, NIC MEMORIAL SPb, Kopijnyj fond, Personalakte 41 (Ignatovskij).

115 Siehe die Untersuchung Christoph Micks auf der Basis der Biographien von 444 verfolgten Geologen, Mick: Wissenschaft, S. 341 ff.

116 Wladimir Admoni: Krieg und Blockade, in: Antje Leetz (Hg.): Blockade. Leningrad 1941 - 1944. Dokumente und Essays von Russen und Deutschen, Reinbek bei Hamburg 1992, S. 161 - 168, hier 167. Dank Šostakovičs Einsatz erreichte die Familie jedoch im April 1945 einen Freispruch.

Die Verhörstrategien der Untersuchungsbeamten, die Abbildung der Realität in den Stimmungsberichten und die problemlose Inkaufnahme offenkundiger Ungereimtheiten und Widersprüche, alles dies zeugt davon, daß die Bolschewiki keinen Zweifel an der Wahrhaftigkeit der von ihnen angehefteten Stigmata hegten. Diejenigen, die von ihnen zu Feinden abgestempelt wurden, waren es in ihren Augen auch. Die bolschewistische Weltanschauung verlieh ihnen die Gewißheit, das Richtige zu tun. Dabei soll hier nicht die simple Gleichung aufgemacht werden, daß der Terror sich zwangsläufig aus dem Marxismus-Leninismus ergeben habe, wie dies unlängst im „Schwarzbuch des Kommunismus" versucht wurde.[117] Dies bringt das Phänomen des stalinistischen Terrors zwar auf eine griffige Formel, vereinfacht das Problem jedoch, indem es die gesellschaftlichen Bedingungen, innerhalb derer sich der Terror abspielte, ausblendet. Der Einfluß der Ideologie ist vielmehr darin zu sehen, daß die spezifische Weltanschauung der Bolschewiki ihre Sicht auf die wirtschaftlichen, politischen und gesellschaftlichen Phänomene des Landes prägte. Hinzu kommt ein „kommunistisches Projekt", das den radikalen Umbau der Gesellschaft nach dem Vorbild einer sozialistischen Utopie vorsah. Hierbei wurden Terror und Gewalt überall dort eingesetzt, wo es „gordische Knoten" durchzuhauen galt, weil sich die alte Ordnung als resistent erwies und die Dynamik des „Fortschritts" hemmte.[118] Das Wissen um die Zukunft und die Gewißheit, auf dem richtigen Weg zu sein, brachte die Bolschewiki zu der Überzeugung, das historische Recht zum Töten zu besitzen. Terror war somit sowohl Reaktion auf Situationen, die man als Bedrohung empfand, als auch ein Mittel zum gesellschaftlichen Umbau. Im Fall der Leningrader Hochschullehrer ging es zunächst um die Beseitigung einer konkreten Gefahr, nämlich der erwarteten Zusammenarbeit dieser als „deutschfreundlich" eingeschätzten Personengruppe mit dem Kriegsgegner. Gleichzeitig schnitt man der Gesellschaft damit einen alten Zopf ab, denn diese Wissenschaftler waren grundsätzlich, aufgrund ihrer bürgerlichen oder adligen Herkunft und ihres daraus resultierenden „rückständigen Bewußtseins", nicht dazu geeignet, in der neuen Gesellschaft verantwortungsvolle Posten zu bekleiden.

Der stalinistische Terror trat häufig in dieser Mischung aus kurzfristiger Problemlösungsstrategie und langfristiger Gesellschaftspolitik auf.[119] Daraus folgt,

---

117 Vgl. Stéphane Courtois: Die Verbrechen des Kommunismus, in: ders. u.a. (Hg.): Schwarzbuch des Kommunismus. Unterdrückung, Verbrechen und Terror, München, Zürich 1999, S. 11-43. Der Beitrag zur Sowjetunion ist solider und kann als ein klassisches Beispiel für die Totalitarismusthese gelten, vgl. Nicolas Werth: Ein Staat gegen sein Volk. Gewalt, Unterdrückung und Terror in der Sowjetunion, in: ebd., S. 45-295.

118 Robert Tucker bezeichnete diese Politik, die Stalin Ende der zwanziger Jahre einschlug, da er die NĖP als gescheitert betrachtete, sehr treffend als „Revolution von oben", vgl. Tucker: Stalinism as Revolution from Above; ders.: Stalin in Power.

119 Bereits Moshe Lewin erklärte den Stalinismus und seine Methoden unter anderem als eine Reaktion auf kurzfristig auftretende Krisenerscheinungen, vgl. Lewin: The Making of the Soviet System. Auch die nationalsozialistische Vernichtungspolitik wurde in den letzten Jahren als das

daß Spionage- oder Sabotagevorwürfe, die gegen die Angeklagten erhoben wurden, nicht nur vorgeschoben waren, während sich die wahren Interessen der Täter dahinter verbargen. Das Regime erfand solche Vorwürfe auch nicht, um die eigene Herrschaft zu legitimieren.[120] Die Bolschewiki waren Weltanschauungstäter und darin den Nationalsozialisten vergleichbar. Beide vertraten ein in sich geschlossenes Weltbild, das den Anspruch erhob, die Entwicklungen, Widersprüche und Probleme der Welt insgesamt schlüssig zu erklären.[121] Insofern sollten weniger Interessen gesucht werden, die sich letztlich hinter den ideologischen Motiven verbargen, sondern die Ideologeme selbst sehr ernst genommen werden.[122]

Kern des marxistisch-leninistischen Weltbildes war das Prinzip der Klassenherrschaft, die erst im Kommunismus aufgehoben sein würde. Auf dem vorgezeichneten Weg dorthin bildete die Diktatur des Proletariats eine Vorstufe. In dieser Phase der Entwicklung sei zwar die Bourgeoisie entmachtet, doch werde sie sich um eine Konterrevolution bemühen. Diese Frontstellung bleibe so lange bestehen, bis der Zustand der klassenlosen Gesellschaft erreicht sei. Der Kampf war also ein Wesenszug dieser historischen Entwicklungsstufe, und er würde erst beendet sein, wenn die feindlichen Klassen vollständig in der egalitären Gesellschaft der Zukunft aufgegangen seien.

In einer solchen Verkürzung des marxistisch-leninistischen Denkens wird natürlich nicht das gesamte Gedankengebäude des Marxismus fokussiert, wohl aber jene hier hervorgehobene Lesart von „Ideologie", die ebensowenig als ein abstraktes, theoretisches Gedankengebäude verstanden werden darf wie ein „Lagerhaus [...], aus dessen Inventar sich jeder bedienen konnte".[123] Vielmehr handelte es sich um eine Weltanschauung im wörtlichen Sinne, die sich aus ideologischen Versatzstücken und eher diffusen Kenntnissen des Marxismus-Leninismus zusammensetzte. Dabei zogen die Täter ihre felsenfeste Überzeugung, auf der richtigen Seite zu stehen, aus der Gewißheit, daß hinter ihren vagen Vorstellun-

---

Resultat eines Zusammenwirkens von langfristigen politischen Zielen und situativen Anlässen gedeutet, vgl. Herbert: Vernichtungspolitik, v.a. S. 45-63 (mit weiterer Lit.).

120 So Plaggenborg: Stalinismus als Gewaltgeschichte, S. 103.

121 Für den Nationalsozialismus vgl. hierzu Herbert: Rassismus und rationales Kalkül, S. 28 ff.

122 Die jüngst vertretene Auffassung, daß die lokale Parteielite doch nicht so naiv gewesen sein könne, um wirklich an die ideologischen Konstrukte wie die Verschärfung des Klassenkampfes zu glauben, reduziert die kommunistische Weltanschauung auf einen Irrglauben, dem zwar eine kleine Führungsclique um Stalin aufgesessen sei, den aber das Gros der Parteimitglieder durchschaut habe, vgl. Kees N. Boterbloem: Einige Aspekte der stalinistischen „Säuberungen" in der russischen Provinz, in: Jahrbuch für Historische Kommunismusforschung 1993, S. 60-81, hier 81. Die alternative Interpretation Boterbloems, die Funktionäre vor Ort hätten in einem „Akt der Feigheit" ihre Freunde und Kollegen ans Messer geliefert, um als möglichst eifrige „Säuberer" zu gelten und damit selbst nicht Opfer zu werden, ist eine allzu konstruierte und deshalb wenig überzeugende Interpretation des Gesamtphänomens „Terror". Ebensowenig war Stalin „mentally disturbed", wenn er an die von seinem Geheimdienst aufgedeckten Verschwörungen glaubte, so Thurston: Life and Terror, S. 57.

123 Plaggenborg: Stalinismus als Gewaltgeschichte, S. 104-108, Zitat 107.

gen ein Welterklärungsmodell stehe, das auf wissenschaftlichen Erkenntnissen beruhe und dessen Einzelheiten sie nicht unbedingt zu kennen brauchen. Es war allein dadurch unanfechtbar, daß es von den höchsten Autoritäten der Partei, wie Lenin und Stalin, vertreten wurde. Man mußte also weder Marx noch Lenin gelesen und verstanden haben, um Bolschewik zu sein. Wichtiger war es, an die propagierten Feindbilder zu glauben und diesen Feinden die Schuld an offensichtlichen Fehlentwicklungen im Sowjetstaat zu geben. Eine solche Überzeugungsgemeinschaft war die Voraussetzung dafür, daß der Terror gerade nicht per Dekret befohlen werden mußte, sondern durch gezielt ausgegebene Signale in Gang gesetzt und genauso wieder abgestellt werden konnte.

Insofern entstand der Terror nicht aufgrund von Defiziten im stalinistischen Kommunikationssystem.[124] Er war keine Folge einer bewußt einseitigen Unterrichtung Stalins und seiner Umgebung durch den NKVD, denn nicht ein Mangel an Information führte zum Terror, sondern die durch die bolschewistische Weltanschauung geprägte Auswertung und Deutung der Nachrichten. Schließlich hatte Stalin selbst bereits in seiner ersten Kriegsrede am 3. Juli 1941 gefordert:

> „Wir müssen einen schonungslosen Kampf gegen alle Desorganisatoren des Hinterlands, gegen Deserteure, Panikmacher, Verbreiter von Gerüchten organisieren, wir müssen die Spione, Diversanten und feindliche Fallschirmjäger vernichten [...].“[125]

Wenn nun die Berichte des NKVD oder aus Stalins Sekretariat vor allem über Dysfunktionalitäten und Sabotageakte berichteten, dann zeichneten sie ein Bild von der Gesellschaft, von dessen Richtigkeit sie selbst überzeugt waren. Stalin wiederum erschienen all diese Meldungen glaubwürdig, da sie seiner eigenen Erwartungshaltung entsprachen. Sie wurden zum täglichen empirischen Beleg seiner weltanschaulichen Überzeugungen. So bedurfte es nicht einmal realer Verschwörungen. Häufig genügte schon eine Denunziation, ein erpreßtes Geständnis oder einfach ein Gerücht über einen Sabotageakt, damit der NKVD aktiv wurde. Wenn die vermeintlichen Täter auch noch aus den stigmatisierten Bevölkerungsteilen stammten, bedurfte es keiner weiteren Beweise mehr. Die mit Gewalt erpreßten Geständnisse dienten als neuerliche Bestätigung des gehegten Verdachts, und die Leichtig- und Schnelligkeit, mit der die „Konterrevolutionäre“ entlarvt wurden, deuteten darauf hin, daß es sie in großer Zahl geben mußte.[126]

---

124 So Niels E. Rosenfeldt: Stalinism as a System of Communication, in: John W. Strong (Hg.): Essays on Revolutionary Culture and Stalinism, Columbus (Ohio) 1990, S. 139-165.

125 Stalins Rundfunkrede vom 3.7.1941, in: Stalin: Werke Bd. 14, S. 236-242, hier 240.

126 Auf Stalins Schreibtisch landeten täglich Meldungen des NKVD mit Berichten über die Stimmung in der Bevölkerung und Erfolgsmeldungen beim Kampf der Geheimpolizei gegen Konterrevolutionäre. Die einzelnen Fälle erscheinen für sich genommen als Marginalien, doch hat Stalin die täglichen Berichte von der landesweiten Tätigkeit der „Volksfeinde“ wohl durchaus ernst genommen. In einem dieser „Fälle“ wurden in Leningrad handschriftliche Flugblätter mit konterrevolutionärem Inhalt verteilt. Da es sich um keine Druckerzeugnisse handelt, kann ihre Verbreitung nicht sehr groß gewesen sein. Der Fall an sich war damit so harmlos wie viele andere auch, doch unterzeichneten die Verfasser ihre Flugblätter mit „Gruppe zur Befreiung der

So erhielten selbst offenkundig konstruierte Fälle in den Augen der stalinistischen Kader und der Mitarbeiter des Geheimdienstes eine Plausibilität und Folgerichtigkeit. Diejenigen aber, die sich dieser Einsicht verschlossen, wurden selbst verdächtig, was nicht zuletzt die Ausweitung des Terrors auf die eigenen Parteimitglieder erklärt.

Zusammenfassend muß man zwei Formen von Unterdrückung zur Zeit der Belagerung Leningrads auseinanderhalten. Zum einen war sie ein Teil der stalinistischen Mobilisierungsdiktatur, wie etwa das harte Durchgreifen gegen Offiziere oder Fabrikdirektoren, welche die ihnen erteilten Aufträge nicht erfüllen konnten. Das Regime machte dabei keine Unterschiede, inwieweit wirklich ein Versagen der Verantwortlichen vorlag oder die gestellten Aufgaben schlicht unlösbar waren. Der Voluntarismus war ein konstitutives Element der bolschewistischen Weltanschauung.[127] Wenn jemand seine Pflichten nicht erfüllte, dann habe er es in der bolschewistischen Wahrnehmung am nötigen Willen und Einsatz fehlen lassen, was von einer feindseligen Haltung zeuge, die wiederum auf einen Sabotageakt schließen lasse. Diese Denkmuster hatten bereits in den dreißiger Jahren zu Repressionen geführt.[128] Die von der Forschung herausgestellte Liberalisierung des Systems gibt nur die Wahrnehmung der Schriftsteller und Intellektuellen wieder, etwa der Anna Achmatova oder Konstantin Simonovs. Letzterer hatte den Krieg sogar als einzigen lichten Fleck in den letzten Jahrzehnten der sowjetischen Geschichte bezeichnet.[129] Schriftsteller und Künstler hatten während des Kriegs tatsächlich größeren Freiraum erhalten, sofern sie ihre Fähigkeiten in den Dienst des Kampfes gegen Hitler-Deutschland stellten. Ein Wandel der Grundstrukturen und Funktionsmechanismen stalinistischer Herrschaft läßt sich daraus jedoch nicht ableiten.

Die zweite Form des Terrors im belagerten Leningrad waren die Deportationen der deutschen und finnischsprachigen Bevölkerung sowie die Verfolgung von Wissenschaftlern. Diese Menschen hatten weder bei wichtigen Aufgaben „versagt“, noch gehörten sie einer im Krieg bedeutenden Funktionselite an. Der gegen sie gerichtete Terror fiel auch nicht in die kritische Zeit der Anfangsniederlagen, sondern in das Jahr 1942, als sich die Front zumindest im Norden bereits stabilisiert hatte. In diesem Fall sind die Bolschewiki prophylaktisch gegen eine ihrer Meinung nach potentielle „fünfte Kolonne“ vorgegangen, noch bevor sie in einer eventuellen Notsituation ihre schädliche Tätigkeit hätte entfalten

Heimat“ oder „Komitee des russischen Volkes“, vgl. Brief des Innenministers, S. Kruglov, an Stalin, Berija und Ždanov vom 6.11.1946, GARF f. R-9401, o. 2, d. 139, l. 319.

127 So waren bereits die Vorgaben des ersten Fünfjahresplans stark von voluntaristischen Vorstellungen geprägt, vgl. Robert W. Davies: The Soviet Economy in Turmoil, 1929-1930, Basingstoke, London 1989, S. 96 und 476 f.

128 In besonderem Maße betroffen waren davon u.a. die Ingenieure, vgl. Susanne Schattenberg: Stalins Ingenieure. Lebenswelten zwischen Technik und Terror in den 1930er Jahren, München 2002, S. 359-363.

129 Zitiert in: Luks: Geschichte Russlands und der Sowjetunion, S. 373.

können. Deshalb gehörten in erster Linie Personen zu den Opfern, die aus irgendwelchen Gründen als „deutschfreundlich" galten: sei es, weil sie deutscher oder finnischer Nationalität waren oder weil sie vor Jahren einmal in Deutschland gewesen waren. Die unpräzisen Verdachtskriterien trugen zu der bekannten Willkür bei, die dem stalinistischen Terror grundsätzlich innewohnte.

Die Kriegszeit war also nicht jene Atempause, wie man sie häufig in Erinnerungen beschrieben findet.[130] Mehr als 4,5 Millionen Menschen wurden wegen Verletzung der Arbeitsdisziplin, Lebensmitteldiebstahls oder anderer kleiner Verbrechen von Zivil- und Militärgerichten verurteilt, zwei Drittel davon zu Freiheitsstrafen.[131] Die Zahl der GULag-Insassen sank zwar nach dem deutschen Überfall, stieg in den letzten beiden Kriegsjahren jedoch wieder an.[132] Selbst im belagerten Leningrad hat das Regime die Jagd nach „Volksfeinden" nicht eingestellt. Ein struktureller Unterschied zum Terror der dreißiger Jahre ist dabei nicht zu beobachten.[133]

---

130 Die Bezeichnung „Atempause" findet sich in vielen Memoiren sowjetischer Künstler und Intellektueller. So schrieb Nadežda Mandel'štam über die Zeit des Kriegs: „Für viele war das damals eine eigenartige Form der Atempause: Man hatte uns für eine Zeitspanne vergessen, besser gesagt: Man ließ uns in Ruhe", Mandelstam: Generation ohne Tränen, S. 215; Il'ja Ėrenburg erinnerte sich an den Krieg als eine Zeit des „Aufschwungs", vgl. Ilja Ehrenburg: Menschen, Jahre, Leben. Die berühmten Ehrenburg-Memoiren, Bd. 3, München 1965, S. 135; Dmitrij Šostakovič sah seine Arbeit durch den Krieg begünstigt: „Damals krittelten unsere Obrigkeiten weniger an der Musik herum, achteten nicht darauf, ob sie am Ende zu düster sei", vgl. Solomon Wolkow (Hg.): Die Memoiren des Dmitri Schostakowitsch, Berlin, München 2000, S. 248; Nadežda Mandel'štam hielt folgende Aussage von Anna Achmatova fest: „Nicht auszudenken, daß die beste Zeit unseres Lebens der Krieg war, als so wahnsinnig viele ums Leben kamen, wir nichts als Hunger litten und der eigene Sohn in der Katorga war", zit. aus: Mandelstam: Generation ohne Tränen, S. 215. Suzanne Rosenberg registrierte zwar die repressiven Maßnahmen während des Krieges und wurde selbst beinahe vom NKVD als Spitzel angeworben, war aber dennoch zusammen mit ihrem Freundeskreis der festen Überzeugung, daß nach dem Sieg über Deutschland der Druck des Regimes spürbar nachlassen werde, vgl. Suzanne Rosenberg: A Soviet Odyssey, Oxford u.a. 1988, S. 83 f. und 92-96.

131 GULAG v gody Velikoj Otečestvennoj vojny, in: Voenno-istoričeskij žurnal 1991, Nr. 4, S. 23.

132 So zumindest Edwin Bacon: The Gulag at War. Stalins Forced Labour System in the Light of the Archives, London 1994, S. 24. Die Zahlen, die in der Literatur kursieren, weichen allerdings sehr stark voneinander ab. Eine Übersicht der im Umlauf befindlichen Schätzungen, aus denen eine allgemeine Entspannung im Krieg nicht ablesbar ist, findet sich in: Ralf Stettner: „Archipel GULag". Stalins Zwangslager – Terrorinstrument und Wirtschaftsgigant. Entstehung, Organisation und Funktion des sowjetischen Lagersystems 1928-1956, Paderborn u.a. 1996, S. 389-398. Viele der neuen Insassen waren Opfer des pauschalen Kollaborationsverdachts gegen ganze Völker. Sie stammten aus dem Baltikum, aus Ostpolen, Moldawien und aus dem Kaukasus, waren Krimtataren oder deutscher Nationalität, vgl. Heller/Nekritsch: Geschichte der Sowjetunion, S. 72.

133 Die Unterschiede zum Vorkriegsterror betont Bonwetsch: War as a „Breathing Space", S. 144. Auch für die Zeit nach der Belagerung scheinen die Kontinuitäten in der Arbeitsweise des NKVD zu überwiegen, vgl. z.B. den für den Volkskommissar für Staatssicherheit, Merkulov, angefertigten Abschlußbericht über die Tätigkeit des UNKGB im Leningrader Gebiet für das Jahr 1944, abgedruckt in: Lomagin: Neizvestnaja blokada Bd. 2, S. 62-68.

VII. EPILOG: GESCHICHTSPOLITIK UND ERINNERUNGSKULTUR. DIE BLOCKADE LENINGRADS IM SOWJETISCHEN GEDÄCHTNIS

Seit Gorbačëvs Politik der Glasnost ist in Rußland eine öffentliche Auseinandersetzung mit der stalinistischen Vergangenheit möglich. Die Diskussionen der letzten Jahre haben dabei so manches Glaubensbekenntnis der sowjetischen Historiographie erschüttert und eine Fülle bis dahin streng gehüteter Geheimnisse ans Licht gebracht.[1] Die Zeit des „Großen Vaterländischen Kriegs" blieb von dieser Geschichtsrevision allerdings weitgehend verschont.[2] Das gilt auch für die Belagerung Leningrads, über die zwar viel geschrieben wurde, doch eher in dem Bestreben, Wissenslücken zu füllen. Eine Neubewertung der Ereignisse oder eine Diskussion über ihren historischen Ort in der sowjetischen Geschichte fand nicht statt.[3] Der interpretatorische Rahmen, innerhalb dessen der Blockadedis-

---

1 Vgl. Robert W. Davies: Perestroika und Geschichte. Die Wende in der sowjetischen Historiographie, München 1991; Dietrich Geyer (Hg.): Die Umwertung der sowjetischen Geschichte, Göttingen 1991.

2 Vgl. Bernd Bonwetsch: „Die Geschichte des Krieges ist noch nicht geschrieben". Die Repression, das Militär und der „Große Vaterländische Krieg", in: Osteuropa, 39 (1989), S. 1021 - 1034; ders.: Der „Große Vaterländische Krieg" und seine Geschichte, in: Dietrich Geyer (Hg.): Die Umwertung der sowjetischen Geschichte, Göttingen 1991, S. 167 - 187; ders.: „Ich habe an einem völlig anderen Krieg teilgenommen". Die Erinnerung an den „Großen Vaterländischen Krieg" in der Sowjetunion, in: Helmut Berding/Klaus Heller/Winfried Speitkamp (Hg.): Krieg und Erinnerung. Fallstudien zum 19. und 20. Jahrhundert, Göttingen 2000, S. 145 - 168; Hans-Henning Schröder: Die Lehren von 1941. Die Diskussion um die Neubewertung des „Großen Vaterländischen Krieges" in der Sowjetunion, in: Wolfgang Michalka (Hg.): Der Zweite Weltkrieg. Analysen, Grundzüge, Forschungsbilanz, München, Zürich ²1990, S. 608 - 625; Martin Hoffmann: Der Zweite Weltkrieg in der offiziellen sowjetischen Erinnerungskultur, in: ebd., S. 129 - 143; Stefan Creuzberger: „Ich war in einem völlig anderen Krieg ...". Die sowjetische und russische Historiographie über den „Großen Vaterländischen Krieg", in: Osteuropa, 48 (1998), S. 505 - 518; Andreas Langenohl: Patrioten, Verräter, genetisches Gedächtnis. Der Große Vaterländische Krieg in der politischen Deutungskultur Russlands, in: Martina Ritter/Barbara Wattendorf (Hg.): Sprünge, Brüche, Brücken. Debatten zur politischen Kultur in Russland aus der Perspektive der Geschichtswissenschaft, Kultursoziologie und Politikwissenschaft, Berlin 2002, S. 121 - 138. Eine kritische Bestandsaufnahme aus russischer Sicht bieten Andrej N. Mercalov/Ljudmila A. Mercalova: Otečestvennaja istoriografija vtoroj mirovoj vojny. Nekotorye itogi i problemy, in: Voprosy istorii 1996, Nr. 9, S. 145 - 157.

3 Aufgrund ihres offenen Gesprächsklimas waren dabei die beiden von Viktor Demidov organisierten Diskussionsrunden die fruchtbarsten, vgl. Viktor I. Demidov: V zerkale istorii. Bitva za

kurs heute verläuft, hat sich gegenüber der sowjetischen Zeit kaum verändert und läßt sich mit den Schlagworten „heldenhafte Verteidigung“ und „Würde im Blockadealltag“ grob umreißen.

Jedes Ausscheren aus diesem gesellschaftlichen Konsens provozierte heftige Gegenreaktionen. Das erlebte zum Beispiel der Schriftsteller Viktor Astaf'ev im Jahre 1989, nachdem er in einem Interview mit der *Pravda* den Sinn der Verteidigung Leningrads angezweifelt hatte. Er hatte hier zu bedenken gegeben, ob es angesichts der enorm hohen Opferzahlen nicht humaner gewesen wäre, wenn die Stadt kapituliert hätte und nicht um jeden Preis gehalten worden wäre: „Eine Million Leben – für eine Stadt, für ein paar Steine“, in diesem Satz kulminierte sein Vorwurf.[4] Diesem Interview folgte ein kollektiver Aufschrei, der durch die gesamte sowjetische Presse ging. In allen großen Zeitungen des Landes erschienen Leserbriefe und Repliken, die Astaf'ev eine „Verunglimpfung“ der Opfer und der Geschichte vorwarfen.[5] So entrüstete sich beispielsweise Grigorij Brailovskij in der Leningrader Tageszeitung *Smena*: „Leningrad mag für Astaf'ev nur ein paar Steine sein, für das Volk sind diese aber heilig.“[6] Die sowjetischen Veteranenorganisationen ermahnten Astaf'ev in einem offenen Brief:

> „Scheint es Ihnen nicht, Viktor Petrovič, daß Sie hier eine Kleinigkeit vergessen haben: ihre persönliche Verantwortung vor den Generationen, der heutigen und der künftigen, als ehemaliger Frontsoldat, als bekannter Schriftsteller und schließlich als Bürger ihres Landes? Wir, Veteranen, werden immer weniger. Erlebtes, alte Wunden, das Alter – das alles läßt sich spüren. Und die Jungen und Mädchen, die jetzt ins Leben eintreten, erfahren über die überlebte, alte Tragödie durch unsere Erzählungen, durch unsere Erinnerungen.“[7]

In dieser Aussage wird deutlich, daß die Veteranen ihre Deutung der Ereignisse über ihren Tod hinaus sicherstellen wollten. Anders gesagt: Andere Menschen

---

Leningrad. Vse li o nej izvestno?, in: Zvezda 1988, Nr. 5, S. 199–206; ders. (Hg.): Blokada rassekrečennaja, St. Petersburg 1995.

4 Ne znaet serdce serediny, Interview mit Viktor Astaf'ev, in: *Pravda* vom 30.6.1989.

5 Dabei war die Methode, den Widerpart durch Verratsvorwürfe aus dem Kreis der Debattierenden auszuschließen, ein gängiges Mittel in der öffentlichen Diskussionskultur der achtziger und neunziger Jahre, das sowohl von den antisowjetischen als auch von den altstalinistischen Diskussionsteilnehmern eingesetzt wurde, vgl. Langenohl: Patrioten, Verräter, genetisches Gedächtnis, S. 132.

6 Grigorij Brailovskij: My že vse-taki Leningradcy, in: *Smena* vom 26.1.1990. Siehe u.a. auch Oleg Nosov: „... za gorod, v kotorom rožden. Otvet pisatelju V. Astaf'evu i ego edinomyšlennikam, in: *Večernij Leningrad* vom 25.9.1989. Neben den zahlreichen Aufgeregtheiten finden sich auch einige nüchterne Wortmeldungen, z.B. die Gegenüberstellung von Astaf'evs Kapitulationsforderung mit den Vernichtungsplänen der Nationalsozialisten, vgl. V. Panov: „Ne znaet serdce serediny“, in: *Pravda* vom 8.7.1989, und – allerdings ohne einen direkten Bezug auf den Artikel von Astaf'ev – Andrej R. Dzeniskevič: Leningrad togda ne sdali. A sejčas?, in: *Pravda* vom 21.9.1993.

7 Offener Brief des Vorsitzenden des Leningrader Rats der Kriegs- und Arbeitsveteranen, D.A. Medvedev, und des Vorsitzenden der Leningrader Sektion des sowjetischen Komitees der Kriegsveteranen sowie 18 Veteranen der Verteidigung Leningrads, in: *Večernij Leningrad* vom 2.8.1989.

sollten ihre Erinnerungen übernehmen. Darin lag die tiefere Ursache des Konflikts, der zusätzlich noch mit der damals geführten Wertedebatte verwoben wurde. Aussagen wie die eines 26jährigen Leningraders dürften dabei die Kriegsgeneration besonders aufgeschreckt haben:

> „Meine Meinung ist, daß der Schriftsteller V.P. Astaf'ev recht hat. Leningrad hätte man im Krieg aufgeben sollen. Ich schäme mich, daß ich in Leningrad geboren bin und diese Stadt mir in den 26 Jahren meines Lebens nichts gegeben hat. Wenn ein Krieg begönne, würde ich meine Heimat nicht schützen, weil es keinen Sinn hat. Ich meine, daß jeder, der einen gesunden Menschenverstand hat, genauso denkt, wenn er in solchen Umständen lebt wie ich."[8]

Während die jungen, vom Sowjetstaat enttäuschten Menschen sich von den Kriegsmythen offenbar nicht mehr angesprochen fühlten und diese zu hinterfragen begannen, symbolisierten solche Äußerungen in den Augen der älteren Generation den moralischen Verfall der Gesellschaft, der sich infolge von Glasnost und Perestroika vollziehe:

> „Aber obwohl ich nicht der Partei beigetreten bin, kann ich einen Pluralismus, der aus unserer Ideologie die Losung ‚Alles für das Volk – alles im Namen des Volkes' herausstreicht, nicht annehmen und ich kann nicht jene Ideologien der Perestrojka annehmen, die ausrufen: ‚Halten oder aufgeben'."[9]

In dieser Diskussion prallten nicht nur unterschiedliche Sichtweisen auf die Blokkade Leningrads aufeinander. Hier standen sich kommunikatives und kulturelles Gedächtnis gegenüber. Die gedächtnistheoretische Öffnung der Geschichtswissenschaft in den letzten 15 Jahren hat die Differenz verschiedener Formen der Erinnerung in Begriffe zu fassen versucht. Während das kommunikative Gedächtnis die kommunizierte Erfahrung ist, die Angehörige einer Generation untereinander teilen, beinhaltet das kulturelle Gedächtnis eine nicht persönlich erlebte, zu symbolischen Figuren geronnene Vergangenheit, an die sich Erinnerung heftet.[10]

Da in der Sowjetunion der Staat das alleinige Deutungsmonopol über die Vergangenheit hatte, war er der einzige geschichtspolitische Akteur. Er formte das kulturelle Gedächtnis, indem er die Blockadevergangenheit mittels Verschriftlichung und Verräumlichung in symbolische Formen goß. Die Erlebnisgeneration besaß hingegen lange Zeit kein Forum, in dem sie ihre Erinnerung im öffentlichen Raum hätte inszenieren können. Dies änderte sich abrupt im Zuge der Perestrojka. Die kollektive Erinnerung, die bis dahin vom Kanon der sowjetischen Geschichtsschreibung und Gedenkkultur dominiert gewesen war, hatte ihre einstige Uniformität verloren und war pluralistisch geworden.

---

8 Zitiert in: Oleg Nosov: „... za gorod, v kotorom roždën", in: *Večernij Leningrad* vom 25.9.1989.

9 Ebd. V. Panov begrüßte die Meinungsfreiheit zwar grundsätzlich, bezweifelte aber, daß jede Meinungsäußerung deswegen auch publiziert werden müsse, vgl. V. Panov: „Ne znaet serdce serediny", in: *Pravda* vom 8.7.1989.

10 Vgl. Jan Assmann: Das kulturelle Gedächtnis. Schrift, Erinnerung und politische Identität in frühen Hochkulturen, München ²1997, S. 50–55.

Der hier diagnostizierte Bruch zwischen dem kommunikativen und dem kulturellen Gedächtnis war insgesamt allerdings weniger dramatisch, als er von den Kriegsveteranen empfunden wurde. Denn die Überlieferung der Belagerung Leningrads hatte nicht von Beginn an die Form eines festen Kanons. Vielmehr war die Erinnerung an die Blockade einem mehrfachen Wandel unterworfen. Dieser vollzog sich nicht als ein anonymer Vorgang der Geschichtsaneignung: „Das Erinnern an bestimmte Traditionen und das Vergessen anderer wurde stets auch politisch vorangetrieben." Unter der Vorgabe „Geschichte konstituiert Politik und Politik konstituiert Geschichte"[11] gilt es nun, die Kräfte konkurrierender geschichtspolitischer Konzepte freizulegen und die daraus resultierenden Erinnerungskulturen aufzuzeigen.

Der Siegeszug, auf dem sich das methodische Konzept von Erinnerung und Gedächtnis in der Geschichtswissenschaft inzwischen befindet, ist auch an der Erforschung der sowjetischen Vergangenheit nicht spurlos vorübergegangen. Dabei stand nicht zufällig die Erinnerung an den „Großen Vaterländischen Krieg" im Mittelpunkt des Interesses. Da es in der Sowjetunion mangels einer Öffentlichkeit keine Erinnerungsdiskurse gab, welche den Historikern als Quellengrundlage dienen könnten, haben sich die bisherigen Arbeiten weitgehend auf die postsowjetische Epoche beschränkt,[12] oder sie haben mit Hilfe der „oral history" versucht, das offizielle sowjetische Gedächtnis von der Erinnerung der Erlebnisgeneration zu separieren.[13]

---

11 Edgar Wolfrum: Geschichtspolitik in der Bundesrepublik Deutschland. Der Weg zur bundesrepublikanischen Erinnerung 1948-1990, Darmstadt 1999, S. 2 und 29.

12 Andreas Langenohl verfolgt dabei einen politikwissenschaftlichen Ansatz, indem er die Vergangenheitsdiskurse als Indikator für den Transformationsprozeß der politischen Kultur in Rußland benutzt. Sein Erkenntnisinteresse zielt also weniger auf die geschichtspolitischen Akteure und ihre Motive als auf den Stand der Modernisierung der heutigen russischen Gesellschaft, vgl. Andreas Langenohl: Erinnerung und Modernisierung. Die öffentliche Rekonstruktion politischer Kollektivität am Beispiel des Neuen Rußland, Göttingen 2000. Thomas Schütze geht der Rolle Stalins als Legitimationsfigur in den politischen Auseinandersetzungen der Sowjetunion nach, vgl. Thomas Schütze: „Stalinpolitik" in der Sowjetunion. Eine politikwissenschaftliche Fallstudie über Stalin als Legitimationsfigur der sowjetischen Politik unter Chruschtschow, Breschnew und Gorbatschow, Berlin 2002. Elke Fein untersucht weniger die Diskurse als den politischen Umgang mit der Vergangenheit, wobei sie sich auf die Rolle der Gesellschaft MEMORIAL konzentriert, vgl. Elke Fein: Geschichtspolitik in Rußland. Chancen und Schwierigkeiten einer demokratisierenden Aufarbeitung der sowjetischen Vergangenheit am Beispiel der Tätigkeit der Gesellschaft MEMORIAL, Hamburg 2000. Eine Ausnahme stellt der jüngst erschienene Überblick von Bernd Bonwetsch über den Wandel der sowjetischen Geschichtspolitik in bezug auf den Zweiten Weltkrieg dar: Bernd Bonwetsch: Der „Große Vaterländische Krieg". Vom öffentlichen Schweigen unter Stalin zum Heldenkult unter Breschnew, in: Babette Quinkert (Hg.): „Wir sind die Herren dieses Landes". Ursachen, Verlauf und Folgen des deutschen Überfalls auf die Sowjetunion, Hamburg 2002, S. 166-187.

13 Nina Tumarkin untersuchte die staatlich organisierte Erinnerungskultur zum Zweiten Weltkrieg und ihre legitimierende Wirkung für das sowjetische System, indem sie die Multiplikatoren der offiziellen Geschichtspolitik interviewte: Lehrer, Museumsdirektoren, Künstler und nicht zuletzt Historiker. Dabei ist es ihr gelungen, ein Panorama der sowjetischen Erinnerungslandschaft zu

Die vorliegende Untersuchung nimmt vorwiegend die staatlich inszenierte Erinnerung an die Blockade in den Blick. Diese Einschränkung geschieht zum einen aus methodischen Erwägungen, denn eine Rekonstruktion des kollektiven Gedächtnisses ist zumindest für die sowjetische Zeit aufgrund der äußerst dünnen Quellenbasis nicht möglich. Das Vorgehen erscheint zudem dadurch gerechtfertigt, daß der Staat bei der Konstruktion des kulturellen Gedächtnisses in der Sowjetunion eine entscheidende Rolle spielte. Er verfügte über das Monopol, die Erinnerung im öffentlichen Raum zu konstituieren, sei es durch Verschriftlichung (Historiographie) oder Verräumlichung (Denkmäler).[14] Für den analytischen Zugriff wird das Konzept der „Geschichtspolitik" gewählt. Geschichtspolitik wird dabei als ein „Handlungs- und Politikfeld" verstanden, auf dem „verschiedene politische Akteure die Vergangenheit mit bestimmten Interessen befrachten und in der Öffentlichkeit um Zustimmung ringen".[15] Damit werden den Handelnden politisch-pädagogische Aufgaben und Interessen unterstellt, die es offenzulegen gilt.

Auch wenn es in der Sowjetunion keine pluralistische Öffentlichkeit gab, so existierten doch konkurrierende geschichtspolitische Konzepte. Sie versuchten, die Vergangenheit mit legitimatorischen Deutungen zu versehen, die sie in ihrem Status als ‚Vorgeschichte' der eigenen Position determinierten. Dieser „Wettstreit der Erinnerung" fand weitgehend innerhalb der herrschenden Elite statt und wurde meistens im Zuge von politischen Neuorientierungen ausgetragen.[16] Eine beliebte Methode der sowjetischen Geschichtspolitik war es, eine mißliebig gewordene Interpretation jeglicher Darstellungsmöglichkeiten zu berauben und dadurch ihr Deutungsangebot zu unterdrücken. Die Adressaten der staatlichen Geschichtspolitik hatten keine Möglichkeit, der offiziellen Darstellung private,

---

zeichnen, vgl. Nina Tumarkin: The Living and the Dead. The Rise and Fall of the Cult of World War II in Russia, New York 1994. Sabine R. Arnold untersucht mit Mitteln der „oral history" und der politischen Ikonographie den Einfluß des offiziellen Gedenkens der Schlacht bei Stalingrad auf die Erinnerung der Erlebnisgeneration sowie der Nachgeborenen. Sie verfolgt dabei den hohen Anspruch, sowohl eine Alltagsgeschichte der Schlacht als auch eine Geschichte ihrer Erinnerung zu schreiben, vgl. Sabine Rosemarie Arnold: Stalingrad im sowjetischen Gedächtnis. Kriegserinnerung und Geschichtsbild im totalitären Staat, Bochum 1998.

14 Zur Rekonstruktivität des kollektiven Gedächtnisses vgl. Assmann: Das kulturelle Gedächtnis, S. 40 ff.

15 Edgar Wolfrum: Geschichtspolitik in der Bundesrepublik Deutschland 1949-1989. Phasen und Kontroversen, in: APuZ, 48 (1998), B45/98, S. 3-15, hier 5. Dagegen ist der Begriff „Vergangenheitspolitik" abzusetzen, der den Umgang mit dem institutionellen und personellen Erbe überwundener Regime beschreibt. Siehe beispielsweise zum Umgang mit der NS-Vergangenheit in der frühen Bundesrepublik: Norbert Frei: Vergangenheitspolitik. Die Anfänge der Bundesrepublik und die NS-Vergangenheit, München 1996.

16 Den Zusammenhang zwischen Deutungshoheit über die Vergangenheit und politischen Positionskämpfen in der Nachkriegssowjetunion untersucht am Beispiel des Gebiets Vinnica in der Ukraine Amir Weiner: Making Sense of War. The Second World War and the Fate of Bolshevik Revolution, Princeton 2001.

generations-, milieu- oder regionalspezifische Erinnerungsvarianten entgegenzustellen.[17]

Jan Assmann hat darauf hingewiesen, daß „sich erinnern [...] ein ordnender Vorgang der Selbstobjektivierung und Selbststrukturierung" ist, und dieser ist ohne Kommunikation mit anderen und ohne Zugehörigkeit zu einer sozialen Konstellation nicht möglich.[18] Insofern wurde auch die Geschichtspolitik der sowjetischen Machthaber nicht aus dem Nichts geboren, sondern reagierte auf Befindlichkeiten der sowjetischen Bevölkerung, mitunter auch durch Schweigen. Gleichzeitig ist die private Kriegserinnerung des einzelnen nicht immun gegen die staatlich inszenierte Erinnerung. Deshalb werden abschließend die Prägungen der heutigen Erinnerungskultur durch die sowjetische Geschichtspolitik untersucht.

1. Inszenierter Erfolg und literarische Sinnstiftung: Die Blockade im kommunikativen Gedächtnis

Die politische Instrumentalisierung der Blockade Leningrads begann bereits während der Belagerung. In Zeitungen, Broschüren und Filmen wurden nicht nur die kriegsüblichen Durchhalteparolen verbreitet. Die Leningrader Partei inszenierte vielmehr die Blockade als einen beispiellosen Abwehrkampf und sagenhaften Mobilisierungserfolg. Die inhaltliche Konzeption der Leningrader Geschichtspolitik tritt im folgenden Beispiel deutlich zutage. Am 17. April 1942 traf sich die lokale Politprominenz in Gestalt von Popkov, Torkin, Kuznecov und Ždanov, um die Filmchronik „Die Verteidigung Leningrads" (*Oborona Leningrada*) zu begutachten. Bei dieser Vorpremiere lagen nur die Bilder, aber noch kein Text vor. Der Film erntete scharfe Kritik. Der Vorsitzende des Leningrader Exekutivkomitees, Pëtr Popkov, schlug sogar vor, einige Sequenzen herauszuschneiden. Ihm hatten vor allem diejenigen Passagen mißfallen, in denen Menschenschlangen vor Geschäften, eingeschneite Straßenbahnen oder eingefrorene Autos auf der Eisstraße zu sehen waren, denn diese zeigten „nur unsere innere

[17] Zur Rolle der Öffentlichkeit bei geschichtspolitischen Debatten in westlichen Demokratien vgl. Wolfrum: Geschichtspolitik (1999), S. 27 f. Ein Vergleich mit den Verhältnissen in der DDR in: ebd., S. 32-38.

[18] Jan Assmann: Erinnern, um dazuzugehören. Kulturelles Gedächtnis, Zugehörigkeitsstruktur und normative Vergangenheit, in: Kristin Platt/Mihran Dabag (Hg.): Generation und Gedächtnis. Erinnerungen und kollektive Identitäten, Opladen 1995, S. 51-75, hier 59.

Unordnung". Dagegen vermißte er „den Enthusiasmus der Arbeiter der Stadt Lenins [...] Das ist eines der Hauptversäumnisse des Films. Wir sehen keine Produktion, wir sehen nicht, wie die Arbeiter arbeiten." Popkov wollte also weder den beschwerlichen Alltag noch das Leid der Bevölkerung, sondern vor allem Erfolge sehen: eine laufende Industrieproduktion, zupackende Arbeiter und eine funktionierende Eisstraße. Der Zweite Leningrader Parteisekretär, Aleksej Kuznecov, hätte am liebsten die neuen Panzer aus den Fabrikhallen direkt an die Front rollen gesehen, und Ždanov empfand die Musik als zu traurig. Anstelle einer still leidenden Bevölkerung sollte der Film einen heroischen Abwehrkampf zeigen, an dem sich jeder Einwohner mit ganzem Herzen beteiligte. So wurden Mythen, wie der von der produzierenden Frontstadt, bereits im Frühjahr 1942 auf Beschluß des Leningrader Stadtparteikomitees buchstäblich in Szene gesetzt. Der Regisseur des Filmes hielt dagegen ein anderes Bild fest: eine leidende Bevölkerung statt einer zupackenden Parteiführung, das Leben der Künstler statt des Arbeiteralltags und die Symbolik des alten St. Petersburg. Die Eingangssequenz zeigte das berühmte Reiterdenkmal Peters des Großen anstelle – wie Ždanov beanstandete – eines Lenin-Denkmals: Schließlich handele der Film von Leningrad und nicht von Petrograd.[19]

Diese Form der politischen Kontrolle war keine Besonderheit der Kriegszeit. In der Sowjetunion wurde seit den dreißiger Jahren jeder Film während seiner gesamten Entstehungsphase – vom Verfassen des Drehbuchs bis zum letzten Schnitt – von verschiedenen politischen Instanzen begutachtet. Bevor ein Film in den Kinos anlief, gab es eine Probevorstellung vor dem versammelten Politbüro.[20] Da – wie Ždanov im Mai 1941 den Filmschaffenden auf einer Konferenz erläuterte – jeder sowjetische Kinobesucher wisse, daß ein Film die von der Regierung empfohlene Sichtweise wiedergebe, führte das Regime die Drehbuchautoren und Regisseure an der kurzen Leine, um jegliche Abweichungen von der vorgegebenen Linie schon im Vorfeld zu verhindern.[21]

19 Vgl. die Besprechung vom 17.4.1942 zwischen Popkov, Torkin, Kuznecov und Ždanov über die Filmchronik „Oborona Leningrada", RGASPI f. 77, o. 1, d. 770, l. 1-10. Auf die Perspektive des Regisseurs wird im Zusammenhang mit der Blockadeliteratur noch einmal zurückzukommen sein. Der Film mußte nach dieser Fundamentalkritik überarbeitet werden und kam im Juni 1942 unter dem Titel „Leningrad im Kampf" in die Kinos. 1943 wurde er sogar mit dem Stalinpreis ausgezeichnet und bei den Nürnberger Prozessen als Beweismaterial verwendet, vgl. Bernd Bonwetsch: Das belagerte Leningrad 1941-1944, in: Helmut Hubel/Joachim von Puttkamer/Ulrich Steltner (Hg.): Ein europäisches Rußland oder Rußland in Europa? – 300 Jahre St. Petersburg, Baden-Baden 2004, S. 141-162, hier 157 f.

20 Vgl. Peter Kenez: Black and White. The War on Film, in: Richard Stites (Hg.): Culture and Entertainment in Wartime Russia, Bloomington, Indianapolis 1995, S. 157-175, hier 157. Zum sowjetischen Kino siehe außerdem ders.: Cinema and Soviet Society 1917-1953, Cambridge 1992. Zur Verarbeitung des Zweiten Weltkriegs im sowjetischen Spielfilm vgl. Lars Karl: Von Helden und Menschen. Der Zweite Weltkrieg im sowjetischen Spielfilm (1941-1965), in: Osteuropa, 52 (2002), S. 67-82.

21 Rede Ždanovs auf der Konferenz der Filmschaffenden im Mai 1941, RGASPI f. 77, o. 1, d. 919, l. 1a-7.

Das Leitmotiv der Blockadeinszenierung waren die Leistungen der örtlichen Parteiführung. Als im April 1944 die erste gemeinsame Plenarsitzung von Stadt- und Gebietsparteikomitee im Krieg stattfand, stellte Ždanov die herausragenden Erfolge der lokalen Parteiführung in den Mittelpunkt seiner Rede. Ihr sei es gelungen, Leningrad in eine Frontstadt umzuwandeln, die gesamte städtische Wirtschaft auf die Bedürfnisse des Krieges umzustellen und einen großen Teil der Einwohner zu evakuieren. Daneben seien die wirtschaftlichen, kulturellen und technischen Institutionen der Stadt in Sicherheit gebracht worden. Diese hätten im Schutz des Hinterlandes normal weiterarbeiten können. Des weiteren sei der Zugang zu der belagerten Stadt zu jeder Zeit gewährleistet gewesen, so daß es letztendlich sogar möglich geworden sei, sowohl die Energie- als auch die Lebensmittelbasis der Stadt zu erweitern.[22] Diese Darstellung der Blockade als Erfolgsunternehmen wollte Ždanov auch in der Historiographie verankert wissen. So fertigte er selbst eine Skizze der geschichtlichen Darstellung der Belagerung Leningrads an. Der Entwurf behandelte ausschließlich militärische Operationen und die Organisationsleistungen der politischen Führung bei der Evakuierung, der Lebensmittelversorgung und in der Industrieproduktion. Der Hunger und das Leid der Bevölkerung fanden in dieser Erfolgsgeschichte keinen Platz.[23]

Auch andere Funktionäre nutzten die Deutungshoheit der Partei dazu, die Verteidigung Leningrads als Leistung der lokalen Elite darzustellen, und etablierten so die Grundkonstanten des Blockademythos.[24] Jakov Kapustin, einer von Ždanovs Stellvertretern, schrieb zum Beispiel in seiner 1942 erschienenen Schrift „Der Krieg – eine harte Prüfung für jeden Bolschewiken“:

> „Der Vaterländische Krieg erwies sich in der Geschichte unserer Heimat als die größte Prüfung der bolschewistischen Qualität aller sowjetischen Menschen, doch in erster Linie der Kommunisten. Die Situation, in der die Stadt Lenins lebt und arbeitet, gestattet keine Nachsicht und keinerlei Zugeständnisse. Je größer die Schwierigkeiten sind, vor denen die Bolschewiki stehen, desto höher sind die Anforderungen, die an

---

22 Rede Ždanovs auf der gemeinsamen Plenarsitzung des Leningrader Stadt- und Gebietsparteikomitees vom 11. April 1944, RGASPI f. 77, o. 1, d. 968, l. 37-40.

23 Bemerkungen Ždanovs zum Plan einer Broschüre über die Verteidigung Leningrads aus dem Jahr 1944, RGASPI f. 77, o. 1, d. 974, l. 1-6.

24 Vgl. u.a. Aleksej A. Kuznecov: Bol'ševiki Leningrada na zaščite rodnogo goroda, in: Partijnoe stroitel'stvo 1945, Nr. 9/10, S. 54-62; Jakov F. Kapustin: Leningradskaja promyšlennost' – frontu, in: Propaganda i agitacija 1942, Nr. 20, S. 18-23; ders.: Vse naši sily, vsju našu ėnergiju – na pomošč' frontu, in: Propaganda i agitacija 1943, Nr. 10, S. 15-18; ders.: Rabota pervičnych partorganizacij promyšlennych predprijatij Leningrada, in: Propaganda i agitacija 1943, Nr. 13/14, S. 8-17; ders.: Dva goda raboty v uslovijach vojny, in: *Pravda* vom 24.6.1943; Georgij F. Badaev: Front i tyl – odno celoe, in: Propaganda i agitacija 1942, Nr. 13, S. 15-18. Auch die Historiker beteiligten sich an dieser Geschichtspolitik, vgl. Sergej I. Avvakumov: Bol'ševiki goroda Lenina, in: Propaganda i agitacija 1942, Nr. 20, S. 40-44. Zusätzlich erschienen während der Belagerung rund 350 Bücher und Broschüren zu patriotischen Themen, angefangen bei Aleksandr Nevskij bis hin zur Blockade selbst, vgl. V.V. Petrov: Rol' patriotizma v Velikoj Otečestvennoj vojne 1941-1945 gg., in: V.A. Ežov u.a. (Hg.): Narod i vojna. 50 let Velikoj pobedy, St. Petersburg 1995, S. 103-124, hier 121.

sie gestellt werden, – so lautet das unerschütterliche Prinzip der Leningrader Parteiorganisation."[25]

Ein Jahr später rühmte er in einer anderen Broschüre die Leistungen der eigenen, städtischen Parteiorganisation, während Stalin und das Staatliche Verteidigungskomitee kaum Erwähnung fanden:

„Die Kraftquelle der Leningrader war ihr großer Patriotismus und ihre vorbehaltlose Treue gegenüber der bolschewistischen Partei und der Sowjetmacht. Ihre Stärke bestand in der unerschütterlichen und unermüdlichen Führung durch die Leningrader Parteiorganisation, mit dem Genossen Ždanov an der Spitze. Die Leningrader Bolschewiki stärkten in den härtesten Tagen der Verteidigung ihrer Heimatstadt den Mut der Werktätigen, erzogen sie zur moralischen Standhaftigkeit und lenkten den Enthusiasmus der Massen zur selbstlosen Durchführung der Arbeit im Interesse des Schutzes ihrer Stadt. [...] Die Leningrader Parteiorganisation ist Organisator, Gehirn und Herz der Werktätigen der Stadt."[26]

Im Vergleich hierzu wich die Darstellung in der unionsweiten Presse in einem wesentlichen Punkt ab. Ihr zufolge war die Verteidigung Leningrads dem Mut des sowjetischen Volkes und der Weisheit seines Führers zu verdanken. Ždanov habe Stalins Pläne kraftvoll in die Tat umgesetzt. Der Leningrader Parteiführer wird hier zum Erfüllungsgehilfen herabgestuft.[27] Die Blockade selbst aber nahm in der überregionalen Presse keine Sonderstellung ein. Zwar feierte die Propaganda das Anhalten der Wehrmacht als Erfolg der Roten Armee und bewunderte die Standhaftigkeit der Stadt, doch blieb Leningrad stets eine von mehreren „Heldenstädten", gleichgestellt mit Odessa, Sevastopol' und natürlich Stalingrad.[28]

Ein Kernelement der Leningrader Selbstinszenierung war die Leistung der Industrie. Noch im Krieg brüstete sich die Leningrader Parteiführung, daß selbst während der Blockade die industrielle Massenproduktion aufrechterhalten werden konnte. Über 100 verschiedene kriegstechnische Produkte habe man hergestellt, von Geschossen und Minen über Maschinenpistolen und -gewehren bis hin zu Geschützen und Panzern. Sogar im Hungerwinter 1941/42 sei die Produktion keinen Tag abgerissen. Trotz aller Schwierigkeiten habe man den Plan zu 200 - 300 % übererfüllt.[29]

---

25 Jakov F. Kapustin: Vojna – surovaja proverka dlja každogo bol'ševika, Leningrad 1942, S. 3.

26 Jakov F. Kapustin: Pervičnye partorganizacii Leningradskich promyšlennych predprijatij v uslovijach vojny, Leningrad 1943, S. 8 f.

27 Vgl. *Pravda* vom 20.2.1943.

28 Vgl. *Pravda* vom 25.11.1942.

29 So der Zweite Leningrader Parteisekretär, Aleksej Kuznecov, in einer Rede anläßlich des 25. Jahrestages der Oktoberrevolution am 6.11.1942 auf einer gemeinsamen Festsitzung des Leningrader Stadtsowjets, der Kommandierenden der Leningrader Front und der Ostseeflotte sowie der Leiter von gesellschaftlichen und Parteiorganisationen, in: Leningrad v Velikoj Otečestvennoj vojne Sovetskogo Sojuza. Sbornik dokumentov i materialov, hg. v. Sergej I. Avvakumov, Leningrad 1944, S. 248 - 257, hier 255. Diese Behauptung wurde auch von anderen Leningrader Parteigrößen regelmäßig aufgestellt, vgl. z.B. die Rede Ždanovs auf der Plenarsitzung des Le-

Dieser Mythos diente zweifellos dazu, das Ansehen der lokalen Parteiführung in den Augen der Parteimitglieder und der Leningrader Bevölkerung zu heben. Er war aber auch Bestandteil von Ždanovs Selbstdarstellung gegenüber Moskau. So ließ es sich der Leningrader Parteichef beispielsweise nicht nehmen, während einer Sitzung des Obersten Sowjets, welche die aktuellen Fragen der Anti-Hitler-Koalition behandelte, auf die besonderen Leistungen Leningrads in diesem Krieg hinzuweisen: „Die Leningrader Industrie hat der Front Panzer, Kanonen, Munition, Geschütze, Geschosse, Minen, Granaten und vieles andere geliefert und wird es weiterhin liefern."[30] Auch wenn Stalin über die wahren Produktionszahlen informiert gewesen sein dürfte, so täuschte der Leningrader Parteichef dem Rest des Landes und vermutlich auch seinen politischen Rivalen im Kreml Erfolge auf allen Gebieten vor. Nicht wenige ließen sich von solchen Schilderungen tief beeindrucken. So notierte beispielsweise der Generalsekretär der Komintern, Georgi Dimitrov, in sein Tagebuch:

> „Im ZK bei Shdanow. Wir haben uns drei Stunden lang über die Lage an den Fronten und im Ausland unterhalten. Er ist voller Lebensfreude und Optimismus, ungeachtet der teuflischen Schwierigkeiten in Leningrad. Er erzählte mir ausführlich von der Organisation der Verteidigung Leningrads und berichtete von hunderten Beispielen für den Heldenmut der Leningrader. Das ist eine Heldenstadt! Eine uneinnehmbare Festung ..."[31]

Die Inszenierung und propagandistische Instrumentalisierung der Blockade hatte offensichtlich eine machtpolitische Komponente.[32] Die Leningrader Interpretation der Blockade diente unter anderem auch als ein wichtiges Element in der politischen Legitimation Ždanovs und seines Umfeldes im Herrschaftsgefüge von Staat und Partei. Allerdings wurde hier kein mit dem Kreml konkurrierendes Machtzentrum etabliert.[33] Als Stalinist hatte der Leningrader Parteichef den Zentralismus und die politische Hierarchie verinnerlicht. Folgerichtig gab er sei-

---

ningrader Stadt- und Gebietsparteikomitees am 11. April 1944, RGASPI f. 77, o. 1, d. 968, l. 53. Siehe auch die Rede Kapustins einen Tag später auf der gleichen Veranstaltung, CGAIPD SPb f. 25, o. 2, d. 4883, l. 109-135, hier 113.

30 Rede Ždanovs am 18.7.1942 vor dem Obersten Sowjet, abgedruckt in: Leningrad v Velikoj Otečestvennoj vojne, S. 1-3, hier 2.

31 Tagebucheintrag vom 20.6.1942, in: Dimitroff: Tagebücher, S. 541. An dieser Inszenierung von Erfolgen beteiligten sich nicht nur Ždanov und seine engsten Vertrauten, sie scheint vielmehr zu einem Projekt der gesamten lokalen politischen Elite geworden zu sein. So betonte Aleksej I. Zachar'in, Direktor der Bol'ševik-Werke, in seinem Antwortschreiben auf Stalins 1.-Mai-Gruß des Jahres 1944, daß seine Fabrik selbst in den schwersten Zeiten nicht eine Minute stillgestanden habe, vgl. Schreiben Zachar'ins an Stalin, o.D. [Juni 1944], CGAIPD SPb f. 25, o. 13-a, d. 87, l. 92-94, hier 92.

32 Auch Amir Weiner veranschlagt die Rolle der Kriegsdeutung bei der Formierung der regionalen Parteielite in Vinnyca sehr hoch. In der Ukraine nutzten vor allem ehemalige Partisanen und Rotarmisten ihre Beteiligung am Sieg als symbolisches Kapital, vgl. Weiner: Making Sense of War, S. 43-81.

33 So Blair A. Ruble: The Leningrad Affair and the Provincialization of Leningrad, in: Russian Review, 42 (1983), S. 301-320, hier 302.

nen Politarbeitern als vorrangiges Propagandathema mit auf den Weg: „Immer wieder die Rolle Stalins als Organisator des Sieges in diesem Krieg herausstellen."[34] So ist in der kontinuierlichen Hervorhebung der eigenen Verdienste vielmehr ein Buhlen um die Anerkennung des sowjetischen Diktators zu sehen. Und jener honorierte auch die Leistung der Leningrader Partei. Während in Moskau unter den Genossen Panik ausgebrochen war, als die Wehrmacht vor den Toren der Hauptstadt stand, und so mancher Funktionär Hals über Kopf aus der Stadt floh, hatte die Leningrader Partei schließlich in einer weitaus schwierigeren Lage die Nerven bewahrt. So ließ Stalin die Leningrader nicht nur in ihrer Geschichtspolitik gewähren; der inszenierte Erfolg trug der lokalen Parteiorganisation durchaus Anerkennung ein. 1944 wurde Ždanov nach Moskau beordert und galt in den nächsten Jahren unangefochten als Kronprinz Stalins. 1946 folgte ihm Kuznecov, der zum ZK-Sekretär und Leiter der Kaderverwaltung beim ZK ernannt wurde. Popkov tauschte seinen Posten als Vorsitzender des Exekutivkomitees des Leningrader Stadtsowjets gegen den des ersten örtlichen Parteisekretärs ein. Es entstand also eine Wechselwirkung zwischen Blockademythos und Politik, die ab den späten vierziger Jahren sogar noch an Bedeutung zunehmen sollte: Die Deutung der Blockade wurde zum Instrument im parteiinternen Machtkampf, und die jeweils herrschenden Machtverhältnisse spiegelten sich im offiziellen Umgang mit der Blockade wider.[35]

Ein weiteres Element der Leningrader Geschichtspolitik war die kollektive Verklärung sämtlicher Einwohner der Stadt zu Helden. Dieser Kult beruhte auf der Vorstellung, die Menschen hätten die Belagerung nicht als passive Opfer erduldet, sondern aktiv den schwierigen Alltag bewältigt und ihre Würde bis in den Tod bewahrt. So erläuterte der Erste Leningrader Komsomolsekretär in einem Interview mit dem amerikanischen Journalisten Henry Schapiro:

> „Auf jeden Fall kann ich sagen, daß die Leningrader alle Schwierigkeiten, alles Unglück und alle Not mit erhobenem Haupt durchschritten haben und durchschreiten werden. Sie arbeiteten kultiviert, sie lebten und leben kultiviert, sie kämpfen kultiviert und, wenn es erforderlich ist, können sie auch kultiviert sterben."[36]

Darstellungen, die von diesem Bild abwichen, wurden von der Parteiführung zensiert. So lehnte zum Beispiel Ždanovs Sekretariat das Drehbuch zu einem epischen Dokumentarfilm ab, das Zachar Eruchimovič, Lev Levin und Aleksandr Pergament verfaßt hatten. Es fing vorwiegend Alltagsszenen ein und vermittelte dabei eine bedrückende Stimmung:

---

34 Ždanov im Dezember 1943 in einer Rede vor Politarbeitern, RGASPI f. 77, o. 1, d. 783, l. 4–8. Auch in der Historiographie der unmittelbaren Nachkriegszeit ist kein Nachlassen im Stalin-Kult seitens der Leningrader Partei festzustellen, vgl. Dzeniskevič: Blokada i politika, S. 9 f.

35 Siehe dazu näher Kap. VII.2.

36 Aussage des Stadt- und Gebietsparteisekretärs des Leningrader Komsomol, Ivanov, in einem Interview mit dem amerikanischen Korrespondenten Henry Schapiro am 20.6.1943, RGASPI f. M-1, o. 6, d. 110, l. 118–130, hier 126 (Rückseite).

> „Im Drehbuch ‚Über Leningrad und die Leningrader' fehlt das Wichtigste. Es wird nicht gezeigt, wie die Menschen aufopferungsvoll die Stadt schützen und mutig die Beschwernisse in der belagerten Stadt ertragen. Das Libretto ist von Hunger und Tod durchdrungen, so daß die tatsächliche Standhaftigkeit der Menschen gar nicht zu sehen ist. Die Leute werden als schwach und unfähig, die Schwierigkeiten zu meistern, dargestellt. Die handelnden Personen warten – folgt man den Autoren – offensichtlich nur darauf, daß die Soldaten an der Front die Blockade durchbrechen und die deutschen Truppen vernichten, denn die Leningrader werden als passiv auf den Sieg wartend gezeigt. In dieser Hinsicht genügen das Libretto und das Drehbuch nicht den Anforderungen, die an einen Film über Leningrad gestellt werden. Die Autoren wurden davon unterrichtet und haben daraufhin beschlossen, das Libretto von Grund auf umzuarbeiten."[37]

Der deprimierende Blockadealltag paßte nicht in das heroische Bild, das die Bolschewiki vom Krieg zeichnen wollten. Daß es auch anders ging, zeigte der 1944 gedrehte Film „Es war einmal ein Mädchen" (*Žila-byla devočka*). Er handelte von einem siebenjährigen Mädchen, das aktiv den Alltag im belagerten Leningrad meisterte und sogar für ihre kranke Mutter sorgte.[38] Eine solche Darstellung war in den sowjetischen Kinos willkommen, blieb jedoch die Ausnahme. Molotov gestand gegenüber dem britischen Botschafter Kerr durchaus ein, daß die Schwierigkeiten, die Leningrad momentan durchmache, sich nur in sehr begrenztem Maße in der Presse und im Kino widerspiegeln.[39]

Der staatliche Heldenkult beließ es nicht bei schönen Worten und Bildern. Rituale und Symbole sollten diese Inszenierung untermauern. So gab die Leningrader Führung noch während der Belagerung die Herstellung von zwei Millionen Medaillen „Für die Verteidigung Leningrads" in Auftrag. Die fehlenden Rohstoffe, Instrumente sowie Moirébänder forderte man eigens aus Moskau an.[40]

Eine Schlüsselstellung in der Geschichtspolitik nahm kaum überraschend die Historiographie ein. Im April 1943 berief die Leningrader Partei eine historische Kommission ein, die der Akademie der Wissenschaften angegliedert war und den Auftrag hatte, Materialien zur Geschichte der Blockade zu sammeln.[41] Die

---

37 Siehe dazu das literarische Libretto zum Film „Über Leningrad und die Leningrader", o.D., CGAIPD SPb f. 24, o. 2-g, d. 337-a, l. 11–29. Die Ablehnung in: Bericht Pajusovs, eines Mitarbeiters in Ždanovs Sekretariat, über den Film „Über Leningrad und die Leningrader" vom 2.3.1942, CGAIPD SPb f. 24, o. 2-g, d. 337-a, l. 30.

38 Vgl. Kenez: Black and White, S. 167.

39 Aufzeichnung eines Gesprächs zwischen Molotov und Kerr vom 24.11.1942, in: SSSR i germanskij vopros, Bd. 1, S. 176–186, hier 186.

40 Schreiben Popkovs und Kapustins an Molotov vom 1.4.1943, CGAIPD SPb f. 25, o. 13-a, d. 53, l. 27–28.

41 Vgl. Andrej R. Dzeniskevič: O sozdanii obščegorodskoj komissii po sboru materialov dlja istorii oborony Leningrada, in: E.M. Balašov/Ė.A. Tropp/V.A. Šiškin (Hg.): Leningradskaja nauka v gody Velikoj Otečestvennoj vojny, St. Petersburg 1995, S. 129–139. Die Initiative zur Einberufung einer solchen Kommission war bereits ein Jahr zuvor von der Leningrader Akademie der Wissenschaften ausgegangen, siehe den Brief des Präsidiums der Akademie der Wissenschaften

Kommission bestand vor allem aus Politikern. Mit dem Direktor des Leningrader Historischen Instituts der Kommunistischen Partei, Sergej I. Avvakumov, gehörte ihr nur ein Historiker an.[42] Sie ließ im gesamten Stadtgebiet Quellen und Überreste für die Nachwelt zusammentragen, zum Beispiel Beschlüsse der Partei, Selbstverpflichtungen im sozialistischen Wettbewerb oder Feldpost. Die Quellenproduktion wurde sogar aktiv gefördert. Man forderte die Menschen dazu auf, Erinnerungen und Tagebücher zu verfassen und initiierte sogar Mobilisierungskampagnen und Wettbewerbe, um die Herstellung von Selbstzeugnissen anzukurbeln. Die Kommission veranstaltete Betriebsversammlungen, auf denen den Arbeitern die Bedeutung des Verfassens und Aufbewahrens von Memoiren und Tagebüchern erläutert wurde.[43] Viele Leningrader verfaßten aber keine persönlichen Texte, sondern sammelten nur Zeitungsausschnitte oder administrative Anordnungen. Avvakumov, der zugleich Vorsitzender der entsprechenden Kommission des Kirover Bezirks war, betonte daraufhin noch einmal, es gelte, dasjenige Material zu konservieren, das der Nachwelt verlorenzugehen drohe, weil es nicht von den Archiven aufbewahrt werde.[44] So reiche es zum Beispiel nicht, die Namenslisten der Volkswehr zu sammeln:

> „Wir müssen davon ein Bild entwerfen, wie diese Leute gekämpft haben, wir brauchen Nachrichten über die Gefallenen, denn es reicht nicht, nur die Namen aufzuzählen, wir müssen auch Fotos und Nachrichten von ihnen sammeln. Es ist wichtig, daß dieses Material möglichst vollständig zusammengetragen wird."[45]

---

an Jakov F. Kapustin vom 25.3.1942, in: Leningrad v osade, S. 520 f. Ein erster Vorläufer dieser Institution existierte bereits seit Dezember 1941, als eine entsprechende Kommission nur für den Kirover Stadtbezirk gegründet worden war. Im April 1943 rief man eine neue Kommission ins Leben, die nun vom Sekretär für Propaganda des Stadtparteikomitees geleitet wurde. Eine solche Kommission war kein Leningrader Spezifikum. In Moskau hatte sich bei der Akademie der Wissenschaften eine zentrale Kommission für die Geschichte des Zweiten Weltkriegs gebildet, deren Aufgaben sich nicht von der Leningrader historischen Kommission unterschieden, vgl. A.A. Kurnosov: Vospominanija-interv'ju v fonde komissii po istorii Velikoj Otečestvennoj vojny Akademii nauk SSSR, in: Archeografičeskij ežegodnik za 1973 god (1974), S. 118-132; N.S. Archangorodskaja/A.A. Kurnosov: O sozdanii komissii po istorii Velikoj Otečestvennoj vojny AN SSSR, in: Archeografičeskij ežegodnik za 1981 god (1982), S. 219-229.

42 Die anderen Mitglieder waren: die für Propaganda zuständigen Stadt- und Gebietsparteisekretäre, A.I. Machanov (als Vorsitzender) und K.I. Domokurova; die Leiter der politischen Abteilung der Leningrader Front und der Ostseeflotte, Kulik und Lebedev; der Stadt- und Gebietsparteisekretär des Leningrader Komsomol, Ivanov; die stellvertretenden Vorsitzenden des Leningrader Stadt- und Gebietssowjets, E.T. Federova und V.D. Semin; der Redakteur der *Leningradskaja pravda*, N.D. Šumilov, vgl. Anordnung des Büros der Leningrader Stadt- und Gebietsparteikomitees vom 3.4.1943, CGAIPD SPb f. 25, o. 2, d. 4714, l. 3-4.

43 Sitzungsprotokoll der Kommission des Kirover Bezirks zur Sammlung von Materialien vom 8.12.1943, CGAIPD SPb f. 4000, o. 10, d. 738, l. 1-19, hier 2-6.

44 Sitzungsprotokoll der Kommission des Kirover Bezirks zur Sammlung von Materialien vom 8.12.1943, CGAIPD SPb f. 4000, o. 10, d. 738, l. 1-19, hier 18 (Rückseite).

45 Ebd., l. 18 (Rückseite) f.

Die Produktion von Kriegshelden wurde von den historischen Kommissionen also sorgfältig vorbereitet.[46] Die Sammelaktivitäten trugen schnell Früchte. Noch im Laufe des Kriegs erschienen erste Dokumentenbände, die allerdings vorwiegend aus Zeitungsartikeln bestanden.[47]

Nähere Aussagen über die Rolle der historischen Kommission innerhalb der Leningrader Geschichtspolitik sind nicht möglich, da diejenigen Quellenbestände, die über ihre Tätigkeit Aufschluß geben, nicht zugänglich sind. Sie scheint allerdings als Instrument zur Forcierung einer Geschichtsschreibung jenseits der etablierten Institutionen gedient zu haben. Das Leningrader Historische Institut bei der Akademie der Wissenschaften sträubte sich nämlich, den Schwerpunkt seiner Arbeit von der vorrevolutionären auf die Sowjetzeit zu verlegen. Diese Weigerung rief regelmäßig die Kritik der Parteiführung hervor.[48] Doch ihre Beschlüsse wurden von den Wissenschaftlern offenbar ignoriert. So waren der Aufforderung vom September 1947, der sowjetischen Periode in der Institutsarbeit mehr Gewicht zu verleihen, auch anderthalb Jahre später keine Taten gefolgt.[49] Die Historiker der Akademie erwiesen sich also bis zu einem gewissen Grad als beratungsresistent. Eine zumindest indifferente Haltung dem Regime gegenüber kommt nicht zuletzt darin zum Ausdruck, daß von den 33 Mitarbeitern des Instituts nur zehn der Kommunistischen Partei oder einer ihrer Organisationen angehörten.[50]

---

46 Zur Konstruktion von Kriegshelden vgl. Sartori: On the Making of Heroes, S. 176. Ein Fallbeispiel aus dem „Großen Vaterländischen Krieg" findet sich bei Daniela Rathe: Soja – eine „sowjetische Jeanne d'Arc"? Zur Typologie einer Kriegsheldin, in: Silke Satjukow/Rainer Gries (Hg.): Sozialistische Helden. Eine Kulturgeschichte von Propagandafiguren in Osteuropa und der DDR, Berlin 2002, S. 45-59.

47 Die auf zwei Bände angelegte Dokumentation „Leningrad v Velikoj Otečestvennoj vojne Sovetskogo Sojuza", von denen nur ein Band im Jahre 1944 erschienen ist, enthält vorwiegend Artikel aus der *Leningradskaja pravda* und genügte damit den dokumentarischen Ansprüchen der Kommission nicht. Allerdings wurden einige der im Archiv aufbewahrten Erinnerungen in der 1968 veröffentlichten Memoiren-Sammlung „Oborona Leningrada" veröffentlicht, vgl. Dzeniskevič: O sozdanii obščegorodskoj komissii, S. 137.

48 Vgl. Sitzungsprotokoll der Parteiorganisation in der Leningrader Sektion des Historischen Instituts bei der Akademie der Wissenschaften vom 28.11.1946, CGAIPD SPb f. 2995, o. 1, d. 2, l. 18.

49 Sitzungsprotokoll der Parteiorganisation in der Leningrader Sektion des Historischen Instituts bei der Akademie der Wissenschaften vom 11.9.1947, CGAIPD SPb f. 2995, o. 1, d. 6, l. 22-26; Konkret wurde das Projekt „Die Geschichte St. Petersburgs – Petrograds – Leningrads von den Anfängen bis in unsere Zeit" beschlossen, vgl. den Bericht der Parteiorganisation in der Leningrader Sektion des Historischen Instituts bei der Akademie der Wissenschaften für den 1.12.1946-15.1.1948, CGAIPD SPb f. 2995, o. 2, d. 12, l. 11-22, hier 16. Die Feststellung der Parteiorganisation, daß die sowjetische Epoche nach wie vor ungenügend erforscht würde, in: Sitzungsprotokoll der Parteiorganisation in der Leningrader Sektion des Historischen Instituts bei der Akademie der Wissenschaften vom 3.2.1949, CGAIPD SPb f. 2995, o. 2, d. 5, l. 3.

50 Bericht über die Arbeit der Parteiorganisation in der Leningrader Sektion des Historischen Instituts bei der Akademie der Wissenschaften vom 1.11.1945-15.11.1946, CGAIPD SPb f. 2995, o. 1, d. 2, l. 14.

Der vermutlich bedeutendste geschichtspolitische Akt, den die Leningrader Partei noch im Krieg vollbrachte, war die Einrichtung eines Blockademuseums. Es öffnete am 30. April 1944 seine Pforten. Die Dauerausstellung trug den Titel „Die heldenhafte Verteidigung Leningrads".[51] Auch auf ausländische Betrachter erzielte sie ihre gewünschte Wirkung. Der amerikanische Journalist W.L. White zeigte sich 1944 bei einem Ausstellungsbesuch von der visuellen Umsetzung dieses „Dramas" zutiefst beeindruckt. Die Umstellung der Leningrader Industrie auf Kriegsproduktion demonstrierte man anhand einer Parfümfabrik und eines Montagebands für Radiogeräte, die für die Herstellung von Desinfektionsmitteln bzw. Granathülsen umgerüstet worden waren. Auf Fotografien war die Arbeit der Eisstraße zu sehen, und ein Modell einer Leningrader Brotfabrik veranschaulichte, wie man im Belagerungsring ohne Strom und fließendes Wasser das berühmte Blockadebrot buk. Neben diesen Beispielen, die von der Findigkeit der Leningrader im Überlebenskampf zeugten, waren auch Bilder von Menschen zu sehen, die ihre toten Angehörigen auf Schlitten zum Friedhof transportierten.[52] Über die Gründe, weshalb das Leiden der Bevölkerung einen relativ breiten Raum in der Ausstellung einnahm, kann nur spekuliert werden. Möglicherweise wollte man vermeiden, daß die Darstellung zu sehr von den persönlichen Erlebnissen der Blockadeteilnehmer abweicht und dadurch insgesamt an Glaubwürdigkeit verliert.

Zwei weitere Erinnerungsorte schuf die Leningrader Parteiführung mit den beiden Siegesparks, die sie als die ersten großen Gedenkkomplexe errichten ließ.[53] Im Oktober 1945 wurde der „Siegespark am Meer" (*Primorskij park Pobedy*) durch das Pflanzen von 45 000 Bäumen auf der Krestov-Insel angelegt, und 1946 eröffnete der „Moskauer Siegespark" (*Moskovskij park Pobedy*) an der südlichen Ausfallstraße, dem Moskauer Prospekt, den eine „Allee der Helden" durchzog. Darüber hinaus wurde in den folgenden Jahren ein 20 Kilometer langer „Gürtel des Ruhmes" angelegt, der bis heute entlang der ehemaligen Verteidigungslinie eine ganze Reihe von Monumenten und Gedenksteinen verbindet. Den Verlauf der „Straße des Lebens", auf der über den Ladogasee gebrachte Güter vom Seeufer in die Stadt transportiert wurden, markierte man ebenso mit einer Reihe von Denkmälern, die zudem mit der Skulptur des „Aufgebrochenen Ringes" am Ufer des Sees einen eindrucksvollen Abschluß erhielt.[54]

---

51 Vgl. Sitzungsprotokoll des Leningrader Stadtparteikomitees vom 29.4.1944, RGASPI f. 17, o. 44, d. 871, l. 155.

52 Vgl. W.L. White: Report on the Russians, S. 99 f.

53 Schreiben von L. Ganičev, Korrespondent der *Pravda* in Leningrad, an seinen Redakteur, P.N. Pospelov, o.D. [nicht später als der 19.10.1945, als Pospelov den Brief an M.A. Šamberg in die Abteilung für Organisation und Instruktion des ZK weiterleitete], RGASPI f. 17, o. 122, d. 88, l. 179–183. Beim Bau wurden auch deutsche Kriegsgefangene eingesetzt.

54 Vgl. Gennadij F. Petrov: Pamjatnik skorbi i slavy. Piskarevskoe memorial'noe kladbišče, Leningrad 1986, S. 29 ff.

Die Leningrader Geschichtspolitik war insgesamt erfolgreich. Glaubt man dem Parteisekretär des Smol'nyj-Bezirks und Leiter der Kaderabteilung des Leningrader Stadtparteikomitees, P.P. Stel'machovič, dann war das Ansehen der Partei bei den Leningradern weder vor noch nach dem Krieg jemals wieder so hoch wie in den Zeiten der Blockade.[55] Nach dem Kriegsende wurde der Heldenmythos weitergepflegt. In den Zeitungsbeiträgen zum fünften Jahrestag der Befreiung Leningrads finden sich alle Elemente der offiziellen Leningrader Geschichtspolitik wieder: Die Soldaten hätten sich bei der Abwehr des deutschen Angriffs durch Massenheroismus ausgezeichnet, und die Fabriken hätten ohne Unterbrechung gearbeitet und 1943 den Plan sogar übererfüllt.[56]

Es würde jedoch zu kurz greifen, die aufwendige Inszenierung des Blockademythos allein als Kriegspropaganda und bewußte Geschichtsfälschung abzutun. Die Bolschewiki glaubten selbst an die Inhalte ihrer Geschichtspolitik. Dies wird besonders im parteiinternen Schriftverkehr sichtbar, der sich weder im Ton noch im Inhalt wesentlich von den Artikeln in der *Leningradskaja pravda* unterschied. So schrieb zum Beispiel der Parteisekretär Basov im Februar 1942, als die Fabriken gerade stillagen:

> „Die Leningrader Industrie blieb in den Tagen des Krieges ein kraftvolles Arsenal für die Front. Die Bolschewiki der Stadt Lenins, geführt vom Genossen Ždanov, konnten in kurzer Zeit die Arbeit der bedeutenden Institute und Laboratorien auf ein Ziel hin ausrichten – den Ausstoß von Kriegstechnik, die für den Sieg über den verhaßten Feind benötigt wird."[57]

Der Ton dieses Arbeitsberichts spiegelt auf der einen Seite das verständliche Bestreben des Verfassers wider, seinen Vorgesetzten vor allem Erfolge aus dem eigenen Zuständigkeitsbereich zu melden. Auf der anderen Seite wußten Ždanov, Kuznecov und Kapustin sehr wohl, daß die Leningrader Industrie in Wirklichkeit so gut wie nichts mehr produzierte. Hier haben wir es mit einem Beispiel „bolschewistischen Sprechens" zu tun, das Ausdruck des stalinistischen Habitus war.[58] Die politische und wirtschaftliche Elite der Sowjetunion betrachtete sich selbst als kraftvolle „Macher", die den im Kommunismus mündenden Geschichtsprozeß schneller vorantrieben. Fortschritt war das Glaubensbekenntnis dieser Überzeugungsgemeinschaft, Stillstand bedeutete eine Abkehr vom sozialistischen Weg. Dem Fortschritt wurde deshalb in jedem Lagebericht, in jedem Befehl gehuldigt. Selbst wenn ein Rapport vorwiegend mißliche Zustände anprangert, beginnt er in der Regel mit positiven Ergebnissen. Erst danach räumt er Mängel und Fehler ein, übt mitunter Selbstkritik und weist dann auf die Mittel und Wege zur Überwindung der mangelhaften Erscheinungen, die immer auf das

55 Erinnerungen von P.P. Stel'machovič, CGAIPD SPb f. 4000, o. 18, d. 242, l. 75.

56 Bessmertnyj podvig Leningrada, in: *Leningradskaja pravda* vom 27.1.1949; Velikaja pobeda sovetskich vojsk, in: ebd.

57 Bericht M. Basovs über die Lage in der Leningrader Industrie aus dem Februar 1942, CGAIPD f. 25, o. 13-a, d. 35, l. 6–14, hier 6.

58 Zum „speaking bolshevik" siehe Kotkin: Magnetic Mountain, S. 198–237.

Versagen einzelner Personen zurückgeführt werden, nie auf eine falsche Politik oder gar das System selbst. Insofern sind jene überschwenglichen Erfolgsmeldungen ein Bestandteil eines authentischen Selbstverständnisses der stalinistischen Weltanschauungselite. Daraus folgt, daß die geschichtspolitischen Aussagen nicht nur Strategie in einem Kampf um die Erinnerung waren, sondern das kommunikative Gedächtnis der Leningrader Parteielite abbildeten. Die Leningrader Parteifunktionäre erlebten die Blockade als eine Ausnahmesituation hektischer Aktivität, die letztlich in eine erfolgreiche Verteidigung der Stadt mündete. Nicht Stillstand und Tod, sondern Erfolge und Überleben dominierten ihre Alltagserfahrung und damit auch ihre persönliche Erinnerung an die Blockade.

Neben dieser staatlich gelenkten Geschichtspolitik existierte eine alternative Erinnerung an die Blockade. Sie wurde überwiegend von Leningrader Künstlern vertreten, etwa in der verbreiteten Blockadeliteratur oder in jenen Drehbüchern, die von der Partei häufig abgelehnt wurden. Sie griffen vorrevolutionäre Stadtmythen und Traditionen auf und verknüpften diese mit der neuen, sowjetischen Identität Leningrads. So begann beispielsweise Nikolaj Tichonovs Gedicht „Leningrad“ mit den Zeilen: „Durch Peters Willen gegründet, durch Lenins Licht mit Bedeutung erfüllt.“[59]

In dieser lokalpatriotischen Interpretation nahm die Blockade den Platz eines weiteren Bausteins im Leningrader Sonderbewußtsein ein.[60] Während die Elemente des Lokalpatriotismus durchaus eine Schnittmenge mit der Geschichtspolitik der Leningrader Partei bildeten, hob sich die literarisch inszenierte Erinnerung von den beiden anderen Deutungen vor allem dadurch ab, daß sie das Leid der Menschen in den Mittelpunkt ihrer Darstellung rückte.[61] Dabei standen einzelne Wörter als Symbole für eine Realität, deren Schrecken nicht detailgetreu abgebildet werden sollten. Worte wie „Nacht“, „Kälte“, „Dunkelheit“ sowie Beschreibungen des Geräusches von Bomben und Granaten waren häufig eingesetzte Bilder. Das Wort „Hunger“ selbst wurde zwar kaum verwendet. Doch durch die ständige Thematisierung der Bedeutung des Brots ist der Hunger stets präsent.[62]

---

59 Zit. nach: Rambow: Überleben mit Worten, S. 122.

60 Vgl. Rambow: The Siege of Leningrad, S. 157–162. Dabei definierte sich der Leningrader Lokalpatriotismus als Antagonismus zu Moskau, der hier mit den Schlagworten „Fenster zum Westen“, mondäne Pracht und kulturelles Zentrum nur angedeutet werden kann, vgl. Wehner: Hauptstadt des Geistes, S. 221 f. Neben dem Leningrader Lokalpatriotismus wurde ein russischer Nationalismus ebenso wie der Sowjetpatriotismus gepflegt, vgl. Rambow: Überleben mit Worten, S. 243–268.

61 Angesichts des schrecklichen Alltags mutet die Zukunftshoffnung, die solche Veröffentlichungen wohl weitgehend als Zugeständnis an die Vorgaben des Regimes zu vermitteln suchten, aufgesetzt und paradox an. Vgl. z.B. Vera Inber: Fast drei Jahre. Aus einem Leningrader Tagebuch, Berlin (Ost) 1946.

62 Vgl. Rambow: Überleben mit Worten, S. 129–149. Im Jahr 1942 wurde aus den Materialien der Leningrader Wochenschauen unter der Leitung von Roman Karmen der Film „Leningrad im Kampf“ (*Leningrad v bor'be*) zusammengeschnitten, der das Heldentum der Einwohner heraus-

Das Zusammenleben der Leningrader wurde als eine große Solidargemeinschaft dargestellt. So schildert zum Beispiel der Pravdakorrespondent und Sekretär des Schriftstellerverbandes, Aleksandr A. Fadeev, die Reinigungsaktion des Frühjahrs 1942 nicht als organisatorische Leistung der Partei, sondern als einen spontanen Akt, an dem sich alle Leningrader – „von der Hausfrau bis zum Professor" – beteiligten.[63] In gleichem Maße wie die Leningrader ins Zentrum der Darstellung rückten, wurden sie zu Helden dieses Kriegsepos. Das Heroische bestand hier allerdings darin, die harten Zeiten überlebt zu haben. Hier wird ein wesentlicher Unterschied zum offiziell propagierten Heroismus deutlich, in dem der Held sich aktiv am Krieg beteiligt, anstatt in relativer Passivität sein schweres Schicksal mit Würde zu ertragen.

Es gab im belagerten Leningrad also zwei miteinander konkurrierende Deutungsangebote. Auch wenn das letztere allenfalls semioffiziellen Charakter hatte, so schritt die Zensur nur ein, wenn die Alltagsbeschreibungen allzu düster waren und einen allzu großen Widerspruch zur staatlichen Interpretation zu bilden drohten.[64] So wurde zum Beispiel das „Februar-Tagebuch" von Ol'ga Berggol'c in zwei verschiedenen Fassungen gesendet. Die Zensur im Radiokomitee hatte die ursprüngliche Version etwas geglättet, indem sie zum Beispiel Worte wie „Schmutz" oder „Dunkelheit" und Formulierungen wie „durchfrorene Halbmasken" entfernte oder durch weniger emotionale Umschreibungen ersetzte. Der veränderte Text wurde durch diese Eingriffe abstrakter, der Alltag erschien etwas erhabener.[65]

---

stellte, indem er ihren Kampf mit dem Alltag beschrieb, vgl. Der Krieg gegen die Sowjetunion im Spiegel von 36 Filmen. Eine Dokumentation, Berlin o.J., S. 26 ff.

63 A. Fadeyev: Leningrad in the Days of the Blockade, London u.a. 1946, S. 9. Diese unverbrüchliche Einheit war der zentrale Topos des 1944 im russischen Original erschienenen Buches und ermöglichte es laut Fadeev der Stadt, die Belagerung zu überstehen.

64 Nach Anna Krylova hatte die sowjetische Literatur die Aufgabe übernommen, die seelischen Wunden, die der Krieg geschlagen hatte, zu heilen. Da der Staat dieser Aufgabe nicht nachgehen wollte, habe er die Literatur gewähren lassen, vgl. Anna Krylova: „Healers of Wounded Souls". The Crisis of Private Life in Soviet Literature 1944-1946, in: Journal of Modern History, 73 (2001), S. 307-331. Allerdings ist davon auszugehen, daß die freiwillige Selbstzensur die Autoren davon abhielt, tatsächlich ‚frei' zu schreiben. So finden sich in vielen Texten auch Elemente der offiziellen Erinnerungskultur. Als bekanntes Beispiel sei hier nur das Tagebuch von Vera Inber angeführt, das neben Alltagserlebnissen auch einen unerschütterlichen Glauben in die politische Führung und die Rote Armee und wiederholt Loblieder auf Stalin enthält, vgl. Inber: Fast drei Jahre.

65 Vgl. Rambow: Überleben mit Worten, S. 272 ff. Auch der Schriftsteller Vsevolod Višnevskij, der das Drehbuch für den Film „Leningrad im Kampf" geschrieben hatte, schilderte seine Probleme mit den Regisseuren, die seiner Meinung nach die Wirklichkeit zu stromlinienförmig wiedergegeben haben. Außerdem hatte man bei der Endbearbeitung die erschütterndsten Szenen herausgeschnitten und eine „geglättete" Version zur Aufführung gebracht, vgl. Der Krieg gegen die Sowjetunion in 36 Filmen, S. 26 ff. Es erstaunt nicht, daß der Film von der Kritik euphorisch aufgenommen wurde, denn „alles, vom Anfang bis zum Ende, ist mit diesem bolschewistischen Optimismus durchdrungen, der unsere ruhmreiche Stadt erleuchtet und die Seelen der

Die Unterschiede zwischen der offiziellen Geschichtspolitik und der literarischen Verarbeitung der Ereignisse lassen sich zum einen aus den unterschiedlichen Interessenlagen der jeweiligen Protagonisten erklären. Die Leningrader Partei warb um Bestätigung und Rückhalt sowohl bei den Leningradern als auch bei Stalin und stellte demzufolge die lokale Elite in ein möglichst günstiges Licht. Die Blockadeliteratur diente zur Stärkung der Moral und wurde in diesem Ziel vom Regime aktiv unterstützt. Darüber hinaus vermochte sie dem Leiden der Menschen einen Sinn zu geben, indem sie dieses als Beitrag zur Verteidigung der Stadt verklärte.[66] Der 16jährige Jura Rjabinkin fand beim Nachdenken über die Welt nach seinem Tod zum Beispiel darin Trost, daß die Stadt überleben werde:

> „Tina wird mich in der Ferne beweinen, sich an unser vergangenes Leben erinnern, etwas wird sie auch bereuen, und in einem Jahr vergißt sie uns ... Es vergeht ein halbes Jahr, ein Jahr, der Krieg geht zu Ende, und ein glückliches Leben wie in der Vergangenheit kommt wieder in unsere Stadt. Unsere Leichen werden verwesen, die Knochen verwandeln sich zu Staub, und [im Sinne von: doch, J.G.] Leningrad bleibt ewig stolz und unbesiegbar an den Ufern der Newa stehen."[67]

Indem die Blockadeliteratur auf die Erlebnisse während der Belagerung sinnstiftend wirkte, prägte sie auch das kommunikative Gedächtnis der Überlebenden. Dies um so mehr, da ihre Beschreibungen die alltäglichen Erfahrungen der Menschen widerspiegelten und somit ein höheres Maß an Identifikationspotential boten als das organisatorische Erfolge betonende Bild der Leningrader Partei. Zudem ließ die Blockadeliteratur den Menschen die Möglichkeit, die Trauer um ihre verstorbenen Angehörigen in das Deutungsangebot zu integrieren, da sie den Tod nicht als eine unerwünschte Randerscheinung aus der Erinnerung ausklammerte.[68]

Die Möglichkeit zur Verortung der eigenen, persönlichen Tragödie kann in ihrer zentralen Bedeutung für die Verarbeitung der Schrecken der dreißiger und vierziger Jahre nicht deutlich genug hervorgehoben werden. Der Zweite Weltkrieg war das erste Ereignis in der sowjetischen Geschichte, in dessen Zusammenhang den Menschen gestattet war, öffentlich zu trauern. Die Jahre zuvor hatten zwar unzählige Todesopfer gefordert, doch blieb angesichts der von oben verordneten Aufbruchsstimmung kein Platz für Leid und Kummer. Das Gedenken an die Kriegsopfer bot nun einen Rahmen für Trauerarbeit, der von den

---

Leningrader erfüllt", vgl. A. Dymšic: Fil'm, zovuščij k bor'be i pobede, in: Propaganda i agitacija 1942, Nr. 14, S. 15-18, hier 15.

66 Mitunter tendierte die Blockadeliteratur allerdings dazu, den Alltag in der belagerten Stadt zu verkitschen. So urteilte der Literaturwissenschaftler Dmitrij Lichačëv: „Die Wahrheit über die Leningrader Blockade wird niemals veröffentlicht werden. Man macht lauter ‚Rührseligkeiten' daraus. Der *Pulkowski meridian* von Wera Inber [ein Poem aus dem Jahre 1943, J.G.] – eine Rührseligkeit aus Odessa.", vgl. Lichatschow: Hunger und Terror, S. 287 f.

67 Aus dem Tagebuch von Jura Rjabinkin, Eintrag vom 12.12.1941, in: Das Echolot, S. 421 ff., hier 421.

68 Zur Beschreibung des Todes in der Blockadeliteratur vgl. Rambow: Überleben mit Worten, S. 146-149.

einzelnen Menschen ganz unterschiedlich ausgefüllt werden konnte. Nichts verdeutlicht dies mehr als die vielfältigen Interpretationsmöglichkeiten von Šostakovičs Siebter, der Leningrader, Symphonie. Dmitrij Šostakovič hatte die ersten drei Sätze im belagerten Leningrad geschrieben, ehe er am 1. Oktober 1941 zusammen mit seiner Frau und seinen beiden Kindern nach Moskau evakuiert wurde, von wo aus er Mitte Oktober nach Kujbyšev weiterfuhr. Dort vollendete er sein Werk.[69] Der 1906 in St. Petersburg geborene Komponist widmete die Symphonie seiner Heimatstadt. Noch vor der Uraufführung wurde das Werk vom Regime öffentlich als eine Spiegelung der Kriegsereignisse interpretiert. Aleksej N. Tolstoj rühmte es: „Die Siebte Symphonie entstand aus dem Gewissen des russischen Volkes, das, ohne zu schwanken, den tödlichen Kampf gegen die finsteren Mächte aufnahm."[70] Infolgedessen wurde – und wird zum Teil bis heute – der berühmte Marsch im ersten Satz als eine Darstellung der auf Leningrad zumarschierenden Wehrmacht interpretiert.

Diese lange Zeit gültige, offizielle Version ist durch die Memoiren Šostakovičs, die 1979 in den Vereinigten Staaten von dem emigrierten Musikwissenschaftler Solomon Volkov herausgegeben wurden, in Frage gestellt worden.[71] Schon ein Freund Šostakovičs, der Dirigent Evgenij Mravinskij, erinnerte sich, daß er den berühmten ersten Satz schon im März 1942, als er die Symphonie das erste Mal im Radio hörte, als ein Bild der allgemeinen Dummheit und Geschmacklosigkeit verstand. In den Memoiren stellte Šostakovič die eigentliche Intention der Leningrader Symphonie wie folgt dar:

> „Mit Gedanken an die Siebte beschäftigte ich mich schon vor dem Krieg. Sie war daher nicht das bloße Echo auf Hitlers Überfall. Das Thema ‚Invasion' hat nichts zu tun mit dem Angriff der Faschisten. Ich dachte an ganz andere Feinde der Menschheit, während ich dieses Thema komponierte. [...]

[69] Den ersten Satz beendete er am 3.9., den zweiten am 17.9. und den dritten am 29.9.1941, vgl. Brief an Isaak D. Glikman vom 30.11.1941, in: Šostakovič: Chaos statt Musik?, S. 35 f.

[70] Zit. in: Wolkow (Hg.): Memoiren des Dmitri Schostakowitschs, S. 424 (Anm. 10). Wahrscheinlich stammt das Zitat aus Aleksej Tolstojs Pravdaartikel „Bei einer Probe der Siebten Symphonie von Šostakovič" vom 13.2.1942. Diese Kritik wurde in vielen Zeitungen abgedruckt und gab die Interpretation der Symphonie noch vor ihrer Uraufführung vor, vgl. das Vorwort von Isaak D. Glikman zur Veröffentlichung von Šostakovičs Briefen an ihn: Šostakovič: Chaos statt Musik?, S. 23 f.

[71] Diese Memoiren beruhen auf mehreren Gesprächen, die der Musikwissenschaftler Solomon Volkov Anfang der siebziger Jahre mit dem sowjetischen Komponisten geführt hatte. Volkov redigierte seine Aufzeichnungen und legte sie Šostakovič zum Gegenlesen vor, der sie schließlich abzeichnete. Nach der postumen Veröffentlichung wurde die Authentizität der Memoiren zunächst vor allem von sowjetischer, aber auch von westlicher Seite stark in Zweifel gezogen. Seit Ende der neunziger Jahre sind sie jedoch von der internationalen Forschung als Zeugnis des Komponisten anerkannt. Zur Geschichte des Manuskripts und seiner Rezeption siehe das Vorwort von Michael Koball in der deutschen Neuausgabe aus dem Jahr 2000: Wolkow (Hg.): Memoiren Schostakowitschs.

> Man betrachtet die Vorkriegszeit heute gern als Idylle. Alles war schön und gut, bis Hitler kam. Hitler war ein Verbrecher, nicht zu bezweifeln. Aber auch Stalin war ein Verbrecher.
>
> Ich empfinde unstillbaren Schmerz um alle, die Hitler umgebracht hat. Aber nicht weniger Schmerz bereitet mir der Gedanke an die auf Stalins Befehl Ermordeten. Ich trauere um alle Gequälten, Gepeinigten, Erschossenen, Verhungerten. Es gab sie in unserem Lande schon zu Millionen, ehe der Krieg gegen Hitler begonnen hatte. Der Krieg gegen Hitler brachte unendlich viel neues Leid, neue Zerstörungen. Aber darüber habe ich die schrecklichen Vorkriegsjahre nicht vergessen. Davon zeugen alle meine Symphonien, angefangen mit der Vierten. Die Siebte und die Achte gehören auch dazu.
>
> Ich habe nichts dagegen einzuwenden, daß man die Siebte die ‚Leningrader' Symphonie nennt. Aber in ihr geht es nicht um die Blockade. Es geht um Leningrad, das Stalin zugrunde gerichtet hat. Hitler setzte nur den Schlußpunkt."[72]

Zusammenfassend lassen sich in der unmittelbaren Nachkriegszeit dreierlei Formen der Erinnerung ausmachen. Die Leningrader Parteiführung erinnerte sich an die Blockade als eine entbehrungsvolle Zeit, in der unvorstellbar große Aufgaben zu bewältigen waren. Zugleich empfand man dies aber auch als eine schöne Zeit, in der man in relativer Eigenverantwortung Großes vollbringen konnte – und vollbrachte. Dagegen setzte sich die Erinnerung an den alltäglichen Kampf gegen Hunger und Kälte ab, die sich in der Blockadeliteratur, in Memoiren und Tagebüchern manifestierte. Beide Erinnerungen sind dem kommunikativen Gedächtnis unterschiedlicher Gruppen zuzuordnen, denn beide halten eine persönlich verbürgte und kommunizierte Erfahrung der Erlebnisgeneration fest. Das zuletzt geschilderte Beispiel ist hingegen dem kulturellen Gedächtnis zuzuschreiben. Die Blockade symbolisiert den Untergang des alten St. Petersburg und steht als Synonym für das Leid, den stalinistischer Terror und Krieg über die Stadt gebracht haben. Nicht zufällig war die Musik Ausdrucksmittel dieser Erinnerung. Dank ihrer interpretatorischen Offenheit konnte die Trauer über die Kriegstoten um das Gedenken an die Opfer der dreißiger Jahre erweitert werden.[73]

---

72 Wolkow (Hg.): Memoiren Schostakowitschs, S. 247 f.

73 Zur Rolle der klassischen Musik in der Sowjetunion während des Kriegs, insbesondere zu Prokof'ev und Šostakovič, vgl. Harlow Robinson: Composing for Victory. Classical Music, in: Richard Stites (Hg.): Culture and Entertainment in Wartime Russia, Bloomington, Indianapolis 1995, S. 62–76.

2. Die ausgelöschte Erinnerung: Die „Leningrader Affäre" und ihre Auswirkungen

Die Dominanz der Leningrader Geschichtspolitik barg von Beginn an ein beträchtliches Konfliktpotential. Die Betonung der regionalen Eigenständigkeit der zweitgrößten Stadt des Landes lief dem zentralistischen Staats- und Politikverständnis Stalins zuwider.[74] Die Geschichtspolitik des Kremls legte ihre Schwerpunkte anders: Sie schrieb die erfolgreiche Verteidigung der Newametropole in erster Linie der Roten Armee und der weisen Führung Stalins zu.[75] Mit der „Leningrader Affäre" fand die Leningrader Geschichtspolitik 1949 ein abruptes Ende.[76] Dieser von Moskau initiierten spätstalinistischen Terrorkampagne fiel die Leningrader Parteielite zum Opfer: Die führenden Funktionäre der Blockadezeit, u.a. Popkov, Kuznecov und Kapustin, wurden entmachtet und teilweise hinge-

---

74 So ist zum Beispiel Kapustins Schrift über die Leningrader Parteiorganisation im Krieg, die 1943 erschien, eine einzige Hymne auf die Leistungen der lokalen Parteielite. Stalin und die Stavka kommen darin praktisch nicht vor, vgl. Kapustin: Pervičnye partorganizacii.

75 Besonders deutlich wird dies bei der unterschiedlichen Darstellung der Entsetzung Leningrads. Während Ždanov betonte, daß sich die Festungsbesatzung „aus eigener Kraft [...], ohne Hilfe von außen" befreit habe, hatte Stalin wenige Wochen vor dieser Rede des Leningrader Parteichefs den militärischen Erfolg an der Newa „unseren Truppen" gutgeschrieben und in eine Reihe weiterer strategischer Erfolge an der Nordfront gestellt. Vgl. Rede Ždanovs vor dem Plenum des Leningrader Stadt- und Gebietsparteikomitees am 11. April 1944, RGASPI f. 77, o. 1, d. 968, l. 47 f.; J.W. Stalin: Befehl des Obersten Befehlshabers vom 23.2.1944, in: Stalin: Werke Bd. 14, S. 341-347, hier 342.

76 Zur Leningrader Affäre siehe: Viktor I. Demidov/Vladislav A. Kutuzov: „Leningradskoe delo", Leningrad 1990; Bernd Bonwetsch: Die „Leningrad-Affäre" 1949-1951. Politik und Verbrechen im Spätstalinismus, in: Deutsche Studien, 28 (1990), S. 306-322; Schauprozesse unter Stalin 1932-1952. Zustandekommen, Hintergründe, Opfer, Berlin 1990, S. 375-402; Michael Parrish: The Lesser Terror. Soviet State Security 1939-1953, Westport, London 1996, S. 215-221; Jelena Subkowa: Kaderpolitik und Säuberungen in der KPdSU (1945-1953), in: Hermann Weber/Ulrich Mählert (Hg.): Terror. Stalinistische Parteisäuberungen 1936-1953, Paderborn u.a. 1998, S. 187-236, Dokumente S. 237-281; Beate Fieseler: Innenpolitik der Nachkriegszeit 1945-1953, in: Handbuch der Geschichte Rußlands, Bd. 5: Vom Ende des Zweiten Weltkriegs bis zum Zusammenbruch der Sowjetunion (1945-1991), hg. v. Stefan Plaggenborg, Stuttgart 2002, S. 36-77, hier 59-61. McCagg sieht bereits im Jahr 1947 erste Anzeichen dafür, daß Stalin den Blockade-Mythos einzudämmen suchte, indem er die Schlacht vor Moskau stärker in den Vordergrund rückte. Dabei bezieht sich McCagg auf eine Rede Stalins, die er am 7.9.1947 auf der Feier anläßlich des 800-jährigen Gründungsjubiläums Moskaus gehalten hatte. Ein Herausstellen der Verteidigung Moskaus scheint hier eher dem Anlaß geschuldet gewesen zu sein, als daß es als eine gegen Leningrad gerichtete Geschichtspolitik gedeutet werden kann, vgl. William O. McCagg: Stalin Embattled 1943-1948, Detroit 1978, S. 273 f.

richtet.[77] In der bis 1952 dauernden Parteisäuberung verloren mehr als 2000 leitende Funktionäre ihren Posten.[78] Außerdem wurden über 15 000 Leningrader aus der Partei ausgeschlossen.[79]

Die Ursachen der „Leningrader Affäre“ sind in der Forschung bis heute umstritten. Sie wird entweder als gezielte Degradierung der Newametropole durch Stalin oder als Ausdruck eines Machtkampfes zwischen den Epigonen des sowjetischen Diktators gedeutet.[80] Die bislang zur Verfügung stehenden Quellen deuten darauf hin, daß den innerparteilichen Gegnern der „Leningrader“ freie Hand

---

77 Neben den „Leningradern“ war auch Nikolaj A. Voznesenskij, der Vorsitzende der Staatlichen Planungskommission (Gosplan), angeklagt, der keinen persönlichen Bezug zur alten Hauptstadt hatte. Ihm wurde vorgeworfen, er habe nach Ždanovs Tod dessen Rolle als freiwilliger Pate Leningrads übernommen. Zum Fall Voznesenskij vgl. Oleg Chlevnjuk: Die sowjetische Wirtschaftspolitik im Spätstalinismus und die „Affäre Gosplan“, in: Osteuropa, 50 (2000), S. 1031-1047.

78 O tak nazyvaemom „leningradskom dele“, in: Izvestija CK KPSS 1989, Nr. 2, S. 126-137, hier 131 f.

79 Diese Angabe basiert auf den durch das Parteikollegium beim Leningrader Stadtparteikomitee bestätigten Parteiausschlüssen. Diese Zahlen sind allerdings lückenhaft und erfassen nur diejenigen Fälle, in denen das Parteikollegium den Parteiausschluß auf Antrag des Ausgeschlossenen überprüft und bestätigt hat. Der Parteiausschluß wurde üblicherweise vom Gebietsparteikomitee ausgesprochen. Die Betroffenen konnten sich an das Parteikollegium beim Leningrader Gebietsparteikomitee wenden, um ihren Fall überprüfen zu lassen und um Wiederaufnahme zu bitten. Da der Parteiausschluß unweigerlich Einschränkungen und Degradierungen im beruflichen Leben nach sich zog und mit einem Verlust von Privilegien verbunden war, bemühten sich die Betroffenen in der Regel um eine Prüfung ihres Falles, so daß die Zahl der Überprüfungen durch das Parteikollegium zwar nicht die exakte Zahl der Parteiausschlüsse liefert, aber doch die ungefähre Größenordnung wiedergibt: 1.1.48-31.3.49: 8253; 1.8.-31.12.49: 2178; 1.1.-31.12.50: 2700; 1.1.-31.12.51: 1824; 1.1.-30.6.52: 830. Vgl. die Arbeitsberichte des Parteikollegiums beim Leningrader Gebietsparteikomitee vom 9.6.1949, 3.2.1950, 18.1.1952, 24.4.1952, 22.7.1952 und 17.1.1953, RGANI f. 6, o. 6, d. 1526, l. 1-19; ebd. d. 920, l. 1-20, 21-29, 30-40, 42-449; ebd. d. 921, l. 1-13. Auch wenn man für den Zeitraum von April bis Juli 1949 ebenfalls von einer Welle von Parteiausschlüssen ausgehen muß, da hier die „Leningrader Affäre“ einen ihrer Höhepunkte erreichte, so kann man immerhin 15 785 Parteiausschlüsse als Untergrenze festlegen. Das entspricht in etwa der Gesamtzahl der Ausschlüsse der zehn Jahre zuvor. Von Juni 1939 bis Juni 1941 wurden 6270 Leningrader aus der Partei ausgeschlossen, von Juni 1941 bis zum 31. Dezember 1948 waren es 8746, vgl. Bericht über die Arbeit des Parteikollegiums KPK beim ZK der VKP(b) nach dem XVIII. Parteitag, o.D., RGANI f. 6, o. 6, d. 3, l. 1-141, hier 140-141.

80 Bubis und Ruble sehen in der „Leningrader Affäre“ nur eine Etappe auf dem Weg der kontinuierlichen Degradierung Leningrads zu einer Provinzstadt, die schon in den dreißiger Jahren begonnen habe und erst in den Fünfzigern vollendet worden sei, vgl. Ruble: The Leningrad Affair; Bubis/Ruble: The Impact of World War II on Leningrad. Die ältere Literatur sieht in dieser Parteisäuberung eine unmittelbare Reaktion auf die im Krieg gewonnene Eigenständigkeit Leningrads, vgl. Werth: Rußland im Krieg, S. 260 f.; Salisbury: 900 Tage, S. 569-583. Als Höhepunkt der innerparteilichen Rivalität zwischen Ždanov und Kuznecov auf der einen und Berija und Malenkov auf der anderen Seite interpretiert die „Leningrader Affäre“ hingegen Bernd Bonwetsch: Die Leningrad-Affäre, S. 306-322; als Instrument der Kaderpolitik, die neben den innerparteilichen Rivalitäten auch von Stalins Willkür abhing, deutet sie Subkowa: Kaderpolitik und Säuberungen, S. 206-216.

gelassen wurde, um eine allzu selbstbewußt auftretende lokale Parteielite in ihre Schranken zu verweisen. Zwar stellte die Leningrader Seilschaft nach dem Tode Ždanovs keine ernsthafte Konkurrenz mehr für den neuen „Kronprinzen" Malenkov dar. Doch die Einbeziehung Voznesenskijs in diese Affäre deutet auf die Absicht hin, dieses potentielle Machtgefüge zu zerschlagen, bevor es ein neues Oberhaupt finde.

Die Vorwürfe, die das Politbüro gegen Kuznecov, Rodionov und Popkov erhob, zielten alle in dieselbe Richtung: Die Leningrader Partei habe seit Kriegsende eine zu große Eigenständigkeit entwickelt.[81] Auch wenn die Leningrader Parteiorganisation jene Stellung, die sie einst unter Zinov'ev hatte, nie wieder erlangen konnte, so scheint doch ihr offen zur Schau gestelltes Selbstbewußtsein den Ausschlag für die „Leningrader Affäre" gegeben zu haben. Der Blockademythos wurde dabei offenbar als Teil einer Eigenständigkeitsideologie verstanden. Das von der Leningrader Partei vermittelte Geschichtsbild barg in Stalins Augen scheinbar eine gewisse Sprengkraft für das System in sich, denn er beließ es nicht bei einer Säuberung der lokalen Parteikader, sondern versuchte zudem, die Erinnerung an die Blockadezeit auszulöschen. Das Blockademuseum wurde geschlossen und sein Direktor verhaftet. Die Bestände der Saltykov-Ščedrin-Bibliothek, der Leningrader Nationalbibliothek, unterzog man einer „Säuberung", die nur 20 000 von ursprünglich 50 000 verschiedenster Zeugnisse aus der Kriegszeit überdauerten.[82] Man löste die historische Kommission, die Quellen zur Blockade sammeln und auswerten sollte, auf und „säuberte" das Leningrader Historische Institut der Akademie der Wissenschaften. Sergej I. Avvakumov, Institutsdirektor und zugleich Vorsitzender der historischen Kommission, war bereits im Januar 1949, also wenige Wochen vor dem Beginn der „Leningrader Affäre", wegen angeblicher Mitgliedschaft in einer parteifeindlichen Gruppe aus dem Stadtparteikomitee entfernt worden und hatte seinen Institutsposten räumen müssen. Wenig später wurde er als „Günstling der alten Parteiführung" und „ehemaliger Trotzkist" aus der Partei ausgeschlossen.[83] Seine wissenschaftlichen Mitarbeiter – Šarikov, Kosjakov, Persionov und Andrianova – mußten ebenso

---

[81] Vgl. Beschluß des Politbüros des ZK der KPdSU „Über die parteifeindlichen Handlungen des Mitglieds des ZK der KPdSU Kusnezow, A.A. und der Kandidaten für die Mitglieder des ZK der KPdSU Rodionow, M.N. und Popkow, P.S." vom 15. Februar 1949, abgedruckt im Dokumentenanhang bei Subkowa: Kaderpolitik und Parteisäuberung, S. 249–252.

[82] Vgl. Gennadij L. Sobolev: Leningrad v Velikoj Otečestvennoj vojne. Nekotorye itogi i nerešennye voprosy, in: Vestnik Leningradskogo universiteta, serija 2: Istorija jazykoznanie, literaturovedenie 1989, Nr. 1, S. 3–8, hier 4. Die Herabstufung der Erinnerungskultur des Zweiten Weltkriegs lag allerdings auch in einem unionsweiten Trend. 1947 war der 9. Mai, der 1945 sofort zum arbeitsfreien Feiertag erklärt worden war, zu einem Feiertag ohne Arbeitsbefreiung degradiert. Gleichzeitig wurden den Inhabern von Kriegsorden die monatlichen Geldprämien gestrichen, vgl. Bonwetsch: Vom öffentlichen Schweigen, S. 167 und 170.

[83] Vgl. Bericht der Mitglieder des Parteikollegs der Parteikontrollkommission beim ZK der KPdSU, Ljumšin und Mitin, an den stellvertretenden Vorsitzenden der Parteikontrollkommission beim ZK der KPdSU, M.F. Škirjatov, vom 18.1.1952, RGANI f. 6, o. 6, d. 810, l. 14–17.

ihre Parteimitgliedschaft niederlegen und aus dem Institut austreten. Darüber hinaus ließ das neuformierte Stadtparteikomitee den gesamten Mitarbeiterbestand des Historischen Instituts einer Überprüfung unterziehen.[84]

Der Personalwechsel brachte eine Schwerpunktverlagerung in der Institutsarbeit mit sich. Nur zwei Tage nach der Absetzung Kuznecovs distanzierte sich die Parteiorganisation ausdrücklich von der alten Institutsleitung. Dem geschaßten Direktor warf man vor, die Arbeit an einer Geschichte Leningrads und an einer Geschichte der Sowjetunion sabotiert zu haben. Beide Projekte habe er unter dem Vorwand, keine geeigneten Autoren finden zu können, verschleppt, obwohl solche durchaus vorhanden gewesen seien. Der neue Institutsparteisekretär, Arkadij G. Man'kov, und seine Stellvertreter, Ura A. Šuster und Viktor I. Rugenburg, machten das Fertigstellen dieser beiden Projekte zur vordringlichsten Aufgabe des Historischen Instituts.[85] Doch offenbar konnten sich die Parteimitglieder bei ihren Kollegen zunächst nicht durchsetzen, denn im Mai 1949 drängte das Leningrader Stadtparteikomitee, das Verfassen einer Geschichte Leningrads zur Hauptaufgabe des Instituts zu machen und eine möglichst große Zahl von Mitarbeitern darauf anzusetzen.[86] Im folgenden Monat lief die Arbeit zu diesem Projekt endlich an.[87]

Der inhaltliche Wandel der Geschichtspolitik in den späten vierziger Jahren läßt sich anhand eines Beschlusses veranschaulichen, der auf der Sitzung der Parteiorganisation des Historischen Instituts gefaßt wurde:

> „Ausgehend von der Weisung des Plenums des Leningrader Parteikomitees über die feindliche Verunstaltung der Geschichte Leningrads zur Zeit der Blockade, sollen die Leiter und Autoren der ‚Geschichte Leningrads' sowie des Sammelbandes ‚Die Untergrundpresse der Partisanen im Leningrader Gebiet während des Großen Vaterländischen Krieges' die gewaltige Hilfe des Landes, der Partei, des ZK und des Genossen Stalin persönlich bei der Versorgung und der Verteidigung Leningrads sowie der Zerschlagung der feindlichen deutschen Truppen vor Leningrad zeigen und ebenso der selbstgenügsamen Darstellung der gesamten 250jährigen Geschichte Leningrads ent-

84 Arbeitsbericht der Parteiorganisation innerhalb des Leningrader Historischen Instituts an der Akademie der Wissenschaften für den 1.2.1948 bis zum 15.2.1949, CGAIPD SPb f. 2995, o. 3, d. 1, l. 5-12; Bericht der Parteiorganisation des Leningrader Historischen Instituts an der Akademie der Wissenschaften vom 2.3.1950, CGAIPD SPb f. 2995, o. 4, d. 2, l. 22-39, hier 29.

85 Sitzungsprotokoll der geschlossenen Versammlung der Parteiorganisation im Leningrader Historischen Institut der Akademie der Wissenschaften vom 17.2.1949, CGAIPD SPb f. 2995, o. 3, d. 1, l. 1-3.

86 Sitzungsprotokoll der Parteiorganisation in der Leningrader Sektion des Historischen Instituts bei der Akademie der Wissenschaften vom 26.5.1949, CGAIPD SPb f. 2995, o. 2, d. 5, l. 19-21.

87 Sitzungsprotokoll der Parteiorganisation in der Leningrader Sektion des Historischen Instituts bei der Akademie der Wissenschaften vom 23.6.1949, CGAIPD SPb f. 2995, o. 2, d. 5, l. 22.

rinnen, indem die Geschichte der Stadt im Zusammenhang mit der Geschichte des ganzen Landes gezeigt wird."[88]

Diese programmatischen Vorgaben äußern ganz unverhohlen Kritik an der bisherigen Geschichtsschreibung: Die Hilfe des Landes, der Partei, des ZK und Stalins persönlich komme dort zu kurz, das heißt, die Leningrader Partei habe ihre Eigenständigkeit bei der Verteidigung der Stadt überbetont. Außerdem sollte die Geschichte der Stadt in die Geschichte Rußlands und der Sowjetunion eingebettet und nicht – wie man hinzufügen möchte – als eine separate Erfolgsgeschichte geschrieben werden. Wer von diesen geschichtspolitischen Vorgaben abwich, mußte mit persönlichen Konsequenzen rechnen.[89]

Manche Wissenschaftler versuchten, diese Diskussion dazu zu nutzen, praktische Vorteile zu ziehen. Der Historiker Solov'ëv merkte zum Beispiel an:

> „Die Entscheidung des Oktoberplenums stellt die Historiker vor große Aufgaben. Die ehemalige Leitung des Historischen Instituts verfolgte eine schädliche Linie, indem sie die Arbeit in den Archiven der VKP(b) behinderte. Seit Anfang 1947 war der Zugang zu Archivbeständen versperrt. Auch heute noch ist er für diejenigen versperrt, die am dritten Band der „Geschichte Leningrads" arbeiten, bei dessen Bearbeitung das Historische Institut ohne Archivmaterialien nicht auskommt. Mit Unterstützung der Direktion des Historischen Instituts und des Leningrader Parteikomitees muß der Zugang zu diesen Archivbeständen erreicht werden."[90]

Solov'ëv unternahm hier einen Versuch, die Arbeitsmöglichkeiten für Historiker zu verbessern, indem er den erschwerten Zugang zu Archivmaterialien als Politik der alten Parteiführung brandmarkte: wohl in der Hoffnung, die Nachfolger würden diese in einem Akt der Distanzierung erleichtern.

Doch das Hauptproblem beim Verfassen einer neuen „Geschichte Leningrads" bestand gar nicht in einem Mangel an Quellen, sondern in einem Mangel an Autoren. Angesichts der parallel stattfindenden Säuberungen war niemand bereit, ein so heikles Thema wie die Geschichte der Blockade zu bearbeiten und sich damit dem Risiko auszusetzen, selbst in das Fadenkreuz der Ermittlungen zu geraten.[91] So griff das Institutsmitglied M.I. Ivanov die Kollegen der Staatlichen

---

88 Sitzungsprotokoll der Parteiorganisation in der Leningrader Sektion des Historischen Instituts bei der Akademie der Wissenschaften vom 14.11.1947, CGAIPD SPb f. 2995, o. 2, d. 5, l. 33-40, hier 39.

89 So wurde zum Beispiel der Direktor des „Leningrader Verlags" (*Lenizdat*) seines Amtes enthoben, da bei ihm Bücher erschienen seien, „in denen die ehemaligen Leiter der Leningrader Gebiets- und Stadtparteikomitees der KPdSU, Kuznecov, Popkov und Kapustin gelobpriesen wurden, [und] die Leningrader Parteiorganisation dem ZK der KPdSU gegenübergestellt wurde", vgl. Sitzung des Sekretariats des ZK der KPdSU vom 3.10.1949, zit. in: Subkowa: Kaderpolitik und Säuberungen, S. 212.

90 Sitzungsprotokoll der Parteiorganisation in der Leningrader Sektion des Historischen Instituts bei der Akademie der Wissenschaften vom 14.11.1947, CGAIPD SPb f. 2995, o. 2, d. 5, l. 33-40, hier 37.

91 In der gesamten Sowjetunion scheinen die Historiker und Künstler das Thema „Großer Vaterländischer Krieg" weitgehend gemieden zu haben. So erschienen außer Stalins Kriegsreden und

Leningrader Universität scharf an, weil sie sich trotz einer Anordnung der Leningrader Partei nicht an dem Vorhaben beteiligen wollten.[92] Bis Ende des Jahres 1949 hatte der Leiter der Gruppe „Geschichte der Sowjetunion“, M.P. Vjatkin, das Projekt zwar so weit vorangebracht, daß sich die ersten beiden Bände in Vorbereitung befanden. Für den dritten Band, der den Zeitraum von 1935 bis 1941 behandeln sollte, hatte man jedoch nach wie vor keine Autoren gefunden.[93]

Die „Leningrader Affäre“ hatte zur Folge, daß sich die Auseinandersetzung im Institut und der „Kampf gegen feindliche ideologische Strömungen“ unter den Autoren dieses Projekts im Laufe des Jahres 1950 zuspitzten.[94] Man unterstellte Mitarbeiter des dritten Bandes „trotzkistisches Gedankengut“ und schloß sie aus dem Autorenkollektiv aus.[95] Nachdem Stalin in einem Beitrag der Juniausgabe des *Bol'ševik* auf angeblich fehlerhafte Entwicklungen in der Sprachwissenschaft hingewiesen hatte, folgte unmittelbar darauf in der Parteiorganisation des Historischen Instituts das Ritual der Selbstkritik, an dessen Ende der Entschluß stand, nicht nur eine dreibändige Geschichte Leningrads herauszugeben, sondern auch eine „Kleine Geschichte Leningrads“ zu verfassen.[96]

Beide Projekte verliefen schließlich im Sande. Infolge der „Leningrader Affäre“ erschien zehn Jahre lang keine einzige Veröffentlichung zur Blockade.[97] Dafür war nicht unbedingt eine eindeutige Anweisung aus dem Kreml notwendig. Es gab wohl einfach keinen Historiker oder Journalisten, der sich auf dieses verminte Gelände vorwagte. Auch Vjatkin wollte sich im September 1950, als gerade der Schauprozeß gegen die alte Parteiführung stattfand, von seinen Aufgaben als Projektleiter der „Geschichte Leningrads“ befreien lassen. Doch die Parteigruppe

---

einer Handvoll Lobpreisungen des „großen Führers“ kaum Bücher, welche die Jahre 1941 bis 1945 zum Thema hatten. Auch im sowjetischen Kino fand der Zweite Weltkrieg nicht statt. Von den 124 Spielfilmen, die zwischen 1946 und 1953 gedreht wurden, handelten nur vier vom Krieg, und diese hatten eigentlich Stalin als strategisches Genie zum Thema, vgl. Bonwetsch: Vom öffentlichen Schweigen, S. 171 f.

92 Sitzungsprotokoll der Parteiorganisation in der Leningrader Sektion des Historischen Instituts bei der Akademie der Wissenschaften vom 14.11.1947, CGAIPD SPb f. 2995, o. 2, d. 5, l. 33-40, hier 34 f.

93 Vgl. Sitzungsprotokoll der Parteiorganisation in der Leningrader Sektion des Historischen Instituts bei der Akademie der Wissenschaften vom 22.12.1949, CGAIPD SPb f. 2995, o. 2, d. 5, l. 41-43. Die Schuld für die Verzögerungen trugen laut Vjatkin allein die Historiker anderer Institute, denen es angeblich an Klassenbewußtsein und Parteilichkeit mangelte.

94 Sitzungsprotokoll der Parteiorganisation im Leningrader Historischen Institut der Akademie der Wissenschaften vom 19.1.1950, CGAIPD SPb f. 2995, o. 2, d. 2, l. 2-3.

95 Es handelte sich um die Historiker Kornatovskij, Pavlovskaja und Trenegov, vgl. Rechenschaftsbericht der Parteiorganisation im Leningrader Historischen Institut der Akademie der Wissenschaften für Februar 1949 bis Februar 1950, CGAIPD SPb f. 2995, o. 2, d. 2, l. 15-28, hier 26.

96 Vgl. Iosif Stalin: Otnositel'no marksizma v jazykoznanii, in: Bol'ševik 1950, Nr. 12, S. 1-14; ders.: K nekotorym voprosam jazykoznanija, in: ebd., S. 15-18; Sitzungsprotokoll der Parteiorganisation im Leningrader Historischen Institut der Akademie der Wissenschaften vom 29.6.1950, CGAIPD SPb f. 2995, o. 2, d. 2, l. 40-43.

97 Vgl. Dzeniskevič: Blokada i politika, S. 10 f.

am Institut sprach sich einhellig dagegen aus.[98] Wahrscheinlich wollte keines ihrer Mitglieder diese undankbare Aufgabe übernehmen.

3. Die Renaissance des Blockademythos: Geschichtspolitik unter Chruščëv und Brežnev

Das Schweigen zur Blockade hielt zunächst auch nach Stalins Tod an. Selbst am 27. Januar 1954, dem 10. Jahrestag der Aufhebung der Belagerung, gab es in Leningrad weder eine offizielle Gedenkfeier noch eine Mitteilung in der lokalen Presse. Zwar wurden die Opfer der „Leningrader Affäre" 1954 durch den Obersten Gerichtshof der Sowjetunion rehabilitiert, doch war der Bann damit noch nicht gebrochen. Hierzu mußte der neue Generalsekretär der KPdSU selbst den ersten Schritt tun. Am 6. Juli 1957 kam Nikita Chruščëv aus Anlaß des 250. Gründungstages der Stadt nach Leningrad und hielt auf einer Versammlung in der Fabrik „Ėlektrosila" eine Rede. In seiner Würdigung der Geschichte der Newametropole fand auch die Blockade zum erstenmal wieder eine öffentliche Erwähnung:

> „Der Mut der Leningrader trat in den schweren Jahren des vorigen Krieges in höchstem Maße zutage, als die Frontlinie nicht weit vor den Toren Eurer Fabrik verlief. Das Heldentum der Beschützer der Stadt und die Hilfe des ganzen Volkes machten Leningrad zu einer uneinnehmbaren Festung, an deren Mauern die Armeen der faschistischen Unterdrücker zerbrachen. Die Verteidigung Leningrads ist eine der ruhmvollsten Seiten in der Geschichte des Großen Vaterländischen Krieges. Ehre und Ruhm den Helden der Verteidigung Leningrads! Ehre und Ruhm unseren tapferen Streitkräften, die die Friedensarbeit des sowjetischen Volkes bewachen!"[99]

Diese Rede ließ nicht nur die öffentliche Erinnerung an die Blockade wieder zu. Chruščëv steckte zugleich den Rahmen einer neuen Geschichtspolitik ab: Stalin und die Leningrader Partei erwähnte er mit keinem Wort. An ihre Stelle traten die „Leningrader" und die Rotarmisten als „Beschützer der Stadt". Damit wurde der Kreis der Helden auf alle, die sich damals im Belagerungsring befanden, ausgeweitet. Mit dieser Heroisierung der einfachen Menschen vertrat Chruščëv eine Auffassung, die während des Kriegs von der Blockadeliteratur gepflegt worden

---

98 Sitzungsprotokoll der Parteiorganisation im Leningrader Historischen Institut der Akademie der Wissenschaften vom 28.9.1950, CGAIPD SPb f. 2995, o. 3, d. 3, l. 24.

99 Rede Chruščëvs vom 6. Juli 1957 auf einer Versammlung in der Fabrik „Ėlektrosila", in: *Smena* vom 7.7.1957.

war. Einer erneuten lokalpatriotischen Vereinnahmung der Blockade schob der Generalsekretär allerdings einen Riegel vor, indem er die „Hilfe des ganzen Volkes" betonte und die Verteidigung der Stadt zu einem unionsweiten Projekt erklärte. Diese geschichtspolitische Wende war wohlkalkuliert, denn zum selben Jubiläum erschien auch eine kurze Stadtgeschichte. Zum erstenmal seit der „Leningrader Affäre" wurde die Blockadezeit in einem gedruckten Werk thematisiert. Auch in diesem knappen, nur zwei Seiten umfassenden Abschnitt liegt die Betonung auf der Hilfe des ganzen Landes, besonders des ZK.[100]

Chruščëvs Revision dürfte allerdings nicht frei von Eigennutz gewesen sein. Er hielt die oben zitierte Rede eine Woche nach dem ZK-Plenum vom 22. bis 29. Juni 1957, auf dem Malenkov, Kaganovič und Molotov als antiparteiliche Gruppe von der Macht ausgeschlossen worden waren. Für diese Politik benötigte Chruščëv Rückendeckung. Die Leningrader Parteiorganisation hatte sich dabei in Person des Ersten Leningrader Gebietsparteisekretärs, Frol R. Kozlov, offen auf die Seite des Generalsekretärs gestellt.[101] In diesen geschichtspolitischen Manövern spiegeln sich also auch handfeste Interessen und Konflikte wider. Schon die Geheimrede auf dem XX. Parteitag, mit der Chruščëv die Entstalinisierung eingeleitet hatte, diente nicht zuletzt dazu, sich eine gute Ausgangsposition für den anstehenden Machtkampf unter den Epigonen Stalins zu sichern.[102]

Chruščëvs Leningrader Rede zeigte bald Wirkung. Zwar wurde auch 1958 keine offizielle Veranstaltung zum Gedenken an das Ende der Blockade ausgerichtet, doch schon ein Jahr später, am 15. Jahrestag, erschien zum ersten Mal seit 1949 wieder ein kleiner Artikel in der *Leningradskaja pravda*, der über eine Versammlung der Leningrader Nomenklatura im Gor'kij-Kulturpalast berichtete. Der Vorsitzende des Exekutivkomitees des Leningrader Stadtsowjets, N.I. Smirnov, betonte in seiner Rede vor allem die wirtschaftlichen Leistungen der Leningrader Werktätigen während der Belagerung.[103]

Auch wenn das Tabu nun endgültig gebrochen war, saß die Verunsicherung noch tief. Vorsichtige Gemüter beriefen sich noch eine ganze Weile auf die Rede

---

[100] O 250-letii Leningrada. Tezisy Leningradskogo oblastnogo komiteta KPSS, Leningrad 1957. Siehe hierzu auch Dzeniskevič: Blokada i politika, S. 12 f.

[101] Vgl. die Auszüge aus der Rede Kozlovs: Leningradskaja partijnaja organizacija byla, est' i budet nepristupnym bastionom partii, in: *Smena* vom 5.7.1957. Fünf Monate später wurde Kozlov prompt Vorsitzender, ab März 1958 erster stellvertretender Vorsitzender des Ministerrats der UdSSR.

[102] Zum Zusammenhang von Geschichtspolitik und Machtfragen vgl. Peter Steinbach: Vergangenheitsbewältigungen in vergleichender Perspektive. Politische Säuberung, Wiedergutmachung, Integration, Berlin 1993, S. 7 ff. Zu Chruščëvs Geheimrede vgl. Reinhard Crusius/Manfred Wilke (Hg.): Entstalinisierung. Der XX. Parteitag der KPdSU und seine Folgen, Frankfurt a.M. 1977; Vladimir Naumov: Zur Geschichte der Geheimrede N.S. Chruščevs auf dem XX. Parteitag der KPdSU, in: FORUM für osteuropäische Ideen- und Zeitgeschichte, 1,1 (1997), S. 137–177, Nikolaj A. Barsukov: XX s-ezd v retrospektive Chruščeva, in: Otečestvennaja istorija 1996, Nr. 6, S. 169–177.

[103] Vgl. *Leningradskaja pravda* vom 25.1.1959.

des Generalsekretärs, ehe sie sich dem Thema zuwandten. Die inhaltlichen Vorgaben wirkten weit über die fünfziger Jahre hinaus und haben die Erinnerung an die Blockade bis heute geprägt. Auch in dem 1959 erschienenen Buch von Aleksandr Karasëv, das zum ersten Mal die Blockade auf der Basis ausgedehnter Archivstudien schilderte und wissenschaflichen Standards genügte, war die Rolle der örtlichen Funktionselite auf ein Minimum reduziert.[104]

Während das kommunikative Gedächtnis grundsätzlich eine diffuse Partizipationsstruktur hat, zeichnet sich das kulturelle Gedächtnis durch eine differenzierende Partizipationsstruktur aus. Im kommunikativen Gedächtnis ist jeder, der sich erinnern kann, gleich kompetent. Das kulturelle Gedächtnis hat hingegen seine speziellen Träger und Multiplikatoren. Sie formen die Erinnerung, indem sie die Vergangenheit mittels Verschriftlichung und Verräumlichung zu symbolischen Formen gerinnen lassen.[105] Für die Verschriftlichung war in der Sowjetunion die staatlich gelenkte Historiographie zuständig.[106] Zehn Monate nach Chruščëvs Leningrader Rede wurde eine Historikerkommission beim Institut für Marxismus-Leninismus gebildet. Sie hatte die Aufgabe, eine Konzeption für den zweiten Band einer auf sechs Bände angelegten „Geschichte des Großen Vaterländischen Krieges" zu entwerfen. Ziel dieses Projektes war es nach der Aussage des Kommissionsvorsitzenden, Pospelov, „die Kräfte des sowjetischen Staates und den Heroismus der sowjetischen Menschen an der Front wie im Hinterland zu zeigen. Die Arbeit soll dem sowjetischen Volk wie der ganzen Menschheit eine klare Antwort auf die Frage geben, warum aus diesem schweren Krieg die Sowjetunion als Sieger hervorgegangen ist."[107]

Mit dem Anspruch, den Heroismus der sowjetischen Bevölkerung aufzuzeigen, entstand ein Problem: Welchen Raum sollte dabei die Blockade Leningrads einnehmen? Das Institutsmitglied Ačkasov forderte auf einer Redaktionskonferenz:

> „Mir scheint, daß der Rolle und dem Ort des heldenhaften Leningrads im Großen Vaterländischen Krieg mehr Platz gewidmet werden sollte. Denn im Grunde genommen ist es ärgerlich für diejenigen, die diese Stadt an der Newa geschützt haben. In dieser alten Stadt, dem Mittelpunkt und Zentrum der historischen Kultur und Kriegsgeschichte, gibt es eigentlich kein einziges Denkmal für die Helden des Großen Vaterländischen Krieges, ungeachtet des Versuchs, diese Frage vor die zu einer Entscheidung befugten Instanz zu bringen. Immerhin hat diese Frontstadt lange Zeit eine große Heeresgruppe gebunden. Vielleicht sind das die Folgen jenes bekannten politi-

---

104 Karasev: Leningradcy v gody blokady.

105 Assmann: Das kulturelle Gedächtnis, S. 53 f.

106 Zur Geschichtsschreibung in der Phase des Tauwetters, vgl. Roger D. Markwick: Rewriting History in Soviet Russia. The Politics of Revisionist Historiography 1956-1974, New York 2001.

107 Sitzungsprotokoll der Redaktionskonferenz in der Abteilung „Geschichte des Großen Vaterländischen Krieges" des Instituts für Marxismus-Leninismus beim ZK der KPdSU vom 5.10.1957, RGASPI f. 71, o. 2, d. 10, l. 2.

schen Ereignisses, das im Zusammenhang mit dem Fall Popkov und anderer steht, doch mir scheint, daß man dieser Stadt etwas mehr Raum zugestehen muß."[108]

Dieses Plädoyer bewegte Pospelov dazu, Leningrad in die Liste derjenigen Städte aufzunehmen, die mit einer noch nie dagewesenen Tapferkeit verteidigt worden seien. Damit stand die Newametropole in diesem groß angelegten Publikationsprojekt in einer Reihe mit Stalingrad, Odessa und Sevastopol'. Er stellte aber sogleich klar, daß die Mutter aller Siege die Schlacht vor Moskau gewesen sei, die auch „den Mut der Leningrader" am Leben erhalten habe.[109] Abgesehen von diesem Zugeständnis Pospelovs zeigt der Einwand Ačkasovs jedoch keine Wirkung auf das Gesamtprojekt. Als ein Jahr später das Manuskript zum zweiten Band vorlag, war Kiew als die einzige der offiziellen Heldenstädte ausführlich behandelt worden.[110]

Nicht nur der Umfang, den die Blockade in dem Gesamtwerk einnehmen sollte, sondern auch die Art der Darstellung führten zu Diskussionen in der Redaktion. Fokin gab zu bedenken, daß das Buch für einen breiten Leserkreis gedacht sei und deshalb „nicht nur an den Verstand, sondern auch an das Gefühl der Leser" appellieren solle.[111] Auch diese Forderung wurde nicht umgesetzt. Hatte Karasëv in seinem Manuskript noch ausführlich den Hunger und seine Folgen geschildert,[112] beließ die Publikation es dabei, lediglich die Brotrationen aufzulisten.[113] Folgender Absatz aus Karasëvs Manuskript fand zum Beispiel keinen Eingang in die Veröffentlichung:

„In der Weltgeschichte gibt es wenige Beispiele von solcher Dramatik und Tragik wie die Schrecken des hungernden Leningrads. Aber der Hungerwinter 1941/42, der tragische Tod von Verwandten und Freunden, die unglaubliche Not und Leiden konnten den Kampfgeist der Leningrader nicht brechen, die ununterbrochen den Sieg über den Feind schmiedeten. Die hungernden und erschöpften Arbeiter produzierten in dunklen und kalten Werkhallen mit letzter Kraft und erfrorenen, aufgesprungenen Händen für die Front. In den Fabriken, die nicht vollständig konserviert worden wa-

---

108 Sitzungsprotokoll der Redaktionskonferenz zum Buch „Geschichte des Großen Vaterländischen Krieges" des Instituts für Marxismus-Leninismus beim ZK der KPdSU vom 14.5.1958, RGASPI f. 71, o. 2, d. 27, l. 43-44.

109 Sitzungsprotokoll der Redaktionskonferenz zum Buch „Geschichte des Großen Vaterländischen Krieges" des Instituts für Marxismus-Leninismus beim ZK der KPdSU vom 14.5.1958, RGASPI f. 71, o. 2, d. 27, l. 86.

110 So die Kritik des Kommissionsmitgliedes I.I. Minc, vgl. Sitzungsprotokoll der Redaktionskonferenz zum Buch „Geschichte des Großen Vaterländischen Krieges" des Instituts für Marxismus-Leninismus beim ZK der KPdSU vom 12.6.1959, RGASPI f. 71, o. 2, d. 29, l. 9.

111 Sitzungsprotokoll der Redaktionskonferenz zum Buch „Geschichte des Großen Vaterländischen Krieges" des Instituts für Marxismus-Leninismus beim ZK der KPdSU vom 27.5.1959, RGASPI f. 71, o. 2, d. 28, l. 8.

112 A.V. Karasev: Položenie v osaždennom Leningrade zimoj 1941 g., RGASPI f. 71, o. 2, d. 330, l. 16-17.

113 Istorija Velikoj Otečestvennoj vojny Sovetskogo Sojuza 1941-1945, 6 Bde., Moskau 1961-1965, Bd. 2, S. 219.

ren, haben die Arbeiter den Plan nicht nur erfüllt, sondern sogar übererfüllt. Viele von ihnen lieferten Beispiele von Heldentum bei der Arbeit.“[114]

In dem 1961 erschienenen zweiten Band heißt es dagegen nur lapidar:

> „Bei der Verteidigung Leningrads bewiesen *die Truppen* und *die Bevölkerung* einen nie gekannten Massenheroismus. Der Kampf an den Zugängen zur Stadt war eine einzige Heldentat.“[115]

Möglicherweise hatte Karasëv zu sehr den Massenheroismus der Leningrader in den Mittelpunkt gestellt, was von Teilen der Kommission so kurz nach der „Leningrader Affäre“ noch nicht gern gesehen wurde. Vielleicht hatte er es aber auch nur an distanzierter Nüchternheit fehlen lassen, denn es ist zu berücksichtigen, daß zeitgleich mit der Entstehung der „Geschichte des Großen Vaterländischen Krieges“ die sowjetische Geschichtswissenschaft insgesamt einem Wandel unterworfen war, der zu einer begrenzten Entideologisierung sowie einer Professionalisierung führte.[116]

Neben der Historiographie spielen gemeinhin Denkmäler und Erinnerungsorte eine wichtige Rolle bei der Konstruktion des kollektiven Gedächtnisses. Der zentrale Gedenkkomplex der Blockade befindet sich bis heute auf dem Piskarëv-Friedhof, auf dem etwa eine halbe Million Blockadeopfer bestattet sind. Erste Pläne, dort ein Mahnmal zu errichten, stammen bereits aus dem Jahr 1945. Die Architekten A.V. Vasil'ev und E.A. Levinson hatten den von der Stadt unmittelbar nach Kriegsende ausgeschriebenen Wettbewerb gewonnen. Ihr Entwurf sah einen Obelisk aus Granit vor, der in einer Überarbeitung von 1948 durch eine überdimensionale „Mutter Heimat“ (*Rodina-mat'*) ersetzt wurde.[117]

Nach einer Unterbrechung des Projekts im Zuge der „Leningrader Affäre“ setzten 1955 die ersten Bauarbeiten ein. Der Zeitpunkt überrascht. Zwar war Stalin bereits seit zwei Jahren tot, doch Chruščëv hatte bis dahin weder die Entstalinisierung eingeleitet noch die Blockade als Thema einer öffentlichen Beschäftigung durch seine Rede in den „Ėlektrosila“-Werken rehabilitiert.[118] Die

---

114 A.V. Karasev: Položenie v osaždennom Leningrade zimoj 1941 g., RGASPI f. 71, o. 2, d. 330, l. 17-18.

115 Istorija Velikoj Otečestvennoj vojny Bd. 2, S. 91, Hervorhebungen J.G.

116 Diese Jahre waren von tiefen Konflikten zwischen Reformern und Konservativen in der sowjetischen Geschichtswissenschaft geprägt. Mittelfristig konnten sich die Reformkräfte gegen die starken Gegenkräfte, die von Suslov, dem Chefideologen im ZK, gestützt wurden, nicht durchsetzen, so daß die wissenschaftliche Qualität der „Geschichte des Großen Vaterländischen Krieges“ von der offiziellen sowjetischen Kriegsgeschichtsschreibung nicht mehr erreicht wurde. Zu den damaligen Auseinandersetzungen siehe Joachim Hösler: Die sowjetische Geschichtswissenschaft 1953 bis 1991. Studien zur Methodologie- und Organisationsgeschichte, München 1995, S. 71-162. Zur Historiographie des Zweiten Weltkriegs vgl. Matthew P. Gallagher: The Soviet History of World War II. Myths, Memories and Realities, New York, London 1963.

117 Vgl. Petrov: Pamjatnik, S. 29 ff.

118 Auch der Entschluß, den großen Gedenkkomplex zur Stalingradschlacht auf dem Mamaj-Hügel zu errichten, fiel erst 1957. Bis zu seiner Eröffnung sollte es sogar noch weitere zehn Jahre dauern, vgl. Arnold: Stalingrad im sowjetischen Gedächtnis, S. 255-269.

Zögerlichkeit, mit der die von Chruščëv 1957 geschaffenen Freiräume in Leningrad genutzt wurden, deutet darauf hin, daß es sich bei der Wiederaufnahme der Bauarbeiten eher um ein erstes Signal aus der Hauptstadt als um eine eigenständige lokale Initiative gehandelt hat. Schließlich hing man hier nicht nur eine Gedenktafel auf, sondern eröffnete eine Großbaustelle, auf der im Laufe der fünfjährigen Bauzeit 50 000 m^3 Erde bewegt, mehr als 800 Waggonladungen Granit aus ukrainischen Steinbrüchen angeliefert, 10 000 m^2 rote Rosen sowie 1000 Bäume und etliche Kilometer an Hecken gepflanzt wurden. Am 9. Mai 1960 weihte man die Gedenkstätte ein: am 25. Jahrestag des Kriegsendes und nicht etwa am Tag des Durchbruchs der Leningrader Blockade.[119] Den Mittelpunkt des weitläufigen Areals bildet eine sechseinhalb Meter große Statue der „Mutter Heimat" vor einer vier Meter hohen und 150 Meter langen Mauer. In den Sockel des Denkmals wurden die berühmten Worte von Ol'ga Berggol'c in Stein gemeißelt: „*Nikto ne zabyt, ničto ne zabyto*" („Niemand ist vergessen, nichts ist vergessen").[120] Der Piskarëv-Friedhof ist bis heute die zentrale Gedenkstätte der Blockade Leningrads. Mit seiner Eröffnung wurde die Blockade Leningrads symbolisch wieder in die allgemeine Kriegserinnerung integriert.

Die Ablösung Chruščëvs durch die Doppelspitze Leonid Brežnev und Aleksej Kosygin im Oktober 1964 zog eine neue geschichtspolitische Weichenstellung nach sich. In der Parteiführung herrschte Uneinigkeit darüber, inwieweit der Kurs der Entstalinisierung fortgesetzt werden sollte. Die Konservativen, wie etwa die Politbüromitglieder Aleksandr Šelepin und Michail Suslov, wollten das Ansehen Stalins wiederherstellen. Die Antistalinisten, darunter Anastas Mikojan und Boris Ponomarëv, sahen den Beschluß des ZK vom 30. Juni 1956 „Über den Personenkult und die Überwindung seiner Folgen" weiterhin als Grundlage für die seit Chruščëv bestehende Haltung der Partei an. Jurij Andropov und Brežnev nahmen in diesem Streit eine vermittelnde Position ein. Sie befürchteten, das Problem könnte die gesamte Partei spalten, und schlugen deshalb vor, die Person Stalins kaum zu erwähnen oder sogar ganz den Mantel des Schweigens über sie zu breiten. Dieses vorsichtige Verhalten setzte sich innerhalb der sowjetischen Führung durch und bestimmte die Geschichtspolitik der nächsten zwanzig Jahre.[121]

Dies hatte zur Folge, daß die eben erst begonnene Diskussion über Stalins Schuld an den Anfangsniederlagen der Roten Armee im Keim erstickt und statt dessen der Kult um den Zweiten Weltkrieg zur neuen Staatsideologie erhoben

119 Vgl. Petrov: Pamjatnik, S. 39 f.

120 Nina Tumarkin fällte über dieses Denkmal nicht zu Unrecht das harte Urteil, daß angesichts des Verschweigens der Deportationen sowie der Opfer von staatlichem Terror und Kriminalität diese Worte so verlogen seien wie die Gedenkkultur zum Zweiten Weltkrieg insgesamt, vgl. Nina Tumarkin: The War of Remembrance, in: Richard Stites (Hg.): Culture and Entertainment in Wartime Russia, Bloomington, Indianapolis 1995, S. 194–207, hier 197.

121 Vgl. Davies: Perestroika und Geschichte, S. 12 f.

wurde.[122] 1965 erklärte man den Tag des Sieges wieder zum arbeitsfreien Feiertag, prägte eine Gedenkmedaille für alle Kriegsteilnehmer und gewährte den Veteranen allerhand Vergünstigungen.[123] Dabei fand eine ikonographische Anknüpfung an die bereits unter Stalin angelegte heroisierende Ästhetik statt. Sie erwachte mit all ihren Helden, Reliquien und Denkmälern nun erst zur vollen Blüte.[124] Inhaltlich erfuhr vor allem die Rote Armee durch diese Geschichtspolitik eine Aufwertung und gewann zugleich an politischem Gewicht.[125] Die Kriegsveteranen drängten sich bei offiziellen Gedenkfeiern immer stärker in den Vordergrund, und ihre Memoiren überschwemmten in den folgenden Jahren die sowjetischen Buchhandlungen.[126]

Der Wechsel an der Partei- und Staatsspitze blieb auch für die Geschichtspolitik zur Blockade Leningrads nicht ohne Folgen. Am 27. Januar 1964 wurde der 20. Jahrestag der Befreiung Leningrads in einer feierlichen Sitzung des Leningrader Stadtsowjets zusammen mit städtischen Vertretern aus Partei und Militär im Kirov-Theater (heute wieder Mariinskij Theater) begangen. Dabei würdigte der Festredner, der Erste Sekretär des Leningrader Gebietsparteikomitees V.S. Tolstikov, erstmals wieder öffentlich die Leistung der Leningrader Partei und erwähnte Ždanov, Kuznecov, Popkov, Solov'ëv und Štykov sogar namentlich.[127] Allerdings ist gerade an den Gedenktagen der Trend zu beobachten, daß Erinnerungen von Militärs in den Zeitungen einen immer breiteren Raum einnahmen.

Im Juli 1965 verlieh Breženv der Stadt Leningrad persönlich den „Goldenen Stern", die höchste Staatsauszeichnung der Sowjetunion, und rühmte die lokale Parteiorganisation in seiner Festansprache im Kirov-Theater:

> „Über die fast ein halbes Jahrhundert dauernde Geschichte der Sowjetmacht hinweg waren und bleiben die Leningrader Kommunisten stets ein sicheres Bollwerk unserer Partei, einer der besten Vortrupps im großen Kampf unseres Volkes für den Sieg des Sozialismus und Kommunismus."[128]

Brežnev reproduzierte unter dem Applaus der Anwesenden auch lokalpatriotische Stereotype von der schönsten Stadt der Welt und der Besonderheit ihrer Einwohner. Doch die Namen der 1949 in Ungnade gefallenen Leningrader Parteiführer zu erwähnen mied der Erste Parteisekretär des ZK ebenso wie den Namen Stalins. Den sowjetischen Sieg vor Leningrad, angesichts dessen 900-tägiger Blockade alle bisherigen Belagerungen der Weltgeschichte verblassen

[122] Dies wird in der Nekrič-Affäre besonders deutlich, vgl. Alexander Nekritsch/Pjotr Grigorenko: Genickschuß. Die Rote Armee am 22. Juni 1941, Wien u.a. 1969; Nekritsch: Entsage der Angst, S. 184-257.

[123] Vgl. Bonwetsch: Vom öffentlichen Schweigen, S. 179.

[124] Vgl. Tumarkin: War of Remembrance, S. 196 f.

[125] Vgl. Tumarkin: The Living and the Dead, S. 129.

[126] Insgesamt erschienen zwischen 1965 und 1988 20 000 Bücher mit einer Gesamtauflage von über einer Milliarde Exemplaren über den Zweiten Weltkrieg, vgl. Bonwetsch: „Ich habe an einem völlig anderen Krieg teilgenommen", S. 154.

[127] Die Rede wurde vollständig abgedruckt in: *Smena* vom 28.1.1964.

[128] Rede Brežnevs vom 10.7.1965, in: *Pravda* vom 11.7.1965.

würden, schrieb Brežnev dem Mut der Leningrader und der Rotarmisten zu: „Das war eine der herausragendsten und ergreifendsten Massenheldentaten des Volkes und der Armee in der gesamten Kriegsgeschichte weltweit."[129] Damit war Leningrad offiziell und parteikonform in den allgemeinen Kriegskult der sechziger und siebziger Jahre integriert. Er setzte sich aus die Leistungen der Partei legitimierenden Mythen, Verehrung der Roten Armee, Stolz auf das Wirtschafts- und Gesellschaftssystem sowie dem Heldentum des sowjetischen Volkes zusammen.[130]

In den folgenden zwanzig Jahren veränderte die staatlich inszenierte Erinnerung an die Blockade weder ihren Inhalt noch ihre Erscheinungsform; sie stagnierte ebenso wie die ganze Sowjetunion in dieser Zeit. In jedem Jubiläumsjahr fand sie in der uniformen Ästhetik des sozialistischen Realismus ihren Ausdruck: Zum 30. Jahrestags der deutschen Kapitulation, am 9. Mai 1975, wurde am „Platz des Sieges" (*Ploščad' Pobedy*) eine neue Gedenkstätte für die Verteidiger Leningrads eingeweiht, die aus einem 48 Meter hohen Obelisken, einem Ensemble aus 34 Skulpturen und einem Museum besteht.[131] Auf den Tag genau zehn Jahre später enthüllte man im Zentrum der Stadt, am „Platz des Aufstandes" (*Ploščad' vosstanija*), einen der Heldenstadt Leningrad gewidmeten Obelisken aus Granit, an dessen Spitze in 33 Meter Höhe ein goldener Stern prangt.[132]

Mythen können in der Erinnerung zweierlei Funktionen erfüllen, und beide erscheinen für das vorliegende Thema relevant. Die erste ist fundierend, das heißt: Die Gegenwart wird in das Licht einer Geschichte gestellt, welche sie sinnvoll, gottgewollt, notwendig oder unabänderlich erscheinen läßt.[133] Der Mythos vom „Großen Vaterländischen Krieg" hatte in der Sowjetunion genau diese Funktion. Er war nach der Oktoberrevolution ein zweiter Gründungsmythos, denn der Sieg über das Deutsche Reich legitimierte die Herrschaft der Bolschewiki endgültig.

In gleicher Weise kann die Blockade als zweiter sowjet-kommunistischer Gründungsmythos Leningrads verstanden werden. Stützte sich die Identität der Einwohner bis dahin ausschließlich auf Mythen der Petersburger oder Petrograder Zeit, war die Erfahrung während des Zweiten Weltkriegs die entscheidende Phase einer lokalen Identitätskonstruktion, die mit dem Namen Leningrad verbunden war. Das sowjetische Gedächtnis basierte nun auch auf einer sowjetischen Geschichte. Die Wirkungsmächtigkeit dieses zweiten Gründungsmythos läßt sich daran erkennen, daß bei einer Volksbefragung über die Rückbenennung der Stadt in St. Petersburg am 12. Juni 1991 immerhin rund 45 % für die Beibehaltung des Namens Leningrad stimmten, darunter vorwiegend ältere Menschen,

---

129 Ebd.

130 Vgl. Tumarkin: War of Remembrance, S. 196 f.

131 Vgl. Petrov: Pamjatnik, S. 4.

132 Vgl. ebd.

133 Vgl. Assmann: Das kulturelle Gedächtnis, S. 79.

die ihre Entscheidung zumeist mit dem Andenken an die Blockade begründeten.[134]

Die andere Funktion des Mythos ist „kontrapräsentisch“. Sie geht von der Unvollkommenheit der Gegenwart aus und beschwört eine Vergangenheit, die meist die Züge eines heroischen Zeitalters annimmt.[135] Die Gegenwart wird also einer größeren und schöneren Vergangenheit gegenübergestellt und an ihr gemessen. Der Blockademythos erfüllt auch diese Funktion. Indem er die Leningrader der Kriegszeit als Helden glorifiziert, wirkt er als Vorbild und Mahnung für die nachgeborenen Generationen.

Mit der Konstruktion des kulturellen Gedächtnisses schuf der sowjetische Staat wieder eine Plattform für das kommunikative Gedächtnis. Lange Jahre hatte die Erlebnisgeneration öffentlich schweigen müssen, doch in der Breżnev-Ära eroberte sie mit großer Kraft den offiziell sanktionierten Erinnerungsraum zurück. Im Zuge des 20. Jahrestags der Befreiung Leningrads veröffentlichten sowohl die *Leningradskaja pravda* als auch die *Smena* auf je einer Doppelseite die persönlichen Erinnerungen von Schriftstellern und anderen *blokadniki*.[136] Diese Wiederentdeckung des Volkes und die Hervorhebung seiner Erlebnisse war auch eine Folge davon, daß man auf die ehemaligen offiziellen Helden der Kriegszeit schwerlich zurückgreifen konnte. Eine Verherrlichung Stalins wurde nicht mehr, eine öffentliche Rehabilitierung der Leningrader Parteiführer noch nicht gewagt.

Von den einstigen Helden aus gemeinsamen Blockadetagen hatten nur zwei die „Leningrader Affäre“ überstanden und besaßen die Möglichkeit, in die staatlich kontrollierte Geschichtspolitik einzugreifen: Georgij Žukov, der Retter des Herbstes 1941, und Aleksej Kosygin, der Organisator der Evakuierung. Während der letztere ganz auf der Linie seines Genossen an der Doppelspitze blieb,[137] hatte der vierfache Held der Sowjetunion, General Žukov, bei der Abfassung

---

[134] Eine wichtige Gegenstimme zu dieser Konstruktion einer Leningrader Identität unter Zuhilfenahme der Blockade erhob der Exildichter Iosif Brodskij in seinen Kindheitserinnerungen: „Von der Nation wird diese Stadt entschieden als Leningrad erlebt; mit der zunehmenden Vulgarität dessen, was sie umfaßt, wird sie mehr und mehr zu Leningrad. Außerdem klingt dem russischen Ohr ‚Leningrad‘ als Wort bereits neutral wie ‚Bau‘ oder ‚Wurst‘. Und doch sage ich lieber ‚Pieter‘, denn ich erinnere mich an diese Stadt in einer Zeit, wo sie noch nicht wie ‚Leningrad‘ aussah – gleich nach dem Krieg. Graue, blaßgrüne Fassaden mit Einschlägen von Kugeln und Granatsplittern; endlose lange Straßen mit wenigen Passanten und schwachem Verkehr; ein beinahe verhungertes Aussehen mit infolgedessen ausgeprägteren und, wenn man so will, edleren Zügen. Ein mageres, hartes Gesicht, in dessen Augen, den Fensterhöhlen, sich das abstrakte Glitzern des Flusses spiegelte. Ein Überlebender kann nicht nach Lenin heißen.“ Brodsky: Erinnerungen an Petersburg, S. 8 f.

[135] Vgl. Assmann: Das kulturelle Gedächtnis, S. 79.

[136] S imenem Lenina v boju i v trude, in: *Leningradskaja pravda* vom 26.1.1964; My zaščiščali tebja, Leningrad, my pobedili, in: *Smena* vom 23.1.1964.

[137] Es ist kein inhaltlicher Unterschied in den geschichtspolitischen Reden des Vorsitzenden des Ministerrats, Kosygin, zu denen des Ersten Parteisekretärs, Breżnev, festzustellen, vgl. z.B. Kosygins Rede vom 5.11.1968 zum 50. Jahrestag der Oktoberrevolution im Taurischen Palais, in: Aleksej N. Kosygin: Izbrannye reči i stat'i, Moskau 1974, S. 416–417.

seiner Memoiren wenig Rücksicht auf die aktuellen Gepflogenheiten der sowjetischen Geschichtspolitik genommen und folgerichtig auch Probleme mit der Zensur bekommen. Die explizite Würdigung seiner Kampfgenossen aus Leningrader Tagen ließ er sich jedoch nicht nehmen. Ždanov, Kuznecov, Štykov und Popkov waren ihm „als hervorragende Funktionäre unserer Partei und unseres Staates" in bester Erinnerung geblieben, die „alles getan [haben], was für eine erfolgreiche Verteidigung der Stadt Lenins getan werden konnte":[138]

> „Die Geschichte der Kriege kennt kein ähnliches Beispiel solchen Massenheldentums, Arbeitswillens und Mutes, wie es die Verteidiger Leningrads gezeigt haben. Dafür gebührt den Genossen der Leningrader Stadt- und Gebietsorganisationen höchster Dank. Mit äußerstem Einsatz handelten sie klug, entschlossen und operativ. Sie genossen große Autorität unter der Bevölkerung und den Truppen."[139]

Žukov lobte das selbstlose Engagement der Leningrader Bevölkerung und vergaß als Militär auch nicht, die Rote Armee zu rühmen, in deren Kampfmoral er die Wurzeln des Sieges ausmachte. Ganz offensiv vertrat der Weltkriegsgeneral die Auffassung, daß der Heroismus aus der Kriegszeit als Integrationsideologie dienen könne und deshalb im Zentrum der Erinnerung künftiger Generationen stehen solle:

> „Über die heldenhafte Verteidigung von Leningrad wurde viel geschrieben. Und doch scheint mir, über diese Stadt wie über alle anderen Heldenstädte müßte mehr gesagt werden. Eine Buchreihe sollte erscheinen, reich illustriert und gut gestaltet, auf Tatsachenmaterial aufgebaut, die wahrheitsgetreu vom Kampf dieser Städte berichtet. Das sollte geschehen, solange noch Augenzeugen und Teilnehmer der Ereignisse am Leben sind. Ich denke, jeder Sowjetbürger würde zu Hause einen Ehrenplatz für solche Bücher finden. Mag unsere Jugend hinter neuen Wohnvierteln, Plätzen und breiten Straßen der heutigen Städte die blutbenetzten Straßen und Gassen des vergangenen Krieges, die zerstörten und brandschwarzen Wände, die aufgebäumte Erde erblicken, von der mit den Händen sowjetischer Bürger – ihrer Großeltern, Väter und Mütter – der grausame Eindringling verjagt wurde. Und wenn es richtig ist, vom Antlitz der Erde so schnell wie möglich die Spuren des Krieges und der Zerstörungen zu tilgen, um das Leben der Lebenden nicht zu trüben, so ist es dennoch notwendig, künftigen Generationen Charakter und Geist der heroischen Kriegsjahre nahezubringen."[140]

Žukov verfocht also die kontrapräsentische Funktion des Blockademythos. Dieser sollte moralischen Halt und Inspiration in einem immer apathischer und zynischer werdenden Land geben. Insofern stellt heroisierende Monumentalpropaganda eine Antwort der Kriegserlebnisgeneration auf die in der sowjetischen Jugend um sich greifenden Gleichgültigkeit und Eskapismus dar. Die herrschende Generation versuchte, die folgende auf Werte wie Pietät, Familienbande,

---

[138] Shukow: Erinnerungen und Gedanken Bd. 1, S. 409.
[139] Ebd., S. 425.
[140] Ebd., S. 439.

Dankbarkeit und Bewunderung einzuschwören, und produzierte gleichzeitig Argumente im intergenerationellen Streit.[141]

Es wurden aber nicht nur die Memoiren der Kriegshelden gelesen. Das kommunikative Gedächtnis aller *blokadniki* erfuhr eine ungeahnte Renaissance. Ales' Adamovič und Daniil Granin gingen sogar programmatisch vor. Die beiden Schriftsteller hatten mit einer großen Anzahl von Überlebenden Interviews geführt, Tagebücher und Erinnerungen gesammelt, ausgewertet, zu einer dokumentarischen Erzählung zusammengefügt und im „Blockadebuch" wirkungsvoll in Szene gesetzt.[142] Ganz bewußt sollte ihr Werk eine Alternative zur offiziellen Erinnerung anbieten. Die letztere habe nämlich nur

> „den Heroismus, die Heldentaten der Menschen, der furchtlosen Kämpfer, gerühmt. Wo aber waren die Werke über die Menschen, die die Ungerechtigkeit, die Schwere des Lebens nicht bewältigen konnten und in Verzweiflung fielen? Wie viele es um uns herum auch gab, die Literatur hat ihnen nicht die Hand gereicht. Sie hat nur gebrandmarkt, verurteilt und uns die Gefallenen fremd werden lassen. Der Gedanke, daß Unglück und Leid nicht zu uns Menschen gehört, war so stark geworden, daß man sogar versuchte, die Leningrader Blockade als eine Kette von Heldentaten und Großtaten darzustellen."[143]

Adamovič und Granin gingen ihre Interviews in der Grundannahme an, die Schrecken der Blockade hätten sich in das Gedächtnis der Leningrader fest eingebrannt. Demnach hätte ihre Erinnerung „die Wahrheit des Volkes über die tragischen und heroischen 900 Tage von Leningrad, die ganze Wahrheit über den Krieg" gespeichert, die es „vor dem Vergessen zu bewahren"[144] galt:

> „Aber nichts ist vergessen – diese in Leningrad aufgekommenen Worte klingen wie Zuversicht, wie Hoffnung und wie eine Bitte. Jawohl, nichts ist vergessen, selbst wenn der Mensch wollte und ein Recht hätte zu vergessen, könnte er so etwas vergessen? Ja, die noch lebenden Blockadeteilnehmer erinnern sich an alles. Sie haben die Blok-

---

141 Vgl. Tumarkin: War of Remembrance, S. 196 f.; Frank Kämpfer: Vom Massengrab zum Heroen-Hügel. Akkulturationsfunktionen sowjetischer Kriegsdenkmäler, in: Reinhart Koselleck/Michael Jeismann (Hg.): Der politische Totenkult. Kriegerdenkmäler in der Moderne, München 1994, S. 327-349, hier 335; ders.: Sowjetische Memorialkultur. Büsten, Male, Kulthandeln, in: ders.: Propaganda. Politische Bilder im 20. Jahrhundert, bildkundliche Essays, Hamburg 1997, S. 175-193, hier 191.

142 Ales' M. Adamovič/Daniil A. Granin: Blokadnaja kniga, Moskau 1979. Hier nach der deutschen Ausgabe: Ales Adamowitsch/Daniil Granin: Das Blockadebuch, 2 Bde., Berlin (Ost) 1984 und 1987.

143 Daniil Granin: Über die Barmherzigkeit, in: *FAZ* vom 25.6.1987.

144 Vgl. Ales Adamowitsch: Schweigen, Heroismus und Widerstand. Wie das „Blockadebuch" entstand, in: Antje Leetz (Hg.): Blockade. Leningrad 1941-1944. Dokumente und Essays von Russen und Deutschen, Reinbek bei Hamburg 1992, S. 232-236, hier 234. Von dieser Annahme geht auch die moderne „oral history" aus. So hat Lutz Niethammer darauf hingewiesen, daß die individuelle Erinnerung im Unterschied zum kulturellen Gedächtnis, das eine soziale Konstruktion ist, sehr wohl eine präzise Rekonstruktion von etwas Vergangenem beinhalten kann, vgl. Lutz Niethammer: Gedächtnis und Geschichte. Erinnernde Historie und die Macht des kollektiven Gedächtnisses, in: Werkstatt Geschichte, 30 (2001), S. 32-37, hier 35.

kade mitgemacht, haben sie tagaus, tagein ertragen und ihre Menschenwürde bewahrt. Wir aber, wir, die wir das nicht erlebt haben, oder die Jugend von heute – haben wir ein Recht, uns nicht darum zu bemühen, alles zu erfahren, was die Leningrader damals auch um unsertwillen ertragen, erlebt, erlitten, geleistet haben? [...] Ja, die Leningrader haben die Blockade tagaus, tagein mit tragischer Standhaftigkeit und Würde ertragen. Und mit gleicher Würde haben sie jahrelang die brennende Wahrheit über das Erlebte tief in sich verborgen."[145]

Indem Adamovič und Granin um Gehör für die Blockadeteilnehmer baten, plädierten sie dafür, einer alternativen, bislang beiseite geschobenen Form der Erinnerung eine Plattform zu geben. Explizit kämpften sie dabei gegen das sich verbreitende Desinteresse der jungen Generation an Krieg und Blockade.[146] Ihr Buch sollte nicht nur ein „Denkmal der Vergangenheit" errichten, sondern einen „lebendigen Kontakt zur Gegenwart" herstellen.[147] Als Vehikel diente ihnen gerade nicht jener pompöse Heldenkult, dessen matter Abglanz vergangener Zeiten einerseits bei den Nachgeborenen einen schalen Nachgeschmack hinterließ, andererseits die wahren Gefühle der Blockadeteilnehmer nicht widerzuspiegeln vermochte:

„Kein Blockadeteilnehmer denkt von sich: Wir haben eine Heldentat vollbracht und Heldentum bewiesen. Nein, Jahrzehnte später jedoch dienten diese schweren Jahre für manche gewissermaßen als Rechtfertigung für ihr Leben, wurden zum Kennzeichen staatsbürgerlicher Standhaftigkeit, zum Gradmesser ihrer Beteiligung am Sieg."[148]

Die Kernaussage des „Blockadebuchs" lautete vielmehr: „Die innere Kultur ist die Stärke, nicht die Schwäche des Menschen."[149] So steht bei Adamovič und Granin die Solidarität der Leningrader im Vordergrund. Die beiden Schriftsteller rückten die Leidensfähigkeit der Leningrader ins Zentrum ihrer Erzählung, oder, wie Adamovič sich ausdrückte, „was ein Volk durchzustehen vermag, wenn es um Leben und Tod der Heimat geht".[150] Zudem hoben sie hervor, daß die Leningrader in dieser unmenschlichen Situation ihre menschliche Würde bewahrt haben, ja sogar „mit einer besonderen Würde" gestorben seien.[151] Zwar verschwiegen sie die existierende Kriminalität nicht, doch wurde diese stets als Ausdruck von individueller Charakterschwäche interpretiert.

Es sollte also weniger an den Patriotismus der Nachgeborenen appelliert werden. Vielmehr wollten Adamovič und Granin das Mitgefühl der jungen Generation wecken:

---

145 Adamowitsch/Granin: Blockadebuch Bd. 1, S. 6 f. und 12.

146 Ebd., S. 31.

147 Adamowitsch: Schweigen, S. 235.

148 Adamowitsch/Granin: Blockadebuch Bd. 1, S. 77.

149 Adamowitsch: Schweigen, S. 235.

150 Vgl. ebd.

151 Ebd., S. 234.

„Die Wahrheit über das von Millionen Menschen während der Blockadejahre Erlebte, diese dokumentarische Wahrheit, von Menschen vorgetragen, die all dies persönlich durchgemacht haben, wird vielleicht auch jetzt noch grausam erscheinen. Aber dafür wird sie jedem zu Herzen gehen (hoffen wir)."[152]

Auch wenn sich das im „Blockadebuch" verdichtete kommunikative Gedächtnis zum Teil gezielt vom sowjetischen kulturellen Gedächtnis abhebt, so sind beide doch auf vielfältige Weise miteinander verbunden. Allerdings erfüllen sie unterschiedliche Funktionen der Erinnerung, die sorgfältig voneinander zu trennen sind. Jan Assmann hat die Polarität zwischen kommunikativem und kulturellem Gedächtnis mit der Gegensätzlichkeit von Alltag und Fest verglichen. Er spricht sogar von einem ‚Alltags-' und einem ‚Festgedächtnis'.[153] Diese Dichotomie beschreibt auch die Erinnerungsformen an die Blockade. So erinnern sich im „Blockadebuch" die Opfer der Belagerung an die Ereignisse, die sie erlebt haben. Diese Erinnerungen teilen sie mit ihren Zeitgenossen, und es entsteht eine ‚Gedächtnisgemeinschaft' (P. Nora). Eine Mitarbeiterin der Eremitage wird zum Beispiel mit dem Satz zitiert: „Die Blockade hat uns so fest miteinander verbunden, daß wir diese Bande bis heute nicht lösen können."[154] Während die Erinnerung an Hunger und Tod die täglichen Begleiter der Überlebenden sind, haben die Nachgeborenen nur die Möglichkeit, über das Mitfühlen an dieser Schicksalsgemeinschaft teilzuhaben. Das „Blockadebuch" versteht sich als ein Beitrag dazu.

Der auf Gedenkfeiern und mit Denkmälern inszenierte Heldenkult des sowjetischen Staates beinhaltete hingegen alle Elemente eines „Festgedächtnisses". Mit der Erinnerung an die Blockade vergewisserten sich die Leningrader ihrer Identität. Einer solchen kollektiven Identität haftet etwas Feierliches und Außergewöhnliches an. Sie überschreitet den Alltagshorizont und bildet den Gegenstand zeremonieller, nicht alltäglicher Kommunikation.

Diese Verflechtung von kommunikativem und kulturellem Gedächtnis ermöglichte es der Erlebnisgeneration, im Rahmen der staatlichen Vergangenheitsinszenierung ihre private Erinnerung im öffentlichen Raum zu pflegen. Dies läßt sich anhand der Zeremonien auf dem Piskarëv-Friedhof veranschaulichen, die dort im Rahmen der Weltkriegsgedenktage bis heute regelmäßig stattfinden. Das offizielle Totengedenken verfolgt eine prospektive Erinnerung. Sie stellt den Aspekt der Leistung in den Mittelpunkt. Diejenigen, die sich Ruhm erworben haben, werden Teil der Erinnerung. Dadurch verleiht man ihnen Unsterblichkeit.

Gerade bei Kriegsdenkmälern, wo die Opfer in die Tausende gehen und deshalb anonym bleiben, steht die „Identitätsstiftung der Überlebenden" im Vordergrund.[155] In der Sowjetunion boten jedoch die offiziellen Gedenktage dem Men-

---

152 Adamowitsch/Granin: Blockadebuch Bd. 1, S. 37.

153 Hierzu und zu folgendem: Assmann: Das kulturelle Gedächtnis, S. 53.

154 Adamowitsch/Granin: Blockadebuch Bd. 1, S. 214.

155 Vgl. Reinhart Koselleck: Kriegerdenkmale als Identitätsstiftung der Überlebenden, in: Odo Marquardt/Karlheinz Stierle (Hg.): Identität, München 1979, S. 255-276. In der Sowjetunion spielte das Gedenken an die Toten in der offiziellen Kriegserinnerung eine besonders marginale

schen die einzige Möglichkeit, um die toten Angehörigen und Freunde im öffentlichen Raum zu trauern. Da die sowjetische Kultur nur Sieg oder Untergang kennt, hat sie keine Trauerkultur entwickelt, die etwa der christlichen vergleichbar wäre. Deshalb eigneten sich die Menschen die Formen des sozialistischen Totengedenkens an und füllten sie mit ihrer persönlichen Trauer. Diese Form der Erinnerung verfährt stets retrospektiv, indem eine Gruppe „die Toten in einer fortschreitenden Gegenwart gegenwärtig hält".[156] So gibt der berühmte Satz der Ol'ga Berggol'c am Denkmal für die Blockadeopfer den privaten Gefühlen eine symbolische Verdichtung im offiziellen Raum: „Niemand ist vergessen, nichts ist vergessen."

4. Der Streit der Erinnerungen: Die Blockade im Vergangenheitsdiskurs einer entstehenden Öffentlichkeit

Die geschichtspolitische Wende in den achtziger Jahren ging nicht von einer Umwertung der Vergangenheit durch den 1985 zum Generalsekretär der KPdSU aufgestiegenen Michail S. Gorbačëv aus. Gerade weil er der erste Parteichef der Nachkriegszeit war, der nicht aus der Frontgeneration stammte (bei Kriegsende war er 14 Jahre alt), beruhte seine Erinnerung ganz auf der Grundlage des sowjetischen kulturellen Gedächtnisses. In seiner Rede am 2. November 1987 aus Anlaß des 70. Jahrestages der Oktoberrevolution, in der er auch die Epoche des Stalinismus bewertete, ging Gorbačëv nicht über die Kritik, die bereits Chruščëv in seiner Geheimrede vorgebracht hatte, hinaus. Er fiel sogar noch hinter die Entstalinisierung der fünfziger und sechziger Jahre zurück, indem er Stalins politische Entscheidungen rechtfertigte, seine Verdienste hervorhob und den Terror ausschließlich auf dessen „widersprüchliche Persönlichkeit" zurückführte.[157] Den

Rolle, vgl. Sabine Rosemarie Arnold: ‚Das Beispiel der Heldenstadt wird ewig die Herzen der Völker erfüllen!' Gedanken zum sowjetischen Totenkult am Beispiel des Gedenkkomplexes in Volgograd, in: Reinhart Koselleck/Michael Jeismann (Hg.): Der politische Totenkult. Kriegerdenkmäler in der Moderne, München 1994, S. 351-374, hier 366 f.

156 Assmann: Das kulturelle Gedächtnis, S. 61.

157 Rede Gorbačëvs „Der Oktober und die Umgestaltung: Die Revolution wird fortgesetzt", gehalten am 2.11.1987 auf der Gemeinsamen Festsitzung des ZK, des Obersten Sowjets der UdSSR und der RSFSR anläßlich des 70. Jahrestages der Oktoberrevolution, in: Michail Gor-

Zweiten Weltkrieg sah er als eine „schonungslose Bewährungsprobe für die Lebensfähigkeit der sozialistischen Ordnung" an, die bestanden wurde, „weil der Krieg zu einem Krieg des ganzen Volkes wurde. [...] Die sowjetischen Menschen kämpften und arbeiteten und verteidigten damit die Heimat, die sozialistische Ordnung, die Ideen und die Sache des Oktober."[158]

Hier ist jene fundierende Funktion der Erinnerung, welche den Krieg als Gründungsmythos in das Gedächtnis einbindet, klar zu erkennen. Gorbačëv hätte Stalin auch als negativen Antipoden zum sowjetischen Volk hinstellen und damit die Tradition der Chruščëvschen Geheimrede fortsetzen können. Doch er integrierte statt dessen den Diktator in sein Geschichtsbild, indem er ihm die Rolle des Führers zuwies, dessen Beitrag zum Sieg in seinem „gewaltigen politischen Willen, der Zielstrebigkeit und Beharrlichkeit sowie der Fähigkeit [...], die Menschen zu organisieren und zu disziplinieren" bestanden habe.[159] Gorbačëvs Interpretation des Zweiten Weltkriegs steht also deutlich in der Kontinuität der Breževschen Geschichtspolitik der späten sechziger und siebziger Jahre.

Der Machtwechsel im Kreml hatte auch auf den offiziellen Umgang mit der Blockade Leningrads zunächst keine Auswirkungen. Nur in einem Detail kündigte sich eine erneute geschichtspolitische Wende an. Während bis dahin nur die Befreiung der Stadt gefeiert wurde, der Blockadebeginn jedoch keine Rolle in der sowjetischen Gedenkkultur spielte, wurde am 8. September 1986 zum ersten Mal öffentlich an den Tag, an dem sich der Belagerungsring um Leningrad schloß, erinnert.[160] Obwohl man an diesem Datum keinen Sieg feiert, sondern einer militärische Niederlage erinnert, hat sich der 8. September inzwischen als Gedenktag in St. Petersburg fest etabliert.

Eine Diskussion über die Vergangenheit kam also nicht deshalb in Bewegung, weil Gorbačëv eine geschichtspolitische Alternative anbot. Sein Beitrag bestand vielmehr darin, das staatliche Deutungsmonopol mit der berühmt gewordenen Aufforderung aufzugeben, daß es „vergessene Namen, weiße Flecken weder in der Geschichte noch in der Literatur geben darf".[161] In der Folgezeit fand man sich an „runden Tischen" ein, an denen nun die unterschiedlichen Erinnerungen aufeinanderprallten.[162] Dabei zeichneten sich zwei Konfliktlinien ab. Zum einen standen sich kommunikatives und kulturelles Gedächtnis gegenüber, zum anderen wurde um den Fortbestand der bisherigen Erinnerungsform gerungen.

---

batschow: Ausgewählte Reden und Aufsätze, Berlin (Ost) 1987-1990, Bd. 5, S. 354-409, hier 371.

158 Ebd., S. 375.

159 Ebd., S. 375 f.

160 Vgl. *Leningradskaja pravda* vom 8.9.1986.

161 Überzeugung als Grundfeste der Umgestaltung. Rede auf dem Treffen mit den Leitern der Massenmedien und der Propaganda im ZK der KPdSU am 11.2.1987, in: Gorbatschow: Ausgewählte Reden, Bd. 4, S. 408-416, hier 414.

162 Für die Blockade sind aufgrund ihrer offenen Gesprächsatmosphäre die beiden von Viktor Demidov organisierten Gesprächsrunden relevant, vgl. Demidov: V zerkale istorii; ders. (Hg.): Blokada rassekrečennaja.

Der Konflikt zwischen kommunikativem und kulturellem Gedächtnis bestand darin, daß die Erlebnisgeneration die jahrzehntelang inszenierten Geschichtsmythen vom Standpunkt der Zeitzeugen aus, die dabeigewesen seien und deshalb die „wahre" Erinnerung in sich trügen, angriff. In diesem Zusammenhang ließ der Schriftsteller Viktor P. Astaf'ev den bekannten Ausspruch fallen: „Als Soldat habe ich zu dem, was über den Krieg geschrieben worden ist, mit Ausnahme weniger Bücher, keinerlei Beziehung. Ich war in einem völlig anderen Krieg."[163] Ihm seien vielmehr Ereignisse im Gedächtnis geblieben, die in der sowjetischen Kriegserinnerung gerade keinen Platz gehabt hätten: die drei Millionen Kriegsgefangenen sowie die unzähligen Opfer, denen die strategischen Fehler der Führung das Leben gekostet hatten: „Ich verstehe, daß es schwer fällt, darüber zu schreiben. Natürlich ist es besser, unter Trommelschlägen zu verkünden, daß wir gesiegt haben."[164] An solchen Aussagen wird deutlich, daß es letztlich auch der sowjetischen Geschichtspolitik in vierzig Jahren nicht gelungen war, die Erinnerungen der einzelnen zu einem einheitlichen Identitätsmuster nationaler Geschichtserfahrung zu synthetisieren.[165]

Die staatliche Geschichtspolitik geriet also zunehmend unter Druck, konnte jedoch die jahrzehntelang gepflegte Erinnerung nicht einfach abstreifen. Dieser Konflikt mündete in einem Versuch, die „weißen Flecken" in das etablierte kulturelle Gedächtnis zu integrieren. So erhielt beispielsweise die 82jährige Natal'ja I. Postoeva 1987 die Medaille „Für die Verteidigung Leningrads". Sie war am 16. Februar 1942 vom NKVD verhaftet und am 28. Mai 1942 zum Tode verurteilt worden. Das Urteil hatte man in zehn Jahre Zwangsarbeit umgewandelt, die sie bis 1952 verrichtete. Erst nach ihrer Rehabilitierung konnte Postoeva 1955 nach Leningrad zurückkehren.[166] In den achtziger Jahren konnte man ihrer persönlichen Erinnerung an die Blockade nicht länger die Existenzberechtigung absprechen. Ihre Erfahrungen sperrten sich jedoch gegen eine Integration in den Mythos vom gemeinsamen Kampf von Volk und Partei gegen den Faschismus, also erklärte man sie kurzerhand zur Heldin der Verteidigung Leningrads. Ihre Erinnerung an Haft und Zwangsarbeit wurde dadurch mit jenem Sinn aufgeladen, welcher der Blockade im kollektiven Gedächtnis anhaftet. Für ihre persönlichen Gefühle stand damit weiterhin kein Raum zur Verfügung.

Viele sowjetische Blockadehistoriker trugen den Konflikt zwischen kommunikativem und kulturellem Gedächtnis sogar in sich. Mancher von ihnen reflek-

---

163 Dieser Satz fiel auf einer Konferenz, die am 27. und 28. April 1988 zum Thema „Historiker und Schriftsteller über Literatur und Geschichte" in Moskau abgehalten wurde, vgl. Istoriki i pisateli o literature i istorii, in: Voprosy istorii 1988, Nr. 6, S. 3-114, hier 33.

164 Ebd., S. 34.

165 Solche Versuche sind nach Lutz Niethammer zwangsläufig zum Scheitern verurteilt, vgl. Lutz Niethammer: Konjunkturen und Konkurrenzen kollektiver Identität. Ideologie, Infrastruktur und Gedächtnis in der Zeitgeschichte, in: Prokla, 24 (1994), S. 378-399, hier 395 f.

166 Vgl. Reznikova: Repressii, S. 108. Ihre Verhaftung fand im Rahmen der „Roze-Košljakov-Affäre" statt.

tierte dieses Problem auch. So bemerkte Aleksej N. Camutali in einer Gesprächsrunde mit Nikolaj I. Baryšnikov, Andrej R. Dzeniskevič und Valentin M. Koval'čuk:

> „Ich füge hinzu, daß wir alle, die wir hier sitzen, Historiker und Augenzeugen sind, die an den Ereignissen dieser Jahre teilgenommen haben. Jeder von uns hat seine eigene Kriegs- und Blockadeerfahrung. Doch trotzdem fordert das Wesen unseres Berufs eine genaue Orientierung nicht entlang der eigenen Erfahrung, sondern entlang der wahren historischen Fakten."[167]

Erinnerung wurde also als unwissenschaftlich etikettiert und bewußt ausgeblendet. Die Arbeit der Historiker am kulturellen Gedächtnis sollte frei von lästigen Irritationen bleiben. Doch dieser sowjetische Objektivitätsanspruch ist eine Illusion.[168] Vielmehr sind die wissenschaftlichen Arbeiten der Kriegsgeneration sowohl von den persönlichen Erinnerungen als auch vom kulturellen Gedächtnis ihrer Umwelt stark geprägt.[169] Eine Umwertung der Geschichte kann man von dieser Generation kaum erwarten, denn sie käme einem Überbordwerfen der eigenen Erinnerung gleich.

Der Konflikt zwischen kommunikativem und kulturellem Gedächtnis spitzte sich also in der Frage zu, inwieweit die kollektive Erinnerung an die Blockade konserviert oder verändert werden sollte. Jan Assmann nannte diese beiden gedächtnispolitischen Strategien „kalte" und „heiße" Erinnerung. Die erste habe den Wandel im Geschichtsbewußtsein „eingefroren" und versuche, mittels der Erinnerung das Eindringen von Geschichte zu verhindern. Dagegen betone die „heiße" Erinnerung die Entwicklung der Geschichte und setze auf Wandel und Veränderung.[170] Diese Dichotomie beschreibt exakt den Erinnerungsdiskurs der letzten fünfzehn Jahre in Rußland. Auf der einen Seite stehen Kräfte wie die von Bürgerrechtlern gegründete Gesellschaft MEMORIAL. Sie nutzen die Möglichkeiten der Öffentlichkeit dazu, die Zeit des Stalinismus aufzuarbeiten und dem alten Geschichtsbild eine Alternative entgegenzustellen, die auch den Opfern des staatlichen Terrors gerecht wird. Dieses Anliegen geht in der Regel mit dem Ziel

---

167 Zit. aus: Sem' dnej v janvare, in: *Leningradskaja pravda* vom 19.1.1988.

168 Dies ist auch ein Ergebnis der Magisterarbeit von Andrea Zemskov, die anhand von lebensgeschichtlichen Interviews zeigt, daß die Erinnerungen der Blockadeteilnehmer um so stärker dem offiziellen Geschichtsbild folgen, je mehr sie sich nach dem Krieg mit dem Thema beschäftigt haben. So bleiben bezeichnenderweise eine Geschichtslehrerin und ein Gründungsmitglied der Gesellschaft der Einwohner des belagerten Leningrads (*Obščestvo žitelej blokadnogo Leningrada*) bei der Erzählung ihrer Erlebnisse ganz dem inhaltlichen Rahmen und der Sprache der offiziellen Geschichtspolitik verhaftet, vgl. Zemskov: ‚Erzählte Wahrheiten', S. 90-96 und 114-120.

169 Allgemein ist die Geschichtswissenschaft ein Teil des kulturellen Gedächtnisses, vgl. Niethammer: Gedächtnis und Geschichte, S. 33 f. Nicolas Berg stellte in seiner Studie zum Umgang der deutschen Nachkriegshistoriographie mit der Judenvernichtung im Zweiten Weltkrieg den engen Zusammenhang und die Wechselwirkungen von Erinnerung und Geschichtsschreibung auf eine breite empirische Grundlage, vgl. Nicolas Berg: Der Holocaust und die westdeutschen Historiker. Erforschung und Erinnerung, Göttingen 2003.

170 Vgl. Assmann: Das kulturelle Gedächtnis, S. 66-73.

einher, einen pluralistischen Rechtsstaat in Rußland aufzubauen.[171] Einer solchen Pluralisierung stehen die Gralshüter des sowjetischen kulturellen Gedächtnisses gegenüber, die jede Abweichung vom inzwischen erstarrten Mythos als einen Angriff auf die Ehre der Blockadeteilnehmer sehen. Der Petersburger Historiker Andrej R. Dzeniskevič kleidete seine Einwände gegen die jüngsten Entwicklungen in der Blockadegeschichtsschreibung in die Befürchtung, durch eine „Entheroisierung" der Blockade würden die historischen Fakten verzerrt und alles, was den Kriegsveteranen und Überlebenden der Blockade heilig und teuer sei, verhöhnt. Der politische Hintergrund dieses Standpunktes wird schließlich darin deutlich, daß der Petersburger Historiker in der allgemeinen Tendenz, den Krieg zu „entheroisieren", die Gefahr sieht, daß der traditionelle wie der neu entstehende Patriotismus zerstört würde.[172]

In diesem Streit um die Erinnerung nimmt der russische Staat keine neutrale Rolle ein. Auch nach dem Zusammenbruch der Sowjetunion setzt dieser mächtige geschichtspolitische Akteur auf eine Kontinuität zur sowjetischen Erinnerungskultur. Das sowjetische kulturelle Gedächtnis wurde im wahrsten Sinne des Wortes konserviert. Zum 50. Jahrestag der Befreiung Leningrads stellte der damalige Präsident der Russischen Föderation, Boris El'cin, 500 Millionen Rubel und 300 000 Dollar für die Restaurierung der Denkmäler und Gedenkstätten der Blockade zur Verfügung.[173] Auch unter seinem Nachfolger, Vladimir Putin, ist keine Kursänderung zu beobachten und auch nicht zu erwarten. Im Gegenteil: Der gebürtige Petersburger Putin setzt der ökonomischen Desintegration, der sozialen Differenzierung und dem Verlust der sowjetischen Werte eine patriotische Erziehung entgegen.[174] Die verzweifelte Suche nach einer „russischen Idee" ist Ausdruck eines Identitätsverlusts, den El'cin 1996 noch durch die Ausschreibung eines Wettbewerbs aufzufangen versuchte. Im Bestreben einer „invention of tradition" greift das postkommunistische Rußland in den letzten Jahren verstärkt auf positiv besetzte sowjetische Mythen zurück, in erster Linie auf den Sieg im Zweiten Weltkrieg.

Seit der Regierungsübernahme Vladimir Putins ist die abermalige Restauration des sowjetischen kulturellen Gedächtnisses weiter vorangeschritten. Schon bei seiner Antrittsrede als Premierminister hatte Putin 1999 gefordert:

---

[171] Vgl. Fein: Geschichtspolitik, S. 154–158.

[172] Vgl. Dzeniskevič: Blokada i politika, S. 24–27. Auch in anderen Diskussionen um den „Großen Vaterländischen Krieg" verlaufen die Fronten recht ähnlich, siehe die Beispiele bei Langenohl: Patrioten, Verräter, genetisches Gedächtnis, S. 125–135. Zu den patriotischen Tendenzen der russischen Geschichtswissenschaft im Allgemeinen vgl. Svetlana Červonnaja: Geschichtswissenschaft Rußlands in den 1990er Jahren. Problematik, Methodologie, Ideologie, in: Osteuropa, 51 (2001), S. 695–715.

[173] Erlaß des Präsidenten der Russischen Föderation vom 16.1.1993, abdedruckt in: *Sankt-Peterburgskie vedomosti* vom 21.12.1993. Von diesem Betrag waren 100 Millionen Rubel für das Leningrader Gebiet bestimmt, der Rest für die Stadt St. Petersburg.

[174] Vgl. Jutta Scherrer: Zurück zu Gott und Vaterland, in: *Die Zeit* vom 26.7.2001.

> „Wir müssen von der Geschichte lernen und uns stets an diejenigen erinnern, die den russischen Staat schufen, seine Ehre verteidigten und ihn groß, stark und mächtig machten.“[175]

Putin hatte hier besonders die Helden des „Großen Vaterländischen Kriegs“ im Sinn, wie er am nächsten Tag deutlich machte, als er den Ehrenvorsitz bei den Siegesfeiern zum 9. Mai führte. Ausdruck dieser bewußten Anlehnung an die sowjetische Tradition ist zum Beispiel die Wiedereinführung der sowjetischen Nationalhymne – wenn auch mit einem neuen Text –, die aus dem Jahr 1943 stammt.

Der wesentliche Unterschied der Präsidentschaft Putins zu El'cins Amtszeit liegt weniger in der inhaltlichen Bewertung des Zweiten Weltkriegs, sondern im Streben nach einer erneuten Kanonisierung des sowjetischen Geschichtsbildes. Im Zuge des Abbaus von Meinungs- und Pressefreiheit fällt es alternativen Deutungen der Vergangenheit immer schwerer, ein öffentliches Forum zu finden. Zwar hat die politische Elite der kommunistischen Weltanschauung abgeschworen, doch konnte sie die stark verinnerlichte stalinistische Kultur nicht abstreifen. Ausdruck dieser nach wie vor virulenten antidemokratischen Mentalitäten ist unter anderem ein neues, einheitliches Schulbuch für das Fach Geschichte, das eine „eigenwillige“ Darstellung der jüngsten Geschichte durch die Lehrer verhindern soll. Darin wird an die Vermittlung des „Großen Vaterländischen Kriegs“ die Aufgabe gestellt, „zu patriotischen Gefühlen und zum Respekt vor dem großen Sieg des Volkes“ zu erziehen. Die Autoren vertreten in dem Buch die Überzeugung, daß „keine Wahrheit die Größe des Sieges verhüllen“ dürfe.[176] Hier findet eine Sehnsucht nach nationaler Größe in spezifischen Erinnerungssymbolen ihren Ausdruck.

Obwohl heute ein alternatives Kriegsgedenken möglich ist, finden die staatlich inszenierten Gedenkfeiern nach wie vor regen Anklang.[177] Nach einer repräsentativen Umfrage, die vom „Russischen unabhängigen Forschungsinstitut für sozialpolitische und sozialökonomische Probleme“ im März 2000 durchgeführt wurde, halten immerhin über 85 % der russischen Bevölkerung den „Großen Vaterländischen Krieg“ für das wichtigste Ereignis der russischen Geschichte im 20. Jahrhundert.[178]

Der sowjetischen Geschichtspolitik ist es also gelungen, das kulturelle Gedächtnis des Landes zu formen. Dieser Erfolg beruht auf zwei funktionalen Aspekten der sowjetischen Erinnerung: Sie ist in hohem Maße sinn- und identitätsstiftend. Schon die Kriegspropaganda hatte die Opfer des Kriegs zu Helden gemacht und damit ihrem Tod einen höheren Sinn verliehen. Der Kult um Rot-

---

175 Zit. nach: Scherrer: Das Erbe, S. 30.

176 Arkadij Waksberg: Die Auferstehung, in: *Süddeutsche Zeitung* vom 24.10.2002, S. 13.

177 Allerdings war bei der sowjetischen Jugend zwischen 1985 und 1990 eine schwindende Akzeptanz der Feiern zum 9. Mai festzustellen, vgl. Tumarkin: War of Remembrance, S. 198 ff.

178 Vgl. Alexander Tschepurenko: Die Russen über die Vergangenheit und ihre Erwartungen für das 21. Jahrhundert, in: Osteuropa, 51 (2001), S. 135–147.

armisten, die sich selbst für ihre Kameraden opferten, ist Ausdruck der sowjetischen Weltanschauung.[179] Im Gegensatz zu den USA, wo regelmäßig diejenigen zu Helden erklärt werden, die ein einzelnes Menschenleben retteten, stand in der Sowjetunion das Kollektiv über dem Individuum. Dies fand seinen Ausdruck in der sowjetischen Memorialkultur, die in sogenannten ‚Brudergräbern' die Toten zu einer anonymen Masse verschmolz, während im Gegensatz dazu etwa die deutsche Kriegsgräberfürsorge in endlosen Reihen von Holzkreuzen jeden Soldaten als Individuum ehrt.[180]

Anknüpfend an die Kriegspropaganda haben die sowjetischen Historiker *die* Leningrader stets als ein geschlossenes Kollektiv dargestellt. So konnten auch *die* Leningrader kollektiv zu Helden erklärt werden, wobei die Heldentaten *einzelner* stets als Symbol für die Leistungen *aller* standen. Maksim Gor'kij hatte einst das sozialistische Heldenbild entworfen: „Wir alle sind als Helden geboren und leben als solche."[181] Dieses Heldenbild ging eine Verbindung mit dem allgemeinen St. Petersburg/Leningrad-Mythos ein, der die Stadt an der Newa zu einer einmaligen Schönheit verklärt und den Einwohnern ein besonderes kulturelles Bewußtsein zuspricht. Diese Einzigartigkeit wurde durch das Ereignis Blockade erweitert und verstärkt. Heute würden viele den Verlust dieser Helden als Verlust der eigenen Geschichte und damit eines Stücks ihrer Identität empfinden. Dieses Bedürfnis nach Sinnstiftung sichert dem sowjetischen Heldenkult seine Langlebigkeit.[182]

Hinzu kommt, daß nach dem Krieg viele Zuwanderer aus ländlichen Regionen in die Stadt strömten und schon bald die Mehrheit der Leningrader Bevölkerung ausmachten.[183] Die integrierende und identitätsstiftende Funktion des Blok-

---

179 Zur Verherrlichung von solchen Taten in der Kriegspropaganda vgl. Arnold: Stalingrad im sowjetischen Gedächtnis, S. 161-166. Beispiele von Selbstaufopferung finden sich in Stein gemeißelt auch im Gedenkkomplex auf dem „Mamaj-Hügel", vgl. dies.: ‚Das Beispiel der Heldenstadt', S. 361 f.

180 Vgl. Kämpfer: Vom Massengrab zum Heroen-Hügel, S. 331; ders.: Sowjetische Memorialkultur, S. 179.

181 Zit. in: Hans Günther: Der sozialistische Übermensch. Maksim Gor'kij und der sowjetische Heldenmythos, Stuttgart, Weimar 1993, S. 92. Gor'kijs Heldenbild unterscheidet sich vom klassischen Helden, der eine Ausnahmegestalt mit besonderen Kräften verkörpert, dadurch, daß jeder ein potentieller Held ist und durch bloße Willenskraft zum wirklichen Helden werden kann, vgl. Hans Günther: Der Held in der totalitären Kultur, in: Alisa B. Ljubimowa/Hubertus Gassner (Hg.): Agitation zum Glück. Sowjetische Kunst der Stalinzeit, Bremen 1994 (= Katalog zur gleichnamigen Ausstellung vom 26.11.1993 bis zum 30.1.1994), S. 70-75, hier 71.

182 Vgl. Sartori: On the Making of Heroes, S. 188. Bis heute ist das Konzept des „Helden" ein weitverbreitetes Element der persönlichen Identität vieler – vorwiegend männlicher – Russen, vgl. Martina Ritter: Helden auf dem Weg in die Demokratie? Überlegungen zum Zusammenhang von politischer Kultur, Identitätskonzepten und Konfliktstrategien, in: dies./Barbara Wattendorf (Hg.): Sprünge, Brüche, Brücken. Debatten zur politischen Kultur in Russland aus der Perspektive der Geschichtswissenschaft, Kultursoziologie und Politikwissenschaft, Berlin 2002, S. 69-92.

183 Vgl. Ruble: Leningrad, S. 51.

kademythos band die Neuankömmlinge schon früh emotional an ihre neue Heimat und machte sie mit den Kernelementen des Leningrader Lokalpatriotismus vertraut. Selbst Besucher der Newametropole konnten sich diesem Mythos kaum entziehen. So gestand der Jugoslawe Milovan Djilas den Leningradern zu, daß sie die jugoslawischen Partisanen, wenn schon nicht an Heldenmut, so doch an Opfersinn übertroffen hätten.[184]

Von der regen Teilnahme an den offiziellen Gedenkfeiern kann man jedoch nicht auf die Verinnerlichung der sowjetischen Gedenkkultur durch die Anwesenden schließen. Nina Tumarkin hat darauf hingewiesen, daß man das Pathos der Heldenverehrung sowjetischen Stils nicht teilen muß, um der Toten zu gedenken.[185] Schließlich fehlen den Menschen nach siebzig Jahren sowjetischer Herrschaft und Indoktrination die Ausdrucksmöglichkeiten für das öffentliche Trauern um ihre Kriegstoten. Deshalb greifen sie im heutigen Rußland auf die seit Jahrzehnten eingeübte Rhetorik und praktizierten Rituale zurück.[186] Selbst die Russisch-Orthodoxe Kirche, von der noch am ehesten eine alternative Form der Trauerarbeit zu erwarten wäre, ist im sowjetischen Diskurs gefangen. Die Worte, mit denen der Patriarch Aleksij II. den 50. Jahrestag des Endes der Blokkade beging, hätten auch von einem kommunistischen Parteifunktionär stammen können:

> „An diesem Tag im Jahre 1944 stürzte unter dem unbeugsamen Druck der Roten Armee und der Flotte die Blockade Leningrads zusammen, welche die große Stadt und ihre heldenhaften Verteidiger 900 Tage gepeinigt hatte. [...] Die Standhaftigkeit der Leningrader! Sie setzte sich aus der Anstrengung der gesamten Bevölkerung der belagerten Stadt zusammen. Aus denen, die ein Gewehr in die Hand nahmen; die in der Produktion die Rüstungsaufträge erfüllten; die in den Krankenhäusern arbeiteten; die auf den Dächern der Häuser Brandbomben und Feuer löschten; die ihre Bürgerpflicht auf einem der zahlreichen anderen Arbeitsgebiete erfüllten, die für die Stadt überlebensnotwendig waren. Diese Standhaftigkeit stärkte auch die tägliche und opferreiche Heldentat der Kämpfer zu Lande und zu Wasser. [...] Die Standhaftigkeit der Seele der Leningrader gab ihnen sogar im Angesicht des Todes Halt, der während der 900-tägigen Blockade unzählige Opfer forderte."[187]

An der sowjetischen Diktion dieser Worte dürfte sich kein gläubiger Leningrader gestört haben. Die Menschen hatten sich bereits in den vergangenen vierzig Jahren die staatlichen Riten angeeignet und teilweise mit ihren eigenen Inhalten gefüllt. Indem sie jedoch die Interpretationshoheit der Politik akzeptierten, be-

---

[184] Milovan Djilas: Gespräche mit Stalin, Frankfurt a.M. 1962, S. 213 f.

[185] Tumarkin: War of Remembrance, S. 196.

[186] Die individuelle Erinnerung existierte also gerade nicht parallel zum staatlich angeordneten Gedenken, so etwa Catherine Merridale: Steinerne Nächte. Leiden und Sterben in Rußland, München 2001, S. 292.

[187] Adresse des Patriarchen von Moskau und der ganzen Rus', Aleksij II., im Zusammenhang mit dem 50. Jahrestag der vollständigen Befreiung Leningrads von der Blockade, in: *Večernij Peterburg* vom 27.1.1994.

kam diese die Möglichkeit, andere Inhalte mitzutransportieren, etwa die Verdienste der Partei oder des sowjetischen Gesellschaftsmodells. Dadurch wurden allerdings private Trauer um die Toten und die staatlich inszenierte Erinnerung derart miteinander verwoben, daß ein kritisches Hinterfragen dieser Erinnerung – gerade durch westliche Beobachter – häufig als Respektlosigkeit gegenüber den Toten verstanden wird.

5. Exkurs: Vergessen statt Erinnerung. Die Belagerung Leningrads im Gedächtnis der Deutschen

Stellt man abschließend der sowjetischen Erinnerung an die Belagerung Leningrads die deutsche gegenüber, dann ist zunächst festzuhalten, daß die Blockade keinen Platz im kulturellen Gedächtnis der Bundesrepublik fand. Weder Historiker noch Schriftsteller oder Filmemacher schenkten dem Ereignis ihre Aufmerksamkeit. Auch in den westdeutschen Schulbüchern fanden die Ereignisse im belagerten Leningrad keine Erwähnung. Der Grund für dieses weitgehende Vergessen bestand darin, daß sich die Blockade nicht in das in den späten vierziger und fünfziger Jahren sich etablierende allgemeine Narrativ vom Zweiten Weltkrieg einpassen ließ. Bis in die achtziger Jahre dominierte die doppelte Opferrolle der Deutschen das kulturelle Gedächtnis der Bundesrepublik: von der Führung mißbraucht und vom Krieg gebrandmarkt.[188]

In den seltenen Fällen, in denen Leningrad in bundesdeutschen Darstellungen zum Zweiten Weltkrieg erwähnt wurde, standen nicht die Ereignisse in der belagerten Stadt im Mittelpunkt. Leningrad diente vielmehr als Symbol für ganz andere Narrative, die mit der Blockade unmittelbar nur wenig zu tun hatten.[189] So

188 Zur deutschen Erinnerungskultur in der Nachkriegszeit vgl. u.a. Aleida Assmann/Ute Frevert: Geschichtsvergessenheit – Geschichtsversessenheit. Vom Umgang mit deutschen Vergangenheiten nach 1945, Stuttgart 1999, hier v.a. 158-172; Robert G. Moeller: War Stories. The Search for a Usable Past in the Federal Republic of Germany, Berkeley u.a. 2001; Detlef Hoffmann: Vom Kriegserlebnis zur Mythe, in: Monika Flacke (Hg.): Mythen der Nationen. 1945 – Arena der Erinnerungen, 2 Bde., Berlin 2004, Bd. 1, S. 151-172; Monika Flacke/Ulrike Schmiegelt: Aus dem Dunkel zu den Sternen: Ein Staat im Geiste des Antifaschismus, in: ebd., S. 173-189.

189 Die folgenden Ausführungen stellen eine knappe Zusammenfassung der Ergebnisse meiner Untersuchung zur deutschen Erinnerung an die Belagerung Leningrads dar, die auf einer Analyse von Memoiren, Gesamtdarstellungen zum Zweiten Weltkrieg, wissenschaftlichen und literarischen Verarbeitungen sowie Schulbüchern basiert, vgl. Jörg Ganzenmüller: Nebenkriegs-

betonten ehemalige Wehrmachtgeneräle in ihren Erinnerungen die vermeintliche Distanz zwischen Wehrmacht und Nationalsozialismus. Stets machten sie Hitler allein für die Verbrechen und die strategischen Fehler des Krieges verantwortlich. Die militärischen Erfolge dagegen schrieben die Militärs ihrer eigenen Führung und dem Einsatz der Truppe gut.[190] Eine Vorreiterrolle kam hier Erich von Manstein zu. In seinen Erinnerungen repräsentiert die Newametropole einen der zahlreichen „verlorenen Siege". Hitler habe mit seinem Befehl, die auf Leningrad vorrückende Panzergruppe 4 anzuhalten, die Chance zur Einnahme Leningrads leichtfertig verspielt.[191] Walter Chales de Beaulieu, der als Stabschef von Generaloberst Erich Hoepner mit der Panzergruppe 4 im Herbst 1941 vor Leningrad war, schildert Hitler ebenso als Saboteur der deutschen Kriegführung. Er hebt hervor, daß sich Hoepner gegebenenfalls über das Verbot Hitlers hinweggesetzt hätte und nach Leningrad hineingegangen wäre, wenn sich damals nur eine Möglichkeit geboten hätte.[192] Um sein Kriegshandwerk ordentlich auszuüben, so sollte der Leser dieses Buches schlußfolgern, hätte man sich eigentlich den Befehlen Hitlers widersetzen müssen.

Die frühen Gesamtdarstellungen zum Zweiten Weltkrieg schlugen häufig den Weg ein, den die Memoiren der Militärs vorgegeben hatten. Auch sie betonten, daß der Verzicht auf die Einnahme Leningrads eine einsame Entscheidung Hitlers gewesen sei. Der Haltebefehl vor Leningrad wird meist als paradigmatisch für eine insgesamt „unvernünftige" Kriegführung Hitlers interpretiert. Davon setzte sich die Wehrmachtführung ab, die rational und nüchtern ihr Kriegshandwerk verrichtet und den abenteuerlichen Entscheidungen Hitlers letztlich nicht mehr habe folgen können. Auf diese Weise distanzierten sich die Militärs nach dem Krieg sowohl vom Nationalsozialismus als auch von der totalen Niederlage. Sämtliche Meinungsverschiedenheiten zu operativen und politischen Fragen stilisierten sie zu einem tiefen, grundsätzlichen Widerspruch zwischen Hitler und der Wehrmacht. Leningrad kam in dieser Erinnerung nur der Platz eines Beispiels unter vielen zu.

Zahlreiche Historiker sind dieser Darstellung bereitwillig gefolgt. Die Vertreter einer Nationalgeschichte sahen im Nationalsozialismus grundsätzlich einen Bruch in der deutschen Geschichte, ja kennzeichneten ihn sogar als „undeutsch"

---

schauplatz der Erinnerung. Die Blockade Leningrads im Gedächtnis der Deutschen, in: Osteuropa, 55 (2005), S. 135-147.

[190] Vgl. Wolfram Wette: Die Wehrmacht. Feindbilder, Vernichtungskrieg, Legenden, Frankfurt a.M. 2002, S. 197-244; Friedrich Gerstenberger: Strategische Erinnerungen. Die Memoiren deutscher Offiziere, in: Hannes Heer/Klaus Naumann (Hg.): Vernichtungskrieg. Verbrechen der Wehrmacht 1941-1944, Hamburg 1995, S. 620-629; Bernd Wegner: Erschriebene Siege. Franz Halder, die „Historical Division" und die Rekonstruktion des Zweiten Weltkrieges im Geiste des deutschen Generalstabes, in: Ernst Willi Hansen/Gerhard Schreiber/Bernd Wegner (Hg.): Politischer Wandel, organisierte Gewalt und nationale Sicherheit. Beiträge zur Geschichte Deutschlands und Frankreichs, München 1995, S. 287-302.

[191] Vgl. Erich von Manstein: Verlorene Siege, Bonn 1955, S. 293 f.

[192] Chales de Beaulieu: Vorstoß der Panzergruppe 4, S. 141.

oder „geschichtslos".[193] In dieses Bild fügte sich auch die Interpretation, das Militär habe sich von dieser „satanischen Verfälschung echter deutscher Tradition"[194] weitgehend rein halten können. Von den störenden Einmischungen Hitlers und den Verbrechen der SS abgesehen, habe die Wehrmacht einen gewöhnlichen Krieg geführt. Somit konnte auch die Belagerungsstrategie vor Leningrad nicht Bestandteil der nationalsozialistischen Vernichtungspolitik sein, sondern mußte als „normales Kriegshandwerk" gelten. In diesem Narrativ wird deshalb nicht mehr betont, daß die Wehrmacht die Stadt eigentlich hätte besetzen können, wären die vorrückenden Verbände nicht durch einen Anhaltebefehl gestoppt worden. Vielmehr habe die Wehrmacht nur deshalb zum Mittel der Aushungerung gegriffen, weil sie die Stadt nicht habe einnehmen können. In diesen Kontext ist auch die bereits im ersten Kapitel zitierte Wertung von Joachim Hoffmann einzuordnen, bei der Blockade habe es sich um eine „gebräuchliche und unbestrittene Methode der Kriegführung" gehandelt.[195] Als Rechtfertigung dieser Strategie dient häufig der Hinweis auf die Wehrhaftigkeit der Leningrader Zivilbevölkerung. Nicht das Leid der hungernden Menschen wird thematisiert, sondern deren „fanatischer Widerstandswillen" hervorgehoben. Die Leningrader erscheinen in diesem Narrativ nicht als Opfer der deutschen Belagerungsstrategie, sondern als Kombattanten auf seiten der Roten Armee.

Das zweite zentrale Narrativ in der Erinnerung an die Belagerung Leningrads stilisierte den deutschen Landser zum eigentlichen Opfer der Schlacht um Leningrad: Er mußte gegen einen personell und materiell überlegenen Gegner kämpfen, die Fehler einer unzulänglichen Führung ausbaden und die Unwirtlichkeit des nördlichen Rußlands ertragen. Die existentiellen Erfahrungen des Frontalltags stehen auch im Zentrum der wenigen literarischen Verarbeitungen der Kämpfe vor Leningrad. Das wohl bedeutendste Beispiel ist der Roman „Die Stalinorgel" von Gert Ledig. Die Handlung des Buches spielt im Sommer 1942 rund 40 Kilometer südlich von Leningrad. Die Stadt selbst kommt in dem Roman allerdings überhaupt nicht vor. Vielmehr beschreibt der Autor die Brutalität des Stellungskrieges, der am nördlichen Frontabschnitt über zwei Jahre tobte. Die Kämpfe werden aus der Perspektive der Frontsoldaten beider Seiten geschildert, die den Krieg als Martyrium erleben und letztlich von ihrer jeweiligen Führung betrogen werden.[196] Weitere populäre Darstellungen des Zweiten Weltkrieges finden sich in den diversen „Landser"-Heften. Auch in den dort abgedruckten Erzählungen treten die deutschen Soldaten in erster Linie als Opfer auf. Doch während der Krieg in Ledigs Roman als Hölle geschildert wird, der alle Beteiligten nur entkommen wollten, erscheint er hier mitunter als Abenteuer, in dem der einzelne seine Tapferkeit und seinen Heldenmut beweisen konnte. Diese

---

193 Vgl. Berg: Der Holocaust und die westdeutschen Historiker, S. 105–142.

194 So eine Charakterisierung des Nationalsozialismus durch Gerhard Ritter aus dem Jahr 1948, zit. in: ebd., S. 129.

195 Hoffmann: Die Kriegführung aus der Sicht der Sowjetunion, S. 741.

196 Gert Ledig: Die Stalinorgel, Hamburg 1955.

verklärende Darstellung räumt der belagerten Stadt keinen Platz ein, auch wenn sie die Schlacht vor Leningrad zu schildern vorgibt. Damit wird die Handlung von ihrem historischen Ort losgelöst. Die Geschichten sind austauschbar und könnten an jedem beliebigen Abschnitt der deutsch-sowjetischen Front spielen.[197]

Die Erinnerung an die Belagerung Leningrads verlief also entlang der zentralen Narrative der deutschen Erinnerung an den Zweiten Weltkrieg. Die Integration in den allgemeinen Kanon war jedoch nur möglich, indem beide Narrative die Besonderheiten der Blockade – ihre Funktion als Mittel des Genozids und den mehr als zweijährigen Überlebenskampf einer Großstadtbevölkerung – ausblendeten. Indem man das historische Ereignis jedoch seiner Spezifika beraubte, konnten die persönlichen Erinnerungen der Soldaten an die Belagerung nicht zu symbolischen Formen gerinnen und ein Teil des deutschen kulturellen Gedächtnisses werden.

Statt dessen wurde Stalingrad zum zentralen Erinnerungsort des deutsch-sowjetischen Krieges, das im Gegensatz zu Leningrad in unzähligen Romanen, Filmen und Zeitungsartikeln in der Öffentlichkeit seit den fünfziger Jahren präsent war.[198] Diese Rolle wuchs Stalingrad deshalb zu, weil die Niederlage der 6. Armee an der Wolga alle Elemente der westdeutschen Kriegserinnerung in idealtypischer Weise in sich vereinigte. Zum einen spiegelte die differierende Lagebeurteilung während der Schlacht durch die Armeeführung einerseits und durch das Führerhauptquartier andererseits den vermeintlichen Antagonismus zwischen Wehrmacht und Nationalsozialismus wider. Der Haltebefehl und die Versprechen Hitlers, den Kessel über eine Luftbrücke zu versorgen, waren bereits von vielen Zeitgenossen als Illusion erkannt worden. Der Führerbefehl an die 6. Armee, sich einzuigeln und „bis zur letzten Patrone" zu kämpfen, symbolisierte sowohl die Überheblichkeit eines in Operationsfragen inkompetenten Hitler als auch die Rücksichtslosigkeit des fanatischen Weltanschauungstäters gegenüber den eigenen Soldaten. Gegen dieses Bild hob sich die Wehrmacht in der Eigenwahrnehmung als eine hochprofessionelle Armee ab, der es lediglich darum ging, einen ihr auferlegten Krieg erfolgreich zu führen. Aus Sicht der einfachen Soldaten änderte an dieser Wahrnehmung auch nichts, daß General Paulus die sinnlosen Haltebefehle Hitlers weitergab und anderslautende Einschätzungen aus der eigenen Armeeführung nicht beachtete. Man sah sich vielmehr allgemein von der politischen und militärischen Führung in ein Inferno geworfen und dort im Stich gelassen.

---

[197] Vgl. z.B. W. Sandner: Winterschlacht vor Leningrad, Rastatt 2003 (= Der Landser Nr. 2341); ders.: In der weißen Hölle, Rastatt 1994 (= Der Landser Nr. 1909).

[198] Zur deutschen Erinnerung an Stalingrad vgl. Wolfram Wette/Gerd R. Ueberschär (Hg.): Stalingrad. Mythos und Wirklichkeit einer Schlacht, Frankfurt a.M. 1992; Jürgen Förster (Hg.): Stalingrad. Ereignis – Wirkung – Symbol, München, Zürich 1992; Michael Kumpfmüller: Die Schlacht von Stalingrad. Metamorphosen eines deutschen Mythos, München 1995; Peter Jahn (Hg.): Stalingrad erinnern. Stalingrad im deutschen und im russischen Gedächtnis, Berlin 2003.

Hieran knüpft das zweite zentrale Element der deutschen Kriegserinnerung an: Stalingrad entwickelte sich auch zum zentralen Opfernarrativ des deutschen Soldaten. Hatte die nationalsozialistische Propaganda die Angehörigen der 6. Armee noch als Helden dargestellt, änderte sich das Bild nach Kriegsende grundlegend. Nach wie vor wurde zwar betont, daß die Soldaten tapfer einer feindlichen Übermacht getrotzt hatten, doch im Zentrum standen nun der Hunger und die Kälte, welche die Landser im Kessel von Stalingrad auszuhalten hatten. In Zeitungsberichten und Fernsehdokumentationen dominierten Bilder von ausgemergelten und halberfrorenen deutschen Soldaten ebenso wie auf dem Kinoplakat zu Joseph Vilsmaiers Spielfilm „Stalingrad".[199] Da die 6. Armee in Stalingrad tatsächlich von der deutschen Führung „verheizt" wurde und die Wehrmachtsoldaten im Kessel unter den extremen Entbehrungen litten, eignete sich Stalingrad wie keine andere Schlacht des Zweiten Weltkriegs zu einem Symbol, an das sich die Kriegserinnerung der Deutschen heften konnte.

60 Jahre nach dem Ende des Zweiten Weltkriegs hat sich die deutsche Erinnerung gegenüber der unmittelbaren Nachkriegszeit gewandelt. Nach dem Zusammenbruch der Sowjetunion rückten nun verstärkt auch die Leiden des Kriegsgegners in das Bewußtsein der Westdeutschen. Seit dem Beginn der neunziger Jahre wird in Fernsehdokumentationen, Ausstellungen und wissenschaftlichen Untersuchungen regelmäßig der Frontalltag der Belagerer wie das Leid der belagerten Leningrader thematisiert.

Dieser Wandel im deutschen Gedächtnis hängt nicht zuletzt damit zusammen, daß die bislang getrennten Formen der Erinnerung in Ost und West zusammengeführt werden. In der DDR war die Erinnerung an Leningrad einerseits stark vom sowjetischen Heldenepos geprägt, andererseits durch den staatlich verordneten Antifaschismus zum Symbol im Klassenkampf zwischen Sowjetmacht und Großkapital erhoben. Für Heinz Bergschicker waren Hitlers Zerstörungsabsichten sogar der Beweis dafür, daß das „Dritte Reich" in seinem Krieg gegen die Sowjetunion nicht von rassistischen Motiven geleitet war:

> „Für eine weitere Kampagne zur ‚Ausrottung von Juden und Asiaten' schließlich war die Leningrader Nachkommenschaft des rein germanischen Wikingers Rurik auch kein passendes Objekt. Hitlers Plan lieferte den zynisch-eindeutigen Beweis dafür, daß die Wehrmacht hier zum Instrument eines Klassenkampfes auf Leben und Tod geworden war, den die heimlichen Herren Deutschlands, die Großindustriellen und Bankiers, gegen die sozialistische Stadt führten. Ein wieder zum Kapitalismus bekehrtes Leningrad konnten sich selbst Europas Neuordner nicht vorstellen."[200]

Die deutsche Belagerungsstrategie belegt in dieser Interpretation den klassenkämpferischen Charakter des deutsch-sowjetischen Kriegs und zeigt zugleich die angebliche Unumkehrbarkeit des geschichtlichen Fortschritts marxistischer Les-

---

[199] Eine gute Übersicht der medialen Inszenierung Stalingrads in: Jahn (Hg.): Stalingrad erinnern, S. 174-181.

[200] Heinz Bergschicker: Leningrad. Stadt, die den Tod bezwang, Berlin (Ost) 1966, S. 127.

art. Nach seiner sozialistischen Erfahrung könne Leningrad nie wieder eine kapitalistische Stadt werden.

Trotz dieser ideologisch stark überzeichneten Narrative, die in der Kriegserfahrung der Deutschen in keiner Weise verankert waren, hat sich die Belagerung Leningrads ins kulturelle Gedächtnis der Ostdeutschen tiefer eingeprägt, als es im Westen der Fall war. Da der schwere Blockadealltag der Leningrader schon in der Schule behandelt wurde und auch den Stoff für eine Reihe von Jugendbüchern lieferte, war tatsächlich jeder Bürger der DDR mit der Leidensgeschichte des belagerten Leningrads vertraut.[201]

Die Erinnerung an die Belagerung Leningrads in Ost und West könnte auf den ersten Blick kaum unterschiedlicher sein. Während die Blockade in der Sowjetunion und in der DDR zu einem herausragenden Heldenepos des Zweiten Weltkriegs verklärt wurde, erfuhr sie in der Bundesrepublik eine Marginalisierung zu einer gewöhnlichen Militäroperation, die sich durch keinerlei besondere Kennzeichen von anderen Schlachten des Krieges abhob. Bei allen Unterschieden haben diese beiden Narrative jedoch eines gemeinsam: Sie blenden beharrlich aus, daß die deutsche Strategie vor Leningrad schon bald nicht mehr darauf abzielte, die Stadt zu erobern. Als Genozid an den Leningradern wurde die Geschichte von keiner Seite erzählt.

---

[201] Vgl. Bodo Schulenburg: Tanja – Geschichte eines Mädchens aus Leningrad während der neunhunderttägigen Blockade, Berlin (Ost) 1981; Nikolai Dementjew: Eingeschlossen – Ein Tag in einer belagerten Stadt, Berlin (Ost) 1981. Allgemein wurde der Zweite Weltkrieg in ostdeutschen Schulen ausführlicher behandelt als in der alten Bundesrepublik, vgl. Bodo von Borries: Vernichtungskrieg und Judenmord in den Schulbüchern beider deutschen Staaten seit 1949, in: Michael Th. Greven/Oliver von Wrochem (Hg.): Der Krieg in der Nachkriegszeit. Der Zweite Weltkrieg in Politik und Gesellschaft der Bundesrepublik, Opladen 2000, S. 215-236.

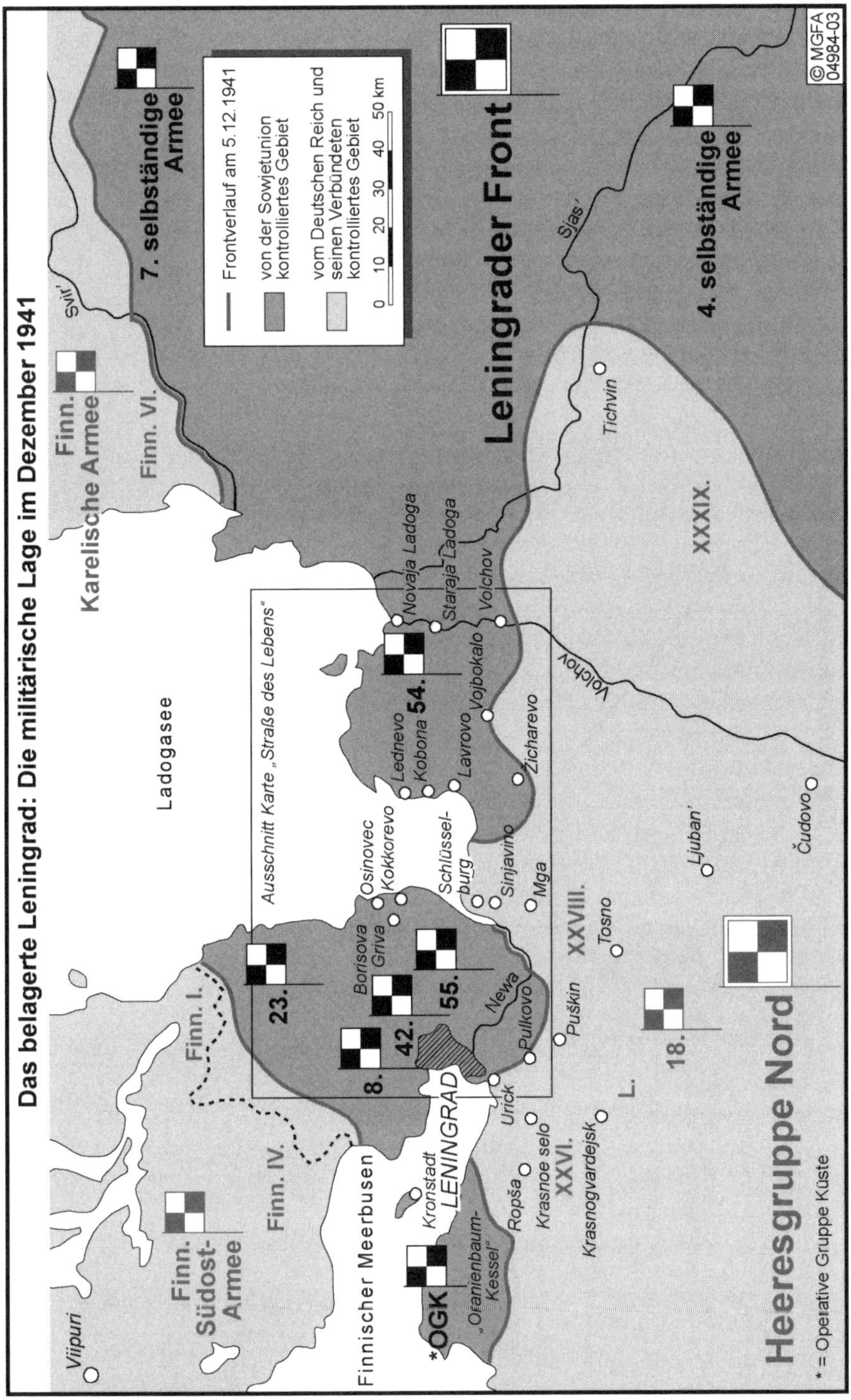

Das belagerte Leningrad: Die militärische Lage im Dezember 1941

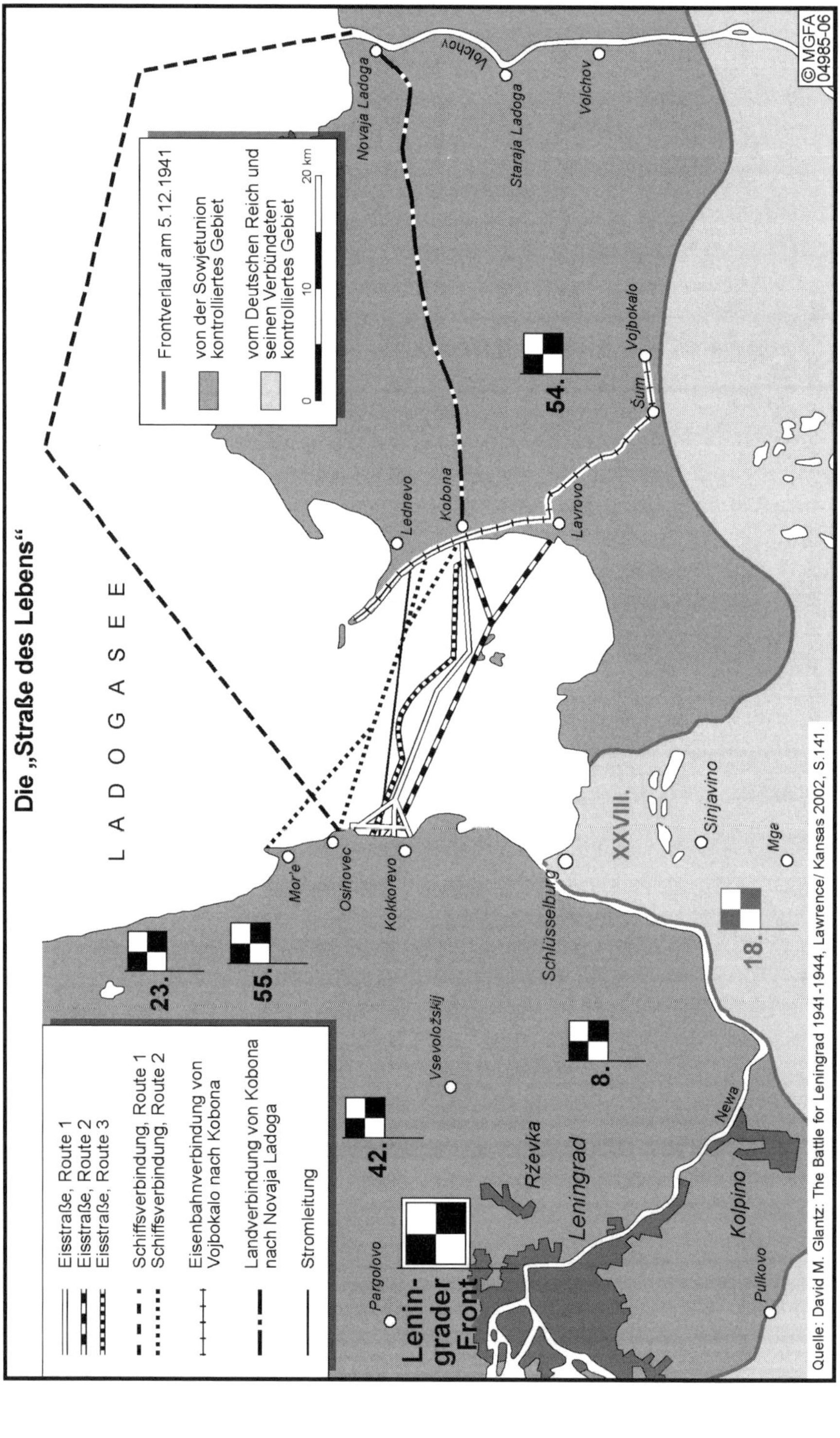

Die „Straße des Lebens“
L A D O G A S E E
Frontverlauf am 5.12.1941
von der Sowjetunion kontrolliertes Gebiet
vom Deutschen Reich und seinen Verbündeten kontrolliertes Gebiet
0 10 20 km
Eisstraße, Route 1
Eisstraße, Route 2
Eisstraße, Route 3
Schiffsverbindung, Route 1
Schiffsverbindung, Route 2
Eisenbahnverbindung von Vojbokalo nach Kobona
Landverbindung von Kobona nach Novaja Ladoga
Stromleitung
Novaja Ladoga
Volchov
Staraja Ladoga
Volchov
Vojbokalo
Šum
54.
Lednevo
Kobona
Lavrovo
Mor'e
Osinovec
Kokkorevo
Schlüsselburg
XXVIII.
Sinjavino
Mge
18.
23.
55.
Vsevoložskij
8.
42.
Rževka
Leningrad
Newa
Kolpino
Pargolovo
Pulkovo
Lenin-grader Front
© MGFA 04985-06
Quelle: David M. Glantz: The Battle for Leningrad 1941-1944, Lawrence/ Kansas 2002, S.141.

QUELLEN UND LITERATUR

1. ARCHIVALIEN

Bundesarchiv-Militärarchiv (BA-MA)

N 510	Nachlaß Eduard Wagner
RH 3	OKH/Generalquartiermeister
RH 19 III	Heeresgruppe Nord
RH 20-18	Armeeoberkommando der 18. Armee
RH 21-4	Panzerarmeeoberkommando 4
RH 24-26	XXVI. Armeekorps
RH 24-50	L. Armeekorps
RH 26-1	1. Infanteriedivision
RH 26-36	36. Infanteriedivision
RH 26-58	58. Infanteriedivision
RH 26-96	96. Infanteriedivision
RH 26-121	121. Infanteriedivision
RH 26-122	122. Infanteriedivision
RH 26-227	227. Infanteriedivision
RH 26-269	269. Infanteriedivision
RH 26-291	291. Infanteriedivision
RS 3-4/8-10	KTB SS-Polizei-Division
RW 31/128-132	Richtlinien für die Führung der Wirtschaft in den neubesetzten Ostgebieten (Grüne Mappe), hg. v. Wirtschaftsführungsstab Ost

Rossijskij gosudarstvennyj archiv social'no-političeskoj istorii (RGASPI)

Fond 17	Central'nyj komitet KPSS
Fond 74	Kliment E. Vorošilov: Ličnyj fond
Fond 77	Andrej A. Ždanov: Ličnyj fond
Fond 82	Vjačeslav M. Molotov: Ličnyj fond
Fond 83	Georgij M. Malenkov: Ličnyj fond
Fond 558	Iosif V. Stalin: Ličnyj fond
Fond 623	Izdatel'stvo političeskoj literatury CK KPSS
Fond M-1	Komsomol

Gosudarstvennyj archiv Rossijskoj Federacii (GARF)

Fond R-5446	Sovet narodnych komissarov
Fond R-6822	Sovet po ėvakuacii SNK SSSR
Fond R-9401	Osobaja papka Stalina

Rossijskij gosudarstvennyj archiv ėkonomiki (RGAĖ)

Fond 1562	Central'noe statističeskoe upravlenie pri Sovete Ministrov SSSR
Fond 4372	Gosplan

Rossijskij gosudarstvennyj archiv novejšej istorii (RGANI)

Fond 6	Komitet partijnogo kontrolja
Fond 89	Kollekcija rassekrečennych dokumentov

Central'nyj gosudarstvennyj archiv istoriko-političeskich dokumentov Sankt-Peterburga (CGAIPD SPb)

Fond 24	Leningradskij oblastnoj komitet VKP(b)
Fond 25	Leningradskij gorodskoj komitet VKP(b)
Fond 4000	Institut istorii partii Leningradskogo obkoma KPSS

Central'nyj gosudarstvennyj archiv Sankt-Peterburga (CGA SPb)

Fond 330	Ėvakuacionnaja komissija Leningradskogo gorodskogo Soveta deputatov trudjaščichsja
Fond 1275	Zavod Bol'ševik
Fond 1788	Kirovskij zavod
Fond 1790	Ižorskij zavod
Fond 2076	Planovaja komissija Lengorispolkoma
Fond 7179	Ispolnitel'nyj komitet Leningradskogo oblastnogo Soveta deputatov trudjaščichsja
Fond 7384	Ispolnitel'nyj komitet Leningradskogo gorodskogo Soveta deputatov trudjaščichsja

Naučno-informacionnyj centr MEMORIAL Sankt-Peterburg (NIC MEMORIAL)

Kopijnyj fond
Personendatenbank

2. Periodika

Izvestija CK KPSS; Leningradskaja pravda (ab 1.9.1991 Sankt-Peterburgskie vedomosti); Pravda; Propaganda i agitacija; Sankt-Peterburgskie vedomosti (vor dem 1.9.1991 Leningradskaja pravda); Smena; Večernij Leningrad; Völkischer Beobachter

3. Bibliographien, Dokumentensammlungen und Quelleneditionen

900 geroičeskich dnej. Sbornik dokumentov i materialov o geroičeskoj bor'be trudjaščichsja Leningrada v 1941 - 1944 gg., Moskau, Leningrad 1966.

Akt Leningradskoj gorodskoj komissii o prednamerennom istreblenii nemecko-fašistskimi varvarami mirnych žitelej Leningrada i uščerbe, nanesennom chozjajstvu i kul'turno-istoričeskim pamjatnikam goroda za period vojny i blokady. Črezvyčajnaja gosudarstvennaja komissija po ustanovleniju i rassledovaniju zlodejanij nemecko-fašistskich zachvatčikov i ich soobščnikov, Leningrad 1945.

Akten der Partei-Kanzlei der NSDAP. Rekonstruktion eines verlorengegangenen Bestandes, hg. v. Institut für Zeitgeschichte, bearb. v. Helmut Heiber, München 1983.

Akten zur Deutschen Auswärtigen Politik (ADAP), Serie D (1937 - 1941), Serie E (1941 - 1945), Baden-Baden, Göttingen 1950 - 1979.

Anatomie des Krieges. Neue Dokumente über die Rolle des deutschen Monopolkapitals bei der Vorbereitung und Durchführung des zweiten Weltkrieges, hg. v. Dietrich Eichholtz und Wolfgang Schumann, Berlin (Ost) 1965.

Der Befehl Nummer 270, in: Osteuropa, 39 (1989), S. 1035 - 1037.

Berlins Wirtschaft in der Blockade, hg. v. Deutschen Institut für Wirtschaftsforschung, Berlin, München 1949.

Bibliographie zur Geschichte der Rußlanddeutschen, hg. v. Detlef Brandes u.a., Bd. 2: Von 1917 bis 1998, hg. v. Detlef Brandes und Victor Dönninghaus, München 1999.

Briefwechsel Stalins mit Churchill, Attlee, Roosevelt und Truman 1941 - 1945, Berlin (Ost) 1961.

The Correspondence of Boris Pasternak and Olga Freidenberg 1910 - 1954, hg. v. Elliott Mossman, London 1982.

Deportation, Sondersiedlung, Arbeitsarmee. Deutsche in der Sowjetunion 1941 - 1956, hg. v. Alfred Eisfeld und Victor Herdt, Köln 1996.

Deutsche Besatzungspolitik in der UdSSR 1941 - 1944. Dokumente, hg. v. Norbert Müller, Köln 1980.

Die Einsatzgruppen in der besetzten Sowjetunion 1941/42. Die Tätigkeits- und Lageberichte des Chefs der Sicherheitspolizei und des SD, hg. v. Peter Klein, Berlin 1997.

Foreign Relations of the United States. Diplomatic Papers 1941, Washington, DC 1955 ff.

[Goebbels, Joseph]: Die Tagebücher von Joseph Goebbels. Sämtliche Fragmente, hg. v. Elke Fröhlich, Teil 2: Diktate 1941 - 1945, 16 Bde., München u.a. 1993 - 1996.

GKO postanovljaet ..., zus.gest. v. N.S. Giško, in: Voenno-istoričeskij žurnal 1992, Nr. 3, S. 17-20.
Gorbatschow, Michail: Ausgewählte Reden und Aufsätze, 5 Bde., Berlin (Ost) 1990.
‚Gosudarstvennyj komitet oborony postanovljaet ...' Direktivnye dokumenty GKO SSSR po obespečeniju žiznedejatel'nosti Leningrada. 1941-1945 gg., in: Istoričeskij archiv 2003, Nr. 2, S. 131-165.
Halder, Franz: Kriegstagebuch. Tägliche Aufzeichnungen des Chefs des Generalstabs des Heeres 1939-1942, hg. v. Arbeitskreis für Wehrforschung Stuttgart, 3 Bde., Stuttgart 1962-1964.
Heeresadjutant bei Hitler 1938-1943. Aufzeichnungen des Major Engel, hg. u. kom. v. Hildegard v. Kotze, Stuttgart 1974.
Hitler, Adolf: Mein Kampf. Erster und Zweiter Band, München $^{78-84}$1933.
Hitler, Adolf: Monologe im Führerhauptquartier 1941-1944. Die Aufzeichnungen Heinrich Heims, hg. v. Werner Jochmann, Hamburg 1980.
Hitler. Reden und Proklamationen 1932-1945. Kommentiert von einem deutschen Zeitgenossen, hg. v. Max Domarus, 2 Bde., Neustadt 1962-63 (Wiesbaden 1973).
Hitlers Weisungen für die Kriegführung 1939-1945. Dokumente des Oberkommandos der Wehrmacht, hg. v. Walther Hubatsch, Koblenz ^{2}1983.
Iz istorii Velikoj Otečestvennoj vojny, in: Izvestija CK KPSS 1990, Nr. 9, S. 193-215.
Kosygin, Aleksej N.: Izbrannye reči i stat'i, Moskau 1974.
Der Krieg gegen die Sowjetunion im Spiegel von 36 Filmen. Eine Dokumentation, Berlin o. J.
Kriegstagebuch des Oberkommandos der Wehrmacht (Wehrmachtführungsstab) 1940-1945, hg. v. Percy Ernst Schramm, 4 Bde., Frankfurt a.M. 1961-1965.
Leningrad v osade. Sbornik dokumentov o geroičeskoj oborone Leningrada v gody Velikoj Otečestvennoj vojny 1941-1944, hg. v. Andrej R. Dzeniskevič u.a., St. Petersburg 1995.
Leningrad v Velikoj Otečestvennoj vojne Sovetskogo Sojuza. Sbornik dokumentov i materialov, hg. v. Sergej I. Avvakumov, Leningrad 1944.
Moskva na osadnom položenii (oktjabr'-dekabr' 1941 g.), in: Izvestija CK KPSS 1991, Nr. 4, S. 209-216.
Oborona Leningrada, zus.gest. v. B. Petrov, in: Voenno-istoričeskij archiv 1999, Nr. 4, S. 161-169.
Organy gosudarstvennoj bezopasnosti SSSR v Velikoj Otečestvennoj vojne. Sbornik dokumentov, hg. v. N.P. Patrušev u.a., Bd. 2: Načalo (22 ijunja-31 dekabrja 1941 goda), Moskau 2000.
Picker, Henry: Hitlers Tischgespräche im Führerhauptquartier 1941-1942, hg. v. Percy Ernst Schramm, Stuttgart 1963.
Posetiteli kremlevskogo kabineta I.V. Stalina. Žurnaly (tetradi) zapisi lic, prinjatych pervym gensekom 1924-1953 gg. Alfavitnyj ukazatel', in: Istoričeskij archiv 1998, Nr. 4, S. 16-203.

Prestupnye celi gitlerovskoj Germanii v vojne protiv Sovetskogo Sojuza. Dokumenty, materialy, hg. v. P.A. Žilin, Moskau 1987.
Prestupnye celi – prestupnye sredstva. Dokumenty ob okkupacionnoj politike fašistskoj Germanii na territorii SSSR, 1941 - 1944 gg., Moskau 1985.
Prikaz Narodnogo Komissara oborony Sojuza SSR No. 227, in: Voenno-istoričeskij žurnal 1988, Nr. 8, S. 73 - 75.
Prikaz Narodnogo Komissara oborony Sojuza SSR No. 391, in: Voenno-istoričeskij žurnal 1988, Nr. 9, S. 29 - 30.
Der Prozeß gegen die Hauptkriegsverbrecher vor dem Internationalen Militärgerichtshof in Nürnberg 14.11.1945 - 1.10.1946, 42 Bde., Nürnberg 1947.
Reichsführer! ... Briefe an und von Himmler, hg. v. Helmut Heiber, Stuttgart 1968.
Skrytaja pravda vojny: 1941 god. Neizvestnye dokumenty, hg. v. P.N. Knyševskij u.a., Moskau 1992, S. 140 - 147.
Sonderfahndungsliste UdSSR des Chefs der Sicherheitspolizei und des SD. Das Fahndungsbuch der deutschen Einsatzgruppen in Rußland 1941. Faksimile des Originals, hg. v. Werner Röder, Erlangen 1975 und 1977.
SSSR i germanskij vopros. 1941 - 1949: Dokumenty iz Archiva vnešnej politiki Rossijskoj Federacii, hg. v. G.P. Kynin und J. Laufer, Bd. 1: 22 ijunja 1941 g. – 8 maja 1945 g., Moskau 1996.
Stalin, Josef W.: Werke, 15 Bde., Dortmund 1979.
V tiskach goloda. Blokada Leningrada v dokumentach germanskich specslužb i NKVD, hg. v. Nikita Lomagin, St. Petersburg 2001.
Velikaja Otečestvennaja, hg. v. V.A. Zolotarev, 14 Bde., Moskau 1993 - 2002.
Bd. 5/1 - 4: Stavka VGK: Dokumenty i materialy (1941 - 1945), Moskau 1996 - 1999.
Bd. 6: Glavnye političeskie organy vooružennych sil SSSR v Velikoj Otečestvennoj Vojne 1941 - 1945 gg.: Dokumenty i materialy, Moskau 1996.

4. Zeitgenössisches Schrifttum (bis 1945)

Avvakumov, Sergej I.: Bol'ševiki goroda Lenina, in: Propaganda i agitacija 1942, Nr. 20, S. 40 - 44.
Avvakumov, Sergej I.: Partija Lenina-Stalina – organizator i vdochnovitel' našich pobed, in: Propaganda i agitacija 1943, Nr. 15, S. 13 - 17.
Backe, Herbert: Um die Nahrungsfreiheit Europas. Weltwirtschaft oder Großraum, Leipzig [2]1943.
Badaev, Georgij F.: Front i tyl – odno celoe, in: Propaganda i agitacija 1942, Nr. 13, S. 15 - 18.

Citrine, Walter: Auf Wahrheitssuche in Rußland, Zürich 1938.
Dymšic, A.: Fil'm, zovuščij k bor'be i pobede, in: Propaganda i agitacija 1942, Nr. 14, S. 15-18.
Hahn, Walter: Der Ernährungskrieg. Grundsätzliches und Geschichtliches. Gemeinschaftsarbeit der Ernährungswirtschaftlichen Forschungsstelle Berlin, Hamburg 1939.
Kapustin, Jakov F.: Dva goda raboty v uslovijach vojny, in: Pravda vom 24.6.1943.
Kapustin, Jakov F.: Leningradskaja promyšlennost' – frontu, in: Propaganda i agitacija 1942, Nr. 20, S. 18-23.
Kapustin, Jakov F.: Pervičnye partorganizacii Leningradskich promyšlennych predprijatij v uslovijach vojny, Leningrad 1943.
Kapustin, Jakov F.: Rabota pervičnych partorganizacij promyšlennych predprijatij Leningrada, in: Propaganda i agitacija 1943, Nr. 13/14, S. 8-17.
Kapustin, Jakov F.: Vojna – surovaja proverka dlja každogo bol'ševika, Leningrad 1942.
Kapustin, Jakov F.: Vse naši sily, vsju našu ėnergiju – na pomošč' frontu, in: Propaganda i agitacija 1943, Nr. 10, S. 15-18.
Kruškol, N.: Geroičeskie tradicii leningradskich rabočich, in: Propaganda i agitacija 1942, Nr. 19, S. 20-25.
Kuznecov, Aleksej A.: Bol'ševiki Leningrada na zaščite rodnogo goroda, in: Partijnoe stroitel'stvo 1945, Nr. 9/10, S. 54-62.
Manakov, N./Peterson, L.: Leningrad – krupnejšij industrial'nyj centr našej strany, in: S.I. Avvakumov (Hg.): Geroičeskij Leningrad 1917-1942, Leningrad 1943, S. 91-148.
Riecke, Hans-Joachim: Aufgaben der Landwirtschaft im Osten, in: Probleme des Ostraumes. Sonderveröffentlichung der Bücherei des Ostraumes, Berlin 1942, S. 31-41.
Slavnov, A.: Za lučšee obsluživanie trudjaščichsja, in: Propaganda i agitacija 1943, Nr. 13/14, S. 37-39.
Weichmann, Herbert und Elsbeth: Alltag im Sowjetstaat. Macht und Mensch, Wollen und Wirklichkeit in Sowjet-Rußland, Berlin 1931.
White, W.L.: Report on the Russians, New York 1945.
Ziegelmayer, Wilhelm: Rohstoff-Fragen der deutschen Volksernährung. Eine Darstellung der ernährungswirtschaftlichen Aufgaben unserer Zeit mit einem Ausblick auf die Großraumwirtschaft, Dresden, Leipzig ^{4}1941.

5. Selbstzeugnisse (Tagebücher und Memoiren)

Adamowitsch, Ales/Granin, Daniil: Das Blockadebuch, 2 Bde., Berlin (Ost) 1984 und 1987.
Adamowitsch, Ales: Schweigen, Heroismus und Widerstand. Wie das „Blockadebuch" entstand, in: Antje Leetz (Hg.): Blockade. Leningrad 1941-1944. Dokumente und Essays von Russen und Deutschen, Reinbek bei Hamburg 1992, S. 232-236.
Admoni, Wladimir: Krieg und Blockade, in: Antje Leetz (Hg.): Blockade. Leningrad 1941-1944. Dokumente und Essays von Russen und Deutschen, Reinbek bei Hamburg 1992, S. 161-168.
Berija, Sergo: Moj otec – Lavrentij Berija, Moskau 1994.
Boldyrev, Anatolij S.: Doroga na bol'šuju zemlju, in: Petr L. Bogdanov (Hg.): Na doroge žizni, Leningrad 1975, S. 196-218.
Brodsky, Joseph: Erinnerungen an Petersburg, München 1986.
Burckhardt, Carl Jacob: Meine Danziger Mission 1937-1939, München 1960.
Chrulev, Andrej V.: Stanovlenie strategičeskogo tyla v Velikoj Otečestvennoj vojne, in: Voenno-istoričeskij žurnal 1961, Nr. 6, S. 64-86.
Chrulev, Andrej V.: V bor'be za Leningrad, in: Voenno-istoričeskij žurnal 1962, Nr. 11, S. 27-36.
Degtjarev, Georgij E.: Taran i ščit, Moskau 1966.
Dimitroff, Georgi: Tagebücher 1933-1943, hg. v. Bernhard H. Bayerlein, 2 Bde., Berlin 2000.
Djilas, Milovan: Gespräche mit Stalin, Frankfurt a.M. 1962.
E.E.: Die Aussiedlung der Deutschen aus Leningrad, in: Heimatbuch der Deutschen aus Rußland 1966, S. 33-34.
Ehrenburg, Ilja: Menschen, Jahre, Leben. Die berühmten Ehrenburg-Memoiren, Bd. 3, München 1965.
Erfurth, Waldemar: Der Finnische Krieg 1941-1944, Wiesbaden 1950.
Fadeyev, Alexander: Leningrad in the Days of the Blockade, London u.a. 1946.
Fedjuninskij, Ivan I.: Podnjatye po trevoge, Moskau 1961.
Gorškov, Nikolaj P.: Siloju sveta v polsveči. Blokadnyj dnevnik, najdennyj čerez 50 let v sekretnych archivach KGB, St. Petersburg 1993.
Granin, Daniil: Über die Barmherzigkeit, in: FAZ vom 25.6.1987.
Grišanovič, I.E.: Derzanie, in: Petr L. Bogdanov (Hg.): Na doroge žizni, Leningrad 1975, S. 243-253.
Harriman, William Averell/Abel, Elie: In geheimer Mission. Als Sonderbeauftragter Roosevelts bei Churchill und Stalin 1941-1946, Stuttgart 1979.
Inber, Vera: Fast drei Jahre. Aus einem Leningrader Tagebuch, Berlin (Ost) 1946.
Kempowski, Walter: Das Echolot. Barbarossa '41. Ein kollektives Tagebuch, München 2002.

Kochina, Elena I.: Blockade Diary, Ann Arbor 1990.

Kondrat'ev, Vjačeslav D.: „Ich bin in Ržev umgekommen". Bericht eines sowjetischen Kriegsteilnehmers, in: Deutsche Studien, 31 (1993). S. 116-125.

Kripton, K.: Osada Leningrada, New York 1952.

Kulagin, Georgij: Dnevnik i pamjat'. O perežitom v gody blokady, Leningrad 1978.

Kusnezow, N.G.: Gefechtsalarm in den Flotten, Berlin (Ost) 1974.

Kuznecova-Danilova, A.A.: Ja byla regulirovščicej, in: Petr L. Bogdanov (Hg.): Na doroge žizni, Leningrad 1975, S. 338-341.

Lagunov, F.N.: Skvoz' blokadu, in: Petr L. Bogdanov (Hg.): Na doroge žizni, Leningrad 1975, S. 9-16.

Leeb, Generalfeldmarschall Wilhelm Ritter von: Tagebuchaufzeichnungen und Lagebeurteilungen aus zwei Weltkriegen. Aus dem Nachlaß hg. und mit einem Lebensabriß versehen v. Georg Meyer, Stuttgart 1976.

Levin, L.A.: Kurs – bol'šaja zemlja, in: Petr L. Bogdanov (Hg.): Na doroge žizni, Leningrad 1975, S. 527-534.

Lichatschow, Dmitri S.: Hunger und Terror. Mein Leben zwischen Oktoberrevolution und Perestroika, Ostfildern vor Stuttgart 1997.

Lichatschow, Dmitri S.: Wie wir am Leben blieben, in: Antje Leetz (Hg.): Blokkade. Leningrad 1941-1944. Dokumente und Essays von Russen und Deutschen, Reinbek bei Hamburg 1992, S. 19-35.

Mandelstam, Nadeschda: Generation ohne Tränen. Erinnerungen, Frankfurt a.M. 1975.

Manstein, Erich von: Verlorene Siege, Bonn 1955.

Merezkow, Kyrill A.: Im Dienste des Volkes, Berlin (Ost) 1972.

Mikojan, Anastas I.: Tak bylo. Razmyšlenija o minuvšem, Moskau 1999.

Mikojan, Anastas I.: V dni blokady, in: Voenno-istoričeskij žurnal 1977, Nr. 2, S. 45-46.

Nekritsch, Alexander: Entsage der Angst. Erinnerungen eines Historikers, Frankfurt a.M., Berlin, Wien 1983.

Oborona Leningrada 1941-1944. Vospominanija i dnevniki učastnikov, Leningrad 1968.

Porčunov, V.A.: Dni i noči, in: Petr L. Bogdanov (Hg.): Na doroge žizni, Leningrad 1975, S. 176-185.

Rosenberg, Suzanne: A Soviet Odyssey, Oxford u.a. 1988.

Schostakowitsch, Dmitri: Chaos statt Musik? Briefe an einen Freund, hg. und komm. v. Isaak D. Glikman (dt. Ausg. hg. v. Reimar Westendorf), Berlin 1995.

Shukow, Georgi K.: Erinnerungen und Gedanken, 2 Bde., Berlin (Ost) ^{7}1983.

Šikin, I.V.: Ledovyj put', in: Petr L. Bogdanov (Hg.): Na doroge žizni, Leningrad 1975, S. 74-113.

Simonow, Konstantin: Aus der Sicht meiner Generation, Berlin 1990.

Skrjabina, Elena: Siege and Survival. The Odyssey of a Leningrader, Reprint, New Brunswick 1997.

Tagebuch aus Moskau 1931-1939, hg. v. Jochen Hellbeck, München 1996.
Tschernow, Andrej: Die Todesration. Weiße Flecken im sowjetischen Bild der Blockade, in: Antje Leetz (Hg.): Blockade. Leningrad 1941-1944. Dokumente und Essays von Russen und Deutschen, Reinbek bei Hamburg 1992, S. 186-195.
Tverdochleb, M.E.: Skvoz' ogon' i stužu, in: Petr L. Bogdanov (Hg.): Na doroge žizni, Leningrad 1975, S. 219-224.
Uroki gneva i ljubvi. Sbornik vospominanij o godach repressij (20-e-80-e gg.). Vypusk 3: Sbornik posvjaščen repressijam vo vremja blokady Leningrada, hg. v. T. Tigonev, St. Petersburg 1992.
Voronov, Nikolaj N.: V trudnye vremena, in: Voenno-istoričeskij žurnal 1961, Nr. 9, S. 62-76.
Wolkow, Solomon (Hg.): Die Memoiren des Dmitri Schostakowitsch, Berlin, München 2000.
Writing the Siege of Leningrad. Women's Diaries, Memoirs and Documentary Prose, hg. v. Cynthia Simmons und Nina Perlina, Pittsburgh 2002.
Žukov, Georgij: Vospominanija i razmyšlenija, 2 Bde., Moskau ^{3}1974.

6. Literatur

Aly, Götz/Heim, Susanne: Deutsche Herrschaft „im Osten": Bevölkerungspolitik und Völkermord, in: Peter Jahn/Reinhard Rürup (Hg.): Erobern und Vernichten. Der Krieg gegen die Sowjetunion 1941-1945. Essays, Berlin 1991, S. 84-105.
Aly, Götz: „Endlösung". Völkerverschiebung und der Mord an den europäischen Juden, Frankfurt a.M. 1995.
Aly, Götz: „Judenumsiedlung". Überlegungen zur politischen Vorgeschichte des Holocaust, in: Ulrich Herbert (Hg.): Nationalsozialistische Vernichtungspolitik 1939-1945. Neue Forschungen und Kontroversen, Frankfurt a.M. 1998, S. 67-97.
Aly, Götz/Heim, Susanne: Vordenker der Vernichtung. Auschwitz und die deutschen Pläne für eine neue europäische Ordnung, Frankfurt a.M. 1993.
Andreyev, Catherine: Vlasov and the Russian Liberation Movement. Soviet Reality and Émigré Theories, Cambridge 1987.
Andrle, Vladimir: Workers in Stalin's Russia. Industrialization and Social Change in a Planned Economy, Wheatsheaf, New York 1988.
Archangorodskaja, N.S./Kurnosov, A.A.: O sozdanii komissii po istorii Velikoj Otečestvennoj vojny AN SSSR, in: Archeografičeskij ežegodnik za 1981 god (1982), S. 219-229.

Argenbright, Robert: Space of Survival. The Soviet Evacuation of Industry and Population in 1941, in: Jeremy Smith (Hg.): Beyond the Limits. The Concept of Space in Russian History and Culture, Helsinki 1999, S. 207-239.

Arnold, Klaus Jochen: Die Eroberung und Behandlung der Stadt Kiew durch die Wehrmacht im September 1941. Zur Radikalisierung der Besatzungspolitik, in: MGM, 58 (1999), S. 23-63.

Arnold, Sabine Rosemarie: ‚Das Beispiel der Heldenstadt wird ewig die Herzen der Völker erfüllen!' Gedanken zum sowjetischen Totenkult am Beispiel des Gedenkkomplexes in Volgograd, in: Reinhart Koselleck/Michael Jeismann (Hg.): Der politische Totenkult. Kriegerdenkmäler in der Moderne, München 1994, S. 351-374.

Arnold, Sabine Rosemarie: „Mit Lügen kann man niemanden erziehen." Gespräch mit dem russischen Schriftsteller V.D. Kondrat'ev, in: Deutsche Studien, 29 (1991), S. 128-144.

Arnold, Sabine Rosemarie: Stalingrad im sowjetischen Gedächtnis. Kriegserinnerung und Geschichtsbild im totalitären Staat, Bochum 1998.

Aspelmeier, Dieter: Deutschland und Finnland während der beiden Weltkriege, Hamburg 1967.

Assmann, Aleida/Frevert, Ute: Geschichtsvergessenheit – Geschichtsversessenheit. Vom Umgang mit deutschen Vergangenheiten nach 1945, Stuttgart 1999.

Assmann, Jan: Erinnern, um dazuzugehören. Kulturelles Gedächtnis, Zugehörigkeitsstruktur und normative Vergangenheit, in: Kristin Platt/Mihran Dabag (Hg.): Generation und Gedächtnis. Erinnerungen und kollektive Identitäten, Opladen 1995, S. 51-75.

Assmann, Jan: Das kulturelle Gedächtnis. Schrift, Erinnerung und politische Identität in frühen Hochkulturen, München ^{2}1997.

Baberowski, Jörg: Wandel und Terror. Die Sowjetunion unter Stalin 1928-1941. Ein Literaturbericht, in: JbGO, 43 (1995), S. 97-129.

Babitschenko, Denis L.: Aspekte einer Koexistenz. Literatur, Schriftsteller und das Zentralkomitee der Kommunistischen Partei, in: Dietrich Beyrau (Hg.): Im Dschungel der Macht. Intellektuelle Professionen unter Stalin und Hitler, Göttingen 2000, S. 219-243.

Bacon, Edwin: The Gulag at War. Stalin's Forced Labour System in the Light of the Archives, London 1994.

Barber, John/Harrison, Mark: The Soviet Home Front 1941-1945. A Social and Economic History of the USSR in World War II, London, New York 1991.

Barber, John: War, Public Opinion and the Struggle for Survival 1941-45. The Case of Leningrad, in: Silvio Pons/Andrea Romano (Hg.): Russia in the Age of War 1941-1945, Mailand 2000, S. 265-276.

Barsukov, Nikolaj A.: XX s-ezd v retrospektive Chruščeva, in: Otečestvennaja istorija 1996, Nr. 6, S. 169-177.

Baryšnikov, N.I.: Blokada Leningrada i Finljandija 1941-1944, St. Petersburg, Helsinki 2002.

Bassow, Alexei: Das Aufbrechen der Blockade Leningrads und die Veränderung der Lage in der strategischen Nordwestrichtung, in: Militärgeschichte, 26 (1987), S. 32-40.

Baur, Johannes: „Großer Terror" und „Säuberungen" im Stalinismus. Ein Forschungsbericht, in: ZfG, 45 (1997), S. 331-348.

Behrendt, Lutz-Dieter: Der Nachlaß der Roten Kaderschmiede. Die Lebensläufe der Absolventen des Instituts der Roten Professur, in: Dietrich Beyrau (Hg.): Im Dschungel der Macht. Intellektuelle Professionen unter Stalin und Hitler, Göttingen 2000, S. 157-169.

Belikov, A.M.: Transfert de l'industrie soviétique vers l'est (Juin 1941-1942), in: Revue d'histoire de la deuxième guerre mondiale, 11 (1961), Nr. 43, S. 35-50.

Belozerov, B.P.: Protivopravnye dejstvija i prestupnost' v uslovijach goloda, in: John Barber/Andrej R. Dzeniskevič (Hg.): Žizn' i smert' v blokirovannom Leningrade. Istoriko-medicinskij aspekt, St. Petersburg 2001, S. 245-264.

Berg, Nicolas: Der Holocaust und die westdeutschen Historiker. Erforschung und Erinnerung, Göttingen 2003.

Bergschicker, Heinz: Leningrad. Stadt, die den Tod bezwang, Berlin (Ost) 1966.

Besymenski, Lew: Sonderakte „Barbarossa". Dokumente, Darstellung, Deutung, Stuttgart 1968.

Beyrau, Dietrich: Die Bürde militärischer Macht, in: Gottfried Schramm (Hg.): Rußlands langer Weg zur Gegenwart, Göttingen 2001, S. 19-31.

Beyrau, Dietrich (Hg.): Im Dschungel der Macht, Intellektuelle Professionen unter Stalin und Hitler, Göttingen 2000.

Beyrau, Dietrich: Intelligenz und Dissens. Die russischen Bildungsschichten in der Sowjetunion 1917-1945, Göttingen 1993.

Bezymenskij, Lev/Ueberschär, Gerd (Hg.): Der deutsche Angriff auf die Sowjetunion 1941. Die Kontroverse um die Präventivkriegsthese, Darmstadt 1998.

Bidlack, Richard: The Political Mood in Leningrad During the First Year of the Soviet-German War, in: Russian Review, 59 (2000), S. 96-113.

Bidlack, Richard: Rabočie leningradskich zavodov v pervyj god vojny, in: V.M. Koval'čuk/N.A. Lomagin/V.A. Šiškin (Hg.): Leningradskaja ėpopeja. Organizacija oborony i naselenie goroda, St. Petersburg 1995, S. 167-199.

Bidlack, Richard: Survival Strategies in Leningrad during the First Year of the Soviet-German War, in: Robert W. Thurston/Bernd Bonwetsch (Hg.): The People's War. Responses to World War II in the Soviet Union, Urbana, Chicago 2000, S. 84-107.

Bidlack, Richard: Workers at War. Factory Workers and Labor Policy in the Siege of Leningrad, Ann Arbor 1987.

Bidlack, Richard: Workers at War. Factory Workers and Labor Policy in the Siege of Leningrad (= Carl Beck Papers in Russian and East European Studies 902), Pittsburgh 1991.

Blank, Margot: Moskau als Machtzentrum der Sowjetunion im Krieg, in: Moskau im Krieg 1941-1945, hg. v. Deutsch-Russischen Museum Berlin-Karlshorst, Berlin 2002, S. 6-13.

Blumenfeld, Alfred: Zur Lage der deutschen Kolonie in Petrograd/Leningrad zwischen den Weltkriegen, in: Osteuropa, 40 (1990), S. 55-63.

Boldyrev, Anatolij S.: Vojna, blokada, poslevoennye budni, in: T.I. Fetisov (Hg.): Prem'er izvestnyj i neizvestnyj. Vospominanija o A.N. Kosygine, Moskau 1997, S. 83-111.

Bonwetsch, Bernd: Das belagerte Leningrad 1941-1944, in: Helmut Hubel/Joachim von Puttkamer/Ulrich Steltner (Hg.): Ein europäisches Rußland oder Rußland in Europa? – 300 Jahre St. Petersburg, Baden-Baden 2004, S. 141-162.

Bonwetsch, Bernd: „Die Geschichte des Krieges ist noch nicht geschrieben". Die Repression, das Militär und der „Große Vaterländische Krieg", in: Osteuropa, 39 (1989), S. 1021-1034.

Bonwetsch, Bernd: Der „Große Vaterländische Krieg" und seine Geschichte, in: Dietrich Geyer (Hg.): Die Umwertung der sowjetischen Geschichte, Göttingen 1991, S. 167-187.

Bonwetsch, Bernd: Der „Große Vaterländische Krieg": Vom deutschen Einfall bis zum sowjetischen Sieg (1941-1945), in: Handbuch der Geschichte Rußlands, Bd. 3: Von den autokratischen Reformen zum Sowjetstaat (1856-1945), hg. v. Gottfried Schramm, Stuttgart 1983-1992, S. 909-1008.

Bonwetsch, Bernd: Der „Große Vaterländische Krieg". Vom öffentlichen Schweigen unter Stalin zum Heldenkult unter Breschnew, in: Babette Quinkert (Hg.): „Wir sind die Herren dieses Landes". Ursachen, Verlauf und Folgen des deutschen Überfalls auf die Sowjetunion, Hamburg 2002, S. 166-187.

Bonwetsch, Bernd: „Ich habe an einem völlig anderen Krieg teilgenommen". Die Erinnerung an den „Großen Vaterländischen Krieg" in der Sowjetunion, in: Helmut Berding/Klaus Heller/Winfried Speitkamp (Hg.): Krieg und Erinnerung. Fallstudien zum 19. und 20. Jahrhundert, Göttingen 2000, S. 145-168.

Bonwetsch, Bernd: Die „Leningrad-Affäre" 1949-1941. Politik und Verbrechen im Spätstalinismus, in: Deutsche Studien, 28 (1990), S. 306-322.

Bonwetsch, Bernd: War as a „Breathing Space". Soviet Intellectuals and the „Great Patriotic War", in: Robert W. Thurston/Bernd Bonwetsch (Hg.): The People's War. Responses to World War II in the Soviet Union, Urbana, Chicago 2000, S. 137-153.

Bordiugov, Gennadi: The Popular Mood in the Unoccupied Soviet Union. Continuity and Change during the War, in: Robert W. Thurston/Bernd Bonwetsch (Hg.): The People's War. Responses to World War II in the Soviet Union, Urbana, Chicago 2000, S. 54-70.

Borodziej, Włodzimierz: Der Warschauer Aufstand 1944, Frankfurt a.M. 2001.

Borries, Bodo von: Vernichtungskrieg und Judenmord in den Schulbüchern beider deutschen Staaten seit 1949, in: Michael Th. Greven/Oliver von Wrochem (Hg.): Der Krieg in der Nachkriegszeit. Der Zweite Weltkrieg in Politik und Gesellschaft der Bundesrepublik, Opladen 2000, S. 215-236.

Boterbloem, Kees N.: Einige Aspekte der stalinistischen „Säuberungen" in der russischen Provinz, in: Jahrbuch für Historische Kommunismusforschung 1993, S. 60-81.

Browning, Christopher R.: Vernichtung durch Arbeit. Zur Fraktionierung der planenden deutschen Intelligenz im besetzten Polen, in: Wolfgang Schneider (Hg.): „Vernichtungspolitik". Eine Debatte über den Zusammenhang von Sozialpolitik und Genozid im nationalsozialistischen Deutschland, Hamburg 1991, S. 37-51.
Bubis, Edward/Ruble, Blair A.: The Impact of World War II on Leningrad, in: Susan J. Linz (Hg.): The Impact of World War II on the Soviet Union, Totowa 1985, S. 189-206.
Bugaj, Nikolaj F.: L. Berija – I. Stalinu: Soglasno Vašemu ukazaniju ..., Moskau 1995.
Bullock, Alan: Hitler und Stalin. Parallele Leben, Berlin 1991.
Burov, Abram V.: Blokada den' za dnem, Leningrad 1979.
Carrère d'Encausse, Hélène: Risse im roten Imperium. Das Nationalitätenproblem in der Sowjetunion, Wien u.a. 1979.
Čerepenina, N. Ju.: Demografičeskaja obstanovka i zdravoochranenie v Leningrade nakanune Velikoj Otečestvennoj vojny, in: John Barber/Andrej R. Dzeniskevič (Hg.): Žizn' i smert' v blokirovannom Leningrade. Istoriko-medicinskij aspekt, St. Petersburg 2001, S. 18-34.
Čerepenina, N. Ju.: Golod i smert' v blokirovannom gorode, in: John Barber/Andrej R. Dzeniskevič (Hg.): Žizn' i smert' v blokirovannom Leningrade. Istoriko-medicinskij aspekt, St. Petersburg 2001, S. 35-80.
Černjavskij, Uriël' G.: Vojna i prodovol'stvie. Snabženie gorodskogo naselenija v Velikuju Otečestvennuju vojnu, 1941-1945 gg., Moskau 1964.
Červonnaja, Svetlana: Geschichtswissenschaft Rußlands in den 1990er Jahren. Problematik, Methodologie, Ideologie, in: Osteuropa, 51 (2001), S. 695-715.
Chales de Beaulieu, Walter: Der Vorstoß der Panzergruppe 4 auf Leningrad 1941, Neckargemünd 1961.
Chiari, Bernhard: Alltag hinter der Front. Besatzung, Kollaboration und Widerstand in Weißrußland 1941-1944, Düsseldorf 1998.
Chlevnjuk, Oleg V.: 1937-j: Stalin, NKVD i sovetskoe obščestvo, Moskau 1992.
Chlevnjuk, Oleg: Das Politbüro. Mechanismen der politischen Macht in der Sowjetunion der dreißiger Jahre, Hamburg 1998.
Chlevnjuk, Oleg: Die sowjetische Wirtschaftspolitik im Spätstalinismus und die „Affäre Gosplan", in: Osteuropa, 50 (2000), S. 1031-1047.
Chozin, Michail S.: Ob odnoj maloissledovannoj operacii, in: Voenno-istoričeskij žurnal 1966, Nr. 2, S. 35-46.
Colton, Timothy J.: Moscow. Governing the Socialist Metropolis, Cambridge, London 1995.
Conquest, Robert: Am Anfang starb Genosse Kirow. Säuberungen unter Stalin, Düsseldorf 1970.
Conquest, Robert: The Great Terror. Stalin's Purge of the Thirties, London, Melbourne 1968.
Conquest, Robert: Stalin and the Kirov Murder, New York, Oxford 1989.
Conquest, Robert: Stalins Völkermord. Wolgadeutsche, Krimtataren, Kaukasier, Wien 1970.

Conze, Susanne: Sowjetische Industriearbeiterinnen in den vierziger Jahren. Die Auswirkungen des Zweiten Weltkrieges auf die Erwerbstätigkeit von Frauen in der UdSSR 1941-1950, Stuttgart 2001.

Conze, Werner: Die Geschichte der 291. Infanterie-Division 1940-1945, Bad Nauheim 1953.

Courtois, Stéphane: Die Verbrechen des Kommunismus, in: ders. u.a. (Hg.): Schwarzbuch des Kommunismus. Unterdrückung, Verbrechen und Terror, München, Zürich 1999, S. 11-43.

Creuzberger, Stefan: „Ich war in einem völlig anderen Krieg ...“. Die sowjetische und russische Historiographie über den „Großen Vaterländischen Krieg“, in: Osteuropa, 48 (1998), S. 505-518.

Crusius, Reinhard/Wilke, Manfred (Hg.): Entstalinisierung. Der XX. Parteitag der KPdSU und seine Folgen, Frankfurt a.M. 1977.

Dallin, Alexander: Deutsche Herrschaft in Rußland 1941-1945. Eine Studie über Besatzungspolitik, Düsseldorf 1958.

Davidson, Leybourne S. u.a.: Human Nutrition and Dietetics, Edinburgh, London 1963.

Davies, Robert W.: Perestroika und Geschichte. Die Wende in der sowjetischen Historiographie, München 1991.

Davies, Robert W.: The Soviet Economy in Turmoil, 1929-1930, Basingstoke, London 1989.

Davies, Sarah: Popular Opinion in Stalin's Russia. Terror, Propaganda and Dissent 1934-1941, Cambridge 1997.

Dementjew, Nikolai: Eingeschlossen – Ein Tag in einer belagerten Stadt, Berlin (Ost) 1981.

Demidov, Viktor I. (Hg.): Blokada rassekrečennaja, St. Petersburg 1995.

Demidov, Viktor I./Kutuzov, Vladislav A.: „Leningradskoe delo“, Leningrad 1990.

Demidov, Viktor I.: Neudača posle pobedy. Krasnoborskaja operacija, in: Sankt-Peterburgskaja panorama 1993, Nr. 4, S. 22-23.

Demidov, Viktor I.: V zerkale istorii. Bitva za Leningrad. Vse li o nej izvestno?, in: Zvezda 1988, Nr. 5, S. 199-206.

Deutscher, Isaac: Stalin. Die Geschichte des modernen Rußland, Stuttgart 1951.

Dieckmann, Christoph: Der Krieg und die Ermordung der litauischen Juden, in: Ulrich Herbert (Hg.): Nationalsozialistische Vernichtungspolitik 1939-1945. Neue Forschungen und Kontroversen, Frankfurt a.M. 1998, S. 292-329.

Djakin, V.S. (Hg.): Istorija rabočich Leningrada 1703-1965, 2 Bde., Leningrad 1972.

Dülffer, Jost: Deutsche Geschichte 1933-1945. Führerglaube und Vernichtungskrieg, Stuttgart, Berlin, Köln 1992.

Dunn, Walter S.: The Soviet Economy and the Red Army 1930-1945, Westport, London 1995.

Dzeniskevič, Andrej R.: Blokada i politika. Oborona Leningrada v političeskoj kon-junkture, St. Petersburg 1998.

Dzeniskevič, Andrej R.: Front u zavodskich sten. Maloizučennye problemy oborony Leningrada 1941-1944, St. Petersburg 1998.

Dzeniskevič, Andrej R.: Izmenenie čislennosti i sostava Leningradskich rabočich v gody Velikoj Otečestvennoj vojny, in: Istoričeskie zapiski, 85 (1970), S. 47-66.

Dzeniskevič, Andrej R. u.a. (Hg.): Leningrad v bor'be mesjac za mesjacem 1941-1944, St. Petersburg 1994.

Dzeniskevič, Andrej R./Koval'čuk, Valentin M./Sobolev, Gennadij L. (Hg.): Nepokorennyj Leningrad. Kratkij očerk istorii goroda v period Velikoj Otečestvennoj vojny, Leningrad ²1974 (¹1970).

Dzeniskevič, Andrej R.: O sozdanii obščegorodskoj komissii po sboru materialov dlja istorii oborony Leningrada, in: E.M. Balašov/Ė.A. Tropp/V.A. Šiškin (Hg.): Leningradskaja nauka v gody Velikoj Otečestvennoj vojny, St. Petersburg 1995, S. 129-139.

Dzeniskevič, Andrej R.: Smysl i cena strategičeskoj oborony, in: Iskusstvo Leningrada 1990, Nr. 5, S. 6-12.

Dzeniskevič, Andrej R.: Voennaja pjatiletka rabočich Leningrada 1941-1945, Leningrad 1972.

Dzeniskevich, Andrei R.: The Social and Political Situation in Leningrad in the First Months of the German Invasion. The Social Psychology of the Workers, in: Robert W. Thurston/Bernd Bonwetsch (Hg.): The People's War. Responses to World War II in the Soviet Union, Urbana, Chicago 2000, S. 71-83.

Ebbinghaus, Angelika/Preissler, Gerd: Die Ermordung psychisch kranker Menschen in der Sowjetunion. Dokumentation, in: Aussonderung und Tod. Die klinische Hinrichtung der Unbrauchbaren, Berlin 1985, S. 75-107.

Eichholtz, Dietrich: Der „Generalplan Ost". Über eine Ausgeburt imperialistischer Denkart und Politik (mit Dokumenten), in: Jahrbuch für Geschichte, 26 (1982), S. 217-274.

Eichholtz, Dietrich: Geschichte der deutschen Kriegswirtschaft 1939-1945, Bd. 1: 1939-1941, Berlin (Ost) 1969.

Eichholtz, Dietrich: Kriegsziele in der UdSSR, in: Babette Quinkert (Hg.): „Wir sind die Herren dieses Landes". Ursachen, Verlauf und Folgen des deutschen Überfalls auf die Sowjetunion, Hamburg 2002, S. 19-43.

Erickson, John: The Road to Stalingrad. Stalin's War with Germany, Bd. 1, London 1975.

Erickson, John: The Soviet High Command. A Military-Political History 1918-1941, London, New York 1962.

Erickson, John: Soviet War Losses. Calculations and Controversies, in: ders./ David Dilks (Hg.): Barbarossa. The Axis and the Allies, Edinburgh 1994, S. 255-277.

Erickson, John: Soviet Women at War, in: John Garrard/Carol Garrard (Hg.): World War 2 and the Soviet People, New York 1993, S. 50-76.

Ermolov, A.Ju.: Ėvakuacija v 1941 godu na primere predprijatij Narkomata tankovoj promyšlennosti, in: O.R. Ajrapetov (Hg.): Rossija i reformy. Sbornik statej, Heft 5, Moskau 2002, S. 149-180.

Erren, Lorenz: ‚Kritik und Selbstkritik' in der sowjetischen Parteiöffentlichkeit der dreißiger Jahre. Ein mißverstandenes Schlagwort und seine Wirkung, in: JbGO, 50 (2002), S. 186-194.

Erren, Lorenz: Zum Ursprung einiger Besonderheiten der sowjetischen Parteiöffentlichkeit. Der Stalinistische Untertan und die ‚Selbstkritik' in den dreißiger Jahren, in: Gábor T. Rittersporn/Malte Rolf/Jan C. Behrends (Hg.): Sphären von Öffentlichkeit in Gesellschaften sowjetischen Typs. Zwischen parteistaatlicher Selbstinszenierung und kirchlichen Gegenwelten, Frankfurt a.M. u.a. 2003, S. 131-163.

Fainsod, Merle: Wie Rußland regiert wird, Köln, Berlin 1965.

Fein, Elke: Geschichtspolitik in Rußland. Chancen und Schwierigkeiten einer demokratisierenden Aufarbeitung der sowjetischen Vergangenheit am Beispiel der Tätigkeit der Gesellschaft MEMORIAL, Hamburg 2000.

Fieseler, Beate: Innenpolitik der Nachkriegszeit 1945-1953, in: Handbuch der Geschichte Rußlands, Bd. 5: Vom Ende des Zweiten Weltkriegs bis zum Zusammenbruch der Sowjetunion (1945-1991), hg. v. Stefan Plaggenborg, Stuttgart 2002, S. 36-77.

Filtzer, Donald: Soviet Workers and Stalinist Industrialization. The Formation of Modern Soviet Production Relations 1928-1941, London u.a. 1986.

Fitzpatrick, Sheila: Everyday Stalinism. Ordinary Life in Extraordinary Times. Soviet Russia in the 1930s, New York, Oxford 1999.

Fitzpatrick, Sheila: How the Mice Buried the Cat. Scenes from the Great Purges of 1937 in the Russian Provinces, in: Russian Review, 52 (1993), S. 299-320.

Fitzpatrick, Sheila: War and Society in Soviet Context. Soviet Labor before, during and after World War II, in: International Labor and Working Class History, 35 (1989), S. 37-52.

Flacke, Monika/Schmiegelt, Ulrike: Aus dem Dunkel zu den Sternen: Ein Staat im Geiste des Antifaschismus, in: Monika Flacke (Hg.): Mythen der Nationen. 1945 – Arena der Erinnerungen, 2 Bde., Berlin 2004, Bd. 1, S. 173-189.

Flohr, Cynthia: Das scheinbare Einlenken Stalins beim Warschauer Aufstand im September 1944, in: Bernd Martin/Stanisława Lewandowska (Hg.): Der Warschauer Aufstand 1944, Warschau 1999, S. 210-233.

Förster, Jürgen (Hg.): Stalingrad. Ereignis – Wirkung – Symbol, München, Zürich 1992.

Foucault, Michel: Die Ordnung des Diskurses, Frankfurt a.M. 1991.

Frei, Norbert: Vergangenheitspolitik. Die Anfänge der Bundesrepublik und die NS-Vergangenheit, München 1996.

Friedrich, Jörg: Das Gesetz des Krieges. Das deutsche Heer in Rußland 1941-1945. Der Prozeß gegen das Oberkommando der Wehrmacht, Neuausg., München 1995.

Friedrich, Jörg: Militärische Notwendigkeit und Totaler Krieg. Deutsche Generäle in Nürnberg. Erstes Beispiel: Ritter von Leeb und die Belagerung Leningrads, in: Die Neue Gesellschaft, 37 (1990), S. 133-139.

Gallagher, Matthew P.: The Soviet History of World War II. Myths, Memories and Realities, New York, London 1963.
Ganzenmüller, Jörg: Das belagerte Leningrad 1941-1944. Zeitabschnitte im Planen und Handeln der sowjetischen Verteidiger, in: Informationen zur modernen Stadtgeschichte 2004, Nr. 2, S. 39-44.
Ganzenmüller, Jörg: Nebenkriegsschauplatz der Erinnerung. Die Blockade Leningrads im Gedächtnis der Deutschen, in: Osteuropa, 55 (2005), S. 135-147.
Ganzenmüller, Jörg: „... die Stadt dem Erdboden gleichmachen". Zielsetzung und Motive der deutschen Blockade Leningrads, in: Stefan Creuzberger u.a. (Hg.): St. Petersburg – Leningrad – St. Petersburg. Eine Stadt im Spiegel der Zeit, Stuttgart 2000, S. 179-195.
Gatrell, Peter/Harrison, Marc: The Russian and Soviet Economy in Two World Wars, in: Economic History Review, 46 (1993), S. 425-452.
Gelb, Michael: The Western Finnic Minorities and the Origins of the Stalinist Nationalities Deportations, in: Nationalities Papers, 24 (1996), S. 237-268.
Gellermann, Günther W.: Der Krieg, der nicht stattfand. Möglichkeiten, Überlegungen und Entscheidungen der deutschen Obersten Führung zur Verwendung chemischer Kampfstoffe im Zweiten Weltkrieg, Koblenz 1986.
Gerlach, Christian: Die Bedeutung der deutschen Ernährungspolitik für die Beschleunigung des Mordes an den Juden 1942, in: ders.: Krieg, Ernährung, Völkermord. Forschungen zur deutschen Vernichtungspolitik im Zweiten Weltkrieg, Hamburg 1998, S. 167-257.
Gerlach, Christian: Deutsche Wirtschaftsinteressen, Besatzungspolitik und der Mord an den Juden in Weißrußland 1941-1943, in: Ulrich Herbert (Hg.): Nationalsozialistische Vernichtungspolitik 1939-1945. Neue Forschungen und Kontroversen, Frankfurt a.M. 1998, S. 263-291.
Gerlach, Christian: Kalkulierte Morde. Die deutsche Wirtschafts- und Vernichtungspolitik in Weißrußland 1941-1944, Hamburg 1999.
Gerlach, Christian: Militärische ‚Versorgungszwänge', Besatzungspolitik und Massenverbrechen: Die Rolle des Generalquartiermeisters des Heeres und seiner Dienststellen im Krieg gegen die Sowjetunion, in: Norbert Frei/Sybille Steinbacher/Bernd C. Wagner (Hg.): Ausbeutung, Vernichtung, Öffentlichkeit. Neue Studien zur nationalsozialistischen Lagerpolitik, München 2000, S. 175-208.
Gerlach, Christian: Operative Planungen der Wehrmacht für den Krieg gegen die Sowjetunion und die deutsche Vernichtungspolitik, in: Babette Quinkert (Hg.): „Wir sind die Herren dieses Landes". Ursachen, Verlauf und Folgen des deutschen Überfalls auf die Sowjetunion, Hamburg 2002, S. 55-63.
Gerstenberger, Friedrich: Strategische Erinnerungen. Die Memoiren deutscher Offiziere, in: Hannes Heer/Klaus Naumann (Hg.): Vernichtungskrieg. Verbrechen der Wehrmacht 1941-1944, Hamburg 1995, S. 620-629.
Geschichte des Großen Vaterländischen Krieges der Sowjetunion, hg. v. Institut für Marxismus-Leninismus beim Zentralkomitee der Kommunistischen Partei der Sowjetunion, 6 Bde., Berlin (Ost) 1962-1967.

Getty, J. Arch: Origins of the Great Purges. The Soviet Communist Party Reconsidered 1933-1938, Cambridge 1985.
Getty, J. Arch/Manning, Roberta T. (Hg.): Stalinist Terror. New Perspectives, Cambridge 1993.
Geyer, Dietrich: Rußland in den Epochen des zwanzigsten Jahrhunderts. Eine zeitgeschichtliche Problemskizze, in: GG, 23 (1997), S. 258-294.
Geyer, Dietrich (Hg.): Die Umwertung der sowjetischen Geschichte, Göttingen 1991.
Gill, Graeme: The Origins of the Stalinist Political System, Cambridge 1990.
Glantz, David M.: The Battle for Leningrad, 1941-1944, Lawrence 2002.
Glantz, David M.: Soviet Military Operational Art. In Pursuit of Deep Battle, London, Portland 1991.
Glantz, David M.: Stumbling Colossus. The Red Army on the Eve of War, Lawrence 1998.
Golczewski, Frank: Die Kollaboration in der Ukraine, in: Christoph Dieckmann/ Babette Quinkert/Tatjana Tönsmeyer (Hg.): Kooperation und Verbrechen. Formen der „Kollaboration" im östlichen Europa 1939-1945, Göttingen 2003 (= Beiträge zur Geschichte des Nationalsozialismus 19), S. 151-182.
Gorinov, Mikhail M.: Muscovites' Moods, 22 June 1941 to May 1942, in: Robert W. Thurston/Bernd Bonwetsch (Hg.): The People's War. Responses to World War II in the Soviet Union, Urbana, Chicago 2000, S. 108-134.
Gorjajewa, Tatjana M.: Unterwerfung und Gleichschaltung des Rundfunks in der UdSSR, in: Dietrich Beyrau (Hg.): Im Dschungel der Macht. Intellektuelle Professionen unter Stalin und Hitler, Göttingen 2000, S. 197-218.
Gorodetsky, Gabriel: Grand Delusion. Stalin and the German Invasion of Russia, New Haven, London 1999.
Gor'kov, Jurij A.: Kreml'. Stavka. Genštab, Tver' 1995.
Goure, Leon: The Siege of Leningrad, Stanford, London 1962.
Groh, Dieter: Die verschwörungstheoretische Versuchung oder: Why do bad things happen to good people?, in: ders.: Anthropologische Dimensionen der Geschichte, Frankfurt a.M. 1992, S. 267-304.
Groh, Dieter: Verschwörungstheorien revisited, in: Ute Caumanns/Mathias Niendorf (Hg.): Verschwörungstheorien. Anthropologische Konstanten – historische Varianten, Osnabrück 2001, S. 187-196.
Groh, Ruth: Verschwörungstheorien und Weltdeutungsmuster. Eine anthropologische Perspektive, in: Ute Caumanns/Mathias Niendorf (Hg.): Verschwörungstheorien. Anthropologische Konstanten – historische Varianten, Osnabrück 2001, S. 37-45.
Grossman, Peter Z.: The Dilemma of Prisoners. Choice during Stalin's Great Terror 1936-1938, in: Journal of Conflict Resolution, 38 (1994), S. 43-55.
Günther, Hans: Der Held in der totalitären Kultur, in: Alisa B. Ljubimowa/ Hubertus Gassner (Hg.): Agitation zum Glück. Sowjetische Kunst der Stalinzeit, Bremen 1994, S. 70-75.
Günther, Hans: Der sozialistische Übermensch. Maksim Gor'kij und der sowjetische Heldenmythos, Stuttgart, Weimar 1993.

Hagen, Mark von: Soviet Soldiers and Officers on the Eve of the German Invasion. Toward a Description of Social Psychology and Political Attitudes, in: Robert W. Thurston/Bernd Bonwetsch (Hg.): The People's War. Responses to World War II in the Soviet Union, Urbana, Chicago 2000, S. 187-210.

Hagenloh, Paul: „Socially Harmful Elements" and the Great Terror, in: Sheila Fitzpatrick (Hg.): Stalinism. New Approaches, London 2000, S. 286-308.

Harris, Jonathan: The Origins of the Conflict between Malenkov and Zhdanov 1939-1941, in: Slavic Review, 35 (1976), S. 287-303.

Harrison, Mark: Accounting for War. Soviet Production, Employment and the Defence Burden 1940-1945, Cambridge 1996.

Harrison, Mark: The Economics of World War II: An Overview, in: ders. (Hg.): The Economics of World War II. Six Great Powers in International Comparison, Cambridge 1998, S. 1-42.

Harrison, Mark: Soviet Economic Growth since 1928. The Alternative Statistics of G.I. Khanin, in: Europe-Asia Studies, 45 (1993), S. 141-167.

Harrison, Mark: Soviet Planning in Peace and War 1938-1945, Cambridge u.a. 1985.

Hartmann, Christian: Halder. Generalstabschef Hitlers 1938-1942, Paderborn u.a. 1991.

Hartmann, Christian: Verbrecherischer Krieg – verbrecherische Wehrmacht? Überlegungen zur Struktur des deutschen Ostheeres 1941-1944, in: VfZ, 52 (2004), S. 1-75.

Hass, Gerhart: Die Deportation der deutschen Minderheit in der UdSSR im Zweiten Weltkrieg, in: Klaus Meyer/Wolfgang Wippermann (Hg.): Gegen das Vergessen. Der Vernichtungskrieg gegen die Sowjetunion 1941-1945. Deutsch-sowjetische Historikerkonferenz im Juni 1991 in Berlin über Ursachen, Opfer, Folgen des deutschen Angriffs auf die Sowjetunion, Frankfurt a.M. 1992, S. 117-133.

Hass, Gerhart: Deutsche Besatzungspolitik im Leningrader Gebiet 1941-1944, in: Babette Quinkert (Hg.): „Wir sind die Herren dieses Landes". Ursachen, Verlauf und Folgen des deutschen Überfalls auf die Sowjetunion, Hamburg 2002, S. 64-81.

Hass, Gerhart: Leben, Sterben und Überleben im belagerten Leningrad (1941-1944), in: ZfG, 50 (2002), S. 1080-1098.

Hass, Gerhart: Replik zu Irina Reznikova, in: 1999. Zeitschrift für Sozialgeschichte des 20. und 21. Jahrhunderts, 15 (2000), S. 157-163.

Haumann, Heiko: Jugend und Gewalt in Sowjetrußland zwischen Oktoberrevolution und Stalinismus im lebensweltlichen Zusammenhang, in: Corinna Kuhr-Korolev/Stefan Plaggenborg/Monica Wellmann (Hg.): Sowjetjugend 1917-1941. Generation zwischen Revolution und Resignation, Essen 2001, S. 25-61.

Haupt, Werner: Heeresgruppe Nord 1941-1945, Bad Nauheim 1966.

Haupt, Werner: Leningrad. Die 900-Tage-Schlacht 1941-1944, Friedberg 1980.

Heiber, Helmut: Der Generalplan Ost, in: VfZ, 6 (1958), S. 281-325.

Heim, Susanne/Aly, Götz: Die Ökonomie der „Endlösung". Menschenvernichtung und wirtschaftliche Neuordnung, in: Sozialpolitik und Judenvernichtung. Gibt es eine Ökonomie der Endlösung?, Berlin 1987, S. 11-90.

Heim, Susanne/Aly, Götz: Sozialplanung und Völkermord. Thesen zur Herrschaftsrationalität der nationalsozialistischen Vernichtungspolitik, in: Wolfgang Schneider (Hg.): „Vernichtungspolitik". Eine Debatte über den Zusammenhang von Sozialpolitik und Genozid im nationalsozialistischen Deutschland, Hamburg 1991, S. 11-23.

Heller, Michail/Nekrich, Alexander: Geschichte der Sowjetunion, 2 Bde., Königstein/Ts. 1982.

Hepp, Michael: „Die Durchdringung des Ostens in Rohstoff- und Landwirtschaft". Vorschläge des Arbeitswissenschaftlichen Instituts der Deutschen Arbeitsfront zur Ausbeutung der UdSSR aus dem Jahre 1941, in: 1999. Zeitschrift für Sozialgeschichte des 20. und 21. Jahrhunderts, 2 (1987), S. 96-134.

Herbert, Ulrich: Best. Biographische Studien über Radikalismus, Weltanschauung und Vernunft 1903-1989, Bonn ^{3}1996.

Herbert, Ulrich: Rassismus und rationales Kalkül. Zum Stellenwert utilitaristisch verbrämter Legitimationsstrategien in der nationalsozialistischen „Weltanschauung", in: Wolfgang Schneider (Hg.): Vernichtungspolitik. Eine Debatte über den Zusammenhang von Sozialpolitik und Genozid im nationalsozialistischen Deutschland, Hamburg 1991, S. 25-35.

Herbert, Ulrich: Vergeltung, Zeitdruck, Sachzwang. Die deutsche Wehrmacht in Frankreich und in der Ukraine, in: Mittelweg 36, 11 (2002), Nr. 6, S. 25-42.

Herbert, Ulrich: Vernichtungspolitik. Neue Antworten und Fragen zur Geschichte des „Holocaust", in: ders. (Hg.): Nationalsozialistische Vernichtungspolitik 1939-1945. Neue Forschungen und Kontroversen, Frankfurt a.M. 1998, S. 9-66.

Herbert, Ulrich: Der Zweite Weltkrieg, in: Hans-Ulrich Wehler (Hg.): Scheidewege der deutschen Geschichte. Von der Reformation bis zur Wende, 1517-1989, München 1995, S. 198-210.

Herbst, Ludolf: Das nationalsozialistische Deutschland 1933-1945. Die Entfesselung der Gewalt: Rassismus und Krieg, Frankfurt a.M. 1996.

Hildermeier, Manfred: Geschichte der Sowjetunion 1917-1991. Entstehung und Niedergang des ersten sozialistischen Staates, München 1998.

Hillgruber, Andreas: Hitlers Strategie. Politik und Kriegführung 1940-1941, Frankfurt a.M. 1965.

Hillgruber, Andreas: „Nordlicht" – Die deutschen Pläne zur Eroberung Leningrads im Jahre 1942, in: ders. (Hrsg.): Deutsche Großmacht und Weltpolitik im 19. und 20. Jahrhundert, Düsseldorf 1977, S. 295-316.

Hösler, Joachim: Die sowjetische Geschichtswissenschaft 1953 bis 1991. Studien zur Methodologie- und Organisationsgeschichte, München 1995.

Hoffmann, Detlef: Vom Kriegserlebnis zur Mythe, in: Monika Flacke (Hg.): Mythen der Nationen. 1945 – Arena der Erinnerungen, 2 Bde., Berlin 2004, Bd. 1, S. 151-172.

Hoffmann, Joachim: Die Kriegführung aus der Sicht der Sowjetunion, in: Das Deutsche Reich und der Zweite Weltkrieg, hg. v. Militärgeschichtlichen Forschungsamt, Bd. 4: Der Angriff auf die Sowjetunion, Stuttgart 1983, S. 713-798.

Hoffmann, Joachim: Die Ostlegionen 1941-1943. Turkotataren, Kaukasier und Wolgafinnen im deutschen Heer, Freiburg i.Br. 1976.

Hoffmann, Joachim: Stalins Vernichtungskrieg 1941-1945, München 1996.

Hoffmann, Martin: Der Zweite Weltkrieg in der offiziellen sowjetischen Erinnerungskultur, in: Helmut Berding/Klaus Heller/Winfried Speitkamp (Hg.): Krieg und Erinnerung. Fallstudien zum 19. und 20. Jahrhundert, Göttingen 2000, S. 129-143.

Hofmann, George F.: Doctrine, Tank Technology and Execution: I.A. Khalepskii and the Red Army's Fulfillment of Deep Offensive Operations, in: Journal of Slavic Military Studies, 9 (1996), S. 283-334.

Hürter, Johannes: Die Wehrmacht vor Leningrad. Krieg und Besatzungspolitik der 18. Armee im Herbst und Winter 1941/42, in: VfZ, 49 (2001), S. 377-440.

Istorija Velikoj Otečestvennoj vojny Sovetskogo Sojuza 1941-1945, 6 Bde., Moskau 1961-1965.

Jäckel, Eberhard: Hitlers Weltanschauung. Entwurf einer Herrschaft, erw. u. überarb. Neuausg., Stuttgart 1981.

Jaczyński, Stanisław: Die Rote Armee an der Weichsel: Politischer oder militärischer Attentismus?, in: Bernd Martin/Stanisława Lewandowska (Hg.): Der Warschauer Aufstand 1944, Warschau 1999, S. 195-209.

Jahn, Peter (Hg.): Blockade Leningrads 1941-1944. Dossiers. Katalog einer Ausstellung im Deutsch-Russischen Museum Berlin-Karlshorst, Berlin 2004.

Jahn, Peter (Hg.): Stalingrad erinnern. Stalingrad im deutschen und im russischen Gedächtnis, Berlin 2003.

Jakovlev, Aleksandr N. (Hg.): Reabilitacija. Političeskie processy 30-50-ch godov, Moskau 1991.

Jaroševskij, M.G. (Hg.): Repressirovannaja nauka, St. Petersburg 1994.

Jaworski, Rudolf: Verschwörungstheorien aus psychologischer und aus historischer Sicht, in: Ute Caumanns/Mathias Niendorf (Hg.): Verschwörungstheorien. Anthropologische Konstanten – historische Varianten, Osnabrück 2001, S. 11-30.

Kämpfer, Frank: Sowjetische Memorialkultur. Büsten, Male, Kulthandeln, in: ders.: Propaganda. Politische Bilder im 20. Jahrhundert, bildkundliche Essays, Hamburg 1997, S. 175-193.

Kämpfer, Frank: Vom Massengrab zum Heroen-Hügel. Akkulturationsfunktionen sowjetischer Kriegsdenkmäler, in: Reinhart Koselleck/Michael Jeismann (Hg.): Der politische Totenkult. Kriegerdenkmäler in der Moderne, München 1994, S. 327-349.

Kantor, L.M.: Perebazirovanie promyšlennosti SSSR, in: Zapiski planovogo instituta, 6 (1947), S. 57-132.

Karasev, Aleksandr V.: Leningradcy v gody blokady 1941-43, Moskau 1959.
Karl, Lars: Von Helden und Menschen. Der Zweite Weltkrieg im sowjetischen Spielfilm (1941-1965), in: Osteuropa, 52 (2002), S. 67-82.
Kenez, Peter: Black and White. The War on Film, in: Richard Stites (Hg.): Culture and Entertainment in Wartime Russia, Bloomington, Indianapolis 1995, S. 157-175.
Kenez, Peter: Cinema and Soviet Society 1917-1953, Cambridge 1992.
Kershaw, Ian: Hitler, 2 Bde., Stuttgart 1998 und 2000.
Kershaw, Ian: Der NS-Staat. Geschichtsinterpretationen und Kontroversen im Überblick, Reinbek bei Hamburg 1994.
Khlevnyuk, Oleg: The First Generation of Stalinist „Party Generals", in: E.A. Rees (Hg.): Centre-Local Relations in the Stalinist State, 1928-1941, Basingstoke, New York 2002, S. 37-64.
Kleinfeld, Gerald R./Tambs, Lewis A.: Hitler's Spanish Legion. The Blue Division in Russia, Carbondale, Edwardsville 1979.
Klimčuk, E.: Vtoraja udarnaja i Vlasov, ili počemu odin general predal, a v predateli popala vsja armija, in: A.P. Krjukovskich (Hg.): Leningradskaja bitva 1941-1944. Sbornik statej, St. Petersburg 1995, S. 102-125.
Klink, Ernst: Heer und Kriegsmarine, in: Das Deutsche Reich und der Zweite Weltkrieg, hg. v. Militärgeschichtlichen Forschungsamt, Bd. 4: Der Angriff auf die Sowjetunion, Stuttgart 1983, S. 451-652.
Klink, Ernst/Boog, Horst: Die militärische Konzeption des Krieges gegen die Sowjetunion, in: Das Deutsche Reich und der Zweite Weltkrieg, hg. v. Militärgeschichtlichen Forschungsamt, Bd. 4: Der Angriff auf die Sowjetunion, Stuttgart 1983, S. 190-326.
Knight, Amy W.: Beria. Stalin's First Lieutenant, Princeton 1993.
Knjazev, S.P. u.a.: Na zaščite Nevskoj tverdyni. Leningradskaja partijnaja organizacija v gody Velikoj Otečestvennoj vojny, Leningrad 1965.
Kogan, E.: The Russian Military Records from Podol'sk, in: The Journal of Slavic Military Studies, 6 (1993), S. 651-655.
Koltschinski, Eduard: Dialektik als intellektueller Knüppel. Auf der Suche nach einer marxistischen Synthese zwischen Philosophie und Biologie, in: Dietrich Beyrau (Hg.): Im Dschungel der Macht. Intellektuelle Professionen unter Stalin und Hitler, Göttingen 2000, S. 84-105.
Korenjuk, Nikolaj: Die Akademie der Wissenschaften der UdSSR als elitäre Korporation, in: Dietrich Beyrau (Hg.): Im Dschungel der Macht. Intellektuelle Professionen unter Stalin und Hitler, Göttingen 2000, S. 65-83.
Koselleck, Reinhart: Kriegerdenkmale als Identitätsstiftung der Überlebenden, in: Odo Marquard/Karlheinz Stierle (Hg.): Identität, München 1979, S. 255-276.
Kostjučenko, S. u.a.: Istorija Kirovskogo zavoda, Moskau 1966.
Kotkin, Stephen: Magnetic Mountain. Stalinism as a Civilization, Berkeley u.a. 1995.
Kovalev, Ivan V.: Transport v Velikoj Otečestvennoj vojne (1941-1945 gg.), Moskau 1981.

Koval'čuk, Valentin M.: Blokirovannyj Leningrad i bol'šaja zemlja, in: P.N. Pospelov (Hg.): Sovetskij tyl v Velikoj Otečestvennoj vojne, Moskau 1974, Bd. 2, S. 271 - 278.

Koval'čuk, Valentin M.: Doroga pobedy osaždennogo Leningrada. Železnodorožnaja magistral' Šlissel'burg – Poljany v 1943 g., Leningrad 1984.

Koval'čuk, Valentin M.: Iz istorii oborony Leningrada. Navigacija 1942 g. na Ladožskom ozere, in: Istoričeskie zapiski, 93 (1974), S. 7 - 69.

Koval'čuk, Valentin M.: Leningrad i bol'šaja zemlja. Istorija Ladožskoj kommunikacii blokirovannogo Leningrada v 1941 - 1943 gg., Leningrad 1975.

Koval'čuk, Valentin M.: Leningrad im Zweiten Weltkrieg, in: Marlene P. Hiller/Eberhard Jäckel/Jürgen Rohwer (Hg.): Städte im Zweiten Weltkrieg. Ein internationaler Vergleich, Essen 1991, S. 57 - 73.

Koval'čuk, Valentin M./Sobolev, Gennadij L.: Leningradskij „rekviem". O žertvach naselenija v Leningrade v gody vojny i blokady, in: Voprosy istorii 1965, Nr. 12, S. 191 - 194.

Kowaltschuk, Walentin: Die Verteidigung Leningrads durch die Rote Armee, in: Antje Leetz (Hg.): Blockade. Leningrad 1941 - 1944. Dokumente und Essays von Russen und Deutschen, Reinbek bei Hamburg 1992, S. 112 - 123.

Krivošeev, G.F. (Hg.): Grif sekretnosti snjat. Poteri vooružennych sil SSSR v vojnach, boevych dejstvijach i voennych konfliktach. Statističeskoe issledovanie, Moskau 1993.

Krjukovskich, A.P.: K istorii vtoroj popytki proryva blokady Leningrada osen'ju 1941 goda, in: Novyj časovoj, 10 (2000), S. 123 - 137.

Krjukovskich, A.P.: Kak razvivalas' operacija „Iskra", in: ders. (Hg.): Leningradskaja bitva 1941 - 1944. Sbornik statej, St. Petersburg 1995, S. 141 - 154.

Krjukovskich, A.P.: Oborona Leningrada: Sentjabr' sorok pervogo, in: Novyj časovoj, 6/7 (1998), S. 147 - 163.

Krylova, Anna: „Healers of Wounded Souls". The Crisis of Private Life in Soviet Literature 1944 - 1946, in: Journal of Modern History, 73 (2001), S. 307 - 331.

Kuhr, Corinna: Kinder von „Volksfeinden" als Opfer des stalinistischen Terrors 1936 - 1938, in: Stefan Plaggenborg (Hg.): Stalinismus. Neue Forschungen und Konzepte, Berlin 1998, S. 391 - 417.

Kuhr-Korolev, Corinna/Plaggenborg, Stefan/Wellmann, Monica (Hg.): Sowjetjugend 1917 - 1941. Generation zwischen Revolution und Resignation, Essen 2001.

Kumanev, V.A. (Hg.): Tragičeskie sud'by. Repressirovannye učenye Akademii nauk SSSR. Sbornik statej, Moskau 1995.

Kumpfmüller, Michael: Die Schlacht von Stalingrad. Metamorphosen eines deutschen Mythos, München 1995.

Kurnosov, A.A.: Vospominanija-interv'ju v fonde komissii po istorii Velikoj Otečestvennoj vojny Akademii nauk SSSR, in: Archeografičeskij ežegodnik za 1973 god (1974), S. 118 - 132.

Kutuzov, V.A.: Iz istorii osobych otdelov Leningradskogo fronta, in: Uroki i problemy izučenija istorii Vtoroj Mirovoj Vojny, Vologda 1995.

Laqueur, Walter: Stalin. Abrechnung im Zeichen von Glasnost, München 1990.

Langenohl, Andreas: Erinnerung und Modernisierung. Die öffentliche Rekonstruktion politischer Kollektivität am Beispiel des Neuen Rußlands, Göttingen 2000.

Langenohl, Andreas: Patrioten, Verräter, genetisches Gedächtnis. Der Große Vaterländische Krieg in der politischen Deutungskultur Rußlands, in: Martina Ritter/Barbara Wattendorf (Hg.): Sprünge, Brüche, Brücken. Debatten zur politischen Kultur in Russland aus der Perspektive der Geschichtswissenschaft, Kultursoziologie und Politikwissenschaft. Beiträge einer internationalen und interdisziplinären Tagung, Berlin 2002, S. 121-138.

Ledig, Gert: Die Stalinorgel, Hamburg 1955.

Leetz, Antje (Hg.): Blockade. Leningrad 1941-1944. Dokumente und Essays von Russen und Deutschen, Reinbek bei Hamburg 1992.

Lehmann, Joachim: Faschistische Agrarpolitik im zweiten Weltkrieg. Zur Konzeption von Herbert Backe, in: ZfG, 28 (1980), S. 948-956.

Lehmann, Joachim: Herbert Backe – Technokrat und Agrarideologe, in: Ronald Smelser/Enrico Syring/Rainer Zitelmann (Hgg.): Die braune Elite II. 21 weitere biographische Skizzen, Darmstadt 1993, S. 1-12.

Leitz, Christian: Nazi Germany and Francoist Spain 1936-1945, in: Sebastian Balfour/Paul Preston (Hg.): Spain and the Great Powers in the Twentieth Century, London, New York 1999, S. 127-150.

Lewin, Moshe: The Making of the Soviet System. Essays in the Social History of Interwar Russia, London 1985.

Lewin, Moshe: Russian Peasants and Soviet Power. A Study of Collectivization, New York 1968.

Lewin, Moshe: The Social Background of Stalinism, in: Robert C. Tucker (Hg.): Stalinism. Essays in Historical Interpretation, New York 1977, S. 111-136.

Lichmanov, M.I./Pozina, L.T./Finogenov, E.I.: Partijnoe rukovodstvo ėvakuaciej v pervyj period Velikoj Otečestvennoj vojny, Leningrad 1985.

Lieberman, Sanford R.: Crisis Management in the USSR. The Wartime System of Administration and Control, in: Susan J. Linz (Hg.): The Impact of World War II on the Soviet Union, Totowa 1985, S. 59-76.

Lieberman, Sanford R.: The Evacuation of Industry in the Soviet Union during World War II, in: Soviet Studies, 35 (1983), S. 90-102.

Lieberman, Sanford R.: The Party under Stress. The Experience of World War II, in: Karl W. Ryavec (Hg.): Soviet Society and the Communist Party, Amherst 1978, S. 108-133.

Ljubimov, Aleksandr V.: Torgovlja i snabženie v gody Velikoj Otečestvennoj vojny, Moskau 1968.

Löwe, Heinz-Dietrich: Stalin. Der entfesselte Revolutionär, 2 Bde., Göttingen, Zürich 2002.

Löwe, Heinz-Dietrich/Schramm, Gottfried: Die Streitkräfte, in: Handbuch der Geschichte Rußlands, Bd. 3: Von den autokratischen Reformen zum Sowjetstaat (1856-1945), hg. v. Gottfried Schramm, Stuttgart 1983-1992, S. 1663-1708.

Lomagin, Nikita: Neizvestnaja blokada, 2 Bde., St. Petersburg, Moskau 2002.
Lomagin, Nikita: The Soviet Government Attempts to Neutralize Disruptive Fascist Propaganda in the Army during the Battle of Leningrad, St. Petersburg 1993.
Lüdtke, Alf: Was ist und wer treibt Alltagsgeschichte?, in: ders. (Hg.): Alltagsgeschichte. Zur Rekonstruktion historischer Erfahrungen und Lebensweisen, Frankfurt a.M., New York 1989, S. 9-47.
Luks, Leonid: Geschichte Russlands und der Sowjetunion. Von Lenin bis Jelzin, Regensburg 2000.
Lundin, C. Leonard: Finland in the Second World War, Bloomington 1957.
McAnley, M.: Bread and Justice. State and Society in Petrograd, 1917-1922, Oxford 1991.
McCagg, William O.: Stalin Embattled 1943-1948, Detroit 1978.
McCannon, John: Generalfeldmarschall Georg von Küchler, in: Gerd R. Ueberschär (Hg.): Hitlers militärische Elite, 2 Bde., Darmstadt 1998, Bd. 1: Von den Anfängen des Regimes bis Kriegsbeginn, S. 138-145.
Madajczyk, Czesław: Generalplan Ost, in: Polish Western Affairs, 3 (1962), S. 391-442.
Madajczyk, Czesław: Vom „Generalplan Ost" zum „Generalsiedlungsplan", in: Mechthild Rössler/Sabine Schleiermacher (Hg.): Der „Generalplan Ost". Hauptlinien der nationalsozialistischen Planungs- und Vernichtungspolitik, Berlin 1993, S. 12-19.
Maier, Robert: Die Stachanov-Bewegung 1935-1938. Der Stachanovismus als tragendes und verschärfendes Moment der Stalinisierung der sowjetischen Gesellschaft, Stuttgart 1990.
Manakov, N.A.: Ėkonomika Leningrada v gody blokady, in: Voprosy istorii 1967, Nr. 5, S. 15-31.
Markwick, Roger D.: Rewriting History in Soviet Russia. The Politics of Revisionist Historiography 1956-1974, New York 2001.
Martin, Terry: Modernization or Neo-Traditionalism. Ascribed Nationality and Stalinist Primordialism, in: Sheila Fitzpatrick (Hg.): Stalinism. New Approaches, London 2000, S. 348-367.
Martin, Terry: The Origins of Soviet Ethnic Cleansing, in: The Journal of Modern History, 70 (1998), S. 813-861.
Martin, Terry: Terror gegen Nationen in der Sowjetunion, in: Osteuropa, 50 (2000), S. 606-616.
Matley, Ian M.: The Dispersal of the Ingrian Finns, in: Slavic Review, 38 (1979), S. 1-16.
Medwedew, Roy A.: Die Wahrheit ist unsere Stärke. Geschichte und Folgen des Stalinismus, Frankfurt a.M. 1972.
Mejlach, Michail: Devjat' posmertnych anekdotov Daniila Charmsa, in: Teatr 1991, Nr. 11, S. 76-79.
Melua, Arkadij I.: Blokada Leningrada. Ėnciklopedija, Moskau, St. Petersburg 1999.
Menger, Manfred: Deutschland und Finnland im Zweiten Weltkrieg. Genesis und Scheitern einer Militärallianz, Berlin (Ost) 1988.

Mercalov, Andrej N./Mercalova, Ljudmila A.: Otečestvennaja istoriografija vtoroj mirovoj vojny. Nekotorye itogi i problemy, in: Voprosy istorii 1996, Nr. 9, S. 145-157.
Merl, Stephan: Probleme des Umgangs mit sowjetischen Statistiken der 20er und 30er Jahre, in: Bernd Bonwetsch (Hg.): Zeitgeschichte Osteuropas als Methoden- und Forschungsproblem, Berlin 1984, S. 77-94.
Merridale, Catherine: Steinerne Nächte. Leiden und Sterben in Rußland, München 2001.
Messerschmidt, Manfred: Die Wehrmacht im NS-Staat. Zeit der Indoktrination, Hamburg 1969.
Meyer, Georg: Generalfeldmarschall Wilhelm Ritter von Leeb. Ein Lebensabriß, in: Generalfeldmarschall Wilhelm Ritter von Leeb: Tagebuchaufzeichnungen und Lagebeurteilungen aus zwei Weltkriegen. Aus dem Nachlaß hg. und mit einem Lebensabriß versehen v. Georg Meyer, Stuttgart 1976, S. 15-90.
Michel'son, V.I./Jalygin, M.I.: Vozdušnyj most, Moskau 1982.
Mick, Christoph: Wissenschaft und Wissenschaftler im Stalinismus, in: Stefan Plaggenborg: Stalinismus. Neue Forschungen und Konzepte, Berlin 1998, S. 321-361.
Mitcham Jr., Samuel W./Mueller, Gene: Generaloberst Hoepner, in: Gerd R. Ueberschär (Hg.): Hitlers militärische Elite, 2 Bde., Darmstadt 1998, Bd. 2: Vom Kriegsbeginn bis zum Weltkriegsende, S. 93-99.
Moeller, Robert G.: War Stories. The Search for a Usable Past in the Federal Republic of Germany, Berkeley u.a. 2001.
Moskoff, William: The Bread of Affliction. The Food Supply in the USSR during World War II, Cambridge 1990.
Mühleisen, Horst: General der Artillerie Walter Warlimont, in: Gerd R. Ueberschär (Hg.): Hitlers militärische Elite, 2 Bde., Darmstadt 1998, Bd. 2: Vom Kriegsbeginn bis zum Weltkriegsende, S. 270-275.
Mueller, Gene: Generalfeldmarschall Wilhelm Ritter von Leeb, in: Gerd R. Ueberschär (Hg.): Hitlers militärische Elite, 2 Bde., Darmstadt 1998, Bd. 1: Von den Anfängen des Regimes bis Kriegsbeginn, S. 146-153.
Müller, Rolf-Dieter/Ueberschär, Gerd R.: Hitlers Krieg im Osten 1941-1945. Ein Forschungsbericht, Darmstadt 2000.
Müller, Rolf-Dieter: Hitlers Ostkrieg und die deutsche Siedlungspolitik. Die Zusammenarbeit von Wehrmacht, Wirtschaft und SS, Frankfurt a.M. 1991.
Müller, Rolf-Dieter: Das Scheitern der wirtschaftlichen „Blitzkriegstrategie", in: Das Deutsche Reich und der Zweite Weltkrieg, hg. v. Militärgeschichtlichen Forschungsamt, Bd. 4: Der Angriff auf die Sowjetunion, Stuttgart 1983, S. 936-1029.
Müller, Rolf-Dieter: Das „Unternehmen Barbarossa" als wirtschaftlicher Raubkrieg, in: Gerd R. Ueberschär/Wolfram Wette (Hg.): Der deutsche Überfall auf die Sowjetunion. „Unternehmen Barbarossa" 1941, Frankfurt a.M. 1991, S. 125-157.
Müller, Rolf-Dieter: Von der Wirtschaftsallianz zum kolonialen Ausbeutungskrieg, in: Das Deutsche Reich und der Zweite Weltkrieg, hg. v. Militärge-

schichtlichen Forschungsamt, Bd. 4: Der Angriff auf die Sowjetunion, Stuttgart 1983, S. 98-189.

Müller, Rolf-Dieter/Volkmann, Hans-Erich (Hg.): Die Wehrmacht. Mythos und Realität, München 1999.

Mulligan, Timothy P.: The Politics of Illusion and Empire. German Occupation Policy in the Soviet Union, 1942-1943, New York, Westport, London 1988.

Musaev, Vadim I.: Ingermanlandskij vopros v XX veke, St. Petersburg 1999.

Muzej oborony Leningrada. Putevoditel', Leningrad, Moskau 1948.

Naumov, Vladimir: Zur Geschichte der Geheimrede N.S. Chruščevs auf dem XX. Parteitag der KPdSU, in: FORUM für osteuropäische Ideen- und Zeitgeschichte, 1 (1997), Nr. 1, S. 137-177.

Nekrasov, V.F.: Vklad vnutrennich vojsk v delo pobedy sovetskogo naroda v Velikoj Otečestvennoj vojne, in: Voenno-istoričeskij žurnal 1985, Nr. 9, S. 29-35.

Nekrich, Aleksandr M.: The Punished Peoples. The Deportation and Fate of Soviet Minorities at the End of the Second World War, New York 1978.

Nekritsch, Alexander/Grigorenko, Pjotr: Genickschuß. Die Rote Armee am 22. Juni 1941, Wien u.a. 1969.

Neutatz, Dietmar: Arbeiterschaft und Stalinismus am Beispiel der Moskauer Metro, in: Manfred Hildermeier (Hg.): Stalinismus vor dem Zweiten Weltkrieg. Neue Wege der Forschung, München 1998, S. 99-118.

Neutatz, Dietmar: Die Moskauer Metro. Von den ersten Plänen bis zur Großbaustelle des Stalinismus (1897-1935), Köln u.a. 2001.

Neutatz, Dietmar: Der Stalinismus in der Neuen Kulturgeschichte, in: NPL, 48 (2003), S. 96-127.

Neutatz, Dietmar: Zwischen Enthusiasmus und politischer Kontrolle. Die Arbeiter und das Regime am Beispiel von Metrostroj, in: Stefan Plaggenborg (Hg.): Stalinismus. Neue Forschungen und Konzepte, Berlin 1998, S. 185-208.

Niethammer, Lutz: Gedächtnis und Geschichte. Erinnernde Historie und die Macht des kollektiven Gedächtnisses, in: Werkstatt Geschichte, 30 (2001), S. 32-37.

Niethammer, Lutz: Konjunkturen und Konkurrenzen kollektiver Identität. Ideologie, Infrastruktur und Gedächtnis in der Zeitgeschichte, in: Prokla, 24 (1994), S. 378-399.

Nikitin, M.N./Vagin, P.I.: The Crimes of the German Fascists in the Leningrad Region. Materials and Documents, London u.a. o.J. [1943].

O 250-letii Leningrada. Tezisy Leningradskogo oblastnogo komiteta KPSS, Leningrad 1957.

Očerki istorii Leningrada, Bd. 5: Period Velikoj Otečestvennoj vojny Sovetskogo Sojuza 1941-1945, hg. v. Valentin M. Koval'čuk u.a., Leningrad 1967.

Osokina, Elena: Our Daily Bread. Socialist Distribution and the Art of Survival in Stalin's Russia, 1927-1941, Armonk, London 2001.

O tak nazyvaemom „leningradskom dele", in: Izvestija CK KPSS 1989, Nr. 2, S. 126-137.

Overmans, Rüdiger: Die Toten des Zweiten Weltkriegs in Deutschland. Bilanz der Forschung unter besonderer Berücksichtigung der Wehrmacht- und Vertreibungsverluste, in: Wolfgang Michalka (Hg.): Der Zweite Weltkrieg. Analysen, Grundzüge, Forschungsbilanz, München, Zürich [2]1990, S. 858-873.

Overy, Richard: Russlands Krieg 1941-1945, Reinbek bei Hamburg 2003.

Overy, Richard: Die Wurzeln des Sieges. Warum die Alliierten den Zweiten Weltkrieg gewannen, Stuttgart, München 2000.

Parrish, Michael: The Lesser Terror. Soviet State Security 1939-1953, Westport, London 1996.

Pawlow, Dimitrij W.: Die Blockade von Leningrad 1941, Frauenfeld 1967.

Penter, Tanja: Die lokale Gesellschaft im Donbaß unter deutscher Okkupation 1941-1943, in: Christoph Dieckmann/Babette Quinkert/Tatjana Tönsmeyer (Hg.): Kooperation und Verbrechen. Formen der „Kollaboration" im östlichen Europa 1939-1945, Göttingen 2003 (= Beiträge zur Geschichte des Nationalsozialismus 19), S. 183-223.

Peter, Roland: General der Artillerie Eduard Wagner, in: Gerd R. Ueberschär (Hg.): Hitlers militärische Elite, 2 Bde., Darmstadt 1998, Bd. 2: Vom Kriegsbeginn bis zum Weltkriegsende, S. 263-269.

Petrov, Gennadij F.: Pamjatnik skorbi i slavy. Piskarevskoe memorial'noe kladbišče, Leningrad 1986.

Petrov, V.V.: Rol' patriotizma v Velikoj Otečestvennoj vojne 1941-1945 gg., in: V.A. Ežov u.a. (Hg.): Narod i vojna. 50 let Velikoj pobedy, St. Petersburg 1995, S. 103-124.

Pietrow-Ennker, Bianka (Hg.): Präventivkrieg? Der deutsche Angriff auf die Sowjetunion, Frankfurt a.M. 2000.

Pinkus, Benjamin: Die Deportation der deutschen Minderheit in der Sowjetunion 1941-1945, in: Bernd Wegner (Hg.): Zwei Wege nach Moskau. Vom Hitler-Stalin-Pakt bis zum „Unternehmen Barbarossa", München, Zürich, S. 464-479.

Pinkus, Benjamin/Fleischhauer, Ingeborg: Die Deutschen in der Sowjetunion. Geschichte einer nationalen Minderheit im 20. Jahrhundert, Baden-Baden 1987.

Plaggenborg, Stefan: Gewalt und Militanz in Sowjetrußland 1917-1930, in: JbGO, 44 (1996), S. 409-430.

Plaggenborg, Stefan: Neue Literatur zur Geschichte des Stalinismus, in: Archiv für Sozialgeschichte, 37 (1997), S. 444-459.

Plaggenborg, Stefan: Die Organisation des Sowjetstaates, in: Handbuch der Geschichte Rußlands, Bd. 3: Von den autokratischen Reformen zum Sowjetstaat (1856-1945), hg. v. Gottfried Schramm, Stuttgart 1983-1992, S. 1413-1525.

Plaggenborg, Stefan: Revolutionskultur. Menschenbilder und kulturelle Praxis in Sowjetrußland zwischen Oktoberrevolution und Stalinismus, Köln u.a. 1996.

Plaggenborg, Stefan: Stalinismus als Gewaltgeschichte, in: ders. (Hg.): Stalinismus. Neue Forschungen und Konzepte, Berlin 1998, S. 71-112.

Plaggenborg, Stefan: Stalinismusforschung: Wie weiter?, in: ders. (Hg.): Stalinismus. Neue Forschungen und Konzepte, Berlin 1998, S. 443-452.

Plaggenborg, Stefan: Die wichtigsten Herangehensweisen an den Stalinismus in der westlichen Forschung, in: ders. (Hg.): Stalinismus. Neue Forschungen und Konzepte, Berlin 1998, S. 13-33.

Platonov, S.P. (Hg.): Bitva za Leningrad 1941-1944, Moskau 1964.

Pohl, Dieter: Nationalsozialistische Judenverfolgung in Ostgalizien 1941-1944. Organisation und Durchführung eines staatlichen Massenverbrechens, München 1996.

Pohlmann, Hartwig: Geschichte der 96. Infanterie-Division 1939-1945, Bad Nauheim 1959.

Poljakov, Ju.A. u.a. (Hg.): Ėšelony idut na vostok. Iz istorii perebazirovanija proizvoditel'nych sil SSSR v 1941-1942 gg. Sbornik statej i vospominanij, Moskau 1966.

Pospelov, Petr N. u.a. (Hg.): Geschichte des Großen Vaterländischen Krieges, 6 Bde., Berlin (Ost) 1963.

Pospelov, Petr N. u.a. (Hg.): Geschichte der Kommunistischen Partei der Sowjetunion, Bd. 5/1, Moskau 1974.

Pospelov, Petr N. (Hg.): Sovetskij tyl v Velikoj Otečestvennoj Vojne, 2 Bde., Moskau 1974.

Proctor, Raymond L.: La division azul, in: Guerres mondiales et conflits contemporains. Revue d'histoire, 41 (1991), S. 55-76.

Rambow, Aileen: The Siege of Leningrad. Wartime Literature and Ideological Change, in: Robert W. Thurston/Bernd Bonwetsch (Hg.): The People's War. Responses to World War II in the Soviet Union, Urbana, Chicago 2000, S. 154-170.

Rambow, Aileen: Überleben mit Worten. Literatur und Ideologie während der Blockade von Leningrad 1941-1944, Berlin 1995.

Rambow, Aileen: Zersplitterung und Einheit der Leningrader Bevölkerung während der Blockade (1941-1944), in: Stefan Creuzberger u.a. (Hg.): St. Petersburg – Leningrad – St. Petersburg. Eine Stadt im Spiegel der Zeit, Stuttgart 2000, S. 196-210.

Rathe, Daniela: Soja – eine „sowjetische Jeanne d'Arc"? Zur Typologie einer Kriegsheldin, in: Silke Satjukow/Rainer Gries (Hg.): Sozialistische Helden. Eine Kulturgeschichte von Propagandafiguren in Osteuropa und der DDR, Berlin 2002, S. 45-59.

Rees, E.A.: The Changing Nature of Centre-Local Relations in the USSR, 1928-1936, in: ders. (Hg.): Centre-Local Relations in the Stalinist State, 1928-1941, Basingstoke, New York 2002, S. 9-36.

Rees, E.A. (Hg.): Decision-making in the Stalinist Command Economy, 1932-37, Basingstoke, London, New York 1997.

Reese, Roger R.: The Soviet Military Experience. A History of the Soviet Army, 1917-1991, London, New York 2000.

Reznikova, Irina A.: Repressii v period blokady, in: Vestnik „MEMORIALA" 1995, Nr. 4/5 (10/11), S. 94-111.

Reznikova, Irina: Repressionen während der Leningrader Blockade, in: 1999. Zeitschrift für Sozialgeschichte des 20. und 21. Jahrhunderts, 15 (2000), S. 117-141.

Ritter, Martina: Helden auf dem Weg in die Demokratie? Überlegungen zum Zusammenhang von politischer Kultur, Identitätskonzepten und Konfliktstrategien, in: dies./Barbara Wattendorf (Hg.): Sprünge, Brüche, Brücken. Debatten zur politischen Kultur in Russland aus der Perspektive der Geschichtswissenschaft, Kultursoziologie und Politikwissenschaft, Berlin 2002, S. 69-92.

Rittersporn, Gábor Tamás: The Omnipresent Conspiracy. On Soviet Imagery of Politics and Social Relations in the 1930s, in: Nick Lampert/Gábor T. Rittersporn (Hg.): Stalinism. Its Nature and Aftermath. Essays in Honour of Moshe Lewin, London 1992, S. 101-120.

Rittersporn, Gábor Tamás: Die sowjetische Welt als Verschwörung, in: Ute Caumanns/Mathias Niendorf (Hg.): Verschwörungstheorien. Anthropologische Konstanten – historische Varianten, Osnabrück 2001, S. 103-124.

Roberts, Cynthia A.: Planning for War. The Red Army and the Catastrophe of 1941, in: Europe-Asia Studies, 47 (1995), S. 1293-1326.

Robinson, Harlow: Composing for Victory. Classical Music, in: Richard Stites (Hg.): Culture and Entertainment in Wartime Russia, Bloomington, Indianapolis 1995, S. 62-76.

Rössler, Mechtild/Schleiermacher, Sabine (Hg.): Der „Generalplan Ost“. Hauptlinien der nationalsozialistischen Planungs- und Vernichtungspolitik, Berlin 1993.

Rosenfeldt, Niels E.: Stalinism as a System of Communication, in: John W. Strong (Hg.): Essays on Revolutionary Culture and Stalinism, Columbus (Ohio) 1990, S. 139-165.

Roth, Karl Heinz: Das Arbeitswissenschaftliche Institut der Deutschen Arbeitsfront und die Ostplanung, in: Mechtild Rössler/Sabine Schleiermacher (Hg.): Der „Generalplan Ost“. Hauptlinien der nationalsozialistischen Planungs- und Vernichtungspolitik, Berlin 1993, S. 215-225.

Ruble, Blair A.: The Leningrad Affair and the Provincialization of Leningrad, in: Russian Review, 42 (1983), S. 301-320.

Ruble, Blair A.: Leningrad. Shaping a Soviet City, Berkeley u.a. 1990.

Ruhl, Klaus-Jörg: Spanien im Zweiten Weltkrieg. Franco, die Falange und das „Dritte Reich“, Hamburg 1975.

Salewski, Michael: Staatsräson und Waffenbrüderschaft. Probleme der deutsch-finnischen Politik 1941-1944, in: VfZ, 27 (1979), S. 370-391.

Salisbury, Harrison E.: Foreword, in: Dmitri V. Pavlov: Leningrad 1941. The Blockade, Chicago, London 1965, S. XIII-XXIV.

Salisbury, Harrison E.: 900 Tage. Die Belagerung von Leningrad, Frankfurt a.M. 1989.

Sandkühler, Thomas: „Endlösung“ in Galizien. Der Judenmord in Ostpolen und die Rettungsinitiativen von Berthold Beitz 1941-1944, Bonn 1996.

Sandner, W.: In der weißen Hölle, Rastatt 1994 (= Der Landser Nr. 1909).

Sandner, W.: Winterschlacht vor Leningrad, Neuauflage, Rastatt 2003 (= Der Landser Nr. 2341).

Sapir, Jacques: The Economics of War in the Soviet Union during World War II, in: Ian Kershaw/Moshe Lewin (Hg.): Stalinism and Nazism: Dictatorships in Comparison, Cambridge 1997, S. 208-236.
Sartori, Rosalinde: On the Making of Heroes, Heroines, and Saints, in: Richard Stites (Hg.): Culture and Entertainment in Wartime Russia, Bloomington, Indianapolis 1995, S. 176-193.
Schattenberg, Susanne: Die Frage nach den Tätern. Zur Neukonzeptionalisierung der Sowjetunionforschung am Beispiel von Ingenieuren der 20er und 30er Jahre, in: Osteuropa, 50 (2000), S. 638-655.
Schattenberg, Susanne: Stalins Ingenieure. Lebenswelten zwischen Technik und Terror in den 1930er Jahren, München 2002.
Schauprozesse unter Stalin 1932-1952. Zustandekommen, Hintergründe, Opfer, Berlin 1990.
Scheibert, Peter: Lenin an der Macht. Das russische Volk in der Revolution 1918-1922, Weinheim 1984.
Scherrer, Jutta: Das Erbe. Geschichte und Gesellschaftskultur, in: Hans-Hermann Höhmann/Hans-Henning Schröder (Hg.): Russland unter neuer Führung. Politik, Wirtschaft und Gesellschaft am Beginn des 21. Jahrhunderts, Münster 2001, S. 21-31.
Scherrer, Jutta: Zurück zu Gott und Vaterland, in: Die Zeit vom 26.7.2001.
Schneider, Wolfgang (Hg.): „Vernichtungspolitik". Eine Debatte über den Zusammenhang von Sozialpolitik und Genozid im nationalsozialistischen Deutschland, Hamburg 1991.
Schröder, Hans-Henning: Industrialisierung und Parteibürokratie in der Sowjetunion. Ein sozialgeschichtlicher Versuch über die Anfangsphase des Stalinismus (1928-1934), Berlin 1988 (= Forschungen zur Osteuropäischen Geschichte, 48).
Schröder, Hans-Henning: Die Lehren von 1941. Die Diskussion um die Neubewertung des „Großen Vaterländischen Krieges" in der Sowjetunion, in: Wolfgang Michalka (Hg.): Der Zweite Weltkrieg. Analysen, Grundzüge, Forschungsbilanz, München, Zürich ²1990, S. 608-625.
Schröder, Hans-Henning: Stalinismus „von unten"?, in: Dietrich Geyer (Hg.): Die Umwertung der sowjetischen Geschichte, Göttingen 1991, S. 133-166.
Schröder, Matthias: Deutschbaltische SS-Führer und Andrej Vlasov 1942-1945. „Rußland kann nur von Russen besiegt werden". Erhard Kroeger, Friedrich Buchardt und die „Russische Befreiungsarmee", Paderborn 2001.
Schüler, Klaus A. Friedrich: Logistik im Rußlandfeldzug. Die Rolle der Eisenbahn bei Planung, Vorbereitung und Durchführung des deutschen Angriffs auf die Sowjetunion bis zur Krise vor Moskau im Winter 1941/42, Frankfurt a.M. u.a. 1987.
Schütze, Thomas: „Stalinpolitik" in der Sowjetunion. Eine politikwissenschaftliche Fallstudie über Stalin als Legitimationsfigur der sowjetischen Politik unter Chruschtschow, Breschnew und Gorbatschow, Berlin 2002.
Schulenburg, Bodo: Tanja – Geschichte eines Mädchens aus Leningrad während der neunhunderttägigen Blockade, Berlin (Ost) 1981.

Schulte, Theo: The German Army and Nazi Policies in Occupied Russia, Oxford, New York, München 1989.

Schwendemann, Heinrich: Die wirtschaftliche Zusammenarbeit zwischen dem Deutschen Reich und der Sowjetunion von 1939 bis 1941. Alternative zu Hitlers Ostprogramm?, Berlin 1993.

Scott, Harriet F./Scott, William F.: Soviet Military Doctrine. Continuity, Formulation, and Dissemination, Boulder, London 1988.

Segbers, Klaus: Die Sowjetunion im Zweiten Weltkrieg. Die Mobilisierung von Verwaltung, Wirtschaft und Gesellschaft im „Großen Vaterländischen Krieg" 1941-1943, München 1987.

Segbers, Klaus: Die Folgen des Krieges. Die Sowjetunion nach dem Zweiten Weltkrieg, in: Peter Jahn (Hg.): Erobern und vernichten. Der Krieg gegen die Sowjetunion 1941-1945, Berlin 1991, S. 231-248.

Sella, Amnon: The Value of Human Life in Soviet Warfare, London, New York 1992.

Siegelbaum, Lewis H.: Stakhanovism and the Politics of Productivity in the USSR 1935-1941, Cambridge 1988.

Šikin, I.: Podvigu žit' v vekach!, in: Voenno-istoričeskij žurnal 1971, Nr. 12, S. 52-63.

Simon, Gerhard: Nationalismus und Nationalitätenpolitik in der Sowjetunion. Von der totalitären Diktatur zur nachstalinschen Gesellschaft, Baden-Baden 1986.

Sinicyna, N.I./Tomin, V.R.: Proval agrarnoj politiki gitlerovcev na okkupirovannoj territorii SSSR, 1941-1944 gg., in: Voprosy istorii 1965, Nr. 6, S. 32-44.

Smith, Hedrick: Die Russen. Wie die russischen Menschen wirklich leben, wovon sie träumen, was sie lieben und wie ihr Alltag wirklich aussieht, Bern, München 1976.

Smyth, Denis: The Dispatch of the Spanish Blue Division to the Russian Front. Reasons and Repercussions, in: European History Quarterly, 24 (1994), S. 537-553.

Sobolev, Gennadij L.: Blokadnyj martirolog. Budet li on zakončen?, in: Vestnik Sankt-Peterburgskogo universiteta, serija 2: Istorija, jazykoznanie, literaturovedenie 1994, Nr. 3, S. 3-9.

Sobolev, Gennadij L.: Leningrad v Velikoj Otečestvennoj vojne. Nekotorye itogi i nerešennye voprosy, in: Vestnik Leningradskogo universiteta, serija 2: Istorija, jazykoznanie, literaturovedenie 1989, Nr. 1, S. 3-8.

Sobolev, Gennadij L.: Sobiralsja li Stalin sdavat' Leningrad?, in: Leningradskaja panorama 1991, Nr. 6, S. 24-26.

Solomon Jr., Peter H.: Local Politics Power and Soviet Criminal Justice 1922-41, in: Soviet Studies, 37 (1985), S. 305-329.

Sorokin, N.: Upuščennaja vozmožnost', in: A.P. Krjukovskich (Hg.): Leningradskaja bitva 1941-1944. Sbornik statej, St. Petersburg 1995, S. 86-93.

Steinbach, Peter: Vergangenheitsbewältigungen in vergleichender Perspektive. Politische Säuberung, Wiedergutmachung, Integration, Berlin 1993.

Stettner, Ralf: „Archipel GULag“. Stalins Zwangslager – Terrorinstrument und Wirtschaftsgigant. Entstehung, Organisation und Funktion des sowjetischen Lagersystems 1928-1956, Paderborn u.a. 1996.
Stoecker, Sally W.: Forging Stalin's Army. Marshal Tukhachevsky and the Politics of Military Innovation, Boulder 1998.
Stoecker, Sally W.: Tönerner Koloß ohne Kopf. Stalinismus und Rote Armee, in: Bianka Pietrow-Ennker (Hg.): Präventivkrieg? Der deutsche Angriff auf die Sowjetunion, Frankfurt a.M. 2000, S. 148-169.
Straus, Kenneth M.: The Transformation of the Soviet Working Class, 1929-1935. The Regime in Search of a New Social Stability, Ann Arbor 1991.
Streit, Christian: Keine Kameraden. Die Wehrmacht und die sowjetischen Kriegsgefangenen 1941-1945, Neuausg., Bonn 1997.
Subkowa, Jelena: Kaderpolitik und Säuberungen in der KPdSU (1945-1953), in: Hermann Weber/Ulrich Mählert (Hg.): Terror. Stalinistische Parteisäuberungen 1936-1953, Paderborn u.a. 1998, S. 187-236.
Suvenirov, O.F.: Poklonimsja i mertvym i živym. K 50-letiju snjatija blokady Leningrada, in: Voenno-istoričeskij žurnal 1994, Nr. 1, S. 2-5.
Thomas, Georg: Geschichte der deutschen Wehr- und Rüstungswirtschaft (1918-1943/45), hg. v. Wolfgang Birkenfeld, Boppard am Rhein 1966.
Thormeyer, Wolfgang: Die Blockade Leningrads – 50 Jahre danach, in: Internationale Wissenschaftliche Korrespondenz der deutschen Arbeiterbewegung, 30 (1994), S. 290-293.
Thurston, Robert: Life and Terror in Stalin's Russia 1934-1941, New Haven, London 1996.
Trotha, Trutz von: Formen des Krieges. Zur Typologie kriegerischer Aktionsmacht, in: Sighard Neckel/Michael Schwab-Trapp (Hg.): Ordnungen der Gewalt. Beiträge zu einer politischen Soziologie der Gewalt und des Krieges, Opladen 1999, S. 71-95.
Tschepurenko, Alexander: Die Russen über die Vergangenheit und ihre Erwartungen für das 21. Jahrhundert, in: Osteuropa, 51 (2001), S. 135-147.
Tucker, Robert C.: Stalin in Power. The Revolution from Above 1928-1941, New York, London 1990.
Tucker, Robert C.: Stalinism as Revolution from Above, in: ders. (Hg.): Stalinism. Essays in Historical Interpretation, New York 1977, S. 77-108.
Tumarkin, Nina: The Living and the Dead. The Rise and Fall of the Cult of World War II in Russia, New York 1994.
Tumarkin, Nina: The War of Remembrance, in: Richard Stites (Hg.): Culture and Entertainment in Wartime Russia, Bloomington, Indianapolis 1995, S. 194-207.
Ueberschär, Gerd R.: Der Angriff auf Leningrad und die Blockade der Stadt durch die deutsche Wehrmacht. Leningrad als Operationsziel beim „Unternehmen Barbarossa“, in: Antje Leetz (Hg.): Blockade. Leningrad 1941-1944. Dokumente und Essays von Russen und Deutschen, Reinbek bei Hamburg 1992, S. 94-105.

Ueberschär, Gerd R./Wette, Wolfram (Hg.): Der deutsche Überfall auf die Sowjetunion. „Unternehmen Barbarossa" 1941, überarb. Neuausg., Frankfurt a.M. 1991.

Ueberschär, Gerd R.: Die Einbeziehung Skandinaviens in die Planung „Barbarossa", in: Das Deutsche Reich und der Zweite Weltkrieg, hg. v. Militärgeschichtlichen Forschungsamt, Bd. 4: Der Angriff auf die Sowjetunion, Stuttgart 1983, S. 365-412.

Ueberschär, Gerd R.: Freiburg im Luftkrieg 1939-1945. Mit einer Photodokumentation zur Zerstörung der Altstadt am 27. November 1944 von Hans Schadek, Freiburg, Würzburg 1990.

Ueberschär, Gerd R.: Koalitionskriegführung im Zweiten Weltkrieg. Probleme der deutsch-finnischen Waffenbrüderschaft im Kampf gegen die Sowjetunion, in: Militärgeschichte. Probleme – Thesen – Wege, hg. v. Militärgeschichtlichen Forschungsamt, Stuttgart 1982.

Ueberschär, Gerd R.: Kriegführung und Politik in Nordeuropa, in: Das Deutsche Reich und der Zweite Weltkrieg, hg. v. Militärgeschichtlichen Forschungsamt, Bd. 4: Der Angriff auf die Sowjetunion, Stuttgart 1983, S. 810-882.

Umbreit, Hans: Auf dem Weg zur Kontinentalherrschaft, in: Das Deutsche Reich und der Zweite Weltkrieg, hg. v. Militärgeschichtlichen Forschungsamt, Bd. 5,1: Kriegsverwaltung, Wirtschaft und personelle Ressourcen 1939-1941, Stuttgart 1988, S. 1-345.

Verbrechen der Wehrmacht. Dimension des Vernichtungskrieges 1941-1944. Ausstellungskatalog, hg. v. Hamburger Institut für Sozialforschung, Hamburg 2002.

Vernichtungskrieg. Verbrechen der Wehrmacht 1941 bis 1944. Ausstellungskatalog, hg. v. Hamburger Institut für Sozialforschung, Hamburg [3]1997.

Viola, Lynne: Peasant Rebels under Stalin. Collectivization and the Culture of Peasant Resistance, New York, Oxford 1996.

Volkmann, Hans-Erich: Die NS-Wirtschaft in Vorbereitung des Krieges, in: Das Deutsche Reich und der Zweite Weltkrieg, hg. v. Militärgeschichtlichen Forschungsamt, Bd. 1: Ursachen und Voraussetzungen der deutschen Kriegspolitik, Stuttgart 1979, S. 175-368.

Volkmann, Hans-Erich: Das Vlasov-Unternehmen zwischen Ideologie und Pragmatismus, in: MGM, 12 (1972), S. 117-155.

Waksberg, Arkadij: Die Auferstehung, in: Süddeutsche Zeitung vom 24.10.2002.

Ward, Chris: Stalin's Russia, London u.a. 1993.

Wasser, Bruno: Himmlers Raumplanung im Osten. Der Generalplan Ost in Polen 1940-1944, Basel, Berlin, Boston 1993.

Weber, Max: Wirtschaft und Gesellschaft. Grundriß der verstehenden Soziologie, Tübingen [5]1972.

Wegner, Bernd: Erschriebene Siege. Franz Halder, die „Historical Division" und die Rekonstruktion des Zweiten Weltkrieges im Geiste des deutschen Generalstabes, in: Ernst Willi Hansen/Gerhard Schreiber/ders. (Hg.): Politischer Wandel, organisierte Gewalt und nationale Sicherheit. Beiträge zur Geschichte Deutschlands und Frankreichs, München 1995, S. 287-302.

Wegner, Bernd: Grundzüge der deutschen Kriegsführung gegen die Sowjetunion 1941 - 1945, in: Hans-Adolf Jacobsen u.a. (Hg.): Deutsch-russische Zeitenwende. Krieg und Frieden 1941 - 1995, Baden-Baden 1995, S. 153 - 174.

Wegner, Bernd: Der Krieg gegen die Sowjetunion 1942/43, in: Das Deutsche Reich und der Zweite Weltkrieg, hg. v. Militärgeschichtlichen Forschungsamt, Bd. 6: Der Globale Krieg. Die Ausweitung zum Weltkrieg und der Wechsel der Initiative 1941 - 1943, Stuttgart 1990, S. 761 - 1102.

Wegner, Bernd: Die Leningradfrage als Kernstück der deutsch-finnischen Beziehungen im Zweiten Weltkrieg, in: Finnland-Studien, 2 (1993), S. 136 - 151.

Wehner, Markus: Hauptstadt des Geistes, Hauptstadt der Macht. Leningrad/St. Petersburg und Moskau: Die Konfrontation im zwanzigsten Jahrhundert, in: Stefan Creuzberger (Hg.): St. Petersburg – Leningrad – St. Petersburg. Eine Stadt im Spiegel der Zeit, Stuttgart 2000, S. 220 - 232.

Wehner, Markus: Stalinismus und Terror, in: Stefan Plaggenborg (Hg.): Stalinismus. Neue Forschungen und Konzepte, Berlin 1998, S. 365 - 390.

Wehner, Markus: Stalinistischer Terror. Genese und Praxis der kommunistischen Gewaltherrschaft in der Sowjetunion 1917 - 1953, in: APuZ, 46 (1996), B 37 - 38, S. 15 - 28.

Weinberg, Gerhard L.: Eine Welt in Waffen. Die globale Geschichte des Zweiten Weltkriegs, Stuttgart 1995.

Weiner, Amir: Making Sense of War. The Second World War and the Fate of Bolshevik Revolution, Princeton 2001.

Werth, Alexander: Leningrad, London 1944.

Werth, Alexander: Rußland im Krieg 1941 - 1945, München, Zürich 1965.

Werth, Nicolas: Ein Staat gegen sein Volk. Gewalt, Unterdrückung und Terror in der Sowjetunion, in: Stéphane Courtois u.a. (Hg.): Schwarzbuch des Kommunismus. Unterdrückung, Verbrechen und Terror, München, Zürich 1999, S. 45 - 295.

Werth, Nicolas: Leningrad: une ville d'opposition?, in: Ewa Bérard (Hg.): Saint-Pétersbourg: une fenêtre sur la Russie. Ville, modernisation, modernité 1900 - 1935, Paris 2000, S. 161 - 179.

Wette, Wolfram/Ueberschär, Gerd R. (Hg.): Stalingrad. Mythos und Wirklichkeit einer Schlacht, Frankfurt a.M. 1992.

Wette, Wolfram: Die Wehrmacht. Feindbilder, Vernichtungskrieg, Legenden, Frankfurt a.M. 2002.

Wildt, Michael: Generation des Unbedingten. Das Führungskorps des Reichssicherheitshauptamtes, Hamburg 2002.

Wilhelm, Hans-Heinrich: Die Einsatzgruppe A der Sicherheitspolizei und des SD 1941/42, Frankfurt a.M. 1996.

Wilhelm, Hans-Heinrich: Zur Historiographie der deutschen Besatzungspolitik in Rußland, in: Hans-Adolf Jacobsen u.a. (Hg.): Deutsch-russische Zeitenwende. Krieg und Frieden 1941 - 1995, Baden-Baden 1995, S. 353 - 387.

Wolfrum, Edgar: Geschichtspolitik in der Bundesrepublik Deutschland 1949 - 1989. Phasen und Kontroversen, in: APuZ, 48 (1998), B 45/98, S. 3 - 15.

Wolfrum, Edgar: Geschichtspolitik in der Bundesrepublik Deutschland. Der Weg zur bundesdeutschen Erinnerung 1948-1990, Darmstadt 1999.

Wolkogonow, Dmitri: Triumph und Tragödie. Politisches Portrait des J.W. Stalin, 2 Bde., Berlin (Ost) 1990.

Wosnessenskij, Nikolaj: Die Kriegswirtschaft der Sowjetunion während des Vaterländischen Krieges, Berlin (Ost) 1949.

Zal'cman, I.M./Ėdel'gauz, G.E.: Vspominaja uroki Tankograda, in: Kommunist 1984, Nr. 16, S. 76-87.

Zaleski, Eugène: Stalinist Planning for Economic Growth 1933-1952, London, Basingstoke 1980.

Zaloga, Steven J./Grandsen, James: Soviet Tanks and Combat Vehicles of World War Two, London u.a. 1984.

Zemskov, Andrea: ‚Erzählte Wahrheiten'. Mythos und Tabu in narrativen Interviews zur Leningrader Blockade, unveröffentl. Magisterarbeit, Berlin 2000.

Zemskov, Viktor V.: Specposelency (po dokumentacii NKVD – MVD SSSR), in: Sociologičeskie issledovanija 1990, Nr. 11, S. 3-17.

Zemskov, Viktor V.: Zaključennye, specposelency, ssyl'noposelency, ssyl'nye i vyslannye. Statistiko-geografičeskij aspekt, in: Istorija SSSR 1991, Nr. 5, S. 151-165.

Žerebov, D.K.: Leningradskaja bitva, in: A.P. Krjukovskich (Hg.): Leningradskaja bitva 1941-1944. Sbornik statej, St. Petersburg 1995, S. 20-27.

Žerebov, D.K.: Pjat' popytok proryva blokady, in: Leningradskaja panorama 1988, Nr. 1, S. 18-19.

Ziegelmayer, Wilhelm (Hg.): Handbuch der Nährwert-Kontrolle, Berlin 1946.

Zima, V.F.: Mentalitet narodov Rossii v vojne 1941-1945 godov, Moskau 2000.

Zitelmann, Rainer: Zur Begründung des „Lebensraum"-Motivs in Hitlers Weltanschauung, in: Wolfgang Michalka (Hg.): Der Zweite Weltkrieg. Analysen, Grundzüge, Forschungsbilanz, München, Zürich 1989, S. 551-567.

Žuravlev, Sergej V.: Sowjetjugend im Spannungsfeld unterschiedlicher Gewaltformen, in: Corinna Kuhr-Korolev/Stefan Plaggenborg/Monica Wellman, (Hg.): Sowjetjugend 1917-1941. Generation zwischen Revolution und Resignation, Essen 2001, S. 83-101.

Zydowitz, Kurt von: Die Geschichte der 58. Infanterie-Division 1939-1945, Kiel 1952.

DANKSAGUNG

Die vorliegende Arbeit ist die überarbeitete und um ein Kapitel erweiterte Fassung meiner Dissertation, die im Wintersemester 2002/2003 von der Philosophischen Fakultät der Albert-Ludwigs-Universität Freiburg i.Br. angenommen wurde. Ihre Entstehung haben viele Menschen begleitet, für deren Unterstützung ich mich an dieser Stelle bedanken möchte. In erster Linie gilt mein Dank meinem Doktorvater Prof. Dr. Gottfried Schramm (Freiburg). Er hat mich durch seine kritischen Nachfragen vor so mancher Sackgasse bewahrt und darüber hinaus in unseren zahlreichen Gesprächen nicht nur diese Arbeit, sondern mein allgemeines Geschichtsverständnis geprägt.

Mein herzlicher Dank geht auch an Prof. Dr. Joachim von Puttkamer (Jena), der mich während meines Studiums auf vielfältige Weise gefördert hat und in den verschiedenen Stadien der Arbeit stets ein wichtiger Gesprächspartner war. Seine Fragen haben meinen Blick für Probleme geschärft, die ich sonst wohl gar nicht wahrgenommen hätte. Dr. Nicolas Berg (Leipzig) und Martin Zückert (München) verdanke ich zahlreiche wertvolle Anregungen und wichtige Hinweise, die sie mir in fruchtbaren Diskussionen und vor allem im Zuge ihrer kritischen Lektüre des Manuskripts gegeben haben.

Die Teilnehmer diverser Kolloquien, die über die verschiedenen Stadien des Projektes mit mir diskutierten, gaben seiner Entwicklung große Schübe. Für das Interesse an meiner Arbeit und die Möglichkeit, meine Überlegungen vorzutragen, danke ich deshalb Prof. Dr. Jörg Baberowski (Berlin), Prof. Dr. Dietrich Beyrau (Tübingen), Prof. Dr. Bernd Bonwetsch (Bochum), Prof. Dr. Jürgen John, Prof. Dr. Lutz Niethammer und Prof. Dr. Joachim von Puttkamer (alle Jena), Prof. Dr. Christoph Schmidt (Köln) sowie von meiner Heimatuniversität: Prof. Dr. Monika Glettler, Prof. Dr. Ulrich Herbert, Prof. Dr. Bernd Martin und Prof. Dr. Dietmar Neutatz. Prof. Dr. Jörg Baberowski hat mich darüber hinaus auf vielfältige Weise unterstützt: Er vermittelte mir erste Kontakte in die Moskauer Archive, schuf wiederholt die Möglichkeit, meine Ergebnisse auf Konferenzen vorzustellen und war ein unverzichtbarer Ratgeber in Fragen der Publikation. Prof. Dr. Bernd Bonwetsch und Prof. Dietmar Neutatz haben das Manuskript gelesen und mir wertvolle Hinweise gegeben. Prof. Dr. Heiko Haumann (Basel) danke ich für wichtige Denkanstöße zu meinem letzten Kapitel über die Erinnerungskultur. Prof. Dr. Bernd Martin und Prof. Dr. Jörg Stadelbauer (beide Freiburg) haben die Dissertation für das Promotionsverfahren begutachtet. Ihre Anmerkungen halfen mir bei der Überarbeitung des Manuskripts für den Druck weiter.

Ohne finanzielle Unterstützung hätte diese Arbeit nicht geschrieben werden können. Ich danke dem Land Baden-Württemberg, das mir im Rahmen seiner Landesgraduiertenförderung ein Doktorandenstipendium gewährt und den

Druck mit einem großzügigen Beitrag gefördert hat. Der Deutsche Akademische Austauschdienst hat meine zahlreichen Archivstudien in Rußland durch Reisebeihilfen stets schnell und unbürokratisch mitfinanziert.

Ich möchte mich auch beim Verlag Ferdinand Schöningh dafür bedanken, daß er meine Studie in sein Programm aufgenommen hat, insbesondere Herrn Michael Werner und den Herausgebern der Reihe „Krieg in der Geschichte", Prof. Dr. Stig Förster, Prof. Dr. Bernhard R. Kroener und Prof. Dr. Bernd Wegner. Mein Dank gilt auch dem Militärgeschichtlichen Forschungsamt in Potsdam, vor allem Dr. Bernhard Chiari und Dr. Arnim Lang sowie Antje Lorenz, Dr. Aleksandar-S. Vuletić, Michael Thomae und Bernd Nogli für die vielfältige Unterstützung. Nur deshalb konnte der Druckkostenzuschuß in Grenzen gehalten werden.

Mein aufrichtiger Dank gilt auch allen Mitarbeitern der von mir aufgesuchten Archive und Bibliotheken. Da die Arbeit in russischen Archiven sehr stark vom Wohlwollen und der Kooperation der Mitarbeiter abhängt, bedanke ich mich besonders bei Dr. Andrej Doronin (RGASPI, Moskau), der mir viele wertvolle Hinweise gab und stets bemüht war, mir die Nutzungsbedingungen zu erleichtern, sowie bei Larisa Fedulina (CGA, St. Petersburg), die durch ihre freundliche und entgegenkommende Art ein sehr angenehmes Arbeitsklima im Lesesaal schuf und immer ein offenes Ohr für die Sonderwünsche eines Ausländers mit engem Zeitplan hatte.

Ohne logistische Hilfe ist ein mehrwöchiger Aufenthalt in Rußland von Deutschland aus nur schwer zu organisieren. Ich danke in erster Linie meinen Schwiegereltern, Aleksandr und Elena Sambuk, die meine Moskaureisen zu weit mehr als einem Arbeitsaufenthalt gemacht haben. Wiederholt nahmen sie mich wochenlang bei sich auf, verwöhnten mich dabei kulinarisch und sorgten mit einem abwechslungsreichen Kulturprogramm sowie tagespolitischen Diskussionen über die Lage Rußlands dafür, daß ich die Welt außerhalb der Lesesäle nicht vergas. Ol'ga Arcibaševa und ihre Eltern, Vladimir und Miroslava, haben mir in St. Petersburg bei der Wohnungssuche geholfen und jedes Mal ein ideales Quartier für mich gefunden. Unvergeßlich bleibt zudem die Exkursion zur „Straße des Lebens", die Vladimir flugs zu einer kleinen Dienstreise deklarierte, so daß wir zusammen mit drei seiner Kollegen in einem Auto der Petersburger Zollbehörde die zahlreichen Denkmäler entlang der 45-kilometerlangen Strecke abklapperten und diesen „Arbeitsausflug" mit einem kleinen Grillfest ausklingen ließen.

An dieser Stelle möchte ich mich auch bei meinen Eltern, Heinz und Marianne Ganzenmüller, bedanken, die mir das Studium finanziert und dabei stets das notwendige Vertrauen geschenkt haben. Den größten Dank schulde ich aber meiner Frau Dascha. Sie hat mich auf vielfältigste Weise unterstützt und ist auch meinem wochenlangen Verschwinden in russische Archive mit Verständnis begegnet. Vor allem aber hat sie die Arbeit in all ihren Stadien immer wieder akribisch Korrektur gelesen. Ihr sei dieses Buch gewidmet.

Jena, im Mai 2005

PERSONENREGISTER

Abakumov, Egor T. 147
Achmatova, Anna A. 312 f.
Adamovič, Ales' 266, 274, 352 f.
Admoni, Vladimir G. 308
Aleksij II. 362
Aly, Götz 19, 54 f., 62 f.
Andreev, I.M. 132
Andreeva, Svetlana 271
Andropov, Jurij V. 347
Antjufeev, L.M. 108, 216
Arnold, Sabine R. 319
Assmann, Jan 320, 354, 358
Astaf'ev, Viktor P. 316 f., 357
Aver'janova-Fëdorova, Elena N. 182
Avvakumov, Sergej I. 327, 338
Babičenko, Denis L. 295
Backe, Herbert 45-48, 50 f., 60
Baryšnikov, Nikolaj I. 358
Basov, M. 206, 330
Berg, Nicolas 358
Berggol'c, Ol'ga F. 233, 332, 347, 355
Bergschicker, Heinz 367
Berija, Lavrentij P. 85, 107, 116, 247, 282, 337
Bidlack, Richard 167 f., 198, 206, 300
Boldyrev, Anatolij S. 132
Bonwetsch, Bernd 318
Bormann, Martin 60
Brailovskij, Grigorij 316
Brauchitsch, Walther von 18, 20, 39, 52, 69, 71
Brežnev, Leonid I. 342, 347-350, 356
Brodskij, Iosif A. 223, 350
Browning, Christopher 63
Bubis, Edward 337
Bucher, Wolfgang 42, 72, 76
Budënnyj, Semën M. 85
Bulganin, Nikolaj A. 85
Byčevskij, Boris V. 169
Camutali, Aleksej N. 358
Chales de Beaulieu, Walter 364
Charms, Daniil I. 280
Chlevnjuk, Oleg V. 111
Chozin, Michail S. 89, 93 f., 96-98, 106, 112
Chrulëv, Andrej V. 127
Chruščëv, Nikita S. 238, 342-344, 346 f., 355 f.
Ciano, Galeazzo 48
Čičikov, Pavel I. 258
Degtjarëv, Georgij 114
Demidov, Viktor I. 86
Dimitrov, Georgi M. 132, 162, 324
Djilas, Milovan 362
Dlugač, Moisej A. 212
Domokurova, K.I. 327
Dzeniskevič, Andrej R. 86, 169, 358 f.
Eden, Robert Anthony 28
El'cin, Boris N. 359 f.
Ėliasberg, Karl I. 242
Ėrenburg, Il'ja G. 313
Ermolin, P.A. 145
Eršov, Vasilij 300
Eruchimovič, Zachar 325
Ežov, V.A. 126
Fadeev, Aleksandr A. 116, 332
Federova, E.T. 327
Fedjuninskij, Ivan I. 88, 118
Fein, Elke 318
Frejdenberg, Ol'ga M. 137, 161
Frolov, Ivan M. 117 f.
Gerlach, Christian 13
Gersdoff, Rudolf-Christoph von 81
Glikman, Isaak D. 154
Goebbels, Joseph 18, 34, 38, 41, 50, 64 f.

Göring, Hermann 46, 48, 50, 52, 59 f., 63
Goldmann, Ewald 82
Gorbačëv, Michail S. 7, 86, 315, 355 f.
Gorčakov, A.K. 132
Gorjunov, Jurij 160
Gor'kij, Maksim 361
Goure, Leon 5, 125
Govorov, Leonid A. 99 f., 112
Granin, Daniil A. 181, 266, 274, 352 f.
Gruško, E. 288
Halder, Franz 14 f., 20, 22, 24, 26, 31-33, 70 f.
Hass, Gerhart 290
Hasse, Wilhelm 42
Heim, Susanne 19, 55, 62 f.
Herbert, Ulrich 61, 63
Heydrich, Reinhard 67
Himmler, Heinrich 48, 53, 55 f., 59 f., 67
Hitler, Adolf 6, 13-15, 19-23, 28, 30-35, 37 f., 40-43, 45, 52 f., 60, 69, 79 f., 95, 98, 105, 146, 165, 170, 207, 335, 364 f., 366 f.
Hoepner, Erich 15, 26, 364
Hoffmann, Joachim 17, 365
Hürter, Johannes 19, 40-42
Hull, Cordell 28
Ignatovskij, Vladimir S. 307 f.
Inber, Vera M. 233, 332
Isakov, Ivan S. 86
Ivanov, Konstantin D. 117
Ivanov, M.I. 340
Izvekov, Boris I. 291 f., 308
Jodl, Alfred 17 f., 40, 52, 69, 81
Kaganovič, Lazar' M. 85, 127, 343
Kalinin, Michail I. 110, 237
Kamenev, Lev B. 110
Kantor, L.M. 129
Kapustin, Jakov F. 108, 138, 153, 155, 201 f., 209-212, 225, 322, 330, 336
Karasëv, Aleksandr V. 344 f.
Karpov, A.G. 132
Keitel, Wilhelm 65
Kirov, Sergej M. 110-112
Klavsut', M.S. 212 f.
Klimenko, Ol'ga 159, 162
Kočina, Elena 154
Kolpakov, I.V. 214
Komrakova, Ljudmila 159
Kondrat'ev, Vjačeslav D. 6
Košljakov, Nikolaj S. 292
Kosygin, Aleksej N. 108 f., 127, 130, 132, 138, 144 f., 147, 152, 159, 281, 347, 350
Kotkin, Stephen 276
Koval'čuk, Valentin M. 238, 358
Kozlov, Frol R. 343
Krylova, Anna 332
Kubatkin, Pëtr N. 283, 308
Küchler, Georg von 25, 40, 42, 74-76, 78, 80, 97
Kulagin, Georgij 267
Kulik, Grigorij I. 94, 116, 327
Kurančev, A.F. 132
Kutuzov, Michail I. 91
Kuznecov, Aleksej A. 88, 97, 108, 112, 131, 153, 155, 177, 200, 209, 269 f., 303, 320 f., 323, 325, 330, 336-339, 348, 351
Kuznecov, Nikolaj G. 85, 109
Lagunov, F.N. 238
Langenohl, Andreas 318
Lebedeva, Nadežda M. 288
Ledig, Gert 365
Leeb, Wilhelm Ritter von 20 f., 23 f., 26 f., 29, 39 f., 42, 49, 68 f., 70, 97
Lenin, Vladimir I. 110, 233, 311, 321, 330 f.
Leonidovič, Aleksandr 304
Levič, Ben 232
Levin, Lev 325
Lewin, Moshe 309
Lichačëv, Dmitrij S. 152, 181, 264, 275, 294, 332

Ljubimov, Aleksandr 275
Lomagin, Nikita A. 237
Luk'janov, A.A. 145
McCagg, William O. 336
Machanov, A.I. 327
Malenkov, Georgij M. 85, 109, 171, 281, 337, 343
Maljavin, G.A. 132
Mandel'štam, Nadežda Ja. 232, 313
Mandel'štam, Osip E. 232
Man'kov, Arkadij E. 339
Mannerheim, Carl 29 f.
Manstein, Erich von 81, 98, 364
Martin, Terry 287-289
Marx, Karl 311
Mechlis, Lev Z. 114
Mereckov, Kirill A. 95 f., 114
Merkulov, Vsevolod N. 86
Messerschmidt, Manfred 41
Meyer, Konrad 55-59
Mikojan, Anastas I. 83, 85, 91, 127, 130, 154, 347
Molotov, Vjačeslav M. 85, 103, 106, 109 f., 118, 132, 134, 281, 326, 343
Mravinskij, Evgenij A. 334
Nekrič, Aleksandr M. 117, 295
Niethammer, Lutz 352, 357
Nikitin, Michail N. 155
Nikitin, Nikolaj G. 211
Nora, Pierre 354
Paulus, Friedrich 26, 366
Pavlov, Dmitrij G. 126, 147, 239
Pergament, Aleksandr V. 325
Peter I. (der Große) 58, 91, 233, 321, 331
Plaggenborg, Stefan 147, 296
Podlubnyj, Stepan F. 272, 304-306
Ponomarëv, Boris 347
Popkov, Pëtr S. 108, 112, 124, 153 f., 157, 169 f., 185, 269, 304, 320 f., 325, 336, 338, 345, 348, 351
Popov, Markian M. 108, 114 f.
Pospelov, Pëtr N. 344 f.
Postoeva, Natal'ja I. 357
Protasov, A.M. 132
Puškin, Aleksandr S. 233
Putin, Vladimir V. 359 f.
Rambow, Aileen 233
Reichenau, Walter von 16
Reinhardt, Hans 15, 25
Richter, Friedrich 48
Riecke, Hans-Joachim 46 f.
Rjabinkin, Jura 273 f., 333
Roosevelt, Franklin Delano 34
Rosenberg, Alfred 43
Rosenberg, Suzanne 313
Roze, Nikolaj V. 292 f.
Ruble, Blair A. 337
Rugenburg, Viktor I. 339
Sakovskij, Leonid M. 289
Salisbury, Harrison E. 104, 246
Samarin, Pëtr M. 92, 216
Šapošnikov, Boris M. 114 f.
Šapov, Dmitrij N. 279 f.
Sauckel, Fritz 54
Schapiro, Henry 104, 301, 325
Šefner, Vadim S. 233
Segbers, Klaus 8, 125, 145
Šelepin, Aleksandr N. 347
Semënova, Anna 266
Semina, V.D. 327
Seničev, P.I. 142
Serov, Ivan A. 87
Šikin, Iosif V. 148
Simonov, Konstantin M. 312
Six, Franz 48
Skorzeny, Otto 52
Skrjabina, Elena 253
Smirnov, Nikolaj I. 343
Sobolev, Gennadij L. 238
Šostakovič, Dmitrij D. 154 f., 242, 308, 313, 334 f.
Speer, Albert 205
Stahlecker, Walter 67
Stalin, Iosif V. 5, 7 f., 83-91, 93, 95 f., 98 f., 101-118, 131-133, 144-146, 148, 153, 162, 165, 168-173, 177, 198, 207 f., 210 f.,

216, 224, 229, 233, 238, 282, 286 f., 289, 294, 301 f., 304, 311, 323-325, 333, 335-340, 342 f., 346-348, 350, 355 f.
Steininger, Alexander 159
Stel'machovič, P.P. 231, 330
Stimson, Henry 6
Strachovič, K.I. 308
Strel'nikov, P.P. 210 f.
Štykov, Terentij F. 155, 348, 351
Subbotin, Nikita E. 108
Šumilov, N.D. 327
Suslov, Michail A. 239, 346 f.
Šuster, Ura A. 339
Švernik, Nikolaj M. 127, 144
Thurston, Robert 304, 306
Tichonov, Nikolaj S. 233, 331
Timošenko, Semën K. 85
Todt, Fritz 54
Tolstikov, V.S. 348
Tolstoj, Aleksej N. 334
Trotha, Trutz von 17
Tucker, Robert C. 296, 309
Turapin, Pëtr I. 280
Turmakin, Nina 318, 347, 362
Ueberschär, Gerd R. 19
Vasilevskij, Aleksandr M. 89, 120
Vejnberg, Marija M. 288
Vilsmaier, Joseph 367
Višnevskij, Vsevolod V. 332
Vjatkin, M.P. 341
Vlasov, Andrej A. 98
Volkov, Solomon M. 334
Voronov, Nikolaj N. 109, 168
Vorošilov, Kliment E. 17 f., 85, 106-110, 115, 117, 166, 299
Voznesenskij, Nikolaj A. 85, 112, 210, 337 f.
Vyšinskij, Andrej J. 117
Wagner, Eduard 50, 78
Warlimont, Walter 34, 36
Weber, Max 146
Weiner, Amir 324
Werth, Alexander 104, 195
Wetzel, Erhard 55, 57
White, W.L. 215, 329
Zachar'in, Aleksej I. 216, 326
Zal'cman, Isaak M. 138, 141, 173
Žarov, D.A. 214
Ždanov, Andrej A. 83, 88, 93, 96 f., 102 f., 106-110, 112 f., 115, 130 f., 136-138, 148-150, 153, 159, 168 f., 177, 188 f., 198, 200, 208 f., 231-233, 240, 246 f., 289, 295, 304, 320-325, 330, 336-338, 348, 351
Zemljačka, Rozalija S. 155
Zemskov, Andrea 358
Ziegelmayer, Wilhelm 44
Žigarëv, P.F. 109
Zinov'ev, Grigorij E. 110 f., 338
Žukov, Georgij K. 85, 88, 91, 93 f., 99 f., 105, 117 f., 146, 168 f., 350 f.